高等院校经济学管理学精品规划教材

U0890427

国际经济学

（第五版）

杨培雷　杨卓尔　编著

上海财经大学出版社
SHANGHAI UNIVERSITY OF FINANCE & ECONOMICS PRESS

图书在版编目(CIP)数据

国际经济学/杨培雷,杨卓尔编著. —5 版. —上海:上海财经大学出版社,2024.8

(高等院校经济学管理学精品规划教材)

ISBN 978-7-5642-4383-8/F・4383

Ⅰ.①国… Ⅱ.①杨…②杨… Ⅲ.①国际经济学-高等学校-教材 Ⅳ.①F11—0

中国国家版本馆 CIP 数据核字(2024)第 089908 号

□ 责任编辑　刘光本
□ 责编电话　021-65904890
□ 责编电邮　lgb55@126.com
□ 封面设计　张克瑶

国际经济学
(第五版)
杨培雷　杨卓尔　编著

上海财经大学出版社出版发行
(上海市中山北一路 369 号　邮编 200083)
网　　址:http://www.sufep.com
电子邮箱:webmaster@sufep.com
全国新华书店经销
江苏省句容市排印厂印刷装订
2024 年 8 月第 5 版　2024 年 8 月第 1 次印刷

787mm×1092mm　1/16　24.5 印张　566 千字
印数:24 501—27 500　　定价:69.00 元

I 绪 论

INTRODUCTION

大凡好的经济学理论,几乎都是真实性的写照,并反映了现实生活的结构和问题。有例为证:亚当·斯密的理论是经济增长过程的写照;卡尔·马克思的理论是资本主义制度演进法则的写照;J. M. 凯恩斯的理论揭示了与古典经济学假定相反的事实,即经济无法自动趋向充分就业条件下的均衡。由此可见,经济理论的逻辑与现实逻辑统一,才能成就好的经济理论。大凡有用的经济理论,都是具有丰富见解并能够为现实问题提供解决方案的理论。亚当·斯密的理论是对重商主义的致命一击;J. M. 凯恩斯的理论为财政政策的运用开辟了道路,从而带来了20世纪60年代的充分就业和经济繁荣。好的经济理论只是经济理论价值的一个方面,仅有这个方面是不够的,更为重要的是经济理论的应用价值,即在剖析现实问题的基础上,为现实问题的解决提供行之有效的方案。

套用威廉·配第的名言"土地是财富之母,劳动是财富之父",我们可以说:"现实是经济理论之母,智慧是经济理论之父"。基于现实和学者的智慧,才能形成有价值的经济理论。贴近现实并能够为现实问题提供解决思路或方案的经济理论才是有价值的经济理论。那么,现实是什么?简单地说,就是经济全球化和国际经济一体化。因此,在全球化背景下,在开放的经济条件下,国际经济学的研究与学习比历史上任何一个时期都显现出其重要的理论意义和现实意义。

一、国际经济学是经济学的一个分支学科

国际经济学是以一般经济理论为基础研究国际经济活动与国际经济关系的经济学学科分支,是整个经济学体系的有机组成部分。它关注的是开放经济条件下国家(地区)之间在经济的相互依存、相互影响、相互决定和经济全球化、区域经济一体化背景下资源的国际流动对资源配置和社会福利的决定与影响。

人们往往会有这样的疑问:国际经济学是否可以称得上独立的经济学学科分支呢?回答是肯定的。如果说国际经济学在其发展过程中,曾经是一般经济理论不可分割的一部分,比如亚当·斯密、大卫·李嘉图、P. M. 萨缪尔森等著名经济学家的一般经济学理论中都包含着对于国际经济问题的探讨,现代经济学的一般理论也大多涉及开放经济条件下的理论问题。但是,无论如何,由于客观经济环境的变化,国际经济学已经成为独立的经济学分支学科。

国际经济学有着不同于一般经济理论也不同于其他经济学分支学科的独特研究视角。

一般经济理论的研究旨在从经济生活的大千世界中抽象出基本的范畴、原理，揭示一般经济法则，为经济学的分支学科提供一个规范的理论平台。其他经济学分支，如国民经济学，主要关注一个国家国内经济问题，运用经济学的基本原理，探究资源的优化配置和社会福利最大化。

国际经济学的研究指向是国际经济活动。经济生活从封闭经济(与外部世界没有任何经济来往的经济体)走向开放经济(与外部世界存在经济往来关系，即开展对外贸易、资金流动、劳动力流动等的经济体)。国际经济活动是封闭经济体向开放经济体转变的必然结果，而国际经济学就是分析这种转变的理论成果。目前，在经济全球化和区域经济一体化两大趋势的推动下，世界上并不存在严格意义上的封闭经济体。但是，在理论视角上，为了进行更深入、更具体的比较分析，通常将一个经济体的经济活动区分为封闭的国内经济和开放的国际经济，这样，国内经济与国际经济就具有了较明显的异同。

其一，经济运行主体的异同。个人(家庭)、企业、政府、国家和国家集团是不同层次的经济活动主体。国内经济的主体是个人(家庭)、企业、政府，而国家和国家集团不属于国内经济活动的主体；国际经济的主体则含有个人(家庭)、企业、政府、国家和国家集团等主体，且更加突出国家和国家集团主体的行为。

其二，经济运行目的的异同。所有经济主体无不追求福利的增长。国内经济主体对福利最大化的目标追求是直接的，一般不具有迂回性；而国际经济主体(尤其是国家、国家集团)的目的则具有多重性、迂回性，尽管最终还是围绕福利展开。

其三，经济运行范围的异同。通常而言，国内经济以国界为边界，而国际经济则突破了一国边界。

其四，经济运行机制的异同。国内经济和国际经济的运行条件、交往媒介(如货币)、调节手段的作用范围与功能不同，导致运行机制不同。

其五，经济交流方式的异同。国内经济和国际经济中的交易、投资、资金、信息交流等内容基本相同，但呈现的特点具有巨大差异。

国际经济学有自己特定的研究内容。国际经济学的基本框架主要包括国际贸易理论、国际投资理论、国际金融理论等。国际贸易不同于国内贸易，国内贸易不存在制度性冲突，但是国际贸易凸显出因不同国家的不同制度而导致的冲突。生产要素的国际流动明显有别于生产要素的国内流动。仅就流动速度而言，与生产要素的国内流动相比，要素的国际流动速度要慢得多。比如，武汉的IT人才的薪水大大低于上海，武汉的IT人才很容易并迅速离开武汉向上海集聚；尽管法国巴黎的IT人才的薪水更高，但是，中国的IT人才向法国巴黎的流动绝对比不上在国内流动的那样快速。

国际金融更有别于国内金融：其一，国际金融研究的是国际货币金融关系，具有内容上的综合性和范围上的世界整体性的突出特征。其二，国际金融研究涉及汇率风险(Exchange Risk)，这是国内金融研究基本上不予考虑的。因为，在一国国内的经济交往中，统一的货币单位法定为交换的媒介，不涉及不同货币的兑换问题，而在国际经济交往中，不同国家的法定货币不同，其代表的真实价值也不同，时时处处都会遇到货币的相互兑换，不同货币比价的决定和变化受各种因素的影响，汇率风险无时不在。其三，国际金融研究必须重视政治风险(Political Risk)。国际金融活动涉及世界上不同的国家或地区,任何一个国家或地区的政治形势的变化都会影响到国际金融领域,尤其是在当今国际区域经济一体化趋势日益加深的条件下,这种影响更为显著。其四,国际金融研究必须重视世界各国的宏观经济波动。世界各国尤其是主要国家的国内经济波动,都会带来世界范围内的经济波动,从而诱发商业风险(Business Risk)和信用风险(Credit Risk)。最后,国际金融面临着各国不同的法律体系、不同的商业习惯和不同的文化环境等因素的影响。而国内金融则不存在法律上的冲突以及商业习惯、文化环境的不一致性。

二、国际经济学的核心范畴和研究方法

国际经济学作为经济学的一个分支学科而有别于其他分支学科,在于它的核心范畴和它的研究方法。

(一)国际经济学的核心范畴

国际经济学作为经济学的一个分支学科,经济学的所有范畴自然成为国际经济学的理论范畴。此外,国际经济学更加强调自己的核心范畴,主要有经济全球化、区域经济一体化、经济依存、竞争优势、贸易规制、国际要素流动、跨国公司、国际收支、国际储备、国际债务、国际货币体系、国际经济组织和政府博弈①。

(二)国际经济学的研究方法

国际经济学是一个复杂的、开放的知识体系。正因为如此,学习和研究这门学科,必须具备多学科的知识结构和科学的分析方法。就知识结构而言,除了要具有坚实的经济学基础理论知识外,还应当具备法学、历史学、政治学等多学科的知识准备。就分析方法而言,必须学会运用归纳与演绎相结合的方法、比较分析与综合分析相结合的方法、逻辑与历史相结合的方法、定性分析与定量分析相结合的方法。

三、国际经济学的主要内容、框架结构与学习的意义

国际经济学,就其把国际经济关系作为主要的研究内容而言,可以追溯到重商主义时期。随着国际经济关系的不断发展和复杂化,国际经济学研究的范围不断扩大,内容不断丰富。国际经济学从最早的国际贸易拓展到国际金融、国际投资、国际要素流动、国际政策、国际经济秩序等诸多领域。尤其是第二次世界大战以后,生产和资本国际化迅速发展,国家之间的经济关系也日益发展。如果说在历史上,国际经济学的主要组成部分是国际贸易,那么第二次世界大战以后,由于国际经济形势的变化,国际经济学的内涵与外延得到了极大的扩展,并发展成为一门相对独立的有系统的经济学科分支。

综观国内外学者编写的国际经济学教科书,国际经济学涉及的内容主要包含六个有机

---

① 博弈论为经济问题分析提供了一种不同于经典数学的数学分析方法,它强调经济活动中,参与者的效用不仅取决于自己的行为,而且取决于他人的行为。参与者的博弈过程中形成了参与者的效用。国际经济学的许多方面都具有博弈特征,如世界贸易组织成员方之间关于共同削减关税的谈判、国际债务的违约威胁、国际卡特尔的运行、国内宏观政策的国际影响、南北对话中国际收入分配问题、国际公共产品问题、国际污染问题等。因此,博弈论在国际经济学问题的分析中具有广泛的工具价值。

组成部分:国际经济背景、国际贸易、跨国公司与生产要素的国际流动、国际金融、国际组织与国际经济秩序以及开放条件下的宏观经济政策。

本书按照上述六部分内容并融入党的二十大精神,形成全书的框架结构。第一章和第二章为国际经济背景部分,重点分析经济全球化和区域经济一体化。通过经济全球化、区域经济一体化问题的具体分析,揭示当前决定和影响国际分工、国际贸易、国际投资、国际金融、国际经济秩序等方面的国际经济整体特征。第三章到第六章为国际贸易理论与政策部分,主要介绍国际贸易理论的发展与演变、有关国际贸易的纯理论、国际贸易和经济增长与经济发展的关系,以及国际贸易政策与贸易政策工具等。第七章跨国公司、国际投资与要素的国际流动为第三部分,主要介绍跨国公司与国际投资理论以及生产要素国际流动的经济效应。第八章到第十二章为国际金融理论部分,主要介绍国际收支与国际收支均衡调节理论、汇率决定与汇率制度理论、国际金融创新与国际金融一体化、国际资本流动与国际金融市场、货币一体化与欧洲货币体系。第十三章国际经济组织与国际经济秩序为第五部分,主要介绍国际货币体系、关贸总协定与世界贸易组织、国际货币基金组织、世界银行集团、国际清算银行和区域性国际金融机构以及国际经济格局与国际经济秩序。第十四章为第六部分,介绍开放经济条件下的宏观经济政策。

随着我国改革开放的深入发展,我国国民经济越来越深入地参与世界经济的循环,我国的经济运行已经成为世界经济运行中的有机组成部分,我国的资源配置与国民福利日益受到国际经济变化的重要影响。学习国际经济学,不仅因为它是我们不可或缺的知识体系的一个组成部分,更重要的是,通过学习国际经济学,掌握国际经济活动的规律性和运作方式,使自己成为外向型、国际化的专业人才,才能适应新时代我国改革开放、参与国际竞争对人才的要求,从而为国家利益和人民福祉做出更大的贡献。

目 录

CONTENTS

第一部分 国际经济背景

第二部分 国际贸易理论与政策

第三部分 国际投资理论

第四部分 国际金融理论

第六部分 开放经济条件下的宏观经济政策

·第一部分·

国际经济背景

第一章

经济全球化

学习目的与要求

1. 理解经济全球化的定义，掌握不同学者关于经济全球化的不同看法及其视角的差异。

2. 掌握经济全球化的发展历史所经历的不同阶段以及各个阶段所呈现的主要特点。

3. 掌握当前关于经济全球化原因的主要理论分析并能简要评析。

4. 掌握经济全球化的基本特征。

5. 掌握经济全球化对发达国家、发展中国家以及全球经济的影响。

6. 掌握对经济全球化发展趋势的研判路径。

“全球化”不是“人类大同”，而是一场世界经济资源和利益的重新整合与分配的过程。面对经济全球化，可谓仁者见仁、智者见智。经济全球化已成为不争的事实，也是极具复杂性的事实，因此，关于经济全球化的理论见解差异性很大。目前，关于经济全球化的理论分析，主要表现为对经济全球化如何定义的问题的分析、关于经济全球化原因的分析，以及关于经济全球化的影响和后果的分析。

第一节　经济全球化的产生与发展

一、经济全球化的定义

关于经济全球化的定义以及全球化概念能否用来描述当今世界发生的各种变化的问题，在学术界曾经产生过争论。伦敦经济与政治学院院长安东尼·吉登斯(Anthony Giddens)指出：“关于全球化较早的争论发生于20世纪80年代中期，争论的焦点在于能否用这个概念揭示正在发生的变化。争论双方各执一词，一方认为，这个概念极大地夸大了全球经济之间的关系，事实上当今世界的变化与早已存在的全球主义没有根本差别，全球贸易市场、货币兑换、移民、跨国自由往来、国际文化融合等都是一百多年前就已经具备的特征；另一方认为，这个概念准确地揭示了世界的巨大变化和崭新的全球运行机制。”①

然而，争论已经成为过去，经济全球化作为当今世界经济的基本特征和运行机制，已经成为不争的事实，被人们普遍认同。目前学术界的不同观点仅在于人们从不同角度对经济全球化加以定义。概括起来，关于经济全球化，学术界主要从以下不同角度加以定义：

(一)从资源配置角度定义经济全球化

“全球化”一词最早见于东芝唱片公司首席执行官 T. 莱维(Theodre Levitt)于 1985 年发表的《市场的全球化》一文。莱维用“全球化”形容此前 20 年间国际经济的巨大变化，即“商品、服务、资本和技术在世界性生产、消费和投资领域中的扩散”②。此后，这一用语被广泛采用，关于概念内涵的解释也日益增多。如欧洲委员会认为，经济全球化“可以界定为由于商品和服务的流动以及资本和技术的流动，而导致的各国市场和生产相互依赖程度日益提高的过程”③。国际货币基金组织认为，经济全球化是“跨国商品与服务贸易及国际资本流动规模的形式的增加”④。D. 哈维(D. Harvey)认为，“在最近 20 年，我们经历了一个时空收缩的阶段，它对于政治经济实践、阶级力量的平衡以及文化和社会生活都带来了令人迷惑和混乱的影响。这个阶段是与资本主义积累的一次深刻危机相契合的。这个阶段最强烈的时期是 20 世纪 70 年代后期到 80 年代早期，与之相伴随的便是全球化的明显加强。它最明显地表现在制造业生产和金融领域。技术和组织的变化加速了资本的全球流动，产生了新的国际分工。处于这种变化核心地位的就是第一个真正全球金融体系的创立”⑤。俄罗斯学者认为，“21 世纪的全球力量如何分布，这取决于一系列进程，其中最主要的是全球化。对这个词应该这样理解：统一的世界市场，世界性的金融和商品，统一的世界性运输和服务系统，以及全球性价值观和统一的占优势的文化……在这个全球化过程中起主导作用的是美国……实际上，正是在美国主持下对世界进行文明‘熨烫’”⑥。

关于经济全球化，国内也有很多学者发表了自己的看法。陈宝森认为，“经济活动全球化泛指贸易、投资、金融活动的全球化，特殊的含义是指生产活动的全球化和生产要素的全球配置……以整个地球作为资源配置的大舞台，生产资本向全球流动以及由它所带动的全球贸易和金融活动，就成为二次大战后世界经济发展的主要特征之一。它是生产力和生产关系变革的结果，这一变化反过来又有力地促进了全球生产力的大发展和各国生产关系的变革，使世界经济跨入了一个崭新的阶段”⑦。马俊如认为，“经济全球化是指人力流、物流、

---

① Anothony Giddens. *The Great Globalization Debate*, http://ceip.org/programs/info/giddens.htm，2000 年 6 月 15 日。

② A. M. 坎特罗：《日出日落：向工业废弃的神话发起挑战》，约翰·威利出版公司 1985 年版，第 53—68 页。

③ 格雷厄姆·汤普森：《导论：给全球化定位》，载《国际社会科学杂志》(中文版)，2000 年第 2 期，第 1 页。

④ 国际货币基金组织：《世界经济展望》，中国经济出版社 1997 年版，第 12 页。

⑤ 岳长龄：《西方全球化理论面面观》，载《战略与管理》，1995 年第 6 期，第 85 页。

⑥ 弗拉基米尔·米罗诺夫：《俄学者论述 21 世纪全球力量分布与俄的影响》，载《参考资料》，1997 年 5 月 6 日，第 47 页。

⑦ 陈宝森：《世界经济全球化、集团化与南北关系》，载国务院发展研究中心主编《世界发展状况》，北京时事出版社 1996 年版，第 79 页。

资本流、信息流、知识流‘五大流’的全球流通和融合，并对其在全球范围内按照互惠互利原则，通过公平竞争，加以有效地组织和运作实施”[①]。

（二）从生产关系的角度定义经济全球化

法国学者雅克·阿达认为，经济全球化就是资本主义经济体系对世界的支配和控制。在他看来，东欧剧变后资本主义全球化的主要障碍已经不复存在。非洲和拉丁美洲的债务国在债务危机的压力下，正在按照国际金融机构的意志进行经济和政治体制改革。而国际金融机构无论是从历史上看，还是从现实上讲，都充当着资本主义的“代理人”，是推行全球化资本主义的工具。从这种意义上说，经济全球化也就是资本主义肆虐全球的过程[②]。

我国学者俞吾金认为，“必须把‘全球化’和积极推进‘全球化’的主体联系起来进行考察。那么，究竟谁是积极推进全球化的主体呢？换言之，究竟谁在全球化的过程中处于主动状态呢？观察与研究表明，是西方发达国家。西方发达国家为什么会成为全球化历史进程的积极推动者？答案也是不言而喻的，因为它们能够从中获益。除了这个根本原因外，还因为它们拥有推进全球化的先进的科学技术和资本方面的条件。与西方发达国家所处的主动状态相对应的是受动状态，而受动者则是不得不接受‘全球化’理念和行为结果的发展中国家或在发展中相对滞后的国家”[③]。

上述观点都从不同角度对经济全球化的特性进行了一定的分析，有一定的合理性，但缺乏对经济全球化多视角的考察。若全方位地审视经济全球化，它应该具有多维特征，它是指人类经济活动跨越民族、国家界限以及各国经济在世界范围的相互融合过程。以此为出发点，经济全球化既是指资本、生产、技术、信息、货物等生产要素在全球范围内跨国界的广泛而自由流动，从而实现资源有效配置的过程，也是指由于这个过程的深化，使各国之间的联系和相互作用不断加强，形成各国经济相互依赖甚至制约的关系。我们既要看到经济全球化所带来的生产力变化和资源配置方式的转变，同时也要清醒地认识到它所赋予的生产关系的内涵。正如威廉姆·I. 罗宾逊（William I. Robinson）所说，20 世纪 90 年代以来的经济全球化包含两个相互作用的机制：一方面，资本主义关系取代了一切传统的关系；另一方面，生产过程越来越全球化（“北方”控制了技术、信息和科学，而“南方”只能利用其丰富且便宜的劳动力比较优势）。

二、经济全球化的发展历史

如果我们从发展变化的角度审视全球化，可以把全球化的发展历程分为四个阶段：第一阶段，19 世纪中期以前，经济全球化处于萌芽阶段；第二阶段，19 世纪后半期至 20 世纪初，全球化有了较坚实的物质基础，并以较快的速度在之后半个多世纪中继续发展；第三阶段，从第一次世界大战到“冷战”结束，经济全球化在曲折中前进；第四阶段，从 20 世纪 80 年代末开始，全球化迅速扩展，成为世人瞩目的焦点。

---

① 马俊如：《全球化发展的特征与动因》，载《中国软科学》，2000 年第 1 期，第 19 页。

② 雅克·阿达：《经济全球化》中文版，中华编译出版社 2000 年版，第 3 页。

③ 俞吾金：《“全球化”问题的哲学反思》，《学术月刊》2002 年第 5 期，第 11 页。

(一)全球化的萌芽

从经济全球化的全部历史进程来看,全球化的萌芽在资本主义发展的早期就已经孕育。早在13世纪,商人们就穿越大陆进行咖啡买卖,茶叶、可可、蔗糖、贵重金属、香料、烟草以及毛皮的越洋贸易在几个世纪后也发展起来了。马克思和恩格斯在《共产党宣言》中指出:"美洲的发现、绕过非洲的航行,给新兴的资产阶级开辟了新的活动场所。"①"大工业建立了由美洲的发现所准备好的世界市场。世界市场使商业、航海业和陆路交通得到了巨大的发展。这种发展又反过来促进了工业范围的扩大。"②"地理大发现"引发了欧洲的商业革命,使人类的商业活动第一次具有了全球性——普通消费品进入国际贸易市场,世界贸易量迅速增长。发现"新大陆"后的16、17世纪这200年间,当时贸易强国荷兰的商船吨位增长了10倍,达到了50万吨。英国在16世纪上半叶每年出口的毛织品达到5万至15万吨。1600年英国东印度公司成立,1610—1640年英国的对外贸易额增长10倍③。人类的经济活动由于世界市场的出现而第一次被广泛地联系在一起,经济全球化自国际贸易中萌生。

但是,当时的商业行为只涉及少数几种商品,贸易量比较小,参与的公司屈指可数,只面向为数不多的消费者。这些全球产品经营的先驱者在分配、定价以及销售方面也没有高度统一的全球经营战略。同样地,早期资本主义发展产生的国际货币和金融也不具有在世界上任何地方同步即时交易的性质。尽管在13世纪到15世纪之间,意大利的银行家向英格兰、佛兰德斯地区以及巴尔干各国提供远距离信贷;在18世纪,阿姆斯特丹和日内瓦的商行向全欧洲的政府以及新建立的美国联邦政府提供贷款;与此同时,Hope&Co.和巴林银行在几个国家进行股票交易。然而,这些国际金融贸易相当罕见,而且它们也是双边的,即在一国的金融家与另一国的客户之间进行。

总之,在19世纪以前,全球化基本上还处于萌芽状态,超地域的通信、市场、生产、货币、金融、组织等都未出现。在这一时期,全球意识也并非世人关注的核心意识。

(二)早期全球化:19世纪中期至20世纪初

19世纪后半期到20世纪初的50年左右时间,是经济全球化进展极快的一个时期,西方发达国家在这一时期进行了第二次科技革命,从蒸汽时代进入了电气时代,以纺织工业为中心的轻工业革命发展为以钢铁、石化、电器、机械、汽车为代表的重工业化革命,生产力获得了极大发展。同时,西方发达国家从自由资本主义过渡到垄断资本主义,垄断资本在经济生活中占据重要地位。这一切为后来全球化的加速发展奠定了基础。

1. 通信

19世纪50年代以后电报开始普及,随后就是19世纪90年代以后跨国电话联系和无线电通信的普及,1919年以后洲际航空的普及。通过这些联系,信息就能在数日而非一个月之内传遍世界。在19世纪末,通过电话,不受距离限制的语言通信也变成了现实。到1933年,美国电报电话公司(AT&T)的一则广告理直气壮地宣称:"有了电话,世界连为一体。"

---

① 《马克思恩格斯全集》第4卷,人民出版社1972年版,第467页。

② 《马克思恩格斯选集》第1卷,人民出版社1972年版,第252页。

③ 米歇尔·博得:《资本主义史1500—1980》,东方出版社1986年版,第21页。

然而,在20世纪60年代以前,除了无线电之外,全球通信并不是所有人都可以亲身经历的,只有少数人才有这样的资格。早期全球电报、电话和航空运输相对而言速度慢、容量小、可靠性差、价格昂贵。

2. 市场

这一时期出现了对某些商品进行的有系统的全球分配、定价、宣传和销售。例如,典型的全球铜金属市场是19世纪50年代以后形成的,这个市场使来自澳大利亚、智利、古巴、英格兰和美国的货物之间建立了互相联系。伦敦金属交易所(LME)成立于1876年,处理所有铜、锡、铅和锌贸易——无论原料来自何处,也不论货物是否卸在英国的土地上。全球定价同时也刺激了谷物和棉花等行业的发展,在布宜诺斯艾利斯、开罗、芝加哥、利物浦、纽约和里约热内卢等地的商品交易中尤为明显。

品牌包装食品的全球市场也在19世纪末开始出现。例如,坎贝尔汤(Campbell Soup)和海因茨(Heinz)食品等产品自19世纪80年代中期以后,就成为几个国家百姓的家庭食品。可口可乐在1886年发明之后,20年内就打开了英国、加拿大、古巴、墨西哥等国的市场。随着这一时期殖民地以及其他越洋移民的扩张,欧洲、亚洲以及北美的移民都想要带着"家乡"的产品到地球各个角落去定居。1899年,J. 瓦尔特·汤普森(J. Walter Thompson)公司成为第一家在其创始国以外开设机构的广告公司,预示着跨国商业销售活动即将发展起来。

20世纪上半期,全球市场在初级产品方面也取得了进一步发展。伦敦金属交易所和其他商品交易所继续其营业的同时,各政府首次采取措施(如通过多边商业协议)对某些产品,包括糖、咖啡、橡胶和锡在内,实行全球价格控制。第二次世界大战期间,同盟国创立了一系列所谓的"联合委员会",以便对数十种战略原料和产品的生产和分配实行全球统一。

然而,对这一时期市场全球化的程度不可估计过高。当时能够同时进行全球分配和销售的产品为数甚少。而且,即使在这些有限的情况中,营销战略也缺乏严格的全球统一。这种一致性在20世纪末随着计算机、先进的电子通信以及电子大众传媒的发展才变为现实。

3. 货币和金融

货币和金融的全球化也出现在19世纪末20世纪初。在1870年前后到1914年之间通行的以英镑为基础的金本位制,使少数几个国家的货币得以在全球流通。英镑是当时基本的全球货币,但是荷兰盾、日元、墨西哥比索以及其他货币单位在一些与其本国统辖没有直接关系的贸易和金融中也崭露头角。第一次世界大战中金融体系瓦解,战后金汇兑本位制在20世纪20年代得到了短暂而不完全的恢复。不过,全球化初期阶段的外汇贸易与近几十年的程度相比微不足道,政府的外汇储备量也很小。

在金融市场方面,第一次世界大战前夕,英资机构在阿根廷、澳大利亚、巴西和新西兰等国的银行存款中占有1/4—1/3的份额。当时的主要银行向国外提供的贷款数额巨大。19世纪70年代世界经济衰退,致使许多国家无力偿还借款,这些银行因此遭受了一场债务危机。然而,19世纪末20世纪初的国际银行仍受到地域距离和边界的极大限制。几乎没有人持有居住国以外的银行账户,离岸银行机构直到1929年才以较小的规模在卢森堡出现。

与此同时,在证券市场方面,金本位制在19世纪末促进了国外债券发行的激增。例如,欧洲发行的债券为加利福尼亚淘金热以及美洲、中国和俄国的铁路建筑提供了大部分资金。在股票方面,19世纪末世界金融中的上市股票总值只有50亿英镑,而且具有明显的地域性,交易根本不涉及全球货币、全球基金管理者、全球投资者或全球投资组合。

简言之,这一时期,货币和金融在一定程度上获得了某种国际特征,受到距离和边界的限制,它们主要在少数国家之间进行。

4. 组织

19世纪末20世纪初出现的早期全球通信、市场、货币和金融促进了典型的全球组织的形成。这些机构包括许多市场参与者及立法机构。19世纪少数企业不但开始在别国销售产品,而且开始设立分公司以及在本国外进行生产。首开先河的是美国的机械制造商科尔特(Colt),1850年在英国开设了一家工厂。德国西门子公司于1855年在俄国建立了分支机构,而日本的龟田万公司则于1892年在美国建立了酱油生产厂。到20世纪初,已经有数百家公司在整个殖民世界内或几国的统辖范围内同时进行经营。

19世纪末也诞生了最早的世界性立法机构,如成立于1865年的国际电报(现为电信)联盟、成立于1874年的总(现为万国)邮政联盟。然而,所有这些公司、立法机构所具有的全球性都是十分微弱的,它们大体上是在国家之间而不是在把世界当作整体的空间内运作。上述组织中以地域为基础的组织成员(如分公司、政府或分支协会)拥有独立于任何全球领导部门的高度自治。

总之,从19世纪中期到20世纪初期,经济全球化具有了更多的形式和更坚实的物质基础。然而,这一时期的全球化在广度和深度上都无法与20世纪80年代以后的发展相比拟。

(三)曲折发展的全球化:第一次世界大战至“冷战”结束

经济全球化的发展历程并非一帆风顺的,在第一次世界大战至“冷战”期间,世界政治经济的变化在不同程度上阻碍了经济全球化的进程:1914—1918年的第一次世界大战;1929—1933年的世界经济危机和大萧条;1937—1945年的第二次世界大战;苏联、东欧、亚洲的一批国家摆脱资本主义体系,形成了与资本主义阵营相抗衡的社会主义阵营。这些事件以不同的方式打乱了经济全球化的正常进程和秩序。

但是,经济全球化的步伐并未因此停滞,相反,这些事件反而使人们认识到,战争和对峙只会损害全球的经济发展,阻碍人类社会的进步。因此,在第二次世界大战结束前夕,作为稳定和调节世界经济与国际经济关系的三大国际经济组织——GATT、世界银行和国际货币基金组织应运而生。这三大国际经济组织的产生和发展标志着经济全球化从自发过程走向制度化过程。也正是在这一时期,西方帝国主义国家苦心经营数百年的殖民体系瓦解了,亚、非、拉殖民地国家摆脱了殖民统治,建立自己当家做主的国家,并与西方发达国家逐步形成独立自主、平等互利的国际经济关系。同时,以微电子、新材料、新能源为代表的新科技革命,将工业化引向新的阶段,发达资本主义国家经历了20余年的经济高速增长期。所有这些都表明,在这一时期,尽管经济全球化受到某种阻碍,但是,国际经济关系也进入了一个新的阶段,为经济全球化向纵深发展孕育了条件。

(四)全面的全球化:20世纪80年代末至今

20世纪80年代以来,随着苏联的解体、东欧的经济转型和中国的改革开放,经济全球化进入了一个崭新的阶段。在国际组织的推动下，在通信和交通技术的强大支撑下，经济全球化在制度化、广度、深度等方面都得到了前所未有的发展。主要表现是：首先，经济全球化制度化的突出表现是世界银行和国际货币基金组织推动的“华盛顿共识”。“华盛顿共识”(Washington Consensus)最早是当时任世界银行官员的经济学家约翰·威廉姆森(John Williamson)于1990年提出的。当时他提出这一“共识”基于的是拉美国家截至80年代末经济改革的既有成败经验，提出“共识”的意图是把它作为拉美国家经济改革的指导思想。“华盛顿共识”出台之后，得到了世界银行和国际货币基金组织的支持。其主要内容：税收改革(降低边际税率和扩大税基)，利率自由化，竞争性的汇率，贸易自由化，外国直接投资的流入自由化，私有化，放松管制(以消除进入或者退出障碍)，保护产权。世界银行和国际货币基金组织等国际组织把“华盛顿共识”作为发展援助或者危机救援的“前置条件”使用，从而有力推进了全球经济自由化。其次，呈现出全方位的经济全球化。市场的全球化表现为商品市场、金融市场的全球化，生产的全球化表现为“全球价值链”的不断深入发展，投资的全球化表现为跨国公司的全球投资和全球经营战略安排，据统计，2019年全球跨国公司总数超过8万家。全世界跨国公司的数量平均每年以29%的速度递增，跨国公司的生产总值占全世界生产总值的1/3，并且控制了全世界2/3的国际贸易和技术转让业务。跨国公司在数量激增的同时，质的方面也发生了深刻的变化。基于全球通信系统，跨国公司进行资源的全球配置和经营的“全球战略”安排。

同时，应当看到，任何事物都有“两面性”或者“多面性”，不同的利益立场或所持视角不同的人们对同一事物具有不同的观点。在经济全球化深入发展的过程中，存在着强烈的“反全球化”的声音甚或“运动”，如环境保护组织以及受全球化影响而失业的群体等反对全球化。尤其是新冠疫情的暴发及其全球蔓延无疑是“黑天鹅事件”，强烈冲击了经济全球化的进程；加之，世界范围的民族主义甚至狭隘的极端民族主义抬头，世界政治格局的复杂化与地缘政治关系的紧张化为未来的经济全球化投下了浓重的阴影。但是，经济全球化的历史逻辑告诉我们，经济全球化不仅是历史的选择，也是现实世界的选择，更是未来人类福祉的必然选择。经济全球化的发展已成必然趋势，必将在人类的社会经济生活中产生持续、广泛而深入的影响。

第二节　经济全球化的原因

由于对经济全球化界定的角度不同，关于经济全球化的原因分析也各有侧重。归纳起来，学术界关于经济全球化的原因主要有跨国公司作用说、技术进步说、国际经济机构驱动说、基本矛盾演化说和综合因素说等。

一、跨国公司作用说

阿兰·鲁格曼(Alan Rugman)在《全球化的终结》一书中指出，全球化是“跨国公司跨越国界从事外国直接投资和建立商业网络来创造价值的活动”①。他不同意把全球化理解为经济、政治、文化、技术等领域内同时进行的、复杂的相关过程。在鲁格曼看来，基于三极（美国、日本、欧盟）的跨国公司活动推动着全球化，跨国公司为了实现规模经济，建立广泛的生产网络，从而能够跨越国界进行生产、销售产品和服务，这是跨国公司推进全球化的内在机制。

跨国公司虽然在第二次世界大战前已经出现，但为数很少，第二次世界大战后，在科技革命的推动下得到了极大发展。从经济实力来说，它们约占世界总产值的 40%，世界贸易的 60%，世界技术转让的 75%，世界技术开发经费的 90%。跨国公司经营的特点是：以本国为基地，把全世界作为企业活动的舞台，组织国际化生产和经营，在世界范围内组织专业化分工和协作，把国际分工变成企业内部分工，在经营上实行多元化，从生产到销售，从贸易到金融，从制造业到服务业，囊括一切领域。跨国公司以其雄厚的经济实力和灵活的经营战略，冲破国家的藩篱，通过自己广泛的经营活动，把世界各国经济紧密地联系在一起，为经济全球化打下了坚实的微观基础。

二、技术进步说

学术界很多人认为，经济全球化是科学技术进步的要求与结果。一方面，科学技术的进步使社会生产力的发展水平不断提高，日益增强和扩大的社会生产力越来越要求摆脱国家疆域和主权的束缚，在世界范围内更有效、更合理地配置和利用各种资源，共享广阔的全球市场。另一方面，科学技术的进步还推动着国际分工和协作向国际范围内扩大和深化，把世界上许多国家和地区越来越多地吸纳到全球范围的分工与协作体系之内。正如 J. 罗西瑙(J. Rosenau)所说：“正是技术……才如此巨大地缩短了地理的和社会的距离。正是通过喷气式飞机、计算机、地球卫星以及许多其他的发明，比以往更迅捷和安全地跨越空间和时间传输着人员、商品和观念。正是技术深刻地改变了人类事务发生的规模……一句话，正是技术促进了地区、民族和国际共同体的相互依赖。这种相互依赖性之大是空前的。”②

以电子技术为主导的科技革命是近现代史上的第三次科技革命，其发展速度之快、规模之大、影响之深，是前所未有的。它一方面使生产技术和生产规模达到了一个全新的水平，出现了以生产自动化为基础的大规模生产，出现了一开始就是面向世界市场的外向型和特大型企业，如钢铁、造船、汽车、家电、石化等行业的企业。另一方面，它使交通、运输、通信工具革命化，出现了载重几十万吨的远洋超级货轮、大载量的超音速飞机，出现了光纤、卫星、传真等通信工具，形成了世界性的四通八达的交通运输网，空前地缩短了各国之间的空间和时间距离，“天涯若比邻”的境界从理想变成了现实，从而为经济全球化奠定了物质技术基础。

三、国际经济机构驱动说

学术界也有人认为，经济全球化是国际经济组织驱动的结果。第二次世界大战后的初

---

① 阿兰·鲁格曼：《全球化的终结》，生活·读书·新知三联书店 2001 年版，第 5 页。

② 岳长龄：《西方全球化理论面面观》，载《战略与管理》，1995 年第 6 期，第 86 页。

期，在美国的倡导下，为了重建被战争破坏的世界经济秩序，加强国家间的经济协作与合作，先后建立了国际货币基金组织、国际复兴开发银行（世界银行）和关税贸易总协定（现为世界贸易组织）。它们被称为国际经济关系的三大支柱，其成员从几十个发展到160多个。它们制定国际货币、国际金融、国际贸易的统一规则，对成员国经贸活动进行协调。它们制定的超国家、超意识形态的国际规则，对世界经济的运行起规范作用，对各国的经济行为有约束作用，为经济全球化奠定了组织基础和法律框架。美国学者撒米尔·T. 伊斯哈克（Samir T. IsHak）描述了国际组织推动全球化的状况。他说："'唯恐达不到资本主义天堂之中的理想国，你就去全球化吧'。这句话似乎成为发达国家新的宗教信条，并且经过国际组织的反复强调，笼罩着整个世界。世界上的其他国家，或者说其他国家中的绝大多数，如果不遵守这新的理念，他们将失去智慧，也将失去新世界秩序捍卫者的支持。所谓发展中的、新兴的、贫穷的、欠发达的经济体，去企求发达国家集团把它们的经验和专门知识技能与欠发达国家分享，其前提条件就是要走市场经济的道路。换句话说，就是要走资本主义道路，然后它就会像它的偶像——发达国家一样，走上发展之路。因此，目前就有了一条咒语：学习我们的制度和政策，否则你将永远处于欠发达状态。"①

四、基本矛盾演化说

"冷战结束之后，经济全球化取得了显著进展，这就是市场经济的全球化。这是一个具有划时代意义的进展。加速全球化的最大推动力从来就是市场经济。"②

从经济全球化的历史逻辑来看，矛盾的演化是经济全球化形成的主要原因。马克思在分析资本主义市场经济的基本矛盾时，曾十分深刻地指出，私有制和生产社会化之间的对立是导致资本主义经济一切问题的基本原因。这种对立所造成的问题是，经济决策者按最有利于自己的原则——利润最大化——来支配经济资源；而生产社会化的现实，又要求全社会应有统一的规划和协调。但在生产资料个人所有制的前提下，是很难实现两者兼容的，因此就造成了从全社会角度看生产无政府状态和盲目性与社会资源在各种用途之间转移过程中所表现出来的浪费。这一问题再加上利润和工资所得之间分配的不对称，连同由此造成的绝对贫困化和相对贫困化一起，成为资本主义经济危机的基本原因。作为一种替代方案，以公有制取代私有制，以计划经济取代市场经济便在逻辑上被演绎出来。但这种替代方案在实践中所显露出来的新问题，是经典作家始料不及的。

经济全球化是以市场经济为基础的，没有市场经济就没有生产要素国家间的自由流动，就谈不上经济全球化。第二次世界大战后，在欧亚建立的十几个社会主义国家，都以苏联模式为榜样，形成了高度集权的计划经济体制和产品经济模式，排斥商品经济和市场，西方资本主义国家也出于对社会主义国家的敌视立场，对社会主义国家采取经济封锁政策。同时，许多发展中国家也以苏联为榜样，实行内向型的计划经济体制。这样，市场经济只局限在发达资本主义国家和一部分发展中国家。冷战结束后，形势发生了重大变化。一方面，世界各

① 撒米尔·T. 伊斯哈克著，杨培雷译：《全球化：前提、承诺与问题》，载《海派经济学》，2003年第1辑，第118页。

② 罗肇鸿：《世界经济全球化一体化与制度创新》，载《世界经济》，1995年第10期，第8页。

主要国家争夺的重点从政治军事领域转向了经济领域，增强综合国力成为各国第一位的战略目标，普遍扩大了对外开放；另一方面，在东欧剧变和中国、越南等国改革中，都抛弃了计划经济体制，选择了市场经济体制，加强与西方国家的经济交往，努力与国际经济接轨。这样，市场经济体制成为不同制度和不同发展层次国家的共同体制，真正形成了世界性的无所不包的统一的世界市场，从而为经济全球化奠定了制度性的基础。

五、综合因素说

大多数学者主张全球化的形成不是偶然的，是由多种因素共同作用的结果，概括起来主要表现在：

1. 世界政治环境急剧改变，和平与发展成为世界各国的发展主流

冷战结束后，缓和的国际关系为世界经济发展提供了有利的国际环境，发展经济成为各个国家，特别是发展中国家面临的迫切任务。亚洲新兴工业化国家经济发展的成功范例，促使越来越多的发展中国家效仿对外开放、深化国际贸易的发展模式；苏联解体后，苏东国家和绝大多数社会主义国家走上改革经济体制的道路。这些变革促成了世界范围的经济市场化趋势，创造了经济全球化必需的体制前提。

2. 科学技术突破性的进展，提供了全球化的技术基础和动力

信息技术迅猛发展，远洋运输和航空货运技术不断进步，使国际运输与信息交流的成本大幅下降。廉价便捷的通信和交通使全球化的生产布局和管理成为现实。

3. 西方国家经济新自由主义的兴起，为全球化提供了理论依据

多年的“滞胀”导致凯恩斯主义被否定，西方各国相继采取了以自由化、私有化、放弃经济管制为标志的新自由主义。以关税为例，第二次世界大战结束时国际平均关税水平在40%左右；世界贸易组织成立后，发达国家的平均关税水平下降到4%左右，发展中国家下降到14%左右。这就大幅降低了跨国贸易的成本。另外，政府干预的减弱和控制的放松则有力地促进了资本的全球流动。

4. 跨国企业作为全球化的行为主体，直接推动着全球化的发展

第二次世界大战后，跨国公司迅猛发展，它们追逐规模效益与分工效益，推动了投资和生产从国内区域间分工向国际分工发展，销售从国内市场向国际市场扩张，形成了全球配置资源、跨国协调生产与经营活动的格局。

第三节　经济全球化的动因及特征

新科技革命有力地推动了生产全球化的发展，在生产全球化的基础上，资本的全球化程度也日益提高。在这个过程中，跨国公司以其独特的优势和迅猛的发展，成为生产国际化和资本国际化的主要载体。当然，不容忽视的还有国际经济组织在全球化过程中的作用，国际经济组织的目标取向及其推行的制度和措施有力地推动了经济全球化的进程。这里主要从四个方面论述世界经济呈现出经济全球化趋势的动因及其表现形态。

一、经济全球化的动因

(一)新科技革命与经济全球化

从科技发展来看,科学技术的飞速发展、层出不穷的科技成果,特别是大批高科技成果的问世,为跨国经济的兴起与蓬勃发展提供了基础和手段,特别是计算机、多媒体技术、信息高速公路的快速发展与普及为经济全球化创造了条件。同时,新的科技革命本身也是经济全球化的一个重要表现形态,两者相辅相成,推动着经济全球化向深度和广度发展。

1. 科学技术有力地推动了经济全球化的发展

在农业社会,人类的交往受到交通条件和通信手段的制约,经济活动不可避免地局限在狭窄的范围内,近代开始的三次科技革命使经济全球化由模糊变得越来越清晰。以蒸汽机发明和广泛使用以及机器制造业的建立为代表的第一次工业革命标志着近代工业技术体系的形成,社会生产力由此得到极大飞跃。19 世纪下半叶,在电力革命的强大推动下,钢铁、化学、机械、运输等重工业逐步取代轻工业,建立起机器大工业生产体系。重工业的发展要求资本由分散走向集中,资本垄断局面开始出现。20 世纪初,西方国家的生产社会化程度大大提高,国际经济联系迅速扩大,资本输出代替商品输出而占据主导地位,各帝国主义国家在世界范围内展开了争夺原料产地、投资场所和销售市场的竞赛,资本主义世界市场体系逐步形成。

以量子论、相对论的创立为理论基础,以微电子学和计算机技术为主要标志的现代科技革命衍生出生物工程、激光通信、空间技术、海洋开发以及新材料、新能源利用等现代工业部门。新兴工业的出现使生产效率显著改善,企业规模不断扩大,也使得世界各国的产业结构和部门内部结构发生深刻变化。与第二次世界大战前相比,1946—1970 年资本主义工业生产增长高达 400%,年平均增长率远超过第二次世界大战之前。① 而且世界贸易持续增长,世界商品贸易额的增长率超过世界生产总值的增长率。资本流动的国际化进程也成为一个令人瞩目的亮点。

互联网的产生更是为人类无限拓展了经济生活空间。信息传递的网络化使超国家的信息空间成为可能,极大地推动了生产、金融、贸易、技术的全球化。归根到底,这一切都归功于现代科技革命。科技革命带动世界生产力的提高,而生产力的提高必然要求生产要素突破国家限制,实现最佳配置。

2. 新科技革命推动了生产国际化的发展

国际分工是社会分工超越国与国之间界限而形成的国际专业化分工,它是生产力发展到一定阶段的产物。世界经济发展的事实告诉我们,国际分工的发展最终取决于科技进步和经济发展,生产社会化程度的提高是推动国际分工发展的根本动力。第二次世界大战后,在新科技革命的作用下,国际分工进入了不断深化的阶段,旧的国际分工体系发生了很大的变化,形成了当代国际分工的新格局,表现出一系列新的特征:

(1)国际分工从传统的垂直型分工为主转变为垂直型与水平型分工并重

---

① 安古斯·麦迪森:《世界经济二百年回顾》,改革出版社 1997 年版,第 32 页。

垂直型分工是指产业部门内的分工，主要表现为工业制成品与初级产品之间的分工。水平型分工是指产品生产的分工，即产品生产的专业化、零部件生产的专业化、工艺的专业化以及新产品设计开发的国际分工、协作。国际分工的这种变化推动了生产要素在国家间的优化配置，从而成为生产国际化的先导。

(2)参加国际分工的国家类型更加多样化

参与国际分工的国家可以利用自身的比较优势，优化资源配置，改进生产技术，提高产品质量和档次，从中获得直接的经济利益。因而世界各种类型的国家都不同程度地参加到国际分工的行列中，融入世界经济体系内，成为世界经济的一分子。

(3)新科技革命使生产社会化程度日益提高

新科技革命在促进国际分工发展的同时，使各国在生产中的联系日益密切，一个产品尤其是一些大型高科技产品的生产都是国际合作的产物。正是这种发达的国际分工和紧密的国际合作，已经把生产社会化提高到前所未有的程度。因此，今天的生产已经超越了国家的范围，在国际社会这一更大的范围内展开。生产社会化的高度发展为经济全球化奠定了最重要的物质基础。

(4)新科技革命为经济全球化发展创造了必要的条件

经济全球化发展的重要条件之一是要有高效率的通信和运输条件，而新科技革命的发展使这一条件成为可能。现代科技和信息技术的发展使全球范围内快速、经济地进行通信、传递信息与数据成为可能。这既缩短了空间距离，又跨越了时间的限制。跨国公司的决策者们可以在瞬间了解世界市场的情况，通过必要的分析，做出最有效的资源配置决策。

总之，只有从根本上认识新科技革命是经济全球化发展的内在动力，才能深刻理解经济全球化发展的真正原因和客观趋势。

3. 新技术创新本身也构成了经济全球化的一个重要方面

当今世界，科学技术日新月异，学科的交叉、渗透日渐频繁，具有长期市场价值的市场创新也呈现出复杂性趋势，且研究开发成本不断增加。技术发明和创新再也不是少数发明家闭门造车可以完成的了，必须是群体协作。人力资源和财力资源的投入都攀升到前所未有的水平。20世纪40年代，美国研制DC-3型飞机耗资30万美元；而在今天，研制新型飞机的费用已经达到数亿甚至数十亿美元。在这种情况下，任何一个企业都不可能也不愿意单独承担起巨额的研究开发成本，开发所有技术。另外，新技术革命导致产品和技术的更新频率不断加快，使得任何一个企业都不可能长期享有某种创新技术带来的利益。鉴于上述原因，企业必须寻找技术开发费用和风险的分担者，寻找“可控制”的技术共享者，于是产生了技术创新全球化趋势。目前，企业的战略性收购和兼并，实现企业技术资源的重组，已成为跨国企业并购的重要原因之一。另外，企业的国际技术联盟、联合开发研究与开发活动，已经成为许多跨国公司重要的技术发展战略。同时，研究机构也展开了与跨国企业间的研究与开发联合行动。以上现象表明，当今技术创新的国际化趋势已日趋明显，它必然有力地推动着经济全球化的发展。

(二)资本国际化与经济全球化

生产国际化的发展必然要求资本的国际化。资本国际化的过程又是与资本输出和国际流通紧密联系在一起的。资本国际化推动着经济全球化的同时，也使经济全球化在贸易和金融方面得到了充分体现。

资本输出是指资本主义国家的政府或流通组织为了获取高额利润而对国外进行的贷款和投资。资本主义发展到垄断阶段，资本输出代替商品输出成为其主要的经济特征之一。这主要因为：

1. 过剩资本追求高额利润的需要。在垄断阶段，垄断资本集团已经控制了国内主要的投资场所，大量“剩余”资本很难再找到理想的投资场所。于是，垄断资本就通过资本输出，到国外去寻找更有利的投资场所，以取得比国内更高的利润。这是资本输出迅速发展的内在原因。

2. 垄断组织扩大市场和垄断原料来源的需要。垄断资本大规模的生产使国内原料短缺和市场问题成为制约经济进一步发展的重要因素，为此展开的竞争也日益加剧。通过资本输出，不仅可以带动国内商品输出，使本国产品在世界市场上占有更大的份额，而且可以通过对外投资，在国外就地生产、就地销售，从而绕过那里的贸易和关税壁垒。更重要的是，垄断资本通过在国外开发基础资源和重要原料，垄断原料来源，保持它们在经济发展和竞争中的优势地位。

3. 落后国家和地区经济发展过程中形成了巨大的资本需求。经济落后的国家和地区往往存在着国内资本短缺的问题，引进资本成为这些国家和地区经济发展的一个重要条件。这就为垄断资本的大量输出提供了可能性。

(三)跨国公司全球经营战略与经济全球化

随着跨国公司日益成为完全行动能力的主体，世界市场已经由各个跨国公司组织起来，变成了一个有机联系的整体。传统观念认为由“国家生产”的产品，正在成为“公司生产”的产品，于是真正意义上的全球化产品脱颖而出，它身上体现的不再单纯是某一个国家或地区的区位优势，而是全球的集合优势。

跨国公司是指以本国总公司为基地，通过对外直接投资，在其他国家和地区从事生产和经营活动的国际性企业。跨国公司的产生是从国内垄断向国外延伸的必然结果，是与发达资本主义国家的资本输出联系在一起的。与一般企业相比，它具有以下特点：

(1)跨国公司以全球性的战略安排来确定经营目标

跨国公司是在一个国家设立总部，在多个国家设立分支机构和生产基地的巨型企业系统。它能够通过在不同国家和地区的生产分工在全球范围内充分发挥资源要素的比较优势，从而降低成本，提高生产效率，实现整个公司的利润最大化。总公司处于最高的决策地位；国外子公司的投资、生产、销售、资金、人事等都必须严格执行总公司的决定；各子公司的生产经营活动被限制在规定的范围内，而且必须服从整个公司的利润目标。因此，跨国公司更能适应日趋激烈的国际竞争、复杂多变的市场需求。

(2)跨国公司在经营方式上趋于多样化和当地化

跨国公司在全球化经营过程中，更强调子公司的“当地化”经营。跨国公司一方面大量接受当地管理人员进入企业服务；另一方面，从公司内部看，在强调总体集中控制的同时，也开始注意子公司的经营积极性。因此，子公司管理人员的当地化有利于跨国公司积极参与当地经济生活，有利于适应当地多样化的社会环境，从而能够更好地确保公司全球化战略的根本利益。

(3)跨国公司在所有制形式上更趋于多元化

早期的跨国公司在国外的发展基本上是单一的全资子公司。这类公司垄断着资本、技术、管理、市场销售等方面的经营优势，所在国很难受益，因此，这些公司并不受欢迎。20 世纪 80 年代后，跨国公司出于自身利益，开始关注如何与所在国当地社会融合。因此，跨国公司在企业的所有制形式上经历了从单一的全资子公司到控股式合资公司，进一步到非控股的合作经营的发展过程，出现了跨国公司多种所有制形式并存的格局。

跨国公司以其独特的优势和作用促进了生产全球化和资本全球化的发展，使生产、交换和其他经济活动都置于广阔的世界经济体系之中。跨国公司已成为当代国际资本运动的主要形式，是生产国际化和资本国际化的重要载体。

由于跨国公司已经承担了世界生产与贸易的大部分，因此超大型跨国公司已经变为真正意义上的全球公司。从这个意义上说，国家界限的经济意义将趋于淡化。因此，跨国公司对经济全球化的发展起着十分关键的作用。

(1)跨国公司对经济全球化起着主要的推动作用

在经济全球化的发展过程中，跨国公司的作用表现在：一是跨国公司的投资导致了资源配置的全球化，使世界生产在最合理的区位布局下进行。资本的流动引导了技术的流动、管理的流动和市场的重新划分。二是跨国投资导致了市场经营方式的全球化，使投资流入国采用市场经济的生产方式和经营方式。三是跨国投资的巨大经济效益加速了不发达国家的对外开放，融入世界经济体系之中。四是跨国公司大大推动了国际贸易的发展，并要求贸易以更自由的方式进行。这种推动是由分工的深化决定的，由此带来的贸易的扩大要远远超过跨国公司跨越贸易壁垒进行投资所减少的贸易。

(2)跨国公司是经济全球化中的微观主体

全球化的世界经济具有一个重要特征，就是作为世界经济构成的主体，不仅有国家，而且越来越重要的是有跨国公司。随着跨国投资超越国际贸易成为各国经济关系的主要形式，由以国家为主体的世界经济逐渐向以跨国公司为主体的世界经济转化。大型跨国公司不仅决定了世界经济的生产布局，决定了与此相联系的国家的产业结构，而且决定着全球产业结构的进步和经济的增长。

(3)跨国公司集中反映了全球化经济中的新矛盾

跨国公司从一开始，就带来了国际经济的新矛盾，其中包括国家主权与公司干预的矛盾、国家战略与公司战略的矛盾、东道国国家利益与跨国公司利益的矛盾等。在经济全球化的条件下，跨国公司作为世界经济的主体，也集中了世界经济中的新矛盾。例如，由跨国公司主导的国际产业转移，一方面为发展中国家的发展提供了机遇；另一方面，又使发展中国家承担了高污染行业带来的后果，并使经济发展过程中的这些问题也全球化了。

总之，跨国公司的迅猛发展对经济全球化起着积极的推动作用，跨国公司已成为当代经济全球化过程中生产和资本运动的主要组织形式，是当代生产全球化、资本全球化和贸易全球化的重要载体。

(四)国际组织的目标取向与经济全球化

1. 国际组织的目标取向推动着全球化进程

随着跨国公司的生产经营活动从一国走向全球,制定、实施、规范全球经济贸易活动的规则就显得尤为必要和紧迫,多边国际组织的重要性大为增强。近年来,国际组织顺应经济全球化的浪潮,大力倡导贸易投资自由化,在全球范围内降低关税、减少非贸易壁垒、改善投资环境,从而促进了资金、货物、技术、人员在国与国之间的自由流动。

国际货币基金组织、世界银行和关贸总协定(现在为世界贸易组织取代)是半个多世纪以来调节世界经济关系的"三驾马车"。世界银行负责对发展中国家贷款,同时还向发展中国家提供技术援助。国际货币基金组织负责确定成员国国际收支平衡是否发生问题及其严重程度,并实施有关救助。关贸总协定则是一项关于关税和贸易准则的多边国际协定。它不仅致力于削减关税壁垒,同时也为解决贸易争端规定了解决程序和相应的组织机构,对稳定国际贸易关系、维持国际贸易秩序起到了积极作用。自 1995 年起,世界贸易组织(WTO)正式取代了关税及贸易总协定(GATT)。世界贸易组织的建立与运作,标志着在世界范围内构筑起以贸易自由化为中心的多边贸易体制框架,标志着全球有序的自由贸易时期的开始。WTO 成立以来,在吸收发展中国家成员、解决贸易争端、评审贸易政策等方面都取得了显著成果,尤其是在服务贸易重要部门中的谈判取得较大进展,大大推进了全球贸易自由化的进程。但由于大国操纵多边决策进程,不平衡地实施乌拉圭回合协议,推进自由化过程中"一刀切",以及政治因素左右接纳新会员等问题仍未得到解决。

2. 统一的国际经济规则是经济全球化的重要表现

冷战结束和 WTO 正式生效之后,人类历史上才首次形成了真正意义上的统一世界市场,而且统一的国际经济规则覆盖了大多数国家,由此经济全球化才真正为人们所认同。从这种意义上说,与国家间生产要素的自由流动相比,统一的国际经济规则是经济全球化的一个更重要的标志。

当然,统一的国际经济规则并非一夜之间形成的。第二次世界大战结束后,美国取代英国成为世界经济的新霸主,它试图以《布雷顿森林协定》和《哈瓦那公约》为基础建立起管理全球经济发展、金融和贸易的统一国际经济规则,以及与此相对应的国际经济组织。然而,由于美国国会担心由国际贸易组织制定国际贸易规则会削弱其立法权,国际贸易组织被迫流产,演变为一个多边贸易论坛或协定——关税与贸易总协定(GATT,以下简称关贸总协定)。不过,与最初设想的国际贸易组织相比,关贸总协定作为一个多边贸易论坛所制定的规则对成员方的约束力大大减少。至此,由国际货币基金组织、世界银行与关贸总协定制定国际经济规则的框架基本形成。

在 WTO 产生之前,由国际货币基金组织、世界银行和关贸总协定为主体所确立的国际经济规则,总体上来说对民族国家的约束力是非强制性的。国际货币基金组织最初确立的固定汇率制对成员国有一定的约束力,但 20 世纪 70 年代以后随着浮动汇率制的实施,这种约束力已不复存在,世界银行在提供发展援助时所提出的条件也只有在成员国陷入危机时才能发挥一定效用。关贸总协定在乌拉圭回合之前经历了 7 轮多边贸易谈判,就关税与非关税减让达成了一系列多边协议。但由于它的性质所决定,这些协议对成员方也是非强制性的。此外,它还允许成员方有选择地签署有关的协议。更为重要的是,这三个机构都是非仲裁机构。

同样,WTO之前的国际经济规则在涵盖范围上也是有限度的。一方面,两个平行世界市场的存在使这些规则适用的地理范围受到了很大的限制,全球经济中的相当一部分国家不遵守资本主义世界市场的规则。另一方面,尽管当时的规则已经涵盖了国际经济活动的主要领域,但仍有众多领域不在其管辖范围内。更为重要的是,全球生产要素流动的加速发展使得规则管辖之外的领域越来越广泛,如与货物贸易同样重要的服务贸易,与跨国公司相联系的国际直接投资活动,与技术转让相联系的知识产权保护等。

冷战的结束为国际经济规则在全球范围内的应用创造了条件,WTO的产生则使国际经济规则的覆盖范围和约束程度进入了一个新阶段。正是从这种意义上来说,冷战的结束和WTO的产生标志着统一的国际经济规则形成。这种统一的国际经济规则,一方面表现为它所覆盖的地理范围和经济活动领域具有了全球性,另一方面,它对民族国家的约束力也大大加强。

由以上几个方面来看,经济全球化有其深刻的社会、经济根源,同时也成为当今世界经济发展的必然趋势。

二、经济全球化的基本特征

(一)经济全球化是与知识经济和信息技术相适应的

从世界经济的发展过程来看,当今的经济全球化已经超越了工业经济时代,而与知识经济相适应。在全球化的国际经济关系中,不仅有货物、劳务和资本的大规模国际交流,而且信息技术的广泛应用给人们提供了一种更便捷的国际交流手段,使国际经济关系更加紧密。没有以知识的生产、交换和消费为基础的知识经济和世界经济的信息化,就没有当今的经济全球化。

(二)垂直型和水平型的国际分工并重是经济全球化的基础

以往的经济全球化是以垂直型分工为主,即发达国家专门从事制造业生产,而经济落后的国家则是其农产品和原材料的供应者。现在则强调水平分工,不仅发达国家从事制造业生产,发展中国家也大力实行工业化,发展制造业。各国不仅在制造业方面有分工,而且在同一部门的不同产品与同一产品的不同零部件方面也有分工。第二次世界大战后,这种水平型的分工日益深化。近年来,国际分工又有了新的发展,发达国家着重发展高科技产业,发展中国家则发展一般制造业。两者之间,既建立了新的互补关系,又造成了新的差距。

(三)经济全球化以多元的行为主体构成世界经济和国际关系

在以往的经济全球化条件下,世界市场的主体是国家,国际联系主要是在国家之间进行的。当时的企业对发展国际经济关系、扩大国际经济交流所起的作用并不显著。而在当今的经济全球化形势下,世界经济和国际关系的行为主体是多元的,除国家之外,更强调企业,即现代跨国公司和跨国银行。它们把生产、投资、销售等活动场所遍布到世界各地,实行全球经营战略,形成了当代空前巨大而严密的全球网络,把世界各国乃至全球的经济都包罗在内，使全球化经济变成网络经济。

（四）经济全球化通过全方位、多渠道的市场体系来沟通各国之间的经济联系

以往，作为各国之间的经济交往主要是商品交换和资本流通；在经济全球化条件下，不仅国际货物贸易空前扩大，资本流通成倍增长，而且国家间的对外直接投资、劳务贸易、科技贸易信息传播、人员流动、国际旅游等领域都有了迅猛的发展。这些领域互相促进、互相结合，形成了一个全方位、宽领域、多渠道的发达而又完整的市场体系，这个体系使各国在各个领域都产生了广泛的经济关系，从而把各国的经济紧密地联系在一起。

（五）经济全球化同区域化和集团化同时并存

综观世界历史，我们可以发现，经济发展的不平衡是全球经济发展的一般规律。经济全球化不是某一时段上的状态，而是一种不断变化的过程，并与经济区域化和集团化共同发展和演进。目前世界上存在自由贸易区、关税同盟、共同市场等各种类型的区域经济合作组织达400多个，其中以自由贸易区（FTAS）为主要表现形式。在集团化方面，迄今出现的经济集团有7国集团、77国集团、24国集团等。

（六）全球化并不意味着国家利益的淡出，相反使民族利益更加凸显

全球化是否就意味着各国都开始追求全球利益而置本国利益不顾了？或者是否像某些西方大国领袖所说的，世界整体利益的重要性超过了各国家、各民族的利益？事实恰恰相反。可以说，随着全球化进程的加快，民族经济非但没有萎缩，反而更加凸显，民族利益也越发突出。全球化制度以西方发达国家为主导的事实本身，就蕴涵了这种制度的利益偏颇性。越来越多的贸易战、日益严重的民族冲突等充分说明了这一点。对此，汉斯·摩根索有一经典之语：只要世界还是由国家组成的，国家利益仍然是各国交往的最后语言。

像许多其他事物一样，全球化也是一个二律背反，它既包含一体化的趋势，同时又包含分裂化的倾向；既有单一化，又有多样化；既是集中化，又是分散化；既是国际化，又是本土化。目前，世界的一个重要特点就是全球化与本土化之争。而全球化与本土化两个动力之间的紧张关系构成了当今世界事务的核心。因此，随着全球化的发展，世界变小，但世界各国彼此并没有更接近。

世界经济的民族化倾向有以下三个层面：

一是区域性经济集团在发展。这些区域性集团一般都是对内实行贸易优惠，对外实行一定程度的歧视政策，保护集团利益，从而保护本国利益。

二是发达国家的贸易保护主义抬头，特别是美国，20世纪90年代以来以新凯恩斯主义理论为基础，打着公平贸易主义的旗号，公开推行战略贸易，竭力扶持本国企业，干预本国产品在国际市场的竞争力。

三是各区域集团之间以及各国间的经济矛盾和竞争越来越明显。在世界市场上，控制和反控制的争斗越来越激烈。如美日欧之间的汽车战、日美之间的半导体战等，全球围绕农产品和服务贸易的一轮又一轮的摩擦，以及世界上永无止境的倾销—反倾销、报复—反报复的斗争。可见，经济全球化条件下民族国家依然很重要，而且在将来仍会显得重要。

（七）知识资源在全球化进程中的重要性日趋加强，教育成为各国较量的重点

全球化竞争的核心是知识和人才的较量，生产的主要资源是人力资源和知识。美国管理学权威彼得·德鲁克认为，从事知识工作和服务工作的人的生产力而不是制造和运送产品的人的生产力，才是发达国家的生产力。美国著名经济学家莱斯特·瑟罗指出，今天只有知识和技能才是各种竞争中获得优势的唯一胜利源泉。彼得·德鲁克甚至认为，只要各国重视知识的创造，那么，在今后的10年或20年内很可能会出现新的、惊人的"经济奇迹"，贫穷落后的第三世界国家几乎会在一夜之间使自己变成飞速增长的经济强国。

那么，知识是从哪里获得的呢？首先在于教育，科技及其制度的优劣是教育的函数。德国的卡尔·梅因茨·巴奎认为，从长期观点来看，只有当一个国家的教育制度在某种程度上与经济结构相配合的时候，才能使劳动力的供给获得保障。1997年，克林顿连任总统后发表声明，确保每个美国人享有世界上最好的教育。目前美国全部职工平均受教育时间已达13年以上，其中受过高等教育的人数占55%以上。[①] 日本和韩国高度重视教育也是众所周知的，两国教师在国内的相对收入位于世界同行的前列，从而确保了自小学到大学均有一流人才在培养和教育下一代。日本政府认为，一个国家拥有设计和销售产品的知识工作者，就能轻易地实现产品的低成本和高质量；把发达国家花在创造蓝领工作岗位的钱用于推进该国的教育，从而确保年轻人学到足够的知识以胜任知识工作或至少胜任高级服务工作，将会创造更多的经济价值。

(八)经济全球化是以发达国家为主导的

制度的变迁往往是由那些从中得到潜在利益的人推动的，将制度变迁推展到国际关系中也是如此。当前的全球化制度是由在国际事务上占支配地位的某些西方大国组织实施的，最有竞争力的西方强国在国际事务上利用其垄断地位和霸权，力图将自身的生产方式逐渐扩展到所有国家。正如吉登斯所说，作为唯一的超级大国，美国深刻而突出地影响了全球新秩序的形成。从某些方面看，它还企图把美国的宪法条款推及全球。

依照制度经济学的理论，组织变迁的过程一般是从非正式的组织开始，但它必然会过渡到正式的组织安排；一旦正式的组织安排形成，必然会产生强制力的作用以利于规章的实施，因而极易违反一致性原则，在各国力量悬殊的情况下，甚至会偏离多数人的意愿。因此，马丁和舒曼说，全球化被看作世界市场上力量的解放，从经济上使国家失去权力。[②] 这种全球化对于大多数国家来说是一个被迫的过程——一个它们无法摆脱的过程；对于美国来说，却是其经济与政治精英有意识推动并维持的过程。这种主要由发达国家引导和控制的全球化进程，其目的是在全球范围内实施资源和市场的不公平分配和竞争，并用西方资本主义的经济、政治和文化制度与模式来统一全世界。

第四节　经济全球化的影响

经济全球化是社会化大生产发展的必然，是社会化大生产发展的新高度、新阶段，各种生产要素在全球范围内得到最有效的配置，代表了人类社会迄今最先进的生产方式，是人类

---

① 程恩富、朱富强：《经济全球化与中国的对策思路》，载《上海行政学院学报》，2000年第4期，第69页。

② 程恩富、朱富强：《经济全球化与中国的对策思路》，载《上海行政学院学报》，2000年第4期，第69页。

社会发展的必然。因此它对一切国家都是难得的机遇，同时也带来了严峻的挑战。

(一)经济全球化的积极作用

众所周知，世界各地是经济全球化的受益者，这是一个不争的事实。主要表现在以下几方面：

(1)经济全球化为各国提供了更加广阔的经济活动空间，使它们凭借各自的优势和经济实力活跃在世界经济舞台上，不断扩大经济势力范围，在全球获得更大的销售、投资和劳动力市场，谋取更大的经济利益。

(2)由于经济全球化的加快发展，促进了世界多边贸易体制的形成，使国际贸易增长迅速，促进国内生产总值的增长。

(3)经济全球化极大地促进了各国跨国公司的发展和全球扩张，并使其对外投资规模不断扩大。跨国公司在各国对外经济活动中占有举足轻重的地位。

(4)经济全球化带来的世界范围内的空前竞争，促使各国经济向科技和资本密集型产业升级，在高新技术方面不断创新，研究、开发和生产出技术和知识含量高的新产品，并及时推向市场，提高产品的国际竞争力。

(二)经济全球化的消极影响

各国在得到经济全球化的种种益处的同时，来自发达国家尤其是主要发达国家对经济全球化的抱怨声始终不绝于耳，甚至像诺贝尔经济学奖得主莫里斯·阿莱、世界经济论坛前主席克劳斯·施瓦布以及汉斯—彼得·马丁和哈拉尔特·舒曼等西方著名学者也竭力宣扬“经济全球化对发达国家危害论”，将经济全球化视为“陷阱”，看作“对民主和福利的进攻”，甚至把发达国家的失业问题、工资和收入水平的下降也都归咎于经济全球化。应当说，这些观点虽然过于偏颇，但经济全球化在给发达国家带来巨大经济利益的同时，也带来了一些挑战及负面影响。

1. 经济全球化使发达国家和发展中国家均面临前所未有的挑战

经济全球化对发达国家带来的挑战，有些是近在眼前的，有些是潜在的。目前，发展中国家与发达国家之间的“南北差距”越来越大的趋势，如果不能得到及时有效的解决，将对发达国家带来许多消极影响；如果贫穷的发展中国家无力购买发达国家的产品，将使全球市场萎缩，“贸易自由化”就会失去实质意义；如果贫穷国家总是发生严重的社会矛盾与动荡，从而投资环境恶化，也难以实现真正的“金融自由化”；若占世界总人口2/3以上的发展中国家无法平等参与，也就谈不上经济全球化。这些问题对发达国家的经济发展必然造成制约，引发全球性经济危机。在全球性经济危机中，发达国家不仅无法幸免，而且必然损失巨大。正如邓小平同志所指出的那样：“南方得不到适当的发展，北方的资本和商品出路就有限得很，如果南方继续贫困下去，北方就可能没有出路。”①

“南北差距”越来越大，还意味着历史上殖民地与殖民主义的对立将以新的形式再现。在经济全球化的形势下，一个贫穷国家的动乱将引起周边地区乃至全球性动乱。更严重的是，哪里有压迫，哪里就有反抗，这是历史规律，贫穷的发展中国家反对以美国为首的发达国

---

① 中共中央文献编辑委员会：《邓小平文选》第三卷，人民出版社1993年版，第106页。

家的浪潮必将一浪高一浪。从这个意义上讲，经济全球化也是向人类的挑战，全人类应该在这一挑战面前深思。

2. 资源和环境问题成为经济持续发展的障碍

一方面，西方国家对世界资源掠夺性的开发和不合理的使用，已经形成了日益严重的资源问题。人口仅占世界人口 20%的西方发达国家却消耗世界 80%的能源和物质材料，人均能源和物质材料分别为发展中国家的 35 倍和 50 倍。人口占世界人口不足 5%的美国每年消耗全世界开发资源的 34%，人均消耗能源为发展中国家的 500 倍。①

另一方面，西方国家产生的工业垃圾成为世界的主要污染物。据联合国环境署统计，工业发达国家产生的有害废弃物占全球产生量的 95%，而且，它们还通过转移高污染产业和污染废弃物，大肆向发展中国家转移污染。日本 60%以上的高污染产业转移到东南亚和拉丁美洲，美国 39%的高污染产业也转移到发展中国家，美国每年向境外倾倒 200 万吨的毒废料，是世界上最大的有毒废料输出国；德国每年也运送 60 万吨以上的危险废物到国外。②

由于不断追求自身增值这一资本特性所导致的资本主义生产无限扩大的趋势，决定了资源短缺和环境污染问题的产生不可避免，而且日益加重。从长远看，全球范围内生态平衡的破坏、人和自然关系的恶化必然阻碍资本主义经济自身的持续发展。

3. 经济全球化也会对发达国家工人就业以及工资水平产生一些冲击

由于国际贸易的迅速发展和发展中国家向发达国家出口规模的扩大，对发达国家的某些劳动密集型产业和就业会产生不利影响，但这种影响绝非像西方一些著名学者所讲的那样严重。美国经济学家对美国相关部门的调查表明，来自发展中国家的进口可能仅使制造业对非熟练工人的需求量下降 6%。③ 世界银行也认为："工业国劳动力市场的困难只有 10%～30%是与发展中国家的贸易所造成的……即使是考虑商品异常的劳动力密集性，国际贸易对工业国劳动者的直接影响也十分有限。"④国际贸易的发展尤其是发展中国家的出口冲击，也可能会对发达国家的工资和收入水平有一些负面影响。克鲁格曼估算，来自外国的竞争使美国平均工资的下降幅度不到国民收入的 0.07%。⑤

1994 年世界经济论坛（达沃斯会议）发表的《国际竞争力报告（导言）》宣称："现代技术向新兴工业化国家的传播对高工资国家有反工业化的作用：资本流入第三世界，而这些国家低成本生产者以低廉的制成品洪水般地涌入世界市场。这种趋势将逼迫高工资国家未来只有在降低工资与增加失业之间做出选择。"这就是发达国家一些工会反对全球化的原因。

---

① 《求是》杂志课题组：《资本主义的新变化及其本质上的腐朽性》，载《求是》，2001 年第 4 期，第 18 页。

② 李景治等：《当代资本主义的演变与矛盾》，中国人民大学出版社 2001 年版，第 416—417 页。

③ 英国：《经济学家》，1994 年 10 月 1 日。

④ 世界银行：《1995 年世界发展报告》，中国财政经济出版社 1995 年版，第 56 页。

⑤ [美]克鲁格曼：《第三世界的经济增长损害第一世界的繁荣吗》，载《哈佛商业评论》，1994 年 7—8 月号，第 12 页。

第五节　逆全球化运动与新贸易保护主义

一、逆全球化运动

关于全球化，存在着不同意见。反对者"倾向聚焦于这样的关注点：放纵的全球资本主义和新自由主义加深并扩大了不平等，对这个星球的严重破坏正呈现出来，其信号是环境灾难以及人类活动诱发的气候变化。这些声音聚合在一起，形成了批评自由贸易的大合唱"[①]。自由贸易协定成为他们愤怒的聚焦点，有一位激进主义者将其称为"新自由主义蛋糕上的糖霜"。"在他们看来，自由贸易代表的是，如何通过保障财产和知识产权保护，全球经济进一步扩张，以利于富人。而绝大多数的社会福利构成部分——劳工权利与人权、环境保护以及其他方面——被视为仅仅受制于市场莫测变动的外部效应。"[②]

"全球化并非天生具有正效应或负效应。由于构成全球化的诸多进程，治理全球化的规则决定了谁受益与谁受损，这些诸多进程包括投资与经济流动、通信网络的增加、技术转移与文化传播。"[③]"而全球经济的治理规则最终将影响工人、移民、农民、本土居民、环境，影响土地、水资源、医药的可得性，甚至影响文化产品。"[④]归根结底，在不公正、不合理的国际经济旧秩序未能得到根本改变的情况下，经济全球化的深入发展在客观上加剧了国际竞争和世界经济的不平衡和不平等，导致国际经济利益的重大调整和各国国内各阶层利益的重大调整，利益受到重大冲击的国家和这些国家国内的阶层成为反全球化运动的中坚力量。20世纪90年代中期，随着经济自由化和经济全球化的深入发展，一些国家和地区发生了金融危机，如1994—1995年墨西哥金融危机、1997—1998年亚洲金融危机，人们开始反思经济自由化和全球化的后果，由此开启了反全球化运动。反全球化运动大致分为两个阶段：第一个阶段称为全球化反对者和非政府组织的抗议活动阶段；第二个阶段是一些国家逆全球化的政策安排阶段。

（一）全球化反对者和非政府组织的抗议活动

20世纪90年代中期以来，全球化反对者和非政府组织不断发起针对全球化的抗议活动，环保主义者、动物权利支持者、工会组织、人权分子、无政府主义者甚至白人至上主义者都加入反全球化抗议的队伍。与全球化问题有关的国际会议开到哪里，反全球化的抗议者就跟到哪里，反全球化浪潮愈演愈烈。例如，1999年11月在美国西雅图召开的世界贸易组织贸易部长会议、2000年1月在瑞士达沃斯召开的世界经济论坛年会、2000年2月14日在

---

① Tamara Kay &. R. L. Evans, 2018. *Trade Battle: Activism and the Politicization of International Trade Policy*. Oxford University Press . Preface, Page xi.

② Tamara Kay &. R. L. Evans, 2018. *Trade Battle: Activism and the Politicization of International Trade Policy*. Oxford University Press . Preface, Page xi.

③ Tamara Kay &. R. L. Evans, 2018. *Trade Battle: Activism and the Politicization of International Trade Policy*. Oxford University Press . Preface, Page xiv.

④ Tamara Kay &. R. L. Evans, 2018. *Trade Battle: Activism and the Politicization of International Trade Policy*. Oxford University Press . Preface, Page xiv.

泰国曼谷召开的联合国贸易与发展会议、2000 年 9 月在捷克布拉格举行的世界银行与国际货币基金组织年会、2000 年 12 月在法国尼斯举行的欧盟首脑会议、2001 年 4 月在加拿大魁北克召开的美洲国家首脑会议、2001 年 6 月在瑞典哥德堡召开的欧盟峰会、2001 年 7 月在意大利热那亚举行的八国峰会等国际大型会议的会场外，均出现情绪激昂的反全球化的抗议人群，爆发群情激奋的抗议活动。

(二)一些国家逆全球化的政策安排

近年来，一些国家将国内出现的矛盾和日益凸显的全球性问题简单地归咎于经济全球化，大力推行贸易和投资保护政策，人为阻断各国经济之间的联系。在西方国家，贸易政策已经政治化，贸易保护、贸易摩擦已经成为政党在大选中的博弈手段。在特朗普的美国总统任期内，美国在贸易政策上采取了更加强硬且力度更大的保护主义措施，打出了关税保护、技术出口限制、封杀外企、限制移民等单边主义的组合拳，使全球经济面临逆全球化的严峻挑战。在美国主导下，美国、墨西哥和加拿大签署了具有明显排他性的新版贸易协定——《美墨加协定》(USMCA)。与《北美自由贸易协定》(NAFTA)相比，《美墨加协定》没有将“自由贸易”作为核心内容，而是大幅增加了有利于美国的条款，并增加了被认为针对性和排他性很强的“毒丸”(poison pill)条款。在欧洲，英国脱欧必将给欧洲一体化带来巨大冲击。在亚太地区，2020 年 11 月 15 日东盟 10 国和中国、日本、韩国、澳大利亚、新西兰共 15 个国家正式签署《区域全面经济伙伴关系协定》(RCEP)。

与此同时，全球地缘政治风险不断积累，局部性军事冲突不断发生。近年来，美伊冲突、土俄围绕叙利亚和利比亚国内冲突的明争暗斗、印巴克什米尔冲突、亚美尼亚和阿塞拜疆的纳卡冲突等接连不断，必将进一步加剧区域乃至全球和平发展的不确定性，增大全球政策协调的难度。事实也正是如此，近年来全球治理机制进展缓慢。2019 年 6 月举行的二十国集团(G20)领导人大阪峰会聚焦全球经济、贸易与投资、创新、环境与能源、就业、女性权利、可持续发展、全球健康等议题，会后发表《大阪宣言》，但缺乏有约束力的规则和有效的行动。关于 WTO 进行必要的改革问题，尽管 G20 领导人认同改革的必要性，但是在原有规则的修订和新规则的制定上未形成一致意见。值得注意的是，由于美国的阻挠，WTO 上诉机构长期难以维持正常运行。

二、新贸易保护主义

世界贸易发展的历史就是一部贸易自由化和贸易保护主义相互交织、相互斗争、相互影响、相互交替的历史。贸易保护主义由来已久，可以追溯到 16—17 世纪盛行于欧洲的重商主义。随着资本主义的兴起，亚当·斯密开启的自由贸易理论一直是主流理论。尽管如此，其间也不乏主张贸易保护主义的重要理论，如 19 世纪美国的汉米尔顿、德国的李斯特等著名经济学家的理论上升到政策层面，并对美国和德国的崛起起了极其重要的作用。

在经济全球化日益深化的背景下，发达国家贸易政策的总趋势是贸易自由化。尤其是第二次世界大战后，在 GATT/WTO 机制的推动下，世界贸易的自由化和便利化得以发展，各国的关税水平不断降低，非关税壁垒不断取消，世界贸易政策呈现自由化发展的趋势。之所以如此，主要原因是：

(1)多边贸易体制和区域贸易体制的约束

GATT/WTO构建的多边贸易体制对成员国的贸易保护措施形成了约束。同时,作为经济全球化重要特征的区域经济一体化的机制也有力地限制了成员国的贸易保护政策安排。

(2)贸易双方要求公平贸易的威慑

除一些国家的优惠贸易政策安排外,贸易双方通常要求相互实行公平贸易政策,即贸易双方相互提供对等、互惠的贸易待遇。为了增进各自的贸易利益,在公平贸易原则下,必须摈弃传统的贸易保护措施,相互开放本国市场。如果一国实行保护政策和封闭本国市场,会被视为违反公平贸易的行为,遭到贸易对手的报复和制裁,终将失去他国的市场。

(3)历史经验与教训

在世界发展史上,尽管少数国家在特定历史背景下采取贸易保护措施取得了长足进步,但从长期来看,贸易优势和国家竞争优势无法靠贸易保护措施获得。总体来看,长期推行贸易保护政策的国家不仅无法达到预期目的,而且往往会付出惨重代价,必然改弦更张,由贸易保护政策转向贸易自由化,开放本国市场,融入经济全球化,优化国际资源配置。

尽管由于上述原因,贸易自由化成为世界各国贸易政策安排的大趋势,但贸易保护主义并没有消失。传统的贸易保护措施(如关税措施、数量限制等非关税措施)受到限制或禁止,而出现了贸易保护的新措施,这些措施被称为新贸易保护主义措施。新贸易保护主义的主要表现是:

其一,滥用反倾销措施。反倾销是针对倾销行为的。倾销行为不仅损害贸易双方国内经济秩序,有害于贸易双方国内经济发展,而且对第三国潜在的国际市场份额形成不公平挤压,因此,倾销行为对贸易参加国是有害的。WTO规则允许反倾销,但是,以发达国家为主的许多国家滥用反倾销措施,以反倾销之名,行贸易保护之实。

其二,实施技术性贸易壁垒。技术性贸易壁垒是指通过制定和实施技术标准从而限制进口的措施。技术性贸易壁垒可以分为两类:一类是中性壁垒,即技术标准的目的是正当、非歧视性的,但客观上起到了限制进口的作用;另一类是歧视性壁垒,即技术标准的目的是非正当、歧视性的,从而限制进口。

其三,利用"保障措施"的贸易保护。"保障措施"是WTO规则所允许的。所谓保障措施,是指在进口激增并且对国内产业造成严重损害的情况下进口国所采取的进口限制措施。为了达到限制进口的目的,许多国家滥用"保障措施",从而引发贸易摩擦和贸易争端。

综观世界贸易的发展历史,在世界经济增长乏力时期,经济体之间的对话协商、利益协调会愈加困难,各种"以邻为壑"的贸易保护政策层出不穷。如果加上政治冲突的情形,经济体之间的协商一致会更加困难,贸易保护主义就会甚嚣尘上。

第六节 经济全球化的发展趋势

经济全球化意味着在不断发展的科技革命和生产国际化的推动下,各国经济相互依赖、相互渗透日益加深,阻碍生产要素在全球自由流动的各种壁垒正在不断削减。可以预料,这一历史进程在21世纪将进一步加快。理由是：

第一，科技革命正在迅速发展，许多科技领域，如信息技术、生物和生命工程、新能源技术不断取得突破，并应用于生产。由于各国的优势领域不同，客观上要求加强全球经济技术合作。

第二，“冷战”结束后，妨碍各国进行经济合作的政治樊篱不再是不可逾越的障碍。

第三，由于中国、俄罗斯、东欧国家和许多发展中国家都在推动市场经济改革，全球经济合作的经济体制性障碍也大大削弱。

第四，全球经济可持续发展面临的大量问题要求开展广泛的国际合作，而现代科学技术的发展又为进行这种合作提供了越来越完备的手段。

尽管经济全球化会遭遇逆全球化的阻力和各种阻碍，但是，趋势不可阻挡。在21世纪，经济全球化必将对世界各国的经济发展和社会生活产生深远的影响。①

一、金融业在经济全球化中的作用举足轻重

首先，证券市场对全球资源配置所起的支配作用将得到进一步的加强。目前，证券市场对发达国家的资源配置所起的作用远大于国际私人直接投资。随着发展中国家证券市场的逐渐成熟和有步骤地对外开放，证券市场吸收的外资迟早要超过引进的海外私人直接投资。

其次，金融业的全球化正在导致财富在全球的重新分配。经济全球化条件下，金融业对全球财富的再分配将起越来越重要的作用。证券给投资人带来的收入，主要不是股息和红利，而是证券本身的升值。财富在全球重新分配的另一大杠杆是国际短期资本对货币汇率、股市波动的投机活动，这种短期资本的流动量正在迅猛增加，目前每天可高达15 000亿美元左右。索罗斯的基金就是这样一种短期投机资本，曾攻击过英国、泰国、俄罗斯及中国香港等一切有机可乘的市场，它可以在几天或几个星期从被攻击的地区卷走几十亿美元。随着经济全球化的发展，金融市场对财富重新分配的功能将进一步加强。

(三)国际货币体系将走向多极化

国际货币体系将形成多极货币结构。当然，通往多极货币体系的道路将是曲折的。应该指出，一些国家如果希望使用一种共同的货币，只能通过区域经济一体化合作，采取类似欧盟国家通过建立欧洲货币体系，在建立共同市场的基础上逐渐形成一种新的货币的办法，而不能采取借用一种强势货币，如某些拉美国家领导人倡导的“美元化”方案。从长期看，采取美元化方案的国家将失去国家的货币主权和金融主权，失去了用货币政策和金融政策调控本国、本地区经济的手段，不知不觉地成为美国经济的附庸。② 正因为如此，使用美元很多的苏联、东欧国家和埃及，在经济好转后，又出现了“去美元化”现象，美元存款在这些国家总存款中所占的比例迅速下降。

---

① 沈骥如：《新世纪经济全球化的趋势和我国的对策》，载《世界经济与政治》，2000年第4期，第38～41页。

② 李扬、黄金早：《美元化的影响及对策》，载《中国证券报》，1999年12月23日、30日。

二、国际贸易有力地推动经济全球化和区域经济一体化

(一)世界贸易将继续快速增长

近50年来,世界贸易的年均增长速度比世界GDP年均增长速度高一倍以上,这一趋势长期的量的积累已经使国际经济关系乃至国际政治关系发生了某种质的变化。世界各国每年平均有近1/4的GDP不经过国际贸易就无法实现。[①] 各国经济的相互依赖从没有像今天这么紧密。这是推动经济全球化特别是推动世界贸易组织合作的强大物质基础。这一趋势在21世纪将进一步加强。

(二)贸易和投资相互促进,进一步共同推动国际分工和各国产业结构的调整、升级

贸易和投资相互促进的趋势将伴随着金融全球化不断得到新的推动。美国与中国合作在中国组装飞机,德、法、日、美与中国合作在中国生产汽车,并不是因为这些发达国家缺少工人,而是这些国家要利用中国的廉价劳动力和开拓中国的市场。中国之所以愿意让出一部分国内市场来换取这种合作,是为了加快自己现代化的进程,加快产业结构的调整和升级。类似的国际分工已成为发达国家企业的惯例,目的是充分利用各地的资源优势。这种合作是贸易与投资相互促进的结果,是一种互利互惠的合作,将在21世纪得到进一步的发展。

(三)国际贸易将推动地区经济一体化组织的发展

国际贸易的发展必然推动贸易联系密切的国家在投资、金融货币领域加强合作,这就是20世纪下半叶各种地区经济一体化组织方兴未艾的原因。但是到目前为止,各种经济一体化组织除欧盟以外,大多限于商品贸易的自由化合作。可以预计,随着世界贸易组织全球贸易自由化合作的继续向前推进,21世纪各大洲的地区经济一体化合作将再上一个台阶,向各种类型的区域共同市场方向发展,即实现各地区的商品、资本、人员和劳务更加自由的流通。当然,人口稠密的东亚、南亚国家,可能难以实现人员的自由流通,但实现商品、资本的自由流通是有可能的。建立由中国、东盟、韩国、日本、俄罗斯与独联体其他国家和蒙古组成的亚洲经济合作组织是可以设想的,其合作内容可以是贸易、投资自由化和有限的货币合作。

三、跨国公司将持续推动企业的跨国兼并浪潮

生产在全球组织,竞争也在全球展开,经济全球化创造了企业跨国兼并的条件。

各民族国家在经济上的相互依赖,越来越呈现你中有我、我中有你的局面。从积极方面来说,这有利于世界各国的共同发展,加快发展中国家现代化的进程。例如,德、法、日、美汽车工业进军中国轿车工业,加快了中国轿车工业现代化的步伐。从消极方面来说,被兼并国家的经济主权在有些情况下会受到侵害,当一个国家国民经济的关键部门,如电信、铁路、电力、银行、保险等行业的控股权被外国公司掌握以后,这个国家在非常时期就难以确保自己

---

① World Bank. *World Development Report*, 1999/2000, p. 231, p. 269.

的政治独立。

四、国际互联网将极大地改变人类的生产方式

近20年来，互联网(Internet)技术全面完成由军事应用向教育、传媒、商业、娱乐应用转化，迅速普及到高等学校、研究院所、各大公司、中小公司以至每个家庭，数据库技术与网络技术相结合给人们的生活方式带来根本性的变化，互联网正日益成为世界的中枢神经系统。

(一)国际互联网络的普及加强了各国经济之间的联系

网络的出现加快了全球化，加强了全球经济的联系。互联网摧毁了地理上的高墙壁垒，遍及全球的信息高速公路的各条通道就像一个中枢神经系统一样，将全球联系在一起，正在将世界变成一个地球村。商务伙伴之间没有了时空的距离，各家企业正在创造全新的业务活动，开发从前绝不可能到达的市场。资本可以灵活地在世界范围内得到运用，生产地点日益失去意义。信息的快速搜集、加工、储存和传递，使各国政府、公司企业和个人能便捷地获取信息。信息的这种透明性和流动性，有利于各国政府和人民间的相互了解，有利于文化科学知识的传播，有利于政府和企业的科学决策，从而必然有利于各国间的经济合作。

(二)提高整个社会资源的配置效率

任何的经济行为都涉及供给与需求，经济学的分析以完全的市场均衡为前提。计算机技术的不断发展，使国际互联网络可以及时处理几乎无限的信息，从而为经济活动中供需双方之间的信息沟通创造了前所未有的条件，市场交易双方可以借助网络减少信息不对称程度，信息的完全或接近完全是市场出清或资源配置效率的重要条件。因此，网络能够减少交易双方的信息不对称、不完全状况，从而为资源的最优配置创造了必要的条件，优化了社会资源的配置。同时，由于网络化带来了交易成本的降低，有利于利润的增加，因此，网络化也有助于利润的最大化。

(三)改变传统经济的流通方式

生产商、中间商或批发商、零售商是传统经济流通的三个不可缺少的环节。随着网络的发展，地球成了由网络连接的地球村，供求双方在网上直接见面，网上看样品、谈价格、签合同、支付货款，那些买空卖空的中间商使生产与消费、买与卖必须迂回实现的批发商将逐渐淡出，分布在全世界的网络神经系统能够时时刻刻超越部门和国界获得正确的资讯。

(四)投资方向日益向信息产业转变，推进产业结构的全球大调整

20世纪90年代以来，全球信息产业掀起了历史上任何其他产业和技术行业都不曾有过的投资热潮，网络公司成为近年来全球主要证券市场投资的焦点，受投资者的追捧。随着投资方向的转变，全球产业结构正在经历一轮新的大调整，以IT产业为代表的新兴产业迅速发展，一些传统产业或者停滞不前，或者由发达国家向发展中国家转移，或者以高新技术改造传统产业，使传统产业高新技术化，以适应网络经济的新发展。

(五)挑战传统的国际贸易方式

电子商务拓展了国际贸易的空间，缩短了国际贸易的距离和时间，简化了国际贸易的程序和过程，使国际贸易活动全球化、瞬间化、智能化、无纸化、简易化，发生划时代的深刻变革。这主要表现在：

1. 国际贸易运行环境的重大变化

虚拟市场的出现，电子商务通过网上虚拟的信息交换，突破了传统市场必须以一定的地域存在为前提的条件，全球以信息网络为纽带，连成一个统一的大市场，促进了世界经济全球化市场的形成。

2. 国际贸易经营管理方式的重大变化

电子商务贸易方式突破了传统贸易以单向物流为主的运作格局，实现了"四流一体"(即以物流为依托、资金流为形式、信息流为核心、商流为主体)的全新战略。这种经营战略通过信息网络提供全方位、多层次、多角度的互动式的商贸服务，生产者与用户及消费者通过网络使及时供货制度和零库存生产得以实现，商品流动更加顺畅。信息网络成为最大的中间商，国际贸易中由进出口商作为国家之间商品买卖媒介的传统方式受到挑战，由信息不对称形成的委托代理关系与方式发生动摇，贸易中间商、代理商和专业进出口公司的地位相对降低，引发了国际贸易中间组织结构的革命。

3. 国际贸易结构的重大变化

信息产业将成为未来产业结构中的基础产业，成为带动全球经济发展的"火车头"。随着信息网络技术和电子商务的发展，国际信息贸易正从国际服务贸易中分离出来，以一种独立的新的贸易形式出现。因此，国际贸易将由商品贸易(消费品、生产资料贸易)、劳务贸易(运输、旅游、工程承包)和信息贸易(技术、信息商品和信息服务贸易)三分天下。

五、经济风险全球化

经济全球化加强了世界各国在经济上的相互依赖、相互渗透，从而使一个国家或地区的经济震荡可以迅速波及全球。国际互联网络的发展加快了这种经济风险的传播速度。这就要求世界各国加强国际合作，共同防范各种可能的风险，减少对全球经济的破坏程度。金融风险的防范将是21世纪国际合作的一大主题。

经济霸权主义和利己主义有可能使一部分经济落后的发展中国家在经济全球化进程中被"边缘化"，这是经济全球化在21世纪面临的另一个主要风险。防止这种风险的正确途径是实现国际经济交往的民主化和国际经济结构的多极化。实现这一目标，需要建立国际经济合作的新准则，即平等互利、互谅互让。世界各国只有遵循这一国际经济合作的新准则，现存国际经济秩序中的不公正、不合理因素才会被逐步抛弃，更加公正、合理的新的国际经济秩序才能逐渐形成。

当然，经济霸权主义和利己主义淡化和消亡归根结底还要依靠经济结构的多极化——建立起若干新的经济力量中心——使经济霸权主义和利己主义失去存在的基础。新的国际经济准则——平等互利、互谅互让——是一种民主的理念，它不否定任何国家的合理利益，不排斥任何国家的合理主张，因此，随着全球经济结构多极化的逐渐形成，它最终是会被所有国家接受的。

复习与思考题

一、名词解释

1. 经济全球化
2. 生产国际化
3. 资本国际化
4. 国际分工
5. 跨国公司
6. 逆全球化运动

二、简述题

1. 简述经济全球化的发展历程。
2. 简述关于经济全球化的主要理论。
3. 简述经济全球化的原因。
4. 简述经济全球化的基本特征。
5. 简述经济全球化的发展趋势。

三、论述题

1. 经济全球化理论述评。
2. 试析经济全球化对不同类型国家的影响。
3. 试析新贸易保护主义。

第二章

国际区域经济一体化

学习目的与要求

1. 理解国际区域经济一体化的含义、类型及其特征，并能分析国际区域经济一体化不同类型从低级形态向高级形态的演进路径。

2. 掌握关税同盟理论的基本内容及其政策含义。

3. 掌握自由贸易区理论的基本内容及其政策含义。

4. 掌握欧洲经济与货币联盟的基本特征及其一体化过程中的体制与机制。

5. 掌握北美自由贸易区的协议内容、特点及其影响。

6. 掌握东南亚国家联盟的发展历程及其特点。

7. 了解亚太经济合作组织的基本情况及其特点。

第一节　国际区域经济一体化理论概述

一、国际区域经济一体化的概念

在国际经济语境下，区域一体化通常是指国际区域一体化。关于经济一体化（Economic Integration），《新帕尔格雷夫经济学大辞典》的界定是："在日常用语中，一体化被定义为把各个部分结为一个整体。在经济文献中，'经济一体化'这个术语却没有这样明确的含义。一方面，两个独立的国家经济体之间，如果存在贸易关系就可认为是经济一体化；另一方面，经济一体化又指各国之间的完全联合。"[①]经济一体化，严格意义上是指国际区域经济一体化。国内外学术界将"国际区域经济一体化"或称"地区经济一体化"，或称"区域经济集团化"等。根据贸易壁垒与人为经济障碍的取消程度、经济一体化的深度以及经济合作的层次，理论界一般将国际区域经济一体化安排划分为几种不同的形态，按其所代表的生产要素

---

① 约翰·伊特维尔等：《新帕尔格雷夫经济学大辞典》第2卷，经济科学出版社1992年版，第45页。

流动程度的由低到高排列，依次为优惠贸易安排（Preferential Trade Arrangements，PTA）、自由贸易区（Free Trade Area，FTA）、关税同盟（Customs Union，CU）、共同市场（Common Market）、经济与货币联盟（Economic and Monetary Union，EMU）、完全的经济一体化。

优惠贸易安排是指一些国家和/或地区通过协定或者其他方式，对彼此之间部分商品（有时甚至可能是全部商品）的贸易规定特别的关税优惠。显然，这可以说是最低级的国际经济合作形式，在贸易壁垒的拆除方面也是属于最低层次的，只能说是经济一体化的初步。优惠贸易安排在"制度性一体化"方面尚未迈出实质性的一步，而且在大多数情况下，优惠贸易安排往往并非是一种永久性的体制安排，而只是一种暂时性的行为。

自由贸易区是指由彼此之间签订了自由贸易协定的国家和/或地区所组成的经济一体化集团。其成员方之间相互取消进口关税和数量限制，各成员方所生产的商品可以在区内自由移动，但是，每个成员方依旧自主决定和保持各自的对外关税种类和关税水平，并维持其原有的其他贸易壁垒。自由贸易区是现阶段数量最多的国家间区域经济一体化形式，超过其他任何一种一体化形态。以英国为首建立的试图抗衡欧洲经济共同体的欧洲自由贸易联盟（European Free Trade Association，EFTA）、东盟自由贸易区（ASEAN Free Trade Area，AFTA）、"美加自由贸易协定"（Canada，US Free Trade Agreement，CUFTA）、"北美自由贸易协定"（North American Free Trade Agreement，NAFTA）等都是自由贸易区的著名例子。值得指出的是，后两者还带有共同市场的某些特征，因为它们还允许部分生产要素在区内的自由移动。

关税同盟则在自由贸易区的基础上更进了一步。除了成员方之间免税贸易和废除其他贸易壁垒之外，关税同盟的全部成员方还采用共同、统一的对外关税税率，并协调甚至统一彼此的关税政策。由于关税同盟涉及国与国之间的政策配合与协调，它开始具有超国家的性质。最著名的关税同盟的例子莫过于19世纪日耳曼国家间建立的关税同盟（Zollverein）和1958年根据罗马条约成立的"欧洲经济共同体"（European Economic Community，EEC）了。关税同盟是国际学术界研究得最多也最为系统的国家间区域经济一体化形式。现代国家间区域经济一体化理论就是发轫于维纳（Viner）在1950年对关税同盟的开创性研究。直到现在，国家间区域经济一体化理论的研究范式仍然主要是以维纳在其关于关税同盟的研究中所首创的"贸易创造"（Trade Creation）和"贸易转向"（Trade Diversion）概念为基本研究工具，且许多文献都以关税同盟作为研究的具体对象。

国家间区域经济一体化的另一种、同时也是比关税同盟更高层次的形态是共同市场。共同市场的成员方之间除结成关税同盟——它们之间不仅进行商品与服务的免税自由贸易，而且拥有共同的对外关税政策和关税率——之外，资本、劳动力以及其他生产要素还可以不受阻碍地自由流动。虽然欧共体自建立之初就被广泛地称为共同市场，但在数十年中它只是一个关税同盟，直到20世纪80年代中期开始进行便利生产要素自由流动的全面立法，才逐步具备了共同市场的主要特征，并逐渐向单一市场过渡。也有一些研究者将货币联盟作为国家间区域经济一体化的一个独立形态，这是有一定道理的。但在实践中，货币联盟往往是与前述经济一体化形式（如关税同盟或共同市场等）联系在一起的，除了非洲的个别例子(如西非货币联盟,West African Monetary Union),很少有几个国家之间组成单纯的货币联盟的情形。根据经济学知识,没有市场一体化作为基础,单纯的货币一体化安排可以说是无本之木,因而通常是难以有效运转的。

经济与货币联盟是在共同市场的基础上,全部成员方制定和执行一系列共同的经济政策与社会政策,并在其他相关领域进行政策配合与协调,同时还使用单一的货币、拥有共同的中央银行与采取统一的货币政策。有些学者将经济联盟作为国家间区域经济一体化的一种单独的形态,也是很有道理的。但考虑到经济联盟往往需要货币一体化的配合才能真正发挥其功能,本文将两者结合在一起进行讨论。虽然理论界和政界人士在经济与货币联盟的运行是否需要财政一体化或(如果需要财政一体化的话)需要什么程度的财政一体化的问题上存在着不同意见,欧盟根据 1992 年签订的马斯特里赫特条约,已经建立单一欧洲市场和货币联盟,并成功引入了单一货币欧元,目前无疑属于经济与货币联盟。它是国家间区域经济一体化活动迄今所达到的最高层次,也是经济与货币联盟的唯一的现实事例。

完全的经济一体化是国家间区域经济一体化的最高级形态,也是其最终状态。在完全的经济一体化中,各成员方之间完全消除对商品、劳务、资本、企业、技术和人员等的自由移动所构成的人为壁垒(包括体制上或技术上的障碍),并实行统一的经济、货币、金融、财政政策与社会政策等。也就是说,各成员方的经济已经完全融合成为一个单一的经济体。时下欧洲联盟正朝着这一目标而努力。

很明显,上述几种国家间区域经济一体化形态在成员方之间经济壁垒的拆除上、在国际经济合作与经济融合的程度上由低到高呈阶梯状上升。曾有学者指出,国家间区域经济一体化活动不一定从最低级的形态开始,也不一定意味着由低级形态向高级形态的进化。但在实践中,较低级的国家间区域经济一体化形式总是意味着成员方之间政策协调的容易和实施难度较低,因而较容易成为现实,这也是近几年自由贸易区形式成为在数量上占优势的国家间区域经济一体化形态的一个主要原因。同时,在现实国家间区域经济一体化活动中,往往存在着由低级形式向高级形式演进的动机,这种动机既有经济上的也有政治上的。欧洲的经济一体化活动由欧共体(关税同盟)到单一欧洲市场(共同市场)再到欧洲联盟(经济与货币联盟)的发展可以作为一个非常突出的例子。

二、关税同盟理论

关税同盟具有如下几个主要特征:

(1)同盟内部生产的产品在各成员方之间自由移动,免征关税;

(2)对来自同盟外部的产品征收共同对外关税(Common External Tariff,CET);

(3)按照同盟各成员方所商定的原则与办法在成员方之间分配关税收入。

关税同盟的成立首先将改变成员方内部市场上各种产品的相对价格,继而影响到贸易流向、生产与消费,并进而对同盟内部的资源配置、同盟各成员方的福利、同盟的总体福利甚至对世界经济产生影响。

(一)关税同盟的资源配置效应

关于关税同盟的传统理论首先关注的是同盟对资源配置与生产专业化的影响。为此,它假设技术为外生变量,也就是说技术不变,且生产函数是技术上有效的。此外,它还假设了其他一些必要的前提条件:商品市场与要素市场是完全竞争的;要素在同盟成员方之间不能自由移动;产品是同质的;运输费用可以忽略不计;资源被充分利用;关税是唯一的贸易管制形式;贸易收支平衡;商品价格能准确反映生产的机会成本;等等。

在理论上,并非所有的关税同盟都会产生资源配置效应。彼得·罗布森(2001)曾提供如下的一个例子:假如关税同盟的所有成员方在结成同盟之前就已经对全部商品采用了单一关税税率,且关税水平不过高,那么,如果在同盟建立后关税水平不变,就不会对贸易(尤其是贸易流向)产生任何形式的影响。他指出,由于每一个成员方都将在世界市场价格加上关税的内部供给价格水平上生产产品,从而世界市场价格和关税都不受同盟体制的影响,因而情况不会发生任何变化。但这恐怕是一个错误的例子,除非它再加上"各成员方的生产函数是相同的"这一假定。否则,即使外部世界市场价格与对外关税没有变化,同盟内部却仍然会发生诸如贸易创造等效应(只要单位关税额高于单位运输成本),亦即会发生资源配置效应。而且,需要指出的是,上述假定在理论上是可以行得通的,但在实际经济生活中该假定往往是不现实的。事实上,罗布森所举的例子本身就已经是一种非常极端的情形,十分罕见。实际情况通常是,不仅各成员方之间的关税水平存在着差异,而且各成员方对不同产品所设定的关税税率也是千差万别的。因此,为了形成共同对外关税,关税同盟对成员方关税水平的协调往往是必不可少的,从而资源配置效应的产生是不可避免的。

传统的关税同盟理论运用"贸易创造效应"和"贸易转向效应"两个概念来从静态角度(即假定成本不变)分析关税同盟的资源配置效应。贸易创造指的是关税同盟成员方由对自己所生产的高成本产品的消费转向消费其他成员方(伙伴方)所生产的较低成本的产品。它包括两方面的内容:一是减少甚至完全放弃对己方较高成本的、与伙伴方同类的产品的生产,转而从伙伴方进口这些产品,以节约原先由己方生产所要耗费的实际成本,并可以将节约下来的资源转移到生产效率更高的生产中去,从而产生生产效应;二是增加对伙伴方的成本较低的产品的消费,以替代己方成本较高的产品,以低成本产品代替高成本产品来满足消费,使该项产品的消费开支减少,增加消费者剩余,从而产生消费效应。生产效应和消费效应两者一起构成了关税同盟的贸易创造效应,如图 2.1 所示。

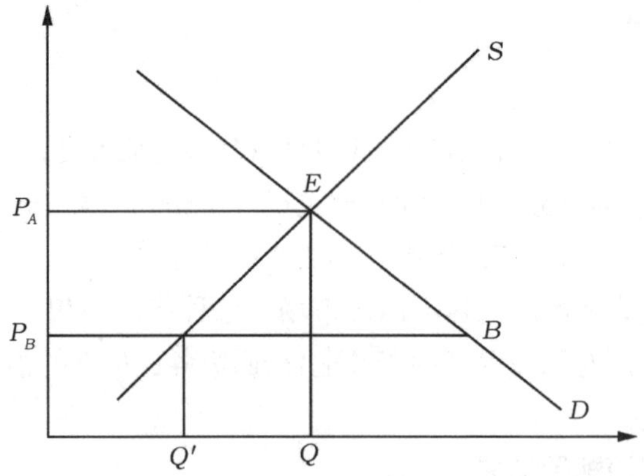

图 2.1　关税同盟的贸易创造效应

A 国在封闭经济条件下商品价格为 P_A，当 A 国和 B 国建立关税同盟(即 A 国和 B 国市场一体化)后，市场价格下降为 P_B(B 国的价格水平)。一方面，A 国原来高成本的产能下降了 $Q'Q$，从而节约了资源，这部分节约的资源将转移到生产效率更高的生产中去，从而形成生产效应；另一方面，消费者面对的商品价格水平由 P_A 下降到 P_B，消费者剩余增加 P_AP_BBE，从而产生消费效应。

贸易转向是指关税同盟建立后成员方的需要进口的产品由原先从较低成本的外部(非成员方)进口转向从较高成本的伙伴方进口。它也包括两方面的内容：一是成员方进口商品的成本比原来增加了，原因在于进口产品来自现在的高成本的伙伴方，而非来自原先低成本的世界其他地区(非成员方)；二是消费者剩余减少了，原因在于伙伴方的成本较高的产品取代了世界其他地区(非成员方)的成本较低的产品。以上两者一起形成了关税同盟的贸易转向效应，如图 2.2 所示。

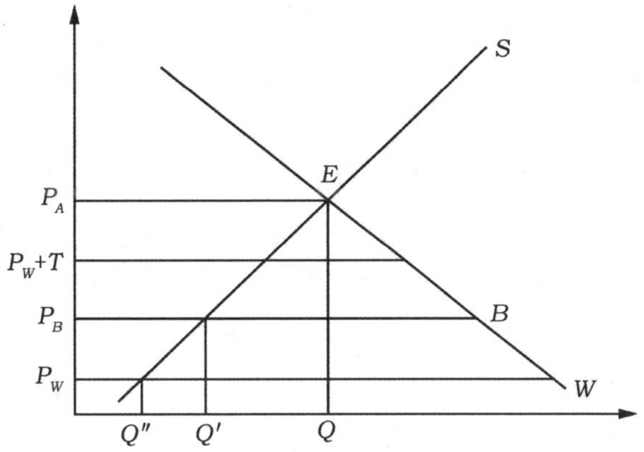

图 2.2 关税同盟的贸易转向效应

A 国在封闭经济条件下商品价格为 P_A，若 A 国融入全球市场，那么，A 国的商品价格水平就是 P_W，从而产生相应的生产效应和消费效应。当 A 国和 B 国建立关税同盟后，A 国和 B 国之间无关税，实现了市场一体化，但对非成员方采取同一关税 T，由于关税壁垒的影响，A 国从非成员方进口商品的国内售价为 P_{W+T}，高于 P_B(B 国的价格水平)，因此，本应向非成员方进口的商品转而向成员方 B 国进口，出现了贸易转向。一方面，A 国进口商品的成本增加；另一方面，消费者面对的商品价格水平由 P_W 上升到 P_B，消费者剩余减少 P_WP_BBW。

按照传统关税同盟理论的观点，某个具体关税同盟的优劣与否(即是否有利)取决于贸易创造和贸易转向两者的量的大小之比较：当贸易创造大于贸易转向时，关税同盟的福利将增加，因而是有利的；当贸易创造小于贸易转向时，关税同盟则是不利的。如果将全世界作为一个整体来看，当关税同盟的贸易创造大于贸易转向时，世界的总福利将会提高；当关税同盟的贸易创造小于贸易转向时，世界的总福利将恶化。值得进一步指出的是，贸易创造与贸易转向的规模不只是取决于建立关税同盟所导致的来自不同渠道的贸易量的变动，而且还取决于相关产品的价格与成本的变动。

原则上，关税同盟的成立既可能使同盟的净福利改善，如果贸易创造效应较贸易转向效应占据优势的话；也可能使同盟的净福利恶化，假如贸易转向效应较贸易创造效应占优势。同时，关税同盟的成立对各个成员方的福利效果可能是不同的，同盟的总体福利与各成员方的个别福利并非一定正相关。即使在一个贸易创造效应占优势的关税同盟中，也可能有一个或一个以上的成员方的福利受到损害；即使在一个贸易转向占优势的关税同盟中，也很可能有一个或一个以上的成员方的福利得到改善。由于各成员方的福利对其本身而言至关重要，显然有必要对关税同盟所带来的收益和损失在成员方之间进行适当或公平地分配，以确保各成员方的净福利不受损害。根据一些学者(Kemp and Wan，1976)的观点，如果要建立贸易创造占优势并能确保每个成员方在其中受益的关税同盟，理论上是可以做到的。不过，这需要如下两个必要条件：第一个条件是适当设定关税同盟的共同对外关税。一种办法是征收瓦内克(Vanek)所提议的补偿性关税，从而使同盟成员方与世界其他地区(非成员方)的总体贸易保持在同盟成立之前的水平①。第二个条件是在同盟成员方实施一次总付的补偿性税收并在成员方之间进行转移支付。在实际操作中，这么做还需要一个隐含的前提条件，就是不会遭到世界其他地区(非成员方)的贸易报复，否则就不可能达到目的。

将组建关税同盟的主要目标归结为提高同盟及其成员方的福利，是合乎情理的。换句话说，关税同盟成员方作为一个整体一般都会谋求让贸易创造效应相对于贸易转向效应占优势，按照罗布森的说法，缔造"贸易创造型关税同盟"。逻辑上显而易见，明确那些决定关税同盟是属于贸易创造型而不是贸易转向型的条件在实践中是非常关键的。如果能够就此总结一些带普遍性的结论，将具有很高的现实价值。很多学者在这方面已经做出了许多努力。他们的研究显示，具有普遍性意义的结论并不太多，在大多数情况下还是需要具体问题具体分析。经过学者们的归纳，一些带有普遍性意义的表述包括：

(1)参加关税同盟的成员方越多，关税同盟所覆盖的经济区域越大，那么与贸易转向相比较，贸易创造的规模越大。

(2)哪种效应更可能发生往往是与关税同盟建立前后平均关税水平的变动相关联的。假如同盟建立后平均关税水平下降，同盟更可能是贸易创造型的；假如同盟建立后平均关税水平上升，同盟更可能出现贸易转向。

(3)成员方的经济越具有竞争性，关税同盟就越有可能是贸易创造型的。而如果成员方经济的重叠部分越少，资源配置的可能性越小，贸易创造效应越小。

(4)在成员方所共有的产业部门中，如果成员方之间的单位生产成本相差越大，贸易创造效应就越有可能占据优势，关税同盟就越可能是贸易创造型的。

关税同盟的建立不仅对同盟总体和成员方的福利有影响，而且还可能对世界其他地区(非成员方)的福利产生影响。例如，在一个贸易转向占优势的关税同盟中，非成员方与同盟之间的贸易(尤其是同盟从外部的进口)将减少。如果世界(同盟外部)的商品供给是完全弹性的，那么世界其他地区(非成员方)的福利减少就可以忽略不计；但如果世界的商品供给曲

---

① 根据 Kemp-Wan 定理，对于任何一个关税同盟，都存在这样一个共同对外关税水平，即它恰好使关税同盟所在地区在同盟成立前后与世界其他地区的贸易保持不变。这样，非成员方的福利不会受到关税同盟成立的影响，同盟所在地区福利的提高将意味着整个世界福利的增加。

线不是完全弹性的，就会产生贸易条件效应，即同盟相对于世界其他地区的贸易条件发生改变，我们在后面的讨论即将涉及这一点。如果关税同盟对世界其他地区（非成员方）的进口需求不因同盟的建立而受到影响，同盟的贸易条件将不会改变，从而不会对世界其他地区（非成员方）的福利造成影响，无论非成员方的商品供给曲线是不是完全弹性的。

（二）关税同盟的动态效应

前面所述的关税同盟的资源配置效应主要是从假定成本不变的静态角度对关税同盟的作用和福利效果进行分析。不少学者指出，关税同盟建立后不仅会产生上述静态效应，而且将产生动态效应。由于静态效应对关税同盟福利效果影响的不确定性和经济的动态性，建立关税同盟所产生的动态效应可能是比静态效应更加重要的经济效应。关税同盟的动态效应主要体现在以下几个方面：

1. 竞争效应

关税同盟建立后，成员方之间的内部关税被取消，各成员方生产的产品能够在成员方之间自由流动。关税同盟内部各企业失去了原有的关税保护，面临来自其他成员方企业的竞争。显然，一个规模较大的市场中的竞争要比规模较小的市场激烈得多。日益激烈的市场竞争迫使关税同盟内部的企业不断提升其技术水平和产品的技术含量、降低生产成本和提高经营管理水平。同时，竞争还使得成员方之间的专业化分工程度加深，资源使用效率提高。以上因素结合起来将鼓励和推动同盟内部各成员方产业结构的调整和升级。

2. 规模经济效应

在现代经济中，许多产品的生产具有规模经济的特点，即随着生产规模的扩大，每单位生产要素的投入会有更多的产出。所谓规模经济，是指生产厂商在自身生产规模扩大时获得递增的规模收益。企业的产量越大，其生产商品的单位成本越低，因而其平均成本曲线向右下方倾斜。以上指的是内部规模经济。如果厂商在其所在行业规模扩大时获得递增的规模收益，则为外部规模经济。在实际经济生活中，这两种规模经济常常交织在一起。

显然，企业的生产规模受到市场规模的制约。也就是说，企业生产规模的扩大以市场规模的扩大为前提。如果几个国家和/或地区建立关税同盟，就可以将几个较小的市场合并成一个规模大许多的统一市场，从而为关税同盟各成员方的企业获得规模经济效益创造了条件。

科尔登在研究关税同盟的规模经济效应时，在贸易创造和贸易转向的基础上提出了“成本降低效应”和“贸易抑制效应”两个概念。成本降低效应是指关税同盟建立后，由于生产规模的扩大，每单位产品分摊的资金减少、专业化分工带来的生产效率的提高、运输费用的降低、大规模采购带来的较低原材料价格等都可以使企业的生产成本降低和收益增加。成本降低效应虽然产生于贸易创造，但它不同于传统的贸易创造效应，因为它既得益于低价资源从其他地区流入，也得益于成员方自身现有资源供给价格的下降。贸易抑制效应是指某个成员方关税由于同盟所带来的规模经济而生产某种产品以供应同盟内部市场，减少或替代了来自外部世界的较便宜的产品进口，它所造成的效应类似于贸易转向。从上面可以看出，建立关税同盟后，虽然一开始会发生贸易转向，即产品供给从低成本的非成员方转到高成本的成员方，但是由于规模经济效应（成本降低效应）的存在，生产规模的不断扩大将使运用现存资源的成本下降，从而能够以比以往低的价格供应同盟内部市场。特别是当关税同盟所在地区的市场规模比较大时，借助于规模经济效应的作用，同盟内部企业的生产效率将有可能超过同盟以外的企业而成为世界上效率最高的生产者。

3. 投资刺激效应

建立关税同盟后，市场规模扩大了，不确定性与市场风险会降低，获利预期将会提高，因而将吸引成员方企业增加投资。同时，竞争的激化还将促使成员方企业追加投资，进行技术创新和提高经营管理水平，以提高自身的竞争能力。此外，关税同盟的建立还将从以下两个方面刺激投资的扩大：一是刺激成员方之间相互增加投资，例如生产成本较高的成员方企业可能到生产成本较低的成员方创办工厂；二是刺激非成员方对关税同盟成员方的投资，例如关税同盟所在地区以外的企业到同盟内部投资办厂，以获得产品免征关税自由流动的待遇，这是一种贸易替代型的投资活动。

除了上述的竞争效应、规模经济效应和投资刺激效应以外，关税同盟的建立还会产生促进技术进步和提高生产要素流动性等其他一些动态效应。不过，在全部动态经济效应中，尤以规模经济效应最重要。

值得指出的是，关税同盟的动态效应之间不是割裂开来的，而是相互结合在一起发生影响的。

（三）关税同盟的贸易条件效应

除资源配置效应和动态效应外，关税同盟还存在着贸易条件效应。假如关税同盟的建立会影响到同盟对世界其他地区的进口需求，同时世界其他地区的商品供给不是完全弹性的，那么可能会出现同盟相对于外部世界的贸易条件发生改善的现象。也就是说，同盟从外部进口商品的价格将会下降，从而减少贸易转向所导致的任何形式的损失。如果进口商品的价格下降程度足够大，贸易条件效应甚至可以完全消除这类损失。

由此看来，关税同盟各成员方可以利用同盟的力量有效地影响其贸易条件，这种方式甚至可能比成员方各自独立地制定关税时所取得的效果要好。维纳指出，这种可能的影响必然会给世界其他地区（非成员方）带来相应的损失。在其他条件相同的情况下，关税同盟所覆盖的经济区域越大，同盟相对于世界其他地区（非成员方）的贸易条件就越有可能得到改善。

关税同盟相对于世界其他地区的贸易条件不仅受到同盟共同对外关税水平的影响，还受到非成员方关税水平的影响。一般地，非成员方对来自同盟的进口商品所征收的关税税率越高，则同盟相对于世界其他地区（非成员方）的贸易条件就越恶化。由于关税同盟可以与非成员方进行关税协商，以此来影响非成员方的关税水平，且关税同盟成员方越多、实力越强，它在关税协商过程中的谈判能力就越强，所以关税同盟往往有利于其成员方改善贸易条件。这可能也是建立关税同盟的一个重要的动因。从关税协商这一点看，关税同盟似乎有助于促进自由贸易的发展，因为借助其讨价还价的能力，它可能促使对方降低关税水平，削减贸易壁垒，同时它自身也可能减少对贸易的限制，从而——从一个更加广阔的空间范围如全球的视角来看——使贸易更加趋向自由化。

三、自由贸易区理论

自由贸易区具有以下三个主要特征：一是成员方所生产的商品在贸易区内免征关税自由移动；二是对来自自由贸易区外(非成员方)的各种进口商品，各成员方有权自主决定关税税率；三是贸易区实行原产地规则(Rules of Origin)，只有原产于区内或主要是在区内生产的商品才能在贸易区内享受免征关税自由流动的待遇。

研究自由贸易区理论最具代表性的学者是 J. E. 米德(J. E. Meade)。米德指出，自由贸易区不同于关税同盟之处在于它会产生贸易偏转(Trade Deflection)现象。也就是说，由于自由贸易区各成员方自行决定其关税税率，造成各成员方的关税水平各不相同，区外生产厂商可以利用各成员方之间的关税水平的高低差异，从关税税率最低的成员方进口商品，(借助于自由贸易区的免关税规定)转而在其他成员方出售。为了限制贸易偏转，自由贸易区必须制定和施行原产地规则，防止区外生产的商品享受到免征关税的优惠待遇。可见，米德的研究为自由贸易区采用原产地规则提供了理论上的依据。

假如自由贸易区没有原产地规则，它实际上就变成了一个关税同盟，其共同对外关税与其所有成员国的最低关税相等。如果是这样，自由贸易区的建立将不仅对成员国有利，而且也对外部世界有利，因为所在区域的对内、对外贸易壁垒与建立自由贸易区以前相比都降低了。

(一)自由贸易区的基本经济效应

在这里，我们沿用罗布森总结的自由贸易区分析模式，首先讨论自由贸易区的建立对其单个成员方的经济影响。在后文中，我们将对自由贸易区与关税同盟进行一些比较。

如图 2.3 所示，假定两个国家(分别用 A 国和 B 国表示)在建立自由贸易区之前，各自对某种产品实行禁止性关税，即两国都是自给自足，既不出口也不进口该产品。只是两者关税水平不同，A 国关税水平较高，为 P_wT_A；B 国关税水平较低，为 P_wT_B，即 $P_wT_B<P_wT_A$。两国组建自由贸易区后，只有原产于贸易区内的产品才有资格在两国之间免征关税自由流动，并实施原产地规则以防止可能发生的贸易偏转。P_w 是世界市场的产品供给价格。A 国的供给曲线为 S_A，自给自足时国内的生产量为 OL。假定组成自由贸易区后两国的需求曲线和供给曲线的形状和位置不发生变动。曲线 S_{A+B} 由 A 国的供给曲线与 B 国的供给曲线水平相加而得到。

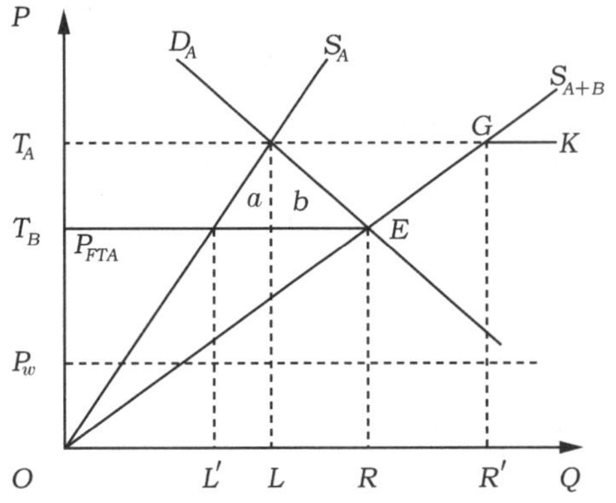

图 2.3　自由贸易区的基本经济效应

只要该自由贸易区作为一个整体仍然为净进口方，那么在A国，区内生产的产品的价格就始终不会下降到OT_B的水平之下，因为自由贸易区的最低贸易保护壁垒为B国的关税水平。而且，由于B国产品的价格较低，在运费忽略不计的情况下，A国内会优先使用B国的廉价产品，从而在一定数量范围内迫使全部区内产品（当然包括A国生产的产品）价格保持在OT_B的水平，从而A国的产品供给曲线起初为水平状。实际上，在价格为OT_B时，A国将生产数量为OL'的产品，假定只有当该国对产品的需求量超过OL'时，才开始从B国进口一定数量的产品以弥补供需缺口，而B国则从区外进口等量产品以补足自身的消费需要。此后随着A国消费量的增加，从B国的进口也增加，因而B国从区外的进口也等量增加，一直到区内的总消费量达到在产品价格为OT_B时的区内总供给量，这一数量在图上由T_B所在的水平直线与曲线S_{A+B}的交点E来表示。此时B国将其生产的全部产品（$L'R$）都供应A国市场，自己则从区外进口自身所需的全部产品[①]。此后，随着产品消费量的增加，A国内产品价格会上升，曲线S_{A+B}开始发挥其作用，区内的生产增加，直到产品价格达到自由贸易区的最高保护水平OT_B，此时自由贸易区的生产达到最大值（在图上由点G表示）。此时A国自身的产量为OL，从B国的进口量为LR'，B国则从区外进口一部分产品[②]，B国的产品价格水平仍为OT_B。但是，原产于区内的产品在A国的价格也始终不会超出OT_B的水平，因为只要稍稍超出这个水平，区外生产的产品（其供给曲线为完全弹性）就会迅速直接涌入A国，使价格水平迅速回落至OT_B的水平。也就是说，当A国对产品的消费超过OR'时，超过的部分将完全由区外生产的产品来满足，产品供给曲线又变成水平状。由此可知，成立自由贸易区后，A国的实际产品供给曲线（包括区内和区外产品）为折线状曲线T_BEGK。在A国，产品的实际消费量将取决于其需求曲线在哪里与其实际产品供给曲线T_BEGK相交。

（1）假如A国的需求曲线是D_A，它与T_BEGK相交于E点，则A国和B国的产品价格都将为T_B（此为自由贸易区的产品单一均衡价格），此时A国本身生产的产量为OL'，B国以全部产品供应A国市场，数量为$L'R$，同时B国从区外进口等量产品。在这个例子中，在两国组成自由贸易区之前和之后，A国的产品价格分别为OT_A和OT_B。可以看出，由B国进口的较低价格的产品替代了一部分用A国的较昂贵资源生产的产品（数量为$L'L$），这是生产效应，在图上由三角形区域a表示；又由于产品价格下降，产生了一部分消费者剩余，这是消费效应，在图上由三角形区域b表示。以上两者相加，就是建立自由贸易区后A国的贸易创造效应。不过，A国必须支出一部分进口费用，这是参加自由贸易区的成本。A国是否是参加自由贸易区的净获益者要看其成本和贸易创造效应孰大孰小。实际上，假如A国的需求曲线与曲线T_BEGK相交于E点左边（但在S_A的右边）的点，情况都与它们相交于E点时类似，只有一点不同，即B国对A国出口的产品量不是其全部产品，其量的多少

---

① 由于假定产品无差异且无运费，因而价格统一，也可能A国从一建成自由贸易区就开始从B国进口产品。在这种假定下，可能很难确定A国从B国进口的量，这一困难情形可能将一直持续到A国的消费量达到OR的水平。

② B国从区外的进口量在这里尚无法确定。它取决于B国的供给曲线和需求曲线的交点。我们将在稍后讨论。

可能由上述两条曲线的交点的位置决定。[①]

(2)假如 A 国的需求曲线是 D'_A。从图 2.4 可以看出，D'_A 没有 D_A 那么陡峭，因而它的弹性比 D_A 大。它与 T_BEGK 相交于 F 点，则 A 国的产品价格将为 P_A，高于 T_B。此时 A 国自身生产的产品量为 ON，B 国供应 A 国市场的产品量为 NN'，同时 B 国从区外进口等量产品，B 国的产品价格水平仍然为 T_B。类似地，A 国与 B 国建立自由贸易区后，由 B 国进口的较低价格的产品替代了一部分用 A 国的较昂贵资源生产的产品(数量为 NL)，产生了生产效应；由于产品价格下降，消费者剩余增加，也产生了消费效应。以上两者合起来就是 A 国的贸易创造效应，在图上由 D'_A 曲线、S_A 曲线和 P_A 所在水平线所围成的一块比较小的三角形区域来表示。与上面的例子相类似，A 国也支出一部分进口费用(比上例中的费用要大一些)，这是参加自由贸易区的成本。B 国是否参加自由贸易区的净获益者同样要看其成本和贸易创造效应孰大孰小。

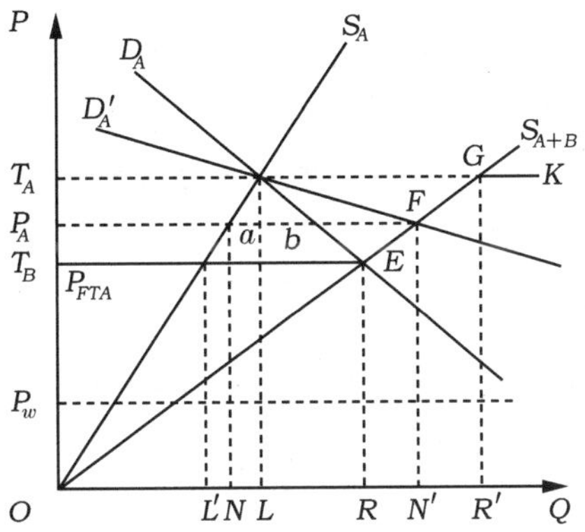

图 2.4

我们接下来讨论在 B 国发生的情形。如图 2.5 所示，建立自由贸易区之前，由于 B 国的关税水平 P_wT_B 使其保持自给自足的状态，所以 B 国的市场均衡点 A(供给曲线和需求曲线的交点)一定处于 T_B 所在的水平线上，均衡产量为 OM。而且，由于禁止性关税的存在，即使 B 国消费量(从而其生产的产量)低于 OM，该国的生产厂商也会将其产品以接近 OT_B 的价格水平出售。而当 B 国的消费量超出均衡点 A 的水平时，B 国的供应商将会从世界市场进口相应数量的产品以满足国内的需要。因为与进口产品相比，生产产品的成本是较高的，因而是不合算的。因此 B 国的实际产品供给曲线就是 T_B 所在的水平线。无论需求曲线如何变动(如果可能发生变动的话)，B 国的产品价格将始终维持在 OT_B 的数量水平。而原先的供给曲线 S_B 始终代表着其最基本的含义，即 B 国生产产品的边际成本曲线，本文在此称之为 B 国的生产曲线。显然，这条生产曲线只有一部分实际发挥了作用，B 国在超过 OT_B 的价格水平上进行生产的情形是不会发生的。这里称这一部分为实际生产曲线 OH。

① 也可能与前面所阐述的情况相似，A 国从 B 国进口的产品量无法确定。在这种情况下，还可以将 A 国的供给曲线与需求曲线的交点在曲线 S_A 的左边时的情形包括在内。

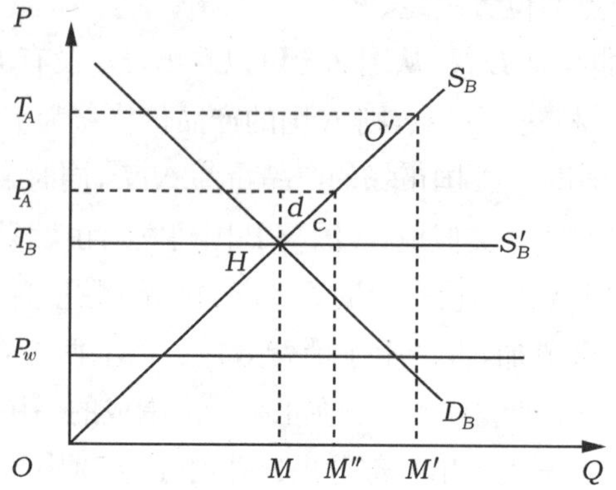

图 2.5

B 国与 A 国建成自由贸易区后,B 国的需求曲线、生产曲线不会发生变动。从其参加自由贸易区之前的情形所进行的类似的分析,可知 B 国的实际产品供给曲线仍然是 T_B 所在的水平线,本文称之为曲线 S'_B。故此我们可以肯定 B 国在与 A 国组成自由贸易区以后,它所消费的产品量仍然为 OM。不过,它所消费的产品来源构成可能与参加自由贸易区之前是不一样的。

下面我们结合 A 国的情况对 B 国的情形进行讨论:

(1)假如在 A 国是需求曲线 D_B 与实际产品供给曲线 T_BEGK 相交于 E 点的情况,B 国将向 A 国出口数量为 $L'R$(=OM)的产品,这是它所生产的全部产品,自己将从区外进口数量为 OM 的产品以弥补出口 A 国所造成的需求缺口。假如 A 国的需求曲线与实际产品供给曲线相交于 E 点的左边,B 国将向 A 国出口一定数量($\leqslant OM$)的产品[①],同时从区外进口等量的产品。

(2)假如 A 国是需求曲线 D'_A 与实际产品供给曲线 T_BEGK 相交于 F 点的情况,A 国将向 B 国进口数量为 NN'的产品,显然 $NN'>OM$。此时,B 国厂商在超过 OT_B 的价格水平上生产是合算的,因为它可以将这些产品出口到 A 国获得收益。这种情形的生产可以一直持续到 A 国的价格达到 OT_A 的水平。因此,在参加自由贸易区后的实际生产曲线将是曲线 OO'。B 国最多可以向 A 国出口 LR'(=OM',$OM'>OM$)的产品。在 A 国的价格水平随着产品需求增加而从 OT_B 上升到 OT_A 的过程中,B 国把它所生产的全部产品出口到 A 国,但它始终只从区外进口数量为 OM 的产品以满足本国的需求。

从图 2.5 可以看出,B 国参加自由贸易区将获得生产者剩余。同时,由于将国内一部分更昂贵的资源用于额外的产品生产,在 B 国将产生本文在前面所提到过的负的生产效应。在 A 国的需求曲线与实际产品供给曲线相交于 F 点的情况中,B 国的这一效应和生产者剩余在图上分别由三角形区域 c 和三角形区域 d 来表示,这是 B 国参加自由贸易区的一部分成本。此外,B 国的出口收入为 $OP_A\times OM''$,从区外进口产品的费用支出为 $OT_B\times OM$,从图上很容易可以看出,$OP_A>OT_B$,且 $OM''>OM$,所以 $OP_A\times OM''>OT_B\times OM$,抵销掉前

① 基于与前面相同的理由,该数量在此难以确定。但可以肯定,这一数量不会超出 OM 的水平。

面所说的成本尚绰绰有余，B 国将获得净收益。因此，B 国参加自由贸易区是有利的。

在以上的两种情况中，B 国都将自己生产的产品出口到 A 国，转而从区外进口等量产品以弥补自己的市场缺口，即以区外产品替代区内产品。这种现象被米德称为间接贸易偏转(Indirect Trade Deflection)。很明显，这种间接贸易偏转不能被自由贸易区的原产地规则抑制或者消除。

在上述案例中，在组成自由贸易区之前，A 国和 B 国都是自给自足的；在建立自由贸易区以后，自由贸易区(A 国和 B 国)将从世界其他地区进口商品，从而扩大了世界其他地区与自由贸易区所在地区的贸易量，也扩大了世界范围的贸易量。这将有利于世界其他地区的福利增加，虽然我们假定世界其他地区对自由贸易区所在地区的产品供给曲线是完全弹性的。实际上，假如世界其他地区对自由贸易区所在地区的产品供给曲线不是完全弹性的，那么它们将可能从自由贸易区的成立中获利更多。

(二)自由贸易区的规模经济

我们在此仍然基本上沿用罗布森关于自由贸易区规模经济效应的分析框架，但对某些假设进行了一些修改。假定两个国家(分别用 A 国和 B 国表示)的生产函数相同，平均成本曲线相同，且向右下方倾斜。但由于两国的需求曲线不同，如果它们进行生产的话，其产品的生产量(市场规模)和生产成本将不相同，假定 A 国的成本高于 B 国，产量低于 B 国。假定若存在国内生产，两国将实施保护性关税且关税税率不变，其水平将设定为使产品的平均成本等于从世界市场进口产品的价格加上关税额，从而保证生产厂商获得正常利润，但不能获得超额利润。当然，如果国内不生产，则假设不征收关税。如果 A 国和 B 国组成自由贸易区，我们来考察自由贸易区的规模经济效应(见图 2.6)。

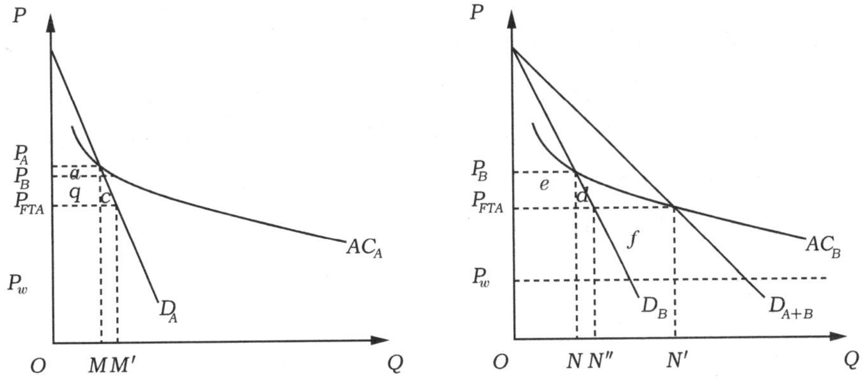

图 2.6 自由贸易区的规模经济效应

曲线 D_A 和曲线 D_B 分别为 A 国和 B 国的需求曲线，曲线 D_{A+B} 由两国的需求曲线水平相加而得到，它是自由贸易区的总需求曲线。两国的平均成本曲线分别为曲线 AC_A 和曲线 AC_B，它们是相同的。世界市场的产品价格水平为 OP_w。两国的关税水平分别为 P_wP_A 和 P_wP_B，且 $P_wP_A > P_wP_B$。

在组成自由贸易区之前，两国的生产情况有三种可能性：一是两国都生产；二是只有一国生产，另一国不生产；三是两国都不生产。我们将对这三种情况分别进行考察。

1. 两国都生产

组成自由贸易区之前，两国都处于自给自足的状态。两国的初始均衡情况如下：A 国生产数量为 OM 的产品，国内销售价格为 OP_A。B 国生产数量为 ON 的产品，国内销售价格为 OP_B。与 A 国相比，B 国的关税水平 P_wP_B 较低。

两国组成自由贸易区以后，由于 B 国生产的产品成本较低，将占领整个自由贸易区的全部市场，生产将完全由 B 国的厂商进行①，B 国的生产量由自由贸易区的总需求曲线与平均成本曲线的交点决定，为 ON'。此时自由贸易区的产品市场价格水平为 OP_{FTA}，它不仅低于原先 A 国自己生产的成本，而且低于 B 国在参加自由贸易区以前的生产成本。A 国的消费将增加到 OM'，同时 B 国的消费将增加到 ON''。

在 A 国，其相对较昂贵的国内资源进行的生产被从 B 国进口的成本较低的产品所替代。因此，在 A 国将产生典型的贸易创造效应。这一效应由两个部分组成：一部分是生产效应，来源于 B 国用较廉价的资源生产的产品通过自由贸易取代 A 国国内较高价格的生产，在图中用矩形区域 A 来表示；另一部分是消费效应，源自较低的国内价格所引致的消费增加，在图中用三角形区域 c 来表示。A 国将支付从 B 国进口产品的费用，这是它参加自由贸易区的成本。A 国是否参加自由贸易区的净获利者要看这两方面的效应中哪个更大。

在 B 国，由于以较廉价的产品供应本国市场，将产生科尔登(Corden，1972)所说的成本降低效应。该效应也由两个部分组成：一是生产效应，指生产以更低的成本进行，在图中以矩形区域 e 表示；二是消费效应，指商品价格的下降使消费者可以消费更多的产品，消费者剩余增加，在图中以三角形区域 d 表示。B 国还以价格 OP_{FTA}(高于世界市场价格)向 A 国出口产品，从而获得额外的收益，在图中用矩形区域 f 来表示。

在这个例子中，自由贸易区所在地区与世界其他地区的贸易状况没有发生变化，因此自由贸易区的建立将不会影响世界其他地区的福利。对自由贸易区的两个成员方来说，B 国将是净获利者，A 国可能会有所损失。如果 B 国能够对 A 国进行一定数量的转移支付，将有可能使 A 国也成为净获利者，从而达到双赢的结局，增强自由贸易区的凝聚力。我们在这里讨论的是一种产品的情况，如果有两种(或两种以上)产品的生产存在规模经济效应，那么，自由贸易区的成员方可以通过小岛清所提出的协议国际分工方式进行国家间的生产分工，让所有成员方都获得规模经济带来的好处，从而提高整个自由贸易区的福利。

2. 一国生产，另一国不生产

假定在组成自由贸易区之前，B 国生产，而 A 国不生产。根据前面的假定，由于 A 国不生产，它将不对该产品的进口征收关税，此时 A 国国内的产品价格为 P_w。在这种情况下，如果两国组成自由贸易区，由于 B 国的产品成本高于 P_w，将无法在 A 国销售，B 国厂商的生产规模将无法扩大，其生产成本将不会下降，从而在自由贸易区内规模经济效应将不会发挥作用，除非 A 国开始对区外产品征收原定的保护性关税。

---

① 我们在此使用的是比较静态方法。实际的动态过程可能是这样的：由于 B 国产品价格低廉，将免税出口到 A 国，从而使对 B 国产品的需求增加。B 国厂商将扩大生产，产品价格因生产规模扩大而继续下降，A 国和 B 国自身对 B 国产品的需求进一步增加。B 国将继续扩大生产，产品价格将继续下降……如此循环下去，直到自由贸易区的总需求曲线与 B 国厂商的平均成本曲线相交才达到均衡状态。

假如A国开始对区外产品征收原定的保护性关税，在自由贸易区内将出现规模经济效应，大体情况与第一种情形差不多。在B国，其国内发生的情况与第一个例子中的一模一样。但在A国，情况是不一样的，其国内将发生贸易转向效应，较昂贵的自B国的进口替代了较廉价的自区外世界市场的进口。这一效应也包括生产和消费两个方面，前者表现为消费商品的成本上升，后者表现为消费品价格上涨导致消费减少，损失了一部分消费者剩余。

3. 两国都不生产

在组成自由贸易区以前，如果两个国家都不生产，则两国都不对外来产品征收关税，该产品在两国市场的价格都为P_w。组成自由贸易区后，假如两国继续不对来自区外的产品征收关税，自由贸易区将继续不生产该产品，规模经济效应也就无从谈起了。如果两国同时开始对区外产品征收原定的保护性关税，自由贸易区将出现与前两个例子中相同的规模经济效应。B国的情形将与前两个例子中的大体一样，不同的只是从廉价来源的进口被其较高成本的国内生产所替代，产生了科尔登所说的贸易抑制效应。A国将产生典型的贸易转向效应，即从廉价来源（区外）的进口被从较高价格来源（B国）的进口所取代。

在上述后两个例子中，自由贸易区都是通过提高贸易壁垒的方式以获得区内的规模经济效应。这种做法可能与WTO的规则相违背而招致对自由贸易区的非议。不过，在实际经济生活中，许多国家和地区都运用关税对很多产业进行保护或者把关税作为一种重要的财政收入的来源。因此，在许多国家和地区，即使它们不生产某些产品，也并不意味着不对这些产品的进口征税。最常见的将是第一个例子所阐述的情形。后两个例子与第一个例子相类似，B国是净获利者，A国可能会遭受损失，前面所提到的国家间转移支付和协议国际分工方式都将是普遍改善自由贸易区各成员方的福利的适当方式。如果原先向自由贸易区出口产品的区外地区的产品供给曲线不是完全弹性的话，它们将因自由贸易区的建立而遭受损失。这种情形可能会导致受损失的区外地区对自由贸易区各成员方采取贸易报复措施。

此外，在以上三个例子中，无论是在对A国的讨论还是对B国的考察，我们都没有涉及收入效应。实际上，伴随着规模经济效应的发生，在两个国家都会因消费品价格下降而出现收入效应，即由所消费的产品价格下降而导致消费者的实际收入增加，从而对该产品的需求进一步增加。由于我们的例子只考虑一种产品的情形，所以在此不存在替代效应。

（三）自由贸易区的贸易条件效应

贸易条件可以用提供曲线来直观地加以表示。提供曲线又称相互需求曲线，曲线上的每一点都表示在一定的相对价格下某国愿意为进口某一数量的商品而提供的相应的出口商品数量。

如图2.7所示，x表示自由贸易区所在地区a的出口商品，y表示其余地区b的出口商品。显然，上述两个地区互为进出口方，即地区a进口商品y，地区b进口商品x。S_a和S_b分别表示自由贸易区建立之前所有未来成员方所在地区a的提供曲线和其余地区b的提供曲线。上述两条曲线的交点E决定了上述两个地区的贸易条件OT，即地区a愿意用OC数量的出口商品x去换取OD数量的进口商品y，地区b愿意用OD数量的出口商品y去换取OC数量的进口商品x。假如地区a的国家组成自由贸易区后，由于商品生产成本的变化，提供曲线发生了变动，分别变成 S'_a 和 S'_b，两条新的提供曲线相交于点 E'，该点决定了建立自由贸易区之后的贸易条件。如果 E' 仍然位于直线 OT 上，说明贸易条件没有发生改变；如果 E' 位于直线 OT 下方，说明自由贸易区要用更多的出口商品去换取同样数量的进口商品，贸易条件恶化了；如果 E' 位于直线 OT 上方，说明自由贸易区可以用更少的出口商品去换取同样数量的进口商品，贸易条件得到了改善。

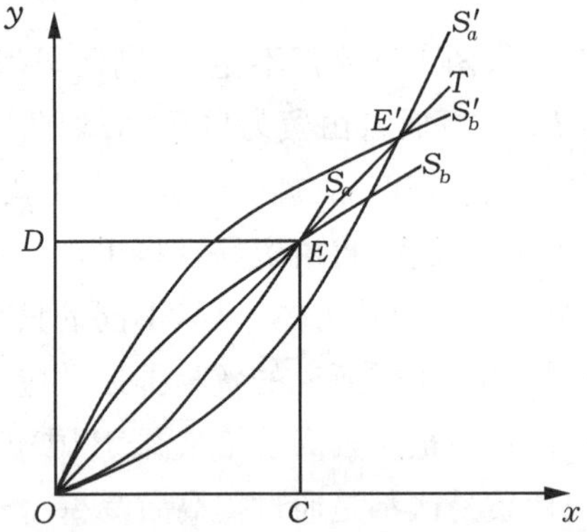

图 2.7　自由贸易区的贸易条件效应

根据我们前面的讨论，在自由贸易区中，由于可能出现间接贸易偏转，进口不会下降到伙伴国（低关税国，即前面所说的 B 国）加入自由贸易区以前的需求水平之下，有时甚至有可能高于该水平（例如我们前面所讨论的在 B 国发生的第二种情况）。因此，自由贸易区可能很难像关税同盟那样对贸易条件发生影响，因而它的贸易条件改善的可能性较之关税同盟要小。实际上，假如间接贸易偏转的量很大①，自由贸易区的成员方的贸易条件甚至有可能恶化。按照罗布森的说法，假如出现贸易条件效应，与实行平均化关税的关税同盟相比较，自由贸易区使世界其他地区遭受的损失较小。

总之，在自由贸易区内部，一方面由于取消了关税壁垒和数量限制等非关税壁垒，成员方商品可以自由移动，各成员方可以根据自身的比较优势进行专业化生产，出口自身具有比较优势的商品，进口不具有比较优势的商品，从而产生类似于关税同盟的贸易创造效应。这里可能有以下几种情况：其一，成员方进行专业化生产的效率越高，贸易创造效应越大。其二，成员方的供给弹性越大，成员方使生产专业化的可能性越大，贸易创造效应就越大。其三，成员方的最低对外关税水平越高，贸易创造效应越大。因为关税水平越高，受到保护的部门和领域就越多，成员方可以在更多的部门和领域进行专门化生产。由于自由贸易区各成员方对区外的关税水平并未统一，存在着间接贸易偏转，自由贸易区作为一个整体的关税保护效果的大小可能主要取决于成员方关税水平之最低者，我们可以称之为“水桶效应”。

另一方面，由免除关税和供给增加②所引起的商品价格的下降，会刺激各成员方居民的

---

① 在我们讨论的这个例子中，假如 B 国在参加自由贸易区之前的均衡产量越高，关税水平越高，则它加入自由贸易区后可能产生的间接贸易偏转越大。当然，间接贸易偏转的量也与 A 国的需求相关，A 国的需求越大，间接贸易偏转的量越大。

② 取消数量限制等非关税措施带来进口供给的增加。

消费，扩大社会需求，将促使成员方之间的贸易量增加，从而产生贸易扩大效应。并且成员方商品的需求弹性越大，贸易扩大效应越大。此外，由废除关税和数量限制所带来的市场规模的扩大，将有利于成员方企业追求规模经济效益，提高生产效率，也会促使商品价格下降。两者相结合，贸易扩大效应将会更大，进一步提高成员方的福利水平。

自由贸易区的建立也会产生贸易转向效应。自由贸易区建立前，成员方从世界上生产效率最高、生产成本最低的国家和地区进口所需商品。建立后，成员方的进口可能转向区内生产效率最高、成本最低的国家和地区。而后者可能不是世界上生产效率最高者，因而可能给进口方造成福利损失。这就是贸易转向效应。进一步分析可知，成员方的关税水平越低，贸易转向的可能性越小；加入自由贸易区的国家和地区越多，贸易转向的可能性越小；成员方之间原来的贸易量越大，或者与非成员方的贸易量越小，贸易转向的可能性越小。

从静态角度看，贸易创造效应与贸易扩大效应可以被看作一个国家或地区加入自由贸易区的经济收益，贸易转向效应可以看作加入自由贸易区的经济成本。如果贸易创造效应和贸易扩大效应的总效应大于贸易转向效应，则加入自由贸易区在经济上是有利的，反之则是不利的。

自由贸易区的经济效应不只局限于贸易领域，而且会影响到投资领域。它不仅会产生静态效应，而且也会产生动态效应；不仅会产生贸易创造、贸易扩大和贸易转向效应，而且也会产生投资创造、投资扩大和投资转向效应。

(1)建立自由贸易区将会产生竞争效应，将使成员方企业之间的竞争加强，提高生产专业化的程度，进而提高生产效率。

(2)正如我们在前面已经指出过的，自由贸易区的形成将会扩大自由市场规模，产生规模经济效应。

(3)自由贸易区的建立，将产生投资创造效应。区内商品关税的免除使之与区外生产的商品相比具有价格竞争优势，促使区外企业到自由贸易区内进行投资活动，设立分支机构。原产地规则的实施，要求商品必须达到规定的区内增值标准，会促使投资的进一步增加。

(4)组成自由贸易区将会产生投资扩大效应。由于市场的扩大，会降低不确定性和市场风险，吸引区内外企业增加投资，从而产生投资扩大效应。

(5)自由贸易区还会产生投资转向效应。竞争将会导致某些成员方不具有比较优势的产业部门逐渐萎缩，使得原本要投向这些产业部门的投资将向具有比较优势的成员方转移。

第二节　欧洲经济与货币联盟

国家间区域经济一体化已经成为国际经济运行中的突出特征和未来国际经济变化中的必然趋势。当前，最具有国家间区域经济一体化代表性的有欧洲经济与货币联盟(EU)、北美自由贸易区(NAFTA)、东南亚国家联盟(ASIAN)和亚太经济合作组织(APEC)。

翻开欧洲的历史，我们看到的是一部人类文明史，也是一部充满着宗教矛盾、民族矛盾和民族冲突的历史，历史上的每一次大的战争都几乎葬送了欧洲文明成果。第二次世界大战以后，欧洲的有识之士和政治精英们更加清晰地认识到：一个个较小经济体组成的欧洲，形成不了资源的优化配置；一个意志不统一的欧洲，形成不了强大的实力。因此，基于第二次世界大战后对欧洲重建的渴望以及防止欧洲重陷战争泥潭的愿望，最初建立了共同市场(Common Market，最早为欧洲煤钢联盟)，然后变成欧洲共同体(European Community)，最终建成了今天的欧盟(European Union)，从一个贸易实体转变为一个经济与政治联盟。目前27国的欧盟，总面积达432.5万平方千米，人口超5亿。我国与欧洲共处于欧亚大陆，经济贸易往来历史悠久。尤其是改革开放后，我国与欧洲的经济贸易关系得到了突飞猛进的发展，未来也将有更大的发展空间。

一、欧盟(EU)：欧洲一体化的产物①

欧盟(欧洲联盟)是欧洲国家根据《欧洲联盟条约》(也称《马斯特里赫特条约》)组成的国际组织，是有史以来最有力的国际组织，在某种程度上类似于一个国家。有法学家认为，欧盟不应当被看作一个国际组织，而应当看作一个独特的实体(entity)。

(一)欧盟概况

1. 欧盟的基本情况

(1)欧盟总部：比利时布鲁塞尔法律大街200号。

(2)官方语言：西班牙语、丹麦语、德语、希腊语、英语、法语、意大利语、荷兰语、葡萄牙语、芬兰语以及瑞典语。

(3)欧洲理事会轮任主席国(President of the European Council)：欧洲理事会轮值主席国每半年一更换如意大利于2003年12月31日结束轮任主席国，继之为爱尔兰(2004年上半年)、荷兰(2004年下半年)、卢森堡(2005年上半年)、英国(2005年下半年)。2020年下半年轮值主席国是德国，2021年1月1日开始荷兰接棒德国，担任当年轮值主席国。

(4)欧洲委员会主席(欧洲执行委员会，European Commision)：其前身欧洲煤钢共同体委员会主席，分别是：1952年8月—1955年6月法国的让·莫内(Jean Omer Marie Gabriel Monnet)，1955年6月—1958年1月法国的勒内·梅耶(René Mayer)，1958年1月—1959年9月比利时的保罗·菲内(Paul Finet)，1959年9月—1963年10月意大利的皮耶罗·马尔韦斯蒂(Piero Malvestiti)，1963年10月—1967年3月意大利的里纳尔多·德尔·博(Rinaldo Del Bo)。欧洲经济共同体委员会主席分别是：1967年3月1日—1967年7月5日比利时的艾伯特·科佩(Albert Coppé)，1967年6月30日—1970年7月1日比利时的吉恩·瑞伊(Jean Rey)，1970年7月2日—1972年3月1日意大利的佛朗哥·玛丽亚·马尔法蒂(Franco Maria Malfatti)，1972年3月1日—1973年1月5日荷兰的西古·莱恩德特·蒙索尔特(Sicco Leendert Mansholt)，1973年1月5日—1977年1月5日法国的弗朗索瓦-格扎维埃·欧托里(François-Xavier Ortoli)，1977年1月6日—1981年1月19日英国的罗伊·哈里斯·詹金斯(Roy Harris Jenkins)，1981年1月19日—1985年1月6日卢森堡的加斯东·埃格蒙德·托恩(Gaston Egmond Thorn)，1985年1月6日—1995年1月

---

① Nicholas Moussis. Access to European Union：Law，Economics，Policies. *European Study Service*，1998. Miroslav N. Jovanovic. European Economic Integration：Limits and Prospects，Routledge，1997.

24 日法国的雅克·德洛尔(Jacques Delors),1995 年 1 月 24 日—1999 年 3 月 15 日卢森堡的雅克·桑特(Jacques Santer),1999 年 3 月 15 日—1999 年 9 月 17 日西班牙的曼努埃尔·马林·冈萨雷斯(Manuel Marín González),1999 年 9 月 17 日—2004 年 11 月 22 日意大利的罗马诺·普罗迪(Romano Prodi)。继之,欧盟委员会主席分别是:2004 年 11 月 22 日—2014 年 11 月 1 日葡萄牙的若泽·曼努埃尔·杜朗·巴罗佐(José Manuel Durão Barroso),2014 年 11 月 1 日—2019 年 11 月 30 日卢森堡的让-克洛德·容克(Jean-Claude Juncker),2019 年 12 月 1 日开始德国的乌尔苏拉·冯·德莱恩(Ursula von der Leyen)。

(5)欧洲议会议长(President of the European Parliament):继佩特· 考克斯、西班牙的约瑟·鲍列尔·冯特拉斯、德国人马丁·舒尔茨之后,现任议长为意大利人戴维·萨索利(David Sassdi)。

(6)欧洲格言:多元一体(Unity through Diversity)。

2. 欧盟的组织结构与权利结构

欧盟的组织机构包括:

(1)理事会:决策机构,分为欧洲理事会(即欧盟首脑会议)和欧盟理事会(即部长理事会)。前者负责确定大政方针,通常每半年举行一次例会和一次特别会议。后者负责日常决策,拥有欧盟立法权。理事会实行主席国轮任制,任期半年。对外实行"三驾马车"代表制。

(2)委员会:常设执行机构,负责实施欧盟有关条约和理事会做出的决定,向理事会和欧洲议会提出报告和立法动议,监督共同体法律的实施,处理欧盟日常事务,负责欧盟对外经贸谈判和部分对外联系事宜。

(3)欧洲议会:监督、咨询机构,具有部分立法权。

此外,还有欧洲法院(司法仲裁机构)、欧洲审计院、经社委员会和地区委员会(咨询机构)以及欧洲中央银行等机构。其中,欧盟的权力机构主要有:

(1)欧洲议会(European Parliament)。欧洲议会是在欧洲内部执行监督、咨询的机构,议会大厦设在法国的斯特拉斯堡,秘书处设在卢森堡。

(2)欧洲委员会(European Commission)。欧洲委员会主席由各成员国轮流担任,任期半年,总秘书处设在布鲁塞尔。

(3)欧洲理事会(European Council)。欧洲理事会即首脑会议,由成员国元首或政府首脑及欧盟委员会主席组成。

(4)欧洲法院(European Court of Justice)。欧洲法院设在卢森堡,是欧盟的仲裁机构。

(5)欧洲审计署(European Court of Auditors)。欧洲审计署设在卢森堡,负责审计和财政管理。

(二)欧盟一体化的历史演进

1951 年 4 月 18 日,法国、联邦德国、意大利、荷兰、比利时和卢森堡在巴黎签订了建立欧洲煤钢联盟条约。1957 年 3 月 25 日以上 6 国又在罗马签订了欧洲经济共同体条约和欧洲原子能共同体条约,总称为《罗马条约》。1965 年 4 月 8 日,6 国签订的《布鲁塞尔条约》决定将三个共同体的机构合并为欧洲共同体,但三个机构仍独立存在,具有独立的法人资格。《布鲁塞尔条约》于 1967 年 7 月正式生效,欧洲共同体正式成立。

1973 年，爱尔兰、英国、丹麦加入共同体；1981 年，希腊加入共同体；1986 年，西班牙、葡萄牙加入共同体。至此，成员国扩大到 12 个。欧共体 12 国建立起了关税同盟，统一了外贸政策和农业政策，创设了欧洲货币体系，并建立了统一预算和政治合作制度，欧洲同盟逐步发展成为欧洲国家经济、政治利益的代言人。1991 年 12 月 11 日，欧共体马斯特里赫特首脑会议通过了旨在建立欧洲经济货币联盟和欧洲政治联盟的《欧洲联盟条约》，也称《马斯特里赫特条约》(简称《马约》)。《马约》指出，欧洲联盟“通过建立无内部边界的空间，加强经济、社会的协调发展，最终建立单一货币的经济货币联盟，促进成员国经济和社会的均衡发展”；“通过实行共同外交和安全政策，在国际舞台上发挥联盟的应有作用”。

1993 年 11 月 1 日《马约》生效，欧洲联盟成立。《马约》的生效标志着欧共体从经济实体向经济—政治实体过渡。1995 年，奥地利、瑞典和芬兰加入，使欧盟成员国扩大到 15 国。截至 1999 年，欧盟总人口 3.76 亿，总面积 333.7 万平方千米，正式语言是 15 个成员国使用的 11 种官方语言，1998 年的 GDP 总值为 88 441 亿美元。

2002 年 11 月 18 日，欧盟 15 国外长在布鲁塞尔举行会议，决定邀请塞浦路斯、匈牙利、捷克、爱沙尼亚、拉脱维亚、立陶宛、马耳他、波兰、斯洛伐克和斯洛文尼亚 10 个中东欧国家入盟(10 个国家的入盟谈判从 1998 年 3 月开始，2002 年 10 月结束)。2002 年 12 月 12 日欧盟哥本哈根首脑会议决定，2003 年 4 月 16 日欧盟在希腊首都雅典签署 10 国入盟协议。2004 年 5 月 1 日，上述 10 国正式成为欧盟成员国，欧盟扩大到 25 国。保加利亚和罗马尼亚于 2007 年加入欧盟，2013 年 7 月 1 日克罗地亚入盟，欧盟成员国达到 28 个。另外，土耳其从 1963 年开始就成为欧盟的准成员国，也将成为欧盟扩大的候选国，但欧盟一直未批准其加入。可是，欧盟鼓励其继续进行改革，当条件成熟时，将会成为欧盟吸收的成员国。欧盟一体化开始以来，成员国从最初的 6 国发展到 27 国，分别是：英国、法国、德国、意大利、荷兰、比利时、卢森堡、丹麦、爱尔兰、希腊、葡萄牙、西班牙、奥地利、瑞典、芬兰、马耳他、塞浦路斯、波兰、匈牙利、捷克、斯洛伐克、斯洛文尼亚、爱沙尼亚、拉脱维亚、立陶宛、罗马尼亚、保加利亚、克罗地亚。值得关注的是，2013 年 1 月 23 日时任英国首相卡梅伦首次提及脱欧公投。2017 年 3 月 6 日英国女王伊丽莎白二世批准“脱欧”法案，授权时任首相特雷莎·梅正式启动脱欧程序。2019 年 10 月 17 日欧盟委员会主席容克宣布欧盟委员会与英国政府就英国“脱欧”达成协议。2020 年 1 月 31 日英国正式脱离欧盟。英国脱欧后，目前欧盟成员国为 27 个。

(三)欧盟经济—政治一体化的标志

当前，欧盟经济—政治一体化表现为以下几个方面：

1. 市场一体化

欧盟一体化的进程最早从市场一体化开始。欧盟从生产资料市场一体化(欧洲煤钢联盟)到一般商品市场一体化(欧洲单一市场法案)，再到劳动力市场一体化(申根协定)，最终为欧盟经济—政治一体化奠定了坚实的基础。

2. 单一货币(Euro)

欧盟的统一货币为欧元，1999 年正式启动，除英国、希腊、瑞典和丹麦四国外的 11 个成员国统一使用欧元。1999 年 1 月 1 日至 2002 年 1 月 1 日为过渡期，2002 年 1 月 1 日零时，欧元正式取代11国原来的官方货币，正式流通。欧元区不断扩大，目前欧元区包括德国、法国、意大利、荷兰、比利时、卢森堡、爱尔兰、西班牙、葡萄牙、奥地利、芬兰、立陶宛、拉脱维亚、爱沙尼亚、斯洛伐克、斯洛文尼亚、希腊、马耳他、塞浦路斯19个成员国。

3. 欧盟宪法的制定

欧盟宪法草案分为欧盟宪法、欧盟公民基本权利宪章、欧盟的政策和欧盟条约基本规定四个部分。欧盟宪法草案对欧盟条约做出了以下几项重大修改：

(1)以常设欧洲理事会主席制度取代现行的半年轮值主席制度；

(2)欧盟委员会的组成由现在的20名委员减少到15名并确保成员国的平等；

(3)设立专职的部长；

(4)在绝大多数领域的决策过程中采取有效多数表决机制；

(5)任何决定都要求至少有半数赞成票并能够代表60%以上的欧盟公民才能通过；

(6)成员国在遭到恐怖袭击的情况下应相互支持；

(7)欧盟将具有签订国际条约的法人地位；

(8)成员国有权自愿脱离欧盟；等等。

4. 欧盟对外标识统一

2003年7月，欧盟制宪筹备委员会全体会议就欧盟的盟旗、盟歌、铭言和庆典日等问题达成一致。根据宪法草案，欧盟的盟旗仍为蓝底和12颗黄星图案；盟歌为贝多芬第九交响曲中的《欢乐颂》；铭言为“多元一体”；5月9日为“欧洲日”。

5. 军事统一

2000年6月，欧盟在葡萄牙北部城市费拉举行的首脑会议上决定，2003年以前组建一支5 000人的联合警察部队，参与处理发生在欧盟的危机和冲突，并积极筹备几万人的应急反应部队。

(四)欧盟的扩大与欧盟成员国间的政策协调

关于欧盟的扩大，欧盟的政治家曾提出各种设想，其中最具有代表性的是欧共体执行委员会主席雅克·洛德尔于1989年提出的“同心圆欧洲”的一体化蓝图，即内环是欧共体，目标是建立统一市场并进而实现经济货币联盟；中环是欧洲自由贸易联盟，目标是建立欧洲经济区；外环是东欧国家及位于欧洲边缘的土耳其等国，目标是通过发展经贸合作关系建立起联系国制度。这是一个以欧共体为核心，囊括所有欧洲国家的多层次一体化结构。欧洲一体化路径基本是沿着这个方向发展的。

随着欧盟的扩大，欧盟成员国的差距越来越大，成员国间的政策协调的必要性越来越突出。欧盟成员国间的政策协调主要表现在以下几个方面：

(1)成员国间的自由贸易。

(2)一致的对外关税以及一致的对外贸易地位。

(3)移除成员国家的边界控制(除英国和爱尔兰)。

(4)在自给自足的前提下，欧盟成员国的公民都可以自由在欧盟成员国内居住和工作。

(5)允许欧盟任何国家的公民在当地政府和欧洲议会的选举中投票。

(6)成员国间资金自由流动。

(7)协调政府法规、公司法律和商标注册。

(8)单一货币——欧元(除了英国、瑞典和丹麦等)。

(9)欧盟内部大范围的环境政策合作。

(10)共同的农业和牧业政策。

(11)在预防犯罪行为方面进行协作,包括分享情报、协调犯罪行为的定义等。

(12)一个共同的对外政策是欧盟努力的目标,但仍然有相当的一段路要走。欧盟在2003年对伊拉克战争问题上的分歧,表明了在这个问题上有很长的路要走。

(13)一个共同的安全策略,包括建立一支60 000人的快速反应部队(维和目的),建立一支欧盟军队和一个欧洲卫星中心(获取情报目的)。

(14)对收容和外来移民制定一致的政策。

(15)共同的附加税、消费税等。

(16)援助不发达地区的基金。

(17)建立援助候选国和其他东欧发展中国家的基金。

(18)建立研究基金等。所有上述目标的实现,取决于成员国之间的协调,客观上要求建立更加统一的欧洲法律框架。

二、欧盟一体化的体制与整合机制

(一)欧盟一体化的体制特征

在欧盟一体化的进程中,形成了特有的体制。它既不同于一般的国际组织,也有别于联邦或邦联体制,是成员国各种欧洲联合思想和模式的混合妥协的产物,是一个新颖而独特的组织体制。其特征表现为:

1. 欧洲联合体不同于一般国际组织

通常的国际组织是一些国家为了实现共同的目标而进行有限合作的松散组织,它没有共同的权力机构,它的活动和决议一般不侵犯到国家主权,成员国按照自己的意志决定是否参加活动、支持决议和履行义务。而欧洲联合体则不同,它有共同的权力机构,它的活动和决议很大程度上存在着国家主权让渡,是否参加活动、支持决议和履行义务很大程度上不是由某个或某些成员国按照自己的意志决定的。

2. 欧洲联合体不同于联邦或邦联

联邦是一种复合制政体,参加联邦的国家只拥有地方自治权,一些重要主权特别是外交、防务等主权移交联邦当局,在国际社会中联邦以单一的实体代表原所有的国家而成为国际法主体。邦联只是简单而松散的国家集团,国家间实行有组织的合作,参加邦联的国家仍保持原国际法主体地位并保留全部主权,邦联不构成国际法主体。欧盟是在独立国家地位的前提下将部分外交、防务等主权移交联合体,在国际社会中欧盟和各个成员国均为国际法主体。

3. 欧洲联合体实现了"多元一体"

欧洲联合进程中走出了一条折中道路,概而言之,即"多元一体"。其基本特征是:

(1)它体现了西方政治学说中的"共享""法治""分权与制衡"等原则。从共同体到欧洲经济与政治联盟的演进过程中，每一阶段都强调了每一个成员国共享的权利结构和权力分配；强调了法律约束，以条约和法规为一切活动的依据；强调了权力的"民主合法性"；强调了"三权分立"，机构设置体现了权力分散、相互制约和保持均衡。这些特征都在欧盟的组织结构中得到了充分体现。

（2）在机构体制上，欧洲联合体没有因袭任何现成的模式，而是根据欧洲一体化的实际需要和现实的可能性，独创了一种新颖的国际机构体制。它既尊重了国际关系中通常的国家代表制原则，又注入了一些超国家因素；它兼有多种体制模式的特征，是一种多元复合体制。

（3）在运行机制上，在尊重各成员国主权基础上给予大国更大的权力，从而有利于欧洲一体化向前推进。同时，注重各国权力的平衡，有利于防止大国的垄断与专断，从而体现了各成员国的平等地位。欧盟的历史表明，欧洲一体化每上一个新台阶，大国（尤其是法国、德国）联合态度的一致性和其他各国积极协调起到了极为重要的作用。

（二）欧洲一体化的整合机制

第二次世界大战之后，欧洲一体化迈出了实质性的步伐。从 1950 年的"舒曼计划"开始，历经 1951 年的"欧洲煤钢共同体"，1957 年的"欧洲经济共同体"，1965 年的"欧洲共同体"，1993 年的"欧洲联盟"，1997 年的《阿姆斯特丹条约》，2000 年的《尼斯条约》到 2004 年《欧盟宪法条约》，半个世纪以来的欧洲真正实现了前人梦想而未能达到的"欧洲联合"。欧洲已经由各国的矛盾与对立走向了统一与协调，由分散走向整体，由经济一体化走向经济、政治、外交、军事等全面一体化。诚然，欧洲一体化进程并非一帆风顺，或大或小的危机时有发生。但是，欧洲各国尤其主要国家运用理性的、合理的、有效的解决机制，一次次将危机化解。

在半个世纪来的欧洲一体化进程中，或受全球经济环境变化的影响，或受欧洲内部因素的影响，曾发生过几次重大的危机，使欧洲一体化在经济上、政治上和组织体制上都经受了严峻的挑战和考验。综观欧洲一体化的进程，我们不难梳理出曾发生过的几次重大危机。

1. 欧洲防务共同体与欧洲政治共同体两项条约失败引发的危机

1950 年 5 月 9 日，法国外交部长舒曼在一次记者招待会上宣读了一项声明，建议建立"欧洲煤钢共同体"，这就是著名的"舒曼计划"。"舒曼计划"提出后，得到了欧洲一些国家的积极响应。1950 年 6 月 20 日，法国、德国、意大利、荷兰、比利时、卢森堡六国就建立共同体问题在巴黎开始正式的磋商谈判。在欧洲煤钢共同体条约开始起草的时候，欧洲局势发生了一些变化，捷克斯洛伐克的政变和柏林封锁使得美国及其追随者认为当时的苏联企图在中欧扩大势力。为了加强西欧防务，美国策划重新武装德国。在这种情况下，让·莫内等人认为，解决防务问题的办法可以参照解决煤钢问题的精神和方法，建立一支统一的欧洲军队，统一指挥、统一装备、统一财政，由超国家的高级机构统一领导。他们草拟了一份声明，这份声明由当时的法国总理普利文在 1950 年 10 月 24 日法国国民议会上全文宣读，被称为"普利文计划"。"普利文计划"得到了创建欧洲煤钢共同体国家的支持，并开始草拟欧洲防务共同体条约。1952 年 5 月 27 日，参与欧洲煤钢共同体的六个国家在巴黎签署了欧洲防务共同体条约。同时，相应地要求建立一个欧洲政治共同体。1953 年 3 月 10 日，由欧洲煤钢共同体的特别议会批准了欧洲政治共同体条约草案。欧洲防务共同体条约签署后,便进入了六国国内的议会批准程序,尽管在六国国内的议会批准程序上遇到了不同程度的困难,但是到1954年8月,除法国外的其他五国国民议会通过了条约。1954年8月22日,法国国民议会否定了欧洲防务共同体条约。于是,由法国政府提出的建立欧洲防务共同体的计划,又由于法国国民议会的否决而宣告失败。此后,欧洲政治共同体条约也被束之高阁,通过政治共同体来建设欧洲联邦的计划告吹。

1954年欧洲防务共同体与欧洲政治共同体两项条约的失败对欧洲一体化运动造成了极大的负面影响。经过一个较为缓慢的过程,才恢复元气。

2.1971年布雷顿森林体系崩溃引发的危机

第一次世界大战后建立的国际货币体系即布雷顿森林体系,实质上是"美元—黄金本位制"。"美元可以兑换黄金和各国实行固定汇率是布雷顿森林体系的两大支柱。"①美元危机不断动摇布雷顿森林体系的基础。1971年8月15日,时任美国总统的尼克松在电视上单方面向全世界宣布:美国不再遵守国际货币体系的核心规则和程序,历时27年的布雷顿森林体系从而也就宣告结束。

"布雷顿森林体系解体和美元实行浮动汇率,对严重依赖世界市场的欧共体国家的危害最大,以它们分散的经济实力无法抵御美元汇率波动的冲击,造成了'美国感冒欧洲咳嗽'的奇特现象。"②布雷顿森林体系的崩溃和美元的波动,引发了欧洲金融市场动荡,对欧洲各国经济造成了极为不利的影响。

3.1974—1975年世界经济危机引发的危机

1974—1975年,第二次世界大战后资本主义世界最严重、最全面的一次经济危机侵袭了西欧各国,欧共体在经济、政治和组织体制上经受了严峻的挑战。在这场危机中,欧共体成员国财政、金融动荡不稳,通货膨胀无法制止,失业现象严重,国际收支连续性赤字,经济发展不平衡现象加剧,成员国中富国与穷国之间、一国内部发达地区与落后地区之间的经济差距扩大。西欧经济陷于停滞,经济一体化进展滞缓,共同体内部矛盾丛生。1973—1984年可称为欧洲一体化的危机,其间处于经济困境中的欧洲在谋求推进经济一体化方面很难取得一致,在经济一体化指标上几乎没有实质性进展,甚至已经实现的关税同盟和已经通过的共同农业政策也在实施中出现了许多新的矛盾和障碍。在此背景下,共同体内外对共同体发展前景出现了悲观论调,出现了"欧洲联合分崩离析""欧共体难以生存"的评论。尤其是20世纪80年代初严重的经济危机,共同体内部种种矛盾更加显露,共同体处于自成立以来的"最严重的危机中",欧共体的前途与命运世人瞩目。

4. 欧盟制宪引发的危机

2005年5月法国民众公投否决了《欧盟宪法条约》。继之,荷兰于同年6月民众公投否决了《欧盟宪法条约》。《欧盟宪法条约》是欧盟的首部宪法,其宗旨是保证欧盟的有效运作和欧洲一体化进程的顺利进行,需要欧盟成员国全部批准后方可实施,成员国民众公投否决

---

① 杨培雷:《国际金融》,上海财经大学出版社2005年版,第310页。

② 戴炳然:《欧元3年:回顾与展望》,载《走向新世纪的欧洲联盟》,上海财经大学出版社2003年版,第3页。

《欧盟宪法条约》势必影响一体化深化的步伐。

除上述重大危机外，欧洲一体化进程中还有以下危机情况值得一提：

其一，1965 年法国总统戴高乐反对管理欧共体的部长理事会把决策机制从全体通过改为多数票通过。戴高乐实施了“空椅政策”，法国代表连续 6 个月拒绝出席欧共体会议。最终，其他成员国做出让步，同意授予法国事实上的否决权。这一否决权允许成员国阻止它们认为事关国家重大利益的协议通过。

其二，1992 年，丹麦民众在全民公决中否决了《马约》。这一条约旨在把欧共体改为欧盟，创立单一的欧洲货币，制定共同的外交和安全政策。此后，丹麦政府通过谈判，在防务政策、欧元、难民和移民政策以及欧盟公民身份等问题上获得了让步。1993 年，丹麦民众在举行的第二次公投中通过了该条约。1993 年 11 月 1 日，《马约》正式生效。

其三，1996 年，欧盟其他成员国对爆发疯牛病的英国实施牛肉禁令。作为报复，英国时任首相梅杰宣布英国将采取“不合作政策”，阻止欧盟的决策进程。次年，梅杰在大选中落败，他的继任者布莱尔对欧盟其他成员国采取了更加合作的态度，欧盟的牛肉禁令也在 1998 年被取消。

其四，2001 年，爱尔兰民众否决了旨在改革欧盟机构和为欧盟扩大做准备的《尼斯条约》。爱尔兰民众担心欧盟增加新的成员国会影响爱尔兰从欧盟获得的农业和商业利益，并破坏爱尔兰在国际事务中长期坚持的中立立场。在爱尔兰的利益得到保证后，爱尔兰民众于 2002 年的第二次全民公决中批准了该条约。

欧洲一体化进程中发生的危机，有些危机的原因来自欧洲外部或世界形势的变化，如布雷顿森林体系解体引发的危机；有些危机的原因来自欧洲内部，如欧盟宪法条约危机；更多的危机是欧洲内部与外部因素共同作用的结果。这些危机的出现，无论源自内因还是外因，归根结底都是通过内因起作用的，都是基于欧共体/欧盟存在的一系列内在矛盾而发生的。“这样一个史无前例的国际组织，不可否认内部包容了错综复杂的矛盾。”[①]欧共体/欧盟是成员国在自愿基础上组织起来的区域一体化集团，为了实现一体化目标，既要尊重成员国的主权、保证成员国利益，又要积极发展欧共体/欧盟的整体利益，一整套机构体制和政策机制是平衡成员国主权、成员国利益与共同利益，推进一体化目标实现的手段与保证。面对一体化进程中发生的危机，欧共体/欧盟形成了富有成效的危机解决机制。

(1)建设中的危机和危机中的建设

欧洲一体化建设过程中，每前进一步都充满着矛盾和斗争，都发生着或大或小的危机。但是，在欧共体/欧盟成员国自愿以一体化目标为取向的基础上，在欧洲大国的推动下，这些危机都只是建设中的危机，并且能够在危机中寻求对策，推进一体化建设。

当欧共体成员国按照目标于 1968 年完成关税同盟建设时，正在发生资本主义世界性的金融货币动荡，美元频繁危机，并危及西欧经济的稳定发展。为了保证促进实现商品、人员、资本和劳务的自由流通，1969 年 12 月初，欧共体 6 国首脑在海牙会议上，正式把建立欧洲经济与货币联盟列为一体化重要目标，并任命卢森堡首相兼财政大臣维尔纳为首的高层专

① 伍贻康：《区域整合体制创新》，上海财经大学出版社 2003 年版，第 124 页。

门小组负责起草建立欧洲经济与货币联盟计划，目标是在1980年底建立统一的欧洲中央银行，实行统一的货币政策，发行单一货币，形成统一的资本市场，把欧共体建设成为一个全面经济联盟的完整经济实体。然而，金融危机的加重和各成员国尤其是法国与德国之间在克服危机对策上的严重分歧，致使计划的实施被迫搁置下来。1979年3月，在法国、德国的推动下，欧洲货币一体化重新启动，建立了以法国、德国、英国、意大利、比利时、卢森堡、丹麦、爱尔兰8国为创始国的欧洲货币体系。

(2)原则性与灵活性相结合

通过一系列条约搭建起来的欧洲一体化的框架和体制，体现了实现欧洲联合过程中对于成员国的原则性要求。但是，灵活机制是欧洲渡过难关的一个关键因素。

面对20世纪80年代的危机，1984年5月24日时任法国总统的密特朗在斯特拉斯堡召开的欧洲议会上做了重要演说，他主张从政治上重新推动欧洲建设，并提出允许“两种速度”的共同体设想，以便推进欧洲联合和欧洲一体化建设的进程。1984年11月20日，欧共体执行委员会秘书长诺埃尔在比利时皇家国际事务研究所发表的演讲中强调，“就经济结构、社会习惯和法律传统而言，12国共同体是一个差别很大的集合体。最明智的办法似乎是在规定上允许某种区别对待或差异”。人们把他的演讲概括为“差异的欧洲”或“多种速度的欧洲”。① 允许多数国家率先行动，先行一步，个别国家可以待条件成熟时再加入行动，这种做法在欧洲一体化进程中确实极为奏效。近来，在欧盟制宪危机中，欧盟试图对于欧盟制宪实行“双速欧洲”设想，无疑与这种灵活性的策略路径是以一贯之的。

欧洲一体化进程得益于原则性与灵活性相结合的运作，不仅表现在目标的调整上，而且表现在对成员国的具体要求上。在目标调整方面，最突出的表现就是欧洲防务共同体与欧洲政治共同体两项条约失败后，成员国及时把目标调整到经济一体化上来。在对成员国的具体要求方面，注重根据成员国的具体情况，在条约的执行中把握灵活性。例如，旨在建立欧洲联盟的《马约》于1991年12月签署，1993年11月1日正式生效，从此在法律上正式确定了以建设欧洲经济与货币联盟和政治联盟为目标，把欧洲经济一体化和政治一体化从广度和深度上实现全面突破，使欧洲一体化由主要是经济集团的欧共体，在完全实现货币一体化并在外交、安全、防务、司法和民政等领域实行紧密合作的基础上，朝着建立一个经济—政治集团的方向发展。值得注意的是，《马约》在对欧洲经济与货币联盟建设的规划中，制定了于1999年1月1日实现欧洲货币统一的目标。为此，确定了“三步走”战略②和加入“欧元

---

① 伍贻康：《区域整合体制创新》，上海财经大学出版社2003年版，第214页。

② “三步走”战略：《马约》(1991)确立的建立欧洲经济与货币联盟的战略。第一步是撤除一切阻挠资本流动的限制，银行、保险等一切金融业务全面放开，达到欧盟内部资本自由流动，这在1993年年底基本实现；第二步是在实现商品、资本、人员和劳务自由流动、建立内部统一大市场的基础上，1994年起建立欧洲货币局，其职责是促进埃居(ECU)使用，协调各国货币政策，逐步缩小成员国的汇率波幅，为建立欧洲中央银行体系做好准备；第三步是正式实现经济与货币联盟，使用单一货币——欧元(Euro)，建立欧洲中央银行，制定统一的货币政策。

区”的“四项趋同标准”[①]，原则上只有趋同达标的国家才能够加入欧元区，未达标的国家在达标后可以随时加入。

(3)以动态目标推动欧洲一体化进程

几十年来，欧洲国家不断为自己提出一个又一个新的一体化目标，以大局为重，通过协调利益得失而实现妥协，以积极的态度克服一个又一个矛盾、困难和危机，向着既定的目标前进。一旦实现了目标，又会适时提出更新、更高的目标，如此向前发展。

自1951年“欧洲煤钢共同体”成立以来，欧共体/欧盟成员国不断根据形势的变化、力量对比和结构转换，对欧洲一体化的体制和运行机制进行不断的调整、补充和修正，使之不断适应新的变化了的形势需要和要求。从《巴黎条约》《罗马条约》《布鲁塞尔条约》到《单一欧洲法令》《马约》，基本上都是每隔若干年根据新情况和新要求提出一个新的更大的目标。“冷战”结束，按照《马约》建立了欧洲联盟以后，欧洲一体化形势变得更加复杂，由于东扩引致的机构体制矛盾和缺陷暴露得更加突出。为了修补决策机制和管理机制以适应东扩后变化的情况，欧盟从《马约》到《阿姆斯特丹条约》再到《尼斯条约》，每隔3年就对体制与机制进行一次修正和补充。世纪之交，欧洲一体化又处在一个新的转折点，欧盟适时提出新的目标，即试图通过欧盟制宪进一步深化欧洲一体化。

第三节 北美自由贸易区

一、北美自由贸易区(NAFTA)的形成与发展

自1948年关税与贸易总协定生效后，美国一直是贸易自由化多边主义的最积极的倡导者和推动者。美国在自身实行自由贸易的同时，试图利用关税与贸易总协定促进其他国家开放市场，实行自由贸易政策。但是，关税与贸易总协定只是“君子协定”，不具有强制力。20世纪70年代以后，随着欧洲和亚洲国家的崛起，美国的产品在国际市场上面临着激烈的竞争，关税与贸易总协定也就更难以发挥有效的作用。于是，美国的贸易政策开始发生变化。1974年，美国国会通过了新的贸易法案(即《1974年贸易法案》)，该法案在授权美国总统开展新一轮多边贸易谈判的同时，又授权总统与北美国家进行双边自由贸易协定的谈判。这表明，美国的贸易政策发生了重大转变，即由多边主义转向了多边主义、地区主义和双边主义等多元化政策路径。

进入20世纪80年代，欧共体不断扩大，其成员国的经济联系越来越密切，并对非成员国形成了严重的“贸易壁垒”，这更加坚定了美国追求地区主义和双边主义的决心。1985年，美国首先与以色列签订了“自由贸易区协定”。接着，美国与加拿大基于密切的经济联

① “四项趋同标准”：《马约》规定，欧洲经济与货币联盟进入第三个阶段(即实行单一货币阶段)，成员国经济上必须达到四项趋向标准：(1)通货膨胀率不得超过通货膨胀率最低的三个成员国最近一年平均水平的1.5个百分点；(2)政府预算赤字不得超过GDP的3%，政府债务占GDP的比重不得高于60%；(3)长期利率的偏离不得超过情况最佳的三个成员国最近一年平均利率的2个百分点；(4)两年内货币汇率基本保持在欧洲货币汇率机制许可的波幅内，即波幅上下限均不得超过2.25%。只有趋同达标国家才可以加入欧元区，未达标的国家在达标后可随时加入。

系，经过谈判，最终于 1988 年 1 月 2 日签订了“美国与加拿大自由贸易协定”，美加自由贸易区随之诞生。美加自由贸易区增进了两国经济联系，促进了两国经济一体化，并显现出明显的贸易创造效应、规模经济效应和投资效应，取得了极大的成功。美加自由贸易区的成功更坚定了美国追求地区主义和向整个美洲扩展自由贸易区的决心。1990 年 6 月 27 日，当时的美国总统布什提出了“美洲事业创议”。“美洲事业创议”的三大政策目标是贸易自由化、投资创造和债务减免，旨在将美加自由贸易区向南扩展，逐步实现整个美洲的经济一体化。

美加自由贸易区南扩，首当其冲的就是墨西哥。早在 1987 年 11 月美国与墨西哥两国领导人就进行了正式会谈，并草签了一份有关磋商两国间贸易和投资的框架原则和程序的协议，后因利益冲突尖锐而无进展。1988 年 12 月，萨利纳斯就任墨西哥总统，大力推行经济改革，并对美国与墨西哥自由贸易谈判持积极的态度。1990 年 6 月，萨利纳斯访问美国，为美国与墨西哥自由贸易谈判铺平了道路。同年 9 月，当时的美国总统布什向国会正式提出开始美国与墨西哥自由贸易谈判的要求，并于 11 月底访问墨西哥加以推动。最初，加拿大在美加自由贸易区向南扩展问题上持消极的态度，在权衡利弊后，终于做出了加入北美自由贸易区谈判的决定。1991 年 2 月 5 日，美、加、墨三国政府同时宣布尽快举行三边谈判。6 月 12 日，三国代表团首次举行部长级会议，确定了市场准入、贸易规范、劳务、投资、知识产权和纠纷处理等 6 项议题，并建立了 17 个专门工作组。从 7 月起，各个工作组对各自分担的议题进行具体研究和磋商。经过磋商、协调与相互让步，三国于 1992 年 8 月 12 日就北美自由贸易协定文本达成了协议。1992 年 12 月 17 日，美、加、墨三国政府领导人分别签署了该协定。该协定 1994 年 1 月 1 日正式生效，北美自由贸易区正式形成。

1994 年 12 月，北美和南美 34 个国家在美国迈阿密举行第一届美洲国家首脑会议，就推进经济一体化进程达成共识，美洲自由贸易区（FTAA）计划开始启动。从美洲自由贸易区构想的提出到现在，美洲自由贸易区的谈判可以分为三个阶段：第一阶段从 1990 年“美洲事业创议”的提出到 1994 年迈阿密举行第一届美洲国家首脑会议的召开，是美洲自由贸易区计划的酝酿阶段；第二阶段从迈阿密举行第一届美洲国家首脑会议结束到 1998 年圣地亚哥第二届首脑会议，是谈判的准备阶段；第三阶段从 1998 年至今，美洲自由贸易区正式启动。美洲 34 个国家之间的经济差距和不同的利益诉求，成为谈判过程中的重重障碍，尽管美洲自由贸易区谈判不会无果而终，但美洲自由贸易区步履艰难。

二、北美自由贸易区协定的主要内容与措施

北美自由贸易协定的宗旨是取消贸易壁垒，创造公平竞争条件，增加投资机会，对知识产权提供适当的保护，建立执行协定、解决争端的有效程序，从而促进三边的、地区的和多边的合作。北美自由贸易协定由总则、商品贸易、劳务、投资、知识产权、政府采购、贸易冲突协调机制、协定的通过与执行程序等部分组成。在汽车、农产品、纺织品、能源、交通、文化产业等领域，协定中有专门的细则加以规定。总体来看，北美自由贸易协定包括以下核心内容与措施：

(一)关税

协定规定对于被视为产地为北美的产品逐步取消所有的关税，大多数商品的现行关税

将在5至10年内逐步取消，从1994年1月1日起在执行北美自由贸易协定的10年内，三国所有的工业产品关税在北美取消，美国出口到墨西哥的农产品关税在15年内逐步取消。北美自由贸易协定规定了墨西哥和加拿大以及墨西哥和美国之间农牧产品贸易的双边承诺，承认农牧部门结构的差异，建立了有关保护的特别过渡机制。如美国与墨西哥之间立即取消非关税壁垒的同时，将各种壁垒转换成关税或关税配额，通过这种方式，根据最近的平均贸易水平确定免税的进口配额，配额每年增加3%，对超过这一数量的进口产品征收关税。这种关税将根据不同的产品，在10年或15年内逐步降至零。墨西哥与加拿大规定除了奶制品、家禽、鸡蛋和糖外，双方取消农牧产品的关税和非关税壁垒。对于奶制品、家禽、鸡蛋和糖等产品，墨西哥用关税或关税配额取代进口许可证，并且这些关税在10年内逐步取消。美国与加拿大的农牧产品贸易则受美加自由贸易协定约束。这种灵活的做法充分考虑了各国的敏感部门和产品的利益，对这些部门和产品实行差别待遇和扶持，有利于自由贸易的顺利推进。

另外，协定在其他一些问题的处理上也体现了一定的务实性。比如，关于条约生效后立即取消50%商品的关税，考虑到发展水平的差别，这项义务在三国的分配是有差别的，美国和加拿大立即取消对来自墨西哥的80%的商品关税，而协议生效后的第一阶段墨西哥对来自美国35%的商品免税，对来自加拿大5%的商品免税。此外，对墨西哥竞争力较弱的肉、奶制品、玉米等产品均安排了较长的过渡期，有利于墨西哥内部结构的调整，为墨西哥带来了更大的实惠，也增强了协定对墨西哥的吸引力。

（二）非关税措施

对于非关税壁垒，协定规定取消非关税壁垒和其他贸易扭曲的限制，进出口限制措施只能在与GATT第6条款一致时才能使用。协定承诺三国将取消除了有特别规定以外的所有数量上的禁止和限制措施。协定还取消了许多其他的非关税壁垒，如当地成分、当地生产和出口业绩要求等。协定规定各国不得对向其他两国的出口产品进行补贴，对非北美自由贸易区国家的出口例外。协定还规定，允许采取反倾销措施，但必须与其他成员国进行磋商。另外，在产业受到损害时可以采取保障措施。关于海关手续费问题，协定规定，三国不再设置新的诸如美国商品加工费和墨西哥海关手续费之类的收费。美国和墨西哥最迟从1999年6月30日起取消北美原产地产品的海关手续费，美国对加拿大的原产地产品从1994年1月1日起取消海关手续费。三国还规定可以在与其他成员国进行磋商的前提下，采取反倾销措施、保障措施，政府采购应遵守国民待遇原则。

（三）服务业

在服务业方面，协定规定，各国应给予其他两个国家以国民待遇和最惠国待遇。协定对美加自由贸易协定中关于服务贸易的规定进行了拓展并延伸到了墨西哥，除了航空、海运和基本电信以外的所有服务都包括在协定之内。协定规定，服务贸易方面存在的数量限制措施可以保留，也可以增加新的措施，但必须在联邦的层面上予以列出并公布。服务业的许可证和认证的发放必须是以竞争力和能力为基础的，以避免创造不必要的贸易壁垒。关于金融服务业，墨西哥在2000年后实行完全开放，并给予美国、加拿大最惠国待遇和国民待遇。在此规定下，美、加的投资者有了更多的方便，可以在墨西哥收购银行和其他金融机构。但是，协定还规定，墨西哥可以在2000年结束的过渡期内协商限制美加占有的市场份额。此后，墨西哥只能实行临时性保护。协定还规定在旅游、通信等领域相互给予国民待遇等。

（四）投资领域

在投资方面，协定旨在消除投资障碍，推行国民待遇。协定规定，任何成员国都不得对在其境内的投资者规定经营条件，如出口水平、最低的国内含量、对本国供应商的优惠待遇、进口受出口收入的约束、技术转让以及要求产品在某指定地区生产等。协定规定，成员国的投资者可以将其利润、销售所得、借贷支付或其他与投资有关的交易所得的合法流通的货币，按照市场汇率兑换成外汇，外汇可以自由转移。协定还规定各成员国不得直接或间接地征用成员国企业主的投资，除非因公益原因且需在非歧视原则的基础上并依据法律程序进行，被征用的投资应立即得到合理的赔偿。协定在确定各国实行自由化承诺的同时，也规定了例外情况，如墨西哥的某些敏感部门（如基础电信、社会服务、海洋运输等）不受此约束，国家安全方面的例外，环境保护方面的例外等。

三、北美自由贸易区协定的特点及其影响

北美自由贸易区协定在其成员构成和协定内容范围上有着鲜明的特点。从协定的成员构成来看，美国、加拿大代表着发达国家，而墨西哥是典型的发展中国家；三国的经济发展水平差距很大，尤其是美国、加拿大与墨西哥的经济水平存在着较大的差距。从协定内容上看，协定不仅涉及商品贸易，而且涉及生产、服务、投资、知识产权保护等领域，内容丰富，涉及面很广。而且，北美自由贸易区协定还有北美劳工合作协定和北美环境合作协定等副协定。北美自由贸易区协定及其副协定使北美自由贸易区的合作有了更加丰富的内容和更大的弹性，为三国之间更高层次的经济合作创造了条件。同时，北美自由贸易区协定及其副协定在许多方面都具有创新性和前瞻性，如服务贸易、投资、知识产权保护、贸易与环境保护、贸易与劳工标准和争端解决等，为世界贸易组织争端解决机制提供了大量的借鉴。

北美自由贸易区协定的运行，对北美三国经济发展产生了重大的影响，积极影响和消极影响同时存在。但是，毫无疑问，北美自由贸易区协定对三国经济增长、进出口贸易、区域内的直接投资发挥了重要促进作用。

北美自由贸易区协定的良好运行也推进了美洲自由贸易区（FTAA）的建立。1994年12月，西半球34个国家（除古巴外的西半球所有国家）在美国迈阿密举行第一届美洲国家首脑会议，就推进经济一体化进程达成共识，美洲自由贸易区计划开始启动。1998年圣地亚哥第二届美洲国家首脑会议为谈判做了准备。尔后，谈判正式启动。目前看来，美洲34国之间的经济差距和不同的利益取向体现为各种具体的问题，已经成为谈判取得实质性成果的重重障碍，美洲自由贸易区的前景不容乐观。

四、《美国—墨西哥—加拿大协定》取代《北美自由贸易协定》

2016年特朗普入主白宫，美国政府重建美国至上、美国利益优先的贸易新格局，主要做法是：

其一,重新谈判并修改多边贸易规则。2017年1月23日特朗普签署行政命令,正式宣布美国退出跨太平洋伙伴关系协定(TPP)。2017年6月1日特朗普在白宫宣布,美国将退出应对全球气候变化的《巴黎协定》。2017年10月12日,美国宣布退出联合国教科文组织。2017年12月2日美国驻联合国代表团在一份声明中宣布,美国驻联合国代表团已向联合国秘书长通报,美国将不再参与《全球移民协议》。在两年不到的时间里,特朗普政府宣布退出11个国际组织或协定,甚至威胁退出WTO。

其二,重新定义与贸易对手的贸易关系。以美国话语权为主导,强调美国优先,不惜"脱钩",推行孤立主义。中美贸易摩擦就是典型例证。

其三,重建双边(或区域)贸易体系。强调美国主导地位和排他性条款,取代《北美自由贸易协定》(NAFTA)的《美国—墨西哥—加拿大协定》(The United States-Mexico-Canada Agreement,简称USMCA)就是最显著的例证,《美韩协议》和《美日协议》也表明了这一点。

特朗普政府坚持所谓的"公平""对等""让美国获益"的贸易准则,威胁退出NAFTA,要求重启谈判,经过长达14个月的贸易谈判,美国、墨西哥和加拿大三方于2019年9月30日达成《美国—墨西哥—加拿大协定》,并于11月30日正式生效,以取代1994年生效的《北美自由贸易协议》(North American Free Trade Agreement,简称NAFTA)。特朗普总统称USMCA创造了历史,为"历史上最现代、最先进、最平衡的贸易协定"。时任美国贸易代表莱特希泽称,USMCA将成为美国后续贸易协议的模板。他总结了USMCA的三大支柱:公平;保护美国竞争优势的数字产品、知识产权、服务(包括金融服务)贸易条款;消除不公平贸易做法的新条款,包括对国有企业、汇率操纵、与非市场经济体的关系等方面的严格规定。USMCA共包含34章内容,协议对国民待遇与市场准入、原产地原则、海关管理与贸易便利化、贸易救济、投资、跨境贸易服务、数字贸易、知识产权、劳工标准、环境标准、监管实践、争端解决等多个领域的标准与实施做了细致的规定,有约2/3的章节与TPP重合。除增加数字贸易等章节外,USMCA还增加了诸多排他性条款,具有浓重的贸易保护主义色彩。

与NAFTA比较,协定除了"非市场经济国家"条款外,排他性条款的三个主要表现是:

第一,汽车原产地规定的区域内价值比例高于旧协议。在促使汽车供应链逐步转移至美、墨、加三国的同时,具有明显的排他性。当前,各国汽车产业依赖于复杂的跨境供应链,但是新协议规定5年过渡期内一辆汽车零部件的北美原产地占比须从目前的62.5%逐步提高到75%,并且要求汽车制造商至少70%的钢铁和铝原料必须来自美、墨、加,这将促使汽车供应链逐步转移到这三个国家。新协议的原产地规则规定,乘用车高工资劳动占比(每小时工资16美元以上)需要从2020年以前的30%逐步增加到2023年的40%。新协议下,美国提高了加、墨的汽车出口量,同时设定了排他条款,即75%的汽车和配件必须由北美制造,这一规定将中国、日本、欧盟等汽车制造商排除在外。新协议通过实施苛刻的原产地规定,力图培育产业链相关技术人员,保证相当部分的制造业生产回流至美国以及加拿大的高工资地区,同时支持配套的北美钢铝产业。这一原产地规定在帮助美国实现制造业回流、增加就业机会的同时,也使其他国家的汽车制造商更难在墨西哥廉价生产汽车。

第二,美墨间取消投资争端解决机制(ISDS)。这意味着第三方投资者将无法利用这一机制提起仲裁。墨西哥与美国间取消了ISDS,而加拿大与美国间依然保留这一机制。在投资争端解决机制中，如果投资者来自美、墨以外的第三方，而该方被美或墨认定为非市场经济体，那么这一投资者不能成为申诉方提起投资仲裁。也就是说，如果中国在墨西哥拥有或控制的企业在美国投资，该企业不能作为申诉方对美方提起诉讼。

第三，新协议关于非市场经济国家的相关规定具有明确的针对性和歧视性，美国意在通过新协议来约束墨、加两国与第三方非市场经济国家签署自由贸易协定。新协议引入前所未有的排他性条款。第 32 章第 10 条规定：如果美、加、墨三方正在与非市场经济国家谈判自贸协议事宜，则缔约方不仅应在启动谈判前提前 3 个月通知其他缔约方，还应该尽早将缔约目标告知其他缔约方；需要在签署前至少 30 天将拟签署文本提交给各缔约方审阅，以评估该文本对美、墨、加贸易协定的影响；在与非市场经济国家签署自贸协议后的 6 个月内，允许其他缔约方终止美、墨、加贸易协议，并以缔约方的双边协议取代。也就是说，未来加拿大和墨西哥与其他国家签署自贸协议，其希望通过自贸协议实现的目标及谈判文本、拟签署文本都需要递送美国政府审阅。如果美国政府认为加、墨与中国的双边协议对其有任何不利影响，美方均可以美、墨、加协议为筹码，要挟加、墨两国放弃对美方不利的条款。

《美国—加拿大—墨西哥协定》表现出保护主义和反全球主义的特征，本质上是保护主义的区域贸易协议。哥伦比亚大学教授巴格沃蒂将其称为贸易体制中的“白蚁”，蛀蚀了自由贸易体系。

第四节 东南亚国家联盟

东南亚国家联盟（简称东盟）诞生于“冷战”的特殊历史时期。东盟的成立、演变和扩大对稳定东南亚地区的国际政治形势发挥了重要的作用。随着时间的推移和东盟的发展，其成员国之间的合作逐步从政治方面拓展到经济领域。东盟国家之间的经济合作的发展经历了四个阶段，即“冬眠”阶段、起步阶段、经济一体化的兴起阶段和经济一体化的深化阶段，现在正处于第四个阶段。

一、东盟发展历程概述

东南亚国家联盟（Association of South East Asian Nations，ASEAN）是由地处东南亚的 10 个国家组成的区域性政府间国际组织，它起先是由菲律宾共和国、泰王国、马来西亚、印度尼西亚共和国、新加坡共和国 5 个国家于 1967 年 8 月 8 日发起成立，继而逐步扩大：文莱达鲁萨兰国于 1984 年加入，越南社会主义共和国于 1995 年加入，缅甸联邦和老挝人民民主共和国于 1997 年加入，柬埔寨王国于 1999 年加入。

东盟 10 国位于热带和亚热带，除城市国家新加坡外，其他国家都有着各自丰富的自然资源（包括动植物资源和矿物资源），一些国家的某些资源产品的储藏量或产量或出口量居世界前列，如马来西亚的锡、橡胶和油棕，泰国的锡和稻米，印度尼西亚的石油，菲律宾的椰子和椰油等，而文莱的人均石油和天然气产量居世界第四位。就人口来说，一半的东盟国家都算得上是大国，人口超过 5 000 万的国家就有印度尼西亚、越南、菲律宾、泰国、缅甸 5 个国家。就陆地面积来说，它们中的大部分都不大，领土面积最大的印度尼西亚为 190 多万平方千米。但东盟国家拥有丰富的海洋资源，且地处海洋运输必经要道，是连接印度洋与南中国海以及太平洋的交通要冲，地理位置十分重要。因而在第二次世界大战结束后，两个超级大国美国和苏联都先后长期插手东南亚地区的事务，美国甚至出兵印度支那半岛打了一场美国历史上持续时间最长的战争。就东盟内部而言，各成员国领土面积有大有小，人口有多有少，经济发展水平有高有低，社会制度存在着差异，各国在民族构成、文化传统和宗教信仰方面也相差很大。总而言之，东盟国家之间的差异是很显著的，这似乎暗示着东盟内部有着许多现实的与潜在的纠纷和矛盾，国家间的磋商和协调将成为东盟活动的重要组成部分。

与许多其他国际组织相类似，东盟的成立也有着自己独特的历史原因和背景。朝鲜战争结束之后，由于越南在抗法战争中得到中国的有力支援，法国在侵略印度支那的战争中节节败退，眼看难以支持。于是，美国积极谋求在印度支那地区取法国而代之。1954 年 9 月，美国、英国、法国、澳大利亚、新西兰、泰国、菲律宾和巴基斯坦等国在菲律宾首都马尼拉订立了《东南亚集体防务条约》，以抵御所谓的“共产党国家的侵略”。次年该条约生效，成立了以泰国首都曼谷为总部的东南亚条约组织。借着该条约的名义，美国在印度支那地区的干涉不断升级，从而在印支半岛的冲突中越陷越深，最后发展到自己派军队去越南参战。泰国、菲律宾与刚在英联邦中取得独立地位不久的马来亚（即马来西亚）一起于 1961 年 7 月成立了也以曼谷为总部的东南亚联盟，看来似乎应该是为了配合美国在印度支那丛林中发动的所谓特种战争。这就是东南亚国家联盟的前身。然而，越南战争旷日持久，一打就是好几年，美军陷入了越南人民游击战的泥潭而无法自拔。到 1967 年 8 月，菲律宾、泰国和马来西亚三国可能感到美军难以在这场战争中最终取胜，为了应付可能发生的形势突变，它们联合印度尼西亚和新加坡在曼谷发表《曼谷宣言》，成立了东南亚国家联盟。根据《曼谷宣言》，东南亚国家联盟的宗旨在于发展成员国之间的政治、经济和军事合作关系。为此，它设立了最高决策机构——外交部长会议。外长会议每年举行一次例会和一次非正式会议，讨论上述三个领域的重要问题，如有必要，还可以召开特别会议。

1968 年 1 月越南军队的春季攻势使美国总统林登·约翰逊认识到，即使有超过 50 万的美国军队参战，要想在越南战场取得持久的胜利是不可能的。因而他下令停止对越南北部的轰炸，并决定在巴黎进行和平谈判。这一政策得到其后任尼克松总统的继承（斯塔夫里阿诺斯，1999）。1971 年尼克松总统成功访华，中美关系开始走向正常化。意识到美国即将从越南撤军，原东盟五国外长于同年 11 月在马来西亚首都吉隆坡召开特别会议。会议决定改变跟在美国后面亦步亦趋的一贯做法，同美国的东南亚政策拉开一段距离。五国外长发表了《东南亚中立宣言》，表明了五国不受外部强国的任何形式的干涉与追求和平、自由和中立地位的决心。为此，东盟五国先后拒绝了美国和苏联两大集团分别提出的关于亚洲集体安全的计划或方案。自此，东南亚国家联盟作为一支独立的地区政治力量登上了世界政治舞台。特别是在越南、老挝、柬埔寨获得独立后的 1976 年 2 月 23 日，东盟国家在印度尼西亚的巴厘岛举行了首次首脑会议，签订了《东南亚友好合作条约》（The Treaty of Amity and Cooperation in Southeast Asia，TAC）和《东南亚国家协调一致宣言》（The Declaration of ASEAN Concord），从而正式形成政治联盟。显然，这次首脑会议使东盟国家在政治上的联合达到了一个新的高度。据称，其首要目的是防范当时从属于苏联集团的越南、老挝、柬埔寨等意识形态与五国不同的国家可能发动的进攻，联合自卫(叶卫平，1996)。这显示了东盟此时具有浓厚的意识形态色彩和强烈的政治倾向。当然，在“冷战”年代，这是可以理解的，也可以说是正常的。《东南亚友好合作条约》的宗旨是“促进该地区各国人民间的永久和平、友好和合作，以加强他们的实力、团结和密切关系”。根据条约的规定，缔约各方在处理相互间关系时将遵循以下基本原则：相互尊重独立、主权、平等、领土完整和各国的民族特性；任何国家都有免受外来干涉、颠覆和制裁，保持其民族生存的权利；互不干涉内政；和平解决分歧或争端；反对诉诸武力或以武力相威胁；缔约各国间进行有效合作。这些条款对稳定地区政治局势无疑是有着积极的意义的。

应当说，东盟的成立对稳定东南亚地区的国际政治形势起了很大的作用。在对外方面，东盟国家由于联合而自强自立，不易受到外来强权国家的左右和摆布。东盟国家在国际对话和国际协商活动中通常能够协调彼此的立场，用一个声音说话，从而增强了自己的发言权和讨价还价的能力。在东南亚地区内部，东盟国家的“联合自卫”构想在很长的一段时间内事实上有利于遏制越南在苏联支持下所奉行的地区扩张主义，从而迫使越南的影响力局限在印度支那半岛，保证了东盟国家的国家安全。在对内方面，东盟的成立提供了一种国际机制，有利于其缓和与解决成员国间的矛盾和冲突。前面提到过，东盟国家之间的差异很大，且由于历史的原因，在东盟国家间还存在着错综复杂的民族矛盾和领土领海争端，例如新加坡与马来西亚之间因马来族问题存在着矛盾，马来西亚与菲律宾在沙巴领土问题上存在着争端，印度尼西亚和马来西亚之间曾因彼此觊觎新加坡而几乎刀戈相向，马来西亚和泰国之间既存在着民族矛盾也存在着领土领海争端，印度尼西亚和菲律宾之间存在着领海争端，文莱和马来西亚的沙捞越存在着领土纠纷等，这类矛盾和纠葛还因东盟的几次扩大而增多，如越南与马来西亚、泰国的泰国湾领海纠纷和越南与柬埔寨的领土矛盾等，因而愈发显得像一团乱麻，真是“剪不断，理还乱”。此外，东盟的一些成员国之间还发生过武装冲突甚至较大规模的战争，彼此存在着历史上遗留下来的许多纠葛。然而，东盟这个区域性组织的出现和存在，为其成员国提供了磋商机制，各方可以通过磋商来彼此沟通和化解纠纷，比较容易达成相互妥协，避免了各国随意采取过激行动。

不仅如此，虽然东盟是在“冷战”年代诞生并带有浓厚的意识形态倾向，但随着时代的发展和世界政治格局的变化，东盟证明了自己是一个具有充分弹性和很强适应能力的区域性政府间国际组织，它非常注意调整自己的政策，突出“地区主义”，淡化意识形态色彩，积极扩大自己的影响和规模，试图逐步达到自己真正能够代表整个东南亚地区的目标。1984 年，东盟将政治倾向不太明显的文莱接纳进来，从而迈出了“扩容”的第一步。20 世纪 90 年代初东欧剧变、苏联解体、“冷战”格局结束以后，东南亚地区的政治形势发生了巨大的变化。特别是柬埔寨问题基本解决以后，原东盟六国与印度支那三国的关系实现了正常化，彼此间原来的政治对抗让位于经济合作，东盟于 1995 年接纳社会主义国家越南加入。我们可以看出，此时东盟已经完全摒弃了以意识形态分亲疏的观念，“地区主义”已经确立其主导地位，建立一个大东盟的前景凸显在人们眼前。1997 年，老挝和缅甸加入东盟。两年之后，柬埔寨也加入了东盟。至此，东盟已经取得了代表全部东南亚国家的地位，大东盟得以成功建立，标志着东盟国家的政治联合上升到了新的层次和新的高度。

在东盟的发展过程中，还非常注意与周边国家和地区发展政治与经济关系，并努力扩大自身的影响。为了可以让东南亚以外的国家加入《东南亚友好合作条约》，东盟先后于1987年12月15日和1998年7月25日对条约进行了修改，分别形成了第一修改议定书和第二修改议定书。近年来，东盟曾多次表示，希望中国作为第一个非东南亚大国加入该条约。富有深远意义的是，2003年10月8日，中国签字加入《东南亚友好合作条约》，确实成为正式加入该条约的第一个非东南亚大国。这一事件标志着东盟的国际政治影响力达到了前所未有的程度，并将有助于继续提高其国际声望。在此之前，位于东南亚地区以外的巴布亚新几内亚也加入了该条约。

二、东盟内部经济合作与东盟自由贸易区

除政治上的合作与联合以外，东盟国家还在经济合作方面付出了很多努力。东盟的成立宣言宣称要发展成员国相互之间的政治、经济和军事关系，但在一段较长的时间里，东盟国家之间的合作主要局限于政治和军事领域，经济领域的合作活动基本上没有起步。我们用东盟历史上的重大事件作为标志，可以将东盟国家经济领域的“集体活动”的发展粗略地划分为以下四个阶段：

1. 第一阶段——“冬眠”阶段：从1967年8月8日东盟建立到1976年2月23日第一次东盟首脑会议之前

由于这一时期的绝大部分时间内印度支那半岛战火纷飞，从而给整个东南亚造成十分紧张的局势；同时，原东盟五国又因民族矛盾和领土领海争端问题不时发生纠纷，因此，政治问题成为东盟国家关注的主题，没有顾得上讨论经济领域的问题。虽然从1971年起，就不断有东盟成员国呼吁实行经济上的联合与合作，但成效甚微（叶卫平，1996）。

2. 第二阶段——起步阶段：从1976年2月23日第一次东盟国家首脑会议到1992年1月27日东盟第四次首脑会议之前

第一次东盟首脑会议发表了《东盟协调一致宣言》，确定了进行初步经济联合的四个领域，即成员国之间优先调剂初级产品尤其是粮食和能源等的余缺；建立大型企业，互相提供原料和产品；在关税措施、非关税措施、政府采购、贸易资助、长期合约等方面相互提供优惠待遇；共同制定初级产品贸易等的对外贸易政策。首脑会议还赋予东盟经济部长会议（ASEAN Economic Ministers，AEM）在处理经济问题上以更大的权力。同年3月，东盟召开第二次经济部长会议，制定了工业合作计划，决定共同在每个成员国兴办一个大型工业项目，即在菲律宾兴建一座磷肥厂、在泰国兴建一座纯碱厂、在印度尼西亚和马来西亚分别兴建一座尿素厂、在新加坡兴建一座柴油机制造厂，每个项目计划投资2.5亿到3亿美元。但由于这些项目的政治象征意义大于其经济意义，在动工之前没有在经济可行性方面经过严格的论证，结果其中3个被迫改建或停止兴建（郭吴新等，1990）。

1977年2月，原东盟五国签署《特惠贸易安排基本协定》，开始相互实行特惠贸易。实行特惠贸易安排的产品由1977年的71种增加到1983年的12 000多种，其关税税率也大幅度降低，五国之间的相互贸易额大幅度增长，从1977年的86.46亿美元增加到1982年的220.16亿美元，五国间的相互贸易额占其对外贸易总额的比重则从1972年的不到

10%上升到16%。东盟还通过成员国分工生产同一种产品的不同零部件来推动内部工业生产专业化,并给予各成员国按所分配到的生产计划生产的零部件以一定时间的特惠贸易待遇。此外,东盟还鼓励成员国的企业扩大在东盟内部的横向投资。

在这一段时期,东盟在经济合作的道路上迈出了尝试性的然而是坚实的、可喜的步伐,其合作的广度和深度也逐渐扩大。但是,这种合作的程度毕竟有限。例如,各国的关税壁垒虽然大为下降,但非关税措施仍然很多。由于各成员国在经济合作中获利不均的现象很严重,各成员国对进一步扩大和加强经济合作的态度迥异。在这一时期,曾有成员国提出过走向经济一体化的倡议,但未得到各成员国的广泛响应,有的成员国甚至坚决反对。

3. 第三阶段——经济一体化的兴起阶段:从1992年1月27日东盟第四次首脑会议到2003年10月7日东盟第九次首脑会议之前

东盟第四次首脑会议是在新加坡举行的,会议发表了《新加坡宣言》,签署了《共同有效优惠关税协定》(Agreement on the Common Effective Preferential Tariff Scheme for ASEAN Free Trade Area, CEPT)和《东盟加强经济合作框架协定》(Framework Agreements on Enhancing ASEAN Economic Cooperation),做出了从1993年1月1日起15年内建成东盟自由贸易区(AFTA)的决定。这标志着东盟开始以坚定的步伐走向经济一体化。几方面的因素结合起来促成了东盟第四次首脑会议的这一决定:欧共体推出同心圆战略并准备建立欧洲单一市场和经济与货币联盟,《美加自由贸易协定》的签订并准备建立北美自由贸易区,东盟国家对以上两大事件可能给自身造成出口市场丢失的忧虑,从区域贸易中获利甚丰的新加坡的一以贯之的暗中推动等。

《加强东盟经济合作协定》明确了东盟的经济合作领域:贸易领域;工业、矿业和能源领域;金融服务业;运输业与通信业;粮食以及其他农业与林业领域;技术转让领域等。但是该协定并未拿出上述各领域的具体合作计划,而留待以后制定。

《共同有效优惠关税协定》(CEPT)规定,在1993年1月1日之前,各成员国先将15大类工业制成品的关税税率降至20%,在其后的5年内将上述15大类工业制成品的关税税率降至0~5%;在从1993年1月1日起的5至8年内将其他关税税率在20%以上的工业制成品的关税税率降到20%以下,并在另外的7年内将这些工业品的关税税率降至0~5%。实施了15年的《特惠贸易安排基本协定》不再生效。1994年9月,东盟在泰国清迈举行的第26次经济部长会议又决定提前5年把所有工业制成品的关税税率都降至0~5%,即提前到2003年建成东盟自由贸易区。对20世纪90年代新加入的3个成员国,东盟分别根据其实际情况规定了其达标的期限。对于列入CEPT计划的工业产品,各成员国要取消数量限制,并在5年内消除各种非关税措施。以后,东盟国家根据AFTA的进展需要,还达成了一系列辅助性协议。

1997年7月爆发的亚洲金融危机给东盟国家的经济普遍带来了沉重的打击,许多国家不同程度出现了资金外逃、货币贬值、国际收支恶化、实体经济萎缩、GDP缩水等宏观经济问题。在一些国家(如印度尼西亚等),金融危机还转变为经济危机甚至政治、社会危机,造成社会动荡和政府权力更替。在这种情况下,东盟自由贸易区的进程难免不受到延误。不过,亚洲金融危机的发生使东盟国家更加深刻地认识到经济联合和经济一体化的重要性。

1998年12月，东盟第六次首脑会议发表《河内行动计划》，决定在同年将85%的CEPT产品的关税税率降至0～5%，并将建成自由贸易区的期限再提前1年，即提前至2002年。不过，其后东盟还是将期限延长至原定的2003年。据东盟2002—2003年度的年报，到2003年1月1日，新加坡、泰国、马来西亚、印度尼西亚、菲律宾和文莱已经达到CEPT计划规定的目标，即绝大部分(99.55%)列入减税清单的产品的区内关税降至0～5%，东盟6国在CEPT计划下的平均关税率由1993年的12.76%降至2.39%。

东盟国家还注意加强在投资领域和金融领域的合作。在投资方面，1998年10月，东盟9国(当时柬埔寨尚未加入)在菲律宾召开第30次东盟经济部长会议，签订了《东盟投资区框架协议》(Framework Agreement on The ASEAN Investment Area)，决定在2010年建成东盟自由投资区(越、老、缅3国的期限分别靠后一些)，以吸引大量投资进入本地区并服务于东盟自由贸易区目标的实现。在金融合作方面，东盟提议建立亚洲货币互换机制，以应对紧急情况下的外汇资金流动性短缺。通过从2000年开始付诸实施的《清迈协议》，东盟国家已经与中、日等国分别达成了多项双边性货币互换协议。

4. 第四阶段——经济一体化的进一步深化阶段：开始于2003年10月7日东盟第九次首脑会议

东盟10国领导人于2003年10月7日在印度尼西亚巴厘岛发表了东盟《第二巴厘协约宣言》，从而为东盟在2020年建立单一市场铺平了道路。这标志着东盟的经济一体化进程开始进入一个新的阶段。这次首脑会议的东道主印度尼西亚总统梅加瓦蒂在协议签署后表示，《第二巴厘协约宣言》的签署是东盟一体化进程的重要部分。可以认为，《第二巴厘协约宣言》是旨在提升东南亚地区地位的战略性经济计划。东盟准备在建成东盟自由贸易区的基础上，到2020年把东盟地区建成以商品、服务与投资自由流通为特点的单一市场与生产基地，使东盟地区的经济一体化上升到更高的层次。

由于2003年9月在坎昆召开的世贸组织部长级会议没能就新一轮自由贸易谈判取得进展，东盟国家希望尽快推动区内自由贸易，以促进经济发展。除已经确定要在2010年建成东盟-中国自由贸易区外，东盟领导人还在这次会议上商讨同日本、韩国、印度建立自由贸易区或推动经济贸易合作问题。为此，在会议期间东盟10国领导人还与中国、日本、韩国和印度四个伙伴国的领导人举行了会议。2010年1月1日中国-东盟自由贸易区正式启动。该自由贸易区涵盖18亿人口，GDP接近6万亿美元，贸易额达4.5万亿美元，是世界上由发展中国家组成的最大的自由贸易区。

近年来，东盟十国发起建设区域全面经济伙伴关系(Regional Comprehensive Economic Partnership，RCEP)的倡议，旨在建立区域统一市场的自由贸易协定。经过多伦谈判，2020年11月15日东盟十国以及中国、日本、韩国、澳大利亚、新西兰15个国家正式签署RCEP，标志着全球规模最大的自由贸易协定正式达成。区域全面经济伙伴关系协定构建的自由贸易区将涵盖约35亿人口，GDP总和将达23万亿美元，占全球总量的1/3，所涵盖的区域成为世界上最大的自由贸易区。

第五节 亚太经济合作组织

亚太经济合作组织(简称“亚太经合组织”,Asia-Pacific Economic Cooperation,APEC)成立之初是一个一般性地区经济论坛和磋商机构,经过十几年的发展,已逐渐演变为亚太地区最高级别的政府间经济合作机制、联系太平洋两岸的重要纽带和各成员开展合作的舞台。

20世纪80年代,国际形势因“冷战”结束而趋向缓和,世界经济全球化、贸易投资自由化和区域集团化的趋势渐成潮流。在欧洲经济一体化进程加快、北美自由贸易区已显雏形和亚洲地区在世界经济中的比重明显上升等背景下,澳大利亚前总理霍克1989年1月提出召开亚太地区部长级会议,讨论加强相互间经济合作的倡议。这一倡议得到美国、加拿大、日本和东盟的积极响应。1989年11月6至7日,亚太经合组织第一届部长级会议在澳大利亚首都堪培拉举行,这标志着亚太经合组织的成立。1991年11月,亚太经合组织第三届部长级会议在韩国汉城(今首尔)通过了《汉城宣言》,正式确立该组织的宗旨与目标是:相互依存,共同利益,坚持开放的多边贸易体制和减少区域贸易壁垒。

1993年6月改名为亚太经济合作组织,简称亚太经合组织或APEC。亚太经合组织的性质为官方论坛,秘书处对其活动起辅助作用。其议事采取协商一致的做法,合作集中于贸易投资自由化和经济技术合作等经济领域。亚太经合组织21个成员的总人口达26亿,占世界人口的40%;国内生产总值(GDP)之和超过19万亿美元,占世界的56%;贸易额占世界总量的48%以上。这一组织在全球经济活动中具有举足轻重的地位。

1991年11月,中国以主权国家身份,中国台北和中国香港以地区经济体名义正式加入亚太经合组织。到目前为止,亚太经合组织共有21个成员:澳大利亚、文莱、加拿大、智利、中国、中国香港、中国台北、印度尼西亚、日本、韩国、马来西亚、墨西哥、新西兰、巴布亚新几内亚、秘鲁、菲律宾、俄罗斯、新加坡、泰国、美国和越南。其中,澳大利亚、文莱、加拿大、印度尼西亚、日本、韩国、马来西亚、新西兰、菲律宾、新加坡、泰国、美国12个成员是于1989年11月APEC成立时加入的;1991年11月,中国、中国台北和中国香港加入;1993年11月,墨西哥、巴布亚新几内亚加入;1994年,智利加入;1998年11月,秘鲁、俄罗斯、越南加入。东盟秘书处、太平洋经济合作理事会和太平洋岛国论坛为该组织观察员,可参加亚太经合组织部长级及其以下各层次的会议和活动。APEC接纳新成员需全部成员协商一致。1997年温哥华领导人会议宣布APEC进入十年巩固期,暂不接纳新成员。

亚太经合组织的正式工作语言是英语。经过多年的发展,亚太经合组织形成了领导人非正式会议、部长级会议、高官会及其下属委员会和专题工作组、秘书处等多个层次的工作机制,涉及贸易投资自由化、经济技术合作、宏观经济政策对话等广泛的合作领域。其中最重要的是领导人非正式会议,会议形成的领导人宣言是指导亚太经合组织各项工作的重要纲领性文件。

亚太经合组织会标于1991年起开始启用,是呈绿、蓝、白三色的地球状。会标不仅代表亚太经合组织这一重要的地区经济合作组织,也代表着亚太地区的希望和期待。会标的含义:地球用太平洋这一半代表亚太经合组织经济体,绿色和蓝色代表亚太人民期待着繁荣、健康和福利的生活，白色代表着和平与稳定；边缘阴影部分代表亚太地区发展和增长富有活力的前景；中间是白色的 APEC 四个英文字母。

领导人非正式会议是亚太经合组织最高级别的会议。会议就有关经济问题发表见解，交换看法，会议形成的领导人宣言是指导亚太经合组织各项工作的重要纲领性文件。首次领导人非正式会议于 1993 年 11 月在美国西雅图召开，此后每年召开一次，在各成员间轮流举行，由各成员领导人出席（中国台北只能派出主管经济事务的代表出席）。2001 年 10 月 21 日，亚太经合组织第 9 次领导人非正式会议在中国上海举行。时任中国国家主席江泽民主持会议并发表题为《加强合作，共同迎接新世纪的新挑战》的重要讲话，全面阐述了中国对当前世界和地区经济形势的看法，以及对推进 APEC 合作进程的主张。与会领导人以“新世纪、新挑战：参与、合作，促进共同繁荣”为主题，就当前世界经济形势以及“9·11”事件对经济发展带来的影响、人力资源能力建设和亚太经合组织未来发展方向等问题深入交换意见，达成了广泛的共识。会议通过并发表了《领导人宣言：迎接新世纪的新挑战》《上海共识》和《数字 APEC 战略》。与会各成员领导人还利用午餐会就反对恐怖主义问题交换了意见，并发表了《亚太经合组织领导人反恐声明》。2002 年 10 月 26—27 日，亚太经合组织第 10 次领导人非正式会议在墨西哥洛斯卡沃斯举行。会议就全球和亚太地区经济发展、加强多边贸易体制、执行上海会议成果及反恐合作等问题进行了讨论。会议发表了《领导人宣言》和《反恐声明》。江泽民在会议上就亚太经合组织顺应时代潮流发挥自身优势、开展广泛合作阐明了中国的原则立场和主张。江泽民还就反恐问题做了重要发言，在亚太经济合作组织工商领导人峰会上发表了演讲，并出席了与工商咨询理事会代表的对话会。

部长级会议是亚太经合组织决策机制中的一个重要组成部分。会议的主要任务是为领导人非正式会议做准备、贯彻执行领导人非正式会议通过的各项指示、讨论区域内的重要经济问题和决定亚太经合组织的合作方向与内容。部长级会议实际是“双部长”会，即由各成员的外交部长（中国香港和中国台北除外）和外贸部长或经济部长、商业部长等（中国香港和中国台北派代表）参加的会议，每年在领导人非正式会议前举行一次。首次会议于 1989 年在堪培拉召开。

高官会议是亚太经合组织的协调机构，始于 1989 年，通常由当年举办领导人非正式会议的东道主主办，每年举行 3～4 次会议，主要负责执行领导人和部长级会议的决定，审议各工作组和秘书处的活动，筹备部长级会议、领导人非正式会议及其后续行动等事宜。高官会议下设 4 个委员会和 11 个专业工作小组。4 个委员会是贸易和投资委员会、经济委员会、高官会经济技术合作分委员会和预算管理委员会。11 个专业工作小组分别为产业科技、人力资源开发、能源、海洋资源保护、电信、交通、旅游、渔业、贸易促进、农业技术合作和中小企业。

秘书处于 1992 年 9 月在新加坡设立，为 APEC 各层次的活动提供支持与服务。秘书处最高职务为执行主任，任期一年，由每年亚太经合组织会议东道主指派。副执行主任由下届 APEC 会议东道主指派，一年之后成为执行主任。

工商咨询理事会是亚太经合组织的常设机构，1995 年 11 月在日本大阪正式成立，其前身是 1993 年成立的太平洋工商论坛。它的主要任务是对亚太经合组织贸易投资自由化、经济技术合作以及创造有利的工商环境提出设想和建议，并向领导人和部长级会议提交咨询报告。理事会的主要任务是鼓励工商界人士参与亚太经合组织合作进程。每个亚太经合组织的成员派3名具有代表性的工商界人士参加理事会。工商咨询理事会秘书处暂设在菲律宾马尼拉，经费由各成员缴纳。理事会主席采取轮换制的原则，即由当年亚太经合组织领导人非正式会议的东道主担任工商咨询理事会主席。工商咨询理事会每年召开3～4次例会，并在每年亚太经合组织领导人非正式会议期间，与各成员领导人举行一次对话会。

中小企业部长会议的目的正是为了找出影响亚太经合组织中小企业发展的领域，协调政策措施并讨论如何在这些方面加强合作，推动各成员中小企业的共同发展。中小企业在亚太经合组织经济体中占有重要地位。该地区95%的企业为中小企业，雇用了80%的劳动力，占国民生产总值的30%～60%和整个出口的35%。但由于规模和实力原因，中小企业在发展中遇到了特有的困难。

妇女领导人会议由亚太地区经济体中商业、政府、学术界和民间、社会等方面的妇女领导人组成，是亚太经合组织框架内形成的妇女论坛，它不设领导机构和常设机构。其目的主要是为亚太地区妇女设立一个进行交流的论坛。它提供、传播、推动并应用与性别相关的知识和信息，重点为各国中、小企业的女企业家开展经贸合作提供机会，并向亚太经合组织提出意见和建议。2000年文莱会议决定成立由7人组成的妇女领导人会议协调组，负责承担宣传联络、监督、咨询等工作。妇女领导人会议每年举行一次，由当年亚太经合组织会议东道国主办，会议议题一般与政府会议主题密切相连。

亚太经合组织是经济合作的论坛平台，其运作是通过非约束性的承诺与成员的自愿，强调开放对话及平等尊重各成员意见，不同于其他经由条约确立的政府间组织。在亚太地区，亚太经合组织是重要的经济合作论坛，也是最高级别的政府间经济合作机制。亚太经合组织的组织机构包括领导人非正式会议、部长级会议、高官会、委员会和专题工作组等。其中，领导人非正式会议是亚太经合组织最高级别的会议。亚太经合组织采取自主自愿、协商一致的合作原则，所做决定必须经各成员一致同意认可。基于亚太地区复杂的经济结构、发展水平差异以及复杂的地缘政治格局等因素，亚太经合组织一直面临重大的挑战，主要是组织运行方式约束力问题、成员之间的巨大差异与利益分配问题、政治气候变化的负面影响问题以及亚太地区区域性组织蓬勃发展的冲击等，这些将决定亚太经合组织的功能以及未来的发展去向。

复习与思考题

一、名词解释

1. 国际区域经济一体化
2. 自由贸易区
3. 关税同盟
4. 贸易创造效应
5. 贸易转移效应

6. 贸易偏转现象

二、简述题

1. 简述国际区域经济一体化的主要类型。
2. 简述自由贸易区理论。
3. 简述关税同盟理论。
4. 简析欧洲一体化的体制和整合机制的特点。
5. 简析亚太经济合作组织(APEC)的特点。

三、论述题

1. 试析国际区域经济一体化的经济效应。
2. 比较分析国际区域经济一体化与经济全球化。

· 第二部分 ·

国际贸易理论与政策

第三章

国际贸易理论的发展与演变

学习目的与要求

1. 理解重商主义的要义以及从重商主义向自由主义转变的历史原因。
2. 掌握亚当·斯密的绝对优势理论(或称为绝对成本理论、绝对利益理论)。
3. 掌握大卫·李嘉图的比较优势理论(或称为比较成本理论、比较利益理论)。
4. 掌握穆勒的国际价值(价格)决定理论(或称为"国际需求方程式"理论)。
5. 掌握马歇尔的提供线和相互需求理论。
6. 掌握赫克歇尔-俄林模型(或称为 H-O 模型)。
7. 掌握列昂惕夫反论以及围绕列昂惕夫反论展开的争论。
8. 掌握国际贸易新要素理论并简要评价。
9. 掌握国际技术差距论和国际贸易产品生命周期理论并简要评价。
10. 掌握产业内贸易理论并简要评价。
11. 掌握战略性贸易理论并能结合实际加以分析和评价。

第一节　古典贸易理论

一、古典贸易理论产生的背景:从重商主义到自由主义

重商主义是欧洲国家中世纪向现代社会过渡这一特定历史时期的商业资本的典型意识形态。商业资本是古老的资本形态,是产业资本的先驱。商业资本在欧洲从中世纪向现代社会的过渡时期,对于这两个时代的生产方式的转化起了重要的催化作用。在欧洲从中世纪向现代社会过渡的特定条件下,商业资本成为资本主义生产方式的前驱,而作为反映商业资本家利益的重商主义成为当时欧洲各国的官方经济学。

15 世纪末期起,商品、货币经济在欧洲各国(主要是南欧和西欧)的发展是重商主义的

经济基础，而商品、货币经济的发展又以生产力的发展为前提。15 世纪欧洲生产力的提高、社会财富的增长、商品货币关系的复杂化是商业发展的基础，而在商业部门中对外贸易的发展是这一时期经济发展的突出表现。在 15 世纪，中世纪的定期集市为提供全年性贸易市场的商业城市所取代。城市摆脱了封建主和教会的控制而取得某种独立地位，很快成为区际和国际贸易的中心。

15 世纪末期起，地理大发现和对外贸易是相辅相成的，地理大发现是对外贸易要求的产物，又是促进对外贸易发展的重要条件。商业资本逐渐对这一过渡时期的经济产生压倒一切的影响，出现了作为近代资产阶级雏形的商业资本家。商业资本家不掌握生产资料，不直接进行生产，而是从贱买贵卖的差价中获取资本的利得。这个特定历史时期还有一个特殊的、值得注意的现象，那就是金银的特殊重要性。从 14 世纪初起差不多 200 多年的时间，欧洲金银矿的生产停滞了。但经济的发展、市场的扩大都要求有更多的货币来支持商品的流通。同时，由于在欧洲和世界各地的贸易中欧洲商人要用金银来购买外国商品，以致金银不断地流向国外，加剧了欧洲国家国内金银的缺乏。于是，16 世纪上半期以前，在欧洲国家中，产生了一种炽烈的“黄金渴望”。地理大发现改变了这个状况。16 世纪上半期起，大量的金银从各殖民地或半殖民地流入欧洲国家。由于国内外商品经济发展的需要，欧洲国家尤其是国内没有金银矿的国家，都想从输入欧洲的金银中争夺到更多的份额。这就是重商主义产生的客观经济背景。

新型民族国家的兴起是欧洲从中世纪过渡到现代社会的另一个重要标志。新型民族国家为重商主义的国家干预政策提供了政治基础。从 15 世纪下半期起，始于西欧地区，中世纪封建的、地方割据的小国逐渐为专制的、中央集权的民族国家所代替。西欧民族国家的出现和商业资本的崛起是相辅相成的，标志着一个新时代的到来。它们之间存在着密切的、互相依存的关系，国王们要借用新兴资产阶级力量和封建主做斗争以完成其民族国家的统一大业，而商业资本家则要求有一个权威中心保护他们的利益：对内摧毁强加于社会经济发展的封建制度的各种桎梏；对外打击竞争对手。两者的利益是一致的，重商主义的经济政策是这种利益一致性的表现。

对金银的强烈要求和获取是重商主义理论的核心及其政策的出发点。对商业资本家来说，金银是财富的唯一形态，金银等同于财富。在原始积累时期，金银的增加是资本积累增加的表征，这是重商主义者力图争取金银输入的主要原因。但是新兴的商业资本家羽翼未丰，在控制掠夺广阔世界市场的斗争中，不得不求助于当时新兴的民族国家。而后者在财政上和政治上也迫切地需要新兴的商业资本家这个同盟军，联合起来与封建势力斗争以完成民族国家统一大业。于是形成了一个历时 200 年不衰的一整套国家干预经济政策的思想体系。

重商主义的国家干预经济政策集中表现在对外贸易领域。但在不同时期，重商主义的国家干预手段是存在差异的。早期的重商主义采取的是直接控制货币流动的行政手段，突出表现为禁止本国金银流出、鼓励国外金银的流入。各国这种极端的限制措施阻碍了商品贸易。晚期重商主义强调通过调节商品贸易进而控制货币流动的间接经济手段，争取对外贸易出超是国家干预经济政策的核心。政府通过高额关税、贸易特许权、特许贸易地区等方式,实现国际贸易顺差。

重商主义作为欧洲国家中世纪向现代社会过渡时期商业资本的意识形态,在本质上是反封建的,逻辑上不应推崇政治权威,更不应主张对私人经济的干预。考察整个重商主义思想的发展过程,我们便不难发现重商主义的"悖论"。重商主义学者在论述对外贸易时,极力主张利用国家力量推行干预政策,但在涉及对外贸易以外的经济问题时,他们对国家意志凌驾于私人经济行为之上的行为提出了无数的抗议。这些抗议见于约翰·海尔斯(John Hales)、约西亚·柴尔德(Sir Josiah Child,1630—1699)、杰拉尔德·马林尼斯(Gerald de Malynes, 1586—1641)、约翰·罗(John Law,1671—1729)等人的著作中。

从重商主义的发展来看,早期重商主义极端地认为金银是财富的唯一代表,金银的增量能够从对外贸易中得到,因此,主张政府实行极端的贸易保护主义政策。晚期重商主义尽管仍然执着于对金银的追求,但已经认识到,财富(金银)是贸易与制成品的函数。同时,国际经济关系中已显示出一个不争的事实,即"以邻为壑"的贸易保护主义政策不利于国内产业发展和产业资本的利益。在这样的背景下,"斯密革命"出现了。亚当·斯密在《国富论》(1776年)中对于自然秩序进行了开创性的分析,主张经济自由主义,反对重商主义的国家干预政策;在国际贸易问题上,亚当·斯密提出了绝对优势理论。

二、亚当·斯密的绝对优势理论

亚当·斯密(1723—1790)是古典经济学说的奠基者之一,他的代表作是《道德情操论》(1759)和《国民财富的性质和原因的研究》(简称《国富论》,1776)。在《国民财富的性质和原因的研究》中,亚当·斯密认为提高劳动生产率是增加国民财富的重要条件,而分工能够极大地提高劳动生产率,原因是:

第一,分工可以提高劳动者的劳动熟练程度;

第二,分工使个体劳动专门化,可以节省与生产没有直接关系的时间;

第三,分工有助于专门从事某项作业的劳动者对工具改良和机器发明。

亚当·斯密认为在分工基础上,每个人专门从事一种物品的生产,然后彼此进行交换,这样对于每一个人都是有利的。他进一步认为,这种适用于国内个人与部门之间的分工原则同样适用于各国之间,并提出了他的"绝对优势理论"。

(一)亚当·斯密绝对优势理论的基本内容

1. 基本内容

亚当·斯密基于他的分工理论,认为如果外国的产品比自己国内生产的产品更便宜,那么应该以本国在有利条件下生产的产品去交换外国的产品,而不要在本国去生产。他认为,每一个国家都按照其绝对有利的生产条件进行专业化生产,然后彼此进行交换,对所有进行交换的国家都是有利的。各国按照各自的有利条件进行国际分工和交换,将能够使各国的资源、劳动力和资本得到最有效的利用,将大大提高劳动生产率、增加社会财富和提高社会福利。亚当·斯密的上述理论被称为"绝对优势理论"。

斯密"绝对优势理论"的基本内容可以概括为:在两种商品生产上,两个国家基于劳动生产率的差异(或单位商品生产所需要的劳动时间不同,或单位劳动时间所生产的产品数量不同）而具有各自的绝对优势。这样，两个国家各自从事自己占有绝对优势的商品生产，进行交换，那么双方都可以通过交换得到绝对的利益，提高社会福利。由此推论，世界各国都从事自己占有绝对优势的商品生产并进行交换，就能够提高整体福利水平。

2. 绝对优势理论的简单数学模型

设两个国家 A、B，每个国家均生产两种产品 X、Y。

国际分工前两个国家的劳动生产率的差异如表 3.1 所示。

表 3.1　　国际分工前 A、B 两国劳动生产状况

国　别	单位劳动时间的产出	
	X	Y
A	5	20
B	15	10

在国际分工前，A、B 两国各投入 2 单位劳动时间来生产 X、Y 产品。对于各国来说，X、Y 产品各占用 1 个单位的劳动时间。A 国分别生产 5 单位 X 产品和 20 单位 Y 产品，共 25 单位的(X+Y)产品；B 国分别生产 15 单位 X 产品和 10 单位 Y 产品，共 25 单位的(X+Y)产品。A、B 两国共生产了 50 单位的(X+Y)产品，共用劳动时间为 4 个单位。这里，A 国在 Y 产品上具有更高的劳动生产率，具有绝对优势；B 国在 X 产品上具有绝对优势。

国际分工后两个国家的生产状况与总产出的变化如表 3.2 所示。

表 3.2　　国际分工后 A、B 两国劳动生产状况

国　别	产　出	
	X	Y
A	0	40
B	30	0

A、B 两国基于各自最具优势的产品生产进行国际分工，A 国投入 2 单位劳动时间来生产 Y 产品，可以生产 40 个单位的 Y 产品；B 国投入 2 单位劳动时间来生产 X 产品，可以生产 30 个单位的 X 产品。A、B 两国共生产了 70 单位的(X+Y)产品，共用劳动时间仍为 4 个单位。

通过国际分工前后的比较，我们不难发现，分工后的总产量增加了 20 单位。这样，A、B 两国通过交换不仅可以保持分工前的消费不变，而且按照 1X∶1Y 的交换比价，两国消费均有所增加，福利水平有所提高。

3. 绝对优势理论的简单图解

在图 3.1 中，$XoYo$ 为 A 国的生产可能性边界曲线；$Xo'Yo'$ 为 B 国的生产可能性边界曲线；Wp 为世界价格线。A、B 两国按照绝对优势进行国际分工并按照世界价格线交换，A

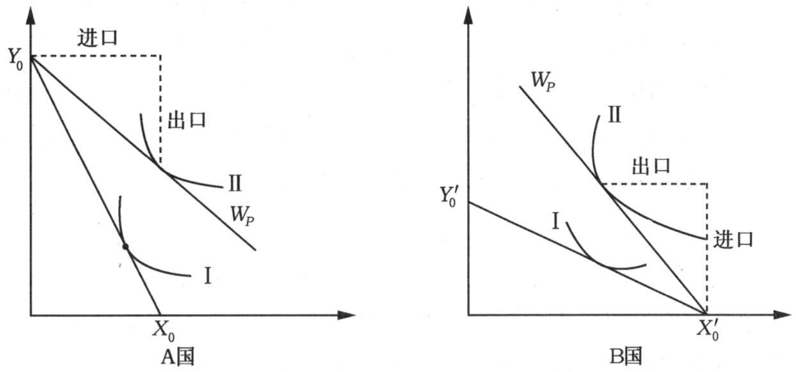

图 3.1 绝对优势理论图示

国的消费组合由 $XoYo$ 线上的一点外移到了 W_p 上的一点，B 国消费组合由 $Xo'Yo'$线上的一点外移到了 W_p 上的一点，两国均受益，福利水平提高。

(二)对于斯密绝对优势理论的简单评价

斯密的绝对优势理论是他的经济自由主义思想的有机组成部分，反映了 18 世纪英国资产阶级通过国际贸易进行经济扩张的要求。他把分工作为分析的逻辑起点，认为基于绝对优势的贸易双方都可以获得贸易利益，批驳了重商主义"以邻为壑"的贸易观。但是，他没有很好地用自己的劳动价值论说明 X、Y 两种产品进行交换的内在等价要求是什么的问题。同时，没能够回答一个国家不存在绝对优势的条件下能否参与分工和贸易的问题，这个问题在大卫·李嘉图比较优势理论中得到了回答。

三、大卫·李嘉图的比较优势理论

(一)大卫·李嘉图比较优势理论产生的历史背景

18 世纪中期以后的工业革命推动了英国工业的发展，到 19 世纪初英国成为"世界工厂"，工业资产阶级的力量得到了进一步加强。但是，作为土地所有者的贵族阶级在政治生活中仍然起着重要的作用，工业资产阶级和作为土地所有者的贵族阶级存在着尖锐的利益矛盾。

从 1789 年法国大革命到 1815 年拿破仑滑铁卢战败，英国和法国之间一直处于战争状态，英法战争影响了英国与法国之间的贸易关系。在正常状态下，英国向法国出口工业品，进口粮食和其他种类的农产品。但是，法国对英国的封锁导致英国的粮食价格上升，制造商的利益受到了极大的损失，土地所有者获得了利益。战争结束后，英国和法国又将回到正常的贸易关系，英国粮食价格将会下跌。为了避免利益损失，具有政治影响力的土地所有者阶级设法制定了《谷物法》。该法于 1815 年颁行，引起了英国粮食价格上涨、地租猛增，土地所有者——贵族阶级显著获利，而工业资产阶级的利益严重受损。一方面，粮食昂贵，使工人工资提高，成本增加，利润减少，削弱了工业产品的竞争力；另一方面，《谷物法》还招致外国以高额关税阻止英国工业品的进口。英国工业资产阶级为了自身利益的需要，迫切需要废除《谷物法》，推动自由贸易。

在这样的背景下，大卫·李嘉图作为伦敦的商人，为了自身的利益，同时也为了维护一个集团的利益，反对《谷物法》，主张自由贸易。他认为，英国不仅要从外国进口粮食，而且要大量进口，因为英国在纺织品生产上所具有的优势比在粮食生产上的优势更大，所以，英国应该放弃粮食生产，专门发展纺织品生产。为此，他提出了“比较优势理论”。

(二)大卫·李嘉图比较优势理论的假设前提和基本内容

1. 假设前提

大卫·李嘉图(1772—1823)在他的代表作《政治经济学及赋税原理》(1817)一书中论述了比较优势理论。该理论解决了斯密绝对优势理论未决的问题，即回答了一个国家在不存在绝对优势的条件下，只要具有比较优势，同样能够参与分工和贸易，并获得利益。比较优势理论的假设条件如下：

(1)两个国家、两种产品的模型，即世界由两个国家构成，每个国家都生产两种产品。

(2)两国均实行自由贸易政策，无任何贸易限制。

(3)要素(主要是劳动)在一国国内自由流动，在两国之间不能流动。

(4)以劳动价值论为基础，即劳动时间决定价值。

(5)交易双方生产成本不变，无规模收益，不考虑运输、保险等成本要素。

(6)收入分配不受贸易的影响。

基于上述假定，李嘉图证明了比较优势同样构成了国际贸易的基础。

2. 比较优势理论的基本内容

设A、B两国作为贸易国。A、B两国的生产力水平不同，A国在生产任何产品时成本均低于B国，即劳动生产率均高于B国，处于绝对优势，而B国则相反，处于绝对劣势。尽管如此，如果两国劳动生产率之间的差距并不是在任何产品上都一样，两国的国际分工和贸易可能性依然存在。这样，处于绝对优势的国家(A国)不必生产全部产品，而应该集中生产本国具有最大优势的产品；处于绝对劣势的国家(B国)也不必停产所有的产品，而只停止生产在本国处于最大劣势的产品，通过自由交换，两个国家可以节约社会劳动，增加产品的消费，提高社会福利。由此类推，世界上所有国家均基于比较优势参与分工和贸易，整个世界也因此增加了产量，提高了福利。

3. 比较优势理论的简单数学模型

设有A、B两个国家，每个国家均生产X、Y两种产品。

国际分工前两个国家的劳动生产率的差异如表3.3所示。

表3.3　　国际分工前A、B两国的生产状况

国　别	单位劳动时间的产出	
	X	Y
A	40	60
B	20	10

在国际分工前，A、B两国各投入2单位劳动时间来生产X、Y产品。对于各国来说，X、

Y 产品各占用 1 个单位的劳动时间。A 国分别生产 40 单位 X 产品和 60 单位 Y 产品，共 100 单位的(X+Y)产品；B 国分别生产 20 单位 X 产品和 10 单位 Y 产品，共 30 单位的(X+Y)产品。A、B 两国共生产了 130 单位的(X+Y)产品，共用劳动时间为 4 个单位。这里，A 国在 X、Y 产品上都具有更高的劳动生产率，具有绝对优势，B 国在 X、Y 产品上都处于绝对劣势。大卫·李嘉图认为，由于 A、B 两国存在着比较优势，形成了国际分工和贸易的基础，通过分工和贸易，两国均可以获得利益，从而增进整体福利。

这里，贸易的基础在于比较优势(或比较利益)。比较优势的测度方法是：$Ay/Ax=60/40=3/2$，$By/Bx=10/20=1/2$，$Ay/Ax>By/Bx$，表明 A 国的比较优势在于 Y 产品的生产；$Ax/Ay=40/60=2/3$，$Bx/By=20/10=2$，$Bx/By>Ax/Ay$，表明 B 国的比较优势在于 X 产品生产。这决定了 A、B 两国具有国际分工和交换的基础。

国际分工后两个国家的生产状况与总产出的变化如表 3.4 所示。

表 3.4　　国际分工后 A、B 两国的生产状况

国别	产出	
	X	Y
A	0	120
B	40	0

A、B 两国基于各自具有比较优势的产品生产，进行国际分工。A 国投入 2 单位劳动时间来生产 Y 产品，可以生产 120 个单位的 Y 产品；B 国投入 2 单位劳动时间来生产 X 产品，可以生产 40 个单位的 X 产品。A、B 两国共生产了 160 单位的(X+Y)产品，共用劳动时间仍为 4 个单位。

通过国际分工前后的比较，我们不难发现，分工后的总产量增加了 30 单位。这样，A、B 两国通过交换不仅可以保持分工前的消费不变，而且按照 1X∶1Y 的交换比价，两国消费均有所增加，福利水平有所提高。

4. 比较优势理论的简单图解

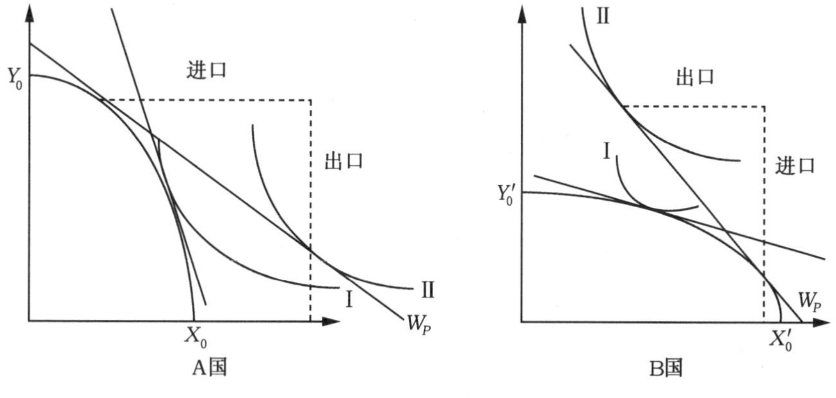

图 3.2　比较优势理论图示

在图 3.2 中，$XoYo$ 为 A 国的生产可能性边界曲线，$Xo'Yo'$ 为 B 国的生产可能性边界曲线，Wp 为世界价格线。A、B 两国按照绝对优势进行国际分工并按照世界价格线交换，A 国的消费组合由 $XoYo$ 线上的一点外移到了 Wp 上的一点，B 国消费组合由 $Xo'Yo'$ 线上的一点外移到了 Wp 上的一点，两国均受益，福利水平提高。

(三)对李嘉图比较优势理论的简要评价

大卫·李嘉图比较优势理论揭示了国际贸易因比较优势而发生并具有互利性，证明了各国通过出口相对成本较低的产品，进口相对成本较高的产品，就可以实现贸易互利。这是该学说的主要贡献。但是，该学说存在以下主要缺陷：第一，该学说的假设前提过于苛刻，并不符合国际贸易的实际情况，如要素国家间不能流动的假设。第二，按照该学说，比较优势相差越大则贸易的可能性越大，如此，当今的贸易应该主要在发达与发展中国家间展开，但事实是今天的国际贸易主要发生在发达国家之间。第三，按照该学说，在自由贸易条件下，贸易双方都可获利，所有贸易参加国都应该积极实行自由贸易而不是贸易保护主义，但在实际中，各国都在不同程度上实行保护主义。第四，该学说暗含这样的意思，即越落后的国家参加贸易，则越会受益。这里没有看到国际贸易中的不等价交换和贸易利益的流向，难以被落后国家接受。

第二节　新古典贸易理论

一、穆勒的国际贸易理论

李嘉图的比较优势理论阐述了国际分工模式和国际贸易的利益问题，但没有探究国际贸易商品的交换比率问题，即李嘉图没有解决国际贸易商品的“价值决定”问题。英国经济学家杰姆斯·斯图亚特·穆勒(J. S. Mill，1806—1873)探讨了国际价值的决定问题，发展了李嘉图的比较优势理论。穆勒认为，由于劳动和资本在国家间不可能像国内那样自由转移，所以，生产成本法不适用于国际贸易，国际价值是由供求法则决定的，他把这个法则称为“国际需求方程式”。穆勒指出：“一国的生产物总是按照该国的全部输出品抵偿该国的全部输入品所必需的价值的法则，与其他国家的生产物相交换。这一国际价值法则是更为一般的价值法则，即我们称之为供给和需求方程式的延伸”①。

穆勒举例说明了他的“国际需求方程式”。例如，在同一单位劳动时间内，英国、德国生产毛呢、麻布的数量见表 3.5。

表 3.5　　英国、德国不发生贸易时单位劳动时间的产出状况

国别	毛呢	麻布
英国	10 码	15 码
德国	10 码	20 码

---

① 约翰·穆勒：《政治经济学原理》下卷，商务印书馆 1991 年版，第 137 页。

当不发生国际贸易时，两种商品在英国和德国国内的交换比率分别为 10∶15 和 10∶20。当两国间发生国际贸易时，按照李嘉图的比较利益学说，两国的分工是：英国专门生产毛呢，德国专门生产麻布。在两国进行自由贸易的条件下，两种商品可以有多种交换比率，如表 3.6 所示。

表 3.6　　英国、德国在自由贸易下供求状况决定的两种商品交换比率

交换比率	英国供求表		德国供求表	
毛呢换麻布	毛呢供给	麻布需求	麻布供给	毛呢需求
10∶15	8 000	12 000	19 500	13 000
10∶16	9 000	14 400	18 400	11 000
10∶17	10 000	17 000	17 000	10 000
10∶18	11 000	19 800	16 200	9 000
10∶19	12 000	22 800	15 200	8 000
10∶20	13 000	26 000	14 000	7 000

根据表 3.6，如果两种商品的交换比率为 10 码毛呢交换 16 码麻布，则英国愿意供给的毛呢少于德国的需求，而英国对麻布的需求也少于德国愿意提供的数量，这样，毛呢的价格就会相对上升，麻布的价格就会相对下跌。同样地，如果两种商品的交换比率为 10 码毛呢交换 19 码麻布，则英国愿意供给的毛呢大于德国的需求，而英国对麻布的需求也大于德国愿意提供的数量，这样，毛呢的价格就会相对下跌，麻布的价格就会相对上升。最后，在 10 码毛呢交换 17 码麻布时，双方的供给和需求恰好相等，这个比率就是实际交换的比率，它决定了商品的国际价值，双方交换的规模为 10 000 码毛呢交换 17 000 码麻布。

根据上述例子，在国际贸易中，哪一个国家获利较多，关键在于交换比率。10∶15 和 10∶20 是两国交换的上下界限。对于英国来说，如果 10 码毛呢交换 15 码以上的德国麻布，则有利；对于德国来说，如果输出 20 码以下的德国麻布交换 10 码毛呢，则同样有利。在 10∶17 的交换比率下，双方都获得了各自的利益，英国得利为 2 000 码麻布，德国得利为 1 500 码毛呢。

由此，穆勒得出以下结论：商品的国际价值决定于两国贸易达到平衡的交换比率。这个交换比率是由两国对于彼此商品的需求强度决定的，并随着两国需求状况的变化而变化，但是，它总是处在两国国内交换比率之间。在国际贸易利益的分配上，国际交换比率越接近于本国国内交换比率，对本国越不利；相反，国际交换比率越接近于贸易伙伴国国内交换比率，则对本国越有利。

从本质上说，穆勒探讨的不是商品的国际价值决定问题，而是商品国际供求一致的均衡价格问题。穆勒与古典学派一样，主张自由贸易，认为自由贸易可以为所有贸易国带来巨大利益。

二、马歇尔的相互需求理论

阿尔弗里德・马歇尔（Alfred Marshall，1842—1924）是 19 世纪末、20 世纪初最著名的资产阶级经济学家，英国剑桥学派亦即新古典学派的创始人。马歇尔的代表作是 1890 年出版的《经济学原理》，此外还有《工业经济纲要》（1899 年）、《工业与贸易》（1919 年）、《货币信用和商业》(1923 年)等著作。《经济学原理》一直被资产阶级经济学界视为"划时代的著作",并与斯密的《国富论》、李嘉图的《政治经济学原理》相提并论。马歇尔的理论既继承了古典学派的经济自由主义传统,又以供求论为分析基础,吸收了边际效用论、生产费用论、节欲论、边际生产力论等新理论,使传统的经济学成为一个经过"新理论"改造的折中主义经济学体系,被称为新古典经济学。

马歇尔基于供求理论,运用提供线(Offer Curve)或称为相互供求曲线(Reciprocal Demand and Supply Curves)作为分析工具,对穆勒提出的商品的"国际价值"决定理论进行了系统的说明。

(一)提供线

一国的提供线是反映一国为进口一定量的某种商品而愿意出口的另一种商品数量的曲线,它表明了一个国家在不同的国际交换比率下愿意进口和出口的商品数量。例如,两个国家:英国和法国;两种贸易商品:毛呢和葡萄酒。在图 3.3 中,X 轴表示毛呢数量,Y 轴表示葡萄酒数量,价格线 OV 表示英国毛呢和葡萄酒的国内交换比率,线段 MP 表示英国为获得 M 量的葡萄酒愿意付出的交换价值的限度,即如果以葡萄酒表示的毛呢价格低于这条线,英国就会减少毛呢生产,增加对葡萄酒的生产,则贸易不会发生。如果以葡萄酒表示的毛呢价格高于这条线,英国的提供曲线就会产生,如图 3.4。随着英国对于葡萄酒需求强度的增加,就会出现若干毛呢提供点(o,d,e,f),把若干提供点连接起来的 OB 曲线就是英国的提供线。

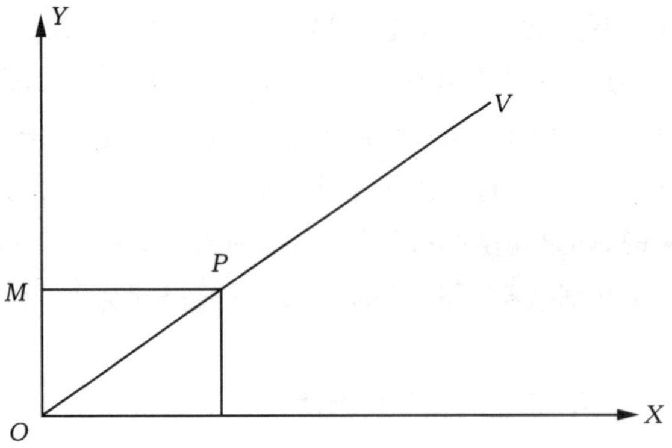

图 3.3 英国国内价格线

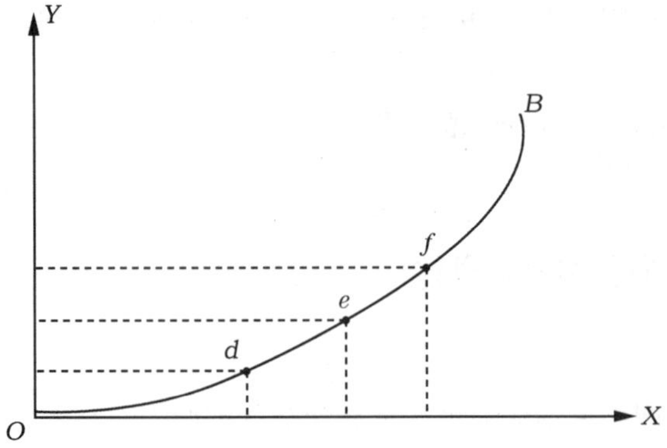

图 3.4 英国的提供线

同理，我们可以描述贸易对手国——法国的提供线，见图 3.5。

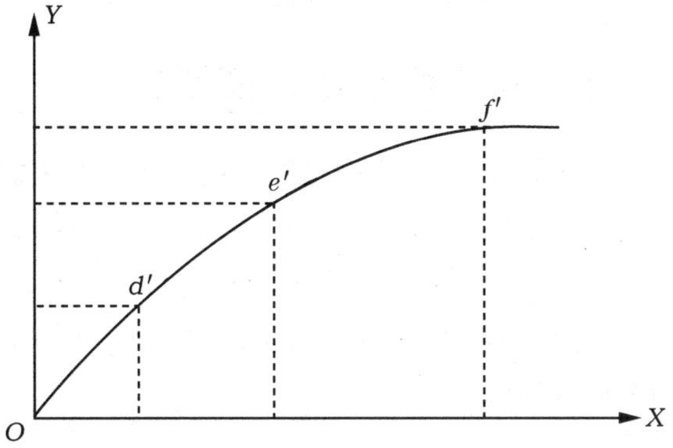

图 3.5　法国的提供线

(二)国际贸易商品的均衡价格

在两个国家、两种商品贸易的条件下，两国相互的提供线决定了两国贸易的均衡状态，贸易均衡状态下形成了国际贸易商品的均衡价格，如图 3.6 所示。

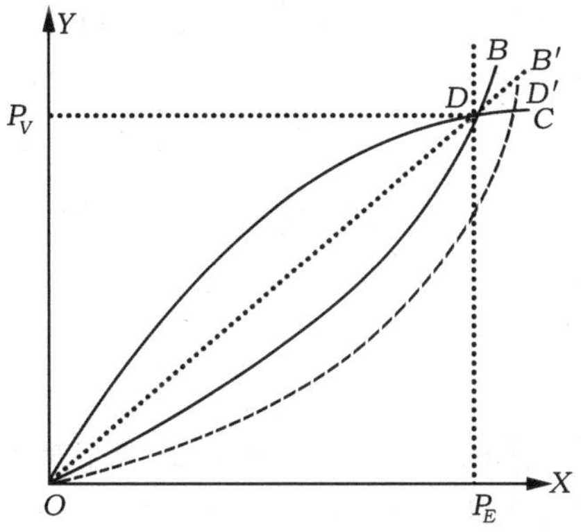

图 3.6　国际贸易商品的均衡价格的确定

在图 3.6 中，*OB* 表示英国毛呢的提供线，*OC* 表示法国葡萄酒的提供线，两条提供线相交于 *D* 点，表示两国的相互供求均衡，即实现了贸易均衡。国际贸易商品的均衡价格是：OP_E 的毛呢交换 OP_v 的葡萄酒。*OD* 线表示两国的贸易条件，也称为贸易条件线。

如果英国对于葡萄酒的需求增强，愿意用更多的毛呢交换法国葡萄酒，这样，英国的提供线就会接近 *X* 轴，提供线从 *OB* 变为 *OB′*。如果法国对于英国毛呢的需求不变，则两国的贸易就会出现新的均衡点 *D′*，表明英国的贸易条件恶化；反之，则相反。

第三节　国际贸易的现当代理论

国际贸易的现当代理论，一定程度上是对比较利益学说的补充和对该理论不足之处的再论述；同时，对古典经济学所未涉及的内容(如需求、规模收益等对国际贸易的影响)进行探讨。这里,主要介绍赫克歇尔-俄林模型(H-O模型)、列昂惕夫反论、新要素理论、产品生命周期理论、产业内贸易理论以及策略性贸易理论等。

一、赫克歇尔-俄林模型(简称H-O模型)

比较利益学说认为,比较利益产生于各国之间劳动生产率的差异以及由此产生的劳动成本的差异,但对劳动生产率差异的原因并未给予解释。20世纪20年代,瑞典经济学家E. F. 赫克歇尔(E. F. Heckscher)和伯蒂尔·俄林(Bertil Ohlin)对此加以说明,提出了生产要素禀赋理论(Theory of Factor Endowment),发展了古典和新古典贸易理论。

(一)H-O模型的基本假设前提

H-O模型的基本假设前提是:

(1)模型为两个国家、两种要素(劳动与资本)、两种产品的模型。

(2)两国在生产同一产品时,方法、技术水平、投入系数相同,即具有同样的生产函数,产量只是要素投入的因变量。

(3)商品、要素市场属于完全竞争市场,要素在一国内可以完全流动,在国家间则完全不流动。

(4)两个国家中,一个是资本存量相对丰富的国家,因而利息率相对较低;一个是劳动存量相对丰富的国家,因而工资率较低。

(5)商品自由流动。

排除影响贸易的其他一些因素,如运输、需求、贸易壁垒等。

(二)H-O模型的基本内容

1. H-O模型的基本命题

H-O模型的基本命题是:

(1)在国际贸易体系中,一国出口的总是那些以自己相对丰富的要素生产的产品,而进口的则是那些需要用本国相对稀缺的要素生产的产品。

(2)如果两个国家生产要素存量(如劳动与资本)的比例不同,即使两个国家相同生产要素的生产率完全相同,也会产生生产成本的差异,从而使两国发生商品流动,即贸易关系。

(3)国际贸易的结果是使各贸易参与国之间的要素报酬(利息、地租、工资)差异缩小,出现要素价格均等化趋势。

H-O模型的结论基于如下的内在逻辑关系的推论:同样产品的价格绝对差是国际贸易的直接基础;价格绝对差是由成本绝对差决定的;成本绝对差是由要素价格差决定的;要素价格绝对差是由要素存量比率不同决定的;要素存量比率差异是由要素供求决定的;要素供给是由要素禀赋决定的。

2. 模型的数学推导证明

假设X产品为劳动密集型产品,Y产品为资本密集型产品,L为劳动投入系数,C为资本投入系数,W为工资率,R为利息率,P为一国某产品的单位成本,A国为资本相对丰富国家,B国为劳动相对丰富的国家。公式推导如下:

A国Y产品的单位成本为:

$$P_{ay}=L_y\cdot W_a+C_y\cdot R_a$$

可转换为：

$$P_{ay}=L_y\cdot W_a\left(1+\frac{C_y\cdot R_a}{L_y\cdot W_a}\right)$$

令：$C_y/L_y=S_y$（S_y 即资本—劳动比，也即要素密集度），$W_a/R_a=Q_a$（A 国国内的要素价格比），则有：

$$P_{ay}=L_y\cdot W_a+C_y\cdot R_a=L_y\cdot W_a(1+S_y/Q_a)$$

同理可得：

$$P_{by}=L_y\cdot W_b+C_y\cdot R_b=L_y\cdot W_b(1+S_y/Q_b)$$
$$P_{ax}=L_x\cdot W_a+C_x\cdot R_a=L_x\cdot W_a(1+S_x/Q_a)$$
$$P_{bx}=L_x\cdot W_b+C_x\cdot R_b=L_x\cdot W_b(1+S_x/Q_b)$$

因贸易产生于同类产品的价格差，以 Y 产品为价格标准，应有：

$$P_{ax}/P_{ay}-P_{bx}/P_{by}=\frac{L_x\cdot W_a(1+S_x/Q_a)}{L_y\cdot W_a(1+S_y/Q_a)}-\frac{L_x\cdot W_b(1+S_x/Q_b)}{L_y\cdot W_b(1+S_y/Q_b)}\neq 0$$

$$\begin{aligned}&P_{ax}/P_{ay}-P_{bx}/P_{by}\\&=\frac{L_x[(1+S_x/Q_a)(1+S_y/Q_b)-(1+S_x/Q_b)(1+S_y/Q_a)]}{L_y(1+S_y/Q_a)(1+S_y/Q_b)}\\&=\frac{L_x[1+S_y/Q_b+S_x/Q_a+S_xS_y/Q_aQ_b-1-S_y/Q_a-S_x/Q_b-S_xS_y/Q_aQ_b]}{L_y(1+S_y/Q_a)(1+S_y/Q_b)}\\&=\frac{L_x[(S_y-S_x)/Q_b-(S_y-S_x)/Q_a]}{L_y(1+S_y/Q_a)(1+S_y/Q_b)}\end{aligned}$$

等式右边上下同时乘以 Q_aQ_b，变换后可得：

$$P_{ax}/P_{ay}-P_{bx}/P_{by}=\frac{L_x(1/Q_b-1/Q_a)(S_y-S_x)\cdot Q_aQ_b}{L_y(1+S_y/Q_a)(1+S_y/Q_b)\cdot Q_aQ_b}=\frac{L_x(Q_a-Q_b)(S_y-S_x)}{L_y(Q_a+S_y)(Q_b+S_y)}$$

因为 A 国是资本相对丰富的国家，故利息率 R_a 较低，而 W_a 相对较高；B 国是劳动相对丰富的国家，故 W_b 相对较低，而 R_b 较高。因此，$W_a/R_a>W_b/R_b$，即 $Q_a>Q_b$，$Q_a-Q_b>0$。又因为 Y 产品是资本密集型产品，X 产品是劳动密集型产品，于是有 $C_y/L_y>C_x/L_x$，即 $S_y>S_x$，$S_y-S_x>0$。代入上式，可得公式右边为正值，大于 0，公式左边也必然大于 0，意味着存在价格差，贸易因此而产生。

3. 要素价格均衡分析

要素价格均衡意味着商品的价格差为 0，即：

$$P_{ax}/P_{ay}-P_{bx}/P_{by}=0$$

基于上述公式，则有：

$$\frac{L_x(Q_a-Q_b)(S_y-S_x)}{L_y(Q_a+S_y)(Q_b+S_x)}=0$$

在假设中，A、B 两国的生产函数相同，即每一种产品在不同国家的投入系数相同，$Sax=Sbx$，$Say=Sby$，但已知 X、Y 两种商品的资本—劳动比不同，即 S_x 不等于 S_y，又已经知道 $S_y>S_x$，故满足公式的条件只能是 $Q_a=Q_b$，即两国的要素价格比趋同。

(三)H-O 模型的特点

首先,H-O 模型强调了在商品的生产中不是投入一种生产要素,而是投入两种甚至两种以上的生产要素,进而提出了生产要素的组合和技术系数问题,从而使理论更加接近于现实。

其次,H-O 模型关于贸易原因的分析不同于比较优势理论。比较优势理论认为劳动生产率的差异是国际贸易发生的原因;而 H-O 模型把劳动生产率的一致性作为分析的出发点,认为不同国家要素丰裕程度存在差异,有的国家劳动力较丰裕,有的国家资本较丰裕,从而表现为要素价格的差异,从而形成了贸易的原因。相比之下,H-O 模型基于一国经济资源优势解释国际贸易发生的原因,进而分析贸易的作用,更有说服力。

但是,要素禀赋并非贸易发生的充要条件;比较静态分析的结果忽视了要素丰裕程度的动态变化;模型还排除了技术进步因素以及现实中存在的各种因素(比如需求因素),从而导致了模型的局限性,影响了模型对于实际情况的分析能力。

二、列昂惕夫反论

H-O 模型提出后,逐渐成为国际贸易的主流理论。第二次世界大战后一些学者用经验数据对该模型进行检验,结果不支持模型,出现了与模型相悖的结论。美国经济学家瓦西里·列昂惕夫的反论(Leontif's Paradox)就是在这样的情况下提出的。

(一)列昂惕夫反论的基本内容

1953 年列昂惕夫用投入-产出模型对美国 20 世纪 40 年代和 50 年代的对外贸易情况进行分析,考察了美国出口产品的资本-劳动比和美国进口替代产品(既进口又自己生产的产品)中的资本-劳动比,发现美国参加国际分工是建立在劳动密集型专业分工基础上的(即出口产品的资本-劳动比低于进口替代产品),而不是建立在资本密集型专业分工基础上的,即美国通过对外贸易安排剩余劳动力和节约资本。这一结论与 H-O 模型相悖,被称为列昂惕夫反论(或列昂惕夫悖论)。

(二)围绕列昂惕夫反论展开的争论

列昂惕夫反论的提出,引起了学术界的争论,学者们纷纷探讨列昂惕夫反论揭示的现象存在的原因。相关见解主要有:

(1)列昂惕夫的解释

列昂惕夫认为,美国工人具有其他国家工人 3 倍的劳动生产率,因此,比较美国与其他国家的劳动密集度时,美国的工人数应当乘以 3,这样看,美国应当属于劳动相对丰裕的国家。

(2)劳动密集度逆转说

持劳动密集度逆转说的学者认为,某种商品在资本相对丰裕的国家属于资本密集型产品,而在劳动力相对丰裕的国家则属于劳动密集型产品。在美国就发生了劳动密集度逆转情况,如小麦,在美国是资本密集型产品,而在亚洲就属于劳动密集型产品。

(3)资本密集型产品需求偏好论

持这种见解的学者认为,美国对资本密集型产品有需求偏好。

(4)关税结构说

该观点认为美国的关税结构导致了美国对劳动密集型产品进口的限制,以保护国内同类产品的生产者。

(5)自然资源稀缺论

该观点认为美国严重依赖基于几种自然资源的进口商品,而这些进口商品又是资本密集型商品。

当然,上述见解并没有充分解释列昂惕夫反论,充其量只是一定程度上解释了列昂惕夫反论。

三、国际贸易新要素理论

列昂惕夫反论提出后,暴露了H-O模型的局限性。H-O模型假定要素是同质的,这样的假定是片面的。事实上,劳动存在着巨大的差异性,劳动的差异性决定了劳动生产率的差异。而与劳动的差异性相关的要素的差异,也会导致相对优势的变化。国际贸易新要素理论扩大了要素的范围,赋予了要素新的含义,如智力投资、培训、科技进步以及信息的获得等都可以形成新的比较优势,出现新的贸易的相对利益。

(一)人力资本说

美国经济学家凯南(P. Kenen)在20世纪60年代创立了人力资本理论(the Theory of Human Capital)。他认为,劳动是不同质的,表现为劳动生产率的差异;劳动生产率的差异主要是由劳动的熟练程度决定的;而劳动熟练程度又取决于对劳动者的教育、培训,即决定于智力开发投资。因此,重视人力资本的投资效益,才可能形成新的比较优势。基于这种理论,在美国出口商品中劳动成本的大部分,不能说是劳动投入,而是资本投入,因此,美国的出口产品不能说是劳动密集型产品,而是资本密集型产品。

(二)R&D说

R&D说强调研究与开发优势,认为研究与开发可以改变国际分工中的比较优势,强调了科技在国际贸易优势形成中的作用。

(三)信息贸易理论

信息贸易理论认为信息是一种无形、无限的资源,是现代生产要素的组成部分。占有信息,意味着比较优势的改变,能够促进一国贸易格局的变化。

四、技术差距与国际贸易产品生命周期理论

(一)技术差距论

技术差距论(Theory of Technological Gap)是由美国经济学家帕斯纳(M. U. Posner)于1961年提出的。技术差距论认为,贸易国之间技术差异的存在是解释某类贸易发生的原因。新产品总是在发达国家首先诞生,其他国家由于技术差距,要滞后一段时间后才能进行模仿生产,在这一段时间内便存在着贸易的机会和可能,如图3.7所示。

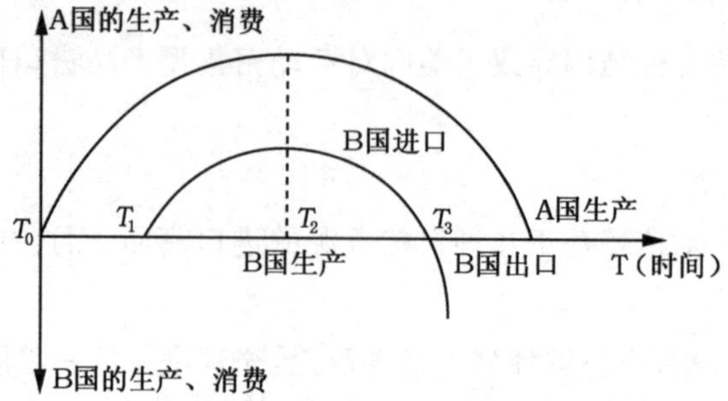

图 3.7　技术差距理论图示

在图 3.7 中，对于 B 国而言，T_0T_1 为需求滞后期，T_1T_2 为反应滞后期，T_2T_3 为掌握滞后期，T_0T_3 为模仿滞后期，T_1T_3 为两国贸易期间。

（二）国际贸易产品生命周期理论

弗农（Raymond Vernon）和维尔斯等在技术差距论的启发下，于 1966 年提出了产品生命周期理论。产品生命周期指的是产品要经历投入、成长、成熟和衰退等时期。国际贸易产品生命周期，是将周期理论与国际贸易理论结合起来，使比较利益从静态发展成为动态。国际贸易产品生命周期的四个阶段为：第一阶段，创新国由于具有广阔的市场、高水平的技术人员、高科技投入，且企业将创新转化为产品的能力强，因此创新发生在发达国家，并对该产品有生产和市场的垄断；第二阶段，外国开始模仿，创新国产品在模仿国的竞争力下降；第三阶段，外国模仿者开始向第三国出口，创新国出口受到影响，且大幅度下降；第四阶段，外国模仿者的产品进入创新国市场，创新国开始由出口国转变为进口国。该种产品在创新国完成周期，而在模仿国开始其周期，该过程会像接力棒一样传递下去，如图 3.8 所示。

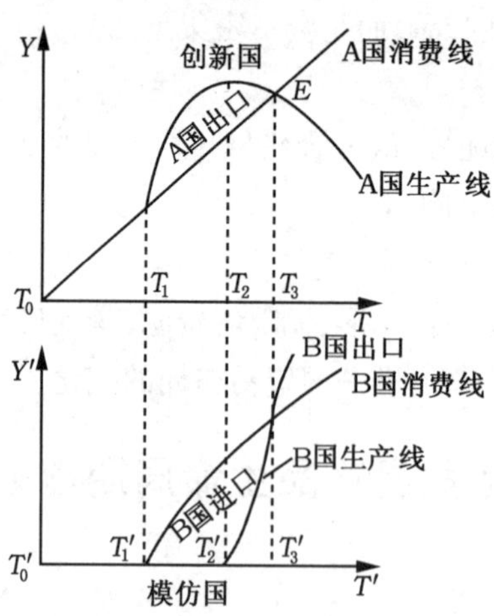

图 3.8　产品生命周期理论图示

在图 3.8 中，上部为创新国，下部为模仿国。在 T_0 点创新国生产新产品，T_1 时出口，T_2 达到出口高峰，T_3 时出口为 0，之后开始进口。模仿国在 T'_1 时开始进口，T'_2 时开始生产，T'_3 时达到自给自足，之后以低成本出口。

国际贸易产品生命周期理论比传统理论进了一步，从静态到动态，并把管理、科技、外部经济因素等引入贸易模型。但是，产品生命周期的循环并不是国际贸易普遍的、必然的现象。

五、产业内贸易理论

传统贸易理论基于要素禀赋的差异，主要探讨的是关于“产业间贸易”（Inter-industrial Trade），不能很好地解释当代国际贸易的实际情况，尤其是不能解释大量的“产业内贸易”（Intra-industrial Trade），如多数贸易在禀赋相似的国家间进行（如发达国家间）；相当部分的贸易在相同的产业内进行（如同类产品的双向贸易）。同时，当代贸易并未引起大规模的资源重新配置和收入再分配等，这些现象需要新理论进行说明，于是，产业内贸易理论应运而生。

（一）产业内贸易的类型

1. 同质产品的产业内贸易

同质产品是指可以完全相互替代的产品。同质产品的产业内贸易主要有以下几类：

(1)大宗产品贸易，如水泥、石油、木材等的贸易；

(2)合作或技术因素的贸易，如银行业、保险业引进来、走出去；

(3)转口贸易；

(4)政府干预导致价格扭曲，使进出口同种产品有利可图；

(5)季节性产品贸易，如季节性瓜果类贸易。

2. 异质产品的产业内贸易

异质产品是指尽管投入具有相似性，但产品间不能完全替代的产品。国际产品异质性是产业内贸易的基础，这体现在产品品牌、规格、服务等特点上的不同，由于需求偏好不同，从而产生既进口又出口的现象。

（二）产业内贸易动因的理论分析

1. 需求偏好相似论

瑞典经济学家林德（Linder）于1961年提出了需求偏好相似论，用来解释产业内贸易发生的动因。这一理论认为，国际贸易是国内贸易的延伸，因为厂商首先满足的是国内熟悉的市场；人均收入水平决定一个国家的需求结构，两国收入水平越接近则市场之间的隔阂较小，越易于发生贸易，如图3.9所示。

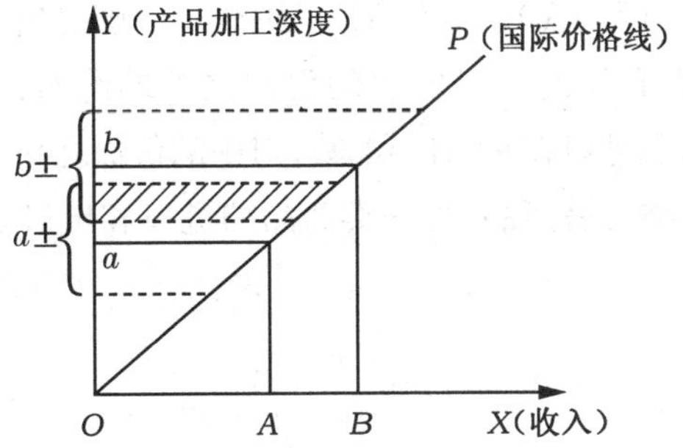

图3.9　需求偏好相似论图示

在图 3.9 中，A、B 是两国收入水平，OP 是价格线，a、b 是在 A、B 收入水平下消费需求决定的典型的加工深度。两国消费围绕典型的加工深度进行，实际上是一个区域，即 $a\pm$ 和 $b\pm$，它们之间的交叉区域便是双方都消费的加工深度，也是贸易的基础。

2. 规模经济论

所谓规模经济，是指所有投入的平衡增长导致平均成本下降，收益也会随着生产规模的扩大呈报酬递增的趋势。规模经济论认为，具有相似禀赋的不同国家，其中，若有一国因规模经济而使成本降低（源于固定资本的分摊和专业分工的利益），它便会产生新的比较优势，而在贸易中受益，如图 3.10 所示。

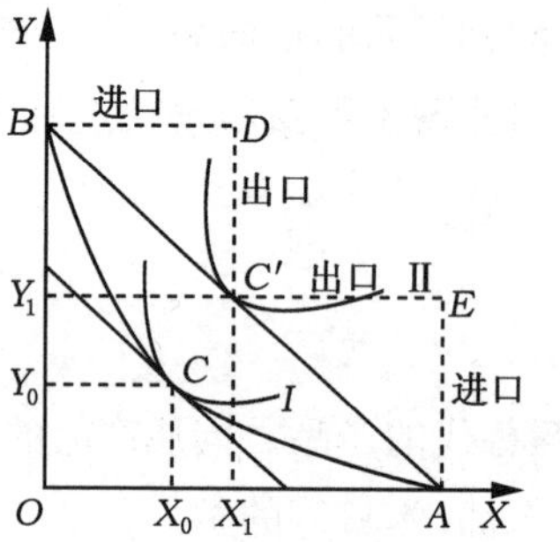

图 3.10　规模经济理论图示

在图 3.10 中，A、B 两国具有相同的生产可能性曲线 AB，并凸向原点，意味着具有规模经济。如果 X、Y 产品为同一产业中的异质产品，A 国专业化生产 X 产品，B 国专业化生产 Y 产品，产量分别为 OA 和 OB。B 国出口 $C'D$ 的 Y 产品，换取 BD 的 X 产品，A 国出口 $C'E$ 的 X 产品，换取 AE 的 Y 产品，无差异曲线从Ⅰ移至Ⅱ，福利水平得到提高。但这样导致的福利水平的提高源于规模生产，而非资源禀赋差异。

（三）产业内贸易水平的测度

产业内贸易水平通常用产业内贸易指数（Intra-industry Trade Index）来衡量。如果用 i 表示商品的种类；X_i 和 M_i 分别表示出口和进口的各种商品，X 和 M 分别表示总出口和总进口，那么，产业内贸易指数（ⅡT）的计算公式是：

$$\prod T = 1 - \frac{\sum \mid (X_i/X) - (M_i/M) \mid}{\sum [(X_i/X) + (M_i/M)]}$$

式中：X_i/X 表示一国总出口中第 i 类商品的出口所占的份额，M_i/M 表示一国总进口中第 i 类商品的进口所占的份额，$\mid (X_i/X) - (M_i/M) \mid$ 则表示一国总出口中第 i 类商品的出口所占的份额与总进口中第 i 类商品的进口所占的份额之差的绝对值。$[(X_i/X)+(M_i/M)]$ 表示一国第 i 类商品的出口和进口在总出口和总进口中的份额之和。

例如，假设某国只有三类贸易商品，每一类商品的进口和出口如表 3.7 所示。

表 3.7

贸易商品	出口额(美元)	进口额(美元)
W	500	200
X	200	400
Y	100	400
总　计	800	1 000

运用上述公式,计算得出该国的产业内贸易指数$IIT=0.575$。当一个国家只有进口或只有出口(即不存在产业内贸易)时,$IIT=0$;当商品的出口等于进口(即产业内贸易最大化)时,$IIT=1$;一般情况下,一国的产业内贸易指数IIT值在0和1之间。

六、战略性贸易理论

(一)战略贸易理论

该理论基于各国在国际贸易中实行贸易干涉和干预的分析基础上,认为一国可以通过各种政策的干预(如税收、补贴、经济合作等),在本国至关重要的生产领域创造出比较优势,而这些生产领域具有很强的前后向关联性,具有广泛的外部经济效应,可以带动经济发展。该理论强调贸易与产业政策间的密切联系,重视在不完全竞争的市场中通过贸易政策获取利益,促进经济增长和发展。

(二)贸易扭曲理论

在不完全竞争市场上,贸易产品的边际成本不等于边际收益即为扭曲(即对帕累托状态的背离)。国际贸易的扭曲表现为边际进出口替代率、产品边际转换率、消费的边际替代率、边际技术替代率等市场信号的扭曲。该理论认为,引起贸易扭曲的原因是政府干预造成市场不完全性。政府干预导致的贸易扭曲只能形成次优的贸易结果。

复习与思考题

一、名词解释

1. 重商主义
2. 提供线
3. 列昂惕夫反论
4. 产品生命周期
5. 产业内贸易

二、简述题

1. 简述亚当·斯密的绝对优势理论。
2. 简述大卫·李嘉图的比较优势理论。

3. 简述H-O模型的基本内容及其特点。
4. 简述国际贸易新要素理论的基本思想。
5. 简述国际贸易产品生命周期理论。
6. 简述战略性贸易理论。

三、论述题

1. 基于提供线原理,试析国际贸易商品价格决定机制。
2. 试析产业内贸易的类型及其原因。

第四章

国际贸易纯理论

学习目的与要求

1. 掌握贸易利益的含义以及贸易利益的构成，并能用图进行分析。
2. 掌握哈伯勒基于机会成本理论的比较优势分析。
3. 掌握国际贸易的局部均衡分析。
4. 掌握国际贸易的一般均衡分析。
5. 掌握贸易条件的含义与贸易条件的度量。

本章在第三章对于国际贸易理论发展与演变介绍的基础上，介绍关于国际贸易的基础的、纯粹的理论命题。主要包括贸易利益的构成、引入机会成本理论下的贸易成因与贸易所得、贸易的局部均衡、贸易的一般均衡以及贸易条件等纯理论命题。

第一节　贸易利益的构成

一、基于国际交换的利益

得自交换的利益来源于资源配置不变、产出不变的情况下，一部分产品以国际价格而非国内价格进行贸易。在图 4.1 中，T_a、T_w 分别为国内交易和国际交换的价格线，商品从按 T_a 变成按 T_w 交换，无差异曲线从Ⅰ提高到Ⅱ，无差异曲线Ⅱ与国际价格线相切于 B 点，无差异曲线Ⅰ与国内价格线相切于 A 点，表明国际交换带来福利水平提高。

二、基于国际分工的利益

基于分工的利益来源于资源按照比较利益进行的重新配置。在图 4.2 中，A 点并不是该国生产、交换所处的最佳点。国内资源因国际价格较高、交换有利可图而重新配置，生产

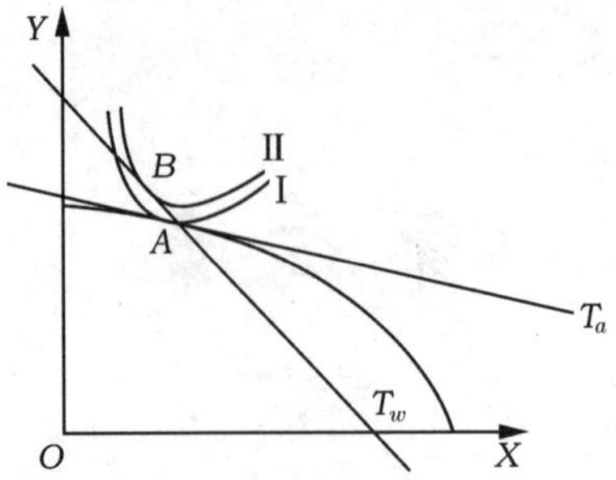

图 4.1　基于国际交换的利益图示

点从 A 移向 A'，无差异曲线Ⅲ与国际价格线相切于 D 点。

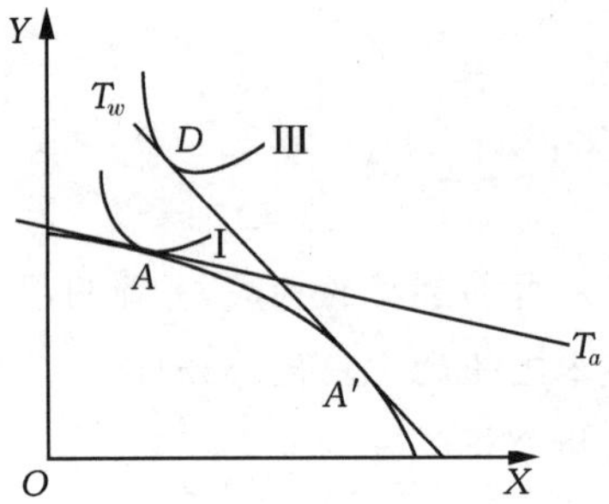

图 4.2　基于国际分工的利益图示

三、贸易利益的构成

将图 4.1 与图 4.2 合成，可得完全的贸易利益构成图解。在图 4.3 中，无差异曲线Ⅰ到Ⅱ为得自交换的利益，无差异曲线Ⅱ到Ⅲ为得自分工的利益，无差异曲线Ⅰ到Ⅲ是总的贸易利益。

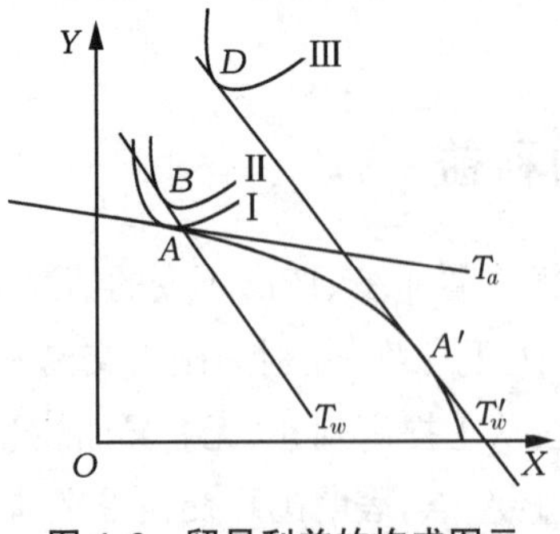

图 4.3　贸易利益的构成图示

第二节 机会成本与比较优势

李嘉图试图在劳动价值论基础上解释比较优势，这决定了李嘉图的比较优势理论存在着内在的矛盾。根据劳动价值理论，商品的价值或价格决定于投入商品生产中的劳动量。然而，劳动既不是投入生产中的唯一要素，也不是以固定比例投入所有商品的生产过程。此外，在大多数商品生产过程中，劳动、资本和其他要素之间可以相互替代。更何况，劳动又都是不同质的，相应地具有不同的劳动生产率。因此，劳动价值理论难以解释现实生活中的比较优势。

1936 年哈伯勒(Haberler)用机会成本理论解释了比较优势原理，被称为“比较成本理论”(Theory of Comparative Cost)。机会成本(Opportunity Cost)的含义是，一种商品的机会成本是增加 1 单位该种商品的生产而必须放弃的另一种商品的生产量。根据机会成本理论，当一国在某种商品生产上有较低的机会成本时，该国在该商品生产上就具有比较优势；反之，则反是。例如，在国际贸易状态下，美国为了增加 1 单位小麦的生产，必须放弃 1/2 单位布匹的生产，那么，美国生产小麦的机会成本就是 1/2 单位的布匹(即在美国，1 单位小麦＝1/2 单位布匹)。如果英国生产小麦的机会成本为 1 单位小麦＝2 单位布匹，则美国生产小麦的机会成本要低于英国，因此，美国在小麦生产上相对于英国具有比较优势。相应地，英国在布匹生产上相对于美国具有比较优势。

一、固定机会成本条件下的生产可能性曲线、贸易基础与贸易利益

机会成本可以用生产可能性曲线(Production Possibility Frontier)或产品转换线(Transformation Schedule)加以说明。一国的生产可能性曲线是指该国在一定的资源和技术条件下所能够生产的两种商品的各种组合。机会成本的大小表现为生产可能性曲线的斜率，也就是产品的边际转换率(The Marginal Rate of Transformation，MRT)。在上述的例子中，美国产品的边际转换率 MRT＝Δ 小麦/Δ 布匹＝1/2；英国产品的边际转换率 MRT＝Δ 小麦/Δ 布匹＝2；由此，美国和英国各自的比较优势就一目了然了。

(一)固定机会成本条件下的生产可能性曲线

固定机会成本条件下的生产可能性曲线可以用图 4.4 表示。图 4.4(a)表示美国固定机会成本条件下的生产可能性曲线；图 4.4(b)表示英国固定机会成本条件下的生产可能性曲线。

(二)固定机会成本条件下的贸易基础

在自给自足(无贸易)的条件下，美国的生产组合点和消费组合点只能是生产可能性曲线上的任何一点，如 A 点，生产组合和消费组合是 40 单位的小麦与 40 单位的布匹。同样地，英国的生产组合点和消费组合点也只能是生产可能性曲线上的任何一点，如 A' 点，生产组合和消费组合是 40 单位的小麦与 80 单位的布匹。比较优势理论告诉我们，任何一个参与国际贸易的国家都会选择自己具有相对优势的产品生产，通过该产品的出口，交换自己相对劣势的产品。在图 4.5 中，假定在完全分工条件下，美国的相对优势产品是小麦，因此，美国将其生产组

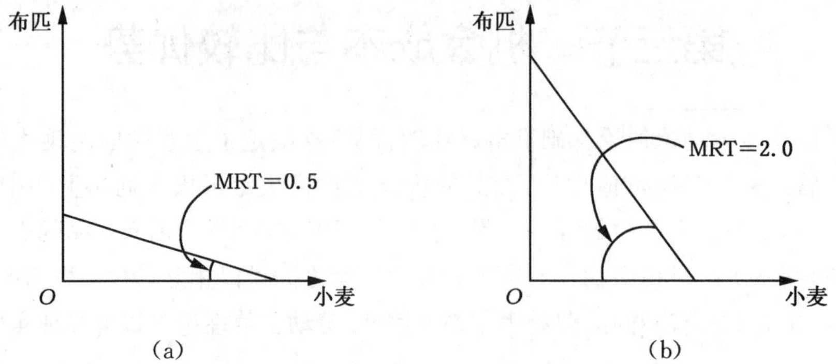

图 4.4　固定机会成本条件下的生产可能性曲线

合点由 A 点转变为 B 点，资源配置于小麦的生产上。英国的相对优势产品是布匹，因此，英国将其生产组合点由 A'点转变为 B'点，资源配置于布匹的生产上。这样，美国生产 120 单位的小麦，不再生产任何布匹；英国生产 160 单位的布匹，不再生产小麦。设贸易条件(小麦与布匹的交换比率为 1∶1)，通过两国的贸易，两国的消费组合点由生产可能性曲线上的一点外移到贸易可能性曲线上的一点，两国都获得了贸易利益。

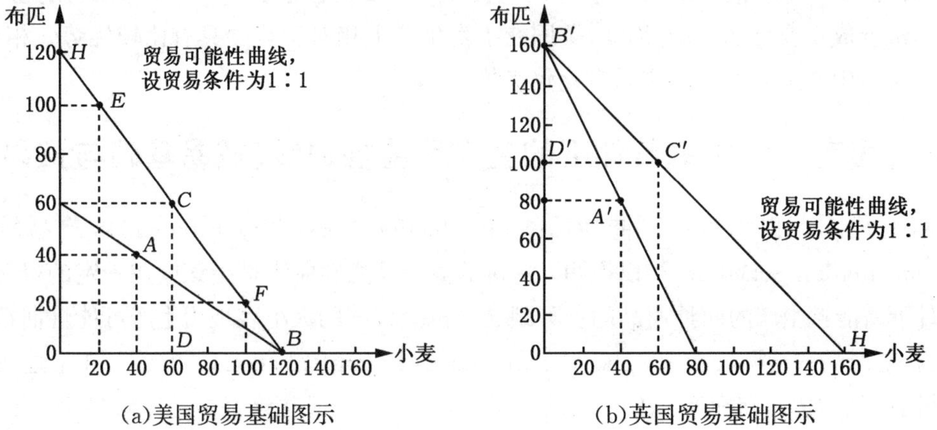

图 4.5　完全分工条件下的美国和英国的贸易可能性曲线

(三)固定机会成本条件下的贸易利益

通过上述分析，我们可以列表反映两国的贸易利益。

1. 得自分工的利益

	分工前		分工后		净收益	
	小麦	布匹	小麦	布匹	小麦	布匹
美国	40	40	120	0	80	－40
英国	40	80	0	160	－40	80
总体	80	120	120	160	40	40

2. 得自交换的利益

	交换前		交换后		净收益	
	小麦	布匹	小麦	布匹	小麦	布匹
美国	40	40	60	60	20	20
英国	40	80	60	100	20	20
总体	80	120	120	160	40	40

二、机会成本递增条件下的生产可能性曲线、贸易基础与贸易利益

前面分析了固定机会成本条件下的生产可能性曲线、贸易基础与贸易利益。但是，在现实生活中，随着一种商品的生产量的增加，该种商品的机会成本是递增的。因此，下面分析的机会成本递增条件下的生产可能性曲线、贸易基础与贸易利益，更接近现实。

(一)机会成本递增条件下的生产可能性曲线

机会成本递增是指随着一种商品的生产量的增加，该种商品的机会成本递增的现象。机会成本递增反映为一条外拱的生产可能性曲线，见图 4.6。

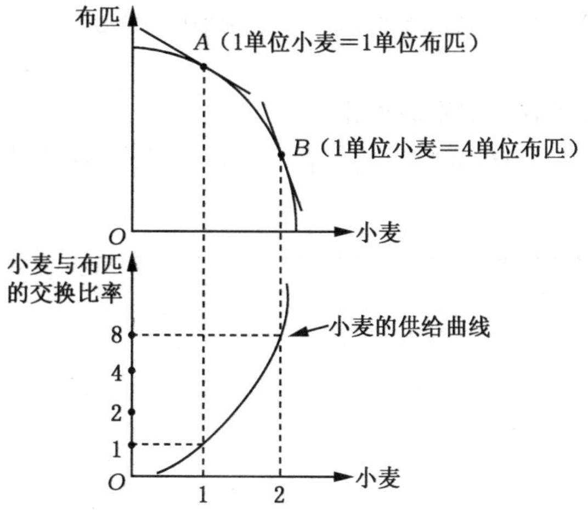

图 4.6 机会成本递增条件下的生产可能性曲线与提供线

在图 4.6 中，小麦与布匹两种商品的生产组合点沿着生产可能性曲线从 A 点向 B 点移动。在此情况下，生产可能性曲线的斜率的绝对值增加，也就是产品的边际转换率(MRT)提高，表明每增加 1 单位的小麦生产，所要损失的布匹生产越来越多。

(二)机会成本递增条件下的贸易基础

图 4.7 表示在机会成本递增条件下美国和加拿大两国的生产可能性曲线。在图 4.7(a)中，假定美国在自给自足(无贸易)的条件下，生产组合点和消费组合点是 A 点，生产组合和消费组合是 5 单位的汽车和 18 单位的小麦。在图 4.7(b)中，假定加拿大在自给自

足(无贸易)的条件下,生产组合点和消费组合点是 A'点,生产组合和消费组合是 17 单位的汽车和 6 单位的小麦。对于美国来说,汽车与小麦的交换比率决定于生产可能性曲线在 A 点的斜率,即美国国内的交换比率为:1 单位汽车=0.33 单位小麦。对于加拿大来说,汽车与小麦的交换比率决定于生产可能性曲线在 A'点的斜率,即加拿大国内的交换比率为:1 单位汽车=3 单位小麦。由此可见,美国在汽车生产上具有相对优势,而加拿大在小麦生产上具有相对优势,形成了美国和加拿大两国之间的贸易基础,美国会出口汽车而进口小麦,加拿大会出口小麦而进口汽车。

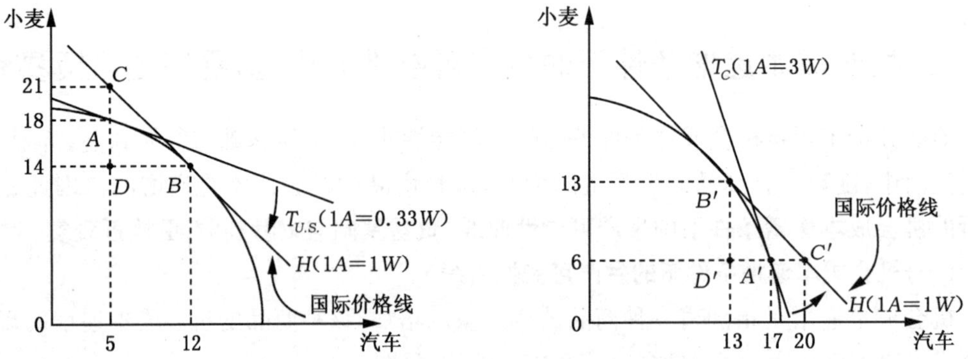

(a)美国贸易基础图示　　(b)加拿大贸易基础图示

图 4.7　在机会成本递增条件下美国和加拿大的生产可能性曲线

(三)机会成本递增条件下的贸易利益

通过上述分析,我们可以列表反映两国在机会成本递增条件下的贸易利益。

1. 得自分工的利益

	分工前		分工后		净收益	
	汽车	小麦	汽车	小麦	汽车	小麦
美国	5	18	12	14	7	−4
加拿大	17	6	13	13	−4	7
总体	22	24	25	27	3	3

2. 得自交换的利益

	交换前		交换后		净收益	
	汽车	小麦	汽车	小麦	汽车	小麦
美国	5	18	5	21	0	3
英国	17	6	20	6	3	0
总体	22	24	25	27	3	3

第三节 贸易的局部均衡、一般均衡与贸易条件

在理论上，贸易条件是指单位出口能够换回的进口，即商品的国际交换比率。在实际生活中，往往用出口价格指数与进口价格指数之比来表示贸易条件。贸易条件决定于国际交换过程中形成的贸易均衡。

一、供求与贸易的局部均衡

（一）两国、两种商品的供求模型

假定 A 国的比较优势在于生产 X 产品，而 B 国的比较优势在于生产 Y 产品。又假定 A 国和 B 国具有如下表所示的生产可能性组合：

	X	Y
A	10	15
B	10	20

A 国在贸易中用 X 产品换取 Y 产品，B 国在贸易中用 Y 产品换取 X 产品。在 A 国，国内交换比率为 $10X/15Y$，B 国国内交换比率为 $20Y/10X$。若 A 国在国际市场上能够用 $10X$ 换取多于 15 单位的 Y 产品，A 国便会进入国际市场；同样地，B 国若能够以 20 单位的 Y 换取多于 10 单位的 X 产品，B 国愿意进入国际市场。国内的交换比率便是 A、B 两国进入国际市场的上、下限。实际交换比率将处于由两国国内交换比率界定的两国交换区内，如图 4.8 所示。

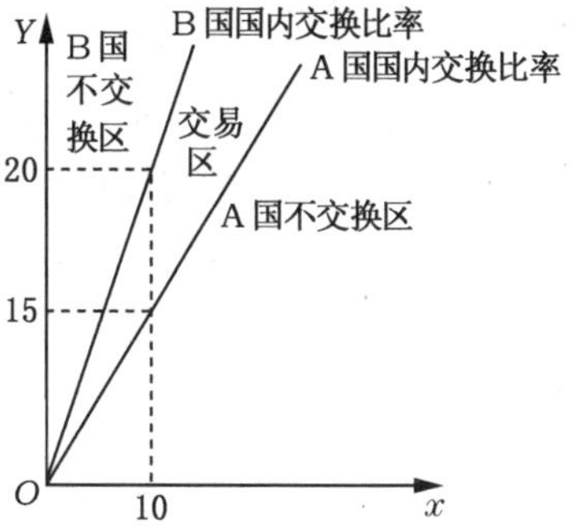

图 4.8 相互供求的图解

在图 4.8 中，贸易均衡条件处在两国交换比率的上下限内。实际的、唯一的均衡贸易条件是由两国作为交易对手的相对需求强度决定的，处于双方正好能够吸收对方的出口。如果贸易对手对于本国商品的需求强度大于本国对于对手商品的需求强度，则交换比率越接近于对手国内的交换比率；反之，则越接近于本国国内的交换比率。

(二)贸易的局部均衡

图 4.9(b)表示了贸易的局部均衡以及贸易局部均衡条件下贸易商品相对价格的确定。其中,图 4.9(a)和图 4.9(c)中 D_x 和 S_x 曲线分别是 A 国和 B 国各自对于商品 X 的需求曲线和供给曲线。图 4.9 中的纵轴均表示商品 X 的相对价格(即 P_x/P_y,或一国为了多生产 1 单位 X 而必须减少 Y 的数量),横轴表示 X 的数量。

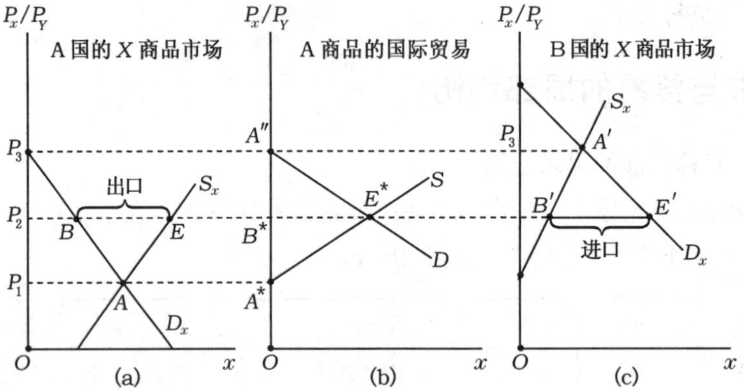

图 4.9 贸易的局部均衡图

在图 4.9 中,P_1 和 P_3 决定了贸易商品价格的上下限,B^* 是贸易局部均衡条件下贸易商品的均衡价格。图 4.9 显示,A 国出口商品 X,B 国进口商品 X。在商品 X 的相对价格高于均衡价格时,A 国出口商品 X 的数量大于 B 国进口商品 X 的数量,商品 X 的相对价格就会下降到均衡价格水平。相反,在商品 X 的相对价格低于均衡价格时,A 国出口商品 X 的数量小于 B 国进口商品 X 的数量,商品 X 的相对价格就会上升到均衡价格水平。

二、提供曲线与贸易的一般均衡

对于一国来说,基于相互供求因素的局部均衡分析强调的是供给方面的因素,而忽视了需求方面的因素(如消费倾向和偏好等)。20 世纪初英国经济学家马歇尔和埃奇沃斯共同提出了提供曲线,奠定了贸易的一般均衡分析的基础。

(一)提供曲线

提供曲线或称为相互需求曲线就是对应某一进口量愿意提供的出口量的轨迹,它反映的是一国为了进口其需要的一定数量的某种商品而愿意出口的商品数量。提供曲线既包含了一国供给和需求两方面的因素,同时也反映了一国在不同的相对价格水平下愿意进口和出口的商品数量。

提供曲线是在生产可能性曲线、社会无差异曲线的基础上得出的。提供曲线可比较准确地确定国际商品交换的比率。

(二)A 国提供曲线的推导与形状

贸易无差异曲线是该国在福利水平不变的情况下,无数进出口组合点的轨迹。提供曲线的刻画是根据生产可能性曲线和社会无差异曲线得出的贸易无差异曲线入手的。

在图 4.10(a)中,A 国最初处于非贸易(自给自足)状态,如果贸易在 $P_B=P_X/P_Y=1$ 的条件下发生,A 国的生产将由 A 点移至 B 点,在贸易中用 $60X$ 与 B 国交换 $60Y$,最终消费组合为其无差异曲线Ⅱ上的点 E。这样我们得到右图中的点 E。

在 $P_F=P_X/P_Y=1/2$ 处[见图 4.10(a)],A 国的生产由 A 点将移至 F 点,用 $40X$ 与 B 国交换 $20Y$,消费组合达到无差异曲线Ⅰ上的点 H,这样我们就得到了图 4.10(b)中的点 H。连接原点、点 E、点 H 以及其他用类似方法得到的点,我们就在图 4.10(b)中得到 A 国的提供曲线。它反映了 A 国为进口某一数量 Y 而愿意出口 X 的数量。

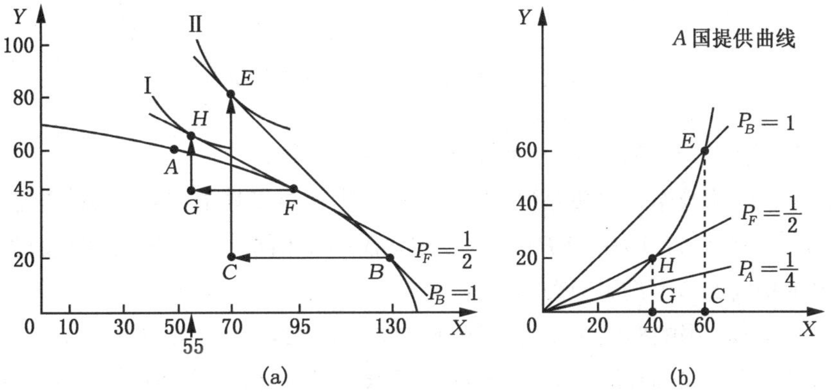

图 4.10 A 国提供曲线的推导与形状

为了使图 4.10(a)简便一些,我们略去自给自足价格线 $P_A=1/4$ 和生产可能性曲线切于 A 点的无差异曲线。我们发现图 4.10(b)中的 P_A,P_B,P_F 和图 4.10(a)的 P_A,P_B,P_F 各表现相同的 P_X/P_Y 比例,因为它们都表示同一点斜率的绝对值。

图 4.10 中,A 国的提供曲线位于自给自足的价格线 $P_A=1/4$ 之上,凸向 X 轴,这表明 X 轴所代表商品是其比较优势所在,应该出口。为了使 A 国出口更多的 X,就必须提高 P_X/P_Y 这一比例。在 $P_F=1/2$ 时,A 国会出口 $40X$;而在 $P_B=1$ 时,A 国会出口 $60X$。如此变化有以下两个原因:

(1)A 国在生产更多用于出口的 X 时会面临机会成本递增的问题;

(2)A 国消费的 Y 越多,消费的 X 越少,Y 的边际效用就会低于 X 的边际效用。

(三)B 国提供曲线的推导与形状

在图 4.11(a)中,B 国最初处于均衡点 A'。若贸易发生在 $P'_B=P_X/P_Y=1$,B 国将生产 B'点的商品组合,用 $60Y$ 与 A 国交换 $60X$,达到其无差异曲线Ⅲ′上的点 E'。图 4.11(a)中的贸易三角形 $B'C'E$ 对应于图 4.11(b)的贸易三角形 $OC'E'$,我们在图 4.11(b)上得到位于 B 国提供曲线上的点 E'。

在图 4.11(a)中,当 $P_{F'}=P_X/P_Y=2$ 时,B 国的生产将移至 F',用 $40Y$ 与 Y 国交换 $20X$,达到其无差异曲线Ⅱ上的点 H'。图 4.11(a)的贸易三角形 $F'G'H'$ 对应于图 4.11(b)的贸易三角形 $O'G'H'$,我们在图 4.11(b)中得到位于 B 国提供曲线上的点 H'。连接原点、F'点、H'点及其他用类似方法得到的点,我们就在图 4.11(b)中绘出了 B 国的提供曲线。

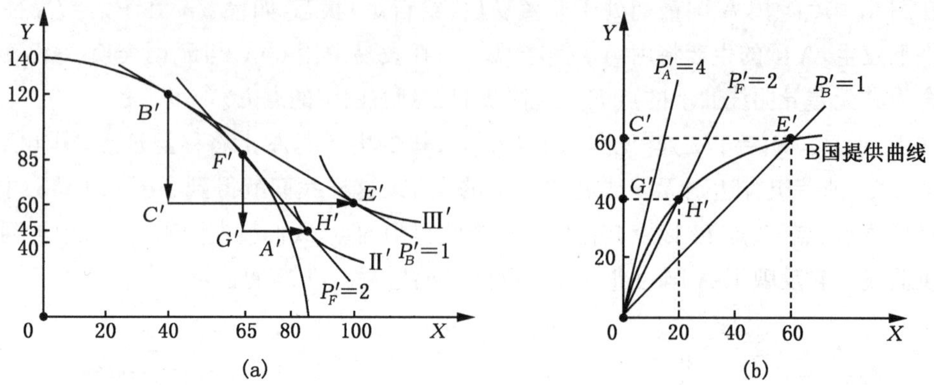

图 4.11　B 国提供曲线的推导与形状

它表示 B 国为了进口一定数量的 X 而需要出口的 Y 的数量。

我们再一次略去自给自足价格线 $P'_A=4$ 和与生产可能性曲线切于 A' 的无差异曲线。注意图 4.11(a)、图 4.11(b)中的 P'_A、P'_F 和 P'_B 都表示相同的 P_X/P_Y 比例，因为每一组中的两个点表示相同的斜率的绝对值。

在图 4.11 中，B 国的提供曲线位于其自给自足价格线 $P'_A=4$ 的下方，凸向 Y 轴，故 Y 是 B 国具有比较优势的商品，应出口。同时意味着 X 的相对价格(即 P_X/P_Y)下降。在 $P'_F=2$ 时，B 国会出口 40Y；在 $P'_B=1$ 时，B 国会出口 60Y。只有提高 Y 的相对价格才能使 B 国出口更多的 Y，这是因为：

(1)B 国在生产越来越多的 Y 以供出口的同时，生产的机会成本是递增的；

(2)B 国在贸易中消费越多 X 和越少 Y，Y 的边际效用就会渐渐超过 X。

(四)均衡相对商品价格与贸易的一般均衡分析

两个国家提供曲线的交点确定了两国在开展贸易时的贸易均衡价格。只有在均衡贸易价格水平上两国贸易才能达到平衡。在此外的任一价格水平上，对两种商品的进口与出口都不会相等。这就给相对商品价格一个向均衡水平移动的压力，见图 4.12。

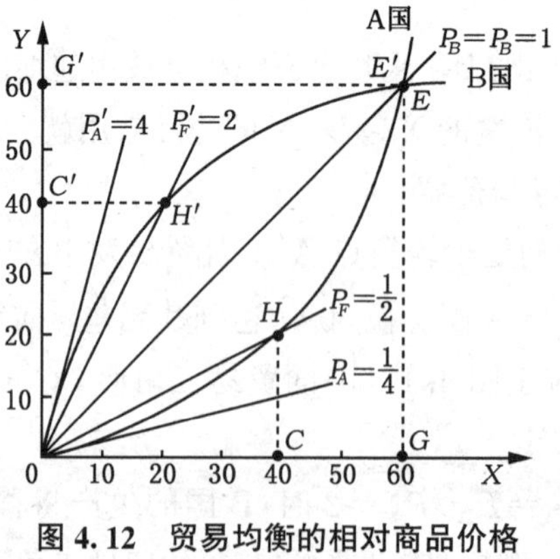

图 4.12　贸易均衡的相对商品价格

我们把图 4.10 和图 4.11 中的 A 国和 B 国的提供曲线放到一个坐标系中，它们交于点

E，确定均衡相对商品价格为 $P_B=P'_B=1$，贸易达到均衡是因为A国愿意用60X交换60Y，而B国恰恰要用60Y交换60X。若 $P_X/P_Y<1$，A国愿意出口X的数量必将小于B国愿意进口X的数量，这会使相对商品价格向均衡水平上升；反之亦然。

图4.12中的提供曲线就是我们在图4.10和图4.11中得到的A国和B国的提供曲线。它们相交于点 E，都确定均衡相对商品的价格 $P_X/P_Y=P_B=P'_B=1$。在 P'_B，A国用60X交换60Y（位于A国提供曲线上的点 E），而B国恰好要用60Y交换60X（位于B国提供曲线上的点 E'）。这样贸易在 P_B 点达到均衡。

其他任何 P_X/P_Y 比例都不能使贸易达成。例如，在 $P_F=1/2$ 时，A国愿意出口40X（见图4.12中点 H），低于B国在这个相对价格下愿意进口的数量（图4.12没有给出这一点，即 P_F 与B国提供曲线的交点）。

在 $P_F=1/2$ 时，B国对X的超额进口需求将会使 P_X/P_Y 上升，这时，A国将会增加对 X 的出口供给（即A国沿其提供曲线向上移动）；B国也会减少对Y的进口需求（即B国沿其提供曲线向下移动）。这种移动将会持续到供给与需求在 P_B 达到平衡。

三、贸易条件及其度量

一国的贸易条件（terms of trade）是指一国出口商品价格水平与该国进口商品价格水平的比值。在一个两国世界中，一国的出口正是其贸易伙伴的进口，所以，在两国条件下，一国的贸易条件等于另一国贸易条件的倒数。

在一个具有多种贸易商品（不只是两种）的世界中，贸易条件定义为一国出口商品价格指数与该国进口商品价格指数的比值。这个比值通常要乘以100%，以百分比的形式表示。一国的贸易条件可以运用下列公式加以度量：

$$\text{一国贸易条件}=\frac{\text{一国出口商品价格指数}}{\text{一国进口商品价格指数}}\times 100\%$$

由于供给与需求的倾向随着时间不断变化，提供曲线也会发生移动，从而改变贸易额和贸易条件。一国贸易条件的改善，通常是指该国出口商品价格水平相对于其进口商品价格水平有所提高。

复习与思考题

一、名词解释

1. 贸易利益
2. 机会成本
3. 交易区
4. 贸易条件

二、简述题

1. 简述贸易利益及其构成。
2. 简述固定机会成本条件下的贸易基础和贸易利益。
3. 简述机会成本递增条件下的贸易基础和贸易利益。
4. 简述贸易条件及其测度。

三、论述题

试析贸易的局部均衡与一般均衡。

第五章

国际贸易、经济增长与经济发展

学习目的与要求

1. 掌握经济增长和经济发展的含义,并能对经济增长与经济发展进行比较分析。
2. 掌握国际贸易、经济增长与经济发展之间的关系。
3. 掌握贸易乘数理论及其政策含义。
4. 掌握国际贸易与生产要素增长之间的关系。
5. 掌握国际贸易的技术进步效应的理论分析。
6. 掌握贫困化增长理论,并能分析贫困化增长的原因与对策。
7. 掌握一国贸易条件与经济发展之间的关系。
8. 掌握出口市场波动对经济发展的影响。
9. 掌握贸易战略与经济发展的关系。

前几章所述的贸易理论,主要基于一国给定的要素禀赋、技术条件和偏好等确定一国的比较优势和贸易利益,因而在分析方法上采用的是比较静态分析方法。然而,要素禀赋、技术条件和偏好等都将随着时间的变化而变化,一国的比较优势也将随着时间的变化而改变。本章把国际贸易与经济增长、经济发展问题相结合,引入了时间变化因素,相应地,在要素禀赋、技术条件和偏好变化的条件下,对贸易国的比较优势和贸易利益进行动态分析。

第一节　经济增长与经济发展

一、经济增长与经济发展的含义

经济增长(Economic Growth)和经济发展(Economic Development)这两个概念有无区别,经济学家看法各有不同。一种看法认为两者无区别,把两个概念并列起来;有的学者虽指出了它们的某些区别，同时又说两个概念可以交换使用。如阿德尔曼（I. Adelman）在《经济增长和经济发展的学说》一书中就把两者并列起来；又如雷诺兹（L. G. Reynolds）在《经济增长的阶段》一书中认为“增长与发展可视为互相替代的两个名词”。另一种看法代表了多数人的观点，主张应当把这两个概念的内涵加以区别。如赫立克（B. Herrick）和金德尔伯格（C. P. Kindleberger）说：“增长特指更多的产出。经济发展不仅是指更多的产出，还指与以前相比产出的种类有所不同以及产品生产和分配时依赖的技术和体制安排上的变革。”又如，帕金斯（D. H. Perkins）等人在《发展经济学》一书中说：“两者有根本之区别，经济增长指国民收入或国民生产总值的总量或人均量上升……经济发展则具有较多的意义。”不仅意味着人均收入上升，还意味着经济结构的根本变化，结构变化中的两种变化最为重要，一是农业份额缩小和工业份额扩大；二是农村人口比率降低，城市人口比率增加。经济发展的关键是大多数人能否参与发展过程，他们不仅应是参与利益生产，还应参与利益的享受；如果增长只有利于少数富裕阶层，那就没有经济发展。另外还有哈根（E. E. Hagen）、小朱维卡斯（C. Zuvekas, Jr.）也强调两者存在着根本的不同。

综合各家之言，我们可得出两个概念的定义，并从中发现两者的区别和联系。

1. 经济增长

经济增长仅仅是指一国或一地区在一定时期（1 季度、1 年、3 年、5 年、10 年等）包括产品和劳务在内的产出的增长。

2. 经济发展

经济发展是指随着产出的增长而出现的经济、社会和政治结构的变化，这些变化包括投入结构、产出结构、产出比重、分配状况、消费模式、社会福利、文教卫生、群众参与等在内的变化。

二、经济增长与经济发展的区别与联系

1. 经济增长与经济发展的区别

（1）经济增长的内涵较狭，是一个偏于数量的概念；经济发展内涵较广，是一个既含有数量又含有质量的概念。

（2）经济增长并非必然导致经济发展，两者往往具有不一致性。有增长而无发展的情况经常出现，而无增长有发展的情况有时也会出现。据统计，古巴 1960—1970 年、1970—1975 年两个历史阶段，实际增长率各为－0.6%和 1%，但自 1959 年起，古巴的收入不均程度逐步缩小，教育得到普及，医疗卫生条件得到改善，健康水平有了很大提高，这些都是社会经济变革的结果，而不是建立在经济增长基础上的。

2. 经济增长与经济发展的联系

（1）经济增长是手段，经济发展是目的，经济增长服务于经济发展。

（2）没有经济增长就没有经济发展，经济增长是经济发展的物质基础和条件。

三、衡量经济增长与经济发展的指标体系

(一)衡量经济增长的指标

衡量经济增长的指标是国民生产总值以及以此为基础的人均国民生产总值、国民收入、个人可支配收入等。但是,采用这些总量指标作为经济增长尺度存在着很多不足。以国民生产总值(GNP)为例,不足主要表现为:

(1)GNP 不能说明产出中产品和劳务的种类,也不能说明由于这些产品和劳务而获得的福利大小,更不能说明增长过程中由于环境污染、城市化和人口膨胀所付出的社会代价。

(2)大量未通过市场的产品和劳务在 GNP 中得不到反映,因为 GNP 是一定时期市场价值的总和。

(3)GNP 不能反映收入的分配状况。

(4)各国的 GNP 难以做出真实的比较。以美元计算,按固定汇率往往定值过高或过低,按浮动汇率,只好用一年的平均值计算。

(5)用 GNP 做国际比较不能反映各国的实际生活水平。各国的物价结构差异很大,从而以美元折合的 GNP 在各国的实际购买力差异很大。

(6)计算方法不同,造成国际比较的另一困难。国民收入账户核算体系(SNA)和物质平衡核算体系(MPS)之间存在巨大差异,核算出的 GNP 难以进行准确比较。

(7)由于缺乏数据收集处理专门技术,加之人为的弄虚作假,导致了统计资料不可靠,从而使 GNP 难以表示经济增长的真实情况。

尽管如此,总量指标的优点是把全部经济活动概括在极为简明的统计数字之中,从而成为表明各国经济增长的通用指标。

(二)衡量经济发展的指标体系

一般认为发展的中心意义是社会和个人的福利增进,因为发展至少应包括五个方面的指标:基本必需品的消费量、收入和分配的均等程度、识字率、就业水平和健康状况等。GNP 由于它的自身缺陷不能反映这些指标,即使有些统计学家用"均等加权"(Equal Weights)指数或"贫困加权"(Poverty Weighted)指数来校正,也不能综合反映出这些指标体系。

鉴于 GNP 和均值指标的缺陷,不少经济学家一直在设法创造出综合性指标体系,以补充或代替传统的衡量标准。新的指标体系基本上分为两类:一类是社会经济和政治因素相互作用的综合性发展指标体系。代表人物有哈根、尼维阿罗斯基、阿德尔曼和莫里斯、哈比森以及联合国社会发展研究所等,其中有代表性的是联合国社会发展研究所和阿德尔曼及莫里斯提出的指标。例如,1970 年联合国社会发展研究所设计的综合指标,包括 9 项社会指标和 6 项经济指标,分别是:社会经济发展主要指标;出生时的预期寿命;在 2 万人以上地点居住的人口占总人口的百分比;人均每天消费的动物蛋白;中小学入学人数总和;职业教育入学人数;每千人中报纸发行份数;每家居室平均住人数;从事经济活动人口中使用电、水、煤气的百分比;每个男性农业工人的农业产量;人均电力消费(千瓦);人均钢材消费(吨);能源消费(折合为人均消费煤的千克数);制造业在国内生产总值中的百分比;人均外

贸额;工薪收入者在整个从事经济活动人口中的百分比。按照这个指标体系形成的发展指数,与各个单独社会经济指标关系更密切。

另一类是相对简单的、以衡量人的基本需要满足程度为目的的实际生活质量指数(PQLI)。莫里斯(C. T. Morris)提出的实际生活质量指数包括三项反映大多数人基本需要的指标——预期寿命、婴儿死亡率和识字率组成的简便的综合指数。每项指标都用百分制表示每一个国家的成绩,1 分是最差成绩,100 分是最好成绩。例如,预期寿命的上限 100 分定为 77 岁,下限 1 分定为 28 岁,各国的预期寿命都在这个上下限之间,中间点 52 岁定为 50 分。其他指标,如婴儿死亡率和识字率以此类推。当一个国家的三项指标按百分制定出后,再用同样的权数平均,这样这个国家的综合指数 PQLI 就得到了。运用这个指标体系的分析结果表明,GNP 与 PQLI 值的联系并不十分紧密,一些国家 GNP 高,而 PQLI 低;另一些国家 GNP 高,而 PQLI 高;还有 GNP 相近,但 PQLI 差距很大的情况。

第二节　国际贸易与经济增长

一、贸易乘数理论

(一)宏观经济分析中的乘数概念

宏观经济分析中的乘数概念是投资乘数的概念,投资乘数描述了投资与国民收入、就业之间的相互影响、相互制约的关系,描述了经济体内部投资促进经济增长的动态过程。投资乘数的公式推导如下:

$$Y=C+I+G$$
$$Y=C+S+T$$

假设,$G=T$,那么,$I=S$,则:

$$\mathrm{d}I=\mathrm{d}S$$
$$\mathrm{d}I=(\mathrm{d}S/\mathrm{d}Y)\mathrm{d}Y$$
$$\mathrm{d}Y=[1/(\mathrm{d}S/\mathrm{d}Y)]\mathrm{d}I$$

式中:$[1/(\mathrm{d}S/\mathrm{d}Y)]$就是投资乘数即边际储蓄倾向的倒数。

投资乘数的政策含义是:

(1)投资的增加能够使收入成倍增长;

(2)$\mathrm{d}S/\mathrm{d}Y$ 越小,即国民收入的增量中用于储蓄增量越小,则投资对国民收入的影响越大。

(二)贸易乘数理论

在开放经济条件下,对外贸易的增长可以使国民经济成倍增长。对外贸易乘数反映的是一国对外贸易与国民收入、就业之间的相互影响,描述了开放经济体出口促进经济增长的动态过程。贸易乘数的公式推导如下:

$$Y=C+I+G+X$$
$$Y=C+S+T+M$$

假设，$T=G$，那么，$C+I+X=C+S+M$，则：

$$I+X=S+M$$

设 dI 为投资增量，dX 为出口增量，dS 为储蓄增量，dM 为进口增量，则有：

$$dI+dX=dS+dM$$

设 $dS=dI$，可得：

$$dY=[1/(dM/dY)]dX$$

式中：$[1/(dM/dY)]$就是贸易乘数，即边际进口倾向的倒数。

(三)贸易乘数的图形分析

在图 5.1 中，X_0X_1 是边际进口倾向为 m 时的收入变化情况，X_2X_3 是边际进口倾向为 m'时收入变化情况。M_0 是截距，即收入为 0 时该国所需的基础进口。当出口 X 增加到 X' 时，不同的进口尤其是边际进口倾向（m 与 m'）不同时，对收入的刺激作用是不同的。m 较大则同样的出口增量对收入的作用较小；反之，则较大。

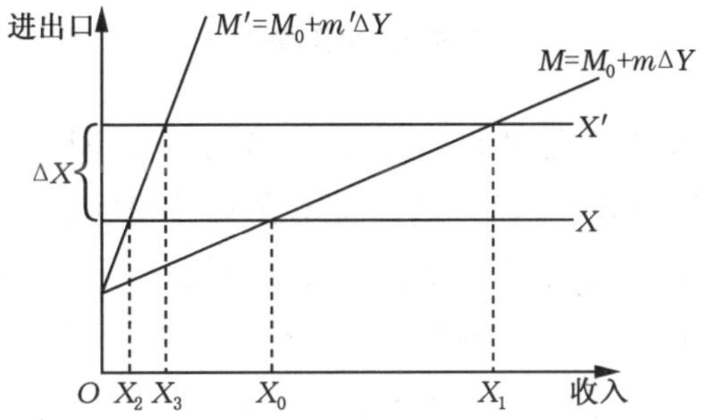

图 5.1　贸易乘数效应的图形分析

(四)动态贸易乘数效应与贸易乘数的政策含义

1. 动态贸易乘数(Dynamic Trade Multiplier)效应

设有 A、B 两国，A 国首先自发性出口增长，贸易乘数作用使 A 国国民收入产生倍数增加。在 A 国国民收入增量中，有一部分用于从 B 国进口，这导致 B 国的诱发性出口增长，由于贸易乘数效应，带动了 B 国国民收入提高，而 B 国收入增量中又会有一部分用于从 A 国进口，这又促使 A 国的诱发性出口增长……于是，A 国产生第二轮的乘数效应，经过若干次循环后，尽管扩张效应逐渐趋于 0，但是，结果是 A、B 两国国民经济因贸易乘数效应而动态增长。这种贸易乘数效应被称为动态贸易乘数效应。

2. 贸易乘数的政策含义

贸易乘数效应告诉我们，一国出口收入应更多地购买国内产品，如果出口收入中较大部分用于进口，对于经济的促进作用较小；反之则较大。因此，当需求倾向不变时，出口的收入尽量少用于进口，这样可以增大出口对经济的刺激作用。

二、国际贸易与生产要素的增长

(一)生产要素变化效应

生产要素是多种多样的，这里基于两种生产要素——劳动(L)和资本(K)——使分析变得简单明了。随着时间的变化，劳动和资本的增长将导致生产可能性曲线的外移，外移的形状和程度取决于劳动和资本的增长比率。如果两者的增长比率相同，生产可能性曲线将按照要素的增长比率同时外移，新旧两条生产可能性曲线对应各点上的斜率相同，由原点出发连接各个对应点的射线，便是平衡增长线（balanced growth curve），见图 5.2。

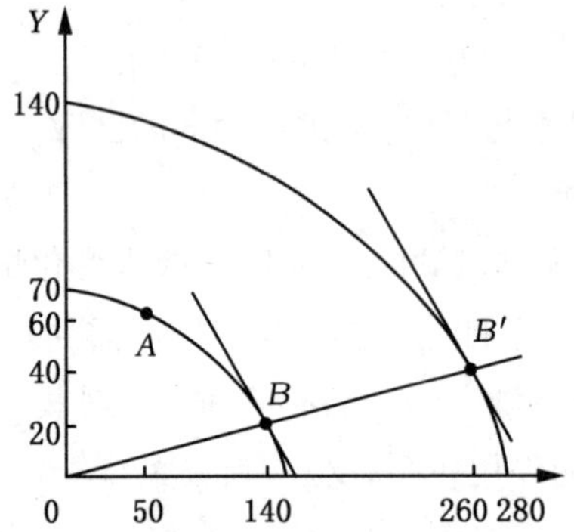

图 5.2　平衡增长线

如果仅仅是劳动增长或仅仅是资本增长，情况则会不同。假定 X 为劳动密集型商品，Y 为资本密集型商品。同时考虑劳动和资本在某种程度上具有可替代性，也就是说，即使仅有一种要素增加，两种产品均会增加，只是当仅有劳动要素增加时，X 的增加将多于产品 Y 的增加；当只有资本要素增加时，Y 的增加将多于产品 X 的增加。图 5.3 表示分别仅有劳动要素增加 1 倍（实线）和仅有资本要素增加 1 倍（虚线）时的生产可能性曲线。如图 5.3 所示，仅仅增加劳动要素时，曲线更多地向表示劳动密集型产品的 X 轴方向扩展；仅仅增加资本要素时，曲线则更多地向表示资本密集型产品的 Y 轴方向扩展。

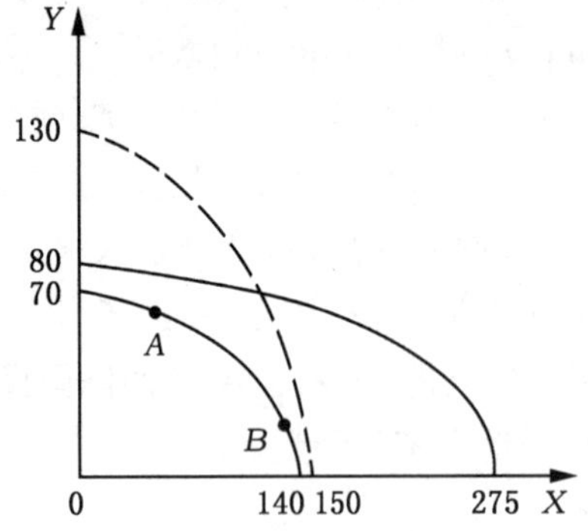

图 5.3　生产要素变化导致生产可能性曲线变化

总之，当劳动和资本按照相同的比率增长时，生产效率及劳动与资本的回报率不发生变化，那么，一国的人均真实收入和福利也将保持不变。当仅仅是劳动增长（或劳动比资本增长得更快），那么，资本-劳动的比率、劳动生产率、劳动的回报率将会下降；反之，仅仅是资本增长（或资本比劳动增长得更快），那么，资本-劳动的比率、劳动生产率、劳动的回报率将会上升。

(二)雷布钦斯基定理

国际贸易将导致生产要素国家间的流动，引起贸易国要素丰裕程度的变化。要素的非中性增长将以不对称的方式移动生产可能性曲线，改变一国要素的相对丰裕程度，进而引起经济调整，而经济调整取决于商品的相对价格水平。假定该国是小国，无力影响世界价格，世界价格保持不变。那么，一种要素的增长会带来密集地使用该种要素的产品生产的绝对扩张与密集地使用另一种要素的产品生产的绝对缩减。

上述结论以英国经济学家雷布钦斯基(T. M. Rybczynski)的名字命名，被称为雷布钦斯基定理。

三、技术进步效应

技术进步能够改变投入与产出之间的关系，其结果是固定数量的投入可以生产出更大数量的产出。假定有两种投入要素——劳动(L)和资本(K)，产出为资本密集型产品和劳动密集型产品，则技术进步存在三种类型：

1. 要素中性型(Factor-neutral)的技术进步

在要素价格不变的条件下，投入的资本和劳动的相对数量与技术进步之前相同，但是，产出的数量增加了。在图 5.4(a)中，生产可能性曲线由技术进步前的 PPF 外移到 PPF'。

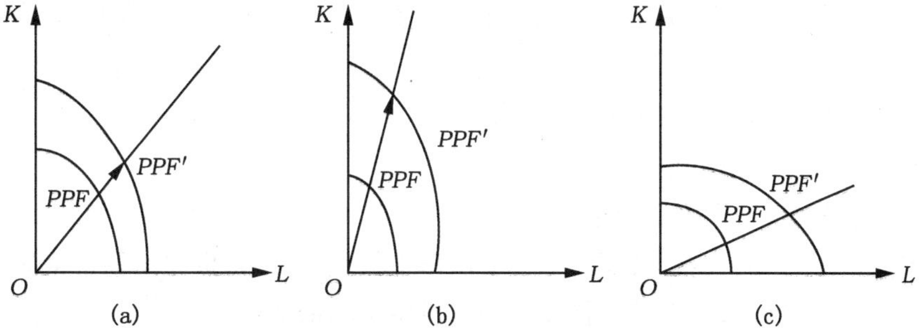

图 5.4 技术进步效应

2. 劳动节约型(Labor-saving)技术进步

在要素价格不变的条件下，投入的资本量相对增加，而投入的劳动量则相对减少(K/L比率上升)。在这种情况下，投入总量不变，产出增加，如图 5.4(b)所示。

3. 资本节约型(Capital-saving)技术进步

在要素价格不变的条件下，技术进步还可以导致 K/L 比率下降，也就是说，技术进步增加了经济中可利用的劳动。这种情况的技术进步被称资本节约型技术进步，如图 5.4(c)所示。

四、贸易条件与贫困化增长

技术进步与资本积累对于促进一国经济增长、改善一国的福利水平的重要性是显而易见的。但是，在那些人口及劳动力相对高速增长的发展中国家，国际贸易过程中呈现出贫困化增长状态。

(一)贫困化增长

贫困化增长是指一些发展中国家的出口量随着生产能力的提高而增大,但是却造成贸易条件相对恶化,同量出口换回的进口下降,总体福利水平下降,如图 5.4 所示。

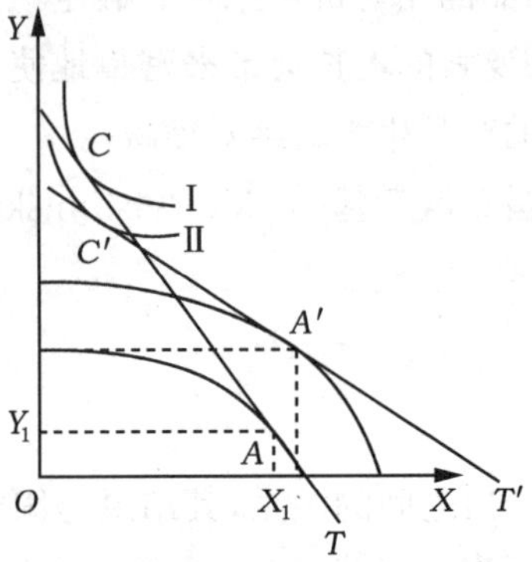

图 5.5 贸易条件与贫困增长

在图 5.5 中,生产可能性曲线向外扩张,意味着生产能力的扩大,生产点从 A 点外移到 A'点,生产从第一条生产可能性曲线移到第二条生产可能性曲线,表示生产能力增长。世界价格线 T 在生产扩大后发生变化,从 T 移到 T',世界价格线的斜率(即世界价格)发生了变化,结果是出口增加,但出口相对价格下降,同量出口可换回的进口下降,总体福利水平下降。

(二)贫困化增长的原因与对策

贫困化增长的原因主要是:

(1)出口国是发展中国家且为单一经济体;

(2)产品为初级产品或劳动密集型产品,出口份额大,易导致世界市场价格波动;

(3)产品价格弹性小,不会因价格变化而促成销量的增加;

(4)出口国国民经济的发展高度依赖该种产品的出口,以致国际价格的下降需要靠更大的出口量去弥补损失。

因此,发展中国家要重视产业结构的调整,走出单一经济结构,摆脱贸易条件恶化的困境。

第三节 国际贸易与经济发展

一、贸易条件与经济发展

在发展中国家,经济增长与经济发展之间的矛盾非常显著。在几十年甚至更长的时间跨度里,发展中国家的贸易条件(出口商品价格水平与进口商品价格水平之比)一直呈现下跌的趋势。相应地,发达国家的贸易条件一直在不断得到改善。这一理论是第二次世界大战后以联合国拉丁美洲经济委员会为中心的一批学者提出的,其中主要代表人物是拉美经委会首任执行书记、联合国贸易与发展会议首任秘书长、阿根廷经济学家劳尔·普雷维什(Roul Prebisch)和同样在联合国任职的经济学家汉斯·W. 辛格(Hans W. Singer)。因此，发展中国家贸易条件长期恶化论(Long-run Deterioration in the Terms of Trade)通常被称为普雷维什—辛格假说(Prebisch-Singer Hypothesis)。他们还提出了“中心—外围”体系论，揭示了发展中国家贸易条件长期恶化的原因。

在国际贸易问题上，新古典理论一向占统治地位，其出发点是李嘉图(Ricardo)提出的“比较利益”论，认为国际贸易可以使各国根据相对低廉的劳动成本形成专业化的国际分工，从而使各国都得到好处。新古典学派认为比较成本并不限于劳动成本，其他的资本、自然资源等要素成本也应当包括在比较利益的计算之列，由此，新古典国际贸易理论维持并扩展李嘉图的“比较利益”学说。美国经济学家萨缪尔森(Paul Samuelson)把新古典国际贸易理论推到顶点。他以数学方式证明，通过国际贸易，要素报酬可以达到完全和绝对均等，也就是说，国际贸易可以解决各国的经济差距，不发达状况可以靠世界各国生产专门化的国际分工而改善，从而鼓吹“自由贸易”者声称这是消除各国生产要素差距与资源差距的最佳途径。事实又是如何呢？在这样的背景下，拉美经委会和普雷维什深入研究了拉美地区的经济及其他发展中国家问题，提出了“中心—外围”理论及有关国际贸易政策的观点，对新古典学派观点提出大胆的挑战。“中心—外围”体系论认为，资本主义世界已经形成了由“中心—外围”组成的国际体系结构，它的构成、运转与各部门之间的相互关系都是从属于“中心”的利益，因此，这种格局使“中心”国家(发达国家)得到迅速发展，而“外围”国家(发展中国家)的处境只能以“中心”国家的利益为转移，从而导致“中心”与“外围”即富国与穷国之间的差距不断扩大。

针对这种情况，他们提出了发展中国家促进经济发展的政策主张：

(1)发展中国家即“外围”国家发展的出路在于工业化。通过对于初级产品与工业品交换比价恶化的分析，认为第三世界国家的不发达是由于他们依赖初级产品出口，进而因贸易条件恶化影响了积累和发展。摆脱“外围”地位、取得发展的唯一出路是工业化。实现工业化必须取得资本和技术，要实行适度保护政策，实行“进口替代”，在增加国内储蓄的同时，寻求外部资金。

(2)发展中国家要发挥国家的作用，促进发展。他们认为发展有两大问题：资金不足和结构失衡。国家应在这些方面发挥作用，制定规则，以促进发展。他们坚持整体、长期的发展观，主张制定变革现有结构及建立现代工业经济的系统计划；主张政府对变革计划的决定性领域发挥导向作用，如推动并支持资本积累、保护工业化、减少对外依赖、创建基础结构、鼓励并引导技术改革以及防止并控制变革中的经济失衡。

(3)主张在维持自主权原则基础上利用外资。

(4)主张地区经济一体化，从而解决国内市场狭小、抗衡力量薄弱等矛盾和问题。

二、出口市场的波动与经济发展

发展中国家的一个显著特征就是它们的出口商品往往集中在一种或少数几种初级产品上。在发展中国家对于初级产品出口存在着严重依赖性的情况下，一旦国际市场对初级产品的需求下降，发展中国家的出口就会下降，国内就业水平下降，国民收入减少，社会福利水平下降。

在世界市场中，初级产品具有需求的价格弹性和供给的价格弹性低甚至无弹性的特点。需求(供给)的价格弹性，是指当价格发生1%的变化时需求(供给)变化的百分比。在很大程度上，价格变动的百分比大于需求(供给)变化的百分比。这种情况可见表5.1。

表5.1　　初级产品长期供给和需求的价格弹性

初级产品	供给的价格弹性(发展中国家)	需求的价格弹性(发达国家)
咖啡	0.3	0.2
可可	0.3	0.3
茶	0.2	0.1
糖	0.2	0.1
小麦	0.6	0.5
铜	0.1	0.4
橡胶	0.4	0.5

资料来源：罗伯特·J. 卡伯(Robert. J. Carbaugh)：《国际经济学》第九版(高等教育出版社影印本)，第178页。

图5.6反映了初级产品出口价格的巨大波动性。在图5.6(a)中，以一国的咖啡生产与出口为例。假设咖啡的供给完全无弹性(一条垂直于横轴的线)，由于需求偏好的改变，世界市场对咖啡的需求发生了变化，需求曲线由 D_0 降到了 D_1，从而导致价格从每磅6美元下降到3美元，价格呈现出巨大的波动性，同时，价格下降的结果使出口订单量也显著下降(从240美元降到120美元)。相反，当世界市场对咖啡需求增加时，则会导致咖啡价格和订单量的巨大增长。因此，由于初级产品的供给的价格无弹性，出口价格和出口收入就会出现极端的波动。

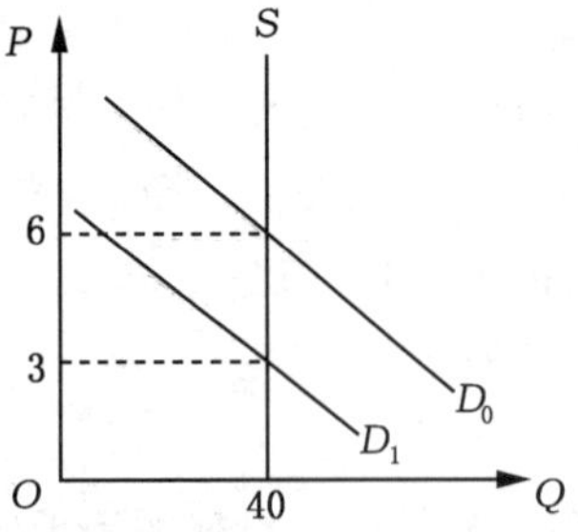

图5.6(a)

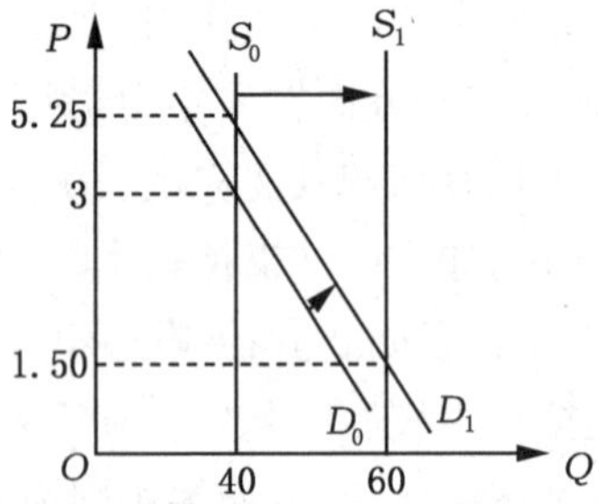

图5.6(b)

图5.6(a)反映了由于初级产品的需求无弹性会引致价格巨大波动的情形。同样地，由于初级产品的需求无弹性，供给变化也将引致价格的巨大波动。这种情况可以通过跨期模

型加以说明[见图 5.6(b)]。在图 5.6(b)中,假定在当前时期,世界市场对咖啡的需求增长,需求曲线由 D_0 上升到了 D_1,从而导致价格从每磅 3 美元上升到 5.25 美元,出口收入从 120 美元上升为 210 美元。由于价格上升,下一个时期咖啡的供给增加,供给曲线由 S_0 外移到了 S_1。又由于需求相对无弹性,从而咖啡的价格显著下降,从每磅 5.25 美元下降到了 1.50 美元,出口收入降为 90 美元。

上述分析表明,发展中国家主要依赖的初级产品在世界市场中供给(需求)的价格无弹性(或弹性较低),决定了出口商品价格和出口收入呈现出巨大的波动,必然对国内经济发展产生巨大的负面影响。

三、贸易战略与经济发展

不少经济学家认为,自由贸易的理论和政策不切合发展中国家的情况;相反,为了顺利地发展民族经济、实现工业化,就必须实行保护贸易。

(一)贸易保护理论

贸易保护理论主要有保护幼稚工业理论、进口替代论、"次优理论"(Second Best Theory)、关税结构论等。

1. 保护幼稚工业理论

幼稚工业是指发展中国家新建立起来的工业生产部门,保护幼稚工业的目标是为了发展民族工业,为实现工业化打基础,以减少对外国的依赖。由于幼稚工业具有脆弱性,必须加以保护。保护措施主要有:关税补贴;引进外资支持其发展;引进技术,提高其技术水平,以及政府在信贷、税收、原料供给、产品销售等方面的特殊优惠等。

2. 发展进口替代工业理论

为了减少进口,平衡国际收支,改善贸易条件,促进工业化,许多发展中国家实行了进口替代工业化战略。该理论主张,在发展进口替代工业过程中,国家也必须实行贸易保护政策。一方面,利用关税、进口配额等限制有关的消费品、制造品的进口;另一方面,利用减、免税等措施增加进口替代工业必需的资本品和原材料的进口,同时,还应实行一些优惠的税收、产品定价等政策,来扶植进口替代工业的健康发展。

3. 次优理论

贸易保护的目标主要是改善贸易条件和平衡国际收支。一般来说,贸易条件的改善可以通过贬值、限制进口或出口、提高出口价格等手段来实现,而国际收支平衡可以通过浮动汇率、增加出口或限制出口等手段来实现,但这两个目标有时是不能兼而达到的,存在着两个调节机制效应上的矛盾。在这种情况下,任何贸易保护机制都不能产生十全十美的效应,都不能使经济活动的各方面达到"最优"(First Best),因此,就不要强求最优,而应当寻求次优,即不是最好也不是最差的情况,其核心是寻求最有效的保护手段。

4. 关税结构理论

关税是最重要的贸易保护措施之一,它不仅能够增加政府的国库收入,而且能够起到限制非必需品进口、保护幼稚工业、扶植进口替代工业、改善贸易条件、平衡国际收支等作用。关税结构理论主要是利用数量分析来说明关税的结构、作用,区分不同的税率,确定应征的适度税率并预测其作用的后果。

(二)发展中国家的贸易战略

发展中国家的贸易战略大体上可划分为三大类,即进口替代战略、出口导向战略、综合性的贸易战略。

1. 进口替代战略

概言之,进口替代战略就是实行保护措施,减少进口,发展民族工业,实现工业化,减少对国外的经济依附,改变二元经济结构。第二次世界大战后的初期,拉丁美洲一些国家(阿根廷、巴西、墨西哥等)率先实施了这一战略。随后,亚洲一些国家和地区也开始发展进口替代工业。到20世纪60年代,进口替代已成为发展中国家占主导地位的一种经济发展战略。这一战略一般经历了两个阶段。第一阶段,首先建立和发展一般的最终消费品工业,以替代对它们的进口,如收音机、自行车、一般家电、食品加工、服装等。第二阶段,当最终消费品的进口替代工业发展到一定阶段,有关消费品基本满足国内市场需要时,进口替代工业升级换代,转向国内需要的资本品、中间产品的生产,如机器制造、机械设备、石油提炼、钢铁工业等,从而为全面的工业化、为经济转向出口导向创造条件。

2. 出口导向战略

出口导向战略是指利用本国自然资源和劳动力优势,发展劳动密集型产品,通过扩大出口带动经济增长的战略。从20世纪60年代起,继进口替代战略之后拉美、东南亚一些国家或地区,如被称为亚洲"四小龙"的韩国、新加坡、中国香港、中国台湾就开始实行出口导向的外向型战略。这种战略一般也经历两个阶段:其一,是以一般消费品的出口为主;其二,以机器设备、电子仪表、高新技术产品为主。

3. 综合性的外贸战略

一些发展经济学家认为,进口替代战略比较适用于经济发展水平不高的大国,出口导向战略比较适用于经济较发达的中、小国家,而一些经济落后、地域广大、人口众多的发展中大国,发展初级产品的出口仍不失为上策。对大多数发展中国家来说,不应片面地、单一地实行某种外贸战略,而应实行综合性的外贸战略,即同时发展初级产品出口、进口替代工业、出口导向工业,使之相互补充、相互促进、稳定发展。

复习与思考题

一、名词解释

1. 经济增长
2. 经济发展
3. 贸易乘数与动态贸易乘数
4. 雷布钦斯基定理
5. 贫困化增长

二、简述题

1. 简述经济增长与经济发展的联系与区别。
2. 简述贸易乘数并推导贸易乘数公式。
3. 简述三种技术进步效应。
4. 简述贫困化增长的原因及对策。
5. 简述发展中国家的贸易战略。

三、论述题

1. 试析经济增长与国际贸易的关系。
2. 试析经济发展与国际贸易的关系。

第六章

国际贸易政策与国际贸易政策工具

学习目的与要求

1. 掌握关税的含义、类型与关税水平高低的测度。
2. 掌握关税保护的含义与关税保护率的测度。
3. 掌握小国进口关税的静态效应与动态效应分析。
4. 掌握大国进口关税的静态效应与动态效应分析。
5. 掌握非关税壁垒的含义及其类型。
6. 掌握进口配额的经济效应与福利效应分析。
7. 掌握自愿出口限制的经济效应与福利效应分析。
8. 掌握国内要素含量标准的经济效应与福利效应分析。
9. 掌握倾销的含义以及倾销与反倾销的经济效应分析。
10. 掌握幼稚产业的含义以及幼稚产业保护政策效应分析。

在经济社会生活中，国际贸易(与国内贸易相比较)的一个显著特点就是，国际贸易中凸显了国家利益。各个国家出于本国利益的考虑，都会采取一定的贸易政策和相应的政策工具干预国际贸易。国际贸易政策可以分为关税和非关税壁垒两大类，相应地通过一系列政策工具加以实施。

第一节 国际贸易的关税

一、关税的概念与关税的测度

(一)关税的概念

关税是进出口商品在经过一个国家的关境时，由海关代表国家向进出口商征收的一种赋税。关税有各种形式，如从价税、从量税，以及具有针对性的鼓励性关税（如负进口关税，即进口补贴）和惩罚性关税（如反倾销税、门槛税等）。

1. 从价税

从价税是按照单位商品价值的固定百分比计征的关税。例如，当从价税为10%时，一件国际市场价格为10美元的进口商品须缴纳1美元的进口税；当由于通货膨胀的原因价格上涨为20美元时，进口税随之增加为2美元。

2. 从量税

从量税是对每单位商品征收一个固定金额的关税。采用从量税，进出口税收总金额与商品的单位数量有关，与进出口商品的价值无关，避免了对进出口商品估价方面的困难，因此，从量税的征收很方便。

（二）关税的测度

对一国关税的测度包括两个方面：一方面是对关税水平高低的测度；另一方面是对关税保护率的测度。

1. 关税水平高低的测度

各国对进出口商品都规定了不同的关税税率。衡量一国关税水平高低的指标只能是关税的平均税率。关税的平均税率有两种计算方法：

（1）非加权平均关税率

假定一国仅有3种商品的进口，关税税率分别是：

进口商品种类	关税的平均税率(%)
A	10
B	15
C	20

该国进口商品的非加权平均关税率：(10%+15%+20%)/3=15%。这种计算方法的问题在于没有考虑不同进口商品在总进口中的权重，如果该国进口主要集中在某一类商品上，该国的关税水平就会被高估或低估。

（2）加权平均关税率

假定一国仅有3种商品的进口，关税税率分别是：

进口商品种类	进口商品的价值(美元)	关税的平均税率(%)
A	500 000	10
B	200 000	15
C	100 000	20

该国进口商品的加权平均关税率为：

$$\frac{500\ 000\times 10\%+200\ 000\times 15\%+100\ 000\times 20\%}{500\ 000+200\ 000+100\ 000}=12.5\%$$

一国进口商品的加权平均关税率不仅能够反映一国进口关税水平的高低，也能够显示一国的进口商品结构。

2. 关税保护与关税保护率的测度

(1)名义保护与有效保护

关税保护可以区分为关税的名义保护与有效保护，反映在税率上就是名义关税率(Nominal Tariff Rate)和有效关税率(Effective Tariff Rate)。有效关税率也称为有效保护率(Effective Rate of Protection，ERP)。

①名义保护即因征收关税使本国增产所替代的进口，名义保护率即名义关税率。

②有效保护(或实际保护)是指对于受保护行业的单位产品附加价值增加率的保护。

(2)关税有效保护率公式与计算

假定A和B是唯一的投入品，且制造1单位的F分别需要1单位A和1单位B。投入品A和B可以是进口品或者本国产品，如果是本国产品，则同进口品相互竞争，其价格不可避免地受到进口关税的影响。假设在自由贸易条件下，最终产品的价格(P_F)为1 000美元，投入品的价格分别为P_A＝500美元，P_B＝200美元，此时增值为1 000－(500＋200)＝1 000－700＝300(美元)。

现在考虑存在保护性关税的情形，价格P加上一撇(P')表示关税保护价。假定最终产品的税率(t_F)为10%，投入品A的税率(t_A)为5%，投入品B的税率(t_B)为8%。假定该国是小国——对该国而言，世界市场价格是外生给定的，且它不能对其产生影响——那么，征收关税后这些商品的国内价格分别为：

P'_F＝1 000＋0.1(1 000)＝1 000＋100＝1 100(美元)

P'_A＝500＋0.05(500)＝500＋25＝525(美元)

P'_B＝200＋0.08(200)＝200＋16＝216(美元)

有了关税保护，生产F行业的增值就变为1 100－(525＋216)＝1 100－741＝359(美元)。由于关税的存在，该行业的产值增值就提高了，生产该产品的各个要素(土地、劳动力和资本)也都得到了比在自由贸易条件下更为丰厚的报酬。这就刺激了生产要素从其他行业流向F行业。既然有效保护率是指从自由贸易转为关税保护时增值变动的百分比，本例中的有效保护率为

(关税保护下的增值－自由贸易条件下的增值)/自由贸易条件下的增值

$=(VA'-VA)/VA=(359-300)/300=0.197$ 或 19.7%

由此来看，尽管消费者福利有所损失，但在F行业中使用的各个生产要素都能从关税中受益。更一般的计算表达式：使用i种投入品的任意一个行业的有效保护率的公式为：

$$ERP_j=(t_f-\sum_i a_{ij}t_i)/(1-\sum_i a_{ij})$$

式中：a_{ij}表示投入品i的自由贸易价格占最终产品j的自由贸易价格的百分比，t_f和t_i分别表示最终产品和投入品i的关税税率。$\sum_i$意味着我们需加总所有的投入品。在上例中，投入品A的a_{ij}为500/1 000或0.50，投入品B的a_{ij}则为200/1 000或0.20。用这种方法计算的ERP值与刚才那种算法的结果完全一致。

$$
\begin{aligned}
ERP_F &= \{0.10-[(0.50)(0.50)+(0.20)(0.08)]\}/[1-(0.50+0.20)] \\
&= [0.10-(0.025+0.016)]/(1-0.70) \\
&= (0.10-0.041)/30 \\
&= 0.059/30 \\
&= 0.197(\text{即 } 19.7\%)
\end{aligned}
$$

这里，第二种计算有效保护率的方法较好地说明了名义保护率与有效保护率之间的以下三个基本规律：

①如果最终产品的名义税率高于投入品的加权平均名义税率，则最终产品的有效保护率会高于名义保护率；

②如果最终产品的名义税率低于投入品的加权名义税率，则最终产品的有效保护率低于名义保护率；

③如果最终产品的名义税率等于投入品的加权平均名义税率，则最终产品的有效保护率等于名义保护率。

二、小国进口关税的静态效应与动态效应分析

(一)小国进口关税静态效应分析

国际贸易中的小国，是指该国在国际市场中只是价格的接受者而非决定者。小国关税分析的重点是征收关税后对该国福利的影响，如图 6.1 所示。

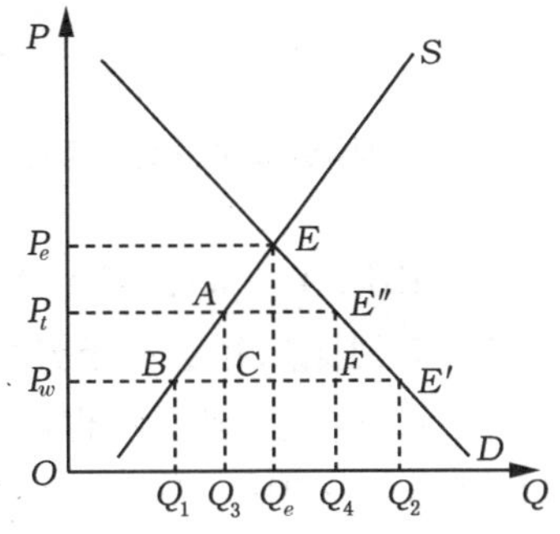

图 6.1 小国关税静态效应图示

在图 6.1 中，P_e 与 Q_e 是封闭条件下的均衡价格和生产与消费量。P_w、P_t 是自由贸易条件下和征收关税后的价格，Q_1Q_2 为自由贸易下的进口量，Q_3Q_4 为征收进口关税后的进口量。

1. 小国进口关税的经济效应

通过以上图示分析可以看出，小国进口关税具有的经济效应包括：

(1)保护效应(Q_1Q_3)。保护效应体现为在关税保护下国内生产的增长，保护效应的大小取决于供给弹性的大小。

(2)消费效应(Q_2Q_4)。消费效应是价格上升、需求下降的结果。

(3)贸易效应($Q_1Q_3+Q_2Q_4$)。贸易效应是保护效应和消费效应之和。

(4)税收效应($P_wP_tQ_3Q_4$ 或 $ACFE''$)。税收效应体现为政府的关税收入。

(5)国际收支效应[$(Q_1Q_3+Q_2Q_4)\cdot OP_w$]。国际收支效应表现为进口下降引起的对外支付降低。

2. 小国进口关税对社会福利的影响

生产者剩余增加量为 P_wP_tAB;消费者剩余下降 $P_wP_tE''E'$。损失的消费者剩余中,P_wP_tAB 为生产者获得,$Q_3Q_4\cdot P_wP_t$ 即 $CAE''F$ 部分为政府税收,尚有 ABC 和 $FE'E''$ 为净损失。

(二)小国进口关税的动态效应分析

图 6.2 给出了一国的生产可能性曲线。在自由贸易条件下,该国的生产均衡点在贸易条件曲线下与生产可能性曲线相切的 P_0 点,消费均衡点在 T_0 线与消费无差异曲线相切的 C_0 点。显然,此时该国的贸易三角是 C_0GP_0,即该国将出口数量为 P_0G 的 X 产品,进口数量为 C_0G 的 Y 产品。

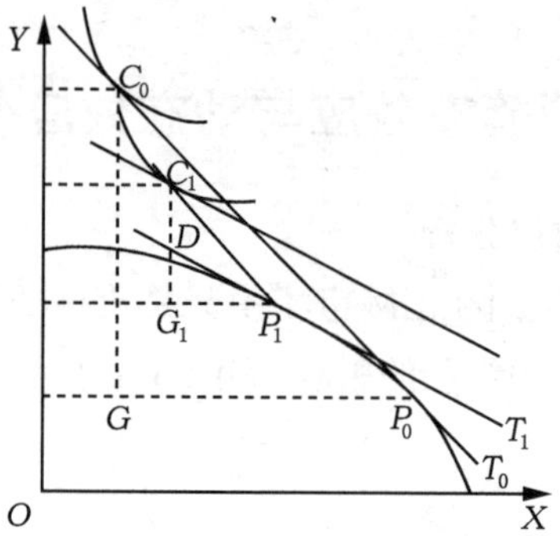

图 6.2　小国进口关税的动态效应

当该国对 Y 产品征收进口税后,国内 Y 产品相对于 X 产品的价格高于国际市场上 Y 产品的相对价格,国内贸易条件曲线降到比国际贸易条件曲线 T_0 平直的曲线 T_1(表示用较多的 X 产品才能换等量的 Y 产品)。由于受到关税保护,Y 产品的国内相对价格上升,X 产品的国内相对价格下降,促使国内生产者把资源从 X 产品转向 Y 产品,直到生产 Y 产品的边际成本与 Y 产品的国内相对价格趋于一致,这种资源转移才会终止,即新的生产均衡点在国内贸易曲线 T_1 与生产可能性曲线相切的切点 P_1 处。征税后引起国内生产结构的调整:使生产 X 产品的产业规模收缩,生产同进口产品相竞争的 Y 产品的产业规模扩张。但该小国国际贸易仍以不变的世界均衡价格进行。如图 6.2 所示,新的消费均衡点应在通过 P_1 点与相对价格线 T_0 平行的线上。另一方面,国内消费者面对的是 T_1 的国内相对价格。根据消费者效用最大化条件,新的消费均衡点应在与 T_1 平行的价格线与无差异曲线相切的点上,即 C_1 点。这意味着 C_1 同时满足两个条件:国际贸易仍按原来的价格进行,而国内消费者则按征税后的国内价格来决定其最佳选择。

此时,受关税影响的新的贸易三角由征税前的 P_0GC_0 变为 $P_1G_1C_1$,表示该国出口的产品由征税前的 P_0G 变为 P_1G_1,进口的 Y 产品由征税前的 C_0G 变为 C_1G_1。也就是说,征收关税使国内 Y 产品供给增加与需求减少造成进口减少,并使国内 X 产品供给减少与需求增加造成出口减少。

显然，新的消费均衡点 C_1 所处的消费无差异曲线必然要比征税前的 C_0 点所处的消费无差异曲线要低，这表示征税使本国的福利水平下降。从各个利益集团所受的影响来看，政府通过税收获得了 C_1D 价值的收入（以 Y 产品数量表示）。国内 X 产品的生产减少，减少的数量用 P_1 点到 P_0 点的水平距离表示。因此，X 产品的生产者遭受到价格下降、产量减少的损失；Y 产品的生产者则获得价格上升、产量增加的收益。另外，征税后国内消费者减少了 Y 产品的消费（数量用 C_1 点到 C_0 点的垂直距离表示），增加了 X 产品的消费（数量用 C_1 点到 C_0 点的水平距离表示），总的消费效用水平则下降了。必须注意的是，这一消费均衡点 C_1 只有在政府把所有税收都以某种形式交还给消费者时，才可能达到；否则，征税后的消费均衡点在 D 点。

三、大国进口关税的静态效应与动态效应分析

（一）大国在国际贸易条件下的总供给曲线

与小国不同，在国际市场中的大国的产业规模和国内市场容量能够影响国际市场，突出表现为大国在国际贸易条件下的总供给曲线不同于小国的供给曲线。大国在国际贸易条件下的总供给曲线如图 6.3 所示：

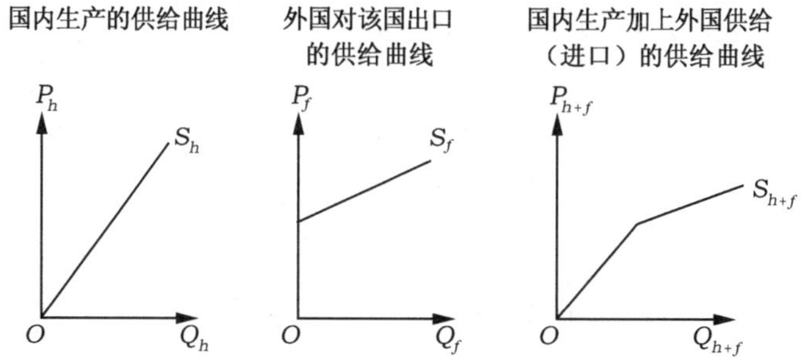

图 6.3 大国在国际贸易条件下的总供给曲线

（二）大国进口关税的静态效应分析

图 6.4 中，S_h 为国内供给曲线，S_{h+f} 为总供给曲线，S_{h+f+t} 为税后供给曲线，税前消费量为 OQ_1，其中 OQ_2 为国内供给，Q_1Q_2 为外国厂商供给。税后消费量降为 OQ_3，国产 OQ_4，进口 Q_3Q_4。

（三）大国关税的经济效应与社会福利影响

如图 6.4 所示，税后消费者剩余下降 $(a+b+c+d)$，其中 a 转变为生产者剩余，c 为关税收入，$(b+d)$ 为关税保护导致的损失。但是，大国与小国相比，大国可以左右市场价格，即将关税负担转移给国外出口商。出口国为获得市场而压低价格为 P'_w。这样，尽管大国的国内消 t 费者支付了 P_t，出口商面对的价格是 P'_w 而非 P_t，从而分担了关税。结果会有三种情况：

（1）图 6.4 中的阴影区大于 $(b+d)$，则征收关税有净收益；

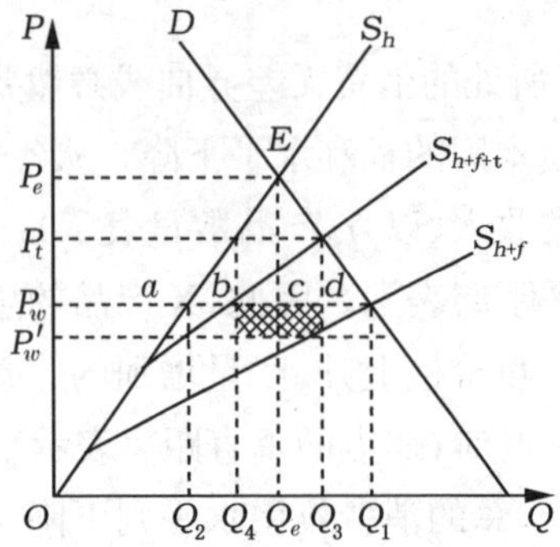

图 6.4 大国进口关税的局部均衡

(2)图 6.4 中的阴影区等于$(b+d)$,则无损失;

(3)图 6.4 中的阴影区小于$(b+d)$,则有社会福利净损失。

(四)大国关税的动态效应分析

如图 6.5 所示,当一国为贸易"大国"时,对 Y 产品征收进口关税会使本国的对外贸易条件改善。在自由贸易条件下,面对国际均衡贸易条件 T_0,该国的生产均衡点为 P_0 点,消费均衡点为 C_0 点。该国征收关税之后,Y 产品在国内市场上价格上升,故国内生产者面对比国际市场价格线 T_0 要平坦些的新的相对价格线 T_1。由于该大国征收关税,会引起进口减少,进而引起 Y 产品的国际市场相对价格下跌,因此,国际市场价格线变为较陡峭的 T_2。此时,新的消费均衡点将在通过 P_1 点的 T_2 线上。另一方面,新的消费均衡点应在与 T_1 平行的价格线与无差异曲线相切的点上,即 C_1 点。这样,新的消费均衡点 C_1 就有可能高于征税前的 C_0 点,表示福利水平有可能因征收关税而提高。

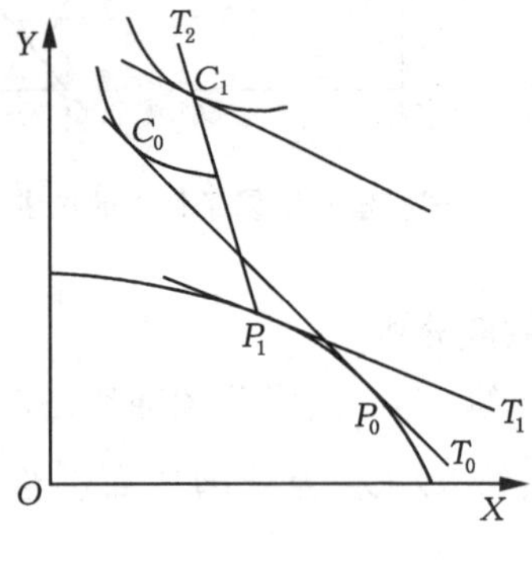

图 6.5 大国关税的动态效应

第二节 国际贸易的非关税壁垒

除了关税以外的所有用来干预贸易、限制商品的进口或出口的政策措施都称为非关税壁垒(Non-tariff Barriers,NTBS)。非关税壁垒措施林林总总,种类很多。从不同的角度,非关税壁垒可以划分为不同的类型:

(1)从一国自主的还是外部压力下实施非关税壁垒的角度,非关税壁垒划分为内生的非关税壁垒和外生的非关税壁垒。

(2)从非关税壁垒措施特征的角度,非关税壁垒可以被划分为制度性非关税壁垒和技术性非关税壁垒。制度性非关税壁垒包括进口配额、自愿出口限制、许可证、政府采购等制度的实施形成的壁垒;技术性非关税壁垒是指利用技术标准、质量标准、环境标准、劳工标准等借口形成的壁垒。从技术性非关税壁垒实施的目的角度,技术性非关税壁垒可以被划分为鼓励进口(或出口)的技术性非关税壁垒和限制进口(或出口)的技术性非关税壁垒。

这里,仅介绍几种主要的非关税壁垒措施及其经济效应。

一、进口配额

进口配额是指一国政府在一定时期内,对于某些商品的进口量或金额采取直接的限制措施。可以通过图 6.6 对进口配额进行图形分析。在图 6.6 中,P_e 为一国国内均衡价格,P_w 为世界价格。Q_1Q_2 为 P_w 价格条件下自由贸易的进口,P_Q 是设置Q_3Q_4 进口数量限制而形成的价格,国内需求为 OQ_4。

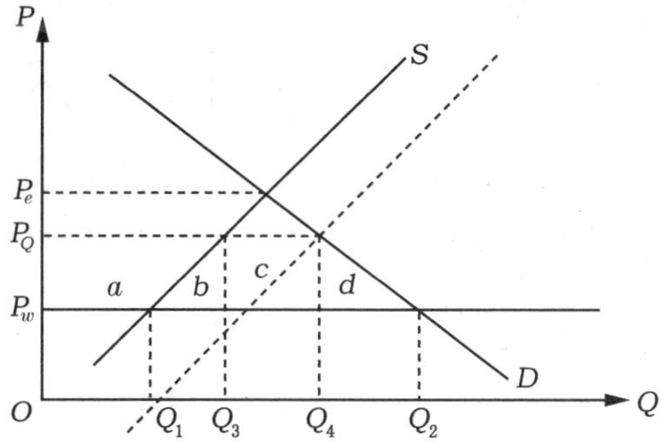

图 6.6 进口配额均衡

根据图 6.6,进口配额具有如下经济效应:由于进口配额导致了商品价格由 P_w 上升为 P_Q,这样,消费者剩余下降了$(a+b+c+d)$,其中,a 体现为再分配效应(消费者剩余转变成为生产者剩余的部分);b 体现了保护效应(不经济的国内生产增长部分);c 体现为收入效应(一国拍卖配额获得的收入);d 体现了消费效应(消费者可得剩余的减少部分)。因此,社会福利净损失为保护效应与消费效应之和$(b+d)$。

在图 6.7 中,假设需求偏好发生变化后新需求曲线为 D',又假定需求发生变化,但配额未发生变化,即 AB 等于 $A'B'$,价格上升,国内生产增加为 P'_QA',消费也提高为 P'_QB',进口则未发生变化$(Q_5Q_6=Q_3Q_4)$。图 6.7 显示了需求发生变化条件下进口配额的经济效应。

二、自愿出口限制

假定贸易国为 A、B、C 三个国家。A、B、C 三个国家在某种贸易商品上的劳动生产率的差异决定了 A 国和 B 国为出口国家,C 国为进口国。S_A 为 A 国的供给曲线,S_B 为 B 国的

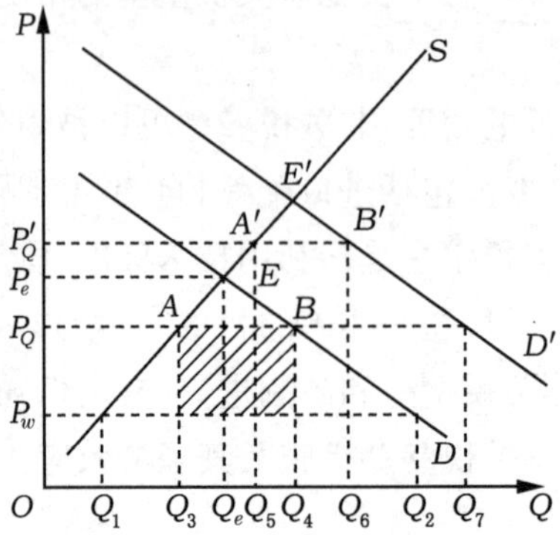

图 6.7　需求增长条件下的进口配额效应图示

供给曲线，S_C 为 C 国的国内供给曲线，D_C 为 C 国的国内需求曲线。

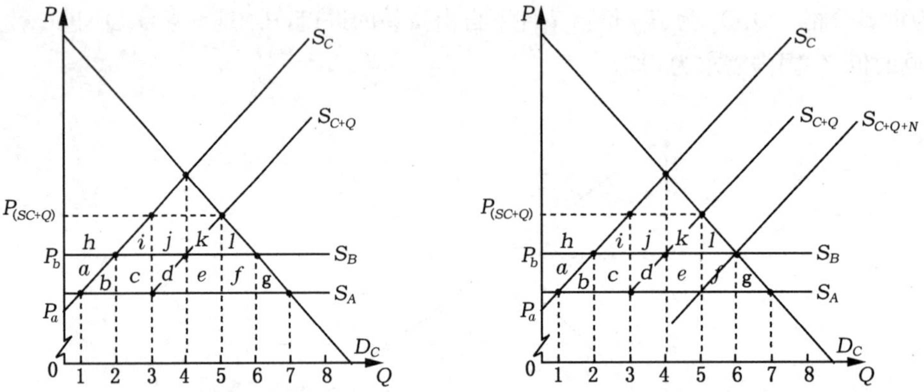

(a) 自愿出口限制的两国模型　　(b) 自愿出口限制的三国模型

图 6.8　自愿出口限制政策效应图

假定在自由贸易条件下，如图 6.8(a)所示，A 国商品的国际市场价格 P_a 低于 B 国能够接受的国际价格 P_b，因此，C 国的进口将全部来自 A 国，而 B 国无法向 C 国出口。在 B 国不向 C 国出口的条件下，假定 A 国采取了出口限制措施，出口量限于 2 个单位，C 国的商品供给曲线变化为 S_{C+Q}，这时的均衡价格为 P_{SC+Q}。这样，C 国的生产量由 1 单位增加到了 3 个单位，C 国的国内需求则从 7 个单位下降到 5 个单位。

在图 6.8(b)中，如果 A 国采取了出口限制措施(出口量限于 2 个单位)，而 B 国不采取出口限制措施，那么，C 国的商品供给曲线变化为 S_{C+Q+N}，这样，均衡价格为 $P_{SC+Q+N}=P_b$，从而采取出口限制措施的 A 国出口量为 2 个单位，获得的利益为$(c+d)$；向 B 国的贸易转移效应为 B 国获得 2 单位的出口，获得的利益为$(e+f)$，C 国的社会福利下降了$(b+c+d+e+f+g)$。

三、国内要素含量标准

国内要素含量标准(Domestic Content Requirements，DCRs)是在当今国际生产一体化的背景下一国对于进口其他国家生产要素进行限制的措施。换句话说，为了促进商品的国产化率、促进相关产业的发展和本国资源的使用，一国往往对于在本国市场销售的产品规定总价值必须达到含有国内生产价值的最小百分比。这种限定措施迫使国内外厂商销售到本国市场的产品必须利用本国的生产要素。国内要素含量标准的经济效应可以通过图 6.9 显示出来。

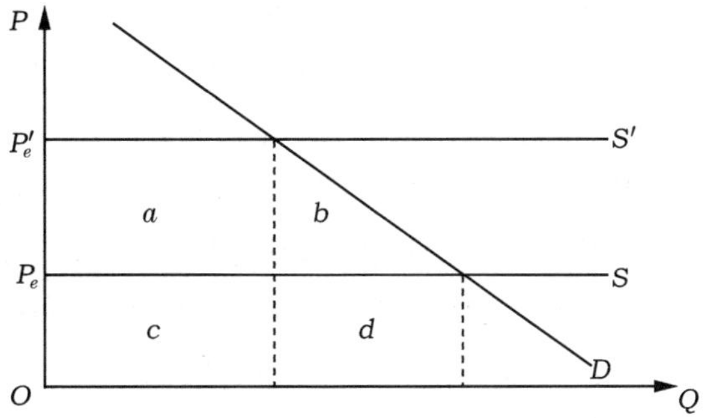

图 6.9 国内要素含量标准的经济效应

在图 6.9 中，一国在自由贸易条件下，由于产品完全向国外进口，产品生产过程中全部利用了国外最低成本的生产要素，该国产品的供给曲线为 S，需求曲线为 D，均衡价格为 P_e，国外要素收益为$(c+d)$，而国内要素无收益。假设该国采取了国内要素含量标准的限制措施，由于本国要素成本较高，供给曲线转变为 S'，均衡价格转变为 P'_e。这样，该国的要素收益为$(a+c)$减去向外国生产管理者支出的费用。但是，该国消费者剩余减少了$(a+b)$，社会福利净损失为 b。

第三节 倾销与反倾销

一、倾销的界定

1776 年亚当·斯密在《国富论》中把当时各国对出口贸易进行奖励的习惯做法称为倾销。经济学意义上的倾销最初由经济学家雅各布·瓦伊纳于 20 世纪初提出，认为"倾销是一商品在不同市场之间的价格歧视"。当前，倾销的法律意义以世界贸易组织《1994 年关税及贸易协定》第六条规定为依据："倾销是指出口商以低于正常价值的价格向进口国销售产品，并因此给进口国产业造成损害的行为。"法律上所指的倾销有三个构成条件：

(1)产品以低于正常价值或公平价值(出口国或原产地市场销售价格、向第三国销售的价格)的价格销售；

(2)这种低价销售的行为对进口国产业造成了损害(实质性损害、实质性威胁和实质性阻碍)；

(3)损害与低价之间存在因果关系。

二、倾销的类型及其危害性

倾销主要有以下三种类型：

(1)偶然性倾销，是指把国内无法销售的剩余货物以低于正常价值的价格在国外市场抛售的行为。

(2)掠夺性倾销，是指低价销售，旨在打垮外国同业竞争者，然后提高价格的行为。

(3)长期性倾销，是指凭借着自身的垄断优势或者来自母国政府的出口补贴，长期以低于正常价值的价格在外国市场销售的行为，目的在于占有外国市场。

倾销对出口国、进口国和第三国都会产生危害。倾销对出口国的危害表现为：(1)挤占出口国其他企业的海外市场份额；(2)损害出口国消费者的利益；(3)扰乱出口国市场秩序。

倾销对进口国的影响表现为：(1)阻碍进口国相应产业的发展；(2)扭曲进口国市场秩序；(3)威胁和抑制进口国产业结构调整和新兴产业的建立。

倾销对第三国的影响主要是，倾销导致进口国对第三国产品的市场需求下降，使第三国在进口国的市场份额和利润减少。

三、倾销与反倾销的经济效应

1. 倾销的经济效应

商品倾销实际上是一种国家间的价格歧视(price discrimination)。其特点是，本国人要比外国人支付更多的钱来购买本国生产的商品，而外国人反而指责为“不公平”贸易，要进行报复。那么，出口国为什么能够将同样的产品以不同价格在国内外市场销售呢？倾销对本国和对外国的经济利益有何影响？

首先分析倾销发生的原因。一般来说，生产者或出口国能够倾销(价格歧视)，必须具备以下三个条件：

(1)出口商品的企业具有一定的垄断能力，即企业面临的是一个不完全竞争的市场，企业的出口量变化会对市场价格造成影响。

(2)出口企业的产品在国内面临的需求弹性比在国外面临的需求弹性小。

(3)本国与外国的市场必须隔离，相互间不流通，不存在从一国到另一国之间的倒买倒卖和走私行为。

只有具备以上这三个条件，倾销才有可能。

图6.10可以显示倾销发生的原因。假设日本的钢铁公司在本国和在美国都具有一定的垄断地位。为分析方便，假设边际成本(MC)是一个常数，即日本钢铁公司在本国和在美国销售的钢铁其边际成本是相同的。但公司面对的需求不同，美国可以从别国进口钢铁，自己也生产钢铁，因此，美国对日本钢铁的需求弹性比日本国内的需求弹性要大。另外，还假设日本政府规定，出口的商品不能返销本国，即日本在美国销售的钢铁不允许再售回日本。

在利润最大化的目标下，日本钢铁公司会不断扩大生产和销售，直至边际成本等于边际收益。该公司在国内市场上生产和销售 Q_d 吨钢铁，每吨价格为 P_d，而以 P_X 的价格向美国销售

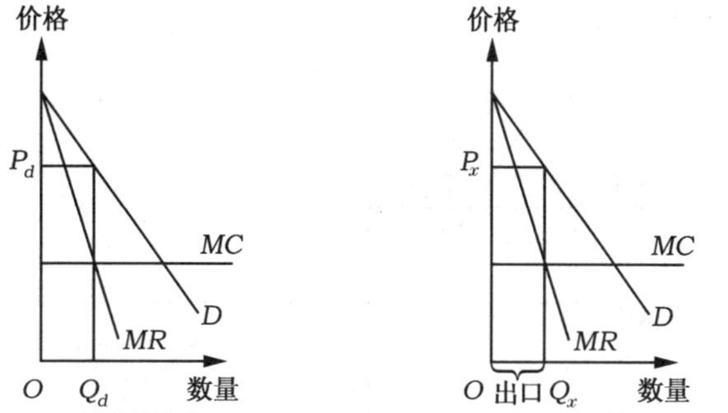

(a) 日本国内市场　　(b) 美国市场

图 6.10　倾销的经济效应图示

Q_X 吨钢铁。显然，$P_X < P_d$。这种国外价格低于国内价格的情况就是倾销行为，($P_d - P_X$)就是倾销的幅度。

根据以上例子，我们可以分析倾销对经济利益的影响。如果倾销是偶然性的，就日本的钢铁公司而言，倾销是其追求最大利润的必然选择；就日本整个社会的经济利益而言，倾销并没有带来什么损失，反而使本国企业扩大出口，增加利润；就美国而言，倾销的结果是美国消费廉价的钢铁，尽管国内生产者的利益受损，但消费者剩余增加，并可能超过生产者的损失，因此，美国整个社会的经济利益并没有减少。所以，从纯经济学角度看，偶然性倾销不是什么有损进口国或有损世界利益的政策。然而，如果倾销是掠夺性的或长期性的，进口国的长期利益将受到损害。

2. 反倾销的经济效应

诚然，任何进口的增加都会给国内企业带来压力和损失。当各国政府察觉到本国企业受到进口廉价产品冲击时，就会考虑对倾销产品课征反倾销税，即相当于倾销差价的额外进口税。

与关税不同，反倾销税不被视为限制进口的贸易壁垒，反而被当作反对不公平竞争的手段。在 GATT 大多数缔约国 1967 年签署的国际反倾销法案中，反倾销税是被认可的。因此，在传统的贸易保护手段越来越不易使用的时候，以反倾销名义实行保护的做法越来越普遍。反倾销已成为反对外国竞争者、保护本国生产者的主要武器。通过图 6.11，我们可以分析反倾销的经济效应。

在征收反倾销税之前，日本公司向美国出口 Q_X 吨钢铁，售价为 P_X。由于这一售价低于日本国内市场的价格，美国政府指控其倾销，并课征每吨 t 元的反倾销税。这使日本公司每吨钢铁多付出 t 元的税，即相当于每吨钢铁的边际成本增加 t 元，边际成本曲线(MC)向上平行移动到 $MC+t$。在新的边际成本等于边际收益的条件下，日本公司的钢铁价格上涨到每吨 P'_X 元，市场均衡点从 e 移动到 e'。显然，征收反倾销税后，进口国政府获得 $t \times Q'_X$ 的税收(c)，但消费者净损失($b+d$)。政府的收益与消费者的损失究竟哪部分大？为了便于比较，先将政府收入部分平移至 P'_X 位置，这时，P'_X 与 P_1 之差额等于每吨的反倾销税 t 元，区域($a+b$)等于政府税收(c)。若 $a < d$，进口国有净损失；反之，则有净收益。

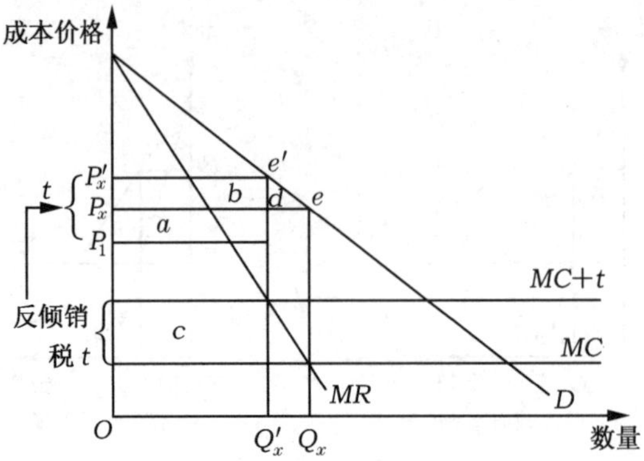

图 6.11　反倾销的经济效应图示

以上分析表明,美国有可能通过课征反倾销税增加经济利益。而且,课征反倾销税比课征一般进口关税更有优越性:第一,无论大国抑或小国,都可能通过反倾销税而获益。第二,征收反倾销税是在抵制不公平竞争旗号下最有效的、杀伤力最强的贸易保护武器。

但是,站在世界立场上看,反倾销是一种损人利己的手段,结果使世界整体利益遭到净损失。在美国征收反倾销税的收益中,区域 a 的那部分收益实际上是日本垄断企业降低价格所造成损失的一部分。此外,日本公司还因销售量下降而损失 $P_X(Q_X-Q'_X)$,其总损失大大超过进口国的净收益。若把日本和美国的所有利益变动加以综合分析,整个世界利益由于美国的反倾销而受到损害,损害的总量等于 $e'eQ_XQ'_X$ 的梯形区域。

第四节　幼稚产业保护政策

关于幼稚产业的保护理论可以追溯到 19 世纪中期德国经济学家李斯特的贸易保护理论。他主张后进国家要注重国家干预,实施贸易保护。20 世纪一批站在发展中国家利益立场的经济学家普遍认为,自由贸易导致发达国家财富积累,而导致发展中国家贫困的积累。他们主张发展中国家实行产业保护政策,促进产业发展,从而提高产业竞争力。

一、幼稚产业的定义

关于幼稚产业的衡量,理论上存在以下三种标准:

1. 穆勒标准

按照穆勒标准,由于技术不足,生产率低下,某种产业的生产成本高于国际市场,如果通过对该产业的保护,该产业能够在自由贸易下获利并具有自我投资发展的能力,这种产业就是幼稚产业。

2. 巴斯塔布尔标准

按照这个标准,保护、扶植某种产业的社会成本不会超过该产业将来利润的现值总和,符合这个条件的产业可以被看作幼稚产业。

3. 肯普标准

按照肯普标准，除了前述标准所包含的内容外，还应考虑产业在被保护期的外部效应，如某种产业技术是否可以为其他产业所获得等。

综合各种关于幼稚产业的观点，幼稚产业可以被界定为：在国际经济竞争中，一国的某种产业的目前状态是技术不足，生产率低下，生产成本高于国际市场上的生产成本，但是，该产业具有潜在成长性、正外部性和国际竞争力，在经过一个合理的保护期后，该产业能够实现规模经济效应、正外部经济效应，并具有较强的国际竞争力，这种产业就是应当进行保护的幼稚产业。

二、幼稚产业的保护效应分析

1. 从规模经济的角度看幼稚产业保护效应

在图 6.12(a)中，初始时，一国因生产力落后，产业毫无竞争力，该产业的产品供给为 OQ_e，价格为 P_e，高于世界市场价格 P_w。经过对该产业一定时期的保护，供给曲线从 S 移至 S'，进而供给曲线移动到 S''，产品价格越来越低于世界价格水平，从而使该产业具有了国际竞争力。

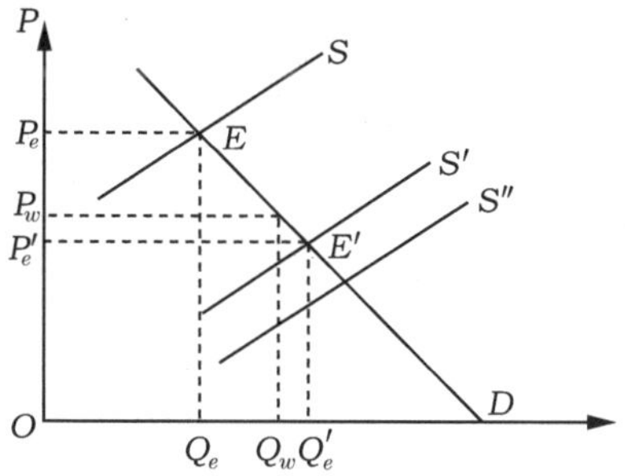

(a)从规模经济的角度看幼稚产业保护效应

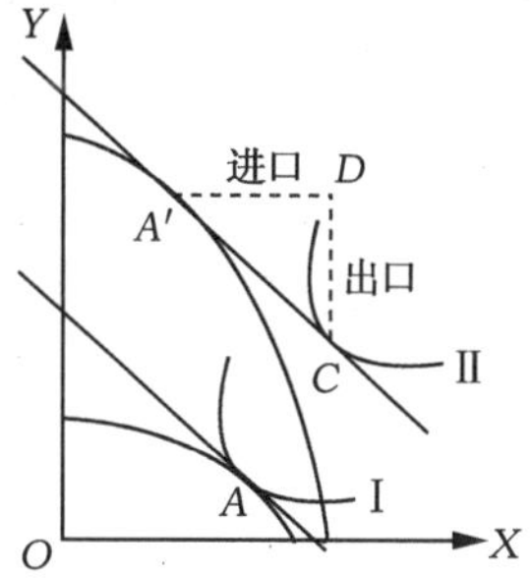

(b)从规模转换的角度看幼稚产业保护效应

图 6.12 幼稚产业保护效应图

2. 从产业结构转换的角度看幼稚产业保护效应

在图 6.12(b)中，X 产品为劳动密集型产品，Y 产品为资本密集型产品。在产业保护之前，一国比较利益在于生产和出口产品 X；在产业保护之后，该国的比较利益在于生产和出口产品 Y，比较利益的转换说明达到了保护目的(产业结构的转换)。产业结构转换后，生产点在 A'，消费点在 C，该国出口 CD 的 Y 产品，进口 $A'D$ 的 X 产品，社会无差异曲线外移，社会福利水平提高。

复习与思考题

一、名词解释

1. 关税壁垒
2. 非关税壁垒

3. 进口配额
4. 自愿出口限制
5. 倾销
6. 幼稚产业

二、简述题

1. 简述小国关税的静态效应与动态效应。
2. 简述大国关税的静态效应与动态效应。
3. 简述进口配额的经济效应。
4. 简述国内要素含量标准的经济效应。
5. 简述倾销和反倾销的经济效应。

三、论述题

1. 试析倾销及其危害性。
2. 试析幼稚产业保护政策。

· 第三部分 ·

国际投资理论

第七章

跨国公司、国际投资与要素的国际流动

学习目的与要求

1. 掌握跨国公司的定义、基本特征、经营战略与策略特点以及跨国公司的经济效应。

2. 掌握垄断优势理论的主要内容，并能做出简要评价。

3. 掌握国际生产折中理论的主要内容，并能做出简要评价。

4. 掌握产品生命周期理论的主要内容，并能做出简要评价。

5. 掌握比较优势投资理论的主要内容，并能做出简要评价。

6. 掌握竞争优势理论的主要内容，并能做出简要评价。

7. 掌握投资诱发要素组合理论的主要内容，并能做出简要评价。

8. 掌握跨国公司国际直接投资综合动因模型的主要内容，并能做出简要评价。

9. 掌握资本国际流动的含义、类型及其原因分析，并能对国际资本流动进行经济效应分析。

10. 掌握劳动力国际流动的含义、类型及其原因，并能对国际劳动力流动进行经济效应分析。

11. 掌握最佳引进外资(外债)规模理论分析模型，并能进行规避国际债务风险的策略分析。

自20世纪中期以来，国际经济中的一个极其重要的特征就是跨国公司的蓬勃发展。跨国公司的发展不仅有力地促进了国际贸易，而且有力地推动了国际投资尤其是国际直接投资的发展，现今绝大部分的国际投资都是由跨国公司完成的。跨国公司的发展最终形成了生产要素在国家间的频繁流动，凸显了生产要素国际流动的经济效应。本章主要介绍有关跨国公司的基本问题、国际投资的基本理论和要素国际流动的经济效应。

第一节　跨国公司

一、跨国公司的定义

跨国公司又称为国际公司、国际企业、全球公司和宇宙公司等。1974 年联合国经济社会发展理事会第 57 次会议上对跨国公司的含义做了解释，同时还设立了政府间的跨国公司委员会和跨国公司中心作为协调各国跨国公司事务的永久性机构。此后，联合国统一使用跨国公司这一名称。理论界关于跨国公司的定义，林林总总，不胜枚举。这里介绍几种主要的有关跨国公司的定义：

1963 年美国《商业周刊》对跨国公司进行了描述性定义："跨国公司是指符合下列两个条件的公司：第一，它至少要在一个或一个以上的国家设定生产点或是争取其他形态的直接投资；第二，具有名副其实的世界性预测能力，其经营者在市场开发、生产和研究等方面，能做出适用于世界各国的多种多样的基本决策。"

1968 国年，哈佛大学维农教授把跨国公司定义为："一个跨国公司就是一个控制着一大群在不同国家设立的公司的母公司，不同国家的各个公司之间人力和财力实行统筹使用，并且有共同的经营战略"；"它们共同的规模是巨大的"；"它们不是单纯的出口商，也不是单纯的技术提供者，它们具有广泛的地理分布，在本国以外的活动往往涉及两个以上的国家。"

英国著名跨国公司研究专家约翰·邓宁认为，跨国公司是"国际的或者多国的生产企业的概念。简单地说，就是一个以上的国家拥有或控制生产设施和经营机构（例如工厂、矿山、炼油厂、销售机构、办事处等）的企业。"

联合国 1986 年制定的《跨国公司行为守则》中对跨国公司做出这样的定义："跨国公司一词系指在两国或更多国家之间组成的公营、私营或混合所有制的企业实体，不论此等实体的法律形式和活动领域如何，该企业在一个决策体系下进行运营，通过一个或一个以上的决策中心使企业内部协调一致的政策和共同的战略得以实现；该企业中各个实体通过所有权或其他方式结合在一起，从而其中的一个或多个实体得以对其他实体的活动施行有效的影响，特别是与别的实体分享知识、资源和责任。"这个定义不是仅仅停留在企业的跨国数量和生产销售规模上，而是更强调跨国公司实质性的内容，强调它的一体化战略，是目前运用最广泛的定义。

通过以上跨国公司各种定义内涵，我们可以归纳跨国公司的三要素：

（1）母公司控制下的多国经营实体；

（2）具有一个统一的决策体系，有共同的政策和统一的战略目标；

（3）企业的各个实体分享权利和分担责任。

二、跨国公司的基本特征

跨国公司在不同的国家有着不同的形成与发展的历史，同时，跨国公司也会因行业不同、经营方式的差异，而在形式上千差万别。但是，撇开形式上的差别，跨国公司都具有一些不同于国内公司的基本特征。

(一)经营规模庞大,公司实力雄厚

跨国公司一般都是在一个或几个部门居于垄断地位的国际化大企业或企业联合体。它们拥有先进的管理经验、多样化的经营活动,资金雄厚;它们的业务范围覆盖不同的国家和地区,经营规模庞大,实力雄厚。例如,花旗银行集团在全世界160多个国家拥有分行、分支机构或业务代表处;宝洁公司在全世界70多个国家经营业务,产品畅销140多个国家和地区。

(二)实行全球战略

所谓跨国经营的全球战略,是指跨国公司将它在全球范围的经营活动视为一个整体,目标不只是一时、一地或一个子公司的利益的最大化,而是追求公司整体利益的最大化。

(三)公司内部实现"一体化"的经营体系

跨国公司在世界上拥有众多的子公司和分支机构,形成了生产、贸易、投资、金融和信息等综合化的业务网络。总公司统一指挥、协调,总公司和子公司、子公司和子公司之间相互配合,结成一个整体,形成内部一体化的经营体系,共同面对世界市场,统筹安排各种经营活动,获取公司的最大利益。

(四)产品和服务多样化

跨国公司的业务范围涉及面极其广泛,产品和服务是多样化的。跨国公司基于强大的资金、技术研究和开发等方面的优势,实现产品和服务多样化,从而使它能够形成一般公司所无法相比的经营优势,有助于降低经营风险。例如,宝洁公司每年用于技术研究和开发的投资超过17亿美元,拥有"帮宝适""护舒宝""潘婷""汰渍""碧浪""佳洁士"和"玉兰油"等全球知名品牌,向消费者提供能够满足不同需求的服务。

(五)跨国公司扩张的主要手段是对外直接投资

跨国公司通过对外直接投资,在国外设立分支机构,并对国外分支机构实施有效控制,以使经营的触角伸到世界的各个角落,从而贯彻自己的全球化经营战略,实现利益最大化目标。

(六)跨国公司具有强大的抵御风险的能力

跨国公司的产品和服务多样化以及全球化经营,有效地分散了市场风险,降低了公司所面临的经济周期风险,增强了整体抵御风险的能力。

三、跨国公司的经营战略与策略的新特点

世界政治经济格局和科技发展出现了一系列根本性的新变化:经济全球化,信息化,经济权力从原来的集中于制造商向销售商和客户分散,等等。这些变化极大地改变了跨国公司的经营环境、竞争规则和创造价值的方式。在上述经营环境巨变的情境下,跨国公司率先进行了一系列的战略调整与管理改革,从而保持了良好的增长势头和较强的国际竞争力。

1. 经营业务归核化

第二次世界大战后,许多大型跨国公司为了分散风险,曾普遍采用业务多元化经营战略。但其弊端也逐步显现出来,如摊子过大或不熟悉非相关领域等,导致收益降低,甚至高

负债。近年来,各国企业又纷纷由多元化扩张向有竞争力的主营业务回归,实施归核化战略。其要旨是:把公司的业务归拢到最具竞争优势的行业上;把经营重点放在核心行业价值链中自己优势最大的环节上;强调核心能力的培育、维护和发展。这是跨国公司在外部环境竞争日趋激烈的情况下"有所为,有所不为"的一种主动选择,是为了更好地发展核心主业、提高竞争力而实施的战略转移。归核化已经成为21世纪初各国大企业或跨国公司的主导型战略。实施归核化战略的主要措施有:

(1)并购。为强化核心业务而并购相关企业和部门。

(2)分拆。为强化经营力度而将一个公司分拆为两个或更多个。

(3)重组。为加强核心业务而重新整合业务和分公司。

(4)剥离。跨国公司通过撤销、出售、互换、外包等多种形式,不断将非核心业务剥离出去。

另外,还有长期协议、战略联盟、许可等介于企业与市场之间的新型纵向关系形式。

2. 资源配置"全球化"

跨国公司对外直接投资的区域并不限于个别国家和地区,而是追求全球布点,扩大势力范围。特别是大型跨国公司凭借其巨额资产、庞大的生产规模、先进的科学技术、科学的管理手段,将其触角伸展至全球的各个角落,经营规模不断扩大,它们的子公司以及分公司等分支机构遍布世界各地,在经营管理上带有明显的"全球战略"特色,即放眼全球资源和市场,把各种职能行为(融资、研究开发、零部件生产、总装、会计、培训等)安排到能更好地实现公司全盘策略的地方,并实行统一控制,这样创造了企业内部的国际化分工。对于实行全球战略的公司来说,已逐渐淡化了跨国公司总部区位概念和公司的民族身份。总部可以设在任何一个合适的国家或地区,只是作为一个连接网络内各线路的通信中心。全球化经营战略要求经营者具有宽广的视野与胸怀,竭力使本公司融合在东道国里,如美国国际商业机器公司(IBM)、麦克唐纳、福特、飞利浦、索尼等在世界范围中都淡化了公司的民族身份,在决定投资战略时,它们优先考虑能否有效地利用其全球网络中的人才、资本、技术和自然资源,而不是狭隘的地域观念。

3. 投资模式配套化

在新一轮全球产业大转移过程中,跨国公司遵循的是"全球链条定律":"追随客户"和"全球协议伙伴",即建立自己的生物圈(如果每一个环节都有它们熟悉和适应的伙伴,将"如鱼得水"),带动整个产业链投资,进行群体竞争,而不是单打独斗,竞争的程度和影响范围都大大增强了,产业转移的速度和范围也达到了一个新的水平。

4. 并购与新建(绿地)投资方式均衡化

国际直接投资一般可采取新建投资或并购两种方式进行。初级阶段为新建投资,一般发生在发展中国家,如我国自改革开放以来的外商直接投资基本为新建投资。兼并收购是通过控制东道国企业的股权从而控制当地企业,这种方式不仅可以节约时间、迅速打进国外市场,可以利用优势互补、聚合效应和名牌效应来降低成本,而且通过兼并收购还消除了争夺市场和资源的对手,运作得好就可以收到事半功倍的效果。但跨国并购受到一些条件的限制,如东道国必须具备并购的条件和投资环境,具有可以并购的目标企业,具备能够确保投资商从事有效生产和经营的条件和政策等，这些条件的限制使跨国并购交易活动往往更集中在发达国家，或具有较先进的工业部门和较发达的资本市场的发展中国家。跨国并购可以说是国际直接投资和东道国经济发展到一定水平的必然结果，也是国际直接投资的第二阶段。20 世纪 90 年代以来，跨国并购一直是跨国公司外国直接投资(FDI)的主要方式。

5. 投资经营服务化

投资经营服务化主要包括两方面的含义：一是指跨国公司直接投资在全球范围内加速向服务行业倾斜。服务业直接投资主要集中在金融业、商业服务业、贸易和电信行业，这些领域总计占服务业直接与投资存量的 62%。二是指制造业公司把服务环节作为增加附加值和利润的重要领域。

6. 跨国战略联盟纵深化

面对不断变化的消费者，战略联盟一般有以下三个特点：

(1)所有的战略联盟都涉及三种筹码的“交易”：技能、现金和机会。

(2)战略联盟只局限在某个或某些特定领域，并明确提出合作的战略目标，比如研究开发、市场营销以及某种特殊产品的制造等。

(3)联盟伙伴保持着既合作又竞争的关系，即在部分领域进行合作，但在协议之外的其他领域以及在公司活动的整体态势上仍保持着经营管理的独立自主，相互间仍是竞争对手。

20 世纪 90 年代以来，跨国公司的战略联盟掀起一股热潮，世界最大的芯片制造商英特尔公司与世界最大的软件商微软公司结成联盟。1993 年摩托罗拉公司与索尼公司、三菱公司和加拿大贝尔公司签订联合协议，共同开发新一代芯片。波音公司与空中客车共同投资 40 亿美元，联合开发高级客车。到 1995 年为止，史密斯克莱恩-比昌(Smith Kline Beecham)公司与 140 多家企业、大学和科研院所建立了战略联盟关系；葛兰素(Glaxo)公司也缔结了 60 多个这样的战略联盟。据统计，在世界 150 多家大型跨国公司中，以不同形式缔结成战略联盟的高达 90%。跨国公司依靠与其他跨国公司在从研究与开发到销售等系列经营活动方面组成的网络，将自己的触角伸向世界各地，寻求一切对自己的发展有利的知识、技术、人力资源方面的优势和机会。

7. 经营活动当地化

随着经济全球化的发展，跨国公司实施当地化战略，已成为一种大趋势：在市场方面，按东道国需求进行产品开发、生产和流通；在技术方面，利用当地技术，进行技术转让，在当地设立研究与开发(R&D)机构；在管理上，尽可能多地了解当地的文化和风俗习惯，容忍甚至鼓励外国分公司风格的当地化；在人员聘用和晋升方面，奉行能力主义，不分国籍地选用管理人员；在物料方面，在当地购买主要原材料和零部件；在利润分配上，把当地获得的利润大部分用于当地的再投资等。

8. 经营目标高资本化(即强调重视股市价值和股东利益)

这主要有两方面的原因：一是金融全球化导致股市融资日益成为大企业的战略要素；二是企业要想在全球市场中以优势地位实行战略兼并，实现更高的市场资本价值则成为前提条件之一。因此，不断提高市场资本价值成为大企业战略的重要内容。

9. 组织结构扁平化、网络化

以往的西方跨国公司组织形式注重纵向分工和强调命令控制，经理阶层庞大，总部权力集中。这种金字塔式的组织管理模式在当今瞬息多变的经济全球化、信息化潮流的冲击下，日益暴露出官僚、臃肿、低效的弊端。因此，不仅业绩不好的公司，就是业绩优秀的大公司也在实施大规模的组织结构调整：减少层级，精简人员，下放权力，贴近客户，以全面增强公司的"灵活性"和"适应性"，从而持续改进公司的竞争力。

新型的组织结构中，扁平化与小总部只是其一部分特征，其最关键的特征也许可以用"网络化"或"网状结构"来描述。传统大企业组织结构的主要特征有：(1)股权联系；(2)边界清晰、稳定封闭；(3)金字塔形(多层级)。那么对应而言，新型的企业组织结构是：(1)多种联系，既有股权联系，也有非股权联系，如战略性外包、战略联盟等。(2)边界模糊、变动开放，未来的企业是以一个个的企业群(网状)而存在的，每个企业群的边缘与其他企业群有所交叠；另外边界的变动性也远大于传统企业。(3)多种形状并存，如菱形、哑铃形、三叶形、蘑菇形、应该还有金字塔形，但其内容已有不同——未来企业都是多种联系的网状结构。显然，互联网的普及是形成新型网状结构企业的主要技术基础。

10. 产品和服务多样化、定制化

随着全球化市场竞争的加剧，企业竞争的焦点已经是如何更好、更快地满足客户多样化、个性化的需求。20 世纪 80 年代中期以来，日、美、欧等地的大型跨国公司开始尝试一种新的经营模式——大规模定制服务。大规模定制是指"对定制的产品和服务进行个别的大规模生产"。它试图把大规模生产服务和定制生产服务这两种模式的优势有机地结合起来，即用标准化零件实现规模经济，零部件按多种方式进行组合，生产多种最终产品，从而实现"范围经济"。采用大规模定制，能够同时达到产品的低成本和品种多样化的目的，业已成为企业的主导生产与服务模式。

四、跨国公司的经济效应

(一)跨国公司对东道国的经济效应

跨国公司进入东道国后，对东道国产生重要的经济效应，形成跨国公司促进东道国经济增长的重要机制。主要表现在以下几个方面：

1. 产业关联效应

跨国公司与当地供应商、分包商、客户的实质性交易可产生关联溢出效应。当地关联企业在与跨国公司的交易活动中在技术能力与管理经验等方面获得的额外好处，形成了跨国公司对当地企业的重要溢出效应。跨国公司在当地经营时，通常与当地供应商或客户发生各种交易。例如，如果通信及运输成本较高，他们就会倾向于向当地厂商购买中间产品。在这种情况下，为了保证中间产品的质量，跨国公司通常会向当地公司提供技术支持，对当地公司进行技术培训，或者帮助当地公司购买原材料。即使跨国公司没有给予这类支持，当地公司迫于竞争压力，也必须满足客户对质量标准的更高要求及按时发货的要求，因此，要有更多技术创新，这就形成所谓的"后向关联"，进而产生关联效应。当地政府对国产化的要求也有利于形成这种"后向关联"。

2. 员工培训效应

当母公司向子公司转移机器设备、转移专有技术使用权时常常要对相关人员进行培训。跨国公司的培训对各个层次雇员的水平都会产生影响，从简单的生产操作到现场监理，到高级技术专业人员以及高层经理等更高层次。培训形式包括在岗培训、研讨会、送到母公司所在国接受正规教育等。具体形式取决于公司对具体技术、技能的要求。在公司运行的初期阶段，很多高级职位都由母公司人员充任，但随着时间的推移，当地人员担任高级职务的比例会逐渐上升。他们一旦转入当地企业工作或者自己创办企业，以往获得的(包括在跨国公司获得的)工作技能与技术能力就会用于当地企业或自己的企业。鉴于发展中的东道国人力资本水平较低，因此，培训的溢出效应就更为重要。跨国公司普遍对其雇员采取各种形式的培训，受过培训的跨国公司前雇员特别是经理人员转到当地企业工作时，他们掌握的工程技术诀窍、管理技术就开始扩散。

3. 示范与竞争效应

示范效应源于跨国公司与当地企业之间的技术水平差异。跨国公司技术水平较高，进入当地市场后，就带来了较先进的技术。与外国企业直接接触后，当地企业就可能有机会了解并模仿外资企业的先进技术以及管理方式，因此，生产率可能会有所提高。此外，外国企业的雇员转到当地企业工作时，通常将他已经掌握的先进技术以及管理方式运用到当地企业，这样也可能会产生类似的效应。

还应当看到，跨国公司对于东道国还存在着负面的经济影响，主要表现在东道国的幼稚产业面对跨国公司的强大竞争所出现的成长危机，跨国公司对东道国国内经济政策自主性的影响等方面。

(二)跨国公司对母国的经济效应

跨国公司对母国的经济效应是复杂的，学术界有着不同的观点。一般来说，跨国公司对母国经济的正效应主要表现为：(1)跨国公司对外直接投资为母国的过剩资金寻找了收益最大化的投资场所；(2)跨国公司对外直接投资解决了母国市场规模相对狭小的问题；(3)跨国公司的海外竞争力体现了母国的综合经济实力。

跨国公司对母国经济的负效应主要表现为就业“替代效应”。替代效应是指因从事海外生产而使本土进行的生产活动减少而导致的就业机会的丧失。它包括海外子公司在国外市场销售本可以在国内生产而后出口的商品所导致的就业机会损失，也包括海外子公司将商品返销到母国所引起的母国工作机会的丧失，以及海外子公司对第三国的出口会替代母国对第三国的出口从而使母国的就业进一步受到影响。

当然，还应看到跨国公司对母国的就业也存在着“刺激效应”。刺激效应是指海外直接投资所导致的国内就业机会的增加。它包括：向海外子公司出口资本货物、中间产品及辅助产品带来的额外的就业机会，母公司向海外子公司提供服务所产生的工作机会，跨国公司本土机构的人员需求所带来的就业机会，以及国内其他公司向跨国公司及其子公司提供服务所提供的新的就业机会。因此，当替代效应大于刺激效应时，海外直接投资将导致投资国就业机会的减少；反之，则会导致就业机会的增加。

跨国公司对母国宏观经济政策也会产生负效应。近年来，发达国家由于有系统地进行私有化、放松政府管制以及自由化，国家的权力受到很大削弱；与此相反，以跨国公司代表的私人企业公司、私人体制与规则的影响却日益扩大。更为重要的是，全球化进程导致这样一种观念的出现和传播，即国家的权力几乎不起甚至起着相反的作用，在全球范围内阻碍市场经济充分自由地发挥作用。因此，国家职能受到挑战，母国对经济社会发展的控制出现危机。

(三)跨国公司对世界经济整体的影响

跨国公司作为国际投资的主体，改变着世界范围内的生产、分配、交换和消费格局，成为促进世界经济发展的主导力量。跨国公司对世界经济整体的影响主要表现为：

1. 跨国公司的国际直接投资促进了生产的国际化以及国际分工的深化

跨国公司的国际直接投资促进了生产的国际化，有助于建立新的全球性生产专业化协作体系。当今，跨国公司的全球经营战略的实施，使国际直接投资、国际分工进入了一个新的阶段：以产品多样化为特征的企业间分工和生产工艺以及零部件专业化为特征的企业内分工。跨国公司将它们的生产过程分散到世界不同的国家和地区去完成，形成了跨国界的生产线，以世界为工厂，以各国为车间，统筹各个分支机构的经营活动，从而能够充分利用世界各国的比较优势，深化了国际分工，实现了资源在全球范围的最优配置。

2. 跨国公司促进了国际贸易的迅速发展

在国际贸易的迅速增长中，跨国公司起到了关键的作用，跨国公司控制着世界贸易，跨国公司的销售额在剔除了内部贸易额以后，仍占世界贸易总额的70%左右。第二次世界大战后的世界经济的经验事实表明，跨国公司的迅速发展与国际贸易的迅速增长是同步发生的现象。跨国公司不仅推动了世界贸易总量的增长，而且促进了贸易格局的变化，突出表现为跨国公司内部贸易的急剧增长和国际技术贸易的迅速发展等方面。

3. 跨国公司促进了科学技术的不断创新和推广

当今世界新技术不断涌现，并且在世界范围内迅速传播，对于世界经济的发展起到了巨大的推动作用。在科技创新和推广中，跨国公司起到了极其重要的作用。为了保持全球竞争优势，跨国公司十分重视研究与发展活动，投入大量的资金，发达国家的大型跨国公司普遍将销售额的10%以上的资金投入研究与发展活动，有些高科技公司的研发资金的投入比例占销售额的30%以上。据统计，当前近4/5的世界民用研发和近1/2的世界商用发明是在跨国公司内部进行的，国际技术转让的70%为跨国公司所进行的。因此，跨国公司通过国际技术贸易对于科技的推广也起到了巨大的作用，极大地促进了世界科技水平的提升。

4. 跨国公司促进了世界经济一体化

跨国公司的国际直接投资活动，促进了资金、人员、技术等要素的国际流动，不断打破各国的市场边界，将世界各国市场连成一体。同时，市场一体化客观要求实现各国经济规制的一体化。市场的变化和经济规制的变化相互促进、相互适应，世界经济向着一体化的方向不断发展。

第二节 国际投资理论

国际投资是投资主体将其拥有的货币资本或产业资本通过跨国界流动形成实物资产、

无形资产或金融资产，并通过跨国运营实现价值增值的行为。国际投资不同于国内投资，它涉及两类国家，即投资国（母国）和东道国。国际投资不仅事关投资主体的利益，而且事关投资国（母国）和东道国的利益。

国际投资可以分为国际直接投资与国家间接投资两种类型。这里，我们主要介绍具有代表性的国际直接投资纯理论。

一、垄断优势理论

20 世纪 60 年代初期，斯蒂芬・海默(S. H. Hymer)创立了垄断优势理论。海默以美国企业对外直接投资为研究背景，发现以美国为基地向海外直接投资的企业正是汽车、石油、电子、化工等制造业部门中具有垄断优势的企业。所谓垄断优势，就是企业通过对外投资能够充分利用其他企业所没有的"独占性"生产要素，如资本集中度较高、技术先进、开发设计能力强、完备的销售系统、管理水平高等，从而能够生产出东道国企业无法生产的高技术优质产品，能够占有东道国市场，获取高额垄断利润。海默还指出，有两个原因决定了企业选择直接投资而不是选择出口和许可证贸易：一是东道国的关税壁垒导致出口的利益所得小于直接投资的利益所得；二是技术出口无法获得全部收益，直接投资可以实现对技术优势的控制，从而获得更多的利益。

1969 年，金德尔伯格(C. P. Kindleberger)在《海外美国企业》一书中进一步阐发了垄断优势理论。他指出，国外利润率高或劳动力成本低廉不足以说明对外直接投资的原因。尽管东道国当地的企业与外国企业相比，更加了解当地市场，熟悉当地的法律制度，也能够节省各种运输、通信等国际运营的成本以及各种交易成本，但是，外国投资者拥有技术、规模、管理、资金等方面的垄断优势，可以抵消国外经营的不利因素生成的成本，获得大大高于东道国企业投资能够获得的利润。因此，虽然东道国当地企业有着一定的有利条件，但它们缺乏垄断优势，无法自己从事投资，外国企业的直接投资就是必然的。

斯蒂芬・海默和金德尔伯格之后，不少学者围绕着企业的垄断优势进行研究，补充、发展了垄断优势理论。主要理论有强调核心资产（技术和知识等无形资产）构成企业的垄断优势的核心资产论和强调寡占行业的一家公司率先对外直接投资对其他寡头公司的国外市场份额造成下降的威胁，从而引致其他寡头企业进行防御性对外投资的寡占反应论。

二、国际生产折中理论

国际生产折中理论也称为国际生产的综合理论。该理论是由英国跨国公司研究专家约翰・邓宁(John H. Dunning)在 1976 年撰写的论文《贸易经济活动的区位与跨国公司：一种折中方法的探讨》中提出的，在 1981 年出版的著作《国际生产和跨国公司》中该理论得到了系统的阐述。国际生产折中理论是在海默的垄断优势理论、巴克利和卡森的内部化理论以及区位优势理论基础上的综合分析，成为当代国际投资的主流理论。

1976 年英国里丁大学的巴克利(P. J. Bukley)和卡森(M. Casson)在《跨国公司的未来》一书中回答了跨国公司为何不将技术和知识通过许可证等形式在外部市场公开销售，而通过内部交易转移给海外子公司的问题，提出了内部化理论。内部化理论认为，企业为了避免外部市场导致交易成本增加，通过直接投资将外部市场进行的交易转变为公司所属企业间交易，从而形成内部化市场。跨国公司的内部化市场使企业财产本身的特殊优势在跨国公司内部分享，赋予了企业特有的优势。

1953年索思纳德在研究一个国家国内资源配置问题时，提出了区位优势理论。后来，艾萨德把它用于对外直接投资的分析中。该理论认为，企业之所以向某个特定区位(东道国或地区)进行直接投资，目的在于寻求一定的区位优势。决定区位优势的因素包括：(1)劳动成本；(2)市场位置与潜力；(3)贸易壁垒；(4)国家风险。一般而言，劳动成本低、市场潜力大、实施贸易保护的程度低、国家风险低、基础设施好、人口素质高的国家和地区是具有区位优势的，往往成为国际投资的热土。

国际生产折中理论主张，所有权特定优势、内部化、区位特定优势三者结合决定了一企业与其他企业相比较是否具有对外投资的优势。该理论认为，所有权特定优势是指企业具有的组织管理能力、金融融资方面的优势、技术方面的特点与优势、企业的规模与垄断地位及其他能力，这些优势构成了企业比投资所在国公司更大的优势，可以克服在国外生产面临的附加成本和制度风险。内部化是指企业所有权特定优势内部化的能力。因为外部市场不完全，企业的所有权特定优势可能受到打击而丧失，内部化是在企业内部更好地实行资源配置，克服不利条件。但是，上述两种优势并不能决定企业必然进行直接投资，区位特定优势同样很重要，如果上述条件是投资的必要条件，那么，区位优势则是充分条件。区位特定优势表现在东道国的劳动力成本情况、市场条件与需求情况、关税与非关税壁垒、东道国政府的各种政策等。关于一个企业究竟采用出口、技术转让还是对外直接投资的竞争战略，邓宁提出了如下方案(见表7.1)：

表7.1　企业优势与国际竞争的路径选择

企业优势 / 国际竞争路径	所有权特定优势	内部化优势	区位优势
技术转让	√	×	×
出口	√	√	×
对外直接投资	√	√	√

表7.1表明，如果一个企业仅仅具有所有权优势，而不具有内部化能力，也不能够利用国外的区位优势，那么，该企业只能采用技术转让的方式参与国际竞争；如果一个企业具有所有权优势和内部化优势，而不能够利用国外的区位优势，那么，该企业可以采用技术转让和出口两种方式参与国际竞争，但尚不具备对外直接投资的充要条件。一个企业对外直接投资，必须同时具备所有权特定优势、内部化优势和区位优势。

国际生产折中理论尽管是对前人理论的综合与折中，但是，该理论在较大程度上反映了新的国际经济发展格局，解释了新的经济现象。尽管该理论没有重大的理论突破，但无疑具有重要的政策指导意义和参考价值。

三、产品生命周期理论

1965 年,美国哈佛大学教授弗农(Raymond Vernon)从国际贸易和国际投资相结合的角度分析了美国企业的国际直接投资活动,提出了跨国公司国际直接投资的产品生命周期理论(Product-cycle Hypothesis)①。

产品生命周期是指产品要经历投入、成长、成熟和衰退等时期。将产品生命周期理论与国际贸易理论结合起来,将比较利益从静态发展为动态。国际贸易产品生命周期的四个阶段为:第一阶段,创新国由于具有广阔的市场、高水平的技术人员、科技投入高,且企业将创新转化为产品的能力强,因此创新发生在发达国家,并对该产品具有生产和市场的垄断;第二阶段,外国开始模仿,创新国产品在该国的竞争力下降;第三阶段,外国模仿者开始向第三国出口,创新国出口受到影响,且大幅度下降;第四阶段,外国产品进入创新国市场,创新国开始由出口国转变为进口国。该种产品在创新国完成周期,而在模仿国开始其周期,该过程像接力棒一样传递下去,如图 7.1 所示。

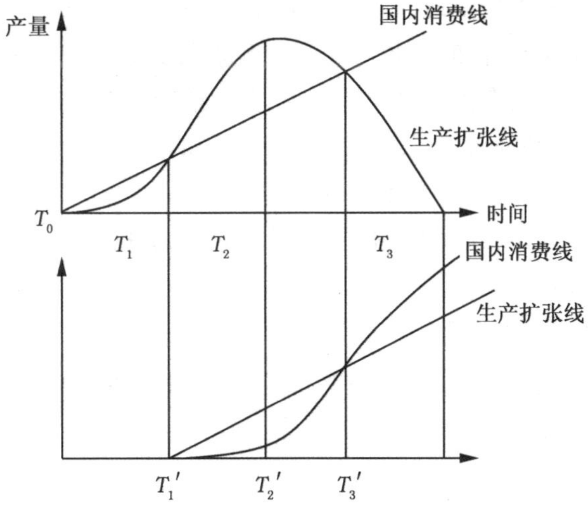

图 7.1 国际贸易产品的生命周期

在图 7.1 中,上部为创新国,下部为模仿国。在 T_0 点创新国生产新产品,T_1 时出口,T_2 时达到出口高峰,T_3 时出口为 0,之后开始进口。模仿国在 T_1'时开始进口,T_2'时开始生产,T_3'时达到自给,之后以低成本出口。

弗农认为,发达国家企业对外直接投资是顺应产品生命周期变化,不断寻找产品生产上的“特有优势”。随着企业“特有优势”的变化,企业的投资和生产呈现出阶段性发展过程:

第一阶段为本国生产阶段。对应于产品生命周期,这个阶段处在产品的创新时期和成长时期。在这个阶段,一方面,国内市场尚未开发,市场潜力巨大,并且国内市场是高收入市

① R. Vernon, International Investment and International Trade in the Product Cycle, *Quarterly Journal of Economics*, Vol. 80, 1965.

场，对于新产品需求的收入弹性和价格弹性都较低，可以凭借创新垄断力（Monopoly Power of Innovation）进行高定价，获取高额利润；另一方面，在新产品引入市场的早期阶段，产品还没有完全定型，产品没有标准化，为了确立和巩固产品优势，必须不断改进产品以满足消费者和市场的要求，同时密切关注竞争对手的反应和对策，这就要求创新企业保持同本国消费者和市场的密切联系。在这个阶段，生产成本问题不是创新企业考虑的主要因素，为了确立和巩固"特有优势"，一般集中于本国生产。

第二阶段为标准化生产阶段或产品的成熟阶段。在这个阶段，产品已经定型，产品质量已经稳定下来。产品生产呈现出以下特点：第一，企业扩大生产规模，追求技术规模经济（Technical Economies of Scale），目的在于降低生产成本，实现利润最大化。第二，竞争者和模仿者开始开发和生产替代产品，创新企业的创新垄断力遭到削弱，垄断定价能力趋于消失，降低生产成本成为保持竞争力的关键因素。第三，产品大量出口，随着进口国的市场份额增长，为向进口国的直接投资创造了条件。在这个阶段，生产成本至关重要，为了降低生产成本，一方面国内生产地点和投入品来源成为企业投资区位选择的重要因素，另一方面企业开始在海外具备市场条件且成本较低的国家或地区进行对外直接投资。

第三阶段是对外直接投资阶段。对外直接投资是产品创新优势、技术垄断优势向低成本优势不断转换的必然结果，同时也是企业出口产品在东道国市场达到一定规模的必然结果。因为对东道国的直接投资以及在当地生产、在当地销售有助于绕开东道国的关税壁垒，并有助于贴近市场需求，增加市场份额。东道国市场份额的扩大导致了出口成本大于东道国当地生产的成本，出口方式已经变成了不经济的市场进入方式。

第四阶段是海外生产扩张阶段。随着产品国际市场的拓展，国外产品模仿普遍，产品技术标准化更加成熟，这时更加凸显出成本的重要性。为了进一步降低生产成本，企业加大生产转移，甚至将国内生产基地全部转移到东道国，由东道国向第三国市场销售产品并将产品返销到母国。同时，跨国公司为了实现总体成本最小化，寻求劳动成本的差异优势，在世界各地进行投资区位选择，从而进入海外生产的扩张阶段。

四、比较优势投资理论

比较优势投资理论（The Theory of Comparative Advantage to Investment）也称为边际产业转移理论，是日本一桥大学教授小岛清（Kojima）基于日本对外投资的经验，在对美国和日本对外直接投资进行比较的基础上结合国际贸易理论中的比较成本理论而提出的。

小岛清比较优势投资理论的核心思想是：关于跨国公司对外直接投资的主流理论，如垄断优势理论、产品生命周期理论等，强调了拥有雄厚资本、高技术水平等特有优势的大型企业才能成功实现对外直接投资的观点，反映的是美国跨国公司的情况，这些理论忽视了国际分工基础上的比较成本原理的作用。日本跨国公司对外直接投资的经验表明，对外直接投资从本国已经处于或即将处于比较劣势的产业开始依次向较落后的国家转移，这样的对外直接投资不是取代贸易，而是贸易创造。

小岛清在对日本和美国对外直接投资比较的基础上，分析了日本对外投资的特点。首先，日本的对外直接投资不是对贸易的替代，而是推动贸易、创造贸易的（Pro-trade Oriented or Trade Creating)。这是因为日本趋于比较劣势的边际产业进行对外投资，投资主体大多是具有劳动密集型技术优势的中小企业，在发展中国家容易获得低成本优势。日本企业将在东道国具有劳动密集型技术优势的产业转移到低成本发展中国家，不仅对于本国的进口是有利的，而且可以扩大对第三国出口，从而创造了贸易，推动了贸易增长。其次，日本劳动密集型产业中的大型企业还保持比较优势，而中小企业趋于比较劣势，成为"边际性企业"。因此，日本对外投资主要是中小企业的对外投资。同时，在同一个企业中，某种特定部件的生产部门可能成为"边际部门"，率先从这些部门对外直接投资。

小岛清还从动机角度分析了边际产业转移的四种类型：

第一，自然资源型。目的在于增加投资国失去比较优势的商品或国内无法生产的商品的进口，确保初级产品的进口。这些初级产品主要是资源类产品，如原油、天然气、煤炭、有色金属以及木材等，实现初级产品生产与制造业的纵向一体化。

第二，低成本劳动力型。发达国家劳动成本不断上升，为了获得劳动成本优势，发达国家将已经标准化的劳动密集型产业或产品生产转移到劳动力丰富、工资水平低的落后国家。

第三，市场导向型。这种类型的投资又可以分为两种：一种是由于东道国的贸易壁垒引起的对外直接投资。如果是以中间产品的出口代替最终产品出口，则有助于扩大贸易。另一种是寡头垄断的对外直接投资，以占有东道国市场为目的，则是替代贸易的。美国新兴制造业对外直接投资就是明显的例子。

第四，生产和销售国际化。大型跨国公司通过横向一体化和纵向一体化策略进行国际化的生产和销售安排，寻求生产成本总体最小化，以占有更广阔的国际市场，实现最大化的利润目标。

小岛清的边际产业转移理论以国际分工和比较优势理论为基础，从产业层面讨论对外直接投资，较好地解释了日本战后的对外直接投资现象，也有助于解释其他新兴工业经济体的对外直接投资行为。但是，随着国际经济环境的变化，尤其是 20 世纪 80 年代以来水平型国际直接投资越来越显著，边际产业转移理论的解释力也受到了挑战，凸显了理论的局限性。

五、竞争优势理论

竞争优势问题的最早提出者是美国哈佛大学的梅森(E. S. Masson)和拜恩(J. S. Bain)。他们运用"SCP 分析框架"[即市场结构(Structure)、市场行为(Conduct)、市场绩效(Performance)分析框架]，考察了某一产业市场结构、行为和绩效的相关性问题。他们发现企业间绩效的差异是由市场结构和市场行为决定的，也就是说企业的竞争力是由市场结构和市场行为决定的。后来，哈佛大学教授迈克尔・波特(Michael E. Porter)在"SCP 分析框架"基础上，提出了竞争优势理论，构建了"钻石模型"。波特关于竞争优势理论有三本著述，分别是《竞争战略》《竞争优势》和《国家竞争优势》。前两本书着重探讨企业竞争战略和企业竞争优势，后一本书延伸了企业战略和优势思想，探讨国家竞争优势。因此，波特的竞争优势理论可以分为两个层面的分析，即企业竞争优势和国家竞争优势。

波特认为，企业的竞争优势可以分为高、低两个层次的竞争优势：低层次的竞争优势是

“低成本竞争优势”，高层次的竞争优势是“产品差异型竞争优势”。低成本竞争优势的主要来源是：第一，特殊的资源优势，如较低的劳动力成本和较低的原材料成本等；第二，生产技术和生产方法的获得和使用成本较低；第三，发展规模经济也能有效地降低产品的单位成本，获得低成本优势。产品差异型竞争优势则是通过对生产设备、技术、管理、营销等进行持续投资和创新，从而创造满足市场差异化需求的差异型产品。与低成本竞争优势相比，产品差异型优势难以被竞争对手模仿，这种竞争优势更加持久；同时，产品差异型优势有助于企业确立一定的垄断地位，可以为企业带来更大的收益。因此，低成本竞争优势被称为低层次的竞争优势，而产品差异型竞争优势则被称为高层次竞争优势。

波特在分析企业竞争战略和竞争优势的过程中发现，国家实力和国家竞争优势与该国是否拥有高层次竞争优势的产业和企业密切相关。后来，波特将企业竞争力概念延伸到国家竞争力的分析，提出了波特钻石模型(Porter’s Diamond)的分析框架(见图 7.2)。

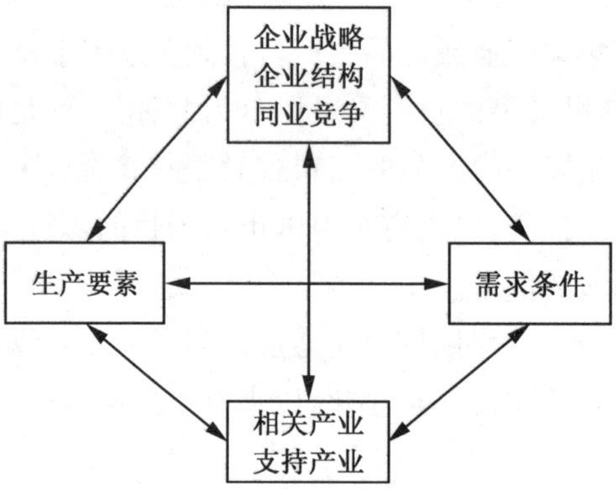

图 7.2　波特的“钻石模型”

波特认为，一个国家的竞争优势是由一组决定性因素和辅助性因素决定的。一个国家的竞争优势的决定性因素可以通过波特“钻石模型”揭示出来。图 7.2 中四个方面因素的相互作用决定了一个国家的竞争优势。这四个方面的因素分别是：

1. 生产要素

生产要素包括人力资源状况、自然资源状况、知识资源状况、资本资源状况以及基础设施条件等。生产要素又有初级要素与高级要素之分。初级要素是指地理条件与自然资源等。高级要素是指个人、企业和社会的投资和努力所创造的各种要素，对一个国家的竞争优势显得至关重要。

2. 需求条件

一个国家市场需求条件对于该国的竞争优势起关键作用，主要表现为：第一，一个国家国内产品需求巨大，有助于发展规模经济，有利于确立相关产业的国际竞争优势；第二，一个国家市场需求层次较高，能够形成改进产品质量、性能和服务的压力，有助于提升相关产业的国家竞争优势；第三，一个国家的需求如果具有超前性，服务于本国市场的本国厂商也就走在了竞争者的前面，为满足国内超前性消费的生产技术、工艺和营销策略使本国厂商具有强大的国际竞争优势。

3. 相关产业和支持产业

任何一个产业的发展和竞争优势的确立都离不开相关产业和支持产业的发展，产业竞争优势如此，国家的竞争优势亦如此。一个国家要获得长久、持续的竞争优势，产业发展必须有相关产业和支持产业的支撑。比如，日本机械制造业的竞争优势离不开世界领先的数控机床、电动机和其他零部件产业的支撑。总之，各个相关产业和支持产业的相互协调和促进，才能真正确立和保证国家竞争优势。

4. 企业战略、企业结构和同业竞争

一个国家企业战略、企业治理结构和同业竞争环境的特点决定了企业的经营目标、经营策略和营利模式，影响企业技术创新态度和管理意识形态，最终影响国家的竞争力。

波特认为，除了上述决定因素外，还有一些辅助性因素决定或影响一个国家的竞争优势，如历史机遇（如重大发明和创新、生产要素的重大变化等）、突发事件（如自然灾害、战争等）以及政府政策（如政府财政支持等干预政策可以创造竞争优势）等。

六、投资诱发要素组合理论

关于跨国公司国际直接投资的理论研究大多着重于某个方面或某几个方面的因素分析，并且更多地侧重于跨国公司自身的特殊优势的分析，而事实上很多跨国公司尤其是发展中国家的跨国公司自身的特殊优势并不明显，但是，它们也成功地走上了国际直接投资之路。在这样的背景下，一些学者认为，任何形式的国际直接投资都是在直接诱发因素和间接诱发因素组合作用下而发生的。

直接诱发因素是指各类生产要素，包括资本、技术、管理知识、人力资本、信息资源等。这些直接诱发要素是对外直接投资的主要诱发要素。事实上，对外直接投资就是这些优势要素的海外转移、扩展、延伸和利用。直接诱发要素既可以来自母国，也可以来自东道国。如果母国拥有某种直接诱发要素优势，那么它就可以通过到东道国进行国际直接投资，将这种要素优势向东道国延伸；如果东道国拥有某种要素优势，通过国际直接投资就可以有效利用该要素优势，获得更大的收益。一般来说，发达国家的对外直接投资主要是将母国自身的资本、技术、管理、信息等优势转移到东道国，而发展中国家则主要是通过对外直接投资的方式利用东道国的要素优势。

间接诱发要素是指对国际直接投资起重要作用的法律、法规、经济政策、投资环境以及宏观经济状况等因素。间接诱发因素可以从母国、东道国和世界三个方面划分为母国诱发因素、东道国诱发因素和世界性诱发因素三种类型。母国诱发因素源自母国政府鼓励对外直接投资的法律、法规和政策以及与东道国的协议与合作关系等。东道国诱发因素源自东道国的投资硬环境（包括要素成本、交通与通信设施状况、市场规模等）、东道国的投资软环境（包括法律、法规、政策、教育状况、文化环境等）以及东道国与母国的协议与合作关系等。世界性诱发因素源自经济全球化、区域经济一体化的发展与变化，国际金融市场的发展与变化，世界科学技术革命的发展与变化以及国际协议的发展与变化等。如果说发达国家的国际直接投资受间接诱发因素影响，那么发展中国家的对外直接投资受间接诱发因素的影响更加显著。

七、跨国公司国际直接投资综合动因模型

(一)模型的提出

跨国公司国际直接投资理论大多从某一个侧面或静态分析或动态分析来探讨跨国公司对外直接投资的动因，如"特定优势"理论主要是静态分析，"产品生命周期理论"主要是动态规范分析。总体来看，跨国公司国际直接投资理论缺乏一个融合多种因素的综合性动态模型。1971 年理查德森(J. D. Richardson)把各种理论所强调的因素结合起来，建立了包含一系列关键变量的综合性动态模型，被称为"理查德森综合动因模型"①。该理论模型是在空间偏好模型和对外投资经济因素模型的基础上加以整合，形成了跨国公司国际直接投资的综合动因模型。

(二)空间偏好模型(Spatial Preference, SP)

理查德森认为，企业的跨国投资不能完全用经济变量(特有优势、管理技能与专长、东道国成本低、进入壁垒等)来解释，因为有投资机会未必导致国外企业的直接投资。在企业的决策变量中，非经济因素常常起重要作用。于是，他用"空间偏好"概念表示各种非经济因素的投资效应。

"空间偏好"是企业管理者基于主观上对国外政治制度、社会环境、法律体系、语言文化的了解估计而对于国外市场具有的一种"心理距离"，它决定了企业对国外投资期望利润的估计，构成海外直接投资的前提条件。

理查德森认为，跨国公司对国外市场投资机会评价的依据是预期的投资收益，而预期的投资收益决定于投资项目的预期平均利润和经营管理者的"空间偏好"两个变量。这样，预期投资收益函数得以构造如下：

$$U_j = (\Pi_j, V)$$

式中：U_j 表示在第 j 个市场上管理者基于空间偏好率(Rate of SP)的预期投资收益；V 表示管理者空间偏好或抵触惯性(Inertial Resistance)的主观变量，$0 < V \leqslant 1$；Π_j 表示第 j 个市场投资项目的预期收益(利润)。

以上"空间偏好"模型强调了在跨国公司对外直接投资中"空间偏好"的约束条件。空间偏好作为约束条件的含义是：(1)$V=1$，企业已经实施了跨国经营；(2)$0 < V \leqslant 1$，企业有可能或拟进入一个新市场；(3)V 接近于 0，则某市场完全处于企业对外投资计划区之外。

(三)国际直接投资的经济因素模型

理查德森认为，厂商的内部资源决定了对外投资的预期利润 Π_j，而厂商的内部资源(如管理技能)不可能从外部市场获得，在短期内这些资源是有限的，所以厂商的内部资源构成了对外投资的重要约束条件。在这个约束条件下，充分利用厂商内部有限资源、实现资源收益最大化是对外直接投资的目标。理查德森将经济因素决定的对外投资的利润函数表述如下：

---

① J. D. Richardson, "On Going Abroad: The Firm's Initial Foreign Investment Decision", *Quarterly Review of Economics and Business*, 1971, pp. 7—22.

$$\Pi_f = R_f - C_f = (P_f - AC_f)Q_f \qquad (7.1)$$

式中：Π_f 表示国外市场利润；R_f 为国外市场收益；C_f 为国外生产成本；AC_f 为国外生产的平均成本；P_f 为国外市场产品价格；Q_f 为国外市场产量。

对外直接投资一般具有两个特征：(1)垄断厂商实施对外直接投资。这些厂商凭借规模经济优势、产品差异优势、技术诀窍、熟练的雇员、资金资源优势、营销优势以及采购专长(Buying Expertise)等，不仅拥有成本优势，而且拥有垄断定价优势。(2)寡头企业突破东道国寡头市场或将寡头市场结构传导到东道国的目标行业，构筑行业进入壁垒，形成产品定价优势。因此，跨国公司的定价策略为：

$$P_f \geqslant P_{\min} = P_d + EC + T \qquad (7.2)$$

式中：P_d 为投资企业在母国生产同样产品的母国售价；EC 为出口成本，包括运输费用、保险费用以及与出口相关的其他费用；T 为东道国的进口关税。

假设投资企业在母国市场采用成本加成定价法，则有：

$$P_d = AC_d + m_d \qquad (7.3)$$

式中：AC_d 为母国国内产品生产的单位成本；m_d 为取决于厂商垄断势力的加成利润。

将(7.3)式代入(7.2)式，则有：

$$P_f = AC_d + m_d + EC + T \qquad (7.4)$$

再将(7.4)式代入(7.1)式，则有：

$$\Pi_f = (AC_d + m_d + EC + T - AC_f)Q_f$$

上式是包括了所有经济因素的国外投资项目的利润模型。

(四)国际直接投资决策的综合因素模型

基于上述“空间偏好”模型和经济因素模型，即综合以上经济因素与非经济因素的外部市场投资利润函数为：

$$U_j = (\Pi_f, V) = [(AC_d + m_d + EC + T - AC_f)Q_f, V, 0 < V \leqslant 1]$$

理查德森认为，厂商对外直接投资决策分三阶段。如果用 U^* 表示投资的目标利润，U 表示投资的预期利润，那么，厂商对外投资决策的三阶段分别是：(1)预期投资利润 U 的估计阶段，决定于公司决策层的偏好。(2)投资目标利润 U^* 的设定阶段，决定于企业自身特定优势和直接竞争对手的市场行为。(3)对外直接投资的实施阶段，决定于投资机会边界 $U=U^*$。如果 $U>U^*$，则实施对外直接投资；如果 $U<U^*$，则无对外直接投资。

理查德森的综合动因模型不仅将其他跨国公司国际直接投资理论所强调的各种要素进行了综合，而且在模型中引入了建立在非经济变量基础上的主观心理因素对国际直接投资决策的影响因素，有助于说明一个国家投资硬环境的改善并不能自然吸引外来资金进行直接投资，形成“空间偏好”的投资软环境因素(包括政治、社会、法律、文化等)对于东道国引进外来直接投资至关重要。由此可见，该模型对东道国引进外资具有重要的政策含义。为了增大“空间偏好”，东道国是可以有所作为的。主要的措施是：(1)东道国高质量市场信息发布(贸易洽谈展览会、国际商务信息发布会等)；(2)实施改善市场环境的政策措施；(3)创造条件提高先入企业的经营业绩，形成“跟随效应”。

第三节 要素的国际流动

在跨国公司的国际直接投资活动的推动下，要素的国际流动已经成为国际经济生活中的突出特征，并产生着极其重要的经济效应。资本的国际流动（国际直接投资）替代了资本密集型产品的国际贸易；劳动力的国际流动替代了劳动密集型产品的国际贸易。这里主要分析资本和劳动力国际流动的经济效应。

一、资本国际流动及其经济效应

跨国公司基于企业自身优势所做出的国际竞争路径的选择，决定了资本国际流动的形式。根据国际生产折中理论，跨国公司国际竞争的路径主要有技术转让（许可证贸易等）、出口和对外直接投资，当企业具备了特定优势、内部化优势和区位优势三种优势时，国际直接投资就会发生，形成对外直接投资形式的资本的国际流动。除了跨国公司对外直接投资引致资本国际流动这个主要原因以外，资本国际流动的原因还有：(1)资本在不同国家间收益率的差异；(2)汇率变动与国际收支的变化；(3)各种风险因素或规避风险的投资行为；(4)其他因素，如投机、规避贸易保护等。

国际资本流动从不同的角度可以分成不同类型：(1)按照资本输出主体划分，国际资本流动可分成国家资本输出与私人资本输出；(2)按照资本使用期限划分，国际资本流动可分成长期资本的国际流动与短期资本国际流动；(3)按照资本的投资去向划分，国际资本流动可分成直接投资与间接投资。直接投资是指投资者将资本投入另一个国家的生产部门，即投入另一国家的工厂、矿山、种植园或其他生产性单位。间接投资是指投资者所进行的证券形式的投资或国际贷款。

资本国际流动的经济效应可通过图 7.3 加以分析。在图 7.3 中，A 国的资本存量为 OA，B 国的为 $O'A$，A 国的资本边际产出为 OC，总产出为 $FOAG$，其中 $OCGA$ 为资本要素的收入，CFG 为其他要素的收入；B 国的资本边际产出为 $O'H$，总产出为 $O'JMA$，其中资本产出为 $O'HMA$，HJM 为其他要素的收入。

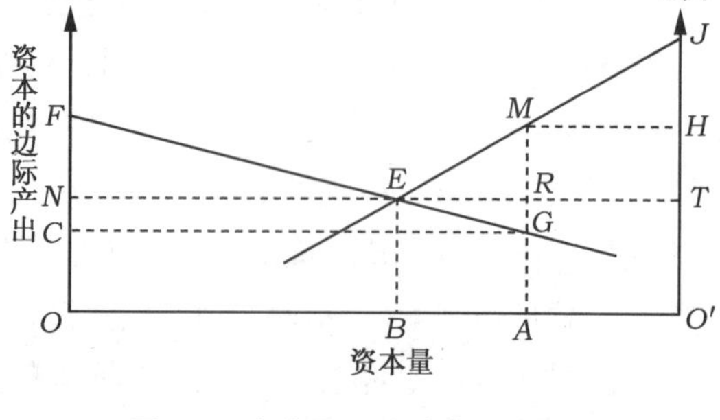

图 7.3 资本国际流动的经济效应

图 7.3 显示，资本国际流动发生后，资本从 A 国流向 B 国，资本边际产出 $ON=O'T$，在

E 点达到均衡，A 国产出为 $OFEB$，B 国为 $O'JEB$，A 国减少 $BAGE$，B 国增加 $EBAM$，两国净增 EGM，因 A 国投资要有收益，A 国总收入为 $AOFER$，B 国为 $O'JERA$，A 国净增 EGR，B 国净增 ERM。

二、劳动力国际流动及其经济效应

劳动力的国际流动是由于经济原因产生的劳动力的跨国流动。其原因主要有：(1)国民收入的国际差异；(2)各国劳动力供求的不平衡；(3)经济周期引起的劳动力流动；(4)国际贸易引起的流动；(5)国际投资引起的流动；(6)其他国际经济活动引起的流动。

劳动力国际流动的形式多种多样，主要有：(1)永久移民式的流动；(2)中短期国际劳务出口(工程、服务等人员流动)；(3)留学人员；(4)技术性劳务合作形成的人才流动；(5)在外资机构的工作人员(外国利用本国劳动力，形成实质上的国际流动)等。

劳动力国际流动的经济效应可通过图 7.4 加以分析。在图 7.4 中，A 国劳动的边际产出为 OC，B 国劳动的边际产出为 $O'H$。在劳动力自由流动的条件下，劳动力由收益较低的 A 国流向 B 国。

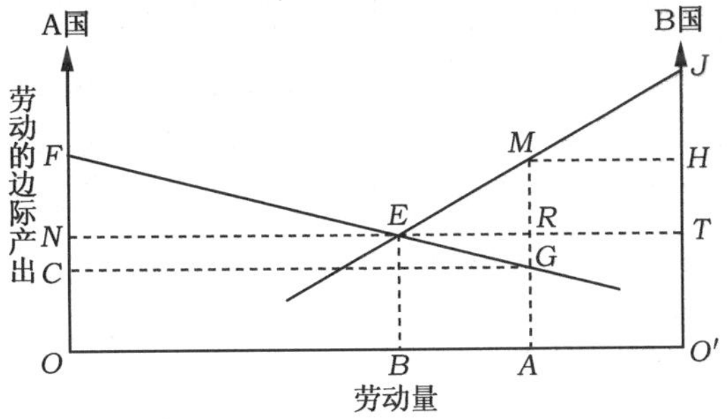

图 7.4 劳动力国际流动的经济效应

在图 7.4 中，劳动力产生流动(AB 表示的量)，在 E 点达到均衡，边际收益 $ON=O'T$，A 国总产出为 $OFEB$，B 国为 $O'JEB$，两国总的产出从 $OFGA+OJMA$ 增为 $OFEB+O'JEB$，净增 EGM。在新增的 EGM 中，ERG 为劳动力流出国所得，MER 为劳动力流入国所得，A 国的总收入为 $FOARE$，B 国的总收入为 $O'JERA$。新增部分 EGR 是劳动力国际流动产生的利益。

第四节 引进外资与国际债务问题

宏观经济学原理中的四部门经济模型表明，满足国民经济均衡即总供给等于总需求的条件是 $I-S=M-X$①。这个模型被称为两缺口模型。当等式两边不相等时，意味着国内资源不足以支持理想的增长速度，出现了各种缺口，如储蓄、外汇、政府收入、技术等缺口。如

① 四部门经济模型的均衡条件 $I-S=M-X$ 推导如下：设 C 为消费，S 为储蓄，T 为税收，M 为进口，X 为出口，I 为投资。由总供给方程 $Y=C+S+T+M$ 和总需求方程 $Y=C+I+G+X$，在假定 $T=G$ 条件下，得出 $S+M=I+X$，移项可得：$I-S=M-X$。

果仅仅假设不存在财政缺口、技术缺口，等式左边 $I-S$ 是投资与储蓄差额，为储蓄缺口；右边 $M-X$ 是进口与出口的差额，为外汇缺口。通过对投资、储蓄、进口、出口四个独立变量的调节可以达到上式平衡。对于发展中国家来说，引进外资弥补缺口，是极其重要的政策工具。但是，引进外资对于发展中国家来说，又是一把“双刃剑”，因此，必须重视确定一个最佳引进外资的规模。

一、最佳引进外资(外债)规模分析

引进外资，对于引资国来说就是对外负债。外债最佳规模的确定，理应使每增加一个单位的外债所获得的经济效益大于每增加一个单位外债所负担的筹资成本。如果单位外债使用所获得的收益小于单位外债所负担的筹资成本，则表明对外借债规模过大，超出了国内配套能力与吸收水平，导致外债规模收益递减。在这种情况下，若不及时削减对外借债的数量，就会不可避免地出现偿债困难。

从理论上讲，我们可以从外资的边际收益和边际成本两方面入手，分析并确定外债的适度规模。所谓外资的边际收益，是指每增加一个单位外资所增加的国民收入；所谓外资的边际成本，是指每增加一个单位的外资所转移出去的国民收入(利息支付)。

当外资开始流入一国时，每增加一个单位的外资，国民收入的增加值将不断提高，即外资利用的边际收益递增，体现了规模经济效益。但是，当外资流入量达到一定规模后，由于国内各种配套的生产要素的供给不足，每单位追加外资只能和国内日益短缺的生产要素进行组合，造成追加外资的使用效率下降，国民收入增加值也趋于下降，体现了生产要素边际收益递减规律的作用(见图 7.5)。

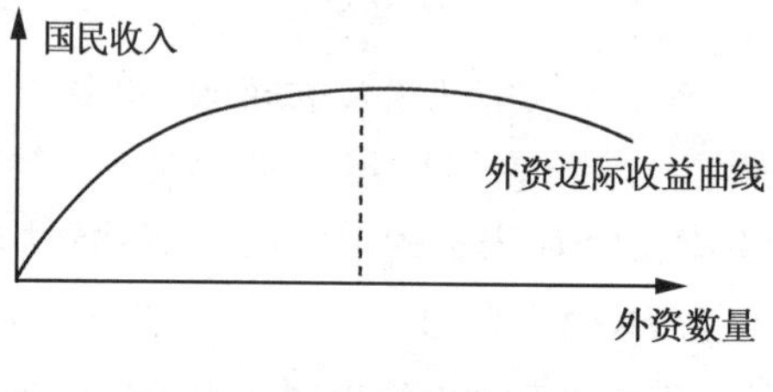

图 7.5　外资边际收益曲线图

对于利用外资的边际成本，我们也可以用图 7.6 中的曲线表示。随着资本流入量的增加，每增加一个单位的外资，外资的边际成本(外资的利息支付)将不断提高。这是由于在外资供给总量有限的条件下，随着外资需求的增加，外资的价格不断上升，也就是边际成本递增。事实上，由于任何一个发展中国家所借外资在国际资本市场中的比重一般都极为有限，所以整体来说，一国外资流入量的增加基本上不会对国际资本市场的利率变动产生影响。因此，更为符合实际的是把一国利用外资的边际成本曲线当作一条水平线看待，如图 7.6 中的 CC'。

如图 7.7 所示，从收益和成本两方面考虑，利用外资的适度规模应该是使用外资的边际收益等于外资使用边际成本所决定的外资数量 OK。当外资使用数量小于 OK 时，如 OK'，

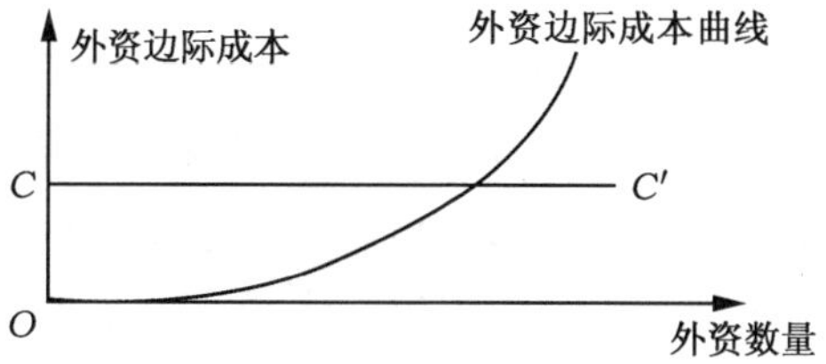

图 7.6 外资边际成本曲线图

外资边际收益大于外资边际成本，这说明国内尚有未被充分利用的生产资源和投资机会，若继续增加外资流入量至 OK，仍能使国民收入取得净增加 ABE 部分；相反，当外资使用量大于 OK 时，如 OK''，外资利用边际收益小于外资利用边际成本。这说明国内已没有可以利用的生产资源和投资机会。超过 OK 部分的外资流入量 KK'' 将使得国民收入的转移部分大于国民收入的增长，即国民收入因利用外资而出现净减少 EDF 部分。

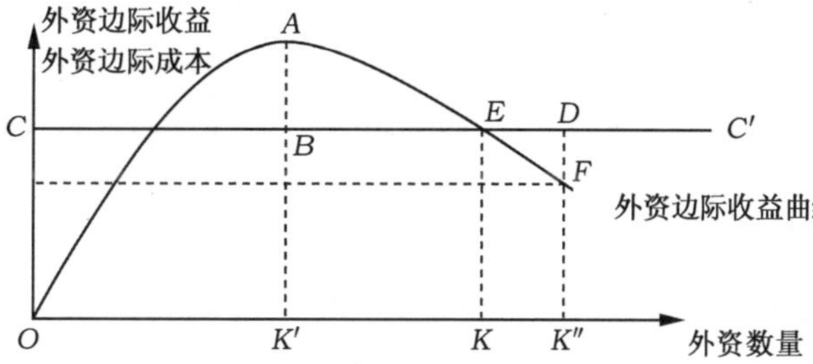

图 7.7 外资适度规模图

可见，只有在外资边际收益等于外资边际成本时，才能够实现利用外资效益的最大化。

二、优化外债结构，规避债务风险

合理的外债结构是降低筹资成本和债务风险、保持外债相对稳定和提高外资预期效益的重要保证。形成合理的外债结构，就要对外债结构进行动态优化，主要从以下几方面入手：

1. 调整币种结构

调整贷款的币种结构，主要是为了减少外债的汇率风险。国际资本市场的一般做法是，借款避开强势货币（汇率看涨的货币），出口避开弱势货币；如果汇率变动的趋势难以确定，则采取货币种类多样化的策略。

2. 合理安排债务偿还期

债务偿还期限结构合理与否，是债务结构优劣的重要标志之一。外债偿还期限结构一般由长、中、短三类构成，理想的结构应该是阶梯形，即长中期债务多些，短期债务少些。短期债务虽易于筹集，但它容易受国际金融市场动荡的影响，风险大，利率高，更会遇到清偿困难。应尽量压缩短期债务的比例，并将借债多投入到周期短、见效快的建设项目上，以便及时收回投资，偿还债务。中长期债务的使用可相对缓和债务清偿压力，用于长期基础建设项目的投资，能够和投资回收期基本衔接，一般可用于项目本身的收益还款。因此，在债务结构和安排中应尽量多争取中长期贷款。

此外，优化债务偿还期结构还包括分散还本付息期限。在借用外债时，如果只考虑每笔债务的成本费用，而忽视偿还期限的分散，就可能形成过于集中的偿债高峰期，届时需要拿出很大一笔外汇来还债，在出口创汇能力没有较大提高的情况下，可能拿不出这笔巨额外汇，从而引致偿债困难。

3. 调整资金来源结构

外债资金有两个来源：一是外国政府和国际金融组织的金融贷款，即官方来源；二是国际金融市场上的商业贷款，即商业来源或私人来源。官方贷款一般具有期限长、利息低的特点，但往往有很多限制条件，比如规定某笔贷款只准使用在某些建设项目上，而且官方贷款也经常受到政治因素的限制。商业性贷款的特点是偿还期限短、利息较高，大多采用浮动利率，并且需支付代理费等费用，其借贷成本较高，但在使用方面却较少受限制。

一些发展中国家、发生债务危机的原因之一是商业贷款增长过猛，在资金流入总量中所占比重不断上升；而官方来源的贷款增加缓慢。这主要是因为外国政府和国际金融组织的贷款是有限的，在借款要求得不到满足时，债务国就只能寻求商业性贷款。所以，最有可能导致过度借款的渠道就是商业性贷款。

4. 优化利用外资的方式

资料表明，当今世界上那些债务危机严重的国家一般都是外资结构中外国贷款过大的国家，而使用外国直接投资比重大的发展中国家很少陷入债务危机之中。拉美各国在利用外资的过程中，由于唯恐外国资本对本国经济进行控制，又由于使用贷款很少受到额度及投资条件的限制，因而利用外资主要依靠大量向国外贷款，这样，在国际形势不稳、贷款利率高而多变的情况下，难免债台高筑。相比之下，东南亚很多国家和地区更多地利用外国直接投资，有效地避开了债务危机的陷阱。

复习与思考题

一、名词解释

1. 跨国公司
2. 垄断优势
3. 资本国际流动
4. 劳动力国际流动
5. 国际债务

二、简述题

1. 简述垄断优势理论。
2. 简述国际生产折中理论。
3. 简述产品生命周期理论。

4. 简述比较优势投资理论。
5. 简述竞争优势理论。
6. 简述资本国际流动及其经济效应。

三、论述题

1. 试析跨国公司的含义、特征及其经济影响。
2. 基于最佳外债规模理论,试析国际债务管理策略。

·第四部分·

国际金融理论

第八章

国际收支与国际收支均衡调节理论

学习目的与要求

1. 掌握国际收支的定义以及国际收支平衡表的基本样式。

2. 掌握关于国际收支平衡的不同观点，并理解国际收支平衡状态被视为最佳状态的原因。

3. 掌握国际收支自动调节机制理论(包括金本位制下的国际收支自动调节机制理论、浮动汇率制下的国际收支自动调节机制理论和国民收入自动调节极值理论)。

4. 掌握国际收支调节的货币分析法，并能对该理论进行简要评价。

5. 掌握国际收支调节的弹性分析理论，并能对该理论进行简要评价。

6. 掌握国际收支调节的吸收分析理论，并能对该理论进行简要评价。

7. 掌握国际收支调节的政策配合理论，并能对该理论进行简要评价。

8. 掌握国际收支调节的结构分析理论，并能对该理论进行简要评价。

9. 掌握国际收支调节的财政分析理论，并能对该理论进行简要评价。

10. 掌握国际收支不平衡的含义及其类型。

11. 掌握国际收支政策调节的各种政策措施及其作用机理。

12. 掌握J形曲线效应理论，并能对该理论进行简要评价。

第一节　国际收支与国际收支均衡

一、国际收支的定义

一个国家只要与他国或地区发生经济往来，在经济往来过程中必然发生收支问题。另外，非经济性的国家交往，比如政治、文化的国际交往，也会产生货币收付问题，由此导致国际收支及其相关问题。

世界各国在经济、政治、文化等各方面的交往过程中必然导致国与国(或地区)之间发生货币收支,形成债权债务关系。以国家间的商品交易为例,一国的出口构成其他国家或地区的进口。对商品出口国来说,它获得的是因出口商品而产生的债权;对于进口国家或地区来说,它所承担的是因商品进口而形成的债务。出口方可以凭借债权要求进口方无条件付款,进口方有义务偿清其所欠款项,通过国家间的货款收支,结清债权债务关系。此外,在国家间相互提供劳务、馈赠或资金借贷、投资等,也都会引起国家间的货币收付。因此,一国对所有其他国家或地区在一定时期内(通常为1年)发生的全部对外支出与收入的对比,称为国际收支。当一国得自其他国家或地区的收入大于该国的对外支出时,便是国际收支顺差(Favorable or Active Balance of Payments),也称国际收支盈余(Surplus)。当一国得自其他国家或地区的收入小于该国的对外支出时,便是国际收支逆差(Unfavorable or Adverse Balance of Payments),也称国际收支赤字(Deficit);如果一国得自其他国家或地区的收入等于该国的对外支出,便是国际收支平衡。

一国的国际收支,常由国际收支平衡表(Balance of Payment Statement)来表示。它是反映一国(或地区)在一定时期(通常为1年)内全部对外经济交易的统计表(见表8.1)。

表8.1　　国际收支平衡表的一种式样

项　目	借　方	贷　方
A. 商品和劳务		
1. 商品	(－)	(＋)
2. 劳务	(－)	(＋)
B. 单方转移		
1. 私人汇款和馈赠	(－)	(＋)
2. 政府转移	(－)	(＋)
C. 长期资本		
1. 私人直接投资	(－)	(＋)
2. 其他私人投资	(－)	(＋)
3. 政府(官方)资本	(－)	(＋)
D. 短期资本		
局部总额(A－D)	(－)	(＋)
E. 官方储备资产和负债		
1. 短期官方资本	(－)	(＋)
2. 货币用黄金	(－)	(＋)
3. 特别提款权和其他储备资产	(－)	(＋)
局部总额E	(－)	(＋)
全部总额(A－E)	(－)	(＋)

国际收支平衡表是按照复式簿记的原理编制的,一切国际经济交往都在国际收支平衡表上的借贷两方得到表示。一笔具体的国际经济交易,在什么情况下列入贷方,在什么情况下列入借方,其处理原则是:凡属于收入项目或负债增加、资产减少的项目均列入贷方(Credit)或称

正号方;相反,凡属于支出项目或负债减少、资产增加的项目均列入借方(Debt)或称负号方。

由于一个国家商品的进口和出口,劳务的收入和支出,资本的流出和流入经常是不平衡的,因而每个项目的借方和贷方(即支出和收入)相抵后总会出现一定的差额,如贸易收支差额、劳务收支差额等,这种差额称为局部差额。如果收入大于支出,产生盈余,这个差额称为顺差,可在顺差前冠以"+"号;如果支出大于收入,出现赤字,这个差额称为逆差,逆差前冠以"-"号表示。各项局部差额的总计就是国际收支总差额,称为国际收支顺差或国际收支逆差,也称为国际收支盈余或国际收支赤字。

二、国际收支均衡

为了反映国际收支状况,大多数国家都编制本国的国际收支平衡表。按照国际货币基金组织编制的国际收支平衡表,它主要包括经常项目账户(Current Account)、资本项目账户(Capital Account)和平衡或结算账户(Balancing Account),其中每一大项下又包括若干小项。由于各国在编表时大多数用复式簿记法,每一笔交易的借贷双方都同时进行借方记录和贷方记录。因此,从原则上说,国际收支平衡表的借方总额和贷方总额是相等的,其净差额为零。但是,国际收支平衡表上展示的这种平衡本身并没有多大的实际意义。于是,西方经济学家又提出了国际收支均衡的理论。国际收支均衡是比国际收支平衡更深刻的一个概念,它是与国内经济均衡相适应的一种国际稳定状态。它不但重视国际收支差额,而且强调国际收支各个项目对本国经济的影响。一般来说,主要有三种不同的国际收支均衡观。

1. 自主性项目差额为零的观点

在西方国际收支理论中,对国际收支均衡的一种最常见的理解是把一国国际收支平衡表上的各种经济交易按"自主性交易"或"调节性交易"的不同性质,划分为自主性项目和调节性项目两大类,而把国际收支均衡定义为自主性项目差额为零。① 所谓自主性交易(Autonomous Transaction),又称为事前交易(Ex-ante Transaction),是指那些基于商业(利润)动机或其他考虑而独立发生的交易。例如,商品、劳务、技术交流、收益的转移、无偿转让、各种形式的对外直接投资和证券投资等。这些交易所发生的货币收付并不必然相等,由此可能导致对外汇的超额要求或超额供给,引起外汇价格即汇率的变动。在这种情况下,一国当局或者必须允许汇率变动,使自主性交易自行达到平衡,或者必须增减外汇储备或向国外借款来弥补自主性交易收支不平衡所造成的超额外汇供给或需求,以保持汇率稳定。在一国当局有义务保持固定汇率的情况下,自主性交易不平衡所造成的外汇供求缺口势必要予以弥补或填塞,调节性交易(Accommodating Transaction)或事后交易(Ex-post Transaction)正是基于这一需要而进行的交易。换言之,调节性交易又是因其他交易(即自主性交易)而发生的,本质上说它只是一种弥补自主性交易不平衡的融通性交易。因而,国际收支是否均衡,实际上是要看自主性交易所产生的借贷余额是否相等,若自主性项目交易差额为零,则国际收支处于均衡状态,反之则称为国际收支失衡。

---

① 詹姆斯·米德:《国际收支》,首都经贸大学出版社 1990 年版,第 12 页。

2. 市场均衡的观点

一些西方经济学家提出以市场均衡作为衡量国际收支是否均衡的标准。他们认为，一国对外经济交易基本上是通过外汇市场进行的，外汇市场均衡是国际收支均衡的基础。外汇市场均衡又分为日常交易的供求均衡和实际所需的供求均衡。前者任何时候都是均衡的，而后者则不一定达到均衡，只有实际所需的外汇供给等于实际所需的外汇需求，才算真正实现了外汇市场上的供求均衡，从而达到国际收支的均衡。

3. 全面均衡的观点

西方经济学家还提出了关于国际收支均衡的另一种观点，可称为全面均衡观。[①] 全面均衡观是指在整个经济周期内充分就业水平上的国际收支自主性项目差额为零的均衡。全面均衡不仅是外汇市场的供求均衡，而且包括相互关联的国内外各个市场，如商品、劳务、货币、外汇等市场的供求均衡。全面均衡所涉及的，不仅包括流通领域，而且包括生产领域在内的整个宏观经济的均衡。概而言之，它包括三个方面，即国际收支差额、国际收支对外汇市场的影响和国际收支对宏观经济发展的影响。这种全面均衡状态可用图 8.1 反映出来。

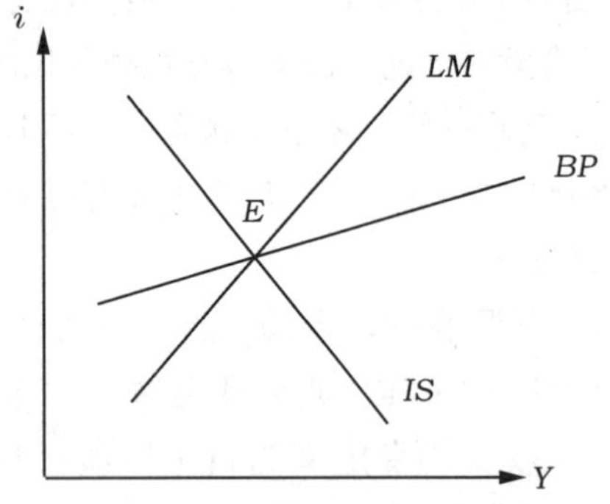

图 8.1　国际收支全面均衡

图 8.1 中纵轴表示利率(i)，横轴表示国民收入(Y)，IS 曲线表示商品市场均衡点的轨迹，IS 曲线向右下方倾斜是因为较低的利率刺激投资，较高的投资通过乘数作用增加产出，反之，高利率则限制投资和产出。LM 曲线表示货币市场均衡点的轨迹，LM 曲线向右上方倾斜，是因为收入上升增加对货币的交易要求，从而要求利率上升，以便引起对利率敏感的货币要求的相应减少。BP 曲线是国际收支均衡曲线，它表示在汇率不变的条件下，曲线上的任意一点，都是一定的利率和国民收入结合所决定的外汇市场供求均衡点。BP 曲线也向右上方倾斜，这是因为，收入或产出增加，将引起进口增加和国际收支恶化，为了吸引资本流入以弥补贸易赤字，利率必然上升。只有当 IS、LM、BP 曲线相交于 E 点时，国际收支才达到了全面均衡，E 点为国际收支全面均衡点。

① W. 索尔特:《内部与外部均衡:价格的作用和支出效应》,载《经济学杂志》,1959 年第 3 期。

第二节　国际收支自动调节机制

一、金本位制下的国际收支自动调节机制

在金本位制下，国际收支具有自动调节功能。古典经济学家中多有论述，但是形成了较完整的国际收支理论的，当首推 18 世纪著名的英国经济学家大卫·休谟(David Hume，1711—1776)。早在 1752 年，大卫·休谟就把货币数量说应用到国际收支分析中，提出了“价格-铸币流动机制”(Price-Specie Flow Mechanism)理论。他认为，只要世界各国相互保持贸易关系，则一国的对外贸易的货币收支差额之有余或不足自动调节，使各国的黄金出现均衡分配。他所说的这种货币的均衡分配，不是指绝对数量的平均分配，而是指各国所拥有的货币同各自的商品和劳务数量以及工业和技术发展水平之间所保持的比例。具体来说，他认为，一国国际收支出现逆差，会引起资金外流，资金外流又会引起货币供给减少和物价下跌，有利于出口贸易，而不利于进口贸易，从而使国际收支恢复平衡。如果一国国际收支出现顺差，则会引起资金流入。资金流入会引起货币供给增加和物价上涨。物价上涨不利于出口贸易而有利于进口贸易，因而会导致国际收支顺差逐渐消失和国际收支平衡恢复。

休谟的“价格-铸币流动机制”的调节过程可通过图 8.2 表示。

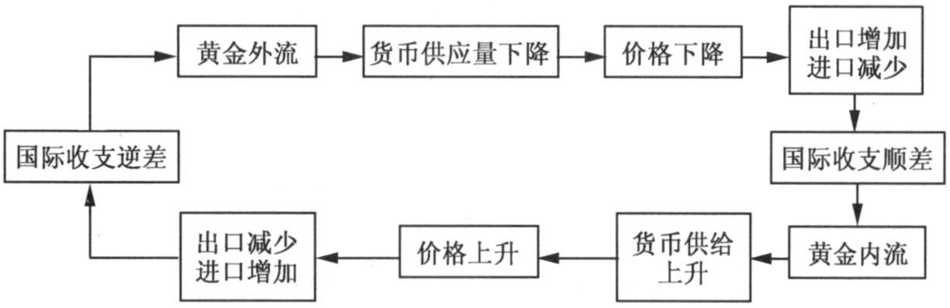

图 8.2　金本位制下国际收支自动调节机制

为了充分发挥“价格-铸币流动机制”的自发调节作用，要求实行金本位制的各国必须遵守以下三项原则：第一，要把本国货币与其所含一定数量黄金的比例固定下来，并随时可以兑换黄金；第二，黄金可以自由输出与输入，各国金融当局应随时按官方比价无限制地买卖黄金和外汇；第三，中央银行或其他货币机构发行钞票必须有一定的黄金准备，只有这样，国内货币供给才会因黄金流入而增加，因黄金流出而减少。这三个原则被称为“金本位制的竞赛规则”(Rules of the Golden Standard Game)。

二、浮动汇率制下的国际收支自动调节机制

在浮动汇率制度下，一国货币当局不对外汇市场施加干预，即不通过储备的增减来影响外汇供给或外汇需求，而听凭外汇市场的外汇供求决定外汇的上升和下降。在这种制度安

排下,如果一国国际收支出现逆差,外汇的需求就会大于外汇供给,外汇的价格即汇率就会上升;反之,如果一国国际收支出现顺差,外汇的需求就会小于外汇供给,外汇的价格就会下跌。通过汇率随外汇市场的供求变动而变动,国际收支失衡就会在一定程度上自动得到纠正。

假定,X为A国的进口商品,Y为A国的出口商品;A国的外汇市场只受进出口贸易的影响,而与资本流动及其他经济交易无关,且A国是一个小国,其对外贸易不会对商品的国际价格产生影响。基于此,可以对浮动汇率制下国际收支自动调节机制做进一步分析。

1. 汇率变化对A国进口的影响

图8.3中,横轴Q_X表示A国进口品X的数量,纵轴P_X表示进口品X的商品价格。由于A国是一个小国,其进口X的数量变化不会对X的国际价格产生影响,因而进口品X的供给曲线S_X为一条水平线。另一方面,A国国内对进口品X的需求则要受到X的国内价格变化的影响。一旦汇率发生变动,以外汇表示的X的国际供给价格虽然不变,以本币表示的国内价格却会改变。若外汇汇率上升,A国货币贬值,同样的国际价格P_0就会折合成较多的本币,即X的国内价格提高,国内需求量相应减少,反之亦然。故X的国内需求曲线D_X的形状向右下方倾斜。

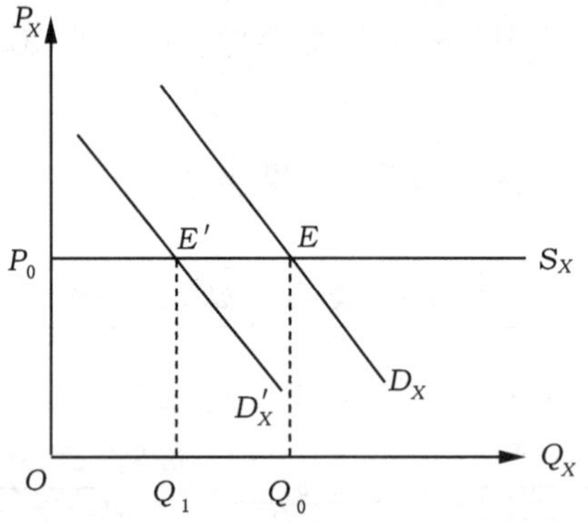

图8.3 汇率变化对A国进口的影响

现在,假设A国出现了国际收支逆差,外汇供不应求,则外汇汇率上升,本币汇率下浮,这样,A国进口品X的国内价格上涨,需求量相应减少,若用外汇价格来衡量,A国X的需求曲线就会下移,从D_X移向D'_X,A国外汇需求量就由原来的$OQ_0 \times OP_0$减少到$OQ_1 \times OP_0$,国际收支恢复均衡。

2. 汇率变化对A国出口的影响

图8.4中,横轴表示A国Y商品的出口量,纵轴表示Y商品的价格。因A国是一个小国,其出口Y的变化不会对Y的国际需求价格产生影响,故Y的国际需求曲线D_Y为一条水平线,但A国对商品Y的国际供给,即A国Y的出口量却要受到价格变化的影响。假如A国货币贬值,外汇汇率上升,以外汇来衡量的国际需求价格并不会发生变化,但以A国货币表示的A国Y的出口价格却会升高,从而Y的出口数量增加,故A国的Y商品的国内供给曲线S_Y向右上方倾斜。

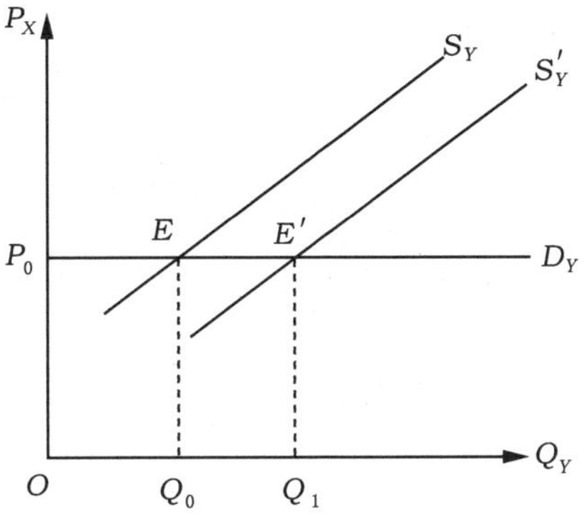

图 8.4 汇率变化对 A 国出口的影响

当 A 国出现了国际收支逆差,外汇供不应求,本币贬值后,在同样的国际需求价格 P_0 的水平上,A 国的 Y 出口量增加,这意味着 A 国出口供给曲线 S_Y 向右移动,从 S_Y 移向 S'_Y,A 国外汇供给量由原来的 $OQ_0 \times OP_0$ 增至 $OQ_1 \times OP_0$,这样便对国际收支逆差起到了纠正的直接作用。

3. 汇率变化自动调节作用的限制

图 8.5 中,横轴代表外汇的数量,纵轴代表以 A 国本币表示的外汇价格。SB_g 和 DB_g 分别代表外汇的供给曲线和需求曲线。当汇率为 R_1 时,外汇需求 B_{g_2} 大于外汇供给 B_g,这意味着(B_{g_2}—B_{g_1})数额的逆差。在浮动汇率制度下,可视同本币 A_g 汇率下降,外汇 B_g 汇率上升。当汇率上升至 R_0 时,外汇供求便在 E 点达到均衡,即外汇供给量和需求量相等,均为 B_{g_0}。

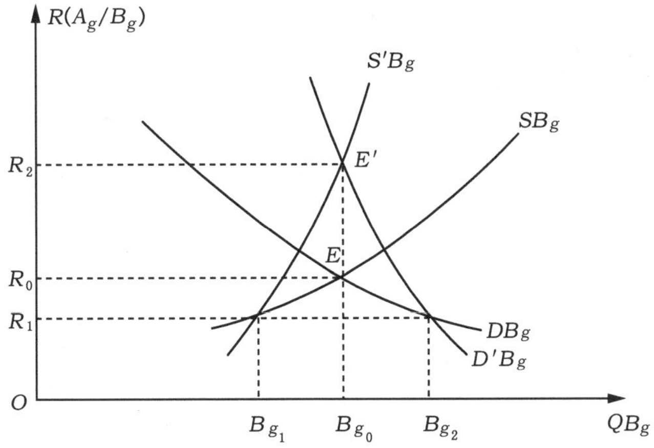

图 8.5 汇率变化自动调节作用的限制

但是,汇率变化对国际收支的调节并不是无条件的。这种作用要受到外汇供给和需求曲线弹性的限制。若 SB_g 和 DB_g 曲线弹性较大,较小的汇率变动便能达到调节目的。然而,若外汇供求曲线弹性很小,即呈现 SB_g 和 DB_g 的形态,那么汇率要有较大的变化才能达到调节的目的,调节机制的效能就显得比较弱了。

三、国民收入自动调节机制

上述两种国际收支的自动调节机制都内含着一个假定，即假定一国的国民收入保持不变。但在实际经济运行中，进出口贸易的变化必然会影响到一国的国民收入，而国民收入的变化反过来也可以影响对外贸易。这里涉及西方经济学中常用的几个概念：首先是边际储蓄倾向，它是指储蓄增量在收入增量中的比例，用公式表示即：$MPS=\Delta S/\Delta Y$；其次是边际进口倾向，它是指进口增量在收入增量中的比例，用公式表示即：$MPM=\Delta M/\Delta Y$；再者是外贸乘数，它是指收入增量与出口增量之比，用公式表示即：

$$K_f=\frac{1}{MPS+MPM}$$

一国的投资是由对内投资和对外投资两部分组成的，设 I_d 为对内投资，I_f 为对外投资，则有：

$$I=I_d+I_f$$

$$I_f=X-M$$

它表示对外投资就是净出口。

由于 $S=I$，因此：

$$S=I_d+I_f=I_d+X-M$$

移项可得：

$$I_d+X=S+M$$

假定在任何国民收入水平上，国内投资 I_d 都是稳定的，则出口增量（ΔX）就只能等于储蓄增量和进口增量，即：

$$\Delta X=\Delta S+\Delta M$$

等式两边同除 ΔY，则得：

$$\Delta Y/\Delta X=\frac{\Delta Y}{\Delta S+\Delta M}=\frac{1}{\frac{\Delta S}{\Delta Y}+\frac{\Delta M}{\Delta Y}}=\frac{1}{MPS+MPM}$$

当 $MPS=0$ 时，$K_f=\frac{1}{MPM}$。这时，由于收入增量所引起的进口增加额正好与最初出口的增加额相同，因此，收入的变化在国际收支失衡时起自动调节作用。但是，当 $MPS>0$ 时，由于收入增加所引起的进口增量小于最初出口的增加额，因而在这种条件下收入变化的自动调节机制是不完全的。

例如，当一国的国民收入未达到充分就业水平时，如果出口增加了 $\Delta X=100$ 美元，并保持在这个水平上，假定该国的 $MPS=0$，$MPM=0.1$，这时：

$$K_f=\frac{1}{MPS+MPM}=\frac{1}{MPM}=\frac{1}{0.1}=10$$

$$\Delta Y=\Delta X\cdot K_f=100\times10=1\ 000\text{（美元）}$$

$$\Delta M=\Delta Y\cdot MPM=1\ 000\times0.1=100\text{（美元）}$$

这样，$\Delta M=\Delta X$，进口增量正好等于出口增量，国民收入在一个较高的水平上恢复均衡。

但是，如果上例中 MPS 不是等于 0，而是等于 0.15，那么则有：

$$K_f=\frac{1}{MPS+MPM}=\frac{1}{0.15+0.1}=4$$

$$\Delta Y=\Delta X\cdot K_f=100\times4=400(\text{美元})$$

$$\Delta M=\Delta Y\cdot MPM=400\times0.15=60(\text{美元})$$

显然，当 $MPS=0.15$ 时，$\Delta M<\Delta X$，即该国收入变化所引起的进口增加额小于最初的出口增加额。也就是说，在 $MPS>0$ 的条件下，收入的自我调节机制是不完全的。

第三节　国际收支调节理论

一、货币分析法

国际收支的货币分析法(The Monetary Approach to the Balance of Payments，MABP)在 20 世纪 70 年代是一种占支配地位的关于国际收支的理论。MABP 的基本假定是，国际收支的任何不均衡都是基于货币不均衡，也就是人们所希望持有的货币数量同货币当局所供应的货币数量之间不一致。简言之，如果人们所需求的货币大于中央银行所供应的货币，则为对货币的超额需求，它由来自国外的货币流入来满足。另一方面，如果中央银行所供应的货币大于人们所需求的货币，则为货币的超额供给，它将由货币向其他国家的外流来消除。因此，MABP 的分析强调的是货币供求的决定，因为这也将决定国际收支。

1. 货币需求稳定性分析

按照货币分析法的分析，对货币的需求主要由交易需求和资产需求两大部分构成。由于"资产"从终极意义上来说，不能与商品和劳务相分离，也由于在发达的商品经济中，"资产"本身也成了商品，可以进行交易买卖，由此，对货币的资产需求也可以最终归结为对货币的交易需求。因此，可以得出结论：影响货币需求的最重要的因素是一个国家的国民生产总值水平。

在封闭经济中，货币需求与国民生产总值之间的关系，可以用货币数量论的一个基本公式表示，即：

$$MV=PQ \tag{8.1}$$

式中：M 表示货币数量，V 表示货币流通速度，P 为商品和劳务交易的平均价格水平，Q 表示商品劳务交易的数量。一般而言，这个公式所表示的是货币供给与货币需求之间的关系，然而就货币与国民生产总值的关系来说，可以将 PQ 看作国民生产总值，而 MV 则可视为货币需求数量。

对式(8.1)略加调整，移项可得：

$$M=PQ/V$$

令 $1/V=k$，用 Y 代替 Q，用 M_d 代替 M，则：

$$M_d=kPY \tag{8.2}$$

这就是货币数量论中著名的货币需求公式。式中：M_d 为名义货币需求量，P 为一般价格水平，Y 为实际收入，而 PY 的乘积实际上就是一国的国民生产总值，k 是货币流通速度的倒数，表示当 P 或 Y 变动时，货币需求将会如何变动。一般来说，能够影响 k 的因素有三个：第一，持有货币所带来的便利及其能避免的风险；第二，将以货币形式持有的资产转用于生产所能获得的实际收入水平；第三，把货币用于消费所能得到的效用满足程度。大体来说，k 值的大小与第一个因素成正比，与第二和第三个因素成反比。换句话说，k 值的大小从而持有货币量的多少要确定在持有货币的边际效用与保有非货币资产的边际效用相等的那一点，它是经济主体在进行资产组合时反复权衡的结果，也因为上述三个因素在短期内不易变化，故 k 值可以看作稳定的。因此，货币的需求与国民生产总值之间是一种稳定的正函数关系。

在开放经济中，货币需求包括对本国货币的需求和对外国货币的需求。影响货币需求的最基本因素也就既包括本国的国民生产总值，也包括外国的国民生产总值。因此，在开放经济条件下，货币需求与国民生产总值的关系，可以用下列一组公式来表示：

$$M_d = kPY$$

$$M_d^f = k^f P^f Y^f \tag{8.3}$$

式中：M_d 和 M_d^f 分别表示对本国货币和外国货币需求的数量；P 和 P^f 表示本国和外国的一般价格水平；Y 和 Y^f 分别表示本国和外国的实际收入；k 和 k^f 分别是本国和外国的货币流通速度的倒数，反映着各自保持在货币形态上的资产占总货币收入的比率。该式同样表明了，无论是对本国货币的需求还是对外国货币的需求，在价格水平不变和 k 为常数的情况下，M_d 和 M_d^f 均随国民生产总值的变化而变化，且这种变化都是一种稳定的正函数关系。

货币需求的稳定性是货币分析法的一个极其重要的前提。“这意味着，货币需求与收入和价格之间的关系，在一段时间不会发生急剧的变动。如果没有稳定的货币需求这一假定，货币分析法将不能提出一个有用的分析架构。”①

2. 货币供给与国际收支

在开放经济中，如同货币需求是由本国货币的需求和外国货币的需求两部分构成一样，货币供给也可以分为两部分，即国内的货币供给和国外的货币供给。前者是指一国国内通过包括中央银行在内的银行体系所创造的信用，一般来说，一国国内的货币供给（或称之为封闭状态下的货币供给）是由现金（CU）和存款货币（CD）两部分构成的，CU 是货币当局发行的流通钞票和硬币，CD 是指商业银行活期存款过程中通过乘数作用创造出来的货币。后者则是由国际收支所获得的盈余即国际储备。

令 M_S 表示一国货币供给总量，D 表示国内货币供给（$D=CU+CD$），R 表示国外货币供给，则：

$$M_S = D + R \tag{8.4}$$

将上式移项，得：

---

① ［美］迈克尔·梅尔文著，张志超等译：《国际货币和金融》，华东师范大学出版社 1990 年版。

$$R=M_S-D \tag{8.5}$$

假定在长期中货币需求等于货币供给，即 $M_d=M_S$，那么：

$$R=M_S-D=M_d-D \tag{8.6}$$

式(8.6)便是货币分析法关于货币供给量对国际收支影响的典型公式。它表明一国国际收支差额，即国际储备增减额等于该国的货币需求减去国内货币供给，国内货币供给量的过度增长，国际收支将出现逆差；反之，则使国际收支顺差增大。

以上分析的是货币供给量对国际收支的影响。事实上，货币供给量与国际收支有相互影响的关系，国际收支也会反过来影响一国的货币供给量。在货币分析法看来，国际收支不外乎是一国所持有的国外货币资产净增额与世界其他国家所持有的对这个国家的货币债权净增额两者之间的差额。这样，在一个国家的货币供给和国际储备以同一形式出现的制度下，国际收支差额与该国货币供给量就有如下关系：

$$B=\Delta R=\Delta M \tag{8.7}$$

式中：B 表示国际收支差额，ΔR 表示国际储备的变动，ΔM 表示货币供给量的变动。在金本位制下，国际储备变动和货币供给量变动之间存在的就是这种关系。在现代货币制度下，任何一个国家的货币和国际储备并不是以同一种形式出现的。但是，这种不同形式，除了国际储备在本国内不能直接流通以外，并没有改变货币分析法关于开放经济中货币供给由本国货币和外国货币两大部分构成的基本命题。因此，国际收支和货币供给量的关系可基于下列公式的推导表现出来。

因为：

$$M_S=R+D \tag{8.8}$$

所以：

$$\Delta M_S=\Delta R+\Delta D \tag{8.9}$$

又因为：

$$B=\Delta R$$

故：

$$M_S=B+\Delta D \tag{8.10}$$

正因为一个国家的货币供给量的增加额(ΔM_S)是由国际收支差额(B)，即国际储备变动额(ΔR)和银行体系活期存款变动额(ΔD)所决定[①]。因此，货币供给量的增长率由国际收支和国内信贷两个因素决定，即：

$$\Delta M_S/M_S=\frac{B+\Delta D}{M_S} \tag{8.11}$$

在国内信贷规模既定不变的情况下，该国国际储备的增长率与该国货币供给量的增长率有着一种正比例的关系。当然，国内信贷规模既定不变只是一个假设，事实上它是可以改变的。唯其如此，一个国家的银行系统可以将信贷规模的调整作为一种工具，去抵消或消除

---

① 在发达的商品经济中，一国的货币供给量虽然主要由现金和活期存款构成，但占据主要地位和份额的是后者而不是前者。

国际收支对货币供给量的净影响。例如，银行系统可以参照国际收支总顺差额去削减发放贷款的规模，而这种国际收支顺差不会造成货币供给量的等额增加；相反，银行系统本身也可以通过扩大信贷规模去消除逆差的影响，稳定经济中的货币供给量。但是，银行系统本身的这种调节功能，不可能没有限制。比如说，一个国家用作抵销国际收支顺差对货币供给量净影响的国内贷款减至极限，就会使得国际储备变成该国的货币供给，而顺差的进一步扩大，便必然会增加货币供给量。

二、弹性分析理论

国际收支的弹性分析法(The Elasticity Approach)主要是用以分析一国当局所实行的货币贬值对该国经常项目收支差额的影响。这一理论最初由 A. 马歇尔(Alfred Marshall)和 A. 勒纳(Abba Lerner)提出，并由琼・罗宾逊等做了进了一步发展。

1. 货币贬值与贸易收支

弹性分析法的前提假定是：(1)其他条件不变，只考虑汇率变动对进出口商品的影响；(2)贸易商品的供给几乎有完全弹性；(3)充分就业和收入不变，因而进出口商品就是这些商品及其替代品的价格水平的函数；(4)没有资本移动，国际收支等于贸易收支。在这样的假定条件下，弹性分析理论讨论汇率变动对国际收支的影响，并侧重于货币贬值从而汇率变动对国际收支的影响。

货币贬值能否改善国际收支，取决于需求与供给的弹性。这里需要考虑四种弹性：(1)出口商品的需求弹性；(2)出口商品的供给弹性；(3)进口商品的需求弹性；(4)进口商品的供给弹性。若假定供给具有完全弹性，那么，货币贬值的效果取决于需求弹性。

假定两个国家的两种商品进行交易，而最初以本币计算两种商品价格均为 1，设 B 为以外币计算的贸易差额，X 为本币表示的出口商品总量，P 为汇率(以间接标价法表示)，PX 为出口商品的外汇额，M 为以外币表示的进口额，则：

$$B=PX-M \tag{8.12}$$

将式(8.12)对 P 微分，得：

$$\begin{aligned}\frac{\mathrm{d}B}{\mathrm{d}P}&=X+P\,\frac{\mathrm{d}X}{\mathrm{d}P}-\frac{\mathrm{d}M}{\mathrm{d}P}\\&=X\left(1+\frac{P}{X}\cdot\frac{\mathrm{d}X}{\mathrm{d}P}-\frac{\mathrm{d}M}{\mathrm{d}P}\cdot\frac{P}{M}\cdot\frac{M}{PX}\right)\end{aligned} \tag{8.13}$$

因为出口商品的价格弹性为：

$$E_X=\frac{\mathrm{d}X/X}{\mathrm{d}P/P}=\frac{P}{X}\cdot\frac{\mathrm{d}X}{\mathrm{d}P} \tag{8.14}$$

又进口商品的价格弹性为：

$$E_M=\frac{\mathrm{d}M/M}{\mathrm{d}P/P}=\frac{\mathrm{d}M}{\mathrm{d}P}\cdot\frac{P}{M} \tag{8.15}$$

将式(8.3)与(8.4)代入式(8.2)，可得：

$$\frac{\mathrm{d}B}{\mathrm{d}P}=X(1+E_X-\frac{M}{PX}\cdot E_m) \tag{8.16}$$

设货币贬值能够改善贸易收支，则：

$$\frac{\mathrm{d}B}{-\mathrm{d}P}>0 \quad 或 \quad \frac{\mathrm{d}B}{\mathrm{d}P}<0$$

由式(8.5)得：

$$X(1+E_X-\frac{M}{PX}\cdot E_m)<0$$

$$1+E_X-\frac{M}{PX}\cdot E_m<0 \tag{8.17}$$

因为在一般情况下，$E_X<0$，$E_M>0$ 同时在国际收支失衡初期，M 与 PX 大致相等，所以可得：

$$E_X+E_M\cdot\frac{M}{PX}>1$$

$$E_X+E_M>1 \tag{8.18}$$

式(8.18)所示就是著名的马歇尔-勒纳条件(Marshall-Lerner Condition)。用文字简单概括，就是货币贬值能否改善贸易收支，取决于出口需求弹性和进口需求弹性，只有当出口需求弹性和进口需求弹性之和大于1时，货币贬值才有利于改善贸易收支。具体来说，货币贬值对贸易收支的影响，可以用出口需求弹性(E_X)和进口需求弹性(E_M)的下列组合加以表示：

若 $E_X+E_M>1$，货币贬值有利于改善贸易收支；

若 $E_X+E_M=1$，货币贬值对贸易收支不发生作用；

若 $E_X+E_M<1$，货币贬值将使贸易收支逆差扩大。

2. 马歇尔-勒纳条件的修正

琼·罗宾逊在其《就业理论论文集》中提出，货币贬值对贸易条件的影响是不确定的，其效果要视供求弹性的大小而定。琼·罗宾逊运用下列数学公式加以分析。

$$K\left\{X\cdot P_x\frac{\sum f(1+\eta h)}{\sum f+\eta hB}-M\cdot P_m\frac{\eta f(1-\sum h)}{\eta h+\sum h}\right\} \tag{8.19}$$

式中：M 表示进口量，X 表示出口量，P_m 表示进口的国内价格，P_x 表示出口的国内价格，$\sum h$ 和 $\sum f$ 分别表示对进口的国内需求弹性和对出口的国外需求弹性，ηh 和 ηf 分别表示出口的国内供给弹性和进口的国外供给弹性，K 表示汇率的微小的变化率。若上式括号内是正值，贬值可以改善贬值国的贸易收支。具体来说，货币贬值对一国贸易收支的影响是：当进出口的需求弹性较大时，进出口的供给弹性越大，贬值对贬值国的贸易收支改善越有利；当进出口的需求弹性较小时，进出口的供给弹性越小，贬值对贬值国的贸易收支改善越有利。

梅茨勒在他的《国际贸易理论》一书中进一步放弃了进出口商品的供给弹性无穷大的假定，只假定贬值前进出口差额很小，即 $X\cdot P_x\approx M\cdot P_m$，把它代入式(8.19)中，经整理得出：

$$K\left\{\frac{\sum h_1 \sum h_2(1+\eta h_1+\eta h_2)+\eta h_1 \eta h_2(\sum h_1+\sum h_2-1)}{(\sum h_1+\eta h_2)(\sum h_2+\eta h_1)}\right\} \tag{8.20}$$

式中：$\sum h_1$、$\sum h_2$ 分别表示两国对进口的需求弹性，ηh_1、ηh_2 分别表示两国出口的供给弹性。这一公式表明，货币贬值对贸易收支的影响与进出口商品的需求弹性和供给弹性有着密切的关系。如果式(8.20)括号内为正值，贬值可以改善贬值国的贸易收支；若为零，其贸易收支不变；若为负值，则贸易收支恶化。这一公式被称为"罗宾逊-梅茨勒条件"(Robinson - Metzler Condition)。

3. 货币贬值与贸易条件

货币贬值对贸易条件的影响是弹性分析法探讨的另一个重要问题。所谓贸易条件，通常是指净贸易条件，它是用一国在一定时期内出口商品价格指数与进口商品价格指数对比而得出的百分数加以表示的。如果 P_x 表示一国出口商品的价格指数，P_m 代表一国进口商品的价格指数，TT 代表贸易条件，则：

$$TT=P_x/P_m \times 100\%$$

这里 P_x 是以外币表示的，而 P_m 是以本币表示的。在分析一个国家的贸易差额时，用不同货币表示的进出口商品的价格转换成同一种货币(本币或外币)去表现的价格，存在着汇率问题。同样，在贸易条件的判断上，也有一个货币换算和汇率问题。显然，一个国家的货币贬值，会导致经过换算后的本币或外币表示的进出口商品价格的变化。计算出变化后的价格比率，便可以通过前后对照判定贸易条件是否向有利于贬值国的方向变化。

琼·罗宾逊在其《就业理论论文集》中对这个问题进行了详细的论证，认为贸易条件与进出口商品的供求弹性有着密切的关系。这可分为四种情况：(1)在供给弹性趋于无限大时，进口价格上涨，出口价格不变，贸易条件将会恶化；(2)在供给弹性等于零时，进口价格不变，出口价格上涨，贸易条件可以改善；(3)在需求弹性趋于无限大时，出口价格上涨，进口价格不变，贸易条件可以改善；(4)在需求弹性等于零时，出口价格不变，进口价格上涨，贸易条件将会恶化。琼·罗宾逊进一步指出，贬值对贸易条件的影响是不确定的，其效果要视供求弹性的大小而定。可以用公式表示为：

$$\sum S_x \cdot \sum S_m \lesseqgtr \sum D_x \cdot \sum D_m$$

式中：$\sum S_x$ 表示出口商品的供给弹性，$\sum S_m$ 表示进口商品的供给弹性，$\sum D_x$ 表示出口商品的需求弹性，$\sum D_m$ 表示进口商品的需求弹性。贬值对一国贸易条件的影响，要视进出口商品的供给弹性之积与进出口商品需求弹性之积的比较情况而定。结论如下：

(1) 若 $\sum S_x \cdot \sum S_m < \sum D_x \cdot \sum D_m$，则贬值可以改善贸易条件；

(2) 若 $\sum S_x \cdot \sum S_m = \sum D_x \cdot \sum D_m$，则贬值后贸易条件不变；

(3) 若 $\sum S_x \cdot \sum S_m > \sum D_x \cdot \sum D_m$，则贬值会使贸易条件恶化。

三、吸收分析理论

吸收分析理论(Absorption Approach)是以美国经济学家 S. 亚历山大(S. Alexander)

为代表的一批经济学家，运用凯恩斯的客观经济理论，并以凯恩斯的国民收入决定公式为基础创立的一种国际收支调节的分析方法。

(一)基本公式

根据凯恩斯的国民收入决定理论，开放经济条件下一国的国民收入(Y)由四部分构成，消费(C)、投资(I)，政府支出(G)和进出口贸易差额($X-M$)，即：

$$Y=C+I+G+(X-M) \tag{8.21}$$

上式移项并整理，得：

$$X-M=Y-(C+I+G) \tag{8.22}$$

令 $B=X-M$，如果不考虑资本账户收支，B 就是一国国际收支的差额。再令 $A=C+I+G$，A 表示一国国内总支出，亚历山大称之为“吸收”。把 B 和 A 代入式(8.22)，得：

$$B=Y-A \tag{8.23}$$

式(8.23)便是吸收分析理论的基础公式。这个公式表明，当一国经济的总吸收超过总收入，即 $A>Y$ 时，这一差额要由同值的贸易入超来弥补，于是国际收支便显现出逆差，B 为负数；而当一国经济的总收入超过总吸收时，即 $Y>A$ 时，这一差额则要由同值的贸易出超来抵销，于是国际收支便显现出顺差，B 为正数。也就是说，凡是非零的国际收支差额，都是由这个国家的国内生产能力与国内吸收能力的不相等所造成的。相应地，当一个国家的吸收持续超过收入或收入持续超过吸收时，即当一国的国际收支出现持续的逆差或顺差时，该国就要对国际收支进行调节，而调节的方向，无非是增加收入(Y)或压低吸收(A)。

在上述基础上，吸收分析理论进一步考察了货币贬值对国际收支所产生的影响。为此，亚历山大将吸收分为两个部分：一部分为诱发性吸收，另一部分为自主性吸收。用公式表示，即：

$$A=cY+D \tag{8.24}$$

式中：c 为边际吸收倾向，D 为独立于收入之外的吸收，即自主性吸收。

根据式(8.23)，可得：

$$\Delta B=\Delta Y-\Delta A \tag{8.25}$$

将式(8.24)代入式(8.25)，可得：

$$\Delta B=(1-c)\Delta Y-\Delta D \tag{8.26}$$

(二)吸收分析理论的政策主张

从吸收分析法的基本公式 $B=Y-A$ 中可以看出，改善国际收支，纠正国际收支逆差的政策无非就是两种措施：增加收入 Y 或减少吸收 A。当一个国家采取增加收入的办法去调节国际收支时，它所采取的政策被称为“支出转换政策”(Expenditure Switching Policy)；而当一个国家采取压低吸收办法去调节国际收支时，它所采取的政策则被称之为“支出变更政策”(Expenditure Changing Policy)。

1. 支出转换政策

支出转换政策可分为两部分：第一是货币贬值，第二是贸易控制(包括关税、补贴及数量限制等)。贬值的目的是把国内外支出转向国内产品，贸易控制的目的既是把国内支出从进口转向国内产品，同时也用于刺激出口，把外国支出转向购买国内产品，从而增加收入Y，进而改善国际收支状况，但是这两种支出转换政策都有其局限性。就贬值而言，首先，贬值后该国的贸易条件会因贬值而恶化，况且，贬值抑制进口总需求的同时，一些必须进口的原材料、中间产品和其他投资品的进口也会相应减少，这必然会对该国的投资带来不利影响，使经济增长速度减慢。其次，贬值会改变贸易商品和非贸易商品的相对价格，打破各部门之间原有的均衡，造成财富和收入的重新分配，容易导致国民经济发生剧烈动荡，并可能对社会稳定带来威胁。第三，贬值的最大副作用是产生通货膨胀的压力。一国货币贬值后，其出口增加，进口却减少，使国内总供给下降。同时，国内对进口替代商品的需求因此而增加。此外，进口商品的本币价格势必上升。这样，一方面会增加国内生活费用，容易形成要求增加工资的压力；另一方面，进口投入品价格上涨会增加生产成本，并由此引起一系列相关产品的价格上涨。就贸易控制而言，其特点比较灵活，可以针对具体不同的进出口项目区别对待。但是，采用这种政策措施来调节国际收支，仅仅是变公开的国际收支逆差为隐性逆差。一旦贸易控制予以取消，除非该国经济结构已经相当完善，否则，国际收支逆差仍然会重新出现。因此，许多国家采取贸易控制措施，主要是用以配合国内产业政策的实施。此外，贸易控制还十分容易引起贸易伙伴国的报复，一旦对方国家也实行相应的报复性措施，往往会导致国与国之间的"贸易战"，结果使原先实行贸易控制的国家前功尽弃。再者，实行贸易控制也容易造成本国产品生产的效率低下，对外竞争乏力，并容易导致官僚作风和腐败问题。

那么，如何在货币贬值和贸易控制之间进行选择呢？这需要考虑两个因素：第一个因素是消费进口品和出口品之间的价值比较，第二个因素是贸易条件。

首先，考虑第一个因素。就贸易控制中的进口限制来说，进口限制通过减少进口品的国内消费而发生作用，而货币贬值既减少国内的进口品消费，也减少国内的出口品消费。因此，为了改善国际收支，究竟应选择哪一种支出转换政策，将取决于进出口商品之间的相对价值CV。其公式如下：

$$CV=\frac{MU_m/\rho_f m}{MU_x/\rho_f x}$$

式中：MU_m 和MU_x 分别为进出口商品的边际效用，$\rho_f m$ 和 $\rho_f x$ 分别为以外币计算的进出口价格。如果$CV=1$，意味着进口品的价值等于出口品的价值；如果$CV>1$，意味着进口品比出口品具有更高的价值，这时，贬值比进口限制具有优势，应当采用货币贬值的政策措施；如果$CV<1$，意味着出口品比进口品具有更高的价值，这时，更适合采用进口限制措施。

再考虑第二个因素。进口限制可能导致外币表示的价格下跌，贬值也有同样的作用，但它使外币表示的价格下跌的幅度较小，因为贬值后的进口减少额小于进口限制下的进口减少额。然而，贬值同时又会从另一方面影响贸易条件，因为它降低了贬值出口的外币价格。这样，政策选择时，也需要进行权衡。总之，选择货币贬值还是选择进口限制，就取决于进出口品的相对价值以及贸易条件效应。

2. 支出变更政策

支出变更政策有不同的手段，如采取货币限制、预算限制，甚至直接控制等。当一国国际收支出现逆差时，最重要的支出变更政策是紧缩性财政政策和货币政策。财政政策方面，可供采用的措施主要是减少财政支出和提高税率；在货币政策方面，货币当局可以提高再贴现率、提高法定存款准备金率或在公开市场上卖出政府债券等。但是，这类政策的局限性很大，国际收支的改善是以牺牲国内经济为代价的。

四、政策配合理论

上述国际收支理论都有一个共同点，即实现国际收支平衡为其最高目标。但是，国际收支平衡不应是最高目标，同时实现或保持内部平衡（Internal Balance）和外部平衡（External Balance）才是最高目标。政策配合分析理论就是探讨同时实现内部均衡和外部均衡的理论。内部平衡是指国内宏观经济目标，即充分就业和价格稳定；外部平衡是指国际收支平衡，即假定无国际资本流动情况下的经常项目收支平衡。政策配合是指财政政策与货币政策的配合。

第二次世界大战后，一些西方经济学家，如米德（J. F. Meade）、丁伯根（J. Tinbergen）、斯旺（T. W. Swan）、约翰逊（J. G. Johanson）、蒙代尔（Mundell）等，都曾致力于同时实现内部平衡与外部平衡的研究。他们认为，由于这两种平衡是有机联系的，就必须在研究外部平衡的同时，也要研究内部平衡，才有利于经济目标的实现。在经济发展过程中，当外部失衡超过一定限度时，必须采取对策加以纠正，这些对策主要是支出变更政策（Expenditure changing Policies）、支出转换政策（Expenditure switching Policies）和直接管制（Direct Control）。支出变更政策就是政府运用财政政策和货币政策来调节总需求（支出），以求得国际收支平衡；支出转换政策即指政府采用汇率变动措施，使国内相对价格（Relative Price）和国外相对价格发生变化，进而引起对国货与外国货之需求转换的一种政策。这种政策都属于一般政策，即影响经济总量（如政府开支、消费与投资）的政策，它们对各经济部门的作用是一样的。直接管制政策是指政府对某一或某些经济部门予以限制或优待，分为财政性管制（如关税、津贴与出口信贷等），商业性管制（如许可证、限额与配额等）和货币性管制（如外汇管制与进口预交保证金等）。直接管制既会招致其他国家报复，也会造成降低竞争力、扭曲生产要素分配和浪费资源等不良后果。因此，政府只宜在战争或严重经济危机时采用直接管制措施，其他时期应尽量避免。

关于以上三类政策同国家调节经济目标之间的联系，丁伯根认为，为了达到一个经济目标，至少要运用一种有效的政策；为了达到几个经济目标，政府至少要运用几种独立、有效的政策。这就是"丁伯根法则"（Tinbergen Rule）。如果政府只运用开支变更政策，而不同时运用开支转换政策和直接管制，不仅不能同时实现内部平衡与外部平衡，而且还会导致这两种平衡之间发生冲突。这种情况被称为"米德冲突"（Meade's conflict）。例如，当一国既存在通货膨胀又有国际收支顺差时，若采用扩张性开支变更政策，有助于实现国际收支平衡，但却会加重通货膨胀；若采用紧缩性开支变更政策，则有助于物价稳定，但又会加大国际收支顺差。如果一国失业问题较严重并有国际收支逆差，若只运用紧缩性开支变更政策，将有助于"充分就业"的实现，但却会加大国际收支逆差；若只运用扩张性开支变更政策，则会有相反的作用。因此，理想的选择是配合运用这些政策，以期同时获得内部平衡与外部平衡。这是任何国家都必须面对的经济政策的重大课题，经济学文献中称之为"分配任务问题"

(Assignment Problem)。如何"分配任务"呢？蒙代尔提出：分配给财政政策以稳定国内经济的任务，而分配给货币政策以稳定国际收支的任务。这就是"蒙代尔分配法则"(Mundell Assignment Rule)。蒙代尔认为，财政政策通常对国内经济的作用大于对国际收支的作用；而货币政策则对国际收支的作用较大，它倾向于扩大本国与外国之间的利差(Interest Rate Differential)，促使大量资本在国家间移动，进而影响国际收支。为取得内外部平衡，财政政策与货币政策的配合如表 8.2 所示。

表 8.2　　　　财政政策与货币政策的配合

国际收支状况	国内经济状况	
	高失业率	急剧的通货膨胀
顺差	较松的财政政策 较松的货币政策	较紧的财政政策 较松的货币政策
逆差	较松的财政政策 较紧的货币政策	较紧的财政政策 较紧的货币政策

五、结构分析理论

有些西方经济学家认为，传统分析法与货币分析法都不能完全解释某种类型的国际收支问题，于是 20 世纪 80 年代初期出现了结构分析法。英国经济学家 A. 瑟沃尔(A. Thiecwall)是结构分析理论的代表。结构分析的出发点是：市场不够理想。一国经济中的结构失调是持久性国际收支失衡的主要原因。不仅在发展中国家，而且在发达国家都会有结构失调的现象发生。

结构分析理论认为，国民经济的结构失调是国际收支发生问题的根源，而这种国际收支失衡状态也会加剧国民经济的恶化，因为经济增长与发展涉及结构变化的停滞过程。例如，在发展中国家经济迅速增长的时期，由于供给结构上的惯性，农业产量往往不能适应城市居民需求的增长。在不同地区与部门按不同速度增长的情况下，如果资源缺少足够的流动性，这种供应"短缺"就会产生。在发达国家中，问题在于资源不能从国际上无竞争力的商品向着有竞争力的新商品转移。这种情况就是市场供给方面商品的结构特性，而不是有关价格因素缺乏竞争力所引起的失衡情况。结构失衡问题之所以重要，是因为价格调节包括汇率变动在内，比较软弱无力，不能消除失衡现象。从这个意义上来说，传统分析法和货币分析法都不能纠正因结构失衡而引起的国际收支问题，因而所提出的政策措施也难以奏效。

结构分析理论对发展中国家的国际收支问题的看法是：结构分析理论强调国际收支与国内经济增长之间的直接联系，即经济增长受国际收支的影响和制约。发展中国家为了发展国民经济，需要有一定数量的国内投资，这种投资导致物资的进口，如果有外汇，就可以买进所需的物资。出口收入的减少，外汇的缺乏就会引起资本货物进口缩减和投资及经济增长率的下降，这种情况会形成国际收支的制约力。问题的根源来自经济增长阶段的发展中国家所具有的结构特性：(1)依赖资本货物的进口，这是因为发展中国家并没有或很少有当地的资本货物部门，而且该国所需生产的商品要求要素投入有一个十分周密的配合。如果从国外得不到一定数量的要素投入，国内生产者就不能替代其他投入（如劳工），维持同样的产量。（2）政府当局无力（或者不愿）削减不甚重要的进口商品的进口，作为一种配给外汇有利于重要资本商品进口的手段。（3）建立资本密集型工业的理由是，增加传统出口商品的前景不可预测而且受到限制。如果该国专门生产狭窄范围的商品，从贸易条件和出口不稳定的代价方面就会引出一种悲观景象。结果许多发展中国家都认为它们本身就在结构上处于困境。在转移到前景有利的制成品之前，国际收支状况基本上不会得到改善。但是，由于传统出口商品的前景黯淡，而且波动不定，就不能从国外购进所需的资本进口品和原料，以便发展另外选择的生产。此外，出口收入的波动使政府当局不能制定合理的计划，并且可能引起"停停走走"的经济周期和危机的调整。结构分析理论认为，传统的支出变动政策和支出转换政策以及直接管制政策，可以用于国际收支短期失衡状态，但无法解决结构性问题。货币分析理论提出的维持货币市场均衡的政策也同合理的经济增长途径并不一致。

结构分析理论关于发达国家国际收支问题的看法是：从发达国家来看，国际收支的约束力则采取另一种形式。问题的核心是，一国试图实现内部均衡，同时想争取经济的迅速增长以便同其他发达国家展开竞争。然而，供应"瓶颈"在个别部门产生，使国际收支出现逆差。这就需要压缩国内经济的增长。结构性失调的根源来自进出口的特点。一方面，一国的出口商品如果不能满足国外需求的特点，那么，这些产品的出口收入就不会迅速增加。此外，这种问题与其说是反映缺乏价格竞争力，不如说是反映缺乏非价格因素竞争的能力。例如，产品质量低劣、销售后的服务质量太差等。另一方面，问题的根源与其说是出口商品的需求收入弹性低，不如说是进口商品需求的收入弹性差。这里有两种情况，对原料和能源进口的依赖性（如石油），或者是国内消费者喜爱外国商品（如汽车、电视等）而不喜爱国内生产的同类商品。

这种结构分析理论已日益受到西方学术界和国际金融机构经济学家们的重视。国际货币基金组织和世界银行都在实施结构性调整贷款措施（SAF），就是一个明显的例证。总之，结构分析理论从结构上探讨国际收支失衡的根源。显而易见，在当代发展中国家普遍发生持续性国际收支逆差的形势下，这种理论是值得重视的。

六、财政分析理论

财政分析理论是英国经济学界在 20 世纪 80 年代初探讨英国第二次世界大战后以来的国际收支失衡情况而提出的一种理论。他们针对英国长期存在的国际收支失衡情况，认为传统的分析方法不能解释英国的实际情况，英国国际收支失衡的根源在于 20 世纪 80 年代以前的财政扩张政策。在实行财政扩张政策的情况下，政府的巨额预算赤字必然导致国际收支的失衡。因此，只有控制预算赤字，才能控制国际收支失衡。

财政分析理论主要是把一国经济分为国营部门和私营部门，并分别分析各部门对一国综合国际收支的影响。它表明私营部门的逆差是由个人自由决定而发生的，并非政府当局所重视的问题，而核心问题却是国营部门所发生的逆差。政府当局的支付问题同财政与债务管理问题具有内在的联系。过去的传统理论认为国际收支与预算赤字及政府债务是完全不同的两个独立问题，而财政分析理论则认为这两个问题完全是一个与国际收支有密切联系的问题。研究国际收支问题不能不重视国家财政预算和债务管理。财政分析法的基础是资金流量等式，即：对外部门的金融资产净额＝国营部门的金融资产净额＋私营部门的金融资产净额。如果国营部门的金融资产净额为正数时，则表现为一国处于经常项目收支的逆差，该逆差额如扩大到无力承受而不得不借助于政策纠正时，就发生了问题。经常项目收支逆差可分为两个部分，包括国营部门逆差和私营部门逆差。

财政分析理论认为，私营部门的经常项目的收支逆差可以通过市场机制和预期的正确性得到自动调整，政府无须加以干预。但是，国营部门的经常项目收支逆差对政府来说才是一个应该关注的问题，国营部门的经常项目＝国营部门的财务赤字－国营部门对国内私营部门的债务（包括创造的货币）。根据这个等式，国营部门经常项目收支逆差相当于其金融债务的总增加额减去由国内储蓄所吸收的部分，因此，减少外部逆差可以通过缩减国营部门金融逆差（或财务赤字），或通过增加国内债务的办法来加以解决。于是，财政分析理论认为，只有一国国营部门所形成的对外债务才导致国际收支的失衡，唯一的解决途径就是采取适当的财政和债务管理政策。换言之，一国的政府当局若能采取适当的预算政策，就不会发生国际收支问题。

财政分析理论作为20世纪80年代一种新的国际收支理论，把国际收支失衡与政府的预算赤字联系起来。这种分析方法不仅对英国，而且对其他工业发达国家的情况也具有一定程度的说服力。此外，这种分析方法也可适用于解释第三世界国家的债务问题并影响发展中国家的经济政策。同时应当看到，财政分析理论虽有独到之处，但不够系统，对具体问题的分析也有偏颇。如在私营部门财务赤字对国际收支的影响方面，这种分析方法过分强调市场经济的自动调节功能，否定政府干预的作用，这一点似不够确切。只强调财政政策，而基本否定货币政策和利率政策的作用，则是有欠公允的。财政分析理论只注重国际收支长期分析，很难对国际收支调节做出精确的论断。

第四节　国际收支的不平衡与政策调节

一、国际收支不平衡的含义及类型

国际收支平衡表是按照复式簿记的借贷原则编制的，所以在平衡表上借方与贷方总是平衡的，但这种平衡只是形式上的平衡。判断一国的国际收支平衡与否，仅看国际收支平衡表中的借贷余额是不确切的。目前，许多国家根据国际经济交易的性质来判断国际收支是否真正平衡。国际经济交易分为自主性交易（Autonomous Transaction）和调节性交易（Accommodating or Compensatory Transaction）两种。

自主性交易又称事前交易（EX-ante Transaction），是指以个人或企业的独立经济活动为基础，以追求利润等为目的所进行的商品劳务输出（入）、单方面转移和长期资本移动等方面的交易。一个国家自主性交易不能保持平衡就会发生逆差或顺差，实质上这是一种不平衡。调节性交易又称事后交易（EX-post Transaction），这类交易是在国际收支的自主性交易各项目发生缺口(Gap)时,为了弥补这个缺口而要进行交易,如短期资本移动、黄金、外汇储备的变动等。

从上述两种不同交易的性质来判断,如果一国国际收支中的自主性交易收支自动相等或基本相等,不必依靠调节性交易弥补,则说明这个国家的国际收支是平衡的;如果自主性交易收支不能自动相抵,而需要依靠调节性交易来弥补才能维持平衡,则这种平衡只是形式上的平衡,而实际上是不平衡的。因为形式上的平衡是虚假的、暂时的、被动的,是不能长期维持下去的。

按照造成国际收支不平衡的原因,可以把国际收支不平衡分成以下不同的类型:

1. 周期性失衡

周期性失衡是指因经济周期运动而引起的国际收支不平衡。经济周期呈现危机、萧条、复苏、高涨四个阶段性特征。危机阶段主要表现为:生产下降,市场萎缩,企业倒闭,失业人数大量增加,其中的生产下降是最主要的标志。萧条阶段的显著特征是:社会生产不再下降,但由于严重的停滞状态,市场状况没有明显的好转,失业人数依然大量存在。复苏阶段的主要表现是:生产有所恢复,开始进行大规格的固定资本更新,市场渐趋活跃,失业率下降,利润率增长。高涨阶段的特点是:生产迅速发展,超过危机前的最高水平。显然,一国在经济周期的各个阶段,国内经济状况有很大差异,这就会给该国的对外经济造成很大影响,进而影响国际收支。如在经济危机和萧条阶段,国际收支会出现逆差;而在高涨阶段,则可能出现顺差。国际收支逆差或顺差都是一种不平衡的现象,随着经济周期运动,国际收支不平衡的两种现象交替发生。同时,由于日益密切的国际经济关系,主要发达国家经济周期的循环,往往会影响其他国家的经济活动,从而导致世界多数国家的国际收支出现周期性的不平衡。

2. 结构性失衡

结构性失衡是指国内生产结构的变化难以适应世界市场的变化而引起的国际收支不平衡。在国际市场发生急剧变化的情况下,一国的生产结构一时难以适应,对外贸易和国际收支就会产生失衡现象。所以,结构性失衡取决于一国生产技术水平。发展中国家特别容易产生这种类型的不平衡。发展中国家结构性失衡的特征表现在:一是进出口商品需求的收入弹性,发展中国家出口商品需求的收入弹性低,而进口商品需求的收入弹性比较高,所以出口很难大量增加;二是进出口商品需求的价格弹性,发展中国家出口商品需求的价格弹性大,而进口商品需求的价格弹性小,所以,在进口商品价格上涨大于出口商品价格时,贸易条件恶化,从而引起国际收支的结构性失衡。

3. 收入性失衡

收入性失衡是指受国民收入变化的影响而出现的国际收支的失衡。一般而言,一国的经济增长率高,其国民收入增加,自主性交易的支出则可能随之增加,从而导致国际收支逆差;反之,一国的经济增长率低,其国民收入减少,自主性交易的支出则可能随之减少,从而使国际收支逆差得到缓和。

4. 货币性失衡

货币性失衡是指受币值变动影响而引起的国际收支不平衡。一国货币币值下降,国内物价上涨，在汇率不变的条件下，以外国货币计价的本国出口商品的成本价格就会上涨，从而会削弱本国商品在国际市场上的竞争力，该国的商品输出必受抑制。另一方面，以本币计价的从外国进口的商品则显得便宜，这就鼓励了商品进口。出口的减少，进口的增加，就会使国际收支发生逆差；相反，一国货币币值上升，通货紧缩，国内物价下降，在汇率不变的条件下，则有利于出口，抑制进口，国际收支就会出现顺差。可见，币值的变动也是导致国际收支失衡的重要因素。

一国国际收支的经常项目和资本项目若出现不平衡，短期内可以通过增减其储备或国外负债加以平衡。但一国的储备及其对外负债的承受能力毕竟是有限度的。若一国国际收支的自主性交易项目长期处于逆差或顺差状态，必将对本国经济乃至政治方面带来极其不利的影响。因此，各国政府十分重视国际收支的调节，使其趋于平衡。

二、国际收支的政策调节

事实上，一国的国际收支无论是从一段时间还是从某个时刻来看，很难做到收支恰好相抵、完全平衡，而是经常处于顺差或逆差的不平衡状态。如果一国国际收支出现持续的、大量的顺差，就会引起本国货币对外汇率的上升，导致大量短期资本流入，造成通货膨胀，引起物价上涨。同时，本币汇率的上升会起到阻碍出口、刺激进口的作用，对本国的经济会带来不利影响。如果一国国际收支长期出现逆差，就会因为外汇供应短缺而引起本币汇率下跌，导致大量短期资本外流，促使逆差扩大，进而影响本国经济发展和政治稳定。因此，政府自觉采取各种政策措施，实施政策性调节非常重要。

当前，各国主要采取以下政策措施来调节国际收支：

1. 贴现政策

当国际收支出现不平衡时，西方国家常运用贴现政策来调节。所谓贴现政策，是指一国政府通过其中央银行提高或降低再贴现率，来影响各商业银行及其他金融机构利息率的提高或降低，从而调节经济与国际收支的一种干预措施。实施贴现政策后，可以通过如下途径对国际收支加以调节：

(1)影响收入水平，促进出口，抑制进口；或者相反，刺激进口，抑制出口，从而平衡国际收支。

本国国际收支逆差时的调节机制如图 8.6 所示。

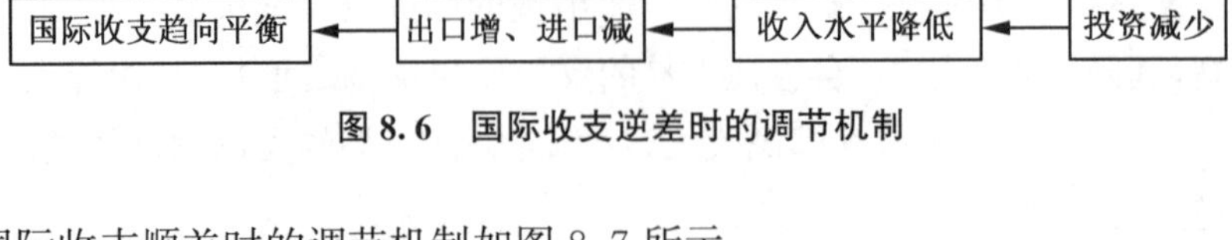

图 8.6　国际收支逆差时的调节机制

本国国际收支顺差时的调节机制如图 8.7 所示。

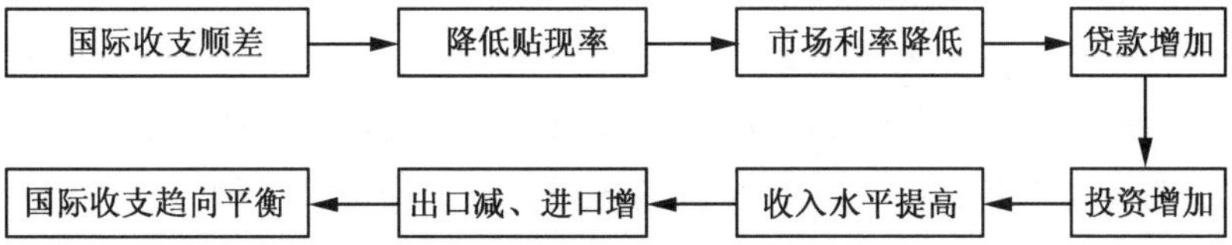

图 8.7　国际收支顺差时的调节机制

(2)影响物价水平,增加出口,减少进口;或者相反,减少出口,增加进口,从而平衡国际收支。调节机制分别用图 8.8 和图 8.9 表示。

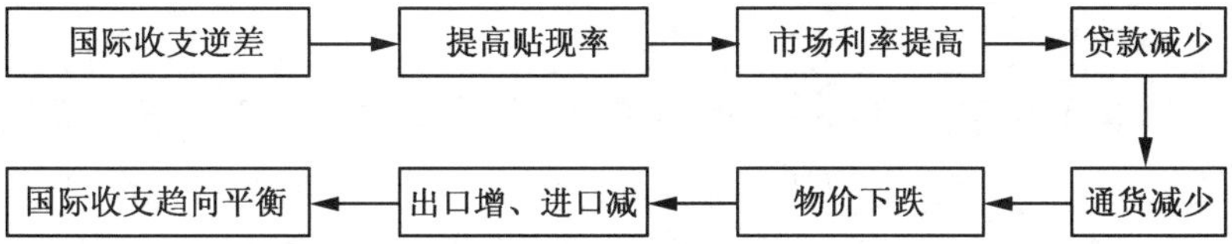

图 8.8　本国国际收支逆差时的调节机制

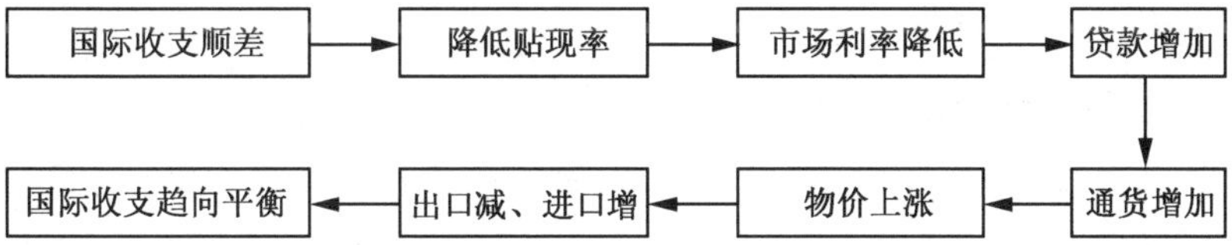

图 8.9　本国国际收支顺差时的调节机制

(3)直接影响国际资本流出或流入,以平衡国际收支。当本国国际收支逆差时,中央银行可通过提高贴现率来带动市场利率的提高,诱使外国长、短期资本流入,从而利于增加该国国际收支的目的。相反,当本国国际支出顺差时,中央银行可通过降低贴现率来迫使市场利率降低,从而引起资本外流,达到减少顺差以平衡国际收支的目的。

应当指出,贴现政策要受投资环境、黄金价格、外汇汇率等因素制约。有时贴现政策与经济调节政策也会存在矛盾,即对外平衡可能影响对内平衡。所以,中央银行的贴现率一定要适当控制,注意稳妥适度。

2. 调整汇率

这是利用本国货币汇率的变动以调节国际收支的一种措施。在当前的浮动汇率制度下,西方国家的货币汇率大都由外汇供求关系来决定。不过,政府也可以干预市场,使汇率向有利于国际收支平衡的方向变动。如一国国际收支逆差时,则可通过本币汇率下浮,达到增加出口,抑制进口,改善国际收支的目的;相反,顺差时,则可通过本币汇率上浮,达到增加进口、减少出口、平衡国际收支的目的。

3. 利用国际信贷

借用国外资金来弥补国际收支逆差,也是西方国家调节国际收支最常用的方法。向国际金融市场借款,虽然利率较高,但限制较少、使用方便,已成为逆差国弥补逆差资金的主要来源。此外，逆差国也可利用国际金融机构或政府贷款（其中包括中央银行间的贷款）。国际信贷也是国际收支顺差国调节其国际收支的一项措施。1973—1981年，随着石油价格的大幅度提高，石油输出国经常项目收支产生巨额盈余，即所谓石油美元（petrol-dollars）。它们曾把大部分石油美元投放于国际金融市场和贷放给国际金融机构。

4. 直接管制

政府的直接管制主要表现为外汇管制与外贸管制。外汇管制是一国政府用法令的形式对外汇的收支、买卖、结算和汇率进行直接控制所采取的限制性措施。一国政府通过对贸易外汇收支、非贸易外汇收支和资本流出入的管制，以达到控制外汇收付，平衡国际收支的目的。外贸管制就是对商品输出入的管制。

5. 国际经济合作

当今世界贸易摩擦经常发生，一国的顺差即为另一国的逆差，逆差国在无法解决逆差而使经济日趋恶化时，常向顺差国施加政治或经济压力；而顺差国为了自身的利益并不愿采取相应的措施，从而会形成相互间的矛盾与摩擦，不利于国际收支平衡目的的达成。因此，通过建立国际结算制度，建立各种国际性协调机构，达成各国间的国际经济合作，在一定程度上能够调节国际收支的平衡。

附录 8.1　J形曲线效应

根据货币分析法，汇率下调在符合马歇尔-勒纳条件的情况下，贸易收支逆差将得到纠正。但是，大量的实证研究表明：一国货币在 t_0 时贬值后，在短期内，贸易收支不但不会改善，反而会恶化。只有在经过较长的一段时间后，贸易收支才显出改善的迹象。这种状况在坐标图中呈现为“J 形曲线”，即所谓 J 形曲线效应，如图 8.10 所示。

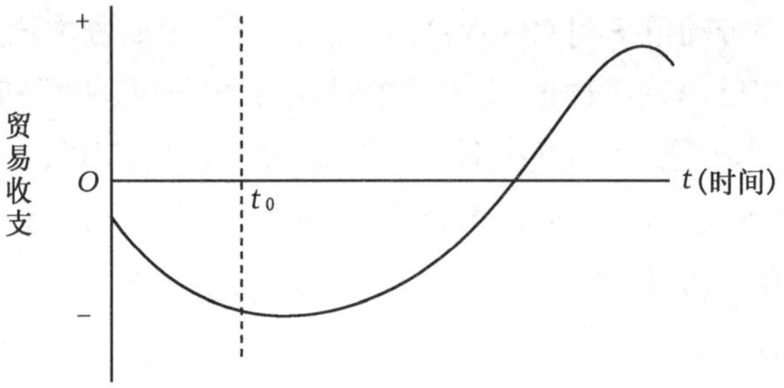

图 8.10　J形曲线

阿瑟·拉弗于1974年曾对20世纪60年代15个货币贬值的国家贸易收支变化进行了时间序列研究。总的看来，在货币贬值1年后或更长时间后，贸易收支才有所改善，然后又恶化了。15个国家中有14国显现出J形曲线。

为什么会在一国货币贬值后贸易收支先恶化，尔后才逐渐有所改善呢？其主要原因如下：

1. 货币合同期问题

假定货币贬值国企业在贬值前与他国企业签订合同，出口用本币计价，进口用外币计价。那么，本币贬值后，合同到期时，本国企业的出口因本币贬值而获得较少的外汇收入，进口外汇支出则不变，这就会使贸易逆差增大，贸易收支状况恶化，故货币合同期决定恶化期。

2. 价格穿越问题

价格穿越是指货币贬值后，进出口商品价格并不立即做出反应，这就不符合马歇尔-勒纳条件，从而导致贸易收支恶化。例如，若进口缺乏弹性，买主对价格较高的进口商品反应较小，贬值后进口额可能上升而不是下降。因为寻求价格较低的进口替代品需要时间，在短期内买主只能继续大量购进进口商品。这也说明了认识、决策、传递和生产对价格反应的迟延。西方学者研究认为，货币贬值对工业产品的进出口作用，在 3 年之内只能发挥 1/2 的效用，在 5 年之内才能充分发挥出效用。

3. 进递预期

如果贸易者认为货币贬值只是进一步贬值的前奏，那么国内进口商由于担心以后会为进口商品支付更多的货币，便加速订货，增加进口；而外国出口商则推迟向贬值国的出口，这就使得贬值国在贬值后国际收支在短期内反而恶化。

一般认为，货币贬值后，要改善贸易收支，至少要承担半年贸易收支恶化的损失，累积的损失需要一年左右时间才能消除。也就是说，贬值后一年半之后才能够显示出成效，并且是在其他条件不发生变化的前提下。

附录 8.2　政策配合原理

政策配合原理(Policy Mix Approach)可通过图 8.11 表示。

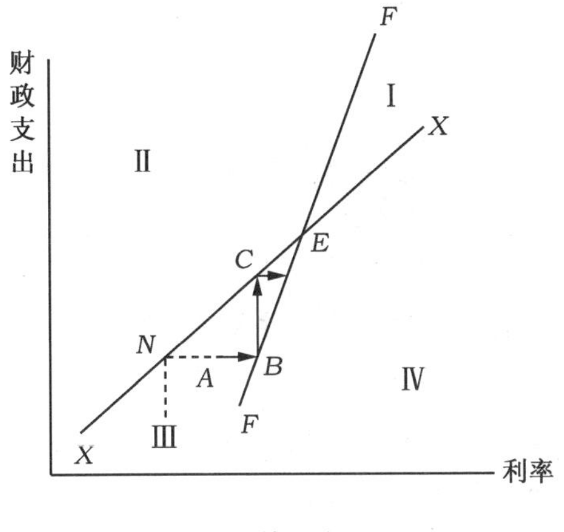

图 8.11　政策配合原理

在图 8.11 中，纵坐标代表的是财政支出，反映财政政策的松紧，横坐标代表的是利率，反映货币政策的松紧。*XX* 线为内部均衡线，在 *XX* 线右上方的任意一点都意味着国内出现通货膨胀，右下方的任意一点都意味着国内存在失业。*FF* 线为外部均衡线，*FF* 线左上方的任意一点都表示国际收支逆差，右下方的任意一点则意味着国际收支顺差。

如果不考虑国际资本流动，*FF* 线与 *XX* 线将重叠。这是因为线上任何一点的移动都意味着利率和财政支出引起方向相反、余额相同的国内支出变动，从而带来相同的进口支出变动。但是,在考虑到资本流动后,利率的上升会吸引资本流入,改善国际收支。为了保持国际收支均衡,财政支出就必须以更大的幅度增加,从而诱发更多的进口,抵销额外的资本流入增加。这就意味着一定的利率上升要求伴随着更多的财政支出上升,才能保持国际收支均衡。

现假定一国经济处于 A 点,即处于国内收支逆差与失业并存的失衡状态。消除失衡状态有两种政策配合方式可供选择。一种是以财政政策来解决失业问题,以货币政策来解决国际收支逆差。从 A 点开始,先实行紧缩性货币政策,达到 B 点,国际收支均衡,但国内失业问题加重,然后再实行扩张性财政政策来解决失业问题,达到 C 点。如此交替使用紧缩性货币政策和扩张性财政政策,就可以一步步向全面均衡的状态逼近,最终达到全面均衡 E 点。另一种配合方式则相反,以财政政策来解决国际收支逆差,以货币政策来解决失业问题。即从 A 点开始,先以扩张性货币政策来解决失业问题,至 N 点,失业消除,但逆差加重,再以紧缩性财政政策解决逆差问题,如此下去,经济将离全面均衡 E 点越来越远,由此得出结论:只有把内部均衡目标分派给财政政策,外部均衡目标分派给货币政策,才能达到经济的全面均衡,这就是"蒙代尔分配法则"(Mundell's Assignment Rule)。

复习与思考题

一、名词解释

1. 国际收支
2. 马歇尔-勒纳条件
3. J 形曲线
4. 贴现政策
5. 直接管制

二、简述题

1. 简述国际收支平衡表所含项目及其主要内容。
2. 简述国际收支平衡自动调节机制理论。
3. 简述国际收支调节的货币分析理论。
4. 简述国际收支调节的弹性分析理论。
5. 简述国际收支调节的政策配合理论。

三、论述题

1. 试析货币贬值改善国际收支的条件及其动态变化趋势。
2. 试析国际收支不平衡的类型和政策调节措施。

第九章

汇率决定与汇率制度理论

学习目的与要求

1. 掌握外汇的定义、“外汇三要素”以及外汇的种类。
2. 掌握汇率的定义、标价方法以及种类。
3. 掌握国际借贷理论的主要内容,并能做出简要评价。
4. 掌握购买力平价理论的主要内容,并能做出简要评价。
5. 掌握汇兑心理理论的主要内容,并能做出简要评价。
6. 掌握货币主义汇率理论的主要内容,并能做出简要评价。
7. 掌握资产市场理论的主要内容,并能做出简要评价。
8. 掌握现代利率平价理论的主要内容,并能做出简要评价。
9. 掌握汇率制度的定义以及汇率制度演变不同阶段所呈现的主要特点。
10. 掌握汇率制度选择理论的主要内容,并能做出简要评价。

第一节　外　汇

一、外汇的定义

外汇(Foreign Exchange)一词是国际汇兑的简称,其含义又有动态(Dynamic)和静态(Static)之分。

动态意义上的外汇,是指一国货币兑换成另一国货币,借以清偿国际债权、债务关系的一种专门性的经营活动或行为。一般来说,它是通过特定的金融机构(如外汇银行),将一种货币兑换成另一种货币,以汇款、托收等方式,利用国际信用工具的划拨转付,对国际的债权债务关系进行非现金国际结算的一种业务活动。在这种业务活动中,通常国际信用工具(主要是汇票)的买卖和转账,可基于进出口贸易和存款账户上加以抵销,达到实现国家间支付的目的。人们日常所说的“外汇业务”和“外汇工作”等,都是就动态意义上的外汇而言的。

静态意义上的外汇,是指外币以及以外币所表示的用以进行国际结算的支付手段。它包括外币、存放在国外银行的外币存款、以外币表示的汇票、本票、支票等支付凭证,以及随时可以在国外兑现的外国政府国库券、债券、股票等有价证券。外汇的静态定义所表达的概念比较明确和具体,运用得也很广泛,通常讲到外汇,就是指这一静态定义上的外汇。国际货币基金组织曾对外汇做如下定义:外汇是政府货币当局(中央银行、货币机构、外汇平准基金组织及财政部)以银行存款、财政部国库券、长短期政府证券等形式所持有的在国际收支逆差时可以使用的债权。

目前,国际货币基金组织对外汇的定义被普遍接受和采用。外汇定义确定了外汇的三要素:

(1)外汇必须是以外币表示的国外资产,本国货币以及由本国货币表示的各种信用工具和有价证券自然不视为外汇。例如,美元在美国的国际收支中不能作为外汇,而只有用美元以外的货币支付结算,才是发生了外汇收付问题。

(2)外汇必须是可自由兑换为其他支付手段的外币资产。因此,外汇可以包括外币,但只有具备可自由兑换性质的外币才能算是外汇。目前,作为外汇的外国货币的种类并不多,主要有美元、欧元、日元、加拿大元等在国际上可自由兑换的货币。

(3)外汇必须是在国外能得到偿付的货币债权。空头支票、遭拒付的汇票等都不能视为外汇。

国家间债权、债务关系必须按约定条件加以结清。债务国有支付货款、清偿其对外债务的义务;债权国有收受货款、了结其对外债权的权利。但由于不同国家的货币制度不同,一国货币不能在他国流通使用,这样,外汇就成为国家间了结和清偿债权、债务的支付手段。对于债务方来说,要用本国货币购买以外国货币表示的支付手段(即外汇),用以对外支付;而债权方了结其债权时收到的往往是以外国货币表示的支付手段,它必须换成本国货币,以便在国内使用。作为一种国家间清偿债务的支付手段,外汇与黄金一样,各国都将之视为储备资产,借以在国际收支逆差时,清偿债务。需要指出的是,由于各国的经济实力有强有弱,在国际经济中的地位有高有低,出于使用方便、规避风险和节约交易费用等原因,各国都愿意保存国家间广泛使用的外国货币(如美元),也乐于接受这种货币表示的汇票、支票和其他信用票据。

二、外汇的种类

外汇的种类可以按照不同的标准来划分,大致可以划分如下:

1. 按照外汇的来源和用途划分

外汇可划分为贸易外汇和非贸易外汇。

贸易外汇是指通过出口贸易而取得的外汇以及用于购买进口商品的外汇。由于国际贸易涉及银行、保险、运输、港口、仓储、通信、广告宣传等服务,因此,与之相关的银行手续费、保险费、运费、装卸费、滞期费、仓储费、佣金、海损分摊、保险赔偿以及利息等外汇收支,都算作贸易从属外汇。

非贸易外汇是指一切来源于出口贸易或用于进口贸易的外汇之外的外汇。非贸易外汇的范围非常广泛,包括劳务外汇、旅游外汇、侨汇、捐赠、援助外汇以及属于资本流动性质的外汇等。

2. 按照对货币兑换是否加以限制来划分

外汇可分为自由外汇和记账外汇两大类。

所谓自由外汇,是指不需要经有关外汇管理当局的批准,就可以自由兑换成别的国家(或地区)的货币,用以向交易对方或第三国办理支付的外国货币及支付手段。所谓记账外汇又称双边外汇或协定外汇,是指不经货币发行国的批准,不能自由兑换成其他国家的货币或对第三国进行支付的货币。这种货币通常只是在双边的基础上才具有外汇的意义。因为,它是在有关国家之间签订的贸易清算或支付协定的安排下,以双方国家中央银行互立专门账户的形式存在的。一般在年度终了时,双方银行对进出口贸易额及有关从属费用进行账面轧抵,结出差额。对差额的处理一般采取下列做法:要么转入下一年度的贸易项目去平衡;要么采用双方预先商定的自由外汇进行支付清偿。记账外汇也会在订有多边清偿协定的货币集团成员国之间进行。

3. 按照外汇交易的交割期限划分

外汇可分为即期外汇和远期外汇。

所谓交割(Settlement or Delivering),是指外汇买卖中货币的实际收付或银行存款账户上金额的实际划转。即期外汇是指外汇买卖成交后在两个营业日内交割完毕的外汇。远期外汇是指外汇买卖合约(Contract)签订时,预约在将来某一个日期办理交割的外汇。

第二节 汇 率

一、汇率的定义

同任何其他商品一样,外汇作为一种特殊商品也有价格,其供求关系与价格变动也存在着相互作用。

外汇的价格称汇价,即用一种货币表示的另一种货币的价格。但通常我们更多地使用汇率(Exchange Rate)概念来表示一国货币兑换成另一国货币的比率或两种不同货币之间的比价。另外,由于汇率是经常变动的,外汇市场上进行外汇买卖的折算标准也随之变动,因此,汇率又称外汇行市。在我国,人民币对外币的汇率通常在中国银行挂牌对外公布,所以汇率又称牌价。由此可知,汇价、汇率、兑换率、外汇行市、牌价指的都是同一个意思。

二、汇率的标价方法

由于汇率是两种货币价值的对比,在标示这一对比关系时,实际上就是对两个国家的货币进行折算。首先要确定用哪个国家的货币为标准,即以本国货币为折算标准,还是以外国货币为折算标准。由于确定的标准不同，存在着外汇汇率的两种标价方法（Quotation）。

1. 直接标价法

直接标价法（Direct Quotation）又称“付出报价”或“应付报价法”（Given Quotation），即以一定单位的外国货币为标准，折算成一定数额的本国货币，如 2024 年 4 月 30 日我国香港地区外汇市场上的汇率是 1 美元＝7.238 8～7.254 2 人民币元。目前世界上绝大多数国家采用这种标价方法。这种标价方法的特点是：一定单位的外币金额不变，其折合成本币的数额则随着本币同外币的相对价值变动而变动。应付汇率的升降同本币对外币价值的高低成反比关系，即如果需要更多的本币才能兑换到原定数额的外币，说明外币的价值在上升（外币升值）或外汇汇率上浮（又称上涨、攀升、坚挺、趋硬等），而本币的价值在减少（本币贬值）或本币汇率下浮（又称下跌、下滑、疲软、趋软等）；反之，如果现在能以较少的本币兑换到原定数额的外币，则说明外币贬值或外币汇率下浮，从本币的角度看，则是本币升值或本币汇率上浮。

2. 间接标价法

间接标价法（Indirect Quotation）又称“收进报价”或“应收标价法”（Receiving Quotation），即以一定单位的本国货币作为标准，折算成一定数额的外国货币。世界上采用这种标价方法的国家很少。从历史上来看，英镑一度曾是国际结算的主要货币，因此，伦敦外汇市场一直采用间接标价法。美国原先采用直接标价法，后来由于美元取代了英镑而成为国际结算的主要计价货币，用美元结算的交易越来越多。因此，从 1978 年 9 月 1 日开始，纽约外汇市场开始改用间接标价法。但美元与英镑、美元与加拿大元的汇率例外，仍采用直接标价法。近年来，为了方便各种外汇交易的折算，美国的报纸和刊物在金融版的汇率栏内，通常同时刊登两种价格，即外币的美元价格（USD Equiv）和美元的外币价格（currency per USD），实际上是同时采用了两种标价方法。间接标价法的特点正好同直接标价法相反，即本币金额不变，其折合成外币的数额则随着两种货币相对价值的变动而变动；应收汇率的升降同本币对外币价值的高低成正比例关系。如果一定数额的本币兑换成更多的外币，说明本币的价值上升，称本币升值或汇率上浮；反之，如果一定数额的本币只能兑换成较少的外币，则说明本币价值下降，称本币贬值或汇率下浮。

3. 美元标价法

在国际全部市场中，为了便于交易、计价和结算，通常采用一定单位的美元为标准，折算成一定数额的其他货币。我们称这种标价法为美元标价法。

三、汇率的种类

汇率既是货币理论中的一个重要问题，也是外汇业务中的一个实务问题。因此，从不同角度出发，可以对汇率进行不同的分类。

（一）按当前国际货币体系中通行的汇率制度来划分

1. 固定汇率（Fixed Rate）

这是由政府当局决定的汇率。它一般只能在一个很小的幅度内变动，如汇率跌至下限或涨至上限，某种自动的调节机制或人为的干预措施就会起作用，以维持既定汇率。

2. 浮动汇率(Floating Rate)

这是由市场所决定的汇率,即各国货币当局不再宣布本国货币和标准货币的黄金平价,不再规定汇率波动的上下限,不再承担维持汇率波动界限的义务。在一般情况下,汇率随外汇市场供求力量的变化而自由波动,中央银行不进行干预。

(二)按银行买卖外汇的价格划分

1. 买入汇率(Buying Rate)

它又称买入价(Bid Price),即银行从客户(企业和居民)处买入外汇时使用的汇率。采用直接标价法时,一定量外币折合成本币数量较少的那个汇率是买入价;采用间接标价法时,一定量本币折合成外币数较多的那个汇率是买入价。

2. 卖出汇率(Selling Rate)

它又称卖出价(Offer Price or Ask Price),是银行向客户卖出外汇时所使用的汇率。采用直接标价法时,一定量外币折合成本币数较多的那个汇率是卖出价,表示银行卖出外币时,应向客户收取的本币数;采用间接标价法时,一定量本币折合成外币较少的那个汇率是卖出价,表示银行卖出外币时,应付给客户的外币数。

例如,某日巴黎外汇市场上(使用直接标价)的美元汇率为:1 美元=1.250 5~1.261 5 欧元。前一个数字(1.250 5 欧元)是美元的买入价;后一个数字(1.261 5 欧元)是卖出价。同一天,伦敦外汇市场上(使用间接标价法)的美元汇率是:1 英镑=1.887 0~1.889 0 美元。前一个数字是美元的卖出价,后一个数字是美元的买入价。

上述买入价与卖出价的差额,称作买卖差价(Spread),一般为 1‰~5‰(外汇市场越发达,这个差价越小)。应该指出的是,银行与客户之间进行的零星外汇买卖交易使用的买入价、卖出价,与银行同业间进行的批量外汇交易时所使用的买入价、卖出价,则有所不同。前者称"商人汇价",后者称"同业汇率"(Inter-Rank Rate),后者的买卖价差一般较小。

3. 中间汇率(Medial Rate or Middle Rate)

它又称中间价,是买入汇率与卖出汇率的算术平均数,即:(买入价+卖出价)÷2=中间汇率。它不是在外汇买卖业务中使用的实际成交价,而是为了方便计算或使报道更加简洁。联合国、国际货币基金组织所公布的各国汇率表中,均采用中间汇率,西方报刊公布汇率时,也常采用中间汇率。可见,中间汇率一般只供比较分析之用。

(三)按外汇买卖的交割时间划分

1. 即期汇率(Spot Rate)

它是指即外汇交易的交割(Settlement),即现款的实际交付或银行存款账户的实际转划在契约成立的当天或在两个营业日内实行的汇率。一般来说,居民和旅游者的外币现钞、旅行支票及其他小额外汇交易,多半是在成交时收付;但银行同业间的外汇买卖,按国际商业惯例,通常是在交易后的次日或两日内收付,如遇到节假日就顺延至下一个营业日。即期汇率是由即期外汇市场上交易的货币的供求状况决定的。

2. 远期汇率(Forward Rate)

它是指即外汇交易的交割在两个营业日以上的某个约定日期实行的汇率。它建立在即期汇率基础上又反映着汇率变化的趋势。远期汇率所适用的远期外汇交易是一种预约性的交易，即事先由买卖双方就成交的外汇金额以及交割日达成协议，签订合同，到了交割日期双方按预订条件进行收付。远期外汇的交割日期常见的为1个月至1年，而少数几种主要西方国家的货币甚至有1年以上的远期。同单一的即期汇率不同，远期交易涉及各种交割期限。因此，在某一特定时点上同时存在着数个远期汇率，如30天、90天、180天甚至360天的远期汇率，远期汇率受预期中的将来交割时货币供求状况的影响。由于决定远期汇率同决定即期汇率的经济因素大致相同，所以两者之间有着密切的有关系，一般朝着一个方向变动，尽管变动的幅度可能不完全一样。

即期汇率和远期汇率两者相比的差额称为“远期差价”(Forward Margin)。如果一个国家货币趋于坚挺，远期汇率高于即期汇率，该差价称为“升水”(At Premium)；如果一个国家的货币趋于疲软，其远期汇率低于即期汇率，该差价称为“贴水”(At Discount)，这是直接标价法的情况。若采用间接标价法，则正好相反，远期汇率高于即期汇率为“贴水”，远期汇率低于即期汇率为“升水”，远期汇率同即期汇率相等，则称为“平价”(At Par)。远期升水和远期贴水，通常用年百分率表示，这样，便于同汇率所涉及的两国货币的利率差异做比较。其计算公式如下：

$$远期升(贴)水年率=\frac{远期汇率-即期汇率}{即期汇率}\times\frac{12}{n}\times 100\%$$

式中：n 代表远期合同期限，如1个月、3个月、6个月等。

例如，某日纽约外汇市场上欧元对美元的即期、远期汇率及升(贴)水率如表9.1所示。

表9.1　　某日纽约外汇市场欧元对美元的汇率概况

期限(Maturity)	欧元(Euro)	年升(贴)水率(正值=升水率 负值=贴水率)
即期汇率	\$0.868 8	——
1月期远期汇率	\$0.866 9	$\frac{0.8669-0.8688}{0.8688}\times\frac{12}{1}\times 100\%=2.62\%$
3月期远期汇率	\$0.872 3	$\frac{0.8723-0.8688}{0.8688}\times\frac{12}{3}\times 100\%=1.6\%$
6月期远期汇率	\$0.878 3	$\frac{0.8783-0.8688}{0.8688}\times\frac{12}{6}\times 100\%=2.2\%$
1年期远期汇率	\$0.888 9	$\frac{0.8889-0.8688}{0.8688}\times\frac{12}{12}\times 100\%=2.3\%$

(四)按确定汇率的不同方式来划分

1. 基本汇率(或基准汇率，Basic Rate)

世界上每个国家都有自己的货币，甚至有些地区由于历史上或政治上的原因也发行货币。根据数学中的排列组合，若世界上有 n 种货币，那就有$\frac{n(n-1)}{2}$个汇率。如果一国货币对每一国货币的汇率都按其实际价值来分别测算和测定，将非常费时费力，更何况各国货币的币值在不断发生变化。因此，各国通常是先选择某一国货币充作基准货币并制定出基准汇率，对其他国家和地区的货币则用套算的方法求得汇率。基本汇率是指一国货币对基准货币(关键货币)的汇率，基准货币(关键货币)应具备的条件是：在本国的国际收支中使用最多，在外汇储备中占比重最大，能自由兑换，在国际上能普通接受。第二次世界大战前，主要关键货币首先是英镑，其次是美元。第二次世界大战后美元取代了英镑成了国际结算中使用最多、在各国国际储备中所占比重最大的关键货币(Key Currency)。20 世纪 70 年代初，以美元为中心的国际货币体系全面崩溃，各国货币与美元脱钩，美元与黄金脱钩，美元的关键货币地位下降，日元、德国马克、瑞士法郎等进入关键货币行列，但这些货币并不能完全取代美元。欧洲实行单一货币(欧元)后，欧元的地位将不断提高，但是当前，美元仍然是国际上使用最广泛的货币，它被广泛作为计价、结算、支付及储备资产，并被大多数国家普遍接受为本国货币对外价值的定值标准(Numeraire)，各国货币同美元的汇率仍成为基本汇率。

2. 套算汇率(Cross Rate)

它又称交叉汇率，是指通过基本汇率套算出来的汇率。这种套算汇率在外汇市场上广泛使用。套算的方法通常是：用两种汇率的中间汇率进行套算；或用一种货币的买入汇率和另一种货币的卖出汇率进行套算(或反之)。

(1)用两种汇率的中间汇率进行套算。

已知，欧元对美元的汇率为：1 欧元＝0.90 美元(0.90 \$/€)

英镑对美元的汇率为：1 英镑＝1.80 美元(1.80 \$/£)

据此，我们可以套算出欧元对英镑或英镑对欧元的汇率(中间汇率)：

$$\frac{£}{€}=\frac{£}{\$}\cdot\frac{\$}{€}=1.80\times\frac{1}{0.90}=£2.00/€$$

(2)用一种货币的买入汇率和另一种货币的卖出汇率进行套算，或反之。

例如：1 美元＝1.675 6 瑞士法郎(中间汇率)，又 1 美元＝8.276 8 元人民币。

从上述连锁等式中，可以套算得知：

$$1\text{ 瑞士法郎}=8.2768\times\frac{1}{1.6756}\approx4.9395\text{ 元人民币(中间汇率)}$$

(3)用一种货币的买入汇率和另一种货币的卖出汇率进行套算，或反之。

在瑞士，外汇牌价上只标明美元对其他主要货币的汇率，除美元的价格用瑞士法郎标价外，其他外币价格均不是以瑞士法郎来标价，因此，也就没有欧元对瑞士法郎的牌价。

设某日瑞士外汇市场美元对瑞士法郎的牌价为：1 美元兑换 1.675 0～1.676 0 瑞士法郎。

同时，德国外汇市场牌价为：1 美元兑换 1.252 0～1.253 0 欧元。

现假定有一瑞士客户要在瑞士大众银行用瑞士法郎买入 10 万欧元。那么对瑞士大众银行来说，如何确定买进瑞士法郎、卖出欧元的汇率呢？

瑞士大众银行采用下列步骤推算出欧元的卖出价：

①如果瑞士大众银行账上没有欧元，它则必须用美元买进 10 万欧元(由于互惠的原因，瑞士大众银行愿从德国买进欧元)，按德国外汇市场的美元买入价(1 美元兑 1.252 0 欧元)计算，瑞士大众银行如欲购买 10 万欧元，需付出 79 872.21 美元。

②为了向德国银行支付 79 872.21 美元，瑞士大众银行将从客户那里收来的瑞士法郎卖给瑞士银行，按美元卖出价(1 美元兑换 1.676 0 瑞士法郎)，大众银行须付出 133 865.82

瑞士法郎，方能获取 79 872.21 美元，用以支付从德国银行购买的 10 万欧元。

所以瑞士大众银行买进瑞士法郎卖出欧元的套算汇率应确定如下：

$1=€1.252 0；$1=SF1.676 0

$$€100=\frac{SF1.676\ 0\times 100}{1.252\ 0}\approx SF133.87(\text{卖出汇率})$$

这就是瑞士大众银行推算出的套算汇率。但是按照这个汇率，买入 133.87 瑞士法郎卖出 100 欧元的话，对瑞士大众银行来说毫无利润可言（如果它必须到市场买入欧元，并卖出瑞士法郎），实际上 133.87 瑞士法郎这个汇率只是瑞士大众银行的成本。因此，在该银行与客户的汇率中还要在上述套算汇率的基础上加一点差率，也就是说，客户要付出多于 133.87 瑞士法郎的款额，才能兑换到 100 欧元，这样才能使银行有利可图。

如果客户不是买欧元，而是相反，卖出欧元，收进瑞士法郎，那么瑞士大众银行买进欧元卖出瑞士法郎的套算汇率是：

$$€100=\frac{SF1.675\ 0\times 100}{1.253\ 0}\approx SF133.68(\text{买入汇率})$$

在与客户的实际业务中，瑞士大众银行还要在此套算汇率的基础上减去一点差率，即瑞士大众银行在买入 100 欧元（外汇）时，付给客户的本币数要低于 133.68 瑞士法郎。

根据以上计算，瑞士大众银行在套算汇率（买卖汇率）为：

100 欧元兑换 133.68～133.87 瑞士法郎。

这是基于成本基础上的套算汇率，银行对顾客买卖外汇时，使用的汇率还要在以上套算汇率的基础上加以适当的增（成为卖出汇率）减（成为买入汇率）。

（五）按汇兑方式来划分

1. 电汇汇率（Telegraphic Transfer Rate，T/T Rate）

它是指经营外汇业务的银行用电报方式通知国外付款所使用的外汇汇率。采用电汇方式，银行在国内收进汇款与在国外付出外汇的时间相隔只有 1 至 2 日，银行不能利用汇款资金，且需付电报费用，所以电汇汇率最高。现在国际上大额汇款大部分采用电汇，因而电汇汇率成为基础汇率，其他汇率的制定均以此为基础。一般外汇市场上所公布的汇率，多为银行的电汇汇率买卖价。西方国家的重要报纸每天都报道外汇市场上银行间的电汇汇率。

2. 信汇汇率（Mail Transfer Rate，M/T Rate）

它是指经营外汇业务的银行用信函方式通知国外付款所使用的外汇汇率。采用信汇方式，银行在收到顾客交来汇款后，须经过两国邮程所需的时间，才在国外付出外汇。在此期间，银行可以利用顾客的汇款资金，故需在信汇汇率中扣除邮程期间的利息，因此，信汇汇率比电汇汇率低，在外汇业务中，信汇量较少。在我国，信汇多适用于港澳地区，其他地区很少采用。

3. 票汇汇率（Demand Draft Rate，D/D Rate）

它是指银行买卖外汇汇票、支票和其他票据时所用的汇率。票汇汇率又可分为两种：一种是即期票汇汇率（Sight Bill Exchange Rate），即银行买卖外汇即期汇票时所使用的汇率；另一种是长期（或远期）票汇汇率（Long Bill Exchange Rate），即银行买卖外汇远期汇票时所使用的汇率。票汇是银行在为客户办理汇款业务时签发一纸由其在国外的分支行或代理行付款的支付命令给汇款人，由其自带或寄往国外取款。由于卖出汇票同支付外汇间隔一段时间，因此票汇汇率也需在电汇汇率的基础上对利息因素做些调整。

除了上述电汇、信汇和票汇的“汇价”以外，银行的外汇牌价上往往还有外币“现钞价”。由于现钞（纸币和铸币）不能生息，持有这种外币资产存在机会成本（The Opportunity Cost）；另外，外币现钞必须在其发行国才能流通，才能用作购买或支付手段，为此，银行将外币现钞收兑后，要开支运输费和保险费。所以，现钞的买入价一般低于现汇的买入价2%～3%，而外币现钞的卖出价，则与现汇的卖出价相同。

（六）按外汇买卖的营业时间来划分

1. 开盘汇率（Opening Rate）

它是指经营外汇业务的银行在营业日刚开始时买卖外汇使用的汇率，也称开盘价。

2. 收盘汇率（Closing Rate）

它是指外汇银行在一个营业日的外汇交易终了时所使用的汇率，也称收盘价。

一个外汇市场的营业在一个营业日从开始到结束虽然只有几个小时，但在外汇汇率急剧波动的情况下，开盘汇率和收盘汇率也会有很大差别。另外，世界上各外汇市场的营业时间虽然因时差关系而不一致，但是，由于各外汇市场之间存在着发达的电信网络，彼此的行情密切相关，一个外汇市场的收盘汇率往往影响另一个外汇市场的开盘汇率。

（七）按外汇资金性质和用途划分

1. 贸易汇率（Trade Rate）

它又称“商业汇率”（Commercial Rate），即主要用于进出口贸易及其从属费用方面支付结算的汇率。一般它是为一国“奖出限入”的贸易政策服务，以改善该国的国际收支为目的。

2. 金融汇率（Financial Rate）

它是指用于资本往来、旅游等非贸易方面支付结算的汇率。与贸易汇率相比，金融汇率一般定得较高，以起到限制资金流出、鼓励外资流入的作用。

（八）按外汇管制的松严划分

1. 官方汇率（Official Rate）

它又称官价或法定汇率，是指一国货币当局规定并予以公布的汇率。一般对外汇买卖、资金移动等实行外汇管制较严的国家实行。一切外汇收入均须按官方汇率结售给外汇银行，所需向国家或其指定的银行申请批给。官方汇率比较稳定。

2. 市场汇率（Market Rate）

它是指外汇市场上进行外汇买卖的实际汇率，它随市场的外汇供求关系而自由变动。市场汇率一般属于非官方汇率，但由于政府干预，市场汇率一般不会太多地偏离官方汇率。

在实行外汇管制的国家，由于外汇持有者往往不愿意按官价将外汇卖给官方机构，而外汇需求者又往往得不到使用外汇许可，于是便出现不同于官价的市场汇率进行外汇交易。这类市场汇率的高低取决于外汇的实际供求状况，能较客观地反映本国货币的对外价值。

第三节　汇率决定理论

汇率决定理论，流派众多，众说纷纭，具有代表性的理论有：国际借贷理论、购买力平价理论、汇兑心理理论、货币主义汇率理论、资产市场理论、现代利率平价理论等。

一、国际借贷理论

关于汇率决定的国际借贷理论，是第一次世界大战之前，以金本位制的存在为背景，用以说明汇率变动因果关系的学说。国际借贷理论(Theory of International Indebtedness)以一国的国际收支为依据，从外汇供求关系变化的角度论述了汇率变动的原因，故又称为“国际收支说或外汇供求说”。该学说最早提出者是英国经济学家葛逊(G. J. Goschen)，他在担任英国银行董事期间，根据自身的工作经验，结合理论研究，写成了《外汇理论》(Theory of Foreign Exchange)一书，系统阐述了汇率决定与变化的原因。主要观点是：

1. 外汇汇率由外汇的供给与需求决定

之所以产生外汇的供给与需求，是因为国与国之间存在着借贷关系。一国的经常项目与资本项目的差额，构成了该国的国际借贷差额。如果在一定时期内，一国国际收支中债权超过债务，就是国际借贷出超，所超出的部分是该国对相关国家的债权。若情形相反，一定时期内债务多于债权，则构成国际借贷入超，超过的数额即为该国对其他国家的债务。解决国与国之间债权与债务差额的最终手段就是货币支付(外汇收入与支出)。所以，国际借贷的出超与入超是决定一国资金流出和流入的最重要因素，是汇率变动的主要依据。

2. 国际借贷分为固定借贷(Consolidated Indebtedness)和流动借贷(Floating Indebtedness)

所谓固定借贷，是指借贷关系已经形成但未进入实际支付阶段的借贷；所谓流动借贷，是指一国处于实际支付阶段的对外债权和对外债务。只有流动借贷才对外汇供求关系产生实际影响。若一国的对外流动债权与对外流动债务相等，即外汇供求平衡，汇率不会发生变动；若一国的流动债权大于流动债务，即表明外汇供给大于外汇需求，汇率就会下跌；若流动债权小于债务，即表明外汇供给小于外汇需求，汇率就会上升。

葛逊的上述理论用以解释金本位制时期的汇率决定和变化，与当时的现实是基本吻合的，但是，它也只能用来解释短期汇率的形成，并不能用来解释长期汇率的决定，因为它忽视了汇率决定的基础与影响汇率变动的其他重要因素。至于在纸币流通条件下，汇率决定和变化的影响因素更加复杂，故不是外汇供求说所能完全解释的。然而，它重视国际收支对汇率变动的影响，具有重要的理论意义。后来，凯恩斯主义学派对该理论进行了发展，充分重视了汇率变动对价格的反作用，认为货币对外贬值会引起进出口商品相对价格的变化，从而有利于改善国际收支，而国际收支的改善又会形成新的均衡汇率。这就是调整国际收支的弹性理论。凯恩斯主义学派不但从外汇供求的外部均衡方面考察汇率变化，还从国民收入与支出的内部均衡方面考虑汇率变动。该学派认为，国民总收入的增长会使国民收入与支出增加，支出增加又会导致国际收支逆差，使本币对外贬值；相反，减缩国内消费与投资就是国内“吸收”，减少外汇需求。这就是国际收支调节的吸收理论。

二、购买力平价理论

购买力平价理论(Purchasing Power Parity)简称PPP理论，是西方汇率理论中最具影响的一种理论。瑞典经济学家古斯塔夫·卡塞尔(Gustav Cassel，1866—1945)是这一学说的主要倡导者和集大成者。

第一次世界大战爆发后，西方各国相继放弃了金本位制，开始实行不兑换的纸币流通制。由于战时支出剧增，入不敷出，各参战国就靠扩大纸币的发行量来加以弥补，结果形成了世界范围的通货膨胀。战争结束后，不少在战时实行浮动汇率制的国家又重新开始寻求货币汇率的稳定。然而，由于各国的通货膨胀率不同，如何来确定或形成新的均衡汇率体系就成为当时恢复固定汇率制的一大难题。正是在这种历史背景下，卡塞尔在1922年发表的《1914年以后的货币和外汇理论》中，提出了应以国内外物价对比来作为决定汇率的依据，而新的均衡汇率则应在最初的均衡汇率基础上再对两国的相对通货膨胀率做出调整后得出。

(一)购买力平价理论分析的前提条件：一价定律

一价定律(The Law of One Price)是指在不考虑生产成本差异，忽略交易成本(如运输费用、保险费用等)，并在完全自由贸易的条件下，如果采用同一种货币计价，同一商品在世界各国的市场价格应该是相同的。由于世界各国所采用的货币不同，因而同一商品在不同国家的市场价格表现出来的货币单位不同，体现了不同国家货币购买力的不同。从理论上说，通过对同种商品不同货币购买力的换算，就可以确定不同国家货币之间的汇率。例如，如果一个麦当劳的巨无霸在美国卖3美元，而在中国卖21元，在不考虑其他因素的情况下，3美元的购买力就等于21元人民币的购买力，从而得出美元对人民币的汇率应为USD1/CNY7。当然，这只是纯理论上的解释，在购买力评价的核算中，不同货币面对的是同一“商品篮子”(上千种代表性的商品所组成的商品篮子)来衡量购买力的差异，进而核算出不同货币之间的汇率。

(二)购买力平价理论的表达式

购买力平价理论有两种表达式，即绝对购买力平价(Absolute Purchasing Power Parity，Absolute PPP)和相对购买力平价(Relative Purchasing Power Parity，Relative PPP)。前者说明在某一时点上汇率决定的基础；后者则解释在某一时段里汇率变动的原因。

1. 绝对购买力平价表达式

绝对购买力平价的理论基础是，一国之所以需要外国货币，是因为它可以购买外国商品、劳务和技术；反之，外国需要本国货币是因为它可以购买本国的商品、劳务和技术。因此，以本国货币交换外国货币，实质上是以本国的购买力去交换外国的购买力，因而，汇率就是两国货币在各自国家所具有的购买力的对比。由于一国货币的购买力的大小是通过该国物价水平的高低表现出来的。如果用E表示汇率(每一外国货币单位所代表的本国货币单位数)，P表示本国价格指数，P^*表示外国价格指数，则绝对PPP表达式为：

$$E=P/P^{*} \tag{9.1}$$

式(9.1)可以改写为:

$$P=EP^{*} \tag{9.2}$$

即本国价格水平等于汇率(以外国货币表示的本币价格)和外国价格水平的乘积。式(9.2)被称为"一价定律",它表示在世界范围商品会按相同的价格出售。例如,一件衬衫在美国卖10美元,在英国卖4英镑。如果美元对英镑的汇率是每英镑2.50美元,那么,$P=EP^{*}=2.50\times4=10$美元。由此可见,一旦我们根据汇率把英镑价格转换成美元价格,英国的衬衫价格与美国的价格是相同的。

2. 相对购买力平价的表达式

绝对购买力平价或一价定律没有考虑两国物价水平的相对变化。为此,卡塞尔提出了相对购买力平价。相对购买力平价的基本观点是,在纸币流通条件下,由于各国经济状况的变化,各国货币的购买力也必然会经常发生变化,而汇率的变动正是要反映两个国家的物价水平在某一时期所发生的相对变化的情况,例如,本国发生了通货膨胀,货币的国内购买力减弱,而外国的国内物价保持不变,或者物价水平也在上涨,但幅度不如本国的大,那么,本国货币对外国货币的汇率就会下跌;反之,若外国的物价上涨幅度比本国的大,那么,本国货币对外国货币的汇率会上升。若两国都发生了通货膨胀且相等,那么,两国货币的汇率维持不变。其表达式为:

$$E'=\frac{P_1/P_0}{P_1^{*}/P_0^{*}}\cdot E \tag{9.3}$$

式中:E表示原汇率,E'表示新的均衡汇率,P'、P^{*}分别表示本国和外国的物价水平,下标"0"和"1"分别代表基期和变化期。

西方学者通常把通货膨胀等同于物价上涨,通货膨胀率即物价上涨率。若用I表示本国的通货膨胀率,I^{*}表示外国的通货膨胀率。式(9.3)便可改写为:

$$E'=\frac{I}{I^{*}}\cdot E \tag{9.4}$$

(三)对购买力平价理论的简要评价

概而言之,卡塞尔在一定程度上把一国货币的国内价值(由物价来反映)与对外价值(由汇率来表示)联系起来,他的理论较合理地体现了汇率所代表的两国货币价值的对比关系,因此具有相当广泛的适用性。此外,卡塞尔还明确指出,欲稳定汇率必先稳定国内物价,抑制通货膨胀,这个政策主张意义非常深远,直到今天仍被经常引用。但是,受历史条件的限制,其理论也有种种缺陷与不足。第一,购买力平价说的基础是所有商品必须都是国际商品。然而,在现实经济生活中,各国都有诸多商品(包括劳务)并不进入国际贸易领域,这就使PPP理论的适用性受到很大的限制。第二,卡塞尔倡导的PPP汇率只是一种理论汇率,它是建立在种种假设之上的。其中最重要的一个假设就是处于不同市场上的同类、同质商品的价格通过国际贸易趋向相等,而这个"一价定律"的存在是以自由贸易和没有贸易成本为前提的。在现实的国际贸易中,存在着种种人为障碍(如关税壁垒、进口配额和许可证制、外汇管制等),再加上贸易本身所涉及的运输成本和其他交易费用,贸易商品的价格不可能完全趋向相等。第三，PPP 理论不能解释和说明与通货膨胀没有直接关系，但对汇率的变动却能产生重大影响的国际资本流动。例如，一个国家的矿藏资源的巨大发现可能吸引外国资本的大量流入，这会导致本国的货币升值，而资本输出国的货币则有贬值的压力。很显然，这种性质的汇率变动与两国的相对通货膨胀率并无直接关系。第四，该理论仅基于货币性经济变量之上，而将实际性经济变量以及人们的预期心理因素等都排斥在外。这使得购买力平价说作为一种汇率决定理论过于简单化了。第五，购买力平价说将汇率视作一种因变量，将物价视作自变量，实际上这种因果关系也不是绝对的，而是相辅相成、相互影响的，即汇率的变化也会反过来影响一国的物价水平。另外，购买力平价说在物价指数的编制方法以及在基期的选择上也存在着一些技术问题等。

(四)购买力平价理论的修正

1. 非贸易商品和服务不符合购买力平价条件的平价公式

当商品和服务分为可贸易的商品和服务与不可贸易的商品和服务时，传统的购买力平价公式就需要修正，于是产生了非贸易商品不符合购买力平价条件的平价公式。

假设两个国家 G、U 的一般物价水平分别为 P_G、P_U，它们分别由可贸易商品和服务价格 P_t 与不可贸易商品和服务价格 P_n 构成。a 为 G 国收入中用于非贸易商品和服务的比重，$1-a$ 则为用于贸易商品和服务的比重；b 为 U 国非贸易商品和服务在收入中的比重，$1-b$ 为贸易商品和服务在收入中的比重；$E_{G/U}$ 为汇率。

根据 $P=aPn+(1-a)Pt$，则 G、U 两国的一般价格水平分别是：

$$P_G=aP_Gn+(1-a)P_Gt$$

$$P_U=bP_Un+(1-b)P_Ut$$

通常认为可贸易商品和服务的交易价格决定汇率，即 $E_{G/U}=P_Gt/P_Ut$。现在考虑可贸易和不可贸易的情况，两国一般物价水平之比是 P_G/P_U。将 $P_Gt=E_{G/U}\cdot P_Ut$ 代入 Pg/Pu，可以得出含有非贸易品时的汇率决定公式。

考虑非贸易商品和服务的价格影响，分析结论是：若其他因素不变，则 P_Un/P_Ut 上升，G 国货币相对于 U 国贬值，U 国货币升值；反之，则 G 国货币升值，U 国货币相对贬值。

2. 贸易商品和服务不符合购买力平价条件的平价公式

在贸易商品对购买力平价条件也发生背离的情况下，$E_{G/U}=P_Gt/P_Ut$ 公式就要被新的公式替代，替代它的公式是：

$$E_{G/U}=(P_Gt/P_Ut)(K_{G:U})$$

式中，$K_{G:U}$ 的含义是 U 国贸易商品的 G 国货币价格与 G 国贸易商品的 G 国货币价格之比。$K_{G:U}$ 上升，U 国贸易商品相对于 G 国而言价格更高，就会影响两国贸易品本国价格与汇率的关系。一旦 $K_{G:U}$ 发生变化，汇率就会发生变化。

三、汇兑心理理论

汇兑心理理论是法国经济学家阿弗里德·阿夫塔里昂(Alfred Aftalion，1874—1956)于 1927 年在其出版的《货币、物价与外汇》一书中提出的汇率理论。他用主观价值理论的边际效用理论来解释汇率的变动。他认为，国际借贷理论仅从量的因素说明汇率，忽视了质的因素；而购买力平价理论仅从质的因素说明汇率，忽视了量的因素，而作为汇兑心理理论，则完整地把握这两个方面。该学说的主要观点是：

(1)人们之所以需要外国货币，是因为它可以用来购买外国商品和劳务以满足人们的欲望，这种欲望是使外国货币具有价值的基础。

(2)外币价值的大小取决于人们的心理评价，而个人对外币的心理评价又因外币对他的边际效用的大小而异。如外汇供给增加，边际效用递减，人们对外币的主观心理评价降低，外币价值就小；反之，外汇供给减少，边际效用递增，人们的主观心理评价就会上升，外币价值就大。

(3)各人对外币的主观评价虽然不同，但在自由市场上，外汇供求将达到均衡，供求均衡时的价格就是实际汇率。这是因为各人对外币的心理评价虽然是主观的，但要受到国际贸易、资本流动、外汇管制、世界政治等客观因素的影响和制约。

汇兑心理理论把主观评价同客观事实结合起来考察汇率，以客观事实为基础说明汇兑心理在汇率决定及变动中的作用，在研究方法上是一种创新。汇兑心理理论根据个人对外汇的主观评价，解释汇率的变动，有一定的道理。现在西方流行的汇率预期模型通常是根据从外汇市场上取得的决定汇率的变量和数值来推断未来的汇率，投资者和投机者也往往是根据预期来决定资金投向和数量。因此，心理预期对外汇供求和汇率有一定的影响。但是，汇兑心理理论把人们的主观心理预期说成是汇率决定和变化的基础，在理论上有很大的主观片面性。

四、货币主义汇率理论

货币主义是 20 世纪中期的一个经济学流派，其创始人为美国芝加哥大学教授米尔顿·弗里德曼(Milton Friedman)，1976 年诺贝尔经济学奖获得者，其他主要代表人物有美国的阿诺德·哈伯格(Armold Harberger)、卡尔·布伦纳(Karl Bruner)和莱昂纳尔·安德森(Leonall Anderson)，英国的大卫·莱德勒(David Ladler)和迈克尔·帕金(Michael Parking)，以及奥地利的赫穆特·弗里希(Helmut Frisch)等。20 世纪 60 年代末期以来，货币主义的许多预言(如滞胀、浮动汇率等)都成了现实，这使得货币主义顿时身价百倍，成为能与凯恩斯主义抗衡的一个主要经济学流派，其对西方国家宏观经济政策的影响日益增强。不仅如此，许多西方经济学家还运用货币主义理论阐述国际收支调节和汇率决定等问题，在国际经济领域形成了一个流派，即货币分析法(Monetary Approach)，其代表人物主要有约翰逊(H. Johnson)、蒙代尔(R. Mundell)、多恩布茨(R. Dornbusch)和弗伦克尔(J. A. Frenkel)等。

国际收支的货币分析法根据瓦尔拉斯定理的假定，整个世界经济是一个封闭型的体系，个别国家的贸易收支、国际收支可以有差额，但从整个世界的情况来看，所有国家的贸易收支、国际收支差额的总和必定为零。个别国家出现的国际收支顺差或逆差，其根源在于对该国国内货币存量的超额需求或超额供给。例如，当一国的货币供给比别的国家增长得快时，该国的居民就会发现手中所持有的现金多于他们想要持有的。于是，人们就会增加支出，而国外支出(如购买出口商品等)的增加会导致该国的国际收支出现赤字。货币分析法认为，一国的外部经济具有内在的纠偏机制，因为国际收支的盈余或赤字所导致的货币内流或外流都会影响一国的货币基础，从而能使该国的货币存量自动地重新调整到均衡水平。货币分析法的政策含义非常清楚，即一国的货币当局应把其操作重点放在国内货币供应量的控制之上。而不要去搅乱市场的自动调节机制。假如货币当局采取“蒸发”(Sterilization)措施，试图去抵消由于国际收支逆差(顺差)所引起的货币基础的缩小(扩大)时，这实际上是放弃了内在纠偏机制的作用，将更多的调节负担放在国内价格之上。货币主义者强调说，他们的国际收支调节模型虽然是在固定汇率制下发展起来的，但对其稍做修改亦能适用于浮动汇率制。

汇率决定的货币分析法强调货币市场在汇率决定过程中的作用，它把汇率看作两种货币的相对价格，而不是两国商品的相对价格。讲得更具体一些，就是货币分析法试图通过用物价水平的货币决定因素来替代物价水平本身，并结合以贸易商品与非贸易商品的相对价格来克服购买力平价说在解释汇率短期波动时不太准确这一重大缺陷。换言之，它不是简单地根据国内外的通货膨胀率差异，而是根据国内外的货币供求情况来解释汇率的；并且在强调汇率变动是由货币市场上的货币存量变化决定的同时，还在一定程度上顾及到了实际性经济因素对汇率的影响。

货币分析法对汇率决定的推导过程是以货币市场的均衡条件为出发点的，即货币的实际供应等于对货币的实际需求，即：

$$\frac{M}{P}=L(i,y)^{①}$$

从此式中可以看出，对货币的实际需求取决于一国的名义利率与实际国民收入水平。由于货币所具有的价值贮藏职能(弗里德曼称之为“购买力的暂栖处”)，它是一种与股票、债券等有价证券竞争的金融资产。利率水平上升，有价证券的名义收益率提高，持有货币现金的机会成本增大，这时，人们对有价证券的需求扩大，而持有货币现金的愿望就相对减少；反之，其结果则相反。所以说，名义利率与货币需求成反比关系。另外，由于货币被看作一种名义上的商品(弗里德曼称之为“奢侈品”)，因此随着实际收入的增加，对货币的需求也会有一定比例的增加，两者成正比关系。

这种货币市场的均衡条件在国外也同样存在，即：

$$\frac{M^*}{P^*}=L^*(i^*,y^*)$$

经过重新排列，国内外货币市场的均衡条件可变成各自国家的物价水平的方程式，即：

$$P=\frac{M}{L(i,y)},P^*=\frac{M^*}{L^*(i^*,y^*)}$$

由此可见，一国的物价水平是由该国相对于货币的实际需求的名义货币供应量决定的。物价上涨的根源不外乎有两个原因：要么是名义货币供应量相对增加，要么是对货币的实际需求相对减少。前者是一国货币当局所能控制的经济变量，后者可能由于名义利率上升所致，也可能是国民收入的减少而引起的。

---

① M＝名义货币供应量，P＝国内物价水平，L＝对货币的实际需求函数，i＝名义利率，y＝实际国民收入。

再假定一国所有的商品(包括劳务)可分成两组,一组是国际贸易商品,另一组是非国际贸易商品;而国内物价水平通常是贸易商品价格指数与非贸易商品价格指数的加权平均数,即:

$$P=\alpha P_{\gamma}+(1-\alpha)P_{N}$$①

令 β 代表贸易商品与非贸易商品的相对价格,即 $\beta=\frac{P_N}{P_\gamma}$,则 $P_N=\beta P_\gamma$。在用 βP_γ 项替换了 P_N 并做了移项之后,一国的物价方程式可重新写成:

$$P=\alpha P_{\gamma}+(1-\alpha)\beta P_{\gamma}=[\alpha+(1-\alpha)\beta]P_{\gamma}=\lambda P_{\gamma}$$②

对这个方程式稍加分析就可知道,当 β 增大时,λ 也增大,而 β 的增大可能是由于非贸易商品的价格上升,也可能是由于贸易商品的增大;可能是由于非贸易商品的价格上升,也可能是由于贸易商品价格的下降。至于引起贸易商品价格下降的原因则有多种多样,除了货币性因素之外,还有大量的实际性经济因素,如生产技术的进步、资本货物的累积或国内对贸易商品需求的减少而导致的供给相对增加等。当然,市场结构从垄断恢复到竞争状态也会引起贸易商品价格的下跌。

假定在其他国家里也同样存在着这种物价水平方程式,即:$P^*=\lambda^* P_\gamma^*$;而国家间的商品套购活动又使得国内外贸易商品用同一种货币表示的价格相等,即:$P_\gamma=RP_\gamma^*$ 或 $R=P_\gamma/P_\gamma^*$,后一等式表明汇率是两国贸易商品价格之比,它也可由国内外的物价水平对比来表示,即:$R=\frac{P}{P^*}\cdot\frac{\lambda^*}{\lambda}$。鉴于物价水平与货币供求之间存在着的联系,我们也可用国内外各自的货币供给与货币需求的对比来替代国内外的物价水平对比,即:

$$R=\frac{M\cdot L^*(i^*,y^*)}{M^*\cdot L(i,y)}\cdot\frac{\lambda^*}{\lambda}$$

这个方程式就是汇率决定的货币分析法的基本表达式。根据上式中各种经济变量之间的关系可做出这样的分析:假如国内的货币供给增加,或者国内对货币的实际需求减少,或者国内非贸易商品相对价格下降,或者是国外的以上三个变量发生了相反变动,都会引起本国货币的贬值;反之,货币升值。

货币分析法的最大特点是将外汇市场与货币市场直接联系了起来,认为一国货币的超额供给会导致人们对外汇的超额需求,结果在引起国内物价水平上涨以前就会形成使该国货币下跌的压力。很显然,货币分析法想以此来克服应对购买力平价的短期偏离负责的商品市场上物价调整的延缓性(或称"刚性")。另外,货币分析法认为货币贬值,原因是对货币实际需求的减少,进而是由于名义利率的上升或(和)实际收入的下降引起的。根据货币分析法的假定,一国名义利率突然上升,会被看作是该国通货膨胀率将会上升的一个信号。在国内外金融资产之间存在着替代性的情况下,人们就会通过购买外国的有价证券来避免本国货币购买力因通货膨胀而下降的风险。作为这种对通货膨胀预期心理的结果,对本国货币的实际需求减少了,从而导致本国货币汇率的下跌。值得注意的是,对于提高利率(意味

---

① P_γ=贸易商品的价格指数,P_N=非贸易商品的价格指数,n=贸易商品的预算份额(Budget Share),即加权数。

② 式中的 λ 代表方括号里的几项,即:$\lambda=[n+(1-\alpha)\beta]$。

着信贷紧缩)会导致本国货币贬值的论点是有争议的。至于货币分析法认为的一国实际收入的下降会通过对货币实际需求的减少而触发货币贬值,这同流行的观点也不一致。人们通常援引凯恩斯主义的论点,认为一国经济的实际增长会导致该国进口的增长速度超过出口的增长速度,从而使本国货币变得疲软。但是,根据货币分析法的观点,一国实际收入的增长会同时引起进口增加和国际资本的内流,而资本内流所带来的外汇供给增加的幅度通常会超过因进口旺盛而产生的对外汇需求的增加幅度,其结果是本币升值。

总而言之,同 PPP 理论一样,货币分析法也强调汇率决定过程中的货币性因素。然而,使该方法高明于 PPP 理论的是它并没有完全排除实际性经济因素对汇率的影响,如实际收入(或国内产出)通过对货币需求的作用来影响汇率;引起贸易商品或非贸易商品相对价格变动的任何实际性经济因素也会影响汇率;等等。正是由于这个特征,所以确切地说,汇率决定的货币分析法实际上是 PPP 理论的补充、发展而不是替代。

五、资产市场理论

(一)多恩布茨模型

资产市场分析法认为,商品市场价格变化是黏性的或缓慢的,而金融市场或资本市场的变化是快速的,汇率因国际金融资本需求的变化呈现快速的波动性。

资产市场理论兴起于 1975 年在瑞典举行的“伸缩汇率与稳定政策”大会。会议所提交的一系列论文强调了国际资本流动对外汇市场的支配作用。这种汇率决定的理论分析统称为资产市场理论。在这方面,比较典型的模型是由美国马萨诸塞理工学院教授鲁迪格·多恩布茨(Rudiger Downbush)所提出的模型(简称多氏模型)。

1. 多氏模型的假定

出于经验的观察和统计证实,经济学家已经观察到汇率(即期和远期)的变化在主要发达国家远大于价格的月平均变化。根据这种状况,西方学者开始了资产分析法的研究。

多恩布茨首先假定,投资者对不同国家的金融资产的增值率(收益率)的追求是推动他们转移资产、进行外汇交易的动力。这种动力主要来源于两国间的利率差别,这种利率差别既有客观利率,也有预期贬值率,即:

$$i=i^{*}+Ee \tag{9.5}$$

式中:i 为本国利率;i^{*} 为国外利率;Ee 为预期的货币贬值率。多恩布茨认为,预期贬值率是相对于均衡汇率而言的,也即:

$$Ee=\theta(\bar{e}-e) \tag{9.6}$$

式中:θ 为反映市场敏感性的参数;$\bar{e}$ 为均衡汇率;e 为未来汇率。

将式(9.6)代入式(9.5),则:

$$i=i^{*}+\theta(\bar{e}-e) \tag{9.7}$$

假设中隐含一个条件:资本有充分的流动性。故此式是外汇市场运动的一种表述。

2. 多氏模型的内容

在上述假设下,资产市场要达到均衡,必然是有包括利率因素的货币供需均衡。

由 $M=PKY$,考虑利率 i,则:

$$\frac{M}{P}=KY-Li \tag{9.8}$$

此式表明利率 i 上升，实际货币需求将下降。用对数表示，此式即为：

$$m=P+\xi y-\eta i \tag{9.9}$$

将式(9.7)代入式(9.9)，则：

$$m=P+\xi y-\eta[i^{*}+\theta(\bar{e}-e)]$$

$$\eta\theta(\bar{e}-e)=(p-m+\xi y-\eta i^{*})$$

$$e=\bar{e}-\frac{1}{\theta\eta}[P-m+\xi y-\eta i^{*}] \tag{9.10}$$

在式(9.10)中，假定价格 p 是黏性的，y 是一个外生变量，其值在充分就业水平上是固定的，那么，在资本自由流动的情况下，投资者对持有货币以及对本国收益为 i 的债券、对外国收益为 $i^{*}+Ee$ 的债券的持有，就决定了汇率在均衡汇率 $\bar{e}$ 的基础上变动。而在长期内，p、m、y 和 i^{*} 都影响汇率。

多氏模型主要认为，在短期内，资本流动是引起 e 变化的主要因素，即资产市场变化决定汇率的变动，其中 $\bar{e}$ 均衡汇率是资产市场和商品市场均衡时的汇率，它是 e 变化的基础。为了决定 $\bar{e}$，多氏模型还包含了一个产品市场均衡方程式：

$$y=a(e+P^{*}-P)+\beta y^{*}-r_{i} \tag{9.11}$$

因而，式(9.10)和式(9.11)是多氏模型的一种全面表述。

3. 多恩布茨模型的意义及其他

多恩布茨模型对汇率的反复波动可能提供了一种有力的解释。价格具有黏性的假定是极为可信的；除了利率差异之外，汇率的预期、货币量的变化不断地推动着资产市场的运动，从而使汇率反复波动。

多氏模型包含了汇率的货币(分析法)模型，但它注意到资本的国际移动，因而也更有说服力。可以推出，在长期内，它与货币分析法所得的结论是相同的。

多氏模型优于蒙代尔-弗莱明(Mundell-Fleming)模型，因为 M-F 模型不仅没有考虑汇率预期，还假设物价是完全固定的。M-F 模型由以下三个式子表述(对数式)：

$$y=a(e+P^{*}-P)+\beta y^{*}-\gamma_{i}$$

$$m-P=\xi y-\eta i$$

$$i=i^{*}$$

多氏模型扩展后便成为弗兰克模型(Frankel Model)。扩展主要是在汇率预期的基础上增加一个国内外通货膨胀率的差额率 $\Delta\hat{P}$，即：

$$Ee=(\bar{e}-e)+\Delta\hat{P}$$

利用利率平价，解出均衡汇率：

$$\bar{e}=e+\frac{1}{\theta}(\hat{i}-\Delta\hat{P})$$

注意到：$\bar{e}=\hat{m}-k\hat{y}+\Delta\hat{P}$，从而得到：

$$e=\hat{m}-k\hat{y}-\hat{i}/\theta+\Delta\hat{P}(1+\frac{1}{\theta})$$

这就是弗兰克对汇率变动的解释。它突出了实际利差所起的作用，因为：

$$e=\hat{m}-k\hat{y}-\frac{1}{\theta}(\hat{i}-\Delta\hat{P})+\Delta\hat{P}$$

弗兰克模型较好地解释了20世纪70年代中期西德马克与美元汇率的波动变化。然而，此后所有的研究都认为，这个模型不能追踪观测主要货币汇率。

多恩布茨模型表明了资本流动对汇率变动的重要作用，而推动力量是汇率预期、利率和货币量的变化。下述资产组合模型则认为投资者进行(国内外)资产组合以降低风险促使了资产市场运动。

(二)资产组合模型

所有资产组合模型的核心观点是，个人在可选择的资产通常包括本国货币以及本国和外国债券之间，在一定时期对固定的财富进行重新配置。在一国模型中，由于个人不持有外国货币，所以基本方程是：

$$M=\alpha(i,i^*)W \tag{9.12}$$

$$B=\beta(i,i^*)W \tag{9.13}$$

$$EF=\gamma(i,i^*)W \tag{9.14}$$

$$W=M+B+EF \tag{9.15}$$

式中：M 是本国货币，B 是国内资产供给，F 是外国资产的净持有量，E 是外汇价格，i 是名义利率，W 是初始财富。

从式(9.15)可以看出，α、β 和 γ 的数值之和为1，这样方程(9.12)、(9.13)、(9.14)联在一起。F 值可正可负，这主要取决于一国是净债权国还是净债务国。

通常，假定对本国货币的需求(α)随国内或国外利率的上升而减少。而对本国债券的需求(β)则随国内利率的上升而增加，随国外利率的上升而减少。这些假设条件足以肯定对国外债券的需求(γ)随国外利率的上升而增加，而随国内利率的上升而减少。

在上述模型中，以三种资产形式持有的财富比率与汇率预期无关。但我们应该看到，如果资产定义由式(9.15)给定，汇率 E 的变化将导致全部资产的变化以及对外国证券 F 的需求改变。如果国内货币供给和资产已定，则汇率起到平衡资产需求与供给的作用。

国外资产市场的均衡条件是：

$$EF=(1-\alpha-\beta)W=g(i,i^*)W \tag{9.16}$$

这个条件也可以写成：

$$E=g(i,i^*)\frac{W}{F} \tag{9.17}$$

1. 资产组合模型的意义

该模型表明：汇率是一种价格，根据该价格，个人愿意持有国内和国外资产存量。假定国内和国外利率由资产市场均衡决定，研究的重点在于促使资产组合平衡的汇率的作用；汇率的任何变化都会给资本带来盈利和损失。

例如，考虑进口需求因外生因素而减少的情况，这一情况会立刻导致总资产的增加，因为经常项目会出现盈余。根据式(9.12)至式(9.17)的关系，国内居民会希望持有较多的国内证券和较少的外国证券。为了恢复合意的资产组合平衡，国内居民会卖出一些手中持有的外国证券。这就会导致外国货币的过多供给，因而汇率将趋于上升。因此，经常项目盈余通过其对资产持有量的效应影响汇率，影响资产组合平衡的立即恢复。

这种推理所强调的是个人对其资产持有量变化的反应；而汇率调整的目的是使个人愿意持有国内和国外资产的实际存量。其观点是，资本项目(而不是经常项目)对汇率的变化迅速做出反应，相应地，汇率在允许个人持有其合意的资产组合中起着主要作用。

从资产组合平衡模型的初始均衡开始，我们可以考察国内货币、国外利率或外部净资产变化的影响。

首先，从浮动汇率下资产组合平衡初始情形出发考察国外利率的上升。这种上升增加了以外国资产形式持有的合意财富的份额；这又使对外汇的需求增加以及资产向外移动，继而导致本币币值下跌(因此部分地满足了对外国资产的增长的需求)。

其次，考察国内货币存量的增加。这种增加会导致国内和国外证券的过度需求和货币的过度供给。均衡汇率会对资本外流做出下跌的反应。因此，我们把国际收支的货币分析看作资产组合平衡模型的一种特殊情况。

最后，在式(9.12)和式(9.15)中的一致性假设条件下，国内债券和货币存量的相应增加会导致外汇价格的相应上涨。这样，在浮动汇率下，通货膨胀过程是中性的，正如它处在货币分析之下一样，虽然名义利率受到了影响。

2. 资产组合模型的优、缺点

(1)资产组合模型的主要缺点

①它是从实际收入和实际国内资产的决定因素及其相互作用中抽象出来的。

②这个模型不能令人满意是因为它根本没有论述商品和劳务的流动。

③式(9.12)至式(9.17)描述的资产组合平衡模型中没有考虑预期的作用。

④这里给出的模型只是一国模型。

(2)资产组合分析法的优点

①它比货币分析法更易适应经常项目和预期因素。

②在允许资产间存在不完全替代性方面，资产组合平衡模型比货币分析法更具有普遍性。

③货币分析法中一些基本假设与实践经验相悖，这就使得资产组合模型更具吸引力，因为它更接近于现实，至少在某一个重要方面与现实相符。

至少对一些货币而言(而且这是资产组合分析法的主要观点)，国内和国外证券的存量必须自愿持有；它们的数量在任何给定的时点上远远超过经常项目。因此，短期汇率反映的是资产市场的均衡条件。

3. 两种资产分析法的共性

由上述两种模型可见，两种资产分析法都强调资产市场的变化，资产市场的国际化(主要是指证券市场)加速了汇率的变化。若我们在货币分析法的方程式中加进国内债券 B 和国外债券 F 的变化率，资产市场模型可归纳为：$\mathrm{d}E=\mathrm{d}D-\mathrm{d}P^{*}-\mathrm{d}Y+\mathrm{d}B-\mathrm{d}F$。这表明资产市场分析法是货币分析法的扩充与发展。

六、现代利率平价理论

利率平价理论是说明利率变化决定汇率的一种理论。利率平价理论可追溯到凯恩斯的古典利率平价理论,而开创现代利率平价理论之路的则是英国经济学家保罗·艾因齐格。

(一)现代利率平价理论的产生

20世纪60年代末至70年代,以欧洲美元市场为中心的国际金融市场出现,改变了传统的国家之间的金融投资和借贷关系。汇率波动呈现新的特点。西方经济学家首先观察到国际货币市场和国内货币市场相比,国际货币市场的特点有:第一,国际货币市场的存贷利差小;第二,国际货币市场的利率与国内市场利率作同方向变动;第三,国际货币市场利率波动幅度小。

产生以上差别的原因在于:

(1)国内市场受政策管制,国际市场自由度大,两个市场之间缺乏流动机制,从而形成利差。

(2)国际市场上存贷风险大于国内存贷风险。

(3)国内市场竞争状况差。

(4)国际市场上货币地位影响利差。

客观存在的利率差别及其与汇率的联动,促使西方学者研究利率和汇率的依存关系。

(二)现代利率平价理论的基本内容

1. 升贴水原理

汇率分即期汇率和远期汇率。远期汇率是以即期汇率为基础加升(贴)水(即增、减额),这种升(贴)水率就是交易者的预期变化率。即:

$$\text{远期汇率}=\text{即期汇率}\pm[\text{升(贴)水率}\times\text{即期汇率}]$$

或:

$$F=E\pm P(D) \tag{9.18}$$

式中:F 是远期汇率;E 是即期汇率;$P(D)$是升(贴)水。

2. 利率平价原理

假定在两个不同的市场,如英国和美国,英镑和美元的利率不同,分别为 $i_{£}$ 和 $i_{\$}$。由于利率不同,因此投机者转移资金获取利差收益。设有一投机者拥有美元 A,他先把美元按即期汇率兑成英镑,存于英国伦敦的银行,在到期(n)时再将本息在外汇市场转为美元。

在不取得利益的情况下,这笔投机业务所得应同将美元存于美国的收益相等,即以下两式相等:

$$A^n=A(1+i_{\$}) \tag{9.19}$$

$$A^n=\frac{A(1+i_{£})}{E}\cdot F \tag{9.20}$$

由此得:

$$\frac{F}{E}=\frac{1+i_{\$}}{1+i_{£}} \tag{9.21}$$

对式(9.21)两边减1,改写为:

$$\frac{F-E}{E}=i_{\$}-\left(1+\frac{F-E}{E}\right)i_{£} \tag{9.22}$$

将升贴水原理公式代入上式，得：

$$P=i_{\$}-(1+P)i_{£} \tag{9.23}$$

由于 P 和 $i_{£}$ 都是分数，乘积 $P\ i_{£}$ 很小，忽略不计，可得：

$$P=i_{\$}-i_{£} \tag{9.24}$$

即：

$$\frac{F-E}{E}=i_{\$}-i_{£} \tag{9.25}$$

这就是利率平价公式，它表明只有当升贴水与利差相等，才不存在套利和套汇的机会。如果式(9.25)不成立，必然会有投机交易发生，这种活动必将逐渐消除利差，市场供求关系必然使远期汇率适应利差变化。事实上，正是利差和抵补、套利活动决定了汇率的变化。

第四节　汇率制度与汇率制度选择理论

一、汇率制度

汇率制度(Exchange Rate System)又称汇率安排，是指一国货币当局对本国汇率变动的基本方式所做的一系列安排或规定，包括货币比价变动的界限，调整手段以及维持货币比价所采取的措施等。

从理论角度分析，根据汇率弹性的有无及大小，可将汇率制度分为不同的种类，其中两种极端情况是汇率完全没有弹性的固定汇率制与汇率具有完全弹性的浮动汇率制，介于两者之间的有可调整的钉住汇率制(Adjustable Peg)、爬行钉住汇率制(Crawling Peg)和管理浮动汇率制(Managed Floating)等。

但是，在第二次世界大战后的实践中，真正的"固定"汇率制是不存在的，布雷顿森林体制下实行的实际上是一种可调整的钉住制度。同样，完全自由的浮动汇率制度在战后也是没有的，因为各国政府在战后的浮动汇率制下，都以各种形式进行着对汇率的管理。所以，从实际情况来看，战后的国际汇率制度主要表现为处于固定汇率和浮动汇率之间的各种形式，主要是可调整的钉住制度、爬行钉住制度和管理浮动的汇率制度。

二、汇率制度的演变

国际汇率制度大致经历了三个历史阶段：金本位制、布雷顿森林体制下的固定汇率制和20世纪70年代以来的浮动汇率制。

(一)国际金本位制

金本位制(Gold Standard)，就是以黄金为本位货币的货币制度。本位货币即一国货币制度中的基本通货，是国家法定的计价、结算的货币单位。根据货币与黄金的联系程度，金本位制可分为金铸币本位制(Gold Specie Standard)、金块本位制(Gold Bullion Standard)

和金汇兑本位制(Gold Exchange Standard)三种类型,其中第一种是标准的金本位制,其余两种是“残缺不全”的金本位制。金本位制有三个特征:其一,政府明确为货币规定一个固定的含金量,而货币法定含金量则为造币厂的铸币平价。其二,政府承担按铸币平价无限制地买卖黄金的义务,并对黄金的输出入不加任何限制。其三,除了金币流通之外,社会上还流通其他货币,但所有代用货币的发行须有100%的黄金做准备。作为发行者的银行和政府,保证代用货币随时可兑换黄金。

国际金本位制(The International Gold Standard),是指至少有两个以上的国家将其货币制度建立在上述特征基础上而形成的国际货币制度。国际金本位制并非人为协议的产物,而是在世界经济发展中自发形成的。这种国际货币制度的正常运转,要求有关各国必须自觉遵守这三条。三条看上去非常简单,但实施起来颇具难度,这是因为(Rules of Game):第一,各国以黄金表示其货币价值。第二,各国金融当局按铸币平价无限制地买卖黄金与外汇,并允许黄金可自由出入国境。第三,各国的货币供应需同黄金挂起钩来,纸币和银行券的发行受黄金储备数量的限制。这三条国际金本位制的规则实际上就是一国金本位制所具有的三个特征在国际范围内的表现。

(二)布雷顿森林体系下的固定汇率制度

金本位制度下的固定汇率制是典型的固定汇率制度。由于各国外汇汇率相对稳定,黄金发挥世界货币的职能,有利于匡算国际贸易成本,促进国家间的商品和货币流通,从而极大地便利了国际贸易的发展和促进各国经济的发展。但是,第一次世界大战爆发,使资本主义各国的矛盾尖锐化,加之1929—1933年世界性的大危机的冲击,国际金本位制度彻底崩溃,以金本位制为基础的固定汇率制度也随之消亡,各国先后实行了不兑换的纸币流通制度。

自金本位制度崩溃到第二次世界大战结束之前,世界各国的货币汇率制度极端不稳定。各国为了各自的政治、经济利益,竞相进行货币贬值,并普遍加强贸易及外汇管制,严重阻碍了国际贸易和世界经济的发展。有鉴于此,第二次世界大战结束前的1944年7月,为了消除在纸币制度下汇率的剧烈波动和竞争性的贬值,在美国的策划下,在美国新罕布什尔州的布雷顿森林(Bretton Woods)召开了有44国参加的“联合国货币金融会议”,简称“布雷顿森林会议”。会议讨论了战后世界货币金融关系问题。美国凭借其在第二次世界大战期间积蓄的政治、经济实力,迫使与会各国接受了由美国提出的稳定国际货币的计划,即美国经济学家怀特(H. D. White)的“国际稳定基金计划”,最后通过了《国际货币基金组织协定》和《国际复兴开发银行协定》,总称《布雷顿森林协定》。根据这一协定,1945年12月27日,在美国首都华盛顿设立了国际货币基金组织(IMF)和国际复兴开发银行(IBRD),后者又称为世界银行,这两个国际金融组织具体执行布雷顿森林协定,协调全球性的金融与货币关系。国际货币基金组织的主要任务之一,就是建立战后以美元为中心的纸币流通条件下的固定汇率制度。

布雷顿森林体制下的固定汇率制度的基本内容可概括为:

(1)各国货币有固定的含金量,《国际货币基金协定》规定,参加国际货币基金的会员国的货币金平价应以黄金或1944年7月1日所含黄金重量和成色的美元(当时金平价1美元=0.888 671克纯金)来确定。

(2)美元与黄金直接挂钩,其他国家的货币与美元挂钩。国际货币基金组织规定,其他国家均有义务维持和确认美国政府规定的35美元等于1盎司黄金的官价,而美国政府承担的义务是准许外国政府或中央银行按黄金官价用美元向美国兑换黄金。这样,使美元享有与黄金等同的特殊地位。同时,还规定会员国必须建立本国的货币平价,法定货币的含金量是固定的,使各国货币与美元挂钩有了基础。

(3)汇率波动幅度。根据国际货币基金组织的规定,各国外汇市场汇率变动幅度不得超过平价上下各1%,如果超出这一幅度,各国货币当局就要出面干预。

(4)政府干预的义务。国际货币基金组织规定,各国货币当局为了维持汇率变动的上下限度,有对外汇市场进行干预的义务。实施干预的措施一般有以下几种:调整利率、动用黄金和外汇储备、实行外汇管制、输出黄金或举借外债、对货币实行法定的贬值或升值等。

(三)20世纪70年代以来的多元汇率制度

布雷顿森林货币体系的运转与美元的信誉和地位密切相关。20世纪60—70年代美国深陷越南战争的泥潭,财政赤字巨大,国际收入情况恶化,美元的信誉受到极大的冲击,爆发了多次美元危机。美国大量资本出逃,各国纷纷抛售自己手中的美元,抢购黄金,使美国黄金储备急剧减少。为了减少黄金储备流失,保持美元汇率,美国于1961年10月联合英国、瑞士、法国、联邦德国、意大利、荷兰、比利时建立了黄金总库,八国央行共拿出2.7亿美元的黄金,由英格兰银行作为黄金总库的代理机关,负责维持伦敦黄金价格,并采取各种手段阻止外国政府将所持美元外汇向美国兑换黄金。尽管如此,由于美国国际收支不断恶化,美元不稳的态势不可逆转。加之,西方各国对美国不顾它们的利益而强行维持固定汇率的做法不满,就以手中的美元兑换美国的储备黄金。随着黄金储备下降,美国难以维护布雷顿森林体系的基石,于1971年8月15日宣布停止履行对外国政府或中央银行以美元向美国兑换黄金的义务。1971年12月以《史密森协定》为标志美元对黄金贬值,同时美联储拒绝向外国中央银行出售黄金,至此美元与黄金挂钩的布雷顿森林体系实际上名存实亡。1973年西方国家放弃固定汇率制,实行浮动汇率制,至此布雷顿森林货币体系完全崩溃。1976年国际社会才达成以浮动汇率合法化、黄金非货币化等为主要内容的《牙买加协定》。从此,开始了以浮动汇率为主、多元汇率制度共存的国际货币体系。西方发达国家主要采取的是浮动汇率制度,一些国家和经济体选择了"盯住美元的汇率制度",一些国家采取了"有管理的浮动汇率制度"。浮动汇率制的好处是:(1)汇率会随着外汇市场的供求变动而自动达到均衡,这样就可以使一国的国际收支自动达到平衡;(2)由于浮动汇率制具有自动调节国际收支的功能,一国的财政政策、货币政策,就可以专门用来对付国内收支失衡的问题,从而取得更大的效果;(3)由于汇率会随着外汇供求的涨落而自行达到均衡,所以各国政府就不必持有太多的国际储备来支持其货币的汇率;(4)浮动汇率可以阻止通货膨胀的国际传递。

但是从浮动汇率制实行后的情况来看,存在不少问题:(1)各国的汇率由于受到各种因素的影响,难以自动达到均衡,实际情况是主要货币的汇率不是"过高"(Overshooting),就是"过低"(Undershooting),汇率难以达到均衡,也就失去了对国际收支的自动调节作用。(2)在浮动汇率制下,汇率一直变动不定,而且往往幅度很大,这就妨碍了国际贸易和投资发展。(3)在浮动汇率制下,各国对外汇市场的干预大大增加了,所以持有国际储备的需要并不会减少。(4)汇率的急剧变动,助长了大规模的短期资本的投机活动,同时,它还加剧了各国的通货膨胀。

所以,实行浮动汇率制,虽然有一定的积极作用,但总的来说,其效果并不如当初预料的那么好。国家间已有越来越多的人认识到,浮动汇率制度令人失望,但是,目前在国际范围内恢复比较稳定的汇率制度的条件还不具备,因此,浮动汇率制在一定时期内仍然是西方发达国家汇率制度的主要形式。

三、汇率制度选择理论

自1976年国际货币基金组织牙买加协定承认浮动汇率的合法化,并同意各会员国"可以根据本国的需要对汇率做出适当的安排"后,就汇率方面来说,国家间实际上是处在一种"无制度"的状态。一国采用何种汇率制度,完全由本国做出决断。于是,汇率的选择成为各国对外经济政策中的一个重要部分,有关汇率制度选择的理论也应运而生,其中有较大影响的两种理论是:

(一)汇率制度选择的"经济论"

这是由罗伯特·赫勒提出的,他曾任肯尼迪总统时期的国际经济顾问。他认为,影响一国汇率制度选择的主要因素有五个方面:(1)经济规模;(2)经济的开放性(衡量指标是一国进出口贸易额在该国国民生产总值中的比重);(3)进出口贸易的商品结构和地理分布;(4)同国际金融市场一体化联系程度;(5)相对的通货膨胀率。这些因素同汇率制度选择的关系是:一国经济规模较小,经济开放性较大,或者进出口集中在某几种商品上,一般趋向于实行固定汇率制或钉住汇率制;一国同国际金融市场联系密切,资本的流出流入频繁,或国内通货膨胀率同主要国家的不一致,则趋向于实行浮动汇率制。根据赫勒对一些国家汇率政策的比较,浮动汇率明显地同一国进口对国民生产总值的低比率,对外贸易商品结构和地理分布的高度多样化,相对较高的通货膨胀率,以及金融国际一体化的高度发展相联系。

(二)汇率制度选择的"依附论"

"依附论"强调发展中国家同工业国家之间的联系,它指出,一国在选择钉住汇率制度时,采取哪一种"参考"货币,取决于该国对外经济、政治关系的"集中"程度,换句话说,就是发展中国家汇率制度的选择主要取决于其经济、政治、军事等方面的对外依附关系。例如,从美国的进口在其进口额中占有很大比重的国家,或者从美国得到大量军事赠予以及从美国大量购得军事用品的国家,还有同美国有复杂的条约关系的国家等,往往将本国货币的汇率钉住美元。而钉住"篮子货币"的往往是同美国等主要工业国家的政治经济关系比较"温和"的国家。这一理论还指出,选择哪一种参考货币,反过来又会影响到一国对外贸易的伙伴关系及其他各方面关系的发展。

附录 9.1 最佳货币篮子问题

一国货币钉住一种加权的货币篮子,可以用表达式表示如下:

$$r_j = \sum_{i \neq j} w_i j_i \quad (i = 1, 2, \cdots; j; i \neq j)$$

式中：r_j 为本国货币以美元为计算单位的对外汇率；w_i 为货币篮子中其他国家货币所占的权数，其中，i 表示不同的国家；j_i 为组成货币篮子的其他国家货币以美元为计算单位的对外汇率。

在上式中，权数 w_i 的选择和确定是关键。如果权数选择不当，就不能达到预期目标。因此，所谓最佳货币篮子问题，就是在政策目标既定的前提下，怎样使所选择的货币权数可以最大限度地减少外部的汇率波动对本国经济的影响，从而保持货币的稳定。在发展中国家，一般将减少汇率波动对进出口商品价格的影响作为主要的政策目标，因为进出口物价的变动直接影响本国的贸易收支和国内物价水平。

选择最佳货币篮子，首先必须确定均衡汇率。对于均衡汇率有不同的解释，一说均衡汇率指外汇市场供求达到均衡点时的汇率水平；又说均衡汇率是指一国全面收支或国际收支经常项目，特别是贸易项目处在平衡时的汇率水平；再就是倾向于以两国货币的相对购买力为基础。首先，从长期来看，现实的双边汇率不应偏离均衡太远；其次，在此基础上确定适当的货币篮子权数，并且根据权数的变化对篮子的货币构成进行调整。

目前，根据进出口贸易确定货币篮子权数的方法主要有三种，即进口权数、出口权数和进出口贸易权数。前两种是按在某一时期内各贸易伙伴国在本国进口或出口中所占的比例来确定权数，后者按贸易伙伴国对本国的出口和本国的进口在本国进出口贸易总额中所占的比例确定权数。发展中国家采用进口权数更适当。因为就发展中国家来说，出口的大多是初级产品，这些初级产品质地相对比较接近，其价格由世界市场确定，不受贸易地理结构的影响。这样，在给定出口的情况下，一个发展中国家从这些初级产品的出口中获得的外汇收入，不会因其产品的个别进口国的汇率变动而受影响。但是在进口方面的情况就不同了。发展中国家进口的多为工业制成品，它们的质地往往不相同，没有统一的国际价格，因而发展中国家对某些进口的工业制成品所支付的价格，常常会受工业国家汇率变动的影响，从而发展中国家以本国货币来计值的进口价格指数，就会因其进口品供应来源的变动，或进口品供应国之间的汇率变动而随之变动。通过把工业国的汇率变动按进口权数来计算，这些国家的汇率变动对发展中国家进口价格指数的影响就会被抵消。因此，钉住进口加权篮子具有减少因汇率变动而引起的价格不稳定的优点。这对于最大限度地减少汇率变动对国际贸易商品价格的影响来说，无疑是一种最佳的选择。

因而，前面的表达式可改写为：

$$r_j = \sum_{i \neq j} \left(\frac{m_{ji}}{\sum m_{ji}} \right) j_i \quad (i = 1, 2, \cdots, j, i \neq j)$$

式中：m_{ji} 表示本国(j)从其贸易伙伴国(i)的进口额；$\sum m_{ji}$ 表示从各贸易伙伴国的进口总额。

复习与思考题

一、名词解释

1. 外汇

2. 汇率
3. 直接标价法
4. 间接标价法
5. 一价定律
6. 汇率制度

二、简述题

1. 简述汇率的种类。
2. 简述国际借贷理论。
3. 简述汇兑心理理论。
4. 简述利率平价理论。
5. 简述汇率制度的演变。

三、论述题

1. 试析购买力平价理论。
2. 试析汇率制度的演变及发展趋势。

第十章

国际资本流动与国际金融市场

学习目的与要求

1. 掌握国际资本流动的含义及其类型。
2. 掌握分析国际资本流动原因的主要理论，并能做出简要评价。
3. 掌握分析国际资本流动效应与影响的主要理论，并能做出简要评价。
4. 掌握国际金融市场的定义、类型以及国际金融市场的形成与发展过程。
5. 掌握国际货币市场的含义、类型及其基本特征。
6. 掌握国际资本市场的含义、类型及其基本特征。
7. 掌握国际外汇市场的含义、类型及其基本特征。
8. 掌握国际黄金市场的含义、类型及其基本特征。
9. 掌握离岸金融市场的定义、类型以及离岸金融市场的形成与发展过程。
10. 掌握离岸金融市场的特点以及主要的市场交易工具。
11. 掌握离岸金融市场对世界经济的影响及其发展趋势。

第一节　国际资本流动

一、国际资本流动的含义与类型

(一)国际资本流动的含义

国际资本流动是指一个国家(或地区)的政府、企业或个人与另一个国家(或地区)的政府、企业或个人之间以及国际金融机构之间资本的流出和流入。它是国际经济交易中的基本内容之一。一国(或地区)国际收支平衡表中的资本项目，集中反映了该国(或地区)在一定时期内同他国(或地区)的资本流动的综合情况。资本既可表现为货币形态，也可表现为实物形态(如生产设备、技术、劳动力等)。因此，国际资本流动既可指货币资金的国家间转移，也可以指生产要素（实物资本）的国家间转移（在统计上实物资本可用货币价值来计算）。广义的资本流动，除了上述内容外，还包括资本的国家间无偿转移，如政府间的赠款。

理解国际资本流动的含义，可以从下面五个方面着手：

(1)从资本流动方向来看，国际资本流动可分为资本流出(Capital Outflows)和资本流入(Capital Inflows)。前者是指本国资本流至外国，即本国对外输出资本；后者是指外国资本流入本国，即本国输入资本。资本流入和资本流出两者相抵后的净额，即为国际收支平衡表中的资本项目差额。

(2)从资本流动的规模看，一国国际收支平衡表的资本项目中的流出（入）总额以及流出（入）净额等指标可以反映国际资本流动的规模。

(3)从资本流动的类型看，国际资本流动可分为长期资本流动和短期资本流动。

(4)从资本流动的性质看，国际资本流动有政府间和私人之间的资本流动。

(5)从资本流动的方式看，有直接投资、间接投资和国际信贷等。

（二）国际资本流动的类型

国际资本流动，按资本使用期限的长短可以分为长期资本流动和短期资本流动两种类型。

1. 长期资本流动

长期资本是指使用期限在1年以上或未规定到期期限的资本。它包括实际资本（对企业的投资）、财务资本（如对债券、股票的投资）和对外资产与负债（如贷款）。按照资本移动的方式不同，长期资本又可分为直接投资、间接投资和国际信贷三种形式。

(1)直接投资

它是指一国的政府、企业或个人对外国的企业进行投资，并拥有被投资企业的全部或部分管理控制权的投资类型。直接投资主要有以下几种形式：第一，在国外创办新企业，包括创办独资企业，设立分支机构、附属机构、子公司，同别国资本创办合营企业；直接收买现有的外国企业等。第二，收买并拥有外国企业的股权达到一定比例。例如，美国有关法令规定，凡拥有外国企业股权达到10%以上者，均属直接投资。第三，保留利润的再投资。投资者把在国外投资所获得的利润的一部分或全部，对原有企业或其他外国企业进行再投资也属于直接投资。

(2)间接投资（也称证券投资）

它是在国际金融市场上购买外国政府和企业发行的中长期债券，或购买外国企业发行的仅参加分红的股票所进行的投资活动。间接投资与直接投资的区别在于，间接投资者只能获取债券、股票等证券投资的股息红利等，而对被投资者（如企业）无管理控制权，直接投资则不然，投资者除了直接承担被投资者（企业）的盈利风险外，还须对该企业拥有管理控制权。

(3)国际借贷

它包括除上述两种形式以外的各种长期资本流动方式，如政府间接贷款或互惠贷款、国际金融组织贷款、国际银行贷款、出口信贷、租赁信贷等。

2. 短期资本流动

它是指使用期限为1年或1年以下的国际资本流动。按照资本流动的原因和特征的不同可划分为贸易资金流动、银行资金流动、保值性资本流动和投机性资本流动。

(1)贸易资金流动

贸易资金流动在短期资本流动中占有重要地位，它是由商品和劳务的进出口引起的。它包括在国际贸易中进出口双方相互提供的短期信用，如出口方提供延期付款信用、进口方提供的预付货款，以及结算中发生的早收迟付或早付迟收所形成的资金流动。

(2)银行资金流动

银行资金流动是指各经营外汇业务的银行，由于经营业务的需要而进行资金调拨所引起的短期资本在国家间的转移。如不同国家银行之间的同业拆借、头寸抛补、掉期交易等都会产生大量的、频繁的短期资本流动。

(3)保值性资本流动

它又称资本逃避，是指资本持有者为了避免受到损失，保证资本的安全性而在国家间进行的资本移动。产生资本逃避的原因有：资本原所在国政局动荡不稳；资本所有者原持有的货币有贬值的可能性，于是通过国际汇兑将资本转移到币值较稳定的国家，以求保值；资本原所在国实施新的法律条令，如提高征税或限制资本营运等，于是资本外逃，以避免损失。

(4)投机性资本流动

它是指各种投机者利用国际金融市场上行市涨落的差异以及对行情变动趋势的推测，进行投机活动以争取预期利润而引起的短期资本的流动。它与保值性资本流动的根本区别在于：保值者逃避风险机会，以防止受到损失，而投机者则利用风险机会，以期获得高额收益。引起国际资本流动的投机活动主要有：

其一，利用市场汇率的变动进行投机性外汇买卖；

其二，利用利率的变动或国别利率差异，将资本从利率较低的国家调往利率高的国家，以谋取利差收益；

其三，利用国际金融市场上证券价格的变动，调动短期外汇资金，参与证券买卖，贱买贵卖，以获取利润。

二、国际资本流动理论

关于国际资本流动，西方经济学家从不同的角度提出了各种不同的理论。

(一)关于国际资本流动原因的理论

1. 完全竞争说(The Theory of Full Competition)

麦克拉加尔(G. D. A. Maclougall)于1968年提出完全竞争理论。他认为国际投资属于国际资本流动理论。它是套利过程，在完全竞争条件下，各国利率的差异引起资本移动，从资本丰富而利率较低的国家流向资本稀缺而利率较高的国家，直到利差消失为止，这时投资利润达到最大化。例如，外国证券投资将持续到资本市场的边际收益同利率相等的一点。所以利差是国际资本流动的唯一动机。当然，追逐较高收益是国际资本流动的重要原因，但不是唯一的原因。这一理论只能用来说明间接投资，而不能说明直接投资问题。在国际矛盾交叉纵横的国际关系中根本谈不上完全竞争。此外，20世纪60年代以来，直接投资在国际资本流动中占有相当大的比重，比证券投资的情况复杂得多。

2. 产品生命周期说(The Theory of Product Cycle)

这是由美国经济学家雷蒙德·弗农(Raymond Vernon)在1966年《国际投资和产品周期中的国际贸易》一文中提出来的。他认为现代新开发的科技产品通常经过三个阶段：第一阶段，通过风险投资由科技人员试制新产品。这时产品全部在国内生产和销售，垄断国内市场，回收投资和获得高额利润。第二阶段，即产品的成熟阶段。跨国公司将成熟的技术专利和新产品的生产工艺通过子公司向国外输出，进行防御性投资，抢占国际市场。第三阶段，即产品的标准化阶段。激烈的竞争导致产品的完全标准化，这时生产的竞争主要是价格竞争，跨国公司利用直接投资的形式将标准化的工艺转移到工资低和成本小的国家和地区，进行"离岸生产"，以扩大新产品的收益和利润收入，直到技术专利到期全部转化完毕，产品在全世界普及并被仿制而无利可图。接着另一种创新产品试制成功，开始新的周期。新产品开发和将生产工艺转移到国外推动了国际直接投资的发展，这符合跨国公司活动的状况，但这只是国际资本流动的一个方面，此外还有其他内在原因。

3. 国际生产的内部化理论(The Theory of Internalization)

1976年英国经济学家彼得·布克雷(Peter Buckley)和卡逊(Casson)提出内在说，后来加拿大经济学家鲁格曼(A. Rugman)进一步研究指出：国外市场因政府管理和控制以及信息和工艺方面的不完全性(Imperfection)，使跨国企业通过直接投资开辟内在性渠道作为自由贸易的替代办法，即跨国企业在全球规模上组织它们的国际生产，通过对外直接投资来扩大它们的内部市场，协调它们的国际分工，以防止国外市场的不完全性对它的管理效能产生不利的影响。

内部化理论从世界市场的不完全性与跨国公司内部资源配置的关系上来解释跨国公司对外直接投资的决定因素。内部化理论强调市场不完全性的一般形式，特别强调知识技术等中间产品市场的不完全性。这种不完全性使企业不能利用外部市场周转中间产品，协调经营活动。因此，厂商必须对外部市场实行内部化，建立企业的内部市场，利用管理手段，协调企业内部资源的流动与配置，避免市场不完全性对企业效率产生的影响。这种学说对跨国公司对外直接投资的决定因素做出新的解释。

内部化理论认为，由于市场的不完全性，企业之间通过市场而发生的交易关系不能保证企业获利，于是把市场上的交易关系改变成企业内部的关系，这一理论有三点假设：

第一，企业在不完全市场上从事经营的目的是追求利润的最大化；

第二，由于中间产品的市场具有不完全性，企业就有可能统一管理经营活动，用内部市场取代外部市场；

第三，内部化超越国界就产生跨国公司。

根据布克雷的观点，有四个因素决定企业的内部化，即产业部门因素、区域因素、国别因素和企业因素。产业部门因素与产品性质有关，也同外部市场结构有关；区域因素是指有关区域内的地理和社会的特点；国别因素是指有关国家的政治和经济制度；企业因素是指不同企业组织之间内部市场的管理能力。内部化理论将分析的重点放在产业部门和企业的因素上，布克雷认为，产业部门中如果具有多阶段生产的特点，企业就容易产生跨地区化或跨国化。这是因为在多阶段生产过程中必然存在中间产品，如果中间产品的供需在市场上进行，供需双方也难以排除外部市场供需的剧烈变化。为了克服中间产品市场的不完全性，就可能出现内部化。

内部化理论认为，内部化发展超过国界就会产生跨国公司和对外直接投资，其目的在于防止国外市场的不完全性对企业的管理效率产生不利的影响，以保证企业的垄断高额利润。这种理论有合理之处，有助于理解国家间的资本流动。但这种理论只注重微观分析，未能从世界经济一体化的高度来分析跨国公司的国际生产与分工。

4. 国际生产的综合说(The Theory of International Production)

1977 年英国经济学家约翰· 邓宁(John Dunning)所提出的一种理论。他认为对外直接投资是由三种特殊优势综合决定的：一是所有权优势，即企业所独享的技术、管理、发明创造能力、产品多样化程度生产和市场多样化规模，以及推销技巧等方面的优势。二是内部化优势。这是指为了避免市场不完全性给企业带来的影响而将企业的优势，保持在企业内部，包括多国体系、组织结构和市场机制，使跨国公司能够利用其优势直接到国外去投资生产，从而实现全球化经营的经济效益。三是区位优势，即地区的特殊禀赋，包括土地、资源、地理位置、特种工艺、产品开发等。这种优势取决于要素投入和市场的分布状况。企业向海外投资必然会遇到语言、商业惯例、运输等问题，只有企业在国外的区位优势较大，才可能从事对外直接投资的活动。邓宁利用传统贸易理论将生产要素论、比较利益论和生产区位论结合在一起，对国际直接投资问题做出一般的解释。他曾指出，上述三种优势的组合，不仅是对外直接投资的动因，而且也决定了对外直接投资的部门结构和国际生产类型。此外，邓宁还从动态分析角度提出投资发展阶段论，认为直接投资取决于资金、技术和经济发展水平的相对优势。因此，发展中国家也可以凭借其相对优势发展对外直接投资。

5. 垄断优势论(The Theory of Monopolistic Competition)

这是美国经济学家斯蒂芬·海默(Stephen Hymer)在总结美国跨国公司对外直接投资的特征和方式后提出的一种理论，以后又由美国经济学家金德尔伯格(C. P. Kindleberger)给予系统地阐述。海默认为，传统的国际资本流动理论不能解释对外直接投资，而应从垄断竞争的角度来考察对外直接投资。他用非充分竞争企业的垄断优势来说明海外投资，作为对外直接投资的理论依据。他认为决定对外直接投资的原因是利润差异，而其获利的多少则取决于垄断优势的程度。企业进行对外投资应符合两个条件：一是在国外投资的利益应高于其在国内投资的收益；二是在国外子公司的收益要高于当地企业的收益。这是垄断竞争论的基本观点。

根据金德尔伯格的解释，跨国公司或企业拥有的垄断优势包括以下几个方面：

(1)实行横向一体化和纵向一体化的优势。实行前者，公司可以控制价格，因此可以提高价格，获取利润，从而扩充公司的规模；实行后者，可以获得外部规模经济的优势，使外部利润转变成内部利润，从而使公司产生规模经济。

(2)市场的优势。

(3)生产要素的优势。

(4)实行内部一体化管理和技术的优势。

海默的垄断优势理论引进了垄断竞争和寡头垄断的概念，这一点具有重要的实际意义，在跨国公司理论中有很大的影响，形成了一个完整的理论体系，即寡头垄断模式。但是这种理论偏重市场不完全性的具体形式（如寡头垄断、规模经济、技术垄断等），而忽视市场不完全性的一般形式，所以无法解释各种类型的对外直接投资，在理论上还缺少普遍意义。

（二）关于国际资本流动效果与影响的理论

关于国际资本流动的效果与影响，西方学者提出的一般理论模型、双缺口理论模型和 T. M. 雷布钦斯基的基本原理具有代表性。

1. 一般理论模型

国际资本流动的一般模型如图 10.1 所示。

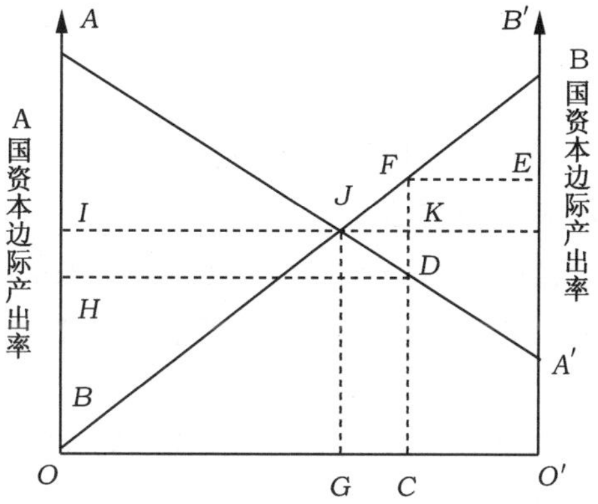

图 10.1 国际资本流动的一般模型

该模型的假定条件是：整个世界由两个国家组成，一个资本充裕，一个资本短缺。世界资本总量为 OO'，其中资本充裕国资本量为 OC，资本短缺国资本量为 $O'C$。曲线 AA' 和 BB' 分别表示两个国家在不同投资水平下的资本边际产出率。它意味着：投资水平越高，每增加单位资本投入的产出就越低，即两国投资效益分别遵循边际收益递减规律。

现在，我们分两种情况来分析。

(1)封闭经济系统

封闭经济系统是指资本没有互为流动的经济系统。无论是资木充裕国还是短缺国，资本只能在国内使用。①如果资本充裕国把其全部资本 OC 投入国内生产，则资本的边际收益就为 OH，总产出为梯形 $OADC$ 的面积，其中资本使用者的收益是三角形 HAD 的面积，资本所有者的收益是矩形 $OHDC$ 的面积。②如果短缺国也将全部资本 $O'C$ 投入国内生产，则其资本的边际收益率为 $O'E$，总产出为梯形 $O'B'FC$ 的面积。其中，资本使用者的收益是三角形 $EB'F$ 的面积，资本所有者的收益是矩形 $O'EFC$ 的面积。

(2)开放经济系统

开放经济系统是指有资本互为流动的经济系统。这时，如果充裕国把总资本量中的 OG 部分投入本国，而将剩余部分 GC 投入资本短缺国，并假定后者接受这部分投资，则两国的效益会增加，并且达到资本的最优配置。

①就资本输出国而言，输出资本后的国内资本边际收益率由 OH 升高为 OI，国内总产出变为梯形 $OAJG$，其中资本使用者的国内收益为三角形 IAJ 的面积，资本所有者的国内收益是矩形 $OIJG$ 的面积。

②就资本输入国而言，输入资本后的国内资本总额增为 $O'G$，总产出为梯形 $GFJG$ 的面积，其中总产出增加量为梯形 $GFJG$ 的面积。这部分增加量又被分为两部分，矩形 $CFJG$ 是资本输出国公有的收益，三角形 JFK 则是资本输入国的所得。

这样，由于资本的输出与输入，就使资本输出国增加了三角形 JKD 面积的收益，而资本输入国也增加了三角形 JFK 面积的收益。资本流动增加的总收益就为这两个收益之和，即$\triangle JFK+\triangle JKD$。

从上面的模型分析，可得出下面三个结论：

①在各国资本的边际生产率相同的条件下，开放经济系统里的资本利用效益远比封闭经济系统里的高，并且总资本能得到最佳的利用。

②在开放的经济系统里，资本流动可为资本充裕国带来最高收益；同时，资本短缺国也因输入资本使总产出增加而获得新增收益。

③由于上述两个原因，最后也因为资本可自由流动，结果在世界范围内可重新进行资本资源配置，使世界总产值增加并达到最大化，促进了全球经济的发展。

2. 双缺口理论模式

国际资本移动一般理论模式从总体上论证了国际资本流动的全球经济效应，这个模型的基本意义是资本短缺或资本过剩都会影响经济增长，从而抑制资本收益。双缺口理论模式正是从发展中国家资本不足的现实出发，论证了外资流入对其经济增长的重要性。双缺口模式实际上是对一般理论模式中资本流入方更细致的增长过程的分析，它是霍利斯·钱纳里（世界银行发展政策副主席）和米克尔·布鲁诺（以色列学者）共同建立的。

双缺口模型假定一国的产出 Y（在开放条件下）由来自国外的资本品 Kf 和国内的资本品 Kd 这两部分所推动，其中与 Kf 相关的产出系数（单位产出的国外资本量）为 β_f，与 Kd 相关的产出系数为 β_d。由于 Y 的任何增加 ΔY 都要求增加 $\Delta k_f=\beta_f\Delta Y$ 和 $\Delta k_d=\beta_d\Delta Y$，因此，经济增长所需要的储蓄应为：

$$S=(\beta_f+\beta_d)\Delta Y \tag{10.1}$$

由于国内储蓄率 s 是国内储蓄额 S_d 占国内总产出净额 $Y(1-m)$ 的比例（m 为进口率，即单位产出的进口部分），所以：

$$S_d=s(1-m)Y \tag{10.2}$$

对于封闭经济而言，β_f、m 皆为 0，从而有：

$$\Delta Y=s/\beta_d=S_d/\beta_d=sY/\beta_d=(s/\beta_d)Y \tag{10.3}$$

或：

$$\Delta Y/Y=s/\beta_d \tag{10.4}$$

这就是哈罗德-多马增长模式，它表明经济增长率等于储蓄率除以资本产出率。

在发展中国家，资本短缺是一个普遍现象，据新古典理论，储蓄率 S 不高是封闭条件下资本短缺的原因，因而成为经济增长的约束条件。

但是，随着经济开放，除国内储蓄 S_d 之外，还有外资流入 S_f，S_f 与产出的比率记为 h，因此：

$$\Delta Y = S/(\beta_f + \beta_d) \tag{10.5}$$
$$= (S_d + S_f)/(\beta_f + \beta_d)$$
$$= [s(1-m)Y + hY]/(\beta_f + \beta_d)$$
$$= [s(1-m) + h]Y/(\beta_f + \beta_d)$$

或：
$$\Delta Y/Y = [s(1-m) + h]/(\beta_f + \beta_d) \tag{10.6}$$

资本流入量的提高，即外资流入与产出的比率 h 越大，将提高可行的经济增长率，从而打破了国内储蓄率 s 不高对增长率的约束。

发展中国家经济增长的第二个约束是外汇短缺。由于出口收入加外资流入量等于中间商品和最终商品进口，即：

$$X + S_f = M = mY + \Delta K_f \tag{10.7}$$

设进口比率为 r，则：

$$rY + hY = mY + \beta_r \Delta Y$$
$$rY + hY - mY = \beta_f \Delta Y \tag{10.8}$$

从而有：

$$\Delta Y/Y = (r + h - m)/\beta_f \tag{10.9}$$

(10.9)式表明，当 h 存在时，即使出口比率 r 小于进口比率 m，既能保持足够的经济增长率，又能打破出口不足、进口上升所形成的外汇短缺的约束。

实际上，从国民收入平衡方程式来看：

$$Y = C + I + (X - M) \tag{10.10}$$
$$Y - C + M = I + X \tag{10.11}$$

由于 $Y - C = S$（储蓄），有：

$$S + M = I + X \tag{10.12}$$
$$I - S = M - X \tag{10.13}$$

它表明经济增长所需的投资 I 和进口 M 受到储蓄 S 和出口 X 的制约。如果投资 $I > S$，即出现国内储蓄缺口，这个缺口要靠外汇缺口（进口 M 大于出口 X）来填补，外资流入正是填补这两个缺口的最好方法。

双缺口模式的意义在于：国际资本流动对于发展中国家打破约束、实现较高的经济增长很可能具有战略上的重要性。这个模型在 1962 年 3 月号《经济学》杂志上提出后，受到人们的重视，对世界银行以后的政策尤其是对国际援助分配政策也有很大的影响。

3. 雷布钦斯基原理

国际资本流动对资本流入国的经济结构和对外贸易发展也产生积极作用。1955 年，在波兰出生的英国银行家 T. M. 雷布钦斯基在读研究生时，在《经济学》杂志 11 月号发表《要素禀赋和相对商品价格》一文，提出冠以他名字的原理：一种要素禀赋的增加将减少另一种要素密集型产品的产量。也就是说，假如要素完全流动，原先以生产劳动密集型产品的国家在流入资本要素之后，将生产比较高级的产品，使其脱离过去的生产模式，开始引入新的生产和贸易发展方式。雷布钦斯基原理被人们看作动态比较利益贸易原理的最早表述。根据这一原理，如果生产要素充分流动，资本、技术、劳力的国际转移将使所有要素流入国的生产和贸易格局发生不断的变更演进过程，在这个演进过程中各国形成或建立新的比较成本优势，各国经济增长必将伴随生产和贸易结构的改变过程。

雷布钦斯基原理被后来的其他学者进一步发挥。例如，日本小岛清的国际互补原理认为，对外直接投资形式的资本流动假如从本国比较劣势的边际产业开始，一方面可以使投资国的产业结构调整，另一方面也使受资国比较优势产业加强，产业结构互补的国际性将扩大两国的贸易，改变贸易结构。又如，日本赤松提出的“雁行理论”、美国弗农的“产品周期论”等。

第二节　国际金融市场

一、国际金融市场概述

(一)国际金融市场的概念与类型

1. 国际金融市场的概念

国际金融市场的概念有广义与狭义之分。狭义的国际金融市场是指国家间经营借贷资本即进行国际借贷活动的市场，因而也称为国际资金市场(International Capital Market)。广义的国际金融市场是指进行各种国际金融业务活动的场所。这些业务包括长、短期资金的借贷、外汇与黄金的买卖。这些业务活动分别形成了货币市场(Money Market)、资本市场(Capital Market)、外汇市场(Foreign Exchange Market)和黄金市场(Gold Market)。这几类国际金融市场不是截然分离的，而是互相联系着的。例如，长、短期资金的借贷往往离不开外汇的买卖，外汇的买卖又会引起资金的借贷；黄金的买卖也离不开外汇的买卖，并引起黄金的借贷。

2. 国际金融市场的类型

根据金融市场所在国政府政策与法令对金融交易的约束程度的不同，我们可以把国际金融市场分成两种类型：

(1)传统的国际金融市场

传统的国际金融市场是指受市场所在国政府政策与法令管辖的金融市场。这类国际金融市场，经历了由地方性金融市场，到全国性金融市场，最后发展为世界性金融市场的历史发展过程。它是基于所在国强大的工商业，对外贸易与对外信贷等强大的经济实力，由一国的金融中心发展而成为世界金融市场。如伦敦、纽约、苏黎世、巴黎、东京、法兰克福、米兰等都属于这类国际金融市场。

(2)新型的国际金融市场

新型的国际金融市场是指第二次世界大战后形成并发展起来的离岸金融市场(Offshore Finance Market)。它与传统的国际金融市场相比较，具有明显的特点：首先，在离岸金融市场中的交易活动不受任何国家政府政策和法令的管辖。其次，离岸金融市场的形成不以所在国强大的经济实力和巨额的资金积累为基础，只要市场所在国家(或地区)政治稳定、地理方便、通信发达、服务周到、条件优越，并实行较为突出的优惠政策，就有可能发展成为这种新型的国际金融市场。与具有国际性却又受本国金融当局控制的传统国际金融市场相比，离岸金融市场才算得上真正意义的国际金融市场。

根据金融市场中交易的对象、程序、特征的不同，我们还可以把国际金融市场划分为短期资金市场、长期资金市场、外汇市场和黄金市场。

(二)国际金融市场的形成条件

追溯历史，国际金融市场首先产生于发达的资本主义国家，是在具备了一定条件的国内金融市场的基础上产生并发展起来的，如英国伦敦国际金融市场就是一个典型。概言之，国际金融市场的形成必须具备如下条件：

(1)国际金融市场所在地必须有较为稳定的经济和政治环境。这是所有条件中最基本的一个条件。一国(或地区)只有存在着稳定的经济和政治环境，资本才有安全感，国际资本才会流向那里，才能积聚向外国借款者提供贷款所需的资金，因而才会形成国际金融市场。相反，一国政治经济局势动荡不定，国际资本就不会流向那里，因而也不会形成国际金融市场。最典型的案例是，黎巴嫩的贝鲁特历史上一直是阿拉伯地区传统的金融中心和黄金市场，由于战争，使贝鲁特国际金融市场成为历史。由此可见，若不具备经济政治稳定的环境，不但不可能形成国际金融市场，即使是已经形成的市场也会很快关闭。

(2)国际金融市场需要有宽松的金融政策与优惠措施。这些政策和措施包括自由的外汇制度，金融管制较少，外汇调拨兑换较为方便，对存款准备金、利率等方面无严格的管理条例，税率较低，并且在参加金融业务活动方面，非居民与居民具有同等的待遇，没有针对性的歧视性措施。国际金融市场是为了适应规模庞大的金融活动的需要而存在。在该市场上要能为融资交易等业务提供便利条件，借款的手续与利率都必须具有竞争性，以此来保证交易效率。对世界上所有主要货币都可进行期货与现货交易。为了保障资金调拨迅速便捷，国际金融市场必须有自由灵活的经营管理环境，在业务活动中将法令、法规的约束降至最低程度。

(3)国际金融市场需要有完善的金融市场结构。首先是高度集中且完备的金融机构网络，如银行、外汇交易所、证券交易所、贴现市场、保险公司等。其次是发达的国内金融市场，从而可形成健全的管理制度、发达的信用水平、便利的资金供求转移机制。再次是从事国际金融活动的专门人才，他们具有丰富的管理市场的经验和优质高效的技术服务。

(4)国际金融市场必须具备良好的地理条件，交通便利，拥有比较完善的国际通信设施，其中，比较完善的通信设施尤其重要。国际金融市场业务活动一般都由各种银行与金融机构的柜台业务来进行，交易的双方主要通过电话、电报、电传、传真机和电脑等电信设备和邮政设施相互联系，进行货币买卖、融资、票据及有价证券的发行、承购转让等业务活动。

二、货币市场

国际金融市场中的货币市场的业务主要是期限在1年以内的短期资本借贷，货币市场的活动通常是改变国际社会既定的资本流量的速度，不会改变资本存量。

按照不同的借贷方式，货币市场可分为银行短期信贷市场、短期证券市场和贴现市场。

三种市场具有一个共同点，即它们都是短期资金盈余与短期资金短缺者融通的场所，只是具体的融通形式不同而已。

(一)银行短期信贷市场

国际银行对外国工商企业的短期信贷主要采取两种形式：一是以信用放款来解决企业临时性的短期流动资金。它们对放款的掌握上十分注重企业的借款用途、财务状况和到期归还三个方面。二是银行同业间拆放。这主要是经营国际金融业务的银行为回避汇率风险，利用银行间的资金调拨平衡外汇资金头寸，以防因多头或空头地位遭到不必要的资金损失。这部分拆放资金在美国是归入现金储备一类的。由此可见，银行同业间拆放资金具有高度的灵活性。在当今众多的拆放市场中，伦敦银行同业拆放市场最具典型性，它的参加者主要为英国的各商业银行、票据交换银行、海外银行和外国银行等。它们相互间进行拆放时，有些是通过以赚取佣金为生的货币经纪人进行的，有些则是相关银行间接进行。通过货币经纪人进行的拆放，主要是参加拆放的各银行彼此间缺乏必要的了解。而经常有业务往来的银行，一旦需要拆放时即可自行商洽，无须通过货币经纪人的撮合。由于进行拆放的各方大多是国际知名的、信誉良好的大银行，信用风险比较小，因而银行同业间拆放，无须提供抵押品。每笔拆放金额最低为 25 万英镑，多者可达成百上千万英镑。拆放期限有 5 种：日拆、1 周、3 个月、半年和 1 年。期限虽不长，但对维持银行资金周转与国际金融市场正常运行、防止汇率风险都有十分重要的意义。从伦敦货币市场近年来的拆放情况看，从日拆到 3 个月期拆放量占拆放业务的绝大部分，3 个月以上拆放业务只占 20%左右。伦敦银行同业拆放利率已成为制定国际贷款利率的基础，即在 LIBOR 基础上再加半厘到 1 厘多的附加利率作为计算的基础。LIBOR 有两个价：一是贷款利率；二是存款利率。两者一般相差 0.25%～0.5%。

(二)短期证券市场(Short Security Market)

它有时又被称作短期票据市场。因为证券本身就是表明一定经济关系的信用工具。短期证券市场是各种短期信用票据交易的市场。该市场十分重视信用工具所具备的“安全、流动、盈利”三大条件，在符合相关国家的法令法规的情况下，才允许发行流通。从当今世界知名的各货币市场看，短期信用工具的种类繁多，并且随着国际形势的变化一些新品种信用工具尚在不断涌现。但常见的信用工具主要有以下几种：

1. 国库券(Treasury Bill)

国库券是一国政府为应付国库季节性财政需要发行的短期政府债券。美国是世界上国库券发行量最大的国家之一，它的国库券主要有 3 个月、6 个月和 1 年三种，尤以 3 个月期的为多。票面金额大多以 1 000 美元为单位，由财政部按周、按月以票面金额打折扣的方式发行，偿还时则按票面额兑付，它不标明利息率。购买时采用竞标方式确定售价，不愿参加竞标而乐于接受兑标结果平均价格者可优先认购。竞标者按贴现率最低即购入价最高者，依次得标，标价相同时，按投标金额比例分配，最低的标价称作止付价(Stop-out Price)，小于此价格者不得标，收益计息基础为 365 天。国库券是美国证券市场上信用最好、流动性最强、交易量最大的一种信用工具。愿意以美国国库券作为投资对象的不仅包括美国人，而且也包括一些外国政府、银行或个人。

投资者在确定美国国库券收益率时常采用下列公式计算：

贴现金额＝面额×贴现率×天数/365

买入价格＝面额－贴现金额

收益率＝贴现金额/买入价格×365/天数

英国国库券的到期日通常为 91 天，面额由 5 000 英镑至 1 000 000 英镑，发行方式分为申请发行和投标发行两种。申请发行的，主要有政府各部门、外汇平准账户、英格兰银行发行部等。以往英国国库券全由贴现所联合包销，后来改为各金融机构及投资人也可标购。但贴现所仍为主要标购者。贴现所熟悉国库券行情，可随时报价买卖各种到期日的国库券，人们在投资英国国库券时，一般都先观察贴现所动向再做抉择，或是直接通过贴现所购买。由于英国国库券由政府负责偿付，其安全性与其他信用工具相比为最高，它不仅具有极强的流动性与变现性，而且无须缴纳利息所得税。但不利的是，它的利率低于其他货币市场工具。

2. 可转让银行定期存单(Negotiable Certificate of Time Deposit，简称 C. D)

这种短期信用工具是由固定利率不可转让定期存单(Fixed Rate Non-Negotiable Certificate of Time Deposit)转化而来的，最先于 1961 年出现在纽约，是商业银行和金融公司吸收大额定期存款而发给存款者的存款单。它不记名并可在市场上自由出售。由于它既具有定期存款性质，投资者可定期获取利息，又兼具一般短期证券特点，需要资金时可随时在市场上变现，有很强的流动性，因而很受大众欢迎。而对于银行来说发生定期存款单，也是银行获取短期资金的稳定来源。最初，存款单均是大额，面值由 10 万美元至 100 万美元，主要购买者为大型企业、公司、外国政府、保险公司及其他非银行金融机构。为吸收更多资金，银行界于 20 世纪 60 年代末开始发行面值为数十、数百美元的存单。除固定利率的存单外，还有 F. R. C 即浮动利率存单。这种存单利率不固定，每 3 个月或 6 个月按当时利率调整一次。在伦敦和新加坡金融市场十分流行，存单期限大多为 3 至 5 年，但随时可以转让。目前，在英、美等国，存单市场已发展成仅次于国库券市场的第二大短期证券市场。从种类上说不仅仅局限于我们这里所讲的两种存单，还包括有 Tranche C. D(销售对象为零星投资者)、Tap C. K(销售对象为一般机构投资者)等。

3. 银行承兑汇票(Bankers Acceptance Bills)

这种信用工具主要是由进出口商签发的，经银行背书承兑保证到期付款的汇票。从原理上说它是一种以银行为付款人的远期汇票，其期限一般为 30 至 180 天，但以 90 天为最多，面值无限制。这种票据既可在市场买卖，亦可由承兑银行为之贴现，银行承兑费约为年息 0.5%～1%，汇票贴现率每日变动。在二级市场买卖转让时，要按面值打一定折扣，买价与面值的差额为持票人利润。

4. 商业票据(Commercial Bills)

商业票据也称短期借款票据，主要是指美国货币市场上的信用工具。它一般由大型工商企业和银行控股公司为临时筹措资金而发行的，其期限从 30 至 270 天不等，但大多为 30 至 60 天。这种票据由发行人担保，可以在二级市场转让，利率水平取决于市场供求状况、发行人信誉、银行借贷成本、票据面值、期限和款项用途，总的来说低于银行优惠利率，稍高于政府国库券。

(三)贴现市场

贴现是客户将未到期的票据向银行融通资金,银行收取票据,并扣取自贴现日至到期日的利息及手续费后,以票面余额支付给持票人资金的业务活动。以这种贴现业务为主的短期资金市场就称贴现市场。贴现市场一般没有固定的场所,而是由贴现行(Discount House)、商业票据行(Commercial Paper House)、商业银行和中央银行组成。贴现交易信用工具十分广泛,除政府国库券、短期债券外,其他主要是商业承兑汇票、银行承兑汇票和其他商业票据。贴现市场上的私人金融机构为取得资金的再融通,也可以将短期票据拿到中央银行办理再贴现业务。中央银行就可通过改变再贴现率来影响各金融机构的信贷成本,以此达到放松或紧缩银根的作用。美国货币市场上使用的贴现率不是一种公开市场利率,而是一种官定利率,是由每家储备银行根据联邦储备委员会评定而决定的。贴现率的变化通常要迟于其他短期利率的波动。因此,贴现率通常在市场利率上升时较低,在市场利率下跌时较高。

在世界各国际金融市场的货币市场中,伦敦贴现市场占有极为重要的地位。它的整个贴现市场主要由 11 家贴现行组成,其业务活动主要是向商业银行拆借短期款项,向其他银行借入短期资金、买入票据,赚取利率差额。在英国的金融体系中,贴现市场是英格兰银行与商业银行间的连接纽带,这已成为英国金融制度的一大特色。

在计算贴现值时,首先要搞清楚现值与终值及 1 年中复利的次数,假如以 P 代表终值,以 P_0 代表现值,r 表示复利率。若 1 年复利一次,则有如下关系:当 $p=P_0(1+r)^n$ 时,则现值 $P_0=P/(1+r)^n$。式中 n 表示期限。假如每半年复利一次,则关系式应改为:

$$P_0=\frac{P}{(1+\frac{r}{2})^n\times 2}$$

三、资本市场

资本市场也称长期资金市场,它只经营期限在 1 年以上的资本借贷业务。与短期货币市场有所不同的是,资本市场组织吸收和利用国内、国际各种资金,提供和促进各国生产建设所需的长期资本。按照借贷方式的不同,资本市场可以分为银行中长期贷款市场和证券市场两部分。

(一)银行中长期贷款市场

资本市场上银行中长期贷款在资格审查上比货币市场严格得多,贷款对象主要为外国或地区的企业固定资产的更新、扩建或新建所需的资本。由于企业只能在每年的项目利润中用一部分分期摊还本息,其放款呆滞现象时有发生,银行在考虑贷款时除了审核申请借款的用途计划外,还要着重分析企业在经营管理上的水平、盈利因素等,以此确定企业是否具备偿债能力。

中长期借款是以期限长短为划分标准的。根据国际惯例,一般将 1~5 年期的贷款视为中期借款,5 年以上的为长期贷款。但有些大的国际商业银行,每年放款量达数千万乃至上亿美元，出于管理上的需要，有时也将1年以上10年以下的贷款划为中期贷款，10年以上的贷款才算作长期贷款。中长期贷款的营运方式大体上是这样的：

(1)借贷双方通过一定渠道进行接触。借款方需将自己的用款意图、用款数量、用款期限非常明确地告诉对方。贷款人则将自己的收益要求，客户承担的费用内容、防止风险的条件等告诉借款方。借贷双方根据已知的信息确定交易与否。

(2)借贷双方签订贷款协议，在协议签订前是一系列的谈判，同贷款有关的一切重要事宜均要在谈判中商定并写进贷款条款，如贷款使用期间借款人应提供那些贷款使用进度资料、放款人采取何种监督用款方式、一次偿付或分期偿付、用款计划出现争议时如何仲裁等。

(3)由借款人所属国家的官方机构提供书面担保，承诺借款人不能履行贷款协议规定的内容时应负的责任。

(4)对金额较大、期限较长的项目进行贷款，通常由一家大银行牵头。联合数家银行组成银团共同为之贷款，这在国际上称之为辛迪加贷款。

(5)贷款一般采取浮动利率，随市场利率的变化而调整利率水平，通常每3个月或6个月调整一次。这需要在贷款协议中确定，或是依惯例而行。在确定贷款利率时，都是以LIBOR为基础再根据具体情况附加一定利率。

(6)贷款人除收取贷款利息外，还要收取管理费、代理费、承担费和杂费等。

(7)贷款期限与实际使用期往往不是等量概念。对于一笔数额较大、期限较长的贷款，一般都划定一个不还本只付息的宽限期(Grace Period)，宽限期前后开始还本，通常每半年等额还本和付息一次。

国际上大商业银行在考虑贷款收益时，常考虑的因素是贷款的预期收入、给借款者提供资金的成本、管理和收贷费用以及贷款者的风险等级。这些因素的内在联系可用以下等式描述：

$$\frac{\text{贷款收益}-\text{贷款费用}}{\text{应摊产权资本}}=\text{税前产权资本预期(目标)收益率}$$

式中：贷款收益＝贷款利息收益＋贷款管理、办理手续和收贷等费用

贷款费用＝借款者使用的非股本资金成本(即存款和借入款)＋办理借款手续、服务和收贷费用

应摊产权资本＝银行全部产权资本对贷款的比率×未清偿贷款余额

当然，对上述等式描述的各因素间的关系并非作为机械地确定贷款价格的依据，而是以其做参考，灵活应用。

(二)证券市场

证券市场是政府部门和各大工商企业筹措资本的重要场所，其发售的证券主要包括两类：一类是政府债券，一类是企业证券。发售前需将证券交由投资银行包销或承销，再由投资银行在证券市场交易或在柜台交易(Off-Board)。第一次发售称为初级市场(Primary Market)，它可以直接增加资本存量，以后交易称为次级市场或二级市场(Secondary Market)。在二级市场上买卖双方的中间人为经纪人及交易商。经纪人为买卖双方的代理人，从中收取佣金，交易商则以自己名义做买卖，其所得为买卖价格的差额。

证券市场发售的政府债券，是政府为适应财政需要而发生的债务凭证，政府承担到期还款的责任和义务。由于政府以其所有财力和税收权力作担保，因而政府债券一般信用都很高，可转让债券的流通性极强，债券持有人可在一定时期以后按票面金额收回本金，并获取一定利息。

政府债券一般分为可转让债券和不可转让债券两种。可转让债券可在二级市场上流通买卖，持票人可随时转让，但未到期不得要求兑付本金。这种债券主要有政府短期债券、中期债券和长期债券。不可转让债券不能在市场上流通转让，但持票人可在一定条件下要求政府提前偿付，这种债券主要有储蓄债券和投资债券。

企业发生的债券称作公司债券。它是企业为筹措中长期资本而以直接融资方向投资者发售，并承诺一定条件偿付本金及利息的书面信用票据。它体现了公司债券持有人同公司之间的债权债务关系。公司债券持有人每年可从公司获得固定的利息，到期收回本金。公司债券为法律要式证券，其内容必须符合本国公司法的规定，债券的票面金额为定额并可自由转让。如果属有担保的公司债券，应在债券上注明“担保”字样，并须经主管机关核定和签证。

国际债券也是证券市场常见发售和交易的长期信用工具。它是由甲国发生人通过乙国金融机构在乙国市场上发行的，以乙国货币为面值的债券。常见的扬基债券（Yankee Bond）和武士债券就是典型的外国债券。

公司股票是另一类有别于上述债券的长期信用工具。它是股份公司发给股东、表明其占有股份的凭证，股东每逢年终或按公司规定的时间凭股票到公司领取股息和年终红利。股票在证券市场发行必须按本国公司法的规定，在票面上载明资本金额、股份总额和每股金额。股票必须按照本国公司法规定的格式和内容制成，并经主管机关登记、审查、批准后发行才能生成。

证券市场的资金来源，主要是保险公司、投资信托公司、储蓄银行和各种基金等。这些机构从存户、保户、投资者方面吸收大量资金，出于资产组合的需要，将其中一部分投放市场，形成证券市场资金的主要来源。另一方面，需要筹措中、长期资本的本国政府、地方政府和企业公司等，是证券市场的主要资金需求者。此外，需要筹措资本的外国政府和企业公司，也可以利用国际证券市场发行各种债券，吸收市场上的中、长期资本。因为证券市场国际化已成为当今国际金融市场的一种潮流。参与市场交易的借款人和投资者都不受国籍的限制，他们买卖的证券既可以是市场所在国发行的证券，也可以是外国发行的证券。

在国际上，证券市场促进了国家间长期资金的借贷，加速了各国间资金的运用和周转，对各国经济的发展起到了一定的促进作用。但不容忽视的是，证券市场国际化也有一定的消极作用，主要是由于证券市场价差的存在导致投机活动频繁，证券价格忽起忽落，一天之内就可能出现大幅度价差，这对货币汇率和银行业的稳定起着很大的破坏作用。而且证券市场国际化带动了国际金融市场的一体化，使各国际金融市场之间的联系更为紧密，一旦某市场发生风波，其他市场必然发生连锁反应，进而加深了国际信用危机和影响各国经济稳定均衡的发展进程。

四、外汇市场

(一)外汇市场概述

外汇原本是汇兑的意思,是外汇银行进行国际结算时经常使用的术语,但在表示国与国之间的资金流动时,就赋予外汇以计价和折算工具的含义。究其原因是由于各国的货币制度不同,如果全世界有统一的货币制度,就无须进行不同货币之间的交换。进行买卖活动必须有一定的场所,由此就形成了外汇市场。说简单些,外汇市场就是交易各方买卖外汇的场所。其中有各种经营外汇业务的机构,如经营国际业务的商业银行、外汇经纪人、贴现公司、财务公司、进出口商以及其他外汇供求者,有些国家的中央银行也参与外汇市场的交易活动,并把它作为干预市场的手段。外汇银行在各类机构中对外汇市场的影响力最大。外汇市场进行交易的范围,包括外汇银行与客户之间、同一市场的各银行之间、不同市场各银行之间、中央银行与外汇银行之间、各中央银行之间五个方面。

外汇市场有狭义和广义之分。狭义的外汇市场是指银行间的外汇买卖。这种买卖活动是银行为弥补外汇头寸、回避风险而必须进行的。因为外汇银行与客户之间的交易所产生的结果一般都会产生买卖差额,银行本身经过冲抵,其结果可能出现头寸过剩或者是头寸短缺,这表明银行买进或卖出某种外汇过多或不足,对此银行就要根据不同的差额在外汇市场上进行抛补,平衡差额,以避免汇率变化所带来的损失。

在外汇市场上,银行间买卖外汇的汇率,主要取决于各种货币的供求关系,而外汇供求关系又必然受进出口贸易、资本流动等因素影响。归纳起来外汇市场的汇率受两类因素左右:一类是基本因素,如世界经济的成长状况、财政的盈余或赤字、国际收支的顺差或逆差、储备的增加或减少;另一类是技术因素或称暂时性因素,如市场供求的失衡、资本流动、利率差异、外汇投机、政治的动荡等,这类因素往往会导致外汇市场产生突出性波动现象。

广义的外汇市场则不单纯指银行间买卖外汇,而是包括银行与客户之间的交易及外汇银行的套汇交易,它们组成外汇市场的全部交易。银行与客户之间的交易,是出口商或其他持有外汇的客户把从国外所获得的外汇出售给银行;而进口商或其他需用外汇的客户向银行购买外汇以应付进口或对外支付的需要。在这种交易活动中,银行仅起着中间人的作用。而经营外汇的银行之间的交易,则是由于各家银行与顾客之间的交易所产生的差额进行轧差冲抵后,再根据轧差的结果是"多头"或"空头",进行抛补才产生的。

根据目前外汇市场的交易情况来看,国际上外汇市场的形式基本上可以分为两类:第一,没有具体固定的外汇交易场所,外汇交易完全由交易者通过电话、电报、电传等通信工具进行,如美国、英国、瑞士等国的外汇市场都是如此;第二,有固定交易场所的外汇市场,各外汇交易者均按规定的营业时间到交易场所进行交易。在西方资本主义国家处在自由竞争时期,外汇买卖大都以第二种方式进行。目前,世界上只有少数国家仍保留这种没有固定场所的外汇市场,如法国的巴黎、德国的法兰克福、比利时的布鲁塞尔等市场。需要指出的是,即使在这种市场,许多交易也是通过各种电信工具进行的,交易所内遍布的电话、电传机等,随时向世界各地通报市场行情,并随时承接来自各地的交易。

在有些国家里,除了主要的外汇市场外,还有辅助的外汇市场。例如,瑞士苏黎世是主要的外汇市场,而伯尔尼和洛桑还设有次要的外汇市场。另外,德国和美国也是这样,柏林、汉堡、波士顿、纽约等都是它们各自的次要的外汇市场。而英国与它们不同,它没有次要市场,所有外汇业务都集中在伦敦市场,所有经营外汇的银行都通过它们设立在伦敦的分支机构进行外汇交易。当然,这只是各个国家由自己的历史传统形成的一个特点,设不设立辅助外汇市场并不能影响它们的外汇交易。而实际上外汇市场已经演变成世界性的市场,世界各大金融中心的外汇市场都已联成一体,成为一个统一的整体来进行交易。由于电子技术的发展,这个市场的营业日已经消除了时差的限制,不同地区的大规模的外汇买卖可以在24小时内成交,各种票据的交换也能在当天完成。

(二)外汇市场的组成机构

参与外汇市场交易的组成机构虽然有许多,但主要由以下各种金融组织构成:

1. 外汇银行

它通常是由各国中央银行指定或授权经营外汇业务的银行。一般包括以外汇经营为主的本国银行、兼营外汇业务的本国银行、在本国的外国银行分行或代办处。外汇银行在与客户的外汇交易中充当外汇供求的中介人,而且出于一定目的自行对客户买卖外汇。

2. 外汇经纪人

在有些国家,外汇经纪人必须经过中央银行批准。他们是专门从事外汇买卖交易的。他们一般自己不买卖外汇,而是依靠同外汇银行的密切联系和掌握的外汇供求情况,促成买卖双方成交,从中赚取佣金和手续费。

3. 中央银行等政府管汇机构

西方国家的中央银行一般参加外汇市场活动并肩负监督与干预的任务。当某些事件的发生导致汇率剧烈波动时,中央银行就会参与到市场中来,靠大量抛售或购进某种货币,以期改变汇率波动方向,使其朝着有利于本国利益的方向发展。

除了上述三种机构外,贴现公司、跨国公司、外汇投机商等,也都是外汇市场的参与者,只是它们的交易额与外汇银行等相比较小而已。

(三)世界各主要外汇市场

外汇市场在现代电子技术的推动下,已经形成了全球统一的市场,但这并没能消除掉各大金融中心的外汇交易的自身特点。这里介绍几个特点比较突出的外汇市场。

1. 伦敦外汇市场

伦敦外汇市场处在世界性电话、电报和电传通信网的中心,是当今国际上最重要的外汇市场。尽管20世纪50年代以来纽约、法兰克福、苏黎世、东京、香港等地的外汇市场发展迅速,但它们所集中的经营外汇的银行,都还无法与伦敦相比,这是由英国传统的历史地位所决定的。

众所周知,英国早在1816年就开始采用金本位制,是世界上最早采用金本位制的国家。当时的国际贸易结算一般都是使用黄金等贵重金属进行。但它体积大、运输困难,这给国际贸易的发展带来了很大的障碍,于是由英国率先引进了汇票结算工具,由伦敦承兑的票据都视为与黄金等值。这些票据可由持票人在伦敦市场贴现,所得收益可按规定兑换成黄金。同时以外国货币计值的票据也可以在伦敦市场上进行买卖。到了1914年以后,英国清算银行与商人银行及设在伦敦的外国银行一起参与外汇买卖。事隔不久，英国由于受第一次世界大战的影响，经济实力有所削弱，为此不得不宣布放弃金本位制，但此时做套汇交易仍以黄金作为支柱，因而伦敦仍是进行外汇买卖的中心。第二次世界大战后，殖民地国家相继独立，英国靠与其贸易赚取巨额利润受到了很大的限制，加之其他资本主义国家的竞争，伦敦外汇市场受到了一定的影响。但它凭借在欧洲地理上占据的有利位置，百余年建立起来的国际金融关系，长期积累起来的业务经验和技术，伦敦外汇市场的地位并未受到实质上的动摇。

20 世纪 50 年代兴起的欧洲美元市场，为伦敦外汇市场的再次壮大提供了机会。目前参与伦敦外汇市场活动的外汇经营商主要有四类，包括清算和承兑银行、商业银行、外国设立在伦敦的分支行以及其他外汇经纪商。这些参与经营外汇买卖业务的银行及其他有关金融机构之间有十分完整的电信网络设备，还有专用的对讲电话，买卖成交情况通过电子屏幕显示，使交易能够迅速完成。在这个市场上，买卖双方都无法垄断交易信息，他们都可以利用完整的电信网络，随时了解各种货币比价的变动情况，使得在同一时间内两种货币之间只有一个报价。

对外汇市场的管理，英格兰银行是通过伦敦外汇银行公会和外汇经纪人公会进行的。前者的任务是制定统一的市场交易规则，作为外汇银行利益的代表者，协调其与外汇管制机构和外汇经纪人的关系，统一制定业务手续费标准，在不违背交易规则的条件下鼓励竞争。后者的任务是代表经纪人的利益，统一与外汇银行业务往来的手续制度，其他任务则与外汇银行公会相同。

在遵守法律法规方面，伦敦外汇市场按照国家在不同时期规定的汇率政策和制度进行交易。20 世纪 40 年代中期，在国际货币体系没有统一外汇平价之前，它按照官定汇率进行交易。随着国际货币基金组织制定的统一外汇平价政策的出台，伦敦外汇市场汇率变动掌握在规定的上下限幅度以内。浮动汇率制兴起后，市场交易则按照供求关系决定的汇率进行。1979 年 10 月 24 日，英国政府宣布解除对外汇的管制，这标志着反复持续近一个世纪的外汇制度的结束。

目前，伦敦外汇市场主要有现货和期货两种交易，但以现货交易为主。现货交易也不是交易一成立即进行交割，而是在交易双方达成买卖协议后的两天内完成交割行为，因为交易双方均需要有充足的时间向持有被交易货币的外国银行发出电报或电传，通知交付给买方所指定的银行。两天后完成即期交易的时间，这在外汇交易中作为“起息日”。如果银行直接向客户买卖外汇，不存在被交易货币划拨问题，起息日则为成交的当天。

伦敦外汇市场的期货交易是在外汇买卖成交时，交易双方签订合约，合约规定进行交割的具体时间。期货交易预约的期限均按月计算，期限结构有 1 月期、3 月期、6 月期和 1 年期四种，但以 3 个月期较为普遍。这与外贸合同规定付款期以 3 个月为多是相符的。拖期交割不被允许，否则要按合约规定的条款对责任方进行处罚，但交割期经双方协调却可以提前。

2. 纽约外汇市场

纽约外汇市场的迅速崛起是第二次世界大战以后的事，是与美国在第二次世界大战中的政治、经济、军事实力的急剧增长联系在一起的。尤其是随着新的世界货币体系的建立，美国得以登上资本主义世界金融霸主的地位，美元取代英镑成为资本主义世界最主要的储备货币和国际清算手段。加之美国各大城市银行都经办外汇买卖和国际清算业务，但由于各银行间竞争激烈，为争取有利的汇价，通常各银行都将各地外汇交易汇总送至纽约办理，加之美国没有外汇管制，在纽约市场上可以买卖世界各主要国家的货币和外汇，更促使纽约成为国际性外汇市场。但若以外汇交易量来比较，它远不如伦敦、法兰克福和苏黎世等欧洲外汇市场。这是因为美国的进出口贸易数量虽然很大，但主要以美元计价，外汇买卖的交易量并不多。而欧洲外汇市场的美元交易量却很多，每天不仅有贸易往来的美元买卖，而且有源于资本流动的美元交易。

与伦敦外汇市场不同，美国对经营外汇业务基本上不存在限制，也没有外汇指定银行，几乎所有银行和其他金融机构都可以经营外汇买卖，但其中商业银行占有最重要地位。纽约外汇市场的组成包括美国联邦储备系统的 29 家成员银行，非成员银行 23 家，还有大量的外国银行在纽约的分支机构和外国建立的代理行及代表处。此外，还有一些外汇经纪商。美元对其他货币的汇率主要由欧洲和东京等地的外汇市场的行情来决定，而纽约外汇市场的外汇汇率只不过是其他外汇市场美元汇率的反映而已，这可算是纽约外汇市场的一个突出特点。

由于美元在国际支付和结算中扮演着重要角色，许多国家的中央银行都将其外汇储备的主要部分存放于美国，其中绝大部分为委托美国联邦储备银行代为购买的美国政府发行的各种国库券和公债。美国联邦储备银行出于执行中央银行任务的需要，与西方各国中央银行签订为数达 300 亿美元的“互惠信贷协定”(Swap Agreement)，可以在规定限度内借入各种西方货币，以防必要时在纽约外汇市场进行干预，以稳定美元的对外汇率。

纽约外汇市场是实现电子计算机化的现代化市场之一，它的电脑系统和监视系统，包括外汇交易和信贷控制的全部程序，对主要货币的即期、远期汇率及货币市场利率，都在电控中心控制的行市电子设备上显示，电子数据处理设备也随时标明外汇头寸，并为所做的交易做管理性处理，套汇汇率的数据也通过电子屏幕显示。

由于历史上的原因及为了国内外汇交易上的便利，纽约外汇市场过去一直采用单一的国际上通行的直接标价法来表示其外汇行市。然而自 1978 年开始，对国内的外汇交易仍沿用直接标价法，对国际外汇交易，美国银行使用了间接标价法，以 1 单位美元为基准来折合若干外币数量表示，无论是升水或贴水，美元单位不变，只改变外币兑换数量。

世界各地的美元买卖，包括欧洲美元市场和亚洲美元市场的交易在内，最后都必然在美国纽约的商业银行的账户上收付、划拨和清算，这一功能是其他外汇市场所无法替代的。这就使得纽约各大银行负担的清算业务异常繁杂。为了适应这种情况，纽约市场于 1970 年 4 月由纽约清算所协会设计并投入使用了电子清算机构，简称 CHIPS(Clearing House Interbank Payment System)，它不仅迅速正确，而且简化了资金转移系统(Electronic Fund Transfer System)。大约有 90%以上的美元资金转移是由 CHIPS 来完成的。最初参加 CHIPS 的银行只有 9 家，目前已增至 100 余家。CHIPS 会员银行的代号为三位数，1 万余家全球往来银行的代号为六位数。各银行代号、名称及地址均事先输入并储存于设置在纽约清算所的中央电脑系统，操作员在键盘上只按代号即可，所需事项便显示在屏幕上。目前每天通过CHIPS收付数达数千亿美元，超过美国银行活期存款的总数。这使得纽约外汇市场成为世界美元交易的清算中心。

3. 苏黎世外汇市场

瑞士是历史上传统的债权国家，在第二次世界大战后的欧洲复兴期间，瑞士的金融活动异常活跃，加之它独有的特殊条件，比如瑞士是一个永久中立的自由经济国家，经济繁荣，政局稳定，政策有连续性，有良好的保护私人财产措施等。这些都在很大程度上推动了苏黎世外汇市场的发展。

从机构上说，瑞士全国有29家国家银行，二百二十多家地区性银行和储备银行，七十余家外资银行及两百多家其他类型的银行。苏黎世是瑞士金融机构的集中地，绝大多数重要的金融机构均在苏黎世设有总部或分支机构。瑞士银行、瑞士信贷银行、瑞士联合银行、经营国际金融业务的银行、外国银行在瑞士的分支机构、国际清算银行及瑞士国家银行等是组成苏黎世外汇市场的主体。瑞士所有外汇经纪人、所有外汇交易都在银行之间进行。瑞士法郎是世界上币值最稳定的货币之一，在历史上瑞士法郎1936年贬值一次和1971年5月升值一次，在1958年欧洲各国货币恢复自由兑换和“欧洲支付同盟”终止之前，瑞士法郎是唯一可以自由兑换美元的货币，这就使得瑞士法郎在对许多国家，包括对当时英镑区的属于可转让账户的那些国家的贸易上享有特殊的地位。这一切都使得苏黎世在国际外汇交易中占有重要地位。

苏黎世外汇市场采用的标价制度是直接标价法。瑞士法郎对美元的汇率是瑞士外汇市场的主要汇率，瑞士法郎对其他各种货币是根据其他外汇市场对美元的汇率折算的。美元始终是它作为干预市场和交易媒介的工具。这反映在市场上，外汇买卖的对象不是瑞士法郎而大部分是美元。欧洲货币之间的外汇交易并不常见，绝大部分交易中，美元总是作为交易媒介。在苏黎世外汇市场的行情表上看到的外币价格不是以瑞士法郎而是以美元来表示的。

苏黎世外汇市场有即期和远期两种交易方式。苏黎世银行的外汇业务的即期汇率根据各种货币的需求而随时变动，但当天业务的开盘价格是参照纽约和远东在前一天的收盘价，并根据经济和政治形势的新变化以及银行自身各种外汇头寸情况来确定。各银行的开盘价不一定完全相同，常因此而引起银行间的套汇业务。而且从本意上说，苏黎世外汇市场愿意做套汇业务，它认为套汇业务有助于交易格局的稳定有序，平抑汇率的波动幅度，这会给交易客户带来收益。

苏黎世外汇市场的远期交易也十分活跃，在良好的组织和高效运作下，远期交易已经成为抵补或对冲将来可能发生的外汇风险的有效手段。1971年瑞士国家银行被授权对3个月的远期交易市场进行干预，目的之一就是要防范可能因远期投机过剩造成的市场动荡不定。

以上简要地介绍了世界上三个主要的外汇市场情况。它们虽因形成的条件和时期不同而各具特色，但在它们之间也存在着共性，总结起来主要有四点：

(1)各地外汇市场之间的汇率差不断缩小。全球外汇市场一天24小时连续进行交易条件的形成，加速了各外汇市场行情的传递，外汇供求双方信息灵通，交易方便，因而使世界各地外汇市场的汇率差异愈来愈小。

(2)外汇交易与资金融通日益融合。现代外汇市场除了具备传统的交易内容和职能外，在金融创新意识的推动下，又新增加了外汇存款、外汇贷款和外汇投资等业务，使得单一的外汇买卖与外汇存款、贷款、投资等融资性活动交织在一起。

(3)外汇市场更加动荡。随着以美元为中心的世界货币体系的崩溃，使汇率的波动失去了限制范围，外汇平价已不再是约束各国货币当局的行为规则，外汇市场的动荡空前加剧。以美元与日元为例，它们之间的比价几乎时时都在变动。加上国际游资在各市场间不断移动的困扰，外汇市场的动荡有愈演愈烈之势。

(4)中央银行对外汇市场的干预在不断加强。其目的是想通过干预活动使本国货币对外汇率有助于本国的经济发展，尽可能增加本国国际储备资产的数量，为经济的顺利发展提供稳定的国际环境。

五、黄金市场

(一)黄金市场简述

黄金市场是国际金融市场的重要组成部分，是世界各国集中进行黄金买卖的交易中心。目前全世界较具规模的黄金市场有四十多家，其中以伦敦、苏黎世、纽约、芝加哥和香港这五大市场最为著名。它们彼此又各具特点，伦敦、苏黎世和香港是世界三大现货黄金交易市场，而纽约和芝加哥则为目前最重要的黄金期货交易中心。伦敦黄金市场在各市场间发挥着黄金销售、转运和调剂的枢纽作用。它定出的黄金价格是世界各黄金市场交易价格的主要依据。就世界范围来讲，这五大市场是起主导作用的市场，它的价格的形成及交易量的变化对其他市场有很大的影响。其他一些黄金市场，如巴黎、法兰克福、贝鲁特、新加坡、东京等则可称为区域性市场，这种市场的特点是交易规模不大，而且交易对象大多集中在本地区。

从黄金市场的种类上看，依不同的划分标准可以分为现货交易市场、期货交易市场、自由交易市场和限制交易市场四种。现货交易市场以现货交易为中心，在同业间利用电信工具联系交易活动，这种市场大多分布在欧洲，传统上伦敦和苏黎世就是典型的现货市场。期货交易市场是以远期交易为中心，买卖双方达成交易后即行签约，按约定的期限和条件进行交割，这种市场以美国为代表。这两种市场显然分属不同的交易方式，因而世界上就形成了两大黄金集团，一是以做现货交易为主的集团，代表者为伦敦和苏黎世，另一个是以做期货交易为主的集团，代表者为纽约和芝加哥。两大集团之间的合作十分密切，现货价格和期货价格都在它们的控制之下，可以说是它们共同操纵着世界黄金市场。

自由交易市场和限制交易市场是按交易管理的程度不同进行的分类。在自由交易市场上，市场所有国居民和非居民都可以自由买卖黄金，且可以自由输出输入，国家不以任何方式对市场的交易活动进行限制，苏黎世黄金市场即属于这种类型。而限制交易市场依据其限制方式的不同又可分为两种情况：第一种只准非居民自由买卖，不准居民进入市场进行交易，黄金输出入受到有限管制；第二种是只准居民在市场上自由买卖，对黄金的输出入进行严格限制。两种管制方式虽有不同,但目的只有一个,都是出于外汇管制的需要。

(二)黄金市场的结构

黄金市场的人员结构与外汇市场相比具有十分鲜明的统一性,没有外汇市场那么庞杂。以市场所在国各大银行为代表的国际黄金商,是参与各市场活动的主体。它们不是以市场成员的身份参与交易活动,就是以专营代理业务、专做期货买卖、做中间商业务等活动方式参与各市场交易。这些以法人资格出现的参与者是一种纯粹在流通领域进行活动的交易商。而产金国的采金企业、持有黄金待售的集团或私人是黄金市场以卖方身份出现的参加者。而各国中央银行、黄金投机商、工商企业及个人有时也会出于不同目的参与黄金市场交易。

在具体进行交易之前,无论是做现货买卖还是做期货买卖都要委托经纪人,由经纪人经办成交。经纪人在整个交易活动中始终处于中心地位。各个黄金市场对经纪人资格审查极为严格,因而有幸成为专业经纪人的并不多。取得经纪人资格后,还需缴纳高额的席位费。

(三)黄金市场的交易方式

黄金现货交易和期货交易是黄金市场上两种不同的交易方式。现货交易通常是在交易双方成交后的两个工作日内交割;期货交易则由交易双方事先签订合同并交付押金后,在预约日期里办理交割,但香港和伦敦两市场对期货交易有不同的规定,香港黄金期货交易只需了解交易方资信,不必事先签订合同。而伦敦黄金期货不需交付抵押金。

伦敦黄金市场可说是定价中心,其他市场都以它的定价做依据,而伦敦现货采用定价交易和报价交易两种。定价交易的特点是无买卖差价,客户按所提供的单一价格自由买卖,黄金商只收取少量佣金。报价交易则有买卖价之分,其差额为黄金商收益。定价交易只在规定的时间有效,有效时间视市场供求情况而定。在定价交易以外的时间则进行报价交易。若定价交易开盘后无买卖者介入市场,则定价交易结束。随后恢复正常的黄金买卖报价。报价交易由买卖双方自行达成,其价格水平很大程度上受定价交易制约,但按报价交易达成的交易数量比定价交易多。

黄金期货的交易价格通常也以现货价格为依据,再加上期货期限的利息率而定。在黄金价格波动不定的时期里,期货交易多为投机商所利用,实际价格与期货升、贴水经常背离。这却变成了投机商可以利用的投机条件。期货交易需缴纳的各类费用比现货交易多,在香港黄金期货市场要缴纳“手续费、仓储费、收仓手续费、保险费”四种费用。但购买远期黄金,不必缴纳试金费、保藏费等,只需按每盎司黄金先付少量的保证金,不需全额交付。然而,市场上交易的黄金,无论是期货还是现货,大宗交易很少是直接以黄金实物交割的,而通常是采取账面划拨的方法,把存放于某金库的属于某个国家或集团的寄存黄金改变一下标签而已。目前,各国的黄金储备大部分存放在英、美两国的黄金储存设施中。这主要是基于安全和债务清偿的需要。据统计,世界上有 73 个国家或官方机构请美国代为储存黄金,数量共达 11 000 多吨,分别存储在银行的金库、造币厂及纽约的黄金化验所等。

黄金交易的标的物大多是各种成色和重量的金块。专业金商和中央银行交易的对象一般是重量为 400 盎司、成色为 99.5%的大金锭,进入世界市场的金锭必须有国际公认的检定机构的印记。各金库储存的大量黄金就是采取这一形式的大金锭。普通私人黄金储藏者交易的对象一般是成色、重量不等的金条、重量多为 1 千克，标准成色为 99.5%、99.9%、99.95%、99.99%四种。金锭和金条的价格按纯金的重量计算，即用它们的自重乘以其成色，得出纯金的重量后再乘上黄金市场标价即为金锭或金条的价格。

金币也是黄金市场上的交易对象，而且交易量呈连年增长之势，除金币更便于转移之外，重要的是在许多国家储藏金币日后可免交遗产税。况且，对某些人而言，黄金还有作为古董收藏的意义。对于特种纪念金币来说，它的价格是以其实际含金量，按照当时国际市场黄金体积乘上 1.5 来计算，虽然在出售时都标有面值，但售价却远远超过面值。

当前，随着世界性通货膨胀的加剧，各黄金市场的交易量有增无减，并且日益呈现出小型、多样化趋势。从重量上说，最小的交易对象重量只有 1 克。除实物交易外，还出现了黄金券交易。黄金券是黄金的凭证，所有人可随时向发行银行要求兑换黄金或其等价的货币。黄金券面额有多种，最小的仅半盎司，有编号和姓名，不得私自转让，遗失了还可以挂失。由于黄金券具有无限可兑换性，持有黄金券与持有黄金实物事实上是等同的，因而它不仅可用于保值，也可用于投资，而且更具有安全便利和易于转移的特点。对于发行银行来说，发行黄金券不仅可以扩大黄金交易量，而且可以节约大量不必要的在实物交易情况下支出的流通费用。它凭借公众对大银行的良好信誉，通过黄金券的交易成功地解决了黄金可供量有限而需求量在扩大的矛盾。

(四)世界主要黄金市场

1. 伦敦黄金市场

伦敦黄金市场在众多的黄金市场中起源较早，19 世纪初伦敦就是一个金条精炼、黄金销售和金币兑换的中心，当时英国实行的是金币本位制，其中有一条就是可自由铸造和熔化金币，这在制度上促使伦敦成为金条精炼等业务活动的中心。1919 年 9 月，伦敦开始实行按日报价制度，正式成为一个组织机构较为健全的黄金市场。英联邦中的产金国如南非、澳大利亚和加拿大等的大部分黄金都运往伦敦集中，然后再分配到世界各地。第二次世界大战的爆发，极大地破坏了英国的经济实力，致使英镑对外大幅度贬值，黄金市价大大地背离了国际货币基金组织订立的 35 美元一盎司的官价，英国在不得已情况下只能实行外汇管制，伦敦黄金市场因此受累而关闭。随着经济的复苏，各国货币也渐趋稳定。1954 年 3 月，英格兰银行授权宣布重新开放伦敦黄金市场，但规定实行“有限交易制”。境外居民可以用美元、加元、美元和加元账户的英镑以及专为黄金交易用的“注册英镑”买卖黄金。1958 年，英国外汇管制有所松动，英镑实行了有限自由兑换，对黄金市场又规定了境外居民可用境外英镑或任何一种外币买卖黄金。1960 年 10 月，美元第一次危机爆发，伦敦黄金市场的金价突破了官定金价上下 1%的波幅，每盎司黄金达 41.5 美元。为此以美国为首的西方八国组成了“黄金总库”(Gold Pool)来维持黄金官价。1968 年 3 月，受美国连年国际收支逆差的影响，美元危机再次爆发，一股抢购黄金的风潮席卷整个西欧，在短短的半个月时间里，美国的黄金储备就流失了 14 亿美元，这给投资黄金平抑金价的做法带来了极大的困难，为减少流失，英格兰银行只好再次关闭伦敦黄金市场，时间是 3 月 15 日，外汇市场和证券交易所也停业一天。随后不久，“黄金总库”集团推出了“黄金双价制”措施，它规定 35 美元一盎司黄金的官价仍不变，但只用官方结算。自由市场的金价则随供求关系的变化而自由变动。这使得伦敦黄金市场变成了非居民自由买卖黄金的市场，各国中央银行已不再介入其活动。1979 年 10 月，英国全部废除了外汇管制，英国居民与非居民一样可以在市场上自由买卖黄金了。

伦敦黄金市场的业务，主要集中在五家会员交易商，它们是洛希尔父子公司、塞缪尔·蒙塔古公司、沙普·毕思理公司、约翰逊·马赛公司、莫卡塞·固史密斯公司。这些会员可在营业时间内，随时公布其买卖价格，交易时间自伦敦时间上午 9:30 至下午 4:30，而每天上午 10:30 及下午 3:00，则召开定价(Fixing)会议，即定价集会交易。定价集会以外的营业时间内，由各交易商依市场供求状况，随时调整买卖价格。

目前，伦敦黄金市场的交易对象以金条为单位，每条重约 400 金盎司，交易起点为 10 条，标准金条的含金纯度至少为 0.995，也有部分为 0.999、0.999 5、0.999 9。买卖价格以每金盎司为单位，用美元报价，交货地点在伦敦。大多数交易属于即期交割，即在成交后两个营业日内清算。这里所指的营业日，必须是纽约(付款地)及伦敦(交货地)两地的共同营业日。定价集会中的交易要支付佣金，交易商通过买卖差价赚取利润。

伦敦黄金市场的集会定价方法很有特色。会议开始时，首先由主持会议的主席宣布“开盘价格”，它是根据定价前的买卖价格确定的。宣布“开盘价格”后，各公司的代理商即用电话将上述价格通知本公司黄金交易室。各公司再将开盘价格通知客户，并根据客户的订单，向其代表发出买或卖的指示。如果购买订单超过销售订单，或是销售订单超过购买订单，黄金价格即随时上下调整，直到使两者相等为止。这时订单便成为正式的合约，会员间便以此定价进行交易，并以此价格向顾客买进黄金，而出售黄金时，则按此价格另加 0.25%的佣金。伦敦交易商可对客户出借黄金及进行融资。伦敦的黄金期货市场开业较晚，1982 年 4 月 19 日是其开业日，现有 38 名会员，每笔合约为 100 英两黄金。营业之初以英镑进行交易，但自 1982 年 10 月 1 日起改用美元交易。

2. 苏黎世黄金市场

苏黎世黄金市场是第二次世界大战后发展起来的黄金自由交易制市场。它在很大程度上是因伦敦一度关闭黄金市场而西方又急于寻找新黄金交易市场所形成的。

苏黎世黄金市场与伦敦不同，它的黄金交易是以瑞士三大银行为中心，黄金交易与银行始终有密切联系。这三大银行分别是：Swiss Banking Corp.，Union Bank of Switzerland，Credit Swisse。它们于 1968 年联合组成了价格卡特尔式的组织，名叫 Zurich Gold Pool，一起进行黄金买卖，对外开出统一的黄金价格。它们自己手中握有大量的黄金储备，凭借这一实力得以在黄金交易中操纵整个市场。为满足各方客户的需要，它们也从事黄金冶炼，将大金锭炼成小金条和金币。

苏黎世黄金市场还成功地利用银行自己经营黄金买卖的便利条件，努力开拓中近东和东南亚市场，建立起完整的流通渠道。它从伦敦等地集中购买黄金，然后通过各渠道销售出去。这使其不仅成为其他销售市场的主要供应者，而且在世界市场上担当了供给与需求的中间人的角色。

苏黎世黄金市场的形成要比伦敦晚许多，但发展速度很快，除了瑞士具有资金庇护所这一良好的资信以外，与它的交易制度规定也有很大关系，这就是在苏黎世黄金市场所提出的价格中,其中有一种是次日仍然有效,换句话说就是第二天交易仍然有效,这点在别的黄金市场是不具备的。

整个苏黎世黄金市场是由六家银行构成的。其中三家是 Zurich Gold Pool 组织成员。每家银行在市场上买进数量多于卖出数量时,就把多出的部分交给 Gold Pool;相反,则从 Gold Pool 中取出黄金。不过黄金仍由三家成员各自持有,Gold Pool 事实上相当于一个清算系统。

苏黎世黄金市场的交易时间为上午 9:30 至 12:00,下午 2:00 至 4:00。三家成员银行于每日上午 9:00 议定市场价格,并以电话方式随时保持联系,在交易时间内,市场供求如果发生变化,经三家银行同意后,即可调整 Gold Pool 的金价,并共同遵守,对外采用统一的买卖报价,它同伦敦每日两次的黄金定价会议的价格一起,成为影响国际黄金价格的主要指标。

3. 香港黄金市场

香港也是世界主要的黄金交易中心。它的存在时间虽然不短,至今已有 100 余年的历史,但它在很长一段时间里始终是个封闭性市场。1974 年,在港英当局撤销《禁止黄金进出口条例》后,允许黄金自由进出香港,至此,香港黄金市场步入了一个新的发展时期。它的黄金大多来自欧洲等地,主要买主为韩国、中国台湾地区和中国香港地区当地的金银商。受亚太经济高速增长的影响,近年来香港黄金市场业务量发展很快,已从昔日区域性的黄金市场发展成为世界四大黄金市场之一,尤其是现货交易有不断增大的趋势。

香港黄金市场迅速成长的原因主要有四点:

(1)香港与伦敦金融业关系因历史原因一向十分密切,伦敦有影响的一些金商,如洛希尔父子公司、毕思理、马赛等公司,首先打入香港市场,使得香港与伦敦市场的联系更加深一步;

(2)黄金现货交易者可以采用一种远期契约办法,即当时不提取黄金而改为伦敦远期提货的办法,这增加了对客户的吸引力;

(3)在世界各大黄金市场中,只有香港星期六不停业,照常开市,这使得原本在异地交易的业务逐渐向香港转移;

(4)香港是个自由港,具有转动、储藏、调拨黄金的诸多便利条件,况且贸易商经验丰富、资信可靠。

香港除具备上述有利条件外,还具有独特的时间条件。在香港时间凌晨 2:00 至下午 3:00 这段时间,正值世界其他主要黄金市场休市之际,美国市场已收盘,而欧洲市场尚未开市。凡是想继续买卖者,就必须转到香港市场,而且香港不存在外汇管制。香港是世界上开盘最早的市场。

香港黄金市场的交易时间是:上午 9:30 开市,12:30 闭市;下午 2:30 开市,4:30 闭市。它的交易条件有四条:

(1)以 100 港两为基本交易单位,即 25 条五两重 99%成色的金条 1 港两=1.203 3 盎司,即 1 港两黄金等于纯度 100%的 1.191 3 盎司(1.203 3×99/100);

(2)每 100 港两须支付 20 000 元港币作为保证金,对保证金不支付利息;

(3)每 100 港两收 12.50 港币作佣金；

(4)交易未结清部分，以 100 港两为单位，每日收取 4 港币作为保管费。香港市场的交易一律以港币计价。

香港的黄金期货市场是一个由洋人主持的交易所，采用粤语叫价。报价时以每盎司值多少美元给出，最低变动单位为 20 美元。远期期限分 2、4、6、8、10、12 等月份，最长的期限可达 2 年零 1 个月。交货地点在伦敦而不在香港。如果市价比前一清算价格上涨或下跌超过 40 美元，则须暂停交易 30 分钟，30 分钟以后重新进行交易，而在剩余的交易时间内，对金价的涨跌就不再加以限制。对于已成交的契约，并未规定特定的清算日期，买方可延迟付款，卖方也可暂不交货，但须依据黄金收付状况，决定由买方或卖方支付利息，但总的原则是利率随时间的延长而提高。

香港黄金市场从形式上说是有形的，黄金买卖集中在香港金银贸易场进行。凡进入该贸易场都必须是该机构的正式会员。目前该场成员达 195 家，经常参加活动的有 23 家。其中许多成员又都是其他各地黄金市场的积极参加者，因而香港黄金市场是世界黄金市场链中的重要一环，其金价的涨落对国际金价的影响十分强烈。

4. 新加坡黄金市场

新加坡黄金市场是其国际金融市场的重要组成部分。它成立于 1969 年 4 月，与其他市场相比是较晚成立的一个。市场成立之初只对英镑区的非居民开放，除了持有执照的本地金商外，禁止新加坡居民买卖和持有黄金。1973 年 8 月，新加坡政府为配合外汇管制方法转型的需要，取消了黄金管制条例，同时为了鼓励黄金输入，废除了原规定的黄金进口关税，这些措施的实施，加之西方货币市场的动荡不定，刺激了新加坡市场的迅速发展，到 70 年代末期，新加坡已经成为著名的黄金进口大国。1978 年 11 月，新加坡黄金交易所正式成立并开业。它属于新加坡官方金融机构，由新加坡金融当局进行具体管理和业务指导。交易所的成立，使交易种类由原来单纯经营现货和伦敦交货两种扩大到期货交易。

在新加坡现货黄金市场，交易商可自由选择交易方式，除可在当地买卖伦敦现货外(达成交易在新加坡，交割地点在伦敦)，还可以在新加坡金条市场(The Kilobar Market)交易。在金条市场交易的黄金，为纯度 0.999 9 的 1 千克金条，折合 32.148 盎司，交货地点在新加坡，交割时间为契约成立后的一个星期内。其他类型金条虽也有交易，但为数甚少。买主虽然可以在成交后领取金条，但是经过交货的金条，将来转卖时，金条的品质及纯度必须重新加以鉴定。

买卖金条可采用几种货币报价，美元、新加坡元或其他可兑换货币。交易商之间采用电话报价，具体交易条件由交易商确定。在价格决定上，新加坡金条市场主要根据伦敦及苏黎世的价格。在此基础上再加上运输、保险费及利润率而定。部分黄金交易商每日通过电传系统，获悉主要市场的黄金价格。

新加坡黄金交易所是新加坡唯一正式的黄金市场，同时也是亚洲太平洋地区首家期货市场。具体交易方式上，它与美国期货市场相似，采用公开喊价及记录板方式交易，交货地点在新加坡，一般客户买卖黄金须通过经纪商或交易商进行。

对交易单位的规定，期货与现货不同。期货交易单位与纯度 0.999 9 的 100 盎司黄金。现货交易则要求是三条各 1 千克的金条。但近来新加坡黄金交易所为吸引小量投资者参加交易,又推出了一种1千克金条的新合约。为了防止金价波动幅度过大,它规定在极价时最低变动单位为每盎司10美元,最高不得超过前一清算价格25美元,但现货交易不受此种价格波动的限制。在交割时间规定上,如果现在是1月份,客户可购买现货(成交次日交割)以及1(当月交割)、2(次月交割)、4、6、8、10月份的期货。卖方有权选择各特定月份内的任一交割日办理交割。按交易额计算,每100盎司合约需付20美元经纪费。具体交货时是交出授权发行黄金证书机构所发行的黄金证书,每一份证书代表重1千克的,特定黄金三条,每条黄金的纯度不得少于0.999 9,或每份证书所代表的含金量不得低于96.444纯金盎司。如果是现货,客户应于订立契约的次日上午9:30以前,按契约价格付款,并收取黄金证书。若是期货,客户应按清算价格付款,并收取黄金证书。

新加坡黄金交易所的营业时间较长,它从事昼夜业务,夜市从21点开始,次日3:30结束,这正好是伦敦的下午和纽约的上午时间,这就使黄金交易者在不同市场的行情下进行买卖活动有了很大的选择余地,因此也刺激了新加坡黄金市场的发展。

第三节　离岸金融市场

一、离岸金融市场的概念与类型

(一)离岸金融市场的概念

离岸金融市场(Offshore Financial Market)又称为境外金融市场(External Financial Market),是一种在货币发行国境外以非居民为对象融通该发行国货币资金的市场。例如,一家在英国的银行可以吸收其在法国客户的美元存款,又可以把这笔美元资金贷给其在德国的客户。这样一种资金融通的体系或网络便构成了离岸金融市场(境外金融市场)。同时,也可以有境外英镑、欧元、日元等。

离岸金融市场的各项业务都是远离货币发行国边境、设立于其他国家或地区的金融市场进行的,与传统的在岸金融市场(Onshore Financial Market,即设在货币发行国本土的金融市场)相区别。由于境外货币市场设立于货币发行国境外,其从事的业务可不受该货币发行国的法规和税制的约束。而境外市场的所在国由于这种市场的业务开展在一定程度上能带动本国金融发展,因而对这一市场的交易也采取听之任之不予限制的态度。这样,离岸金融市场实际上就成为一种"法外"市场,即有关法令条例等管辖不到的市场。

离岸金融市场最先是在欧洲发展起来的。一些设在欧洲的商业银行除办理传统的业务以外开始吸引非居民的外币存款,即"欧洲存款"(Eurodeposit),同时又对非居民提供外币贷款,即"欧洲贷款"(Euroloan),而中长期的欧洲贷款则称为"欧洲信贷"(Eurocredit)。这种既办理传统业务,又办理非居民外币存款贷款业务的银行就是"欧洲银行"(Eurobank),而用于存贷的外币叫作"欧洲货币"(Euromoney)。这种欧洲货币是指在货币发行国境外也在流通使用的该发行国货币,它可以是美元(欧洲美元),也可以是英镑(欧洲英镑)、日元(欧洲日元)等。因此,"欧洲货币市场"便成为境外市场的别称。

自20世纪60年代末起,离岸金融市场已不仅限于欧洲市场(Euromarket),在亚洲地区、加勒比地区和中东地区也开始发展起来。在亚洲地区，主要是新加坡和中国香港形成了离岸金融市场；在加勒比地区，主要是巴哈马、开曼群岛，形成了拉丁美洲的离岸金融市场；在中东地区，主要是巴林形成了中东离岸金融市场。

（二）离岸金融市场的类型

根据业务对象、管理特点、境外货币的来源和贷放重点的不同，离岸金融市场可分为四种类型：

1. 功能型市场

这种类型的离岸金融市场，主要是指市场所在地集中了诸多外资银行和金融机构，从事具体存储、贷放、投资和融资业务的区域或城市，其中又分为两种：一种为集中型金融中心（Intergrated Center），另一种为分离型金融中心（Segregated Center）。前者是内外融资业务混在一起的一种形式，金融市场对居民和非居民开放，伦敦和香港属于此类。后者则限制外资银行和金融机构与居民往来，是一种内外分离的形式，即只准许非居民参与离岸金融业务，典型代表是新加坡和纽约。

2. 名义型市场

这种类型的离岸金融市场多集中在中美洲各地，如开曼、巴哈马和百慕大等，成为国际银行和金融机构理想的逃税乐土。这些市场不经营具体的融资业务，只从事借贷投资等业务的转账或注册等事务手续，所以国际上把这种中心也称作为簿记中心（Booking Center）。

3. 基金型市场

基金型市场主要吸收国际游资，然后贷放给本地区的资金需求者，以新加坡为中心的亚洲离岸市场则属此种类型。它的资金来自世界各地，而贷放对象主要是东盟成员国或临近的亚太地区国家。

4. 收放型市场

与基金型市场相反，收放型市场主要筹集本地区多余的境外货币，然后贷放给世界各地的资金需求者。亚洲新兴的离岸金融市场巴林即属此类，它主要吸收中东石油出口国巨额的石油美元，然后贷放给世界各地的资金需求者，同时它也通过当地的外资银行与金融机构积极参与国际市场的各种金融业务。

二、离岸金融市场的形成与发展

离岸金融市场的最早萌发可以追溯到中世纪时代。那时每个季度都会在欧洲大陆办博览会。参加博览会的各国商人有时使用汇票来支付货款。这些汇票常常是以博览会举办国货币以外的货币定值的，因此可以算作最早出现的离岸货币信用工具。

现代离岸金融市场的诱发因素是20世纪50年代的朝鲜战争。由于战争，美国政府下令冻结了中国在美国的金融资产。有鉴于此，当时的苏联和东欧等国出于政治上的考虑决定将其存放美国的美元存款从美国转移到欧洲地区的银行，以免遭受冻结或没收。由此形成了一定规模的欧洲美元存款。据说，那时苏联的美元主要存放在苏联国家银行在巴黎的一个附属机构——北欧商业银行，其电传代号是“欧洲银行”（Eurobank）。于是，各外汇交易商和银行便把从这家银行获得的美元存款称为“欧洲美元”。这就是“欧洲美元”这一称谓的由来。

1957 年,由于苏伊士运河危机,引发了英镑危机。为了稳定英镑汇率,英格兰银行宣布提高利率并加强外汇管制,禁止银行向非英镑区国家提供英镑贷款,进行贸易融资。在这种情况下,英国各商业银行为了自我的生存和发展,不得不大量吸收美元存款,转用美元贷款融通贸易资金,而英格兰银行对商业银行经营非居民的非英镑业务是不加干预的。这一措施使英国在英镑疲软情况下继续保持其在世界性贷款中的传统领先地位,同时也在远离美国的伦敦确立了欧洲美元市场的雏形。1958 年,许多欧洲国家放弃或取消了外汇管制,恢复了其本国货币对美元的自由兑换。于是,不仅是美元存款,其他外币存款也在各国商业银行不断增加,这也使投资者能更自由地转移资金,为欧洲货币市场的成长提供了有利条件。

20 世纪 50 年代末以来,美国的国际收支出现了长期的、持续的巨额逆差。由于布雷顿森林体系赋予了美元国际货币地位,不论数额多大,可以长期存在无须弥补,成为美国的对外负债,造成大量美元外流,顺差国则积存大量美元储备,这就增加了境外美元的供给。而美国政府为了减缓国际收支逆差的增长势头,发布了一些法规,其中有三条法规对欧洲美元市场的发展起了重要的推动作用:

1. 利息平衡税(Interest Equalization Tax)

1963 年 7 月,美国实行了利息平衡税,规定凡是美国居民购买外国证券,其利息收入必须纳税,以抵消购买外国证券能得到高利息的好处。这项措施的目的一方面是试图阻止美元外流,另一方面是试图限制外国企业以发行证券的方式到美国金融市场筹资。但实际效果却适得其反,美国资本仍通过其他形式和途径继续流往国外,大部分流向欧洲,以获取高利息收益。这反而促进了欧洲货币市场以及欧洲债券市场的发展。

2. 自愿限制对外信贷计划(Voluntary Foreign Credit Restraint Program,VFCR Program)

1965 年 1 月,美国实行自愿限制对外信贷计划,由联邦储备委员会管理执行。其目的是限制美国商业银行总行的对外贷款能力。其做法是,由联邦储备委员会根据各银行过去的对外贷款水平规定其信贷限额,从而使各银行自动限制其对外信贷额。这就促使美国银行在国外开设分支机构以便扩展信贷业务量,同时也迫使海外企业包括美国企业在国外的分支机构转向欧洲货币市场借款。

3. 对外直接投资计划(Foreign Direct Investment Program,FDP)

1968 年 1 月,美国实行对外直接投资计划,强制性限制美国公司的对外直接投资,包括限制美国公司向其海外分支机构转移的资金额和这些分支机构所获得利润在海外进行再投资的资金额,其目的也是限制资金外流。结果又促使这些美国公司在欧洲货币市场上为其海外分支机构筹措资金。

促使欧洲货币市场发展的另一个重要原因是《Q 字条例》的执行。根据 1933 年美国联邦银行法《Q 字条例》,美国联邦储备委员会对商业银行储蓄存款和定期存款规定了一个最高利率,在 50 年代末到 60 年代初,规定商业银行对通知存款和活期存款(不超过 30 天的存款)不付利息,30 至 90 天的定期存款利率为 1%,90 至 180 天的存款利率为 2.5%,比期限相同的欧洲货币市场存款利率微低,而且在欧洲货币市场对活期存款也支付利息，这就使得美国银行在吸收存款方面处于竞争不利的地位。还有在 50 年代后期，随着西欧国家经济的日益发展，对资金需求的日益增加，致使欧洲金融市场的利率持续上升，而美国银行由于《Q 字条例》的约束，不能提高利率。再有，欧洲银行吸收的存款无法定准备金的约束，成本低廉，其存款利率可以高于美国银行存款利率，存贷利差小于美国银行。这更促使原来存放在美国的资金被提出，大量流向欧洲货币市场，以至欧洲货币市场在 1966 年以后，资金规模迅速增大。

总之，欧洲货币市场的发展是由各个具有历史意义的因素促成的。但其基本原因是国际资金的借贷者对欧洲货币市场和各国国内金融市场两种市场存在的比较利益做出的判断，追求收益的最大化，风险的最小化，从而积极、有效地参与欧洲货币市场的业务活动。

三、离岸金融市场的特点和金融工具

(一)离岸金融市场的特点

离岸金融市场具有自身鲜明的特点。

(1)离岸金融市场的业务量起点高，是一种批发市场。例如，短期信贷起点一般是 25 万～50 万美元，有的甚至高达上亿至数十亿美元。因而，该市场主要的参与者多为大银行、大企业或各国政府。此外，银行间业务占各类业务比重较大，成为各国银行调剂资金头寸的重要场所。

(2)离岸市场的利率结构有自己的特色。由于欧洲货币存贷业务大多是大银行在批发市场上的交易，因此利率基础就是各类银行间的同业拆借利率。这类利率种类很多，最著名的当数伦敦银行间同业拆借利率(LIBOR)，再按借款人的信用状况在 LIBOR 上加上利润幅度(Spread)。欧洲货币利率代表国际利率。虽然欧洲市场是离岸市场，但仍然与国内市场有千丝万缕的联系。一般情况下，欧洲美元存款利率总是稍高于美元国内市场同类利率，贷款利率又要稍低于国内水平，这样有利于吸收投资者和筹款人，又能在同国内市场的竞争中获胜。此外，如果在资本自由流动的情况下，根据利率平价(Interest Parity)理论，欧洲货币的利率差与预期汇率变化相等。

(3)离岸金融市场的其他特点还有一些，如借款条件灵活，存、贷款利率差别较小，币种、金额选择性大等。这些特点均使欧洲货币市场业务富有竞争性。

(二)欧洲货币市场的存款工具

从投资者的角度来说，公司或机构在欧洲货币市场上可以在某家欧洲银行通过拥有一笔定期储蓄(Time Ineposit)来购买银行存款单(Bank Certificates of Deposit，CD)、政府国库券(如美国国库券)，或购买由公司发行的商业票据(Commercial Paper，CP)等形式，为手中的盈余资金找到理财手段。

下面我们简略介绍几种欧洲货币市场上常见的存款工具。

1. 欧洲美元存款

欧洲美元存款每一笔通常都有几百万美元，大多由各国中央银行、跨国公司、美国银行或其他拥有盈余美元的机构持有。存款到期日一般固定，从隔夜到 5 年期皆存。但大多数欧洲美元存款到期日不超过半年。因此，实际上这是个短期市场，流动性很强。

上面已经谈到,存款利率是在 LIBOR 基础上确定的,它是主要银行的一种拆借参考利率。

2. 欧洲美元银行存款存单(Eurodollar CD)

这实际上也是一笔定期储蓄。与普通的定期储蓄的区别在于它可以在到期日之前没有限制地转让给第三者,拥有一定的流动性。它是美国国内发行的 CD 的一种衍生产品。通常以最低面值 100 万美元出售,具有固定的 6 个月的到期日。另外一些非美国银行为了积极参与辛迪加贷款,往往按浮动利率发行到期日长达五年的银行存款存单。这类似于浮动利率票据(Floating Rate Notes,FRNs),这类票据的利息一般每 6 个月按 6 个月的 LIBOR 进行一次调整。

所有的欧洲美元银行存款存单皆以面值发行,并含有利息,利息由银行与存款人之间协商确定。CD 可以直接销售给存款人或通过中介商或经纪人来进行。大部分欧洲美元 CD 在伦敦发售,代表了各银行的伦敦分行的债务。

欧洲美元 CD 可以在二级市场上转让,它也是一种普通的短期投资,风险和流动性与国债市场上的国库券类似。欧洲美元 CD 中的很大部分由美国公司和机构投资者购买,因为欧洲美元 CD 比美国国内的 CD 和国库券收益高。

3. 商业票据(Commercial Paper,CP)

商业票据是由公司发行的无担保的一种本票,通常按收益的折价出售给机构或公司投资者,它类似于由银行发行的 CD。如果商业票据由公司投资者购买,则完全类似于银行间的市场而形成了一种公司的市场。由于商业票据没有担保,故而只有那些资信较高的公司才能发行。一般这些公司的评级由独立的评级机构进行,如标准普尔公司(Standard & Poors)和穆迪公司(Moody's)。

商业票据的最长到期日是 270 天,大部分发行的 CP 均不超过 30 天。因此,投资人大都持有 CP 至到期日,且 CP 的二级市场不大。CP 的销售方式因公司而异,有的借助于投资银行的帮助,有的拥有自己的销售力量,如通用汽车贴现公司(GMAC)。曾经有一个时期,商业银行因为《格拉斯·斯蒂格尔法》而被禁止从事销售 CP。这个市场被美国大的跨国投资银行所垄断(如高盛、美林、所罗门兄弟、第一波士顿、莱曼兄弟等)。自从 1988 年 1 月起,两家商业银行即银行家信托和摩根保证信托也涉足了这一领域并占有相当份额。

投资商业票据的有货币市场基金、保险公司、养老基金以及其他公司和金融机构,很多投资者将商业票据看作比国库券收益率更高的金融工具。此外,投资者可以根据自身需要选择某些专门的到期日,由于拥有这些优点,商业票据的利率一般低于其他投资工具,如银行 CD 等。

鉴于欧洲 CP 的一些特点,如商业票据不涉及传统的金融中介——商业银行,拥有美元盈余的公司投资者完全可能从市场上获得与自己所需数量、到期日和收益一致的公司商业票据。由于这个过程中间没有商业银行参与,免除了许多相关费用,使得欧洲的很多公司都愿意在欧洲货币市场上发行欧洲 CP 作为一种新型筹款方式,取代了传统的商业银行借款。因此,1984 年开始,一个同美国国内商业票据市场类似的市场在欧洲出现,这就是欧洲票据市场。这样,非美国的发行人可以在这个市场上发售欧洲美元 CP,购买以美元标价的产品,尤其是原油。

这些其实也是非银行中介筹资的特点。通过证券市场而非银行，往往可以使筹资者减少筹资成本，投资者未来收益更大。当然，每一种商业票据的具体收益由信用等级、票据在市场上的流动性以及供需关系具体而定。

(三)欧洲货币辛迪加贷款

1. 欧洲货币辛迪加贷款的概念

对于那些贷款期限在1年以上10年以下的中长期贷款，由于它们一般期限长、金额大、风险高，个别银行往往不能或不愿独自承担，而必须由若干家银行组成银行团，开展银团贷款(Consortium Loan)。这种贷款技术又称辛迪加贷款(Syndicated Loan)。银团是指由多家投资银行合作，负责组织融资安排的贷款团体。这个团体根据一份贷款合约的条款，向贷款人发放贷款，款项则由贷款团体中的参与人按承担责任提供。

2. 辛迪加贷款的成员构成

一份辛迪加贷款合约通常涉及的成员有：借款人、牵头经理行(Lead Managers)(一家或数家)、参与银行(Participating Bank)、代理行(Agent Bank)等。成员之间的职责有时是交叉的，比如代理行往往是一家牵头经理行。所谓牵头经理行，系指银团贷款中负主要责任的银行，它不仅与借款人就贷款各方面条件达成初步协议，而且也必须负责分配贷款的份额。被邀参加并接受贷款的银行称为参与银行。参与银行中因承担责任的大小而分为经理行(Managing Bank)和联合经理(Co-managers)。经理行一般须承担较大的贷款份额，与牵头行一起谋划协助银团贷款活动。最后，在借贷双方的合约上可以规定一家代理行来监督这笔贷款的进行，收取代理费用，负责向借款人收回贷款等。

3. 辛迪加贷款的二级市场

辛迪加贷款是一项比较成熟的国际信贷业务，借款人一般比较乐意选择那些声名卓著的大银行作为牵头行，因为这些大银行一般在长期的组织辛迪加贷款方面积累了丰富的经验和相当的影响力。因而，近来辛迪加贷款的新趋势是出现间接银行借款，即由牵头银行向借款人贷款，再由该行将贷款额按一定比例售给其他银行，这些银行以各自承担参加贷款的金额提供贷款，整个过程由牵头银行负责管理和完成。

因此，20世纪80年代以来国际货币市场开始形成辛迪加贷款的二级市场，促成这个市场发育还有一些其他因素。例如，80年代债务危机以后，各西方发达国家和国际组织陆续规定了各银行的资产负债比例或贷款准备比率，以加强金融机构风险管理，这些规定客观上限制了各银行的贷款能力，使得它们必须重新调整已有的贷款，而不少原来没有机会参与辛迪加贷款的银行，却可以在二级市场中获得债权份额。供求双方的互动，推动了国际信贷二级市场的发展，发展的结果促进了贷款风险和收益的再分配。

但是也存在一些重大障碍阻碍了二级市场的发展，例如，美国明令禁止银行从事证券交易，投资银行业务必须同商业银行业务分开，这样贷款不能像证券一样在二级市场上进行交易。另外，对债务大国债权较多的银行不愿过多参与二级市场，以免公开自己信贷风险过大的信息，引起信用危机。

国际货币信贷二级市场传统的交易方式有更新(Novation)、转让(Assignment)以及副参与(Subparticipation)三种。更新是指某一债务得到清偿并重新创造一个债务,结果是某债权银行的信贷完全转让给另一家新债权银行。转让是指原债权银行向另一家银行转让其从借款人手中收回贷款本息的权利。获得该权利的银行对借款人有直接债权,却不能在更新方式下以自己名义向借款人起诉,即名义债权所有人仍然是原债权银行。副参与是指某债权银行向另一银行转让其收取借款本息的部分权利,但原银行与借款人之间债权债务关系则保持不变。购得副参与权的银行对债务人和原债权银行都没有追索权(Recourse)。

四、离岸金融市场对世界经济的影响及其趋势

离岸金融市场规模巨大,加之其性质和特点,形成上万亿的资金在国家间游来游去,对世界经济和国际金融产生了极大的影响,有积极的一面,同时也有消极的一面。

(一)离岸金融市场对世界经济的影响

1. 积极的影响

(1)离岸金融市场的存在,适应了生产国际化的客观要求,成为国际资本移动的重要渠道,最大限度地解决了国际资金供需矛盾,促进了国际金融一体化。

生产国际化客观要求加强世界各国之间的货币金融联系。在过去,因国界关系,金融市场实际上是相互隔绝的。离岸金融市场在很大程度上打破了这种隔绝状态。如:主要交易货币之间微小的利差存在,便会引起大量的资金因用于套利套汇交易而产生国家间流动,这个市场所形成的国际利率,使各国国内利率更加相互依赖,促进了国际金融一体化。

(2)离岸金融市场促进了一些国家的经济发展。离岸金融市场促进了资本转移,帮助了第二次世界大战以后西欧和日本等国经济的恢复。就日本而言,欧洲货币市场是日本20世纪60年代以来经济高速发展所需巨额资金的重要补充来源。一大批发展中国家也从这个市场获得大量资金,加速了经济建设,扩大了出口,促进了经济发展。

(3)离岸金融市场部分地解决了一些国家国际支付手段不足的困难,成为弥补其国际收支逆差的一个补充手段。

(4)离岸金融市场有利于跨国公司筹措资金,扩大投资,促进了国家间生产与贸易的发展。

2. 消极影响

(1)离岸金融市场的存在使国际金融市场变得更加脆弱。离岸金融市场业务的一个突出特点是“存短放长”,其短期存款资金有时高达95%。一旦金融市场一有风吹草动,就会引起资金周转不灵;况且,这些资金经银行多次转存,形成“连锁式”借贷关系,一旦客户纷纷提款,就会导致众多银行资金周转失灵,最终酿成一场金融灾难。

(2)离岸金融市场的外汇投机增加,从而对外汇市场也发生重大影响。这个市场大部分短期资金几乎全部用于外汇交易,套汇与套利相结合,往往引起汇价发生剧烈波动,引起金融界的震荡。1974年夏,原联邦德国赫斯塔德银行和美国富兰克林国民银行的倒闭事件就是例证。

(3)离岸金融市场加速了各国间资金流动,使各国金融政策更加难以贯彻。例如,一国为了反通货膨胀而紧缩银根,然而国内银行和企业转向利率低的离岸金融市场借入资金,从

而削弱或抵消了紧缩政策的效力。同样地，一国为刺激经济而放松银根，则大量资金为追求高利率而流向离岸金融市场，为防止资金外流又不得不提高利率，从而放松银根的货币政策难以贯彻下去。

(4)离岸金融市场还可能诱发世界性通货膨胀。离岸金融市场资金的自由转移，用一笔资金可能周转若干次，从而导致派生存款(Derived Deposit)的增加，信用膨胀[①]，有导致世界性通货膨胀的倾向。而且，这个市场中大量游资冲击金价、汇价和商品市场，不可避免地影响到各国物价水平。例如，当投机商用大量欧洲美元抢购硬通货时，一些国家为稳定本国货币而收购美元，从而使本国货币供应量增加并引起物价上涨，这就是通常所说的"输入性通货膨胀"。

(二)离岸金融市场今后的趋势

1. 离岸金融市场今后一段时期与20世纪六七十年代的发展势头相比将呈现缓慢下来的态势

随着离岸金融市场的弊端的暴露，引起国际金融资本极大的关注，从60年代末70年代初始，西方国家要求管理离岸金融市场的呼声日益高涨，管理建议与方案陆续出台，某些管理政策与措施不断完善。1971年4月，国际清算银行的例会曾讨论过对欧洲货币市场的管制问题，并设立了"欧洲货币常设委员会"，研究对欧洲货币市场应采取的政策并提出政策建议。同年6月，欧洲共同体委员会提出过一个管制方案，要求各国中央银行不以其美元存入"欧洲银行"，并逐步抽回其在欧洲货币市场的存款以削弱其机能作用的发挥。同年，英格兰银行也对在伦敦经营国际离岸业务的银行加强了检查。1975年2月，在国际清算银行主持下成立了"银行管制和监督委员会"(即"巴塞尔委员会")，研究协调各国对国际银行活动的监督。1975年12月，"十国集团"货币当局对各成员国对国际业务的监测手段、信息交流和应负的责任提出一系列指导原则。1979年，参与欧洲货币市场的主要国家进一步明确了各国对欧洲货币市场的监督责任，促进各国政策的协调。

西方国家对离岸金融市场的监管，限制了美元等世界性货币大量流入离岸金融市场，加之，石油输出国的石油美元盈余逐渐枯竭，使市场中的资金供给减少，必然影响该市场的发展势头。

2. 离岸金融市场结构将会发生变化

1981年12月3日美国政府批准美国银行在本国从事"欧洲货币业务"，正式在纽约、得克萨斯、底特律及密执安等地开放了国际银行业务自由区(International Banking Facilities)，吸引大量的美国银行和外国银行进入该自由区。各国的效仿使加勒比和拉美一些离岸金融中心的业务严重受影响，并影响到其他离岸金融市场。

3. 离岸金融市场的竞争将趋于激化和复杂化

美国政府的举措，意在对离岸金融市场实施监管，因而，对离岸金融市场的国际监管将会加强，这样不仅会促使国际大银行想方设法试图摆脱监管，而且各个离岸金融市场也将展

---

① 欧洲货币的倍数(M)的计算公式：$M=\frac{1}{1-(1-r)(1-L)}$，其中，r为欧洲银行的准备金比率，L为漏损比率(贷款中的现金持有部分与缴纳税款之比)。华盛顿大学约翰·马金(John Making)教授估计欧洲货币倍数为7～12倍。

开争夺，形成竞争的激化和复杂化的态势。

复习与思考题

一、名词解释

1. 国际资本流动
2. 国际金融市场
3. 国际货币市场
4. 国际资本市场
5. 离岸金融市场

二、简述题

1. 简述国际资本流动的含义及其类型。
2. 简述国际资本流动的一般理论模型。
3. 基于双缺口理论模式，简析国际资本流动的意义。
4. 简述国际金融市场的不同发展阶段及其特点。
5. 简述离岸金融市场的含义、类型及特点。

三、论述题

基于国际金融市场形成与发展的历史经验，试析国际金融市场形成与发展的条件，并结合我国实际，试析我国建立国际金融市场的战略。

第十一章

国际金融创新与国际金融一体化

学习目的与要求

1. 掌握金融创新的含义及其主要内容。
2. 掌握关于金融创新成因的主要理论。
3. 了解国际金融创新的背景，并能分析国际金融创新的主要原因。
4. 掌握国际金融制度创新的历史变迁及其主要特征。
5. 掌握金融工具创新的含义、类型及其特点。
6. 掌握金融市场创新的原因、创新型金融市场的特点及其影响。
7. 掌握金融创新的主要特征及其对世界金融业的影响。
8. 掌握一国面对金融创新带来的主要问题和挑战，并能够探讨应对的策略。
9. 掌握国际金融市场一体化的含义、原因及其影响。
10. 掌握国际金融市场一体化的表现及其主要内容。
11. 掌握国际金融市场的体制结构及其变化。
12. 掌握国际金融市场的运行结构及其变化。

国际金融领域的金融创新(Financial Innovation)一词已被广泛使用，对于金融创新的含义，目前也没有被普遍接受的界定。金融创新是在不断变化着的国际经济金融形势下，集中表现为金融制度、金融工具和金融市场三个主要方面的创新。金融创新问题较复杂，除理论问题外，技术性也很强。本章主要介绍金融创新的成因、金融创新的实践以及金融创新的特征、影响与问题等几个方面的内容。

在金融创新的驱动下，国际金融一体化不断深入发展。以 20 世纪 50 年代末 60 年代初出现的欧洲货币市场为开端，打破了各国金融市场相互分割的格局，出现了国际金融市场一体化的萌芽。20 世纪 70 年代末 80 年代初，西方国家纷纷放松金融管制，实行金融自由化政策，大大加快了国际金融一体化的进程。20 世纪 90 年代以来，随着广大发展中国家的金融深化和金融自由化，这一趋势进一步加强。

第一节 金融创新的成因

一、西方金融创新成因论评析

西方金融创新理论种类繁多，对创新成因的分析，观点各不相同，这里仅介绍几种具有代表性的金融创新理论，并对其关于创新成因的论述加以评述。

1. 西尔伯“约束诱导型”(Constraint-induced Innovation)创新理论

西尔伯(W. I. Silber)主要是从供给角度来探索金融创新的，他从寻求利润最大化的金融公司创新最积极这一现实出发，认为金融创新是微观金融组织为减轻金融约束而做出的行为，其目的在于增强经营自由，寻求利润最大化。

金融约束来自两个方面。其一是政府的控制管理。这种因外部条件变化而导致的金融创新要付出很大代价。这里必须区别两种情况：一种情况是外部条件变化而产生的金融约束，它使金融机构的效率降低，金融机构必须努力通过创新提高效率来弥补这部分损失；另一种情况是金融约束使金融组织所付出的机会成本越来越大，创新是对金融约束的反应，其代价与约束所造成的机会成本增加是一致的，因此，金融机构通过逃避约束来尽量地降低其机会成本增加所带来的损失。其二是内部强加的约束。为了保证资产具有流动性的同时还有一定的偿还率，以避免经济风险，保证资产营运的安全，金融企业建立了一系列资产负债管理制度，其中包括偿还期对称、金融资产运用比率等。这些规章制度，一方面虽然确保了金融企业的运营稳定，另一方面却形成了内部的金融约束。两个方面的金融约束，特别是外部条件变化而产生金融约束时，实行最优化管理和利润最大化的金融机构将会从机会成本角度和金融企业管理角度来寻求最大限度的金融创新。这就是微观金融组织金融创新的逻辑结果。

但是，人们认为西尔伯的创新理论作为金融创新的成因太一般化，同时又太特殊化。太一般化是指西尔伯虽然本质上指出了金融企业创新就是为了使利润最大化，而且是一种“逆境创新”，即当外部强加约束时(各种规章制度)，金融企业为寻求最大且可能达到的利润，就会躲避约束，在躲避过程中会产生各种各样的创新行为。但这样解释金融创新的成因很容易失去金融创新的特征和个性，即金融创新的内涵通过这种“逆境创新”相对地缩小了。太特殊是因为这种理论仅仅适用于金融企业，而对于与之相关联的市场及其他企业不适用，对由于宏观经济环境变化而引发的金融创新不适用。事实上，金融创新并非金融企业的孤立行为，确切地说，金融创新是经济活动在金融领域内各种要素重新组合的反映。

2. 凯恩“规避管制型”(Circumventive Innovation)创新理论

凯恩(E. J. Kane)提出的“规避创新”是指回避各种金融控制和管理的行为。它意味着当外在市场力量和市场机构与机构内在要求相结合，回避各种金融控制和规章制度时就产生金融创新行为。

各种形式的经济立法和规章制度，从宏观上视为保持均衡和稳定的基本措施。经济个体寻求规避，实际上反映了代表公众利益的国家实行以法制和利润最大化为基本原则的经济个体之间的经济法律关系，也表明在市场机制约束下和法制基础上经济个体寻求最大利润的过程。经济个体为了追求自身利润，通过有意识地寻求绕开政府管制的方法来对政府的限制做出反应，从而获取最大利润。由此，凯恩设计了一个制定规章制度的框架。在这个框架中，制定经济规章制度的程序和被管制人规避的过程是相互适应和相互作用的。通过这个过程逐步形成了比较成熟和实用的规章制度。

凯恩认为，因规避而产生的金融创新从来就是与货币信用历史联系在一起的。在过去，金融创新是对交换媒介的短缺和金融危机的反应。最为明显的例子是很早以前对"限制高利贷法"的规避，作为现代限制利率高限的先驱，"限制高利贷法"与美国 20 世纪 60 年代颁布的《Q 字条例》并没有多大的不同。

对金融的控制和因此而产生的规避行为是以辩证形式出现的。政府管制是有形的手，规避是市场无形的手。许多形式的政府管制与控制实质上等于隐含的税收，阻碍了金融业从事某些营利性活动。因此，金融机构通过创新来逃避政府的管制。金融企业对各种规章制度的适应能力是很强的。因为需求增长必然促进货币供给。扩大货币供给的过程可以通过采取许多"替代品"(即新的金融工具)的形式来完成。但是，当金融创新危及金融稳定和货币政策不能按预定目标实施时，政府和金融当局就会加强管制。同时不同于传统金融工具的"替代品"又会因规避而不断产生。这样管制又将会导致新的一轮创新。因此，管制与规避引起的创新总是不断地交替，形成了一个辩证过程。

"规避"理论比以上的金融创新理论更具体，更重视外部环境对金融创新的影响。从规避本身而言，能够说明它是一些金融创新的根源，但是"规避"理论似乎太绝对和抽象化地让规避和创新逻辑地联系在一起，而排除了其他一些因素的作用和影响，其中最重要的是制度因素的推动力。

3. 制度学派的金融创新理论

这一理论流派的学者较多，主要以戴维斯(S. Davis)、塞拉(R. Sylla)和诺斯(North)等为代表。这种金融创新理论认为，作为经济制度的一个组成部分，金融创新应该是一种与经济制度互为影响、互为因果关系的制度变革。基于这种观点，金融体系的任何因制度改革的变动都可以视为金融创新。因此，政府行为的任何变化都会引起金融制度的变化。如政府货币政策要求金融稳定和防止收入分配不均等而采取的金融改革，虽然是以建立一些新的规章制度为明显的特征，但它的意义已经不是以往的"金融压制式约束"的概念，而是带上了"创新"的印记。最明显的例子是，1919 年美国联邦储备体系和 1934 年存款保险金融制度的建立，它们都是政府当局为稳定金融体系而采取的有力措施。它们虽然是金融管制的一部分，但也可以认为是金融创新行为。然而，人们对这一金融创新理论流派的认识似乎很难统一起来。有的人认为这种理论实际上是与制度创新紧密相连的，并且是制度创新的一个组成部分。有的人认为金融管制本身就是金融创新的阻力和障碍，因此必须严格区分"金融压制"和"金融深化"两个概念，作为金融压制的规章制度无疑是金融革命的对象。

由此可以看出，制度学派的金融创新理论实际上包含两个方面的内涵：其一，政府的管制和干预行为本身就暗含着在金融制度领域内的创新。其二，在市场活跃、经济相对放开及管制不很严的经济背景下，政府的管制和干预直接或间接地阻碍着金融活动，市场就会出现各种规避和摆脱管制的金融创新行为，而这些金融创新行为又对货币当局实施货币政策构成威胁时，政府必然要采取一系列有针对性的制度创新。这种管制、创新、再管制、再创新的螺旋发展过程就是一种金融制度的革新和进步，世界金融制度的演变正是沿着这样的轨迹发生的。例如，美国新的一轮金融创新正是这种类型，中国未来金融制度的改革与该理论的逻辑也将是相吻合的。

4. 希克斯和尼汉斯"交易成本"(Transaction Cost)创新理论

希克斯(J. R. Hicks)和尼汉斯(J. Niehans)提出的金融创新理论的基本命题为"金融创新的支配因素是降低交易成本"。这个命题有两层含义：(1)降低交易成本是金融创新的首要动机，交易成本的高低决定金融业务和金融工具是否具有实际价值；(2)金融创新实质上是对科技进步导致交易成本降低的反应。

交易成本的概念较复杂。一种观点认为，交易成本是买卖金融资产的直接费用，其中包括各方面转移资产所有权的成本、经纪人的佣金、借入和支出的非利率成本，即直接成本等。另一种观点认为，交易成本考虑以下因素，即投资风险、资产的预期净收益、投资者的收入和财产、货币替代品的供给等。总之，他们认为持有货币是低收入的经济个体以既定的转换成本避免风险的方式。

希克斯把交易成本和货币需求与金融创新联系起来考虑，得出了以下的逻辑关系。交易成本是作用于货币需求的一个重要因素，不同的需求产生对不同类型金融工具的要求，交易成本的高低使经济个体对需求的预期发生变化。交易成本降低的发展趋势使货币向更为高级的形式演变和发展，产生新的交换媒介、新的金融工具，不断地降低交易成本就会刺激金融创新，改善金融服务。因此，可以说金融进化的进程，就是不断降低交易成本的过程。

交易成本理论把金融创新完全归因于金融微观经济结构变化引起的交易成本下降，是有一定局限性的。因为它忽视了交易成本降低并非完全由科学技术引起，竞争也会使得交易成本下降。外部经济环境的变化对降低交易成本也有一定的作用。总之，交易成本理论单纯地以交易成本下降来解释金融创新的成因，把问题的内部属性看得未免过于简单。但是，交易成本理论仍不失为研究金融创新的一种有效的分析方法。

5. 其他流派的金融创新理论

其他金融创新理论流派还有很多，这里只再简单举出以下两种。

(1)格林和海伍德的金融创新理论

格林(B. Green)和海伍德(J. Haywood)认为财富的增长是决定对金融资产和金融创新需求的主要因素。科学技术进步引起财富增加，避免风险的愿望和行为使金融业得以发展，金融资产日益增加。但是单纯地从对金融资产需求角度来解释金融创新成因有其片面性，因为它不能完全离开金融管制来考虑，当管制者出于"稳定"之目的，对金融业施加管理时，特别是经济困难时期，管理更加严厉时，无疑会抑制因需求产生的创新动机。此外，该理论只简单地说明财富效应对金融创新的影响，而忽视替代效应，特别是在高利率的情况下，对金融创新的影响，这也是很不充分的。因此，如果要用这种理论来解释70年代以来的金融创新就显得论据不足了。

(2)格里和肖的理论

J. 格里(J. Gurley)和 E. 肖(E. Shaw)认为,金融中介是经济增长中必不可少的因素,金融创新是盈余或赤字企业的需求与金融部门提供的服务相匹配的产物。肖还认为,当旧的融资技术不适应经济增长的需要时,它表现为对短期金融资产的实际需求静止不变。因此,必须在相对自由的经济环境中用新的金融技术对长期融资进行革新。事实上,经济增长本身又为长期融资创造了市场机会,而金融创新就是对这种机会做出的反应。该理论从满足人们需求这个角度,分析了金融创新的根源,这在一定程度上是可以成立的,但是,它的不足忽视了其他可能引起金融创新的因素。

二、金融创新的背景与成因分析

以上几种金融创新理论从不同的角度分析了金融创新的成因,这些理论都在一定程度上反映了金融创新实践,各有见地。但都有局限性和片面性,它们都忽视了金融创新的经济背景,对金融创新成因的分析也是各执一端而不及其余。

西方金融创新理论,关于创新的动因,只强调"约束性"宏观经济、金融政策的反作用,是片面的。事实上,西方国家的金融创新是多种因素相互作用的产物,其深层的动因乃是世界经济与国际金融发展趋势使然,同时,金融管制、市场竞争、技术进步和金融风险等也是不可忽视的因素。关于创新的内容,则仅仅局限于金融工具的创新。但是,金融创新不仅限于金融工具的创新,还应包括金融制度、金融市场等,有人认为金融制度、金融市场的"创新"只是金融创新下的"适应性"的变革,这种看法似有不妥,因为,金融创新不应是金融领域的局部性概念,而应当是金融领域的整体性概念。

事实上,金融创新不仅有其深刻的经济和金融发展的历史背景,而且也是多种因素综合发生作用的结果。

1. 金融创新的历史背景

(1)国际经济变化

20 世纪 70 年代尤其是 80 年代,西方各国强调自由竞争,发挥市场调节机制,并将抑制通货膨胀作为制定经济政策的首要目标。它们以发展高技术产业为导向,坚定不移地进行产业结构的调整,使各西方国家终于摆脱了滞涨的困境,开始了长达数年的经济连续低速增长。虽然阶段性的轻微经济波动经常发生,然而,由于新技术革命不断得到突破并应用于生产领域,各国加紧构造高技术产业结构并对传统工业进行技术改造,使西方国家的劳动生产率不断提高,成为经济发展的强劲动力。同时,西方各国在经济金融政策上的不断协调一致,以及国际局势长期基本缓和的大趋势,使世界性经济金融危机爆发的可能性大大削弱,即使出现,其振动也将是轻微的,从而为金融创新提供了宽松的外部环境。

以多边性的区域联合以及多边经济或贸易协定形式的区域化、集团化的趋势日益加强,是当今世界经济发展的一个最为显著的特点。美国、西欧以及日本经济大三角已经成为引人注目的事实,其他区域化、集团化的经济组合也正在兴起和发展,这种趋势在 20 世纪 80 年代已基本形成。世界经济的集团化发展,一方面加强了世界经济竞争,国际竞争日益向规模更大范围的区域竞争过渡;另一方面也增进了各国在政策上的相互协调和相互参照,体现在金融政策上就是以自由化为特征的金融创新。

(2)国际金融形势的变化

国际金融形势变化的情况，在很大程度上取决于世界经济的发展，并对世界经济的发展产生重大影响。由于世界经济不断朝着区域化、集体化和一体化的方向发展，决定了国际资本流动的跨国趋势会更加频繁，国际金融形势出现了如下特点：

第一，国际金融市场进一步发展，市场交易的深度和广度得到进一步深化和扩展，这种趋势受金融创新的推动，反过来促进金融创新。

第二，国际银行监督将趋向于统一，要求参与国际融资的机构具备更高的素质。《巴塞尔协议》的产生标志着国际上协调各国银行监督的基本规则形成，并对今后国际银行业的发展和金融监督管理产生了深远的影响，随着这一国际金融一体化趋势的发展，为了减轻国内银行同业的竞争压力，各国进一步放松管制，鼓励本国银行向国外发展业务。

第三，国际资本流动出现高度倾斜，发达国家与发展中国家不合理状况进一步加剧，发展中国家面临资本匮乏的局面，而发达国家在经济调整和经济复苏过程中也同时存在着对资金的巨大需求，各国政府为了更有效地吸引资金、更灵活地调动资金，纷纷放松管制，鼓励创新。

2. 金融创新的成因

金融创新离不开经济发展的需要，同时，也不能脱离金融自身发展的需要，并且与政府的经济金融政策存在着密切的联系。从这个意义上说，西方国家的金融创新的基本动因来自西方国家经济变化、金融业的发展及西方国家实施的金融政策。具体而言，西方国家创新的成因主要体现在以下几方面：

(1)过时的金融管制

鉴于20世纪20年代末30年代初大危机的严酷教训，西方各国建立了严格管制和专业化分工为特征的金融体制。其特点是：①对存款与其他资产的利率实行控制。这是所有管制中最有代表性的，金融当局不仅规定存款利率上限，而且以行政指导的方式对信托与贷款委托预期的收益、公司债券的发行条件和长期优惠利率加以限制；②限制金融机构的业务范围，把银行业务与证券业务、银行业务与信托业务、短期融资与长期融资分开，禁止单个金融机构同时从事上述业务；③限制居民与金融机构参与国际金融交易，把国内业务与国际业务分开。尽管这种金融体制曾推动了西方经济的发展，但随着时间的推移，已不能适应变化了的经济金融环境，于是金融创新便开始出现。因为大部分情况下，管制是对金融企业一种成本的追加，或称隐含的税收，追求利益最大化的金融企业必然会想方设法摆脱这种不利局面，通过创新绕过政府管制，当金融当局意识到旧管制的弊端并放松管制时，金融创新步伐便会加快。

(2)国债的大量发行

国债的大量发行使西方各国的有价证券市场获得了迅速发展，如美国的国债总余额已达到2万亿美元，每年新发行的国债即达2 000多亿美元，巨额的国债需要由商业银行、其他金融机构、工商企业和个人来认购，而认购的国债又必须允许其转让，否则企业资金无法周转，国家无法继续发行国债，于是证券市场上国债充斥，证券交易规模也不断膨胀。这种现象被西方经济学称为“国债化”或“证券化”。

"国债化""证券化"使旧金融体制遭到极大冲击。第一，证券市场的发展使经营有价证券买卖的证券公司和投资公司利润猛增，而商业银行受经济停滞影响，利润难以增长，政府购买国债券的一切鼓励措施（如减免所得税等）又把大量个人储蓄从银行存款形态吸收到国债市场上来，更造成了商业银行资金的相对下降和证券公司的资产增多。由此带来的利润不平等使商业银行强烈要求取消"专业化"分工的限制，使它们也能经营有价证券买卖。第二，西方国家政府为了国债能够顺利地推销出去，不得不放松证券市场的管制，如利率限制和对新的金融工具的限制都是首先在证券市场开放的。因为巨额国债的销售本身对证券市场是一种巨大的压力，为了顺利推销国债，证券公司、投资银行、信托公司等金融机构必须想方设法制造多种金融工具，如国债信托投资基金、证券抵押贷款等都是为推销国债而创造出来的。证券市场利率和交易自由后，必然冲击整个金融市场，使旧有的限制体系解体。

(3)资本国际化

资本国际化也推动了西方金融体制的改革与创新。国际资本的频繁活动和国际金融市场的发展使各国金融市场的一体化成为历史的必然。然而各国对金融市场的种种限制都与之形成了尖锐的矛盾，而跨国银行和其他金融机构为了更多地获得利润，也希望扩大营业场所，增加业务种类，减少政府限制。更加自由地开展业务，这是迫使西方国家政府进行金融改革的重要力量。而且，资本的国际化要求金融机构"全能化"，即可以经营一切金融业务，第二次世界大战后各国以"专业化"为特征的金融制度无法满足这种需要。另外，资本国际化和国际金融市场的发展使资金的"境外交易"增多，"欧洲货币"即境外不受管制的货币数量不断增多，"离岸金融市场"也越来越多。这使西方各国银行和其他金融机构可以到国外"打天下"，从事多种业务，而不受本国政府管辖，造成西方各国政府对金融的管制作用降低，各国政府不得不承认金融变革的现实。最后，资本国际化和国际金融市场的发展还使西方各国金融市场之间形成了激烈竞争关系，谁管制最严，谁的金融市场发展最缓慢；谁放松管制，谁就可以吸引大量国际资金，其金融市场就能迅速发展。这个现实也迫使西方各国放松管制，进行金融变革。

(4)新技术的推广和运用

第二次世界大战后以原子能、电子计算机、空间技术和光导通信等为主要标志的新技术革命在西方兴起。电子计算机与先进的通信技术及其在金融领域的运用，使金融交易成本下降和风险多样化成为可能，也促进了节约现金的各种金融工具和电子资金转账系统的创新。把资金从公开市场资产转为利率受管制的活期存款账户时成本下降，交易余额因此减少，可使企业和家庭腾出资金用于公开市场投资，这样，技术进步为利用公开市场的各种新型金融工具提供了技术前提。

(5)西方国家经济思想发生了转变

高财政赤字和"滞胀"局面使西方国家重新评价凯恩斯主义，倾向主张自由放任，发挥市场自发调节机制作用的经济思潮如货币主义、供应学派、新自由主义等重新抬头。这对西方各国政府的经济政策产生了重大影响，从而成为促使各国政府放松对金融体制各种限制的一个重要原因，为西方金融创新提供了理论基础。

第二节 金融创新的实践

一、金融管理制度的创新

一个综合复杂的现代金融体系是西方国家先进的工业社会经济体系必不可少的重要组成部分。西方国家现存的较为完善的金融体系不仅在维持经济的稳定和增长方面发挥着重要的作用,而且在经济活动中执行许多特殊的职能。正是由于金融体系的重要性和特殊性决定了它不可能逃避政府的管制与监督。在国家干预盛行的年代里,政府对金融体系的管制与监督更是成为政府干预经济的焦点。虽然西方各国政府金融管制与监督存在着差异性,但对金融企业的管制与监督是共同的。随着经济的整体趋势的发展和经济形势的变化,各国政府的管制与监督也存在着共性的变化趋势,即从松到严、从严到松,渐趋"自由化"。

(一)各国政府金融管制与监督的差异性

西方各国政府都对金融体系实行一定的管制与监督,这是所有国家共同的特点。但是各国政府的金融管制与监督在内容上都各有特点,存在很大的差异性。这种差异性不仅反映在各国管制与监督方式和具体项目的不一致,而且也表现在所实施的各种限制的松紧程度不同。造成这种现象的原因主要是:

(1)各国在不同的政治、经济和法律制度影响下形成各具特色的金融体制。由此,自然形成了不尽相同的管理制度。如美国金融体制是一个双轨管理和专业化经营的体制,在这种体制下,数量较多的管理机构对金融机构实行多层次、多头的管制与监督,且对金融机构的经营实行专业化分工,规定它们各司其职,不可逾越。英国和日本则是一种管理集中和专业化经营的金融体制,其管理机构比较单一,权力比较集中,并且对各类金融机构经营范围予以明确划分。德国则属于管理集中和全能化经营的金融体制,其管理权力较为集中,但对金融机构的经营范围则没有严格的限制。

(2)历史所形成的不同银行制度也是造成各种金融管制有别的重要因素。如在美国这样实行单一银行制度的国家就对金融机构经营的区域采取严格限制的做法,而像英国、日本、德国这样实行分行制的国家就不能对金融机构的业务经营区域实行严格限制。

(3)管理和文化传统的不同必然导致管制与监督方式和程序的不一样。英国长期奉行"道义劝说""君子协定"这样一种管理规则,因而在管制过程中长期不注重发挥立法的作用。美国却始终强调立法在管制中的作用。而法国与日本的专制传统则使其管制在很长时期中带有浓烈的专制色彩。

(4)各国经济发展的不同步和不同时期经济地位的不同也决定了各国金融管制在不同时期各具特点。如日本在第二次世界大战后出于迅速恢复经济并保持经济高速增长的需要,政府对金融体系实行高度集中和严格的管制,对私营金融业务领域实行严格限制,长期奉行低利率政策,对信贷也采取直接的数量控制,并辅之以"窗口指导"。而且为防止国际金融市场对国内金融体系的冲击,采取了一系列分割国内金融市场的限制措施。

(二)管制与监督的演变与金融改革

西方各国的金融管制与监督基本上经历了从松到严,又从严到松的演化过程。20 世纪 30 年代和 20 世纪 80 年代可以说就是这两个过程的分水岭。

1. 加强管制——20 世纪 30 年代至 70 年代的金融管制

20 世纪 30 年代以前,在西方国家人们头脑中有关金融管理的主导思想是:竞争是有益的,并认为不受管制且相互竞争的金融制度具有高效率和较强的适应性。至于银行业的不稳定乃至倒闭,只是竞争的必然结果,这样政府管制应减少到最小,就是进行管制也应旨在解决所出现的问题。

各国政府也大多深信市场竞争和不受管制的优越性,普遍地对银行的经济活动给予很少的限制。银行可以经营多种业务,对银行投资证券也只制定最低的限制,限制银行利率已有名无实,多数国家根本就没有限制,利率基本上是自由确定的。当时政府施行的主要金融管理措施是建立中央银行制度并规定银行缴存款准备金,发行统一货币。

20 世纪 30 年代初的大萧条不仅从根本上动摇了人们对于自由竞争市场优越性的信念,而且改变了人们对于市场经济体系中政府作用的认识。经济大萧条使人们产生了一种占主导地位的新观念,即认为竞争制度存在着内在的不稳定性,政府为了弥补市场缺陷和稳定经济而实施政府管制是适宜的和必要的。与当时客观经济环境的变化和经济观念的转变相适应。各国政府加强了对经济的干预和控制。此后几十年的政府干预又逐步得到明显的扩展。

与其他部门相比,金融体系更是成为政府管制的重点,这是由于人们认识到不受管制的金融领域危机会大大加深经济危机的程度,自 20 世纪 30 年代开始,各国政府加强了对金融体系的“管制与监督”。对金融体系实行严格管制,首先是为了对付危机,目的在于健全金融机构和金融市场,恢复和维持公众对于金融机构和金融市场、货币供应的信心。

20 世纪 30 年代后的几十年里,各国政府对金融体系的管制越来越严,限制越来越多,主要表现在如下几个方面:

(1)加强中央管理机构的管理职能和实行权力集中。如英国把管理和监督的职能集中到英格兰银行,赋予英格兰银行更大的权力。日本更是由政府集中几乎一切权力。美国州一级的许多管理权限逐步向联邦管理当局集中,并在联邦一级加强了管理与监督。

(2)对金融机构实行专业化分工。明确区分各类金融机构的业务范围,并规定互相不可逾越。目的是避免金融机构之间的过分竞争。

(3)对各类金融机构还做了其他一些限制竞争性的规定。如对各类金融机构资金来源和使用范围做了明确划分,对借款机构的存贷利率也规定了最高限。

(4)对金融机构资产的流动也做出了种种限制。

此外,各国政府还在其他方面做出种种限制措施,如限制新银行开业,建立存款保险制度,加强对金融市场的管理与监督等。

20 世纪 30 年代后加强管制所形成的金融管制制度基本上一直延续到 70 年代。这种制度的主要特征是限制竞争,这种限制无疑对于 30 年代后各国的经济稳定和增长产生了积极作用。但是进入 70 年代后,严格管理的金融体系越来越不能为各国经济提供一个稳定的货币环境，因而促进各国开始进行金融改革。

2. 放松管制——20 世纪 80 年代的金融改革

西方各国的金融改革可以追溯到 20 世纪 60 年代末和 70 年代，而这个时期各国进行的改革范围小，规模不大，对 20 世纪 30 年代以后形成的严格的金融管制制度触动不大。进入 20 世纪 80 年代西方各国才真正掀起了金融改革的强劲浪潮，波及西方各国，规模宏大，震动剧烈。与 20 世纪 30 年代开始的金融体制调整迥然不同，且具有截然相反的特征：20 世纪 80 年代改革以放松管制为特点，而 20 世纪 30 年代则是加强管制，因此，20 世纪 80 年代与 30 年代为金融管制改革历史中的分水岭。

20 世纪 80 年代西方各国以放松管制为特征的金融改革，主要是为使它们的金融体系能够适应 20 世纪 70 年代以来，国内和国际经济环境的变化而采取的对策。20 世纪 80 年代西方国家金融管制与监督调整的内容体现为：

(1)20 世纪 80 年代金融管制变革与金融改革是密切相关的，金融改革的内容也构成了金融管制调整的内容，放松管制是西方各国金融管制调整的主流。其主要内容是：①逐步取消利率限制，使利率完全自由化。在放松利率限制方面，各国进展不一，英国和法国在 70 年代就完成了存款利率的自由化。美国从 1980 年的《银行法》开始，逐步放松存款利率的限制，到 1985 年才基本完成利率自由化。日本直到 1984 年才真正开始减少对存款利率的控制，到 1990 年实行自由利率的定期存款约占全部存款的 52%。②放松对业务经营范围的限制，使金融机构朝经营综合化和多能化的方向发展。如英国 1984 年取消了清算银行的贷款限制，1986 年 10 月废除了经纪商和交易商之间职能不得互兼的规定。美国 1982 年《银行法》允许储蓄机构经营活期存款和发放商业贷款，并允许银行持股公司跨州接收破产的储蓄机构。这样就消除了各类的存款机构在业务范围上的差别。日本 1981 年新银行法明确规定了银行可以经营各种政府债券等。③放松对外汇、资本流入或流出的限制，同时努力实现金融市场的自由化。此外，对外国金融机构的限制也基本取消。

(2)金融管制与调整，一方面是放松各种阻碍竞争的限制性措施，另一方面却又注重加强政府对货币控制的能力和强调对金融机构的监督管理。与此相关的内容有：①调整了准备金的控制幅度和范围，如美国 1982 年《银行法》将准备金要求扩大到整个金融机构。②强化了中央管理当局的权力和机构建设。如英国为加强管理，根据 1987 年银行法设立了银行监督局。③进一步完善了存款保险制度。④加强了对金融机构的风险管理。⑤加强了对金融机构的监督和检查。⑥加强了审计、会计制度和结算办法。

(3)虽然 20 世纪 80 年代金融管制调整是以放松管制为主要内容，但这绝不意味着从此逐步废弃金融管制。事实上，取消某些不适应新经济的环境和竞争条件的原有限制措施，就是为了探索新的管制方式来实行新的控制。

20 世纪 80 年代金融管制调整具有如下特点：第一，金融管制调整与以前一样，都是对经济环境变化和所出现的危机做出的一种反应，或者说所采取的对策，因此采取的具体措施缺乏长远考虑，往往是头痛医头、脚痛医脚。第二，在对微观金融活动实行自由化的同时却加强了政府的宏观管理与监督。第三，在放松对金融机构业务经营范围限制的同时，加强中央管理当局货币控制能力，目的在于加强政府的宏观调控能力，从而保证宏观货币政策的有效性。第四,始终在促进竞争和维持金融体系健全性之间寻找平衡点,既要积极鼓励竞争,并为金融机构之间充分竞争创造条件,又要防止过度竞争而导致金融体系的不稳定,以致造成整个经济活动的动荡和混乱。

3.20世纪90年代以来西方国家金融管制与监督趋势

(1)国内和国际经济环境变迁带来的经济压力将进一步加剧,同时资本国际化和金融市场的一体化过程继续加快,这些因素使各国金融机构竞争更加激烈,竞争压力的加重就要求进一步扩大业务范围,实行自由化经营。这迫使各国政府完全放松对金融机构业务经营范围的限制。

(2)国家间的激烈竞争还会促使各国金融资本更加集中,各国将积极鼓励银行间的合并,以提高竞争能力。因此,对于有关银行规模方面的限制将有突破。

(3)随着各国经济的发展和生产的进一步社会化,工商业资本和金融资本会进一步融合,互相间的渗透也会更加深入。为了适应这种变化,政府对于两者之间相互投资的限制也会逐步放松。

(4)各国将继续强调发挥市场机制的作用,而市场机制的效率又少不了放宽利率,20世纪90年代以后各国对利率的限制呈现完全取消趋势,实现利率的完全自由化。

(5)保持经济的继续稳定增长,将是各国政府的主要政策目标,实现这一目标的关键是维持货币供应量的稳步增长。因此,与货币控制有关的管制会进一步加强。

(6)影响经济的不稳定因素将继续存在,防止经济出现不稳定或动荡的关键之一是维持金融体系的健全和安全,所以,加强对金融机构的风险限制和加强中央银行管理监督作用也将是一种必然的趋势。

二、金融工具的创新

西方金融工具的创新经历了一个由慢到快的过程,20世纪70年代以前,创新相对较少,且主要集中在美国,70年代以后特别是80年代,在美国以外的国家新金融工具的出现日渐增多,当前世界各国都在进行金融工具创新,创新以几何级数爆炸性增长。尽管金融工具创新的内容十分复杂,形式十分多样,但仍然可以从性质上分成几大类,包括:回避管制类金融工具,转移风险类金融工具,增加灵活性、流动性和降低融资成本的新型金融工具等。

(一)回避管制类新型金融工具

回避管制类金融工具包括各种新型账户与投资工具,其共同特点是它们能使金融机构逃避利率或业务方面的某些管制。

1. 新型账户

综合户头:这是普通存款(不能开支票但能随时提取的活期储蓄存款)与定期存款相结合的账户,客户在普通存款余额不足时可以用定期存款为担保自动透支。

现金管理账户:为美国美林证券公司首创,顾客以现金、股票、债券或货币市场互惠基金等形式缴纳一定的最低资本后,可以得到证券买卖、提款和支票转账等服务,获得远远高于银行存款利息的收入。

摆动账户(Sweep Account):指当活期存款、NOW(Negotiable Order of Withdrawal)账

户中的存款超过顾客与银行事先商定的数额时，银行自动将多余部分转入 MMMF(Money Market Mutual Funds)等高息账户；反之，当活期存款下降到规定数额时，银行自动将存户在 MMMF 账户中的资金转入活期存款账户。

新型定期存款账户：指存入期限在 1 年以上最长为 3 年的，存入 1 年以后，只要 1 个月以前事先指定支取日期并附有税制优惠的个人定期存款，利率按复利计算，支取本金时付息。该账户 1981 年 6 月创始于日本。

金融债券综合账户：一种把代保管金融债券、普通存款与活期透支三种业务综合在一起的账户，顾客可用代保管债券作抵押从普通存款户中自由透支。该账户也于 1981 年 10 月最早出现在日本。

大众储蓄册(Popular Savings Books)：这是 1982 年 8 月于法国产生的，是一种按消费价格指数调整利率的活期存款账户，只向低应税收入阶层的个人提供、存款额上限为每对夫妇 3 万法郎，对超过 6 个月未提取的数额按基本利率加保证存款购买力的附加利率支付利息，全部利息都免税。

国债定期存款账户和国债信托账户：前者是国债与定期存款搭配存入，国债利息可自动转入定期存款且每年按复利计算的账户。后者是由信托银行办理的国债与信托货币相搭配，顾客能将自己的信托资金自动运用于中长期国债投资的账户，收益较高。

组合式储蓄账户：其做法是客户活期存款超过某一界限时，超过部分自动转入"中期国债信托基金"获取高利，如活期存款不足，则自动从该基金把资金转入活期存款账户。

除以上几种外，新型账户还有美国的可转让支付命令账户、股金汇票账户(Share Draft Account)、个人退休金账户(IRA)、自动转账服务(ATS)、货币市场存款账户(MMDA)、加拿大的按日计息储蓄账户(Daily Interest Savings Account)和按日计息支票账户，以及法国的工业发展账户(Industrial Development，A/C)和企业储蓄册(Business Savings Books)等。

2. 新型投资工具

可转让大额定期存单：这是一种最低起点为 10 万美元、不记名、金额固定的投资工具。投资者需用款时，在到期前随时可以在市场上转让。利率略高于同期限的国库券利率。

回见协议(RPS)：这是近几十年来发展的一种新的资金市场的信用工具。它是金融市场上出售证券以取得资金的同时，出售证券一方同意在约定的时间按原价或约定价格重新购回该项证券，因此，回购协议基本上是一种有担保品的短期资金融通。回见协议显然表现为买卖证券的形式，但买卖的金额都与买卖目的物的价格相脱离；一般稍低于市价，但实际上按约定价格购回，所以不受证券价格涨落的影响。回购协议与联储资金的借贷不同，它全部有证券作担保。

小额储单(SSC)：是与两年半财政部中期债券相联系的市场利率型定期存款。

中期国债基金：类似于美国的货币市场互惠基金，资金入托一个月后可自由提取，收益实行实债分红、利率高于同类存款，由信托银行操办。

(二)转移风险类新型金融工具

这类新型金融工具起因于风险的分散与转移，其中有属于广泛应用利率的变动的工具、有保值性工具等。现简要介绍如下：

1. 浮动利率债券

这是一种定期对利率进行调整、定期支付利息的定期债券。息票利率通过既定的程式加以确定，既定的程式以指数化形式表现出来，或者以基准利率为基础。息票利率的调整有极大的灵活性，在不同的市场环境下产生不同的收益。利率调整的频率最常见的是每月、每季或半年调整一次，利率风险的大小与调整的频率成反比。目前，国际金融领域有三个最大、发展最完善的浮动利率市场，即欧洲浮动利率债券、国内浮动利率债券和浮动利率存单市场。

广泛应用变动利率的新金融工具主要产生于美国，除较为典型的浮动利率债券外，为投资者所运用和选择的还有浮动利率贷款和浮动利率优先股等。

2. 利率掉期

这是浮动利息支付与固定利息支付之间的交换，交换的结果是将浮动利率债款变成固定利率债款，反过来固定利率债款也能变成浮动利率债款。它以利息交换协议作为保证。该协议规定了付款期、付款额、付款项目和终止费用等。每项利率掉期至少有两方参加，一方将浮动利率债款投入市场，希望得到固定利率债款，而另一方则是将固定利率债款投入市场，希望得到浮动利率债款。例如，浮动利率一方（一家美国公司）希望用中期固定利率债款为固定资产提供资金；固定利率一方（一家初级金融公司）希望购买浮动利率的有价证券。由于双方的目标不能在同一市场达到，于是利用承接双方业务的中间机构。代理机构把公司的固定利率换成浮动利率。根据贴现资金流动的原理计算出浮动利率付款流量与固定利率付款流量之间的差额，从而计算出终止期的总金额。在贴现基础上，如果固定利率付款流量高于浮动利率付款流量，公司必须付给金融公司利率差额；反过来，浮动利率付款流量高于固定利率付款流量，金融公司则必须付给这家美国公司利率差额。

3. 金融期货与期权

金融期货（Financial Futures）是买卖双方同意在将来某一天以事先确定的价格买卖某一金额资产的合约，分为政府债券期货、公司债券期货、股票指数期货等几种。期权（Option）则是买卖双方所订立的，一方可在规定条件下拥有购买或出售某种金融资产权力的合约，看涨期权有权去买一种证券以防止证券价格涨到协议价格以上，看跌期权有权卖出一种证券，以防止价格跌到协议价格以下。期权的种类很多，1984 年以后出现的就有股票指数期权、债务凭证期权、外币期权和黄金期权等。

4. 外币期权交易

期权交易双方按照协定的汇价，就将来是否购买某种货币，或是否出售某种货币的选择权，预先签订合约。交易形式大致可分为买权和卖权两个方面。买权的所有者（买方）获得买进一种货币和卖出另一种货币的权力，卖权的所有者（卖方）获得卖出一种货币和买进另一种货币的权力。这种权力并不是买方必须履行的义务，他可以在到期日与卖方进行实际货币交割，也可以根据情况放弃买卖权力，让合同过期而自动作废。签约前，买卖双方要商定期权合约的货币种类、金额、协定汇价、保险费率、合约到期日和交割日。成交后，买方要在成交后第二天按照合同的规定，向卖方预先支付保险费。从而获得今后是否执行合约的选择权；卖方接受了保险费，就要承担合约期间汇价变动的风险。保险费表面上是为了补偿汇率风险可能造成的损失，但实际上它表示这个期权交易本身的价格。

5. 远期利率协议

这是买卖双方为防止利率风险而达成的协议，其做法是：A 同意以某一既定期限和利率以及参考利率（如伦敦同业拆借利率，LIBOR）在名义上贷给 B 一笔本金，并同意在未来某日开始计息。如果在未来开始计息那天，伦敦同业拆借利率或别的参考利率超过协定利率，则 B 要付给两者利差乘以既定期限和名义本金后得出的金额，反之则由 A 付给 B。

6. 多种选择权融资便利

这是辛迪加贷款的新方式，银行辛迪加承诺当借款人需要贷款时按事先确定的超过伦敦同业拆借利率的协议利差提供中期资金，不论银行实际上是否向顾客贷款，它都可以获得一笔收费。借款人可随时要求参与该便利的银行以它们所选择的融资形式——如贷款、各种货币的短期透支、承兑或欧洲票据发行——提供资金时进行竞争性出价，借款人从中择优。如果各银行都不愿开叫好价，借款人可要求它们按协定利差提供贷款。通过这种融资便利，顾客可以获得比直接借款便宜的资金。

属于转移风险类的新型金融工具还有一个重要方面是筹资证券化和借款证券化，在这中间，有属地产抵押贷款证券、可转让借款证券、借款转换为股权、信用卡应收账款抵押证券、抵押放款浮息证券等。

7. 转递证券

抵押资产所有权随证券的出售而转移，成为投资者所有，因此这批资产便不再表现在发行者的资产负债表上。由于所有权已转移，这些抵押放款收回的本息，已不再是发行人的，而成为投资者的现金流入。发行人可以从投资者方面收取一定的劳务费。由于有许多投资者共同持有一批资产的所有权，事实上不可能由投资者自行掌握这批资产，对于分散收回的本息也不可能由投资者直接分配，所以通常在发行人和投资者之间还有一个中间人，由中间人根据信托合约代为掌握抵押品并分配其收入。对于发行人来说，虽然资产已经售出，但还需要承担若干与抵押品有关的责任与义务，如仍由发行人即原放款人负责收取放款本息交给受托人分配给投资者，或在原抵押放款的债务人不履行还款责任的情况下，原放款人还要负责处理。所以，转递证券实际上属于一种追索权的交易。

8. 以抵押放款为保证的债券

这种债券以私营储蓄存款协会和互助储蓄银行发行的为多，其特点是，所有权并不转移，仍归发行人所有，因而在发行人的资产负债表上表现为其资产，同时债券则表现为负债，有关放款本息的收回仍是发行人的现金流入，支付给债券投资者的本息则是发行人的现金流入，支付给债券投资者的本息则是发行人的现金流出。这种债券的另一个重要特点是：抵押品价值通常高于债券的面值，且每个季度重新估值，如果价值降低了，那就要相应提供更多的抵押品。

9. 转付债券

1983 年起美国联邦住宅抵押贷款公司以及一些建筑企业，投资银行、储蓄贷款协会、保险公司和商业银行发行的保证抵押证券都属于这一类抵押品。在抵押品的所有权方面，仍属发行人所有，并不转移，以抵押品收回的本息分配给投资者，所以称为转付。其特征是，证券按到期日不同分为三个等级。利息支付半年一次，但本金的偿还有所不同。第一级债券的投资者最先取得偿还的本金，然后偿付第二级，最后轮到第三级债券。联邦住宅抵押贷款公司的这类债券，一、二、三级的偿付期分别是5年、12年和20年。

(三)增加灵活性、流动性和降低融资成本的新型金融工具

(1)双重货币债券(Dual Currency Bond)。这种债券的发行，价格和利息以一种货币标值，而偿还则以另一种货币标值，而两种货币的汇率事先规定。

(2)"垃圾债券"(Junk Bond)。它是指低于投资等级(未经信誉评级或级别很低)的高收益、高风险债券。

(3)法国的可更新政府债券和可同化政府债券。前者期限为6年，到期后即可还本付息，也可以按复利再维持付息3年，然后转换成新的可更新政府债券。后者没有期限，可随时兑现与转让，不同时期发行的可同化政府债券在性质和特点上完全一致，可混为一种。

(4)参与分红证(Participation Certificate)。其性质是介于债券与股票之间，只有到期时才能兑现，其收益包括不受企业发展影响的固定部分与根据企业经营状况决定的可变部分。

(5)窗口贷款(Window Loan)。其特点是拥有提前偿还便利，如果由持有人行使这种选择权，则这种选择权行使得越早，发行人所得的收益就越低。

(6)孪生贷款(Twin Loan)。这种贷款有两种形式，一种是把固定利率与浮动利率结合在一起，另一种是它同时带有传统的固定利率贷款与"窗口贷款"的特点。

三、金融市场的创新

国际金融市场是资金移动的国际舞台。追溯历史，特别是进入20世纪70年代以来，国际金融市场在各方面都发生了很大的变化，在地理结构上呈现二重结构，即由国别市场和欧洲货币市场所构成；在发展趋势上，一方面，国际通货趋于多元化，增加了外汇风险；另一方面，国际金融市场从分散到整体，呈现了全球一体化发展趋势。欧洲货币市场的急速发展和扩大是金融全球一体化的强大推动力。

(一)欧洲货币市场的构成及其成因

在第一次世界大战以前，在金本位制下，国际金融市场只有伦敦金融市场。第一次世界大战以后，美元作为国际通货开始抬头，伦敦金融市场的地位开始下降。第二次世界大战后，在布雷顿森林体系下，美元独占了国际通货的地位，纽约成为国际金融市场，夺取了伦敦作为国际金融市场的地位。20世纪50年代末，随着欧洲美元的出现，伦敦又恢复了国际金融市场的作用和地位。20世纪60年代到70年代，随着美国经济实力的衰退、国际收支的恶化，尤其是"尼克松危机"的出现，美元作为国际通货的地位开始下降，同时随着德国、日本战后经济的恢复，以及德国马克和日本日元的国际化，国际金融市场除了纽约、伦敦外，又增添了法兰克福和东京市场等。国际金融市场向地理多样化发展。

欧洲货币市场是本国通货在本国以外进行交易的市场，是典型的国际金融市场，它是由欧洲美元市场推动形成的。欧洲美元通常是指存在美国以外其他国家和地区的美国美元存款，由于早期美元存款在欧洲（主要是英国），所以称为欧洲美元。同样，本国货币如德国马克、日元、瑞士法郎、英镑等存在这些国家以外的存款，称为欧洲马克、欧洲日元、欧洲法郎、欧洲英镑等，加上欧洲美元，总称为欧洲货币。

1. 欧洲货币市场的构成

从市场结构来看，欧洲市场包括两组市场：其一是涉及各种欧洲通货买卖及提供各种短期信贷的市场，即欧洲货币市场。其二是与中长期信贷有关的两个市场——欧洲信贷市场和欧洲债券市场。这两个市场被看作欧洲货币市场的延伸，即欧洲资本市场。

从地理结构来看，首先是以欧洲区域为舞台，分布在以伦敦为中心的法兰克福、苏黎世、巴黎、卢森堡、阿姆斯特丹、列支敦士登等地；其次以离岸市场的形式向世界各地扩散：巴林、新加坡、中国香港、马尼拉、中国台湾、东京、纽约、加勒比海巴哈马群岛的拿骚、开曼群岛的乔治敦、巴拿马、荷兰所属安得列群岛的威廉塔德。总之，欧洲市场已经跨越欧洲，向世界各地扩散。

2. 欧洲市场的核心：离岸市场

离岸市场是指从非居住者那里筹措欧洲货币资金，反过来又供给非居住者。即所谓外对外的交易。离岸市场有三种类型：

(1)自然发生型。它是由于很少或几乎没有各种限制，在国内金融市场基础上自然发生的，并与国内金融市场在资金交易上浑然一体。它的代表类型是伦敦和中国香港。

(2)人为设立型。它是由于各种限制的存在，在国内金融市场上人为地设立专门的账户，与国内金融市场分开，摆脱各种限制，专门进行各种国际金融交易。纽约的 IBF 和新加坡的 ACU、东京的 JOM 就是人为创立型或内外分离型代表性市场。

(3)避税乐园型。从避开利息税、法人税的角度看，代表性的市场有开曼群岛、巴哈马。世界主要的离岸市场见表 11.1。

表 11.1　　世界主要的离岸市场

		成立	市场规模	参加金融机构	税制		存款准备	利率限制	外汇管制
					利息税	法人税			
内外分离型	美国IBF	1981年12月设立IBF账户	3 367亿美元（1989年11月—1990年3月）	美报：157行；外银：319行；非银行法人：58行（1988年6月）	无	联邦最高税34%纽约州免税	外汇除外	无	无
	新加坡	1968年11月设立ACU账户	3 270亿美元（1989年11月—1999年3月）	当地：9行；外银，117行；商人银行：64行；其他：1（1989年3月）	免征	国内：32%，国外：10%但暂定业务免征	除外	无（1975年7月利率）	1978年6月废除
	巴林	1975年10月设立OBU	653亿美元（1989年3月—1990年3月）	当地：2行；外银：336行（1987年12月）	无	对银行法人免征，但一年收取2.5万美元OBU许可费	外汇除外	无	无

续表

<table>
<tr><th colspan="2" rowspan="2"></th><th rowspan="2">成立</th><th rowspan="2">市场规模</th><th rowspan="2">参加金融机构</th><th colspan="2">税制</th><th rowspan="2">存款准备</th><th rowspan="2">利率限制</th><th rowspan="2">外汇管制</th></tr>
<tr><th>利息税</th><th>法人税</th></tr>
<tr><td>内外型</td><td>伦敦</td><td>50年代自然发生</td><td>10 733亿美元（1989年12月—1990年3月）</td><td>英银：228行；外银（含其他）：366行（1989年9月）</td><td>无</td><td>国内：35%</td><td>外汇除外</td><td>无</td><td>1978年6月废除</td></tr>
<tr><td>一体型</td><td>中国香港</td><td>1972—1973年自然发生</td><td>4 239亿美元（1989年9月—1990年3月）</td><td>当地：34行；外银：127行；DTC：248行（1989年4月）</td><td>无</td><td>国内：15.5%</td><td>无</td><td>无</td><td>无</td></tr>
<tr><td rowspan="2">避税乐园型</td><td>开曼</td><td>60年代后期</td><td>1 000亿美元（1981年12月—1990年3月）</td><td>外银：403行（1981年12月）</td><td>无</td><td>无（但仍有登记费等）</td><td>无</td><td>无</td><td>无</td></tr>
<tr><td>巴哈马</td><td>60年代后期</td><td>1 263亿美元（1984年12月—1990年3月）</td><td>外银：126行（1981年12月）</td><td>无</td><td>无（但仍有登记费等）</td><td>无</td><td>无</td><td>无</td></tr>
</table>

3. 欧洲货币市场的主要成因

(1)第二次世界大战后，苏美处于冷战时期，先是中国，后是苏联及东欧国家怕美国冻结资产，纷纷提取存放在美国银行的美元存款，存入欧洲，主要是英国的银行，这一行动深受欧洲欢迎，因为那时美元正是国际经济中普遍短缺的东西。

(2)为了摆脱政府在外汇管制、税收、银行管制上的控制，欧洲货币市场的发展给予竞争提供了一个机会和在控制之处的天地，对于借款人与存款人具有明显的吸引力。以美元为例，大约1959年美国对银行系统实行控制的条例，如：存款利率上限规定即著名的《Q字条例》、存款准备金和存款保险金规定。这些限制有降低银行收益的倾向，如果减少或取消这些限制，银行的收益会高很多，相反则造成美元外流。仅从存款准备金制度来看，前者吸收存款的成本低(因为没有存款准备金制度)，后者成本高，例如，美国的美元存款准备利率为4%，吸收100美元存款时只能利用96美元，4美元作为不发生利率的准备金，如果存款利率为10%，那么10美元的利息实际上不是付给100美元的，而是付给96美元的。这时作为银行实际成本不是10%而是10.42%。而存在欧洲——英国的美元由于没有存款准备金，可以用同样的成本10.42%吸收美元存款，从存款方面看，同是100美元，但存在英国银行多收入0.42美元，结果美元流入欧洲银行。

(二)世界特大金融中心形成的背景

伦敦、纽约、东京之所以能成为国际金融市场的三大中心，主要背景除国内金融市场发展成为国际金融市场的各项条件(非居住者可以自由参加市场交易；政府干预极少，如外汇管理、税收、金融等方面限制很少；资金可以自由流动；有现代化通信设备做保障；具有比较完善的运输、保险、国际商品、国际贸易、黄金、投资信托等主体市场，同时，国际信用调查市场作为金融市场的辅助市场，并且两者浑然一体；国家政治稳定并处于比较优越的地理位置)之外，还有各自的独特背景。伦敦除了历史的原因外，它还是欧洲市场的发源地，并且是带动欧洲市场发展的火车头，同时，欧洲市场的急速发展和扩大，也培育了伦敦首先成为欧洲市场的中心地。纽约是由于美元成为国际通货，并且是世界的基准货币，使国际资本大量流入美国，因此，才成为国际金融市场的中心。日本成为当今世界的最大债权国之一，同时，随着金融自由化和日元世界化，使东京取代巴黎，成为国际金融市场三大中心之一。

第三节　金融创新的特征、影响及问题

一、金融创新的特征

西方国家的金融创新，从 20 世纪 60 年代后期即已开始，但那时还只限于个别国家，在很小的范围和规模内进行。20 世纪 70 年代以后，随着西方国家各种矛盾的深化，金融体制面临着非变革不可的形势，金融创新开始在各国展开，20 世纪 80 年代以后金融创新得到迅速发展，其特征主要体现在“自由化”上，即金融体制如何从政府限制和法律限制的桎梏中解放出来，更加自由地开展业务活动。具体而言，金融创新具有如下特征：

1. 利率渐趋自由化

首先是英国、法国等在 20 世纪 70 年代即已完成存贷款利率的自由化，继而美国自 1980 年开始，分阶段地取消对存款利率的上限限制。1986 年 1 月，定期储蓄存款利率上限的取消标志着美国已实现了完全的利率自由化。德国、加拿大等国也先后取消了对利率的各种限制。日本在 1984 年以后逐步放宽了利率限制。目前，日本中央银行对贷款、大额存款和利率限制已经基本不存在，对小额存款的利率限制也已取消。

2. 金融机构业务全能化、综合化

西方各国先后通过修改法律、取消行政干预等方式，允许金融机构经营多种业务。如美国在 1980 年通过了新的《银行法》，允许商业银行和储蓄银行、证券公司之间进行业务交叉和竞争。日本也在 1981 年通过了新的《银行法》，允许商业银行和长期信贷银行、信托银行经办有价证券买卖业务。现在西方各国金融机构已基本脱离了过去的“专业化”状态，开展多方面的业务，英国在 1986 年对伦敦证券交易所进行了重大改革，取消了实行多年的经纪商和交易商职能不能互兼的规定，同时取消了对证券交易最低佣金的限制和非交易所成员持有交易所成员股票的限制，实际上使所有的金融机构可参加证券交易所交易。此举使伦敦金融城发生“大地震”，标志着世界古老的金融市场也对传统的专业化限制进行改革。

3. 金融工具多样化

20 世纪 70 年代以前，金融工具只限于存款、债券、股票和商业票据。而债券、股票的种类又很少，随着金融改革浪潮在西方世界的兴起，金融工具的种类和数量不断增多，出现了全球性的“金融创新”。首先是股票和债券的种类增多，如为吸收境外资金而发行的“欧洲货币”股票，可转换成股票的公司债券、浮动利率债券、无面值股票、双重货币债券等。其次是与信托业务有关的金融工具大量涌现。如货币市场互助基金、债券信托基金、股票信托基金等。更引人注目的是“组合式”金融工具的出现。如存款和债券的组合、存款和保险的组合、债券和保险的组合、信托投资与保险的组合、信托投资与债券和股票的组合等。

4. 金融市场国际化

很多过去受政府严格管制的金融市场日益开放，趋于国际化。美国在1981年末就开设了“离岸金融市场”，法国开放“欧洲法郎”债券市场，德国也进一步促进法兰克福金融市场的国际化，而伦敦证券交易所的全面开放，使伦敦国际金融中心更加国际化。与此相适应，大部分西方国家放宽了对非居民市场在本国进行资本交易的限制，减免了税收，使资本日益不受限制地跨国流动，各国国内金融市场逐渐与其他国家的金融市场连成一片。

此外，金融机构的经营活动日益超越国家，各国金融市场的联系日益紧密，世界各主要金融市场向一体化方向发展。其主要表现在以下方面：

(1)由于国别市场的地理多样化和欧洲市场向世界各地扩展，国际金融市场在地理上向全球化发展，欧洲市场是全球一体化的最大推动力。

(2)24小时交易体制的建立，使全球的国际金融交易每天不会间断。世界主要金融市场的交易时间相互衔接，见图11.1。

(3)国际金融交易的货币呈多元化，美元相对下降，但仍以美元为中心。仅以国际债券市场为例，1986年共发行2 254亿美元，其中以美元表示的债券为1 233亿美元，占55%，其他七种货币占45%，虽然美元的交易量呈下降趋势，但今后将仍然维持占全部货币交易量60%左右的水平。

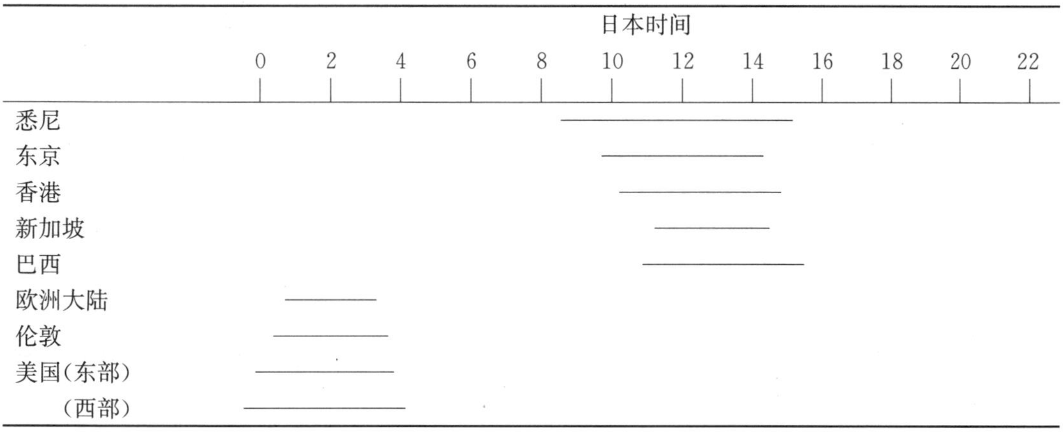

注：日本时间比北京时间早1小时。

图11.1 世界主要金融市场的交易时间

(4)外汇市场使国际金融交易存在的汇率差、利率差在极短的时间内拉平，导致世界主要金融市场汇率呈现一个水平趋势。尽管外汇市场分布在世界各国，但是通过套汇、套利的24小时连续交易，各金融市场的汇率差、利差很快拉平。

5. 信息化

信息化在金融市场的地位和作用越来越重要，以至形成以信息机制为依托的金融运行过程。国际金融市场运作的信息化并没有完全超脱国际金融市场的金融工具和金融机构，但它使金融工具和金融机构的作用方式发生了根本的变化。信息技术在金融市场中的运用将推动金融创新向着更加深广的领域发展。

6. 金融机构的大型化

与以上趋势并行的将是金融机构的大型化。因为小的金融机构无法适应经济结构变化、资本国际化潮流和新技术革命与发展的需要，在自由化的竞争中也站不住脚。

二、金融创新对世界金融业的影响

近几十年的金融创新，使世界金融业在金融结构上和业务经营等方面均发生了深刻的变化，从总体上看，已经形成了新的金融格局，呈现出以下特征：

1. 金融市场交易量剧增，市场结构发展极不平衡

当前，综观世界经济，金融资本严重与商品资本相分离，金融资本脱离生产规模迅速膨胀，形成一种独立的资本，进行独立运动。据美国《华尔街日报》统计，世界外汇交易量平均每天超过 5 000 亿美元，外汇交易额约为世界贸易额的 25 倍，远远超过实际交易所需外汇额。有人统计，当前的国际金融交易量已超过国际贸易量的 50 倍。

从市场体系看，金融市场发展的规模和增长速度，远远快于商品市场，在西方市场体系中膨胀得最惊人。由于直接融资方式在整个融资中所占的比重大，从而使上市交易的金融商品的种类也迅速增加。过去在金融市场仅有十几种交易工具，而现在已达上百种之多。整个 80 年代是金融创新日新月异的时期，各种金融工具层出不穷。新的金融工具，主要表现在票据和有价证券发行的便利、互换、期权和远期利率协议等方面，由此也带来金融市场体系中的票据市场和有价证券市场迅速崛起。同时，西方各国的黄金市场也得到了迅速发展。

总之，在当今西方整个市场体系中，出现了极不平衡的现象，金融市场脱离生产而独立发展，大大快于商品市场迅速膨胀；金融市场内部也出现新的形势，直接融资发展速度高于间接融资，其总量已大于间接融资；在金融市场内部体系中，票据市场、证券市场和黄金外汇市场膨胀速度为最快，这些都是引人注目的新特点。

2. 金融体系经过调整和组合形成新的格局

传统的金融体系是以中央银行为核心，商业银行为骨干，专业银行和其他金融机构并存，分工明确，界限清楚的体系。

由于在西方占统治地位的经济学思想是“新自由主义”经济思想，主张政府应“有限度地对经济进行干预，要充分利用市场机制”，认为金融业也应展开竞争，企业才能获得廉价的货币和优质的服务。同时，由于金融业在国民经济中的特殊地位，金融业务要保持适度竞争，这个度，就是竞争不要导致大批金融机构倒闭，引起经济生活的震荡。

为了适应这种形势，首先美国通过了立法，放宽了金融业务竞争的限制，1980 年 3 月 2 日，美国国会通过了《新银行法》，其核心是放宽对金融业的业务限制，鼓励金融业竞争，突出表现是这个银行法放松了对金融机构资金运用的限制，并逐步取消了对存款利率上限的限制。

继美国之后，日本于 1981 年 6 月 1 日也颁布了《新银行法》。针对旧银行法管理过严过死的状况，放宽了对金融业的限制，适当放松了对金融业的管理，为日本金融业的适度竞争创造了条件。在美日的带动下，西欧许多国家也先后取消或放宽了对金融业的一些限制。

由于金融自由化，使原来金融体系内部的分工也不再那么明显。首先表现在商业银行与专业银行的投资界限日益模糊。投资银行主要从事有价证券的发行、包销和投资业务，这些业务属于资本市场长期投资活动，各国历来对商业银行涉足这一领域限制较多、较严，甚至根本不允许商业银行从事这方面业务，其原因在于商业银行的资金来源主要是短期存款，如果将大量资金用于长期投资，会影响其清偿能力。然而 80 年代以来，情况发生了变化，如美国 1986 年 4 月公布的《Q 字条例》取消了对商业银行提供利率更加自由的金融工具的过多限制，致使商业银行和投资银行一样，也可以提供投资性金融工具，为商业银行进入投资领域打开了方便之门。

英国和法国历来对商业银行进行投资业务限制较严，而 20 世纪 80 年代以来英法的商业银行越来越多地从事发行欧洲债券、固定利率欧洲票据和从事股票、债券以及利率互换等业务，总之，商业银行越来越多地进入长期投资的资本市场。

在日本则主要表现为各种投资性银行（或证券公司）更多涉足商业银行业务领地。日本的证券公司与小银行合作，为客户开立账户，开展普通存款业务，并以债券为担保，发放各种用途的贷款，这为传统的投资银行（证券公司）增加了许多商业银行的特色。

此外，储蓄银行与商业银行的界限也被打破。以美国为例，由于 1980 年的《新银行法》取消了对活期存款支付利息的限制，这实质上取消了一项对储蓄银行有利的保护性措施，但同时又允许储蓄银行从事一些商业银行的业务，以此对储蓄银行加以补偿，给予平等竞争的机会，这实质是使储蓄银行与商业银行合流。同时，由于电子计算机广泛被商业银行所采用，特别是自动出纳和自动转账系统的建立，商业银行能为客户提供更加方便和灵活多样的服务，大大拓宽了商业银行的活动领域。这种情况在西欧，如英、法、荷兰和比利时等国都大致如此。

不仅商业银行和专业银行的传统分工被打破，而且非银行金融机构也大量涌进金融市场，进行大量融资活动，与商业银行分庭抗争。20 世纪 80 年代后期，估计商业银行的传统业务——工商贷款，其中 1/3 已被非银行金融机构抢走。可见，越来越多的非银行金融机构也将进入金融市场，打破昔日的传统格局，不仅动摇了传统分工下的商业银行的主导地位，也迫使各种银行金融机构业务相互融合，向万能型、综合型银行发展。

3. 调整银行对外战略，重视对外业务

世界多数国家纷纷调整银行国外发展战略，积极发展国际金融业务，一方面，保证本国经济在世界经济交往中占据有利地位；另一方面，以便在国际金融市场上筹集更多资金或赚取更多利润。西方发达国家纷纷放松了对资本流出流入的限制，对本国金融市场进行更大的放开，过去受严格限制的金融市场也相继开放。如美国 1981 年开设了离岸金融市场，日本于 1986 年开设了东京境外金融市场，法国开放了“欧洲法郎”证券市场等。

由于美国银行受资金短缺的影响，被迫削减国外业务，使它在许多地区和领域的优势已被日本和西欧所取代，并将继续被击退。与美国形成鲜明对比，目前日本已成为世界金融强国，在国际清算、国际储备和国际投资等领域，日本发挥着重要作用，日元也部分地取代了美元，东京的国际金融市场地位还在不断上升。日本政府为了加速其金融业国际化步伐，鼓励银行发展海外分支机构，放宽对国外业务的限制，对日元国际化问题，在理论上作论证和进行必要的准备。由于日本大量国际收支顺差，日元不断大幅度升值，在海外收购银行显得容易。

西欧各国面对金融自由化的挑战也不甘示弱，在美国银行从西欧撤军的同时，西欧各国大举“进攻”，目前西欧金融业国际化方面的主要对手是日本。据统计，在西欧有12家最大的日本银行，12家银行在股票市场资本已达5 000亿美元，而美国的银行仅拥有1 000亿美元。可见，美国在西欧的力量远不如日本，且日本呈进攻态势。

西欧各国在实施“欧洲一体化方案”过程中，各项政策的调整对金融业的影响是最重大的。一是区域内的资金自由流动，拆除了资金自由流动的主要障碍；二是统一对金融业的管理标准，主要表现是任何一国注册登记的银行可在其他任何成员国营业。这一方案实施后，使区外的银行进入该地区更加困难，同时，地区内金融业竞争更加激烈，必将带来金融业的大改组、大合并。

4. 银行业务电脑化，中央银行在电脑服务中强化其职能作用

银行金融业先后完成了电子计算机化的三个发展阶段：第一阶段即银行业务电脑化的初级阶段，利用电子计算机联机作业，开展储蓄、支票往来、定期存款及放款业务等；第二阶段银行装设自动出纳机，这种计算机可为客户办理提存款业务；第三阶段装设电子资金转账机，此机可提供国内国际资金调拨清算等。

电子计算机引入金融业，使金融业发生了革命性的变化，主要体现在：

(1)新的服务方式

在银行采用联机处理系统以后，银行门厅服务逐渐为顾客不用出门就能享受银行服务所代替。目前，虽然“电话银行”和“电视银行”还没有普及，但是很多银行已经增设了自动转账的业务项目，就拿一个家庭的收支来说，在一些大企业工作的职工，工资的发放、红利、养老金、抚恤金的拨付，已经由银行自动办理。职工只要在这些银行设有账户，不需特意登银行的门，到时候该进的款项，会一天不差地自动转入该职工的分账户开始生利。近年来，自动转账的项目种类日益增多，甚至日常生活中的琐碎支付也纳入自动转账系统。“不用登银行的门，就能享受到银行服务”还包括风行很多国家的信用卡制度。美国是发行信用卡最多的国家。

自从电子网络铺开以后，信用卡的结算更加方便。在美国，与顾客直接打交道的信用卡结算大型计算机网络系统就有两条覆盖全国。结算的方便，使信用卡通行无阻。这种新服务方式的出现，是银行应用电子新技术以后，在服务上所完成的一个大幅度的跨越，一方面反映了银行在经历革命性的变化；另一方面也反映了新技术革命对金融业的重大影响。

(2)新领域的开拓

在投资需求日益增加，金融机构竞争激烈的环境下，银行和一些有潜力的金融机构，利用电子新技术带给它们的优势，不断开拓新的业务领域，在金融界形成了一股业务多样化的创新浪潮。日本银行极力适应顾客的各种愿望，增设各种新业务，除项目繁多的自动转账业务以外，还设计出交通安全定期存款和各种花样翻新的消费贷款。在名目繁多、花样百出的贷款项目上，基本上是形式统一的贷款，数额较小，无论顾客选用定期偿付，还是递增偿付方式，银行都很容易收回。这些新业务项目的推出，给银行的竞争实力增加了一个极有利的筹

码。其他国家也有类似的情况。例如,德国银行在公司、部门贷款需求急剧增加、家庭收入也有所增加的新形势下,积极开展多样性服务。考虑到储蓄者不同的储蓄动机,对风险的不同态度,以及对通货膨胀的各种预期,创造了适合各种人、各种不同作用的储蓄项目。在储蓄上适应客户要求的同时,在借款上也顺应德国家庭传统习惯上的微妙变化。近年来,越来越多的家庭开始使用银行信贷购买耐用消费品,如汽车、家用设备等,银行在这方面创造了多样化的服务项目。各国金融机构在开拓新的业务领域方面十分活跃,做法各有特点,开拓的项目也不尽相同。但是,在开拓新的业务项目上的共同趋势还是十分引人注目的。这就是业务项目不仅日益复杂化、多样化,而且趋于小额化、大量化。这种新趋势的形成,其技术基础是电子计算机的应用和电子网络的形成。新的银行业务,若没有计算机的应用做后盾,不论在成本上还是在人力上都是难以办到的。

(3)新的管理方式

银行在改良服务方式、开拓新的业务领域的同时,更加注重银行本身经营的合理化、科学化,银行在使用计算机网络系统处理业务的同时,对业务信息进行加工,形成系统的数据库,并设立专门的机构,对金融业的科学管理进行研究,运用科学的分析手段,为经营方针与决策提供信息咨询并实施科学的管理步骤。为了适应各国银行业电脑化的形势,1977 年建立了"世界性银行通信网"(简称 SWIFT)。银行国内、国际业务广泛使用电子计算机,实现了银行业务电脑化,给各国中央银行提出了新课题。各国中央银行为了监督管理国内金融业,更好地发挥中央银行职能,也必须采取电子计算机,才能胜任其承担的使命。

三、金融创新中的问题分析

西方国家的金融创新是经济、金融业发展的必然结果,金融创新给西方金融业带来了生机和活力,同时也出现了不可忽视的问题,主要表现在以下几个方面:

1. 政府金融机构问题

既然传统经济向市场经济转化,金融创新以"自由化"为特征,那么,政府金融机构的作用理应下降。但是,随着新技术革命的进展和生产的更加社会化,国家资本只会加强而难以削弱,因为像通信卫星的研制、新能源开发这类大型且有风险的投资是私人资本不愿干或没有能力承担的。另外,像公害防治、社会保障等方面的投资,由于无利可图,也只能由国家来承担。这些投资,历来是通过政府金融机构进行的,所以,它们的作用一时难以被取代。金融体制向"自由化""综合化"转变的客观必然性与政府金融机构继续存在的必要性成为一个难以解决的矛盾。生产力的发展、经济形势的变化要求金融体制进行变革,但变革只能是有条件的,创新后的金融体制不可能是纯而又纯的"综合"和"自由",只能是综合经营多种业务的私人金融机构与肩负对科研、开发、环境保护等事业提供资金任务的政府金融机构并存,而政府金融机构的贷款都是优惠性质的,利率低、数额大、偿还期长、贷款越多越容易出现亏损,这又是各国政府面对金融机构要大伤脑筋的问题。

2. 金融体系的稳定性问题

金融体制的变革与创新中一些金融机构破产和危机难以避免,而金融机构的破产必然带来金融体系的稳定性问题。

随着金融自由化的进展，金融机构之间，包括外国金融机构和国内金融机构之间的竞争更加激烈。金融机构之间竞争的策略无外乎这样几条：一是降低贷款利率，提高存款利率；二是提供优质服务；三是靠信息和咨询业务取胜；四是大力开展国际业务；五是创造更新的金融工具。不论侧重哪一种方法，都会出现一时的利润下降、资金紧张，尤其是利率上的竞争，对金融机构的经营更是一个考验，实力不强、经营不善的金融机构极易破产倒闭。

3. 金融政策的重新选择问题

随着金融体系向"自由化""国际化"方向发展，资本流动更加频繁，汇率、利率波动更加剧烈，各种不确定因素也会更多。这些变化对各国的金融政策的制定势必会产生严重影响。

利率"自由化"之后，利率水平不容易控制。金融制度"综合化"之后，按资金性质的不同直接控制贷款量也行不通了。金融市场的发展，有价证券的激增，使商业银行持有的金融资产相对下降，很多企业脱离银行的媒介而自行筹集资金，只靠管理银行来控制整个经济的做法也行不通了。金融工具和金融交易方式的多样化，又使合理地监测货币供应量成为一件难事。显然，当今各国的金融政策远不如过去的政策收效迅速，而且由于各国金融市场的联系日益紧密，资本转移更加方便，也会抵消金融政策的效果。一位美国经济学家说过这样的话，日本实现金融自由化之后，日本的金融政策将不是由日本银行而是由美国联邦储备系统控制。此话虽有些夸张，但道出了各国金融政策受国际环境掣肘这样一个事实。如何制定有效可行的金融政策也是各国政府很伤脑筋的一个问题。

第四节　国际金融市场一体化的含义、原因及影响

一、国际金融市场一体化的含义

所谓国际金融市场一体化(International Financial Market Integration)，是指 20 世纪 60 年代开始的国内和国外金融市场之间的日益紧密的联系、协调，它们相互影响、相互促进，逐步走向一个统一的金融市场。

罗伊·史密斯(Roy C. Smith)和英戈·沃特(Ingo Walter)认为，国际金融市场一体化包含三层含义：第一，各银行和金融机构跨国经营而形成的各国金融市场的关系链；第二，由于各国金融市场之间关系链的形成，极大地促成了各国金融市场之间的金融交易量的增长；第三，基于以上两个方面，各国金融市场的利率决定机制相互影响，具体表现为相同金融工具在不同金融市场上的价格趋于一致。

二、国际金融市场一体化的原因

(一)国际经济的发展

第二次世界大战后，国际经济发展的一个重要特点是各国经济相互依存关系加深，经济日益走向国际化。一方面世界贸易的增长速度超过了世界生产的增长速度；另一方面，跨国公司的迅速发展带动了跨国银行的迅速发展，而且跨国公司从国际金融市场上取得资金，并在各国

金融市场之间从事套利套汇活动，这无疑促进了各国金融市场一体化的发展。

(二)技术进步

科技进步及科技成果的推广运用，从技术上减少了各国市场的阻隔和障碍，成为国际金融市场一体化的推动力，没有现代科学技术的进步，金融市场之间的距离很难缩短，一体化的发展也不可能。人造通信卫星、大型电子计算机和微型电脑的广泛运用，为资金和信息在全球的转移、传播提供了可靠的手段，同时也创造了一体化的市场。现在任何主要市场的参与者在同一瞬间基本上可获得同样的信息，按动办公桌上的电钮，人们可以通过电子通信网络得到各地的市场信息，而通过各种创新的金融产品，发行者几乎可以得到进入任何金融市场的途径，甚至包括那些政府试图控制资本流动的金融市场。人为设置的市场障碍在科技革命成果和创新的金融工具面前已变得无能为力。

科技进步缩短了市场间的距离，降低了市场交易的成本，而这一切影响的直接结果就是使各国市场之间的联系更为密切，不同市场上的金融中介机构和其他参与者借助于科技革命成果和金融创新展开的竞争带来的最终结果又使不同市场之间的金融市场一体化的程度大大提高。

(三)世界各国金融自由化措施直接推动了国际金融一体化

金融自由化，从内容上来看，包括利率自由化、汇率自由化、银行业务自由化、金融市场自由化、资本流动自由化等。

1. 利率自由化

利率自由化是指政府解除对利率的管制，使利率能够完全充分反映资金供求与利用状况，通过价格机制来达到资金的最佳配置和使用。例如，1980 年，美国放松存款机构管制和货币控制，取消了关于存款利率上限的《Q 字条例》和某些贷款的利率限制，使存款机构能在更大范围内经营业务活动，并可跨州兼并行将倒闭的金融机构。之后，各主要工业国家相继放弃了利率限制。

2. 汇率自由化

第二次世界大战后资本主义经济政治发展不平衡的加剧，美国经济实力的相对削弱，美国国际收支的恶化，美元多次发生危机，最终导致以美元-黄金为中心的布雷顿森林体系的崩溃。1978 年，牙买加体系形成，在汇率安排上多样化，各国可以根据自己的情况选择汇率制度，走向了汇率自由化的道路。

3. 银行业务自由化

银行业务自由化是指政府不再限制银行经营业务的范围，银行可经营的业务范围不断扩大，不仅可以从事短期融通的货币市场业务，而且可以从事长期借贷的资本市场、债券市场、证券市场和保险市场业务；不仅允许国内金融机构从事境外金融业务，而且允许国外银行从事国内金融业务；不仅允许银行从事表内业务，而且允许其从事表外业务。在当今国际金融业务中，表外业务正成为银行业务的重要内容，有的甚至超过表内业务 1～2 倍。表外业务大致可分为两类：一类是可以产生潜在的资产负债或证券风险的业务，包括贷款承诺、担保、互换与套利交易等金融创新工具，投资银行业务活动等。仅金融创新工具，到目前已有数千多种。

4. 金融市场自由化

继欧洲货币市场的形成和发展之后，亚洲货币市场、中东货币市场和加勒比货币市场等离岸金融市场的兴起，是国际金融市场自由化的典型表现。这些离岸金融市场的形成，促进了资本交易自由化、利率自由化和资本流动自由化，加速了国际金融市场一体化的步伐。

5. 资本流动自由化

资本流动自由化包括货币兑换自由、资本在行业之间转移自由和资金进出自由。首先，以市场机制为基础的浮动汇率制给货币兑换带来了自由。其次，资本在行业上、结构上和地域上进行大转移、大流动。在行业上，资本流向能获得较高收益的产业，如在发达国家，相互投资的重点转向资本、技术、信息密集产业，特别是现代服务业的投资迅速增加；对发展中国家的投资重点则由第二产业中的资源和劳动密集型向资本、技术和信息密集型倾斜，并转向第三产业领域的金融、电信、保险和零售等行业。在结构上，资金由主要集中在货币市场上，转向现在主要在货币市场、资本市场、外汇市场、黄金市场等市场之间自由流动，促进了这些市场的迅速发展。在地域上，改变了原来向发达国家投资的倾向，转向对亚太地区新兴工业国家和地区及广大发展中国家增加投资。再次，全球资本流动日趋活跃，其规模之大、速度之快都是空前的。

金融自由化进程的结果是：(1)拆除了分割金融机构业务上的限制，扩展了金融机构的业务范围；(2)放松了利率管制；(3)减少了国外金融机构进入国内金融体系的障碍；(4)废除了外汇管制，解除了对资本流动的限制；(5)允许新的金融工具的发行和使用等。所有这些无不对国内市场与国际市场的融合起到了推动作用。金融机构过去只是着眼于地方市场和有限的金融业务，现在是面向世界进行各种业务活动。投资者和筹资者也不局限于本地市场，可供他们选择的工具和市场也多样化和全球化了。

(四)机构投资者(养老基金、人寿保险基金、信托基金、共同基金)投资需求的国际化、多样化促进了金融市场的一体化

机构投资者的数量和其拥有的资金实力日益增大是第二次世界大战后各国金融领域的一大特点，这些机构投资者主要是通过投资于各种有价证券来获得收益。不同的有价证券的收益率和风险有很大的差异，基金为了减少风险，总是将资金分散于不同的证券组合上，从而可以使各种风险由收益增量冲销，获得稳定的低风险收益。根据马科维茨(H. Mackovitz)的资产选择理论，投资者要分散风险，合理的选择是将资金投资于收益与风险相关性较低的不同资产上，因为如果资产 A 和资产 B 在相同的期限内总是趋于得到较高或较低的收益，即协方差 $\sigma_{ab}^2>0$，投资者分别投资于 A 和 B 两种资产就不能减少风险[①]。因此，某种资产(证券)收益与其他资产收益的协方差负值越大(即不同资产收益和风险的相关性越小)，投资于该不同资产的需求也会越大。马科维茨的资产选择理论后来被布兰逊(W. H. Branson)和莱沙德(D. R. Lessard)等人发展为国际证券组合论，他们认为，既然收益率负相关的资产(证券)能够分散风险，那么不同国家的资产收益远不如国内资产间的收益那样密切相关，这就意味着每个国家的投资者都能够将他们的资金分散在不同国家的资产

---

① [美]约翰·威廉森：《开放经济和世界经济》，三联书店 1987 年版，第 238—246 页。

上来获得利益。随着这种资产选择理论的流行，机构投资者的投资需求也就越来越国际化。尤其是在发达国家间，即使在不引起净资产流出或流入的情况下，为了分散风险，证券资本也会在国家间流动，从而使各国的市场联系日益密切。

各国对机构投资者的一些管理规定，在客观上也促进了机构投资者的投资需求国际化。如美国 1974 年的《退休收入保障法》就规定养老基金的投资应谨慎地采取多样化的形式。虽然该法未明确提出国际化的要求，但是对机构投资的国际化产生了很大的影响。随着发达国家在 20 世纪 80 年代相继取消了资本流动的限制，机构投资者投资的国际化倾向方兴未艾，它们的投资需求对国际证券市场一体化产生的影响将进一步显现出来。

(五)国际货币体系的演变、非美元国际债券和融资工具的增加对金融市场一体化起了促进作用

布雷顿森林体系崩溃之后，美元丧失了作为唯一国际储备货币的地位，随着西方各主要国家货币汇率开始浮动，美元对这些货币的汇率不断下跌。为了保值，避免美元汇率下跌对国际经济交易带来的不利影响，德国马克、英镑、日元、瑞士法郎、法国法郎、荷兰盾等其他西方国家货币便被不断地用于国际经济收益的计价和支付结算，与此相应，金融市场上非美元面值的金融工具便逐渐增加，这就在客观上促进了非美元金融市场的发展和国际化。20 世纪 80 年代兴起的国际金融创新，尤其是非美元面值工具的创新加强了金融市场国际化的趋势，这一趋势发展的结果是，全球各个市场的联系日益密切，一体化程度不断提高。

(六)金融创新减少了交易成本，扩大了国际资本流动规模，加快了金融市场一体化的进程

金融创新对金融市场一体化的促进作用主要表现在两个方面：

(1)衍生金融工具(期货、期权及互换交易等)的大量涌现，形成了规模巨大的衍生金融市场，在各国金融自由化的背景下，金融衍生市场的国际化趋势日益加深。国际游资为了追求高度的风险收益而不断进行金融衍生工具交易，至今全球已形成上千亿美元的投机性资金，这些资金不断流入国际化的金融衍生市场进行操作。更为重要的是，现在全世界几乎每一家大的银行(中央银行和商业银行等)都在利用外汇期货、利率期货和股票指数期货等金融衍生工具进行保值交易或投机交易。这样，众多的市场参与者不仅增加了金融衍生市场的交易量，而且促进了金融市场的一体化。

(2)金融资产证券化主要表现是融资证券化(国际债券发行代替了银行贷款，处于主导地位)、债务证券化(发展中国家的部分银行借款转换为债券和股票)。证券化不仅加大了金融资产的流动性，而且加强了资本市场与外汇市场之间的联系，加强了发达国家市场与发展中国家市场之间的联系，从而加速了金融市场的一体化。

三、国际金融市场一体化的影响

金融市场一体化既有积极的影响，也存在消极的影响：

(一)金融市场一体化的积极影响

(1)加快了金融信息传递，提高了金融市场效率。与分割状态下的各国金融市场相比，一体化的市场扩大了信息的传播范围，使金融信息更具有公开性，能够更准确、更迅速、更全面地反映市场供求状况，亦即资金的稀缺程度，形成更为有效合理的价格信号体系。一旦国际政治和经济发生变化，不仅处于中心地位的金融市场可以迅速获得信息，而且处于非中心地位的金融市场也能迅速获得信息，从而提高金融市场的效率。

(2)扩大了金融资产的选择性，满足了各种金融需求。金融市场的一体化扩大了金融交易的空间，有利于满足经济发展过程中不断产生的各种金融需求。对投资者和储蓄者来说，扩大了金融资产的选择性和实际收益，增强了金融资产的流动性和安全性，改善了金融服务质量；对生产者来说，它在时间、数量、期限、成本等方面均能满足对融资的需求。

(3)扩大了金融资产的流动性，提高了资本配置效率。国际金融市场一体化改变了各国金融市场相互分割状态下，一国投资受国内储蓄限制导致生产资金不足，与此同时，存在剩余资金的国家由于不了解信息而不能把资金用到收益率最高的地方的状况。从而使资金能够从收益率低的国家和地区自由流向收益率高的国家和地区，以使资本得到更充分的利用，使资本的配置效率提高。

(4)促进了国际贸易发展，并使各国国际收支得以调节。一体化的金融市场为国际贸易解决了资金问题，高效率的外汇市场有助于进出口商估计潜在的收益和亏损，从而为他们管理国际贸易带来的外汇资产提供了条件。发达的外汇市场还提供了许多规避风险的工具，这也促进了国际贸易的发展。而欧洲货币市场等离岸金融市场的存在和大规模的国际资本流动，为各国旨在平衡国际收支的资金融通提供了极大的便利，使各国国际收支不平衡(顺差和逆差)得以调节。

(二)金融市场一体化的消极影响

1. 削弱了货币政策的自主性，降低了各国金融政策的效力

金融政策的效力是指中央银行实施货币政策作用于经济变量，从而达到预期经济目标的能力。金融市场一体化给中央银行实施货币政策带来了困难，削弱了货币政策的自主性，也就降低了金融政策的效力。首先，由于“溢出效应”(spill-over effect)的作用，干扰和削弱了货币政策所要达到的预期结果。金融市场一体化，加强了各国金融市场之间的联系，导致国内货币政策没有或者只是部分地作用于国内经济变量，而且国外的货币政策效应影响到国内，从而干扰国内货币政策要达到的预期目标。比如，提高贴现率或存款准备金率的目的是为了减少货币供应量，但这往往会提高利率，导致资金流入，结果适得其反。其次，金融市场一体化提高了不同货币资产的相互替代性，一种资产价格的变化会影响到其他资产的价格，从而影响货币政策的效果。再次，它使货币定义模糊不清，难以判断，从而造成货币政策指标的游移。考虑如下的货币总需求公式：

$$Md = K(y) + H(r)$$

式中：Md 为货币总需求，$K(y)$为预防性需求和交易性需求；$H(r)$为投机性需求。[①] 金融市场一体化下，式中 $K(y)$的系数会有所下降，$H(r)$的系数会有所上升，从而产生更大的投机性货币需求，影响着货币政策指标的确定性。

2. 导致金融资产价格(尤其是汇率)过度波动，增大了风险

---

① [美]爱德华·夏皮罗：《宏观经济分析》，中国社会科学出版社 1985 年版，第 379 页。

金融市场一体化增强了国家间资本的流动性，而资本流动性越强，越容易形成金融经济（虚拟经济）与实质经济的分离，从而加剧资产价格的过度波动，即资产价格的波动幅度超过了基本经济变量（价格、利率、产量等）的波动幅度。实践证明，长期债券价格比短期利率变动要大得多，股票交易所里的股票价格波动是股息变动的若干倍，汇率的波动则更为频繁，外汇资金业务呈现出成交额大、操作便利、速度快、交割方式灵活的特点，从而产生了对短期投机的巨大诱惑力，加大了市场的风险，增加了国际金融体系的不稳定性，导致了金融事件频繁发生。在操作不当或监管不严的情况下，风险就可能成为金融机构现实的亏损，乃至破产倒闭。

3. 增加了金融市场的脆弱性

金融市场一体化形成了各国金融市场之间日益密切的关系链，容易产生"多米诺骨牌"效应。因为，当今金融市场是一个竞争性极强的市场，竞争迫使金融机构追逐利润最大化，势必要求金融机构增加高风险业务，然而一旦经营不善，便会导致金融市场混乱。由于金融市场一体化提高了信息传播速度，加深了金融市场联系，当某个金融市场发生混乱时，便会传导至其他金融市场，形成连锁反应，甚至对全球金融市场构成威胁。此外，金融市场一体化条件下，层出不穷的金融创新、大量金融机构的出现，使人们目不暇接，在增大金融信息、促进信息传递的同时，也扩大了信息的非对称性，个别投资者（尤其是规模庞大的机构投资者）的行为往往被效仿，市场中存在着普遍的从众心理，从而导致了金融市场的恐慌，甚至酿成金融危机。1997 年 7 月以来，东南亚各国的金融危机及其在全球金融市场中的影响就是金融市场一体化条件下金融市场脆弱性的最好例证。

第五节　国际金融市场一体化的内容

一、金融市场关联链的形成

通信技术的发展及其在金融市场中的运用，一方面消除了金融市场交易的地理障碍，另一方面使国际金融市场中的资金清算系统得以建立，从而确定了金融市场之间的关联链，把各国金融市场与国际金融市场紧密地联系在一起。

（一）金融市场交易地理障碍的消除

"新技术的推广和运用使信息在全球范围内以一种全新的方式瞬时传递，这样，货币便以令人难以置信的方式快速流转。在很大程度上，地理终结的历史就是技术发展史，是金融电子化的历史。"①诚然，电子通信技术的采用，使金融市场发生了天翻地覆的变化，就金融批发市场（wholesale finance）而言，由有形市场交易转变为无形市场交易（电子屏幕上交易）；就金融零售市场（retail finance）而言，自动交换机（ATMS/automatic transfer machines）和电子报价系统（EPOS/electronic points of sale）的应用开创了金融服务的新天地。

---

① Richard O'Brien. Global Financial Integration: the End of Geography. London, Royal Institute of International Affairs, 1992, p. 8.

这样，电子通信的瞬时速度使金融市场的地理分布并不太重要，交易者已不再被局限于一个国家或一个地区，而是可以进行跨国界、跨地区的交易；也不受时区限制，可能在一日 24 小时内在各个不同的金融市场进行金融交易，如图 11.2 所示。

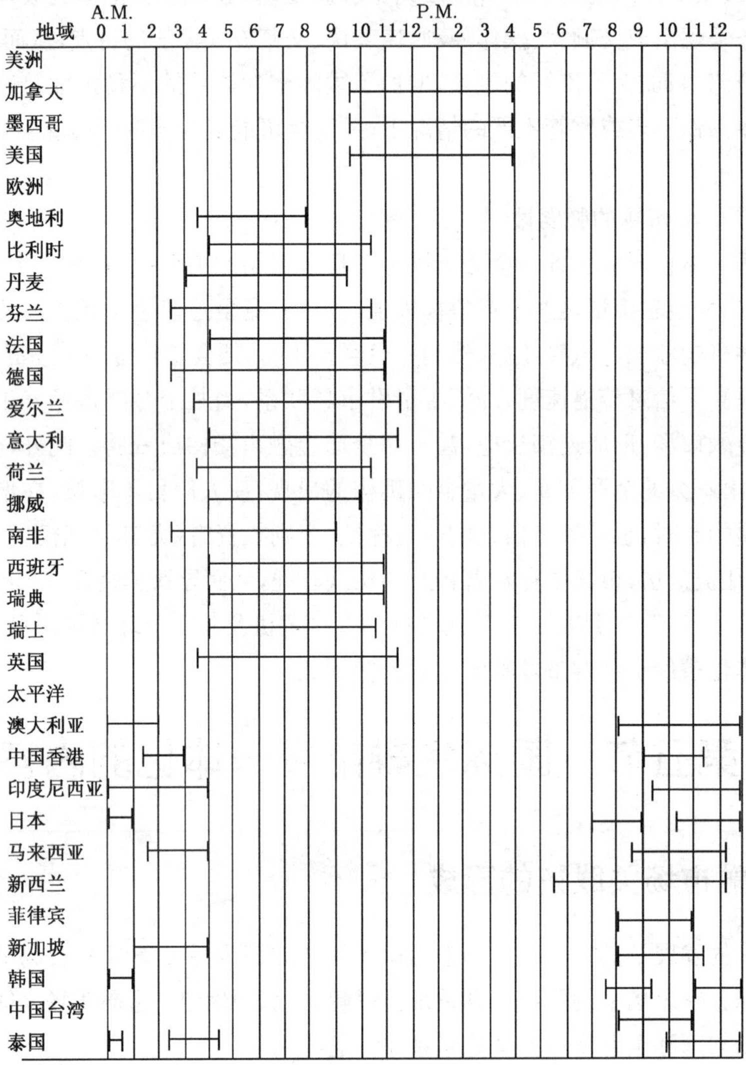

资料来源：《Dow Jones 全球股市指南》，1997 年版，转引自 AIMR/A Publication of the Association for Investment Management and Research，*Financial Analysts Journal*，July/August 1998，p. 72.

图 11.2　世界主要金融市场的交易时间（美国东部标准时间）

（二）国际金融市场中的资金清算系统

一切国际金融市场交易活动最终均涉及资金的收付和清算。自 20 世纪 70 年代以来，随着电子技术和空间科学的迅速发展，世界各地、各主要金融中心均相继利用电脑建立了各自独立或相互联系的电子清算系统，使国际金融市场向着电子化和一体化的方向发展。国际金融市场中的资金清算系统主要有：

1. 美国的 CHIPS

CHIPS(Clearing House Interbank Payment System)即票据交换所银行间互相支付系统，是若干银行组织的协会，通过使用安装在每家会员银行与CHIPS相连的终端设备来促进银行的收付功能。

CHIPS由两类银行构成：会员银行和特约会员银行。纽约票据交换所的12家会员是会员银行。特约会员银行是纽约票据交换所会员以外的经营银行业务的机构，作为CHIPS会员银行的联行和特约往来行参加CHIPS。到目前为止，特约会员银行有130多家，其中大部分是外国银行的代理处和分行。

特约会员银行必须在12家会员银行中选定一家代理行，通过他们来进行日常CHIPS交易活动的结算。特约会员银行与主办银行实际上建有一条信贷线，并通过这条线来办理清算。每天银行间的收支活动结束，一张展示特约会员银行向CHIPS系统的应收或应付款余额清单便产生了，于是就通过与代理行所建立的账务关系结算与CHIPS系统应收或应付的款项。会员银行之间的头寸余缺清单也同时产生。

付款的程序通常是由付款行用电传或通过“环球银行金融电信协会”(SWIFT)通知自己的纽约分行或代理行。当它的分行或代理行接到付款指示后，便根据指示的内容和起息日，把该指示储存到CHIPS的终端机里。经过银行授权的人员核准，就可以把这笔款项通过电脑送出。CHIPS的电脑主机接到付款指示，相应地借记付款行或贷记收款行账户，并在机中留下业务记录，同时把这项信息转发到收款行的终端机中。当收款行接到通知后，经过核准，便可贷记受益人的账户。为了保证资金的安全，CHIPS的会员银行都建立有一定的“信贷额度”。如果超过了这项额度，对方可以拒绝收付。

在美国除CHIPS外，还有四个清算系统起着重要的作用。它们分别是：(1)美国联邦电报系统(Federal Reserve Wire Transfer System/FED Wire)；(2)银讯(Bank Wire)；(3)银联(Banklink，或 Cashlink，Chemlink)；(4)自动清算所(Automated Clearing House/ACHS)。

2. 英国的CHAPS

在英国，从1984年初设立了使用电脑的收付系统，称“银行自动收付清算系统”(Clearing House Automated Payment System/CHAPS)。

英国银行的票据交换原来主要依靠两个系统，即“伦敦城内交换系统”(Town Clearing)和“普通系统”(General Clearing)，主要靠业务人员办理清算。随着银行收支业务的发展，票据清算的数量日益增加，为了降低成本、提高效率，加之美国银行间票据支付系统(CHIPS)和国际银行业环球银行金融业电信协会(SWIFT)的建立，促使英国清算银行考虑建立自己的电脑清算系统，从而保持伦敦城在国际金融界的声誉和地位。

CHAPS有两个特点：(1)它以高度自动电脑化的信息传递代替了依靠票据交换的方式；(2)它使以伦敦城之外的银行为付款人的交易也可以实现当日结算。目前，CHAPS已成为通向伦敦、欧洲和世界其他金融市场的重要通道。CHAPS的运作程序如图11.3所示。

3. 环球银行金融电信协会(SWIFT)

世界各国银行应用电脑来进行资金调拨，除了上述美国的CHIPS和英国的CHAPS

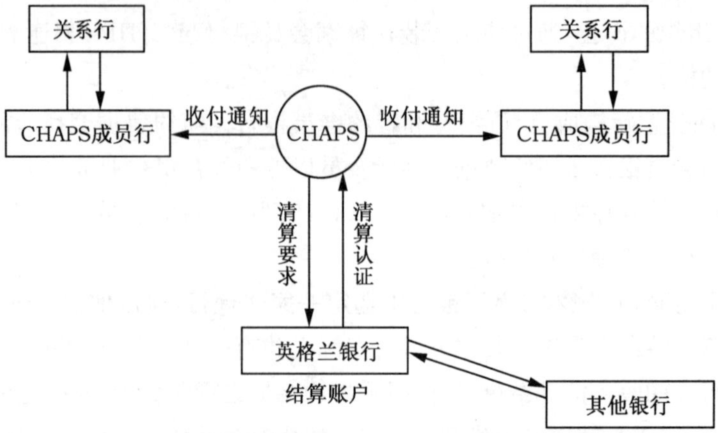

资料来源:CHAPS,转引自《经济学家》杂志 1998 年 4 月,第 8 页。

图 11.3 CHAPS 的运作程序

外,还有一个叫作"环球银行金融电信协会"(Society for Worldwide Interbank Financial Telecommunication/SWIFT)的国际性银行资金清算机构。

20 世纪 60 年代国际银行业务的蓬勃发展,扩大了各银行间的私用电信网络,但它们有各自的规格、载体和程序,互不沟通,很少能相互匹配,为了应付日益增多的国际交易,1973 年由欧洲和北美的一些银行发起,组成了环球银行金融电信协会(SWIFT)。SWIFT 电信系统于 1977 年 6 月 3 日正式启用,现已发展到 60 多个国家,有 1 200 多家会员银行。我国的中国银行、工商银行、农业银行也相继参加了这个协会。

SWIFT 系统总部设在布鲁塞尔,该系统由三个作业中心组成,分别设在比利时、荷兰和美国,大部分与该系统网络联结的会员国都有一个或一个以上的地区处理站,该国的会员银行就与其地区处理站相联结。从一个会员银行发出的金融交易指示是以一种特定的格式先传输到所属国的地区处理站,然后通过最接近的作业中心传输到接收银行国家的地区处理站,最后从处理站传输到接收银行(见图 11.4)。

SWIFT 系统每天 24 小时不停顿地服务,只要会员银行的 SWIFT 专用电脑及其终端设备正常,任何时候均可收发电信。在一般情况下,发出电信一两分钟内就会有收电银行的反应。SWIFT 系统的服务范围很广,它可以连接银行的计算机主机。凡是会员银行所办理的有关国际业务的通信都可以利用这个系统,主要是:(1)客户汇款;(2)银行资金调拨;(3)外汇交易证实;(4)贷款、存款利息收付;(5)托收;(6)股票;(7)跟单信用证;等等。

另外,还有法国的清算系统、加拿大的清算系统(The Canadian Payment Association)、德国的清算系统、日本的清算系统、中国香港的 CHATS(Clearing House Automated Transfer System——香港票据交换所自动转账系统)等都在国际金融市场交易中起着重要作用,把国际金融市场越来越密切地连接在一起。

二、各类金融市场的一体化

按照市场类型划分,国际金融市场可分为三大主要市场:国际货币市场(即国际外汇市

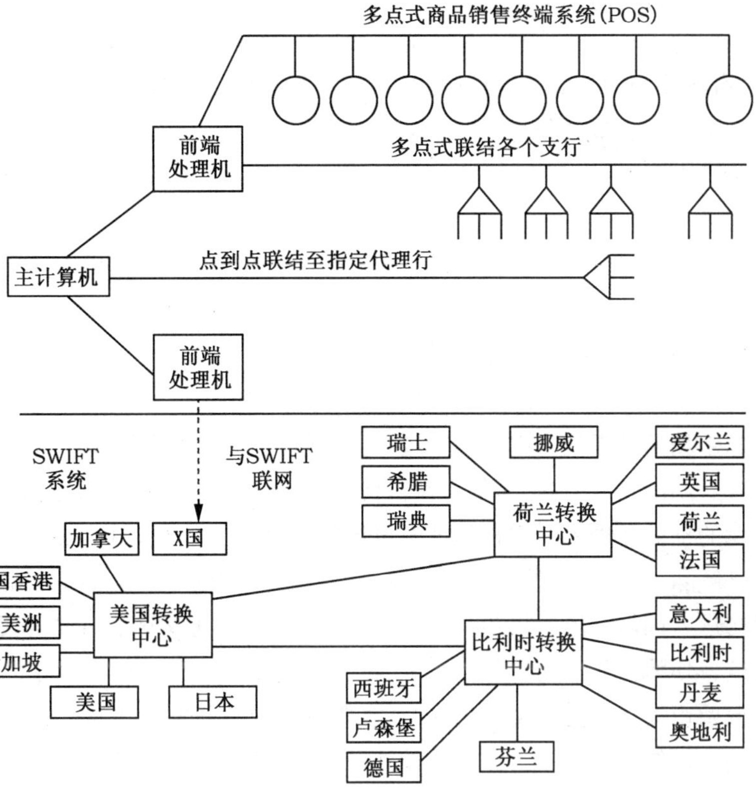

图 11.4 某国银行 SWIFT 系统运行图

场和短期资金融通市场)、国际资本市场(即国际股票市场、国际债券市场和长期资金融通市场)及国际金融衍生市场。国际金融市场的一体化具体表现为各类金融市场一体化的状态。

(一)国际货币市场

1. 国际外汇市场

外汇市场虽然是最古老的国际金融市场之一,但在当代的运行与发展中,却表现出旺盛的生命力,尤其是自 20 世纪 70 年代初布雷顿森林体系崩溃之后,汇率的波动幅度加大,使外汇市场分外活跃,无论是交易方式或品种还是交易规模均有迅猛的增长。而交易方式或交易品种与交易规模的增长是密切相关的。外汇市场除传统的现货业务外,近 20 年来新兴的衍生品交易方式——包括期货或远期及其互换或掉期(Swap)方式迅猛的发展,是导致外汇市场规模大幅度增长的主要因素。外汇市场运行的实践证明,国际外汇市场一方面以其灵敏的外汇价格机制引导着国际贸易与国际投资进行高效运转,另一方面它又衍生出各种灵活的现代手段与方式帮助国际贸易与投资的参与者规避风险,推动着国际外汇市场一体化的深入发展。

2. 短期资金融通市场

这是指经营一年以内的资金融通市场,在为当代国际经济活动提供高度流动性管理工具与手段、满足短期国际资金需求的过程中亦获得了很大的发展。短期资金融通市场中的主要金融工具有:(1)主要西方国家的政府短期债券;(2)银行与其他金融机构的大额存款单;(3)金融机构与公司商业承兑票据;(4)非银行对银行的短期批发存款;(5)银行间货币拆借;(6)公司短期债券;(7)浮动利率票据等。其中银行间货币拆借具有重要的地位,它具有高度活跃性、市场流动性及对经济反应的敏感性,基于此,伦敦银行同业拆借利率(LIBOR)成为国际金融市场中的基础利率。

(二)国际资本市场

1. 国际债券市场

国际债券市场主要包括以下种类的债券发行与交易:(1)单纯的固定利率债券;(2)与股票相连的债券,其中又分为两大类:股票购买权证债券与可转换股票的债券;(3)浮动利率债券;(4)股权保证债券;(5)零息债券;等等。

2. 国际股票市场

国际证券市场的发展使国内证券市场与国际证券市场日益联为一体。如今,在多数发达国家,隔离国内和国外证券交易的大量机构性障碍已经消除。例如,非居民进入日本国内市场发行日元的证券和进入欧洲日元证券市场的限制已经放松,日本银行发行欧洲日元债券的限制也已解除。在德国,外资银行已被允许发行马克债券。美国、英国、法国都取消了外国证券机构进入国内市场的限制,英国、法国、德国还相继废除了对非居民征收利息预扣税的规定。这一切使得各国的证券市场融为一体,相互间的联系密不可分。

在国际股票市场规模迅速发展的同时,股票市场的品种也有新的扩展。除了股票期权、股指期货与期权可纳入衍生品市场的品种外,带有强烈国际性的股票存托证交易在国际股票市场上迅速发展。这类股票存托凭证最早在20世纪70年代的美国产生,但到80年代以后才真正在国际上发展。除了在美国市场上交易的美国存托凭证(ADR)外,1990年出现了称为全球存托凭证(GDR)的国际股票发行与交易。其一旦出现,增长非常迅速。ADR与GDR的发展,尤其使发展中国家在外汇体系、支付结算体系及证券管理体系等尚未与国际贸易接轨时亦可进入国际资本市场,也使国际投资者大大扩展了证券投资的国际范围。

3. 中长期国际融资市场

它也称国际信贷市场,其业务构成主要有以下两个方面:(1)国际中期借款便利;(2)辛迪加贷款安排。在国际中期借款便利或设施中,主要包括欧洲商业票据和欧洲中期票据等。这两类市场均是继欧洲货币市场形成之后在20世纪七八十年代中期发展起来的。

国际辛迪加贷款长期以来是国际信贷市场的主体,自国际债务危机后,该市场发展受到影响,但进入20世纪90年代又获得了较大的发展。其中欧洲贷款以远高于外国贷款的规模在发展;参与国际辛迪加贷款的国别不断扩大,贷款规模不断增加,其中发展中国家尤为突出。

(三)国际金融衍生市场

20世纪80年代以来国际上金融工具创新形成了交易极其活跃、成长性极强的金融衍生市场。国际金融衍生市场有四大构成:(1)外汇远期、期货与期权及掉期;(2)利率期货与期权及掉期;(3)多种股票指数的期货与期权,以及单一股票的期权;(4)有关商品的期货与期权。目前国际衍生市场发展已经达到十分巨大的规模。

金融衍生市场的一体化是国际金融市场一体化的一个重要方面,这是金融创新的必然

结果,具体而言,金融创新从以下几方面加深了金融市场一体化:

首先,货币掉换交易广泛使用,明显地促进了贷款人和借款人进入市场的数量,借贷双方因此可能进入那些因外汇管制或成本太高而无法进入的市场。例如,某个国际机构可采用借入其他货币并进行掉换的方式,不断筹借瑞士法郎资金而不直接在瑞士法郎市场上筹集相同规模的资金以回避投资者对它的抵制。调换交易对一些非广泛交易的货币和市场尤为重要,安排货币调换的可能性,无疑会鼓励借款人选择他们通常难以进入或不愿进入的市场。这样创新的市场不仅增加了国际借款人进入市场的数量,而且还将一些相对不重要的货币和市场与主要的国际金融中心联结起来。

其次,利率掉换则使借款人获得一种在其他情况下可能不适用于借款人的融资方式,从而将各个市场联结了起来。例如,信用评级不高的公司本来仅限于发行价格较昂贵的"垃圾债券",现在通过利率掉换,则可以筹借到固定利率的资金。利率掉换还是克服国内市场和世界其他地区市场壁垒的重要纽带,使不同利差级差和风险互相调剂,从而导致国内和国外市场一体化。

再次,票据发行便利将美国的备用银行引入欧洲市场,使国际银团在全球范围内提供备用信贷,从而大大有助于国际金融市场的一体化。另外,票据发行便利为那些从未进入过国际金融市场的贷款者提供了一条进入国际金融市场的初始手段,从而开辟了一条通向国际金融市场的道路。

最后,期权交易促进国际金融市场一体化的作用也非常显著。第一,不同金融市场上的客户买卖期权为各自的交易风险进行冲销自己出售给客户的期权,结果便使不同市场的联系更为密切;第二,银行要一天 24 小时地调整期权头寸,就必须在全世界不停地进行套期保值交易,这就客观上促进了各个市场上交易所之间的联系,使各个交易所逐渐走向一体化。

三、国际金融市场资产价格的相关性

早在 1978 年 Garbade 和 Silber 进行的研究就表明,由于电子通信技术的运用和欧洲电缆的铺设,使国际金融市场之间的价格差异迅速缩小。后来的 Agmon 和 Hiliard 分别运用月度数据资料和每日数据资料,实证了各国证券市场价格指数的相关性。1993 年 Arshanapali 和 Doukas 两位学者基于大量的资料和事实,证明了各国金融市场的相关性。最近 Maggie Copeland 和 Tom Copeland 的分析也显示了这一结果,他们运用回归方程研究了不同地区市场经济指数的相关性和不同国家金融资产收益率的相关性。回归方程如下:

$$R_{k,t}=\alpha_j+\beta_j(R_{j,t-n});n=0-4$$ ①

式中:$R_{k,t}$ 为 K 地区(国家)在 t 日的收益率;α_j 为回归截距;β_j 为不同地区(国家)收益的相关性;$R_{j,t-n}$ 为 J 地区(国家)在 $t-n$ 日的收益率;n 为时滞天数;t 为时间。

根据上述回归方程,对国际金融市场的实证分析如表 11.2 和表 11.3 所示。

① Maggie Copeland & Tom Copeland. Leads, Lags and Trading in Global Markets. *Financial Analysts Journal*. July/August 1988, p. 21.

表 11.2　　　　　　三大主要地区收益相关性(1992 年 1 月至 1997 年 3 月)

地　区	β_0	β_1	β_2	β_3	β_4
美洲为独立变量					
美洲	0.000	0.091	−0.002	−0.067	−0.054
	(0.000)	(3.291)	(−0.063)	(−2.417)	(−1.943)
太平洋地区	0.073	0.385	0.077	0.003	−0.016
	(1.393)	(7.459)	(1.450)	(0.050)	(−0.295)
欧洲	0.183	0.392	−0.061	0.028	−0.052
	(5.374)	(11.924)	(−1.764)	(0.820)	(−1.508)
太平洋地区为独立变量					
美洲	0.20	−0.004	−0.004	−0.003	−0.002
	(1.393)	(−0.275)	(−0.245)	(−0.184)	(−0.114)
太平洋	0.000	0.076	−0.033	−0.014	0.051
	(0.231)	(0.024)	(−0.004)	(−0.007)	(−0.027)
欧洲	0.231	0.024	−0.004	−0.007	−0.027
	(13.726)	(−1.317)	(0.204)	(−0.381)	(−1.429)
欧洲为独立变量					
美洲	0.117	−0.003	−0.032	−0.003	0.025
	(5.374)	(−0.119)	(−1.439)	(−0.120)	(1.121)
太平洋	0.538	0.079	0.028	0.034	0.024
	(13.726)	(1.897)	(1.670)	(0.813)	(0.566)
欧洲	0.000	−0.021	−0.017	−0.043	−0.030
	(0.000)	(−0.755)	(−0.629)	(−1.570)	(−1.098)

注:各地区的收益均以美元表示。

资料来源:*Financial Analysts Journal*,July/August 1998.

表 11.3　　　　主要国家(地区)金融市场收益相关性(1992 年 1 月至 1997 年 3 月)

国别	β_0	T_0	β_1	T_1	β_2	T_2	β_3	T_3	β_4	T_4
美洲										
加拿大	0.585	22.567	0.185	6.101	0.000	0.008	−0.007	−0.228	−0.019	−0.629
墨西哥	0.878	8.939	0.275	2.721	0.024	0.235	−0.151	−1.473	−0.113	−1.111
美国	0.000	0.000	0.077	2.825	−0.001	−0.037	−0.082	−3.005	−0.054	−1.946
欧洲										
奥地利	−0.024	−0.540	0.314	7.316	−0.024	−0.539	−0.038	−0.860	−0.014	−0.322
比利时	0.058	1.564	0.325	8.936	0.019	0.502	0.051	1.361	−0.027	−0.710
丹麦	0.002	0.055	0.322	7.599	0.031	0.702	0.036	0.826	−0.016	−0.377

续表

国别	β_0	T_0	β_1	T_1	β_2	T_2	β_3	T_3	β_4	T_4
芬兰	0.119	1.604	0.682	9.524	0.029	0.387	0.094	1.269	−0.105	−1.415
法国	0.220	5.233	0.361	8.707	−0.053	−1.229	−0.026	−0.614	−0.060	−1.410
德国	0.037	0.824	0.557	13.008	−0.086	−1.885	0.074	1.613	−0.119	−2.593
美洲										
爱尔兰	0.062	1.414	0.466	11.059	0.005	0.113	0.028	0.644	−0.035	−0.790
意大利	0.199	2.779	0.466	6.568	−0.132	−1.821	0.096	1.322	0.002	0.029
荷兰	0.012	3.146	0.449	13.307	−0.055	−1.536	0.030	0.827	−0.046	−1.287
挪威	0.186	3.456	0.495	9.408	−0.097	−1.774	0.074	1.367	−0.059	−1.074
南非	0.012	0.271	0.301	6.999	0.057	1.307	0.074	1.683	0.068	−1.539
西班牙	0.245	5.045	0.350	7.266	0.015	0.309	0.020	0.400	0.037	0.744
瑞典	0.284	5.221	0.499	9.328	0.060	1.091	0.021	0.373	−0.036	−0.640
瑞士	0.042	0.973	0.384	9.179	−0.006	−0.141	0.067	1.557	−0.089	−2.056
英国	0.224	5.866	0.300	7.937	−0.059	−1.524	0.020	0.524	−0.042	−1.092
太平洋										
澳大利亚	0.147	3.352	0.527	12.631	0.086	−1.943	0.010	0.224	0.083	1.886
中国香港	0.120	1.966	0.749	12.955	0.027	0.446	0.008	0.123	−0.003	−0.049
印度尼西亚	−0.016	−0.280	0.247	4.726	0.053	0.924	0.022	0.379	0.009	0.157
日本	0.041	0.680	0.328	5.469	0.096	1.576	−0.010	−0.167	−0.032	−0.521
马来西亚	0.139	2.547	0.377	6.991	0.070	1.268	−0.016	−0.283	0.029	0.532
新西兰	0.013	0.278	0.521	11.562	0.006	0.120	0.016	0.343	−0.020	−0.424
菲律宾	0.087	1.209	0.249	3.457	−0.019	−0.262	0.034	0.467	−0.030	−0.417
新加坡	0.116	2.362	0.471	9.878	0.041	0.831	−0.053	−1.069	−0.012	−0.244
韩国	−0.018	−0.246	0.115	−0.563	0.020	0.277	0.016	0.223	0.029	0.398
中国台湾	0.010	0.125	0.212	2.527	0.096	1.142	0.035	0.415	−0.188	−2.229
泰国	0.030	0.379	0.396	5.063	0.224	2.830	0.119	1.507	0.012	0.157
平均数	0.141		0.379		0.005		0.022		−0.029	

资料来源：*Financial Analysts Journal*, July/August 1998.

第六节　国际金融市场的结构及其变化

从体制和运行的不同角度，国际金融市场结构可区分为国际金融市场的体制结构和国际金融市场运行结构。

一、国际金融市场体制结构及其变化

从体制结构的角度看，国际金融市场可分为两种类型：

1. 传统的国际金融市场

传统的国际金融市场(或称国别性的国际金融市场)是受市场所在国政府政策与法规管辖的金融市场。这类国际金融市场,经历了由地方性金融市场,到全国性金融市场,最后发展为世界性金融市场的历史发展过程。它是基于所在国工商业基础,对外贸易与对外信贷等强大的经济实力,由一国的金融中心发展成为世界金融市场。如伦敦、纽约、苏黎世、巴黎、东京、法兰克福、米兰等都属于这类国际金融市场。

2. 新型的国际金融市场

新型的国际金融市场是指第二次世界大战后形成并发展起来的离岸金融市场(Offshore Finance Market),它与传统的金融市场相比,具有明显的特点:首先,在离岸金融市场中的交易活动不受任何国家政府政策和法令的管辖。其次,离岸金融市场的形成不以所在国强大的经济实力和巨额的资金积累为基础,只受市场所在国家(或地区)政治稳定、地理方便、通信发达、服务周到、条件优越,并实行较为突出的优惠政策,就有可能发展成为这种新型的国际金融市场。这类新型的国际金融市场主要有欧洲货币市场(新加坡、中国香港等金融中心)、中东货币市场(巴林等金融中心)和拉美货币市场(开曼群岛、巴哈马等金融中心)。

第二次世界大战后,尤其是 20 世纪 80 年代以来,随着世界经济的增长和国际经济一体化的深入发展,国际货币金融业务迅速扩大,国际金融市场有了很大的发展。"国际金融市场即国际金融中心形成的条件是:有较强经济实力,本国货币实行自由兑换,并且是国际贸易和国际清算中心;金融机构比较集中和完备,金融管理制度比较健全,并有高度发达的国内金融市场,便于从事大规模国际资金交易;拥有一个有广泛国际联系的自由外汇市场;拥有较稳定的政治环境和较灵活的货币金融政策,便于外国银行与金融机构的进入;有适宜的地理位置、方便的交通条件、现代化的国际通信设备和其他基础设施。"①第二次世界大战后越来越多的国家和地区具备上述条件,从而涌现了一批国际金融中心,其中新型的国际金融中心只要具备上述条件中的某些要件便可形成。在这样的背景下,当代国际金融市场呈现出下列主要特点:

第一,地理分布多样化。在第一次世界大战以前,在金本位制下,国际金融市场只有伦敦。第一次世界大战以后,美元开始作为国际通货,第二次世界大战后,在布雷顿森林体制下,美元独占了国际通货的地位,纽约成为国际金融市场。20 世纪 60 年代末 70 年代初,随着美国经济实力相对衰退,国际收支的恶化,尤其是"尼克松危机"的出现,美元的地位开始下降,同时随着德国、日本等战后经济的恢复,以及德国马克和日元的国际化,国际金融市场除了伦敦、纽约外,又增添了法兰克福和东京等,呈现出国际金融市场中的国别市场向地理多样化发展。继 50 年代末欧洲货币市场的出现,先后形成了拉美货币市场、中东货币市场和亚洲货币市场等离岸金融市场,新型的国际金融市场也表现出地理多样化的特点。

第二,"在传统的国际金融市场基础上,新型的国际金融市场形成并迅速发展。"②传统的国际金融市场有伦敦、纽约、苏黎世、巴黎、东京、法兰克福、米兰等金融市场。新型的国际金融市场一部分在上述各金融市场增设离岸金融业务,从而使其成为离岸金融市场;另一部

① 郭吴新:《当代世界经济格局与中国》,湖北教育出版社 1997 年版,第 149 页。
② 郭吴新:《当代世界经济格局与中国》,湖北教育出版社 1997 年版,第 151 页。

分则是第二次世界大战后50年代末以来经欧洲货币市场以后出现的一系列金融市场，目前离岸金融市场几乎分布在世界所有的地区，如加拿大、卢森堡、新加坡、中国香港、马尼拉、曼谷、巴林、贝鲁特以及拉美的巴哈马、巴拿马、开曼群岛、安弟列斯群岛等地都建成了离岸金融中心。

二、国际金融市场运行结构及其变化

国际金融市场最早的活动是国际银行业务，即国际信贷市场。在20世纪之前国际金融市场基本上就是国际信贷市场。20世纪上半叶发展出国际保险市场、国际外汇市场与国际证券市场。第二次世界大战后特别是20世纪70年代以后，各类国际金融市场不断拓展，形成了国际同业银行拆放市场、国际企业收购与兼并咨询市场、欧洲货币与欧洲债券市场、国际股票市场、国际期货市场及国际金融衍生市场，且品种不断增加，业务量不断增长。

就当代国际金融市场的运行而言，体现为三个层次的结构特征，即主金融市场、次金融市场和外围金融市场。主金融市场是指国际外汇市场、国际债务（包括国际债券和中长期国际资金融资如国际辛迪加贷款等）市场、国际股票市场、国际货币市场和国际金融衍生市场等五大类国际金融市场。在这五类主要市场之外，是一些相对分散或规模略小的次金融市场，包括投资信托咨询市场、保险市场、企业收购与兼并咨询市场、租赁市场、资产与资信评估市场等等。在以上次金融市场的外围，则是一些具有投资服务性质的准金融市场以及与这些金融市场服务、关系密切的连带性边缘金融市场，前者主要包括房地产市场，后者主要包括会计、审计行业、法律服务行业、信息媒介行业、电脑技术行业等。五大主要金融市场、次金融市场与外围金融市场这三大层次构成了国际金融市场的业务内涵，形成了国际金融市场的运行结构特征。

复习与思考题

一、名词解释

1. 金融创新
2. 金融管制
3. 金融期货
4. 金融期权
5. 欧洲货币市场
6. 国际金融市场一体化
7. 机构投资者
8. 国际金融衍生市场
9. 国际金融市场运行结构

二、简述题

1. 简述“约束诱导型”金融创新理论。

2. 简述“规避管制型”金融创新理论。
3. 简述金融工具创新的类型。
4. 简析欧洲货币市场的成因。
5. 简述金融创新导致的问题与挑战。
6. 简述国际金融市场一体化的原因及其影响。
7. 简述国际金融市场一体化的主要内容。

三、论述题

1. 试析金融创新的背景、成因、表现及其影响。
2. 试析国际金融市场的结构及其变化。

第十二章

货币一体化理论与欧洲货币一体化

学习目的与要求

1. 掌握蒙代尔的最适(最优)货币区理论。

2. 掌握关于最适(最优)货币区的传统分析方法和成本-收益分析方法。

3. 掌握共同货币政策问题(包括共同货币单位即篮子货币问题、共同货币政策条件问题以及单一货币问题)的理论分析。

4. 了解欧洲货币体系的形成与发展历程。

5. 了解欧洲货币联盟的产生与发展,并能做出简要评价。

欧洲经济一体化在国际经济一体化中具有典型意义,尤其是欧洲货币体系的发展和欧元(Euro)的诞生,在整个世界经济中具有极其重要的意义。

以欧共体委员会提出的维尔纳报告(Werner Report,1970;又称维尔纳计划)为标志,欧洲经济共同体各成员国开始了建立欧洲货币体系的努力。欧洲货币体系(European Monetary System, EMS),在20世纪70年代初创建后直到80年代末,只是欧洲经济共同体范围内的一种区域性货币合作的制度,其特征是以区域性综合货币单位ECU(European Currency Unit)为基准,以区域货币合作基金EMCF(European Monetary Common Fund)为保证手段的稳定汇率机制。欧洲货币体系是第二次世界大战后固定汇率体系(布雷顿森林体系)崩溃后,集固定汇率和浮动汇率为一体的新型国际货币合作形式,是欧洲经济一体化的重要组成部分。在欧洲货币体系的运行过程中,尤其是向单一货币体系过渡的过程中,不少学者提出这样或那样的疑虑,但是,随着《马约》(1991年12月10日)的订立,特别是1999年1月1日欧元的诞生和2002年1月1日欧元纸币和铸币的正式流通,所有的疑虑都烟消云散了。它表明区域内的货币一体化正式形成,标志着欧洲经济一体化迈出了实质性的一步。

欧洲单一货币体系的形成,使国际货币体系发生了巨大的变化,它不仅可能引起整个国际货币体系的重大变革,而且也必将对整个世界经济的发展产生重大影响。

第一节 最适货币区理论

最适货币区(Optimum Currency Area)概念是由蒙代尔最早提出的,并由货币区(Currency Area)理论演变而来的。1961 年国际货币基金组织特别研究处任职的经济学家蒙代尔(Mundell)在《美国经济评价》(9 月号,第 LI 卷,第 4 期)上发表了《最适货币区的一种理论》(A Theory of Optimum Currency Area)一文,首先提出了最适货币区概念,并对区域货币一体化作了最初的探讨。

货币区是指一组国家拥有同一种货币(货币一体化)或即便使用不同货币但保持固定汇率和货币完全自由兑换。这里存在着一个货币区的适度规模问题,尤其是一国加入货币区的利益问题。关于最适货币区的理论,还有两种理论比较具有代表性:一种是传统分析方法(The Traditional Approach),这种理论试图勾画出确定最适货币区的重要标准;另一种是成本-收益分析法(The Cost-benefit Approach),它认为加入货币区既有成本又有收益,因而"适度性"必须通过成本-收益分析加以确定。下面首先介绍蒙代尔关于最适货币区的论述,其次介绍关于最适货币区的传统分析方法,最后介绍成本-收益分析方法。

一、蒙代尔的最适货币区理论

蒙代尔把货币区分为两种类型:一种是有单一货币的货币区;另一种是多种国家货币并存但利用固定汇率连接的货币区。他认为两种货币区的国际收支调节和国内经济的稳定机制是不同的。在具有单一货币、单一中央银行的货币区内,调节机制是传递性的,而在有多种货币并存的固定汇率区内,调节是有条件的。他以 A、B 两个经济实体(国家或区域)为例分析了不同的原因。

假定 A、B 两国或区域最初处于充分就业和外部均衡状态,当 B 国增加对 A 国的商品需求,平衡被打破,调节过程便是:若 A、B 两国不是同一货币区的国家,B 国对 A 国收支逆差、失业增加,而 A 国顺差、通货膨胀发生。浮动汇率将阻止 A 国的顺差和 B 国的逆差。若 A、B 两国是同一货币区的国家且货币不同,由于采用固定汇率,那么,B 国的失业状况由 A 国忍受通货膨胀压力的意愿决定。若 A、B 两国是同一货币区且拥有共同货币的两个国家的情况下,纠正 B 国的逆差,减少其失业,单一中央银行要增大货币供给,但这样做将产生 B 国通货膨胀,同时加重 A 国通货膨胀的压力。这表明,实现充分就业对具有单一货币的货币区会产生普遍通货膨胀的压力。

蒙代尔进一步指出,上述例子说明浮动汇率在单一货币国之间纠正内外不平衡是较好的,但是,这仅仅是表面上的,他以美国和加拿大来模拟整个世界,假定世界由美、加组成,同时世界又分为东部和西部两个地区,东部生产汽车而西部生产木制品,当东部汽车生产过剩而西部木制品供给不足时,两国中央银行都增加货币供应来减少东部失业,或采取措施阻止西部的通货膨胀,同时运用浮动汇率来纠正两国的不平衡。这样,两国的对外收支失衡可能被纠正,两国国内的东西部问题被解决,但世界范围的东西部问题会加重,这表明,浮动汇率不能解决区域的平衡问题,国际收支平衡通过浮动汇率来纠正只是表面上的。他指出,如用东部货币和西部货币取代美元和加拿大元，且东西部货币相对浮动，则东西部因需求转移而导致的两难问题可以同时解决。全球收支不平衡问题与此相类似。因此，他主张用区域性货币取代单个国家货币，进而提出了最适货币区问题。

蒙代尔探讨了最适货币区的条件。他指出，最适货币区是一个生产要素高度流动的地区，不管它是具有单一共同货币的货币区，还是具有多种货币的货币区。这样，当区域内各国发生需求转移，国际收支不平衡时，生产要素流动可以使之达到自动平衡；而当该区域对其他区域（或其他国家）发生不平衡时，可以通过浮动汇率来纠正。换句话说，生产要素自由流动是区内的平衡机制，浮动汇率是最适货币区与外部的平衡机制。他还指出，建立一个最适货币区还需要区域内部深刻的政治变革和政治重组，因为生产要素的流动和货币的联合或统一涉及国家主权的让渡，因此政治同盟是必要的。

二、传统分析方法

继蒙代尔提出最适货币区理论之后，西方学者对此展开了广泛的讨论。关于建立最适货币区的条件问题，不同的学者有不同观点，分别提出了不同的标准。有代表性的学者有Ishiyama、Tower、Willet、Allen 和 Kenen 等人，他们的观点可统称为传统分析方法。概而言之，他们认为建立最适货币区的条件包括以下几个方面：

1. 国际生产要素的流动性

当采用浮动汇率制的各国之间生产要素的流动性较差时，建立货币区域，增进生产要素的国际流动，可以获得更大的收益。生产要素的高度流动性也要求区域内部的国际调节高度集中，从而可以消除国际收支失衡问题。例如，当区域内的一个国家因为其他国家的需求减少而使其出口下降，整个区域内的收入与消费降低，这时有必要站在整个区域经济的角度增强金融支持力度，提高消费能力，区域政策干预可以增进资本要素流动，达到预期目标。同时，劳动力的高度流动性，可以使一个国家的失业工人自由流向区域内的其他国家并在那里实现就业。很显然，如果缺乏必要的生产要素流动性，要消除国际收支不平衡，需要实行可变的汇率制度。因此，要建立最适货币区，首先要保证生产要素的流动性，只有这样，才能解决国际收支失衡问题，保证固定汇率的实现。

2. 经济开放程度

经济开放程度可以通过国际贸易商品生产部门和非贸易商品生产部门的相对重要程度加以衡量。如果一国的贸易商品在国内生产总值中占有很高比重，那么，加入货币区就可以获得更大利益。假设一个高度开放的经济体发生了国际收支逆差，若是用汇率下降加以调整，价格相对变化将引致资源由非贸易品生产部门流向贸易品生产部门，从而满足出口需求，但是，国内需求的满足只能通过进口替代品来实现，这将意味着国内较大的通货膨胀的压力。在这种情况下，采用固定汇率和压缩支出政策将更加有效。

3. 产品多样性

产品具有多样性的国家会有较大的产品出口范围，如果排除宏观经济因素对出口范围的影响（如通货膨胀可能引起国内商品价格上涨），一般来说，产品越具有多样性的国家，出口业绩越佳，与产品相对单一的国家相比，它的自主性越强，也有更大的能力平抑国际收支的不平衡。因为,产品多样性的国家总出口相对稳定,出口形势的变化对其国际收支状况影响不大,而产品单一性强的国家则不同,出口形势的变化会带来对国际收支的较大影响。因此,产品多样性强的国家并不太信赖汇率变化,并有条件实行固定汇率。

4. 金融一体化程度

这个条件某种程度上涵盖了第一个方面的条件,但它更加强调资本自由流动在国际收支平衡中的作用。如果存在着高度的国际金融一体化,就不需要通过汇率变动去实现外部均衡,因为只要通过利率的适当调整,便可以引起资本的流动,从而实现国际收支均衡,在这种情况下,即在实现了国际金融一体化的一定区域内,保持固定汇率是有可能的。当然,并不是说,在国际金融一体化的条件下可以取消对国际资本流动的所有限制。

5. 相近的通货膨胀率

各国通货膨胀率的较大差异会引起各国贸易条件的变化,进而对商品流动产生重大影响,导致经常项目失衡,这就要求通过汇率的变动加以调节。相反,若各国通货膨胀率相同或相近,贸易条件不会发生较大变化,这样,在货币区内的固定汇率可以实现经常性项目的平衡。

6. 政策一体化的程度

政策一体化可以由各成员国的政策协调向完全一体化过渡,完全一体化需要各成员国进行货币主权和财政主权的让渡,把货币与财政权力交由超国家的机构行使。超国家的货币当局统一管理区域内的国际储备、域内各成员国间的汇率及其对域外的汇率,并统一对域内各成员国进行货币分配。超国家的财政当局统一行使税收政策、转移支付政策和其他财政政策。另外,完全经济一体化还需要实现各种形式的政治一体化。

三、成本-收益分析方法

一国加入货币区,既有成本也有收益。在成本与收益共存的情况下,运用一些社会偏好函数,进行成本与收益分析,进而做出审慎的选择,是很有必要的。一国在做出抉择时,需要考虑的因素是多种多样的,且国家不同,因素不同;不同时期,所要考虑的因素也会发生变化,因而很难有一个统一的标准。但是,这并非说不可以进行描述性的成本与收益分析。Edgardo Gandolfo 对西方学者的相关论述进行了归纳,同时考虑多种因素,提出了他的成本-收益分析法。

1. 货币区的主要收益

(1)固定汇率可以消除投机资本在成员国之间的流动。当然,这需要域内各成员国对固定汇率拥有充分的信心;否则,即使是可调整的钉住汇率制下,投机也必然发生。

(2)节约外汇储备。区域内各成员国之间不再需要为交易而保有外汇储备。

(3)货币一体化有助于推动经济政策一体化,甚至是经济一体化。货币一体化给各成员国带来利益(如消除通货膨胀)的同时,也要求各成员国承担相应的义务(如维持固定汇率),这样,必然推动各成员国的经济政策协调和一体化。随着经济政策一体化体现出无可争辩的绩效后,经济一体化也就会成为必然趋势。

(4)货币区在某种意义上还会有政治型收益。因为,货币区作为一个经济共同体而不是单个国家同外部世界发生关系，有利于提高对外协议地位。

2. 货币区的成本

(1)成员国失去了货币政策和外汇政策的自主性

金融一体化和相应的资本完全流动性，使货币政策显得更加重要，在此基础上，成员国原中央银行的职能将被一个超国家的中央银行所取代。各成员国不再可能把汇率管理作为政策工具，这样，如果不同成员国的工资率、生产效率和价格发生了变化，将会带来一些问题；如果再有来自域外的冲击，会使这些问题更加严重。

(2)成员国财政政策受到限制

在固定汇率制下，货币政策无效，而财政政策完全有效。这个命题成立的前提是国家为单一国家。但是，一旦一个国家隶属于货币区，那么它的财政政策就要受到区域整体目标的约束(如保持区域对外收支均衡)。区域联动的财政政策考虑的是大多数成员国利益，必然损害部分成员国利益。

(3)失业增加的可能性

假定货币区内成员国中一国处于低通货膨胀和对外顺差状态，而其他成员国则处于高通货膨胀和对外逆差状态，那么，后者将处于高通货膨胀的压力之下，不再可能采用通货膨胀政策，只能实行紧缩性政策，而紧缩性政策必然带来就业水平下降。按照货币学派的主张，即低通货膨胀在长期内对一国的经济是有利的，但问题在于多长的时期才叫长期呢？即使认可货币学派理论的正确性，也不能否认短期成本的存在。

(4)原有的国内均衡状态被打破的可能性

一般来说，在消除管制的条件下，国际资本流动的速度大于国际劳动力流动的速度。一国可能发生的情况是，资本因追逐更大的收益而流向其他成员国，而劳动力的流动相对较慢，这会使国内不发达地区的落后问题更加严重。

当一国决定是否加入货币区时，全面考虑上述的成本与收益，才能做出理性选择。但是，由于不同国家的社会偏好不同，使这种选择过程极其复杂。

第二节 共同货币政策问题

一、共同货币单位与货币篮子

无论是最高层次的货币一体化(如完全货币一体化)，还是较低层次的货币一体化(如货币区成员国固定汇率制)，都需要确定成员国间的货币平价，即所谓“平价范围”。设存在 n 个成员国，平价范围就存在 $n(n-1)$ 个双边汇率，因为，每一种货币都与其他货币形成 $(n-1)$ 个双边汇率，这便是确定区域货币单位的基础。从理论上来说，确定区域共同货币单位有两种方式：一种是选择一个外在于区域内各种货币的单位，即不与任何成员国的货币相关或不与各成员国货币组合相关的货币单位，如黄金；另一种方式是选择一个内在于区域内各种货币的单位，即或是一个成员国的货币，或是各成员国货币的组合。第一种方式不利于国际调节(如以黄金作为国际货币的基础，就很难保证其域内外的流动性)。第二种方式还存在着两种选择，其一是把某一个成员国的货币国际化，使之成为区域货币；其二是确立一个组合货币单位，即由区域内各种货币组成的货币单位，前者意味着区域内的某一个成员国处于压倒性的优势地位，这将像布雷顿森林体系下的美元那样带来一些内在的问题，后者意味着需要确定一个"货币篮子"(Basket of Currencies)或"篮子货币"(Basket-Currency)，它是由事先确定的区域内各种货币的固定的比重组成的，这个比重是通过共同协议确定的一些标准决定的，各种货币在货币篮子中比重的大小与各成员国相应的经济地位相联系。

如果用 $q_1,q_2,\cdots,q_n$ 表示各种货币的量，且由它们组成的"篮子货币"表示为 N，那么，就有下列公式：

$$\{q_1,q_2,\cdots,q_n\}=N \tag{12.1}$$

换一种表达方式，可表示为：

$$q_1\text{ 单位的货币 }1+q_2\text{ 单位的货币 }2+\cdots+q_n\text{ 单位的货币 }n\rightarrow N \tag{12.2}$$

这里用符合"→"代替等号"＝"，表明右边并不是左边的简单算术加总，只是表明确定 N 的内容的操作方式。

给定双边汇率 r_{ks}，我们可以通过每一种货币来确定 N 的价值，N 对第 j 种货币的汇率可表示为：

$$R_j=\sum_{k=1}^{n}q_k r_{kj},j=1,2,\cdots,n \tag{12.3}$$

式中：$r_{kj}=1$，如果给定货币篮子中各种货币的比重和篮子货币的价值，那么，就可以得出货币篮子中各种货币的权重 (b_j)，即：

$$b_j=\frac{q_j}{\sum_{k=1}^{n}q_k r_{kj}},j=1,2,\cdots,n \tag{12.4}$$

式中：$\sum_{j=1}^{n}b_j=1$，因为权重之和等于1个单位。

二、共同货币政策条件

现在我们来检验共同货币政策是不是货币一体化的必要条件。对这个问题的分析可以运用利率平价条件。假定资本完全自由流动，同时存在着资产完全替代性和资产不完全替代性两种情况。在资产具有完全替代性的情况下，利率平价公式为：

$$i_h=i_f+\frac{\bar{r}-r}{r} \tag{12.5}$$

在资产不具有完全替代性的情况下，因存在风险成本 δ，利率平价条件发生了改变，即：

$$i_h=i_f+\frac{\bar{r}-r}{r}+\delta \tag{12.6}$$

首先来看式(12.5)，在较高程度货币一体化的货币区内，汇率是固定的，因而$(\bar{r}-r)/r=0$，相应地：

$$i_h=i_f \tag{12.7}$$

在资产具有完全替代性的前提下，货币量是对利率唯一起着作用的因素，因此，我们只

要考察货币市场均衡(内部均衡和外部均衡)就够了。这样,我们得到:

$$P_hL_h(Y_h,i_h)=M_h \tag{12.8}$$

$$P_fL_f(Y_f,i_f)=M_f \tag{12.9}$$

即使假设价格水平和产出为既定的量,式(12.7)、式(12.8)、式(12.9)仍是未解的方程,因为尚存在4个未知量,即两个货币供给量和两个利率,也就是说,在上述两国模型中,存在着货币供给和利率两种重要的未决因素,因此,两国必须在货币政策方面协商一致,才能保证利率平价条件的实现,保持货币区内的固定汇率。例如,若外国是处于支配地位的国家,它把货币供应量确定为M_f,式(12.9)便决定了i_f的水平,为了保持固定汇率,由式(12.7)可知i_h的水平,相应地M_h由式(12.8)决定。这样本国必须将货币供给量维持在M_h的水平上,否则,货币区就会受到损害。事实上,如果本国努力保持较大的货币供给量,便会导致$i_h<i_f$,结果必将引起资本向国外流出,除非采取限制资本流动的措施,而限制资本流动又是与货币一体化的要求相矛盾。解决的办法唯有两国达成货币政策一致,实行共同的货币政策,这对于货币区是非常必要的。

上述简单模型的分析所得出的结论在复杂模型中也是正确的。分析式(12.6),需要考虑的因素将更加复杂,如货币和其他金融资产,以及决定资产市场均衡的决定因素等,但是,结论仍将是:共同货币政策是货币区的必要条件。

三、单一货币问题

货币区实行各成员国之间实行不同货币的固定汇率,还是实行单一货币,关键在于两者孰优孰劣。一般认为,单一货币可以提高效率,在某种程度上优越于固定汇率,因此,货币同盟把实行单一货币作为其追求的目标。Edgardo Gandolfo认为,对单一货币问题的分析框架仍可采用成本—收益分析。

1. 单一货币可以消除采用多种国家货币存在的大量内在问题和不足。实行单一货币可带来的收益有以下若干方面:

(1)消除货币替代的不完全性,实现货币同盟各成员国之间货币的完全替代性。货币具有三个基本功能,即记账单位、支付手段和储藏手段。一俟成员国之间建立起牢固的固定汇率制度,货币之间的替代性使货币在记账单位和储藏手段功能方面不会存在问题,问题在于支付手段功能方面,外汇市场中介者收取一定的交易中介费用,这种交易费用加进了买入和卖出汇率之中。如果区域当局对各国货币转换实行补贴,那么,交易费用不会对私人机构形成负担,而是由货币同盟共同财政预算负担。但是,实际生活中,当一种货币转换为另一种货币,另一种货币再转换为其他货币,延长转换链条,最后回到初始货币时,人们会发现最终得到的初始货币已经大大减少。例如,欧盟15国在原固定汇率制下,由一国货币经过所有币种的连续转换,最终回到该国货币时,即使没有花去一分钱,也会使原价值丧失近40%。这种情况还会因国家不同而不同,这就大大影响了各成员国货币替代性的程度。

(2)消除了平价改变的可能性。在实行固定汇率的区域同盟内,各成员国也都做出了"不撤销"的承诺,但是,历史上不乏承诺被打破的例证。原因很简单:假设一国政府的行为是理性的,它便会对自己作为固定汇率同盟成员国的成本与收益进行评估,如果与收益相比，成本巨大，它就会改变货币平价，尽管这样做意味着破坏了有关国际协定。事实上，政府对成本与收益的评估时刻都在进行，并随着时间的变化而变化，如当经济条件变化或政府偏好变化时，成本与收益的评估便会发生变化，因此，固定汇率制并不能消除货币同盟成员国改变汇率平价的风险。

(3)消除区域内投机资本流动可能带来的经济波动。投机者对货币平价变动的预期，是引致投机资本流动的关键因素。实行单一货币后，消除了货币平价改变的可能性，同时也就消除了域内投机资本对域内经济的冲击和破坏作用。

(4)节约了域内各成员国间的国际储备。国际储备主要是用来进行国际交易的信用保证和抵御投机资本流动对金融市场的冲击。单一货币的实行，使各成员国之间的国际储蓄不再成为必要。

(5)共同货币政策是货币同盟维系的必要条件，而单一货币是共同货币政策的最佳安排，它可以消除"自由骑士"现象。

(6)单一货币可以在整个国际货币体系中占有更大的权重，保证货币同盟获得更大的利益。此外，单一货币可以减少货币同盟对外经济交往必须保有的国际储备，并使货币同盟对外汇市场的干预更合理、更有效。

2. 实行单一货币的成本主要是：

(1)支付体系的转换成本，包括原有货币价值转换为单一货币的成本、铸币机器成本。

(2)社会推介成本，一种新的货币要让社会大众接受，需要进行大量的宣传、推介，使人们习惯于使用这种新货币。一种新货币取代各成员国原来的货币，并不是一纸法案所能奏效的，它还需要社会认可和被市场接受。货币当局既要保证它与各成员国原来的货币具有同等效力，还要使公众看到使用它不会有任何成本的增加。

(3)机会成本。实行单一货币会丧失在固定汇率制下的"货币竞赛"(Currency Competition)所形成的利益。各成员国的"货币竞赛"有利于激励各国货币当局共同努力保持较低的通货膨胀率，进而保持货币价值的稳定。

Gandolfo 总结说，根据上述分析可见，实行单一货币的收益明显大于成本。当然，单一货币对货币同盟而言并非唯一选择；换句话说，单一货币是货币同盟的发展取向，但并非不可或缺。

关于货币同盟由固定汇率制向单一货币的转变，Gandolfo 认为有两种途径：渐进式(The Gradual Approach)和休克疗法(Shock Therapy)，后者是指骤然推出单一货币的办法，前者存在着成本-信用问题(Cost-Credibility Question)，在向单一货币转换过程中，货币同盟面对的首要问题是使私人部门确信各成员国货币当局的承诺有充分的信用保证，而这却是固定汇率制下所缺少的；同时，在转换过程中，货币同盟对基于平价基础上的固定汇率制实施保卫，也极其重要，1992 年 9 至 10 月的欧洲货币体系的危机(EMS Crisis)充分说明了这一点。面对投机资本的冲击，保卫越成功，向单一货币的过渡就将越顺利。另外，单一货币离不开统一的中央银行，一旦决定实施单一货币，就要建立一个超国家的货币当局，即货币同盟的中央银行，由它来实施统一的货币政策，取代各成员国原来的中央银行职能。

第三节 欧洲货币一体化

在欧洲经济一体化的背景下，欧洲货币一体化经历了三个大的阶段，最终完成了向单一货币——欧元(Euro)的过渡。概而言之，欧洲货币一体化进程的三个阶段是：欧洲货币体系的形成与发展、欧洲货币联盟的建立和欧元的诞生。

一、欧洲货币体系的形成与发展

(一)欧洲货币体系的形成

欧洲货币体系的建立始于1979年，而它的起源和雏形则是70年代初开始的欧洲经济和货币同盟(Economic and Monetary Union)。

20世纪60年代末，欧共体已经建立了关税同盟，共同农业政策也取得了重大成效，但是美元危机严重地冲击着欧共体经济，汇率动荡、货币投机极大地影响了欧共体经济的发展。主要表现在：第一，欧共体的支柱是法、德同盟，德国在经济上处于主导地位，德国经济的稳定至关重要。美元危机对欧洲货币的冲击主要表现为对马克的冲击。资料表明，1969年4月末5月初，估计有40亿美元在10天内涌进原联邦德国，迫使原联邦德国马克升值。1971年4月，德意志银行便购进30亿美元平抑外汇市场，5月4日一天内购进10亿美元，5月5日开市后一小时内就购进10亿美元，最终迫使马克升值。同时，因购进美元，马克供应量增大，通货膨胀加重，严重影响了经济发展。第二，汇率波动使内部市场发展前景不定，相互之间正常贸易和其他经济往来受到了极大影响。马克的升值以及美元对其他欧共体成员国货币汇率的变化，使得马克和其他欧共体成员国汇率大幅波动，无疑起到了类似于贸易壁垒的作用，这与关税同盟和共同农业政策是相矛盾的，威胁着已经初步形成的单一市场成果的巩固和发展。第三，汇率严重波动，影响投资者对投资收益的预计，一方面造成了投资不振，加重了欧共体各成员国经济的不景气，另一方面也使资本在欧共体内部难以自由流动，促进共同均衡发展的愿望难以实现。为了应对美元危机带来的负面影响，1969年12月欧共体六国首脑海牙会议正式决定实施经济和货币同盟计划(EMU)。1970年10月，以卢森堡首相埃尔·维尔纳为首的专家小组向欧共体部长理事会提交了《关于在共同体内分阶段实现经济和货币联盟的报告》(又称《维尔纳报告》)。报告的主要设想是：创建"蛇形浮动汇率体制"，建立"欧洲货币合作基金"，确立"欧洲计算单位"，并提出这一过程中，"把职责从国家一级转移到共同体一级是至关重要的"。"经济与货币同盟将使实现这样一个地区成为可能，在这个地区中，商品、劳务、人员和资本能够在没有竞争扭曲、没有由此而引起的结构和地区不平衡的情况下自由流动"。1973年3月"蛇形浮动"开始，4月建立"欧洲货币合作基金"，6月建立和使用"欧洲计算单位"，但是，在1974年法国离开联合浮动机制，经济货币联盟事实上已停顿了下来。经济危机使共同体各国无法保持货币政策上的协调。直到1977年10月，共同体执委会主席罗伊·詹金斯又提出复兴欧洲经济和货币同盟的建议，他(1977年10月27日)在佛罗伦萨发表演讲，强调经济货币同盟对于保证外汇市场稳定、阻止投机、缓和通货膨胀、振兴投资、改善就业的重大意义。在他的宣传和推动下，法国总统德斯坦与德国总理施密特就欧洲经济与货币同盟达成了一致意见。这样，在 1978 年 7 月欧共体各国首脑参加的布莱梅会议上，通过了建立欧洲货币体系（EMS）的决议，决定自 1979 年 1 月 1 日起建立欧洲货币体系（European Monetary System）。

（二）EMS 的主要内容

1. 欧洲货币单位（埃居）（European Currency Unit ，ECU）

ECU 是“篮子货币”，其价值是由各成员国货币的加权比重决定的，各成员国加权货币比重每五年修订一次（在特殊情况下也可临时更改）。下面列举几次变动情况：

1979 年，ECU 的定值为：

1ECU＝0.828DM＋1.15FF＋0.088 5UKP＋0.286DG＋109IL＋3.66BF＋0.217DK
＋0.007 59IP

式中：DM 为 German D-Marks；
FF 为 French Francs；
UKP 为 UK Pounds Stenling；
DG 为 Dutch Guilders；
IL 为 Italian Lire；
BF 为 Belgian Francs；
DK 为 Danish Krones；
IP 为 Irish Punts。

1984 年 9 月 17 日，ECU 的定值为：

1ECU＝0.719DM＋1.31FF＋0.087 8UKP＋0.256DG＋140IL＋3.85BF＋0.219DK
＋0.008 71IP＋1.15GD

式中：GD 为 Greek Drachmas。

1989 年 9 月 21 日，ECU 的定值为：

1ECU＝0.624 2DM＋1.332FF＋0.087 884UKP＋0.219 8DG＋151.8IL＋3.431BF
＋0.197 6DK＋0.008 552IP＋1.44GD＋6.885SP＋1.393PE

式中：SP 为 Spanish Pesetas；PE 为 Portuguese Escudos。

ECU 中各成员国货币的含量（货币系数）是怎样得出的呢？首先确定各国货币在“货币篮子”中的权数。它是根据各国 GNP 的大小，各国在共同体内商品劳务出口总额中的大小，各国在“欧洲货币合作基金”中的份额大小，全面衡量并取 5 年平均数而得出的。例如，1979 年 ECU 中各国货币系数分别是：德国马克 33.0％，法国法郎 19.8％，英国英镑 13.3％，荷兰盾 10.5％，意大利里拉 9.5％，比利时法郎 9.2％，卢森堡法郎 0.4％，丹麦克朗 3.1％，爱尔兰镑 1.2％。其次，ECU 换算成美元（初始时，安排 1ECU＝1SDR，由当时 1SDR＝1.368 美元而得 1 ECU＝1.368 美元），乘各国货币所占比重，再乘各国货币对美元的当时汇率，便得出各国货币在 ECU 中的含量。例如，1979 年德国马克在 ECU 中的含量为：0.33×1.368×1.836＝0.828DM。

根据上述定值式，再据每日市场汇率，便可以求出 ECU 对各种货币的汇率。因为只需将定值式中的各国货币单位根据市场汇率折算成美元，求出 1ECU 的美元值，然后再乘以某种货币对美元的市场汇率便可得到ECU对该种货币的汇率。例如，根据1984年9月17日的ECU定值式，要计算1989年2月27日ECU的值，则从国际金融市场上知道各国货币同美元的汇价分别为：0.547 4＄/DM、0.164 2＄/FF、1.554 3＄/UKP、0.484 2＄/DG、0.000 71＄/IL、0.02＄/BF、0.128 2＄/DK、0.776 4＄/IP、0.006 6＄/GD，将其代入定值式，求得1ECU＝1.119 4＄，由1DM＝0.547 4＄，即$1\$=\frac{1}{0.547\ 4}$DM，得$1\text{ECU}=1.119\ 4\times\frac{1}{0.547\ 4}\text{DM}=2.045\text{DM}$。

ECU的作用是：(1)作为确定参加EMS各成员国货币的中心汇率的计算标准。(2)作为衡量各国货币偏离中心汇率的指示器。(3)作为干预汇率和信贷的计算标准。(4)作为成员国储备计算工具和各国中央银行间的清算工具。ECU作为一种综合性国际货币单位，其用途较为广泛。例如，1976年3月，欧洲议会开设了ECU面值的银行存款，1981年4月发行了ECU面值的债券。此外，在欧洲还有ECU面值的旅行支票，在有些国家还开办了ECU面值的人寿保险单，有些金融市场还办理ECU期权和期货交易。但是，ECU毕竟不是一种实体货币，而只是一种记账计值单位，主要还是由官方使用，用于编制共同体的统一预算，规定农产品统一价格，计算对发展中国家的官方援助等。

2. 联合浮动的汇率机制

欧洲货币体系规定，成员国货币之间实行固定但可调整的汇率，对外部货币则实行联合浮动的汇率，从而形成了一种固定汇率与浮动汇率相结合的汇率体系。

内部固定汇率是以ECU为基准得出的各国货币间一定要维持其稳定的汇率，例如，按照前面所述及的方法，可求出1ECU＝2.045DM，1ECU＝6.904FF，……，各国货币对ECU的汇率被称为中心汇率，由这些中心汇率便可以求得各成员国间的货币汇率（又称双边中心汇率），如德国马克与法国法郎的双边中心汇率为：

$$1\text{DM}=\frac{6.904}{2.045}\text{FF}=3.76\text{FF}$$

以此类推，便可得到每对成员国货币之间的双边中心汇率，对于这种汇率，每个成员国都有义务加以保证和维持。这些双边中心汇率如果列出表来，就形成了一个类似格子或网状的结构，故被称为“平价网体系”(Parity Grid)。平价是指稳定的汇价关系，平价网体系的形成增强了平价关系的强制性和不得随意改变性。当然中心汇率也是可以改变的，但是，其条件是：若中心汇率不加以改变，整个平价网体系就可能崩溃。在一般情况下，各成员国有义务干预外汇市场，使汇率波动保持在中心汇率±2.25%的幅度内，只有较弱的意大利里拉放宽为±6%，而处在主要地位的货币如德国马克，波幅不得超过±2%。根据规定，各国货币当局的干预行动在到达“偏离界限”时必须实施。这个“偏离界限”是：0.75×(±2.25或6%)×(1－该国货币在ECU中的权重)。例如，德国马克的“偏离界限”为：0.75×±2.25%×(1－32%)＝±1.148%，意大利里拉的“偏离界限”为0.75×±6%×(1－10.2%)＝±4.05%，“偏离界限”实际上是一种干预指示线，是各国货币与篮子货币ECU汇率偏离的界限，故又称为“篮子体系”。

EMS的固定或稳定汇率机制，是以平价网干预体系为主，以篮子干预体系为辅的机制，篮子干预体系主要是通过监测每一成员国货币对ECU的中心汇率的波幅，找出偏离最远的货币，率先采取干预措施。平价网干预主要维持双边汇率波动不超过双边中心汇率±2.25%（或6%）。干预的办法不外乎是卖出强币买入弱币（用于外汇市场干预的资金缺口可以通过向欧洲货币合作基金申请贷款来解决）、采取相应的货币政策和财政政策，如调整利率、调整信贷规模等。稳定汇率机制使欧洲货币汇率保持在±2.25%的范围内，在图像上犹如“蛇”的运动轨迹，故又称为“蛇形浮动”。

欧洲货币汇率“蛇形浮动”是相对于外部第三国货币（如美元）而言的，而各成员国货币与美元等外部货币的汇率自行浮动，这种情况实际上又会使“蛇形”稳定发生困难，例如，1987年1月12日EMS各成员国中心汇率的调整，就是因美元汇率波动而引起的。国际金融市场上抛售美元抢购德国马克等强势货币，使马克等强势货币汇率不断上浮，欧共体各成员国中央银行大力干预仍无济于事。马克等强势货币对美元的汇率与意大利里拉等弱势货币对美元的汇率脱离了原有平价，造成新的在成员国间的投机，形成市场汇率；市场汇率与规定的双边中心汇率相差甚远且干预不能奏效，迫使欧共体改变双边中心汇率，否则，就有可能迫使某些国家退出联合浮动体系，导致欧洲货币体系的崩溃。即使在没有外部货币冲击的情况下，成员国之间经济发展和经济政策不协调，也会使联合浮动机制遇到挑战。例如，德国统一后，通货膨胀率一度上升，为抑制通货膨胀，德国从1991年起多次提高利率，导致马克汇率上升，而美元、英镑、里拉汇率急剧下跌，最终导致英镑、里拉在9月13日和17日分别退出欧洲货币体系。

3. 欧洲货币合作基金和信贷机制

欧洲货币合作基金最初成立时仅有20亿～30亿美元，而当时平抑汇率波动至少每天需要60亿～70亿美元用来干预外汇市场。1979年以后，基金总额扩大，到1984年7月已达到528亿ECU。欧洲货币体系规定，每个成员国将其20%的黄金储备和20%的美元储备转交给欧洲货币合作基金，并可以从基金取得贷款。基金贷款有三种：

一是稳定汇率的极短期的贷款，即成员国中央银行间为干预外汇市场的贷款。这种贷款没有限额，由基金做出安排，对借款双方进行协调。一般来说，贷款国用本币借出，以ECU记账，为期30至45天，并可延长3个月；还款国用借入货币种类、ECU或美元还款。这类贷款仅限于参加联合汇率机制的国家间。

二是短期信贷。用于支持和帮助解决国际收支方面存在的困难，贷款总额度为140亿ECU，贷款期限为3至6个月，可展期9个月，各国借款限额按规定安排。

三是中期财政贷款。这种贷款目的在于帮助国际收支严重困难的国家，接受贷款的国家要遵循基金所提出的关于改进经济和货币政策的一些条件。总额度为110亿ECU，期限为2至5年，贷款限额按规定办理。

（三）欧洲货币体系的成就

（1）EMS使欧共体货币区成为西方国家中汇率最稳定的一个货币区。欧洲货币体系建立的第一个年头，就显示了它的优越性，参加这个体系的各国货币对ECU的年平均波动率为1.9%，而在此之前的6年（1973—1978年），年平均波动率为5.2%。汇率的稳定减少了外汇风险，有利于共同体成员国之间扩大贸易和投资。据统计，共同体成员国的内部相互出口占共同体国内生产总值的比重，从1978年的11.8%上升到1990年的14.4%。共同体内部贸易的增长，固然有许多因素的作用，但汇率稳定无疑是其中的一个极重要的因素。

(2)EMS成员国货币汇率的相对稳定，使成员国加强了抵御第三国货币(如美元、日元等)冲击的能力，这种能力是通过成员国货币对第三国货币的联合浮动而获得的。因此，EMS加强了成员国在国际金融体系中的地位。

(3)EMS的运转，增强了共同体经济发展的同步性和政策的协调性。保持汇率的基本稳定，仅仅依赖汇率干预机制是不够的，必须要有成员国之间在短期和中期经济政策的协调与合作，这样才有利于共同体的整体利益，实现共同发展。据统计显示，在1979—1987年间，共同体成员国的主要经济指标大部分都是相互接近，共同体九个成员国1979年在国内生产总值年增长率上的差异为15.2个百分点，到1987年缩小为8.7个百分点；工业生产增长率的差距从1979年的4.6个百分点下降到4.5个百分点，消费物价增长率差距在同一时期由11.2个百分点下降为5.2个百分点；出口贸易增长率的差距稍有扩大，从5.6个百分点扩大到6.3个百分点。在1979—1986年间，共同体八国的短期利率差异从9.1个百分点下降到8.7个百分点；长期利率差异从9.3个百分点下降到5.8个百分点。在以上六组经济指标中，有五组指标都是向趋同的方向变化的，这说明了欧洲货币体系中汇率的稳定与成员国经济指标的趋同，是互为因果、相互促进的。

(4)欧洲货币单位(ECU)使用范围不断扩大，为欧洲货币同盟和实行单一货币奠定了基础。由于欧洲货币单位的汇率稳定，风险较小，利率较低，其被使用的范围不断扩大。共同体内部公共服务事业的结算业务，逐步摆脱美元，改用ECU；共同体和欧洲其他国家的跨国公司以及跨国公司之间的成本核算、业务往来、联营与合营也越来越多地采用ECU；欧洲空中客车集团由于采用美元计价，曾吃尽了美元贬值的苦头(1987年一年间美元对欧洲货币贬值25%)，这一痛苦的经验促使2 500家欧洲企业联合起来，采用ECU开票发货；共同体成员国之间以及共同体成员国与第三国的贸易，也越来越多地以ECU计价结算。为了推动ECU的私人使用，共同体的政治家、银行家、企业家和学者做出了巨大的努力。1986年11月17日，19位著名的政治家、银行家、企业家和学者，包括吉斯卡尔·德斯坦(法国前总统)、赫尔穆特·施密特(原联邦德国前总理)，在巴黎成立了"欧洲货币联盟委员会"。德斯坦和施密特在联合声明中指出，欧洲货币体系是未来欧洲经济和金融发展的决定性因素，并且指出，"欧洲货币单位的进展将为1992年建立欧洲共同体统一的国际市场奠定稳定的基础，并将有助于实现欧洲的政治统一"。

二、欧洲货币联盟的建立

(一)欧洲货币联盟的产生

20世纪80年代中期后，全球性区域经济一体化又掀起一次新的浪潮，在此背景下，欧洲经济一体化进程明显加快。1985年12月，欧洲理事会卢森堡会议拟定了《单一欧洲法案》(A Single Europe Act)，提出了向内部统一大市场迈进的目标。1988年6月，欧洲理事会汉诺威会议委托以德洛尔为首的欧洲委员会制定走向欧洲经济与货币联盟，建设和巩固内部统一大市场的相关文件。1989年6月，欧洲理事会马德里会议通过了德洛尔委员会关于《欧洲共同体经济和货币联盟的报告》(即《德洛尔报告》)。

《德洛尔报告》勾画了欧洲经济与货币联盟的发展框架：

(1)分阶段实施发展计划。第一阶段重在消除残存的各国间关于货币交换、资本移动的限制，促使各国在经济和预算政策方面更紧密的合作，加强各国中央银行的紧密合作，在经济方面实现统一大市场，在货币方面实现金融活动自由化和货币政策一体化。第二阶段重在推进共同货币的发行筹备工作，建立中期经济目标计划。第三阶段由统一的中央银行发行统一的货币。

(2)发展框架拟定的主要目标是：内部价格稳定、平衡发展、充分就业、外部均衡、生活标准趋同并达到一致；所有的经济货币政策将在国家水平上统一地、无异议地执行和实施。

1991年12月9至10日，欧共体首脑会议在马斯特里赫特召开，订立了《马约》，自此，欧共体被称为"欧洲联盟"。《马约》最关键的内容是为经济货币联盟第三阶段的统一货币的最后日期划了线，确定了进入第三阶段的统一标准和条件。统一的货币、统一的中央银行被认为是经济与货币联盟的主要标志。因此，经济与货币联盟(Economic and Monetary Union ,EMU)是对欧洲货币体系(European Monetary System，EMS)的新发展。

(二)《马约》的主要内容

《马约》确定了欧洲经济和货币联盟实现单一货币的时间表和主要任务，时间表如下：

(1)第一阶段：1990年7月至1993年12月31日；

(2)第二阶段：1994年1月1日至1996年12月31日；

(3)第三阶段：1997年1月1日至1999年1月1日开始进入第三阶段。

第一阶段，经济方面集中在减少现存的差异、完成内部统一大市场。具体任务包括：完全消除物质的、技术的和财政上的障碍，内部市场竞争在共同体竞争政策指导下得到加强；改革和加强欧共体共同基金、推进区域发展和纠正经济不平衡，进行更有效的经济和财政政策合作，建立多边监控程序机制和预算合作机制，促进经济趋同。在货币政策方面，集中于消除各种不利于金融一体化和货币政策合作的障碍，加强各国中央银行的自主性，汇率机制运行应有调整但调节应更有效，包括：金融工具应充分自由地运用，银行、保险和证券服务应统一运作；汇率机制应扩大到所有成员国货币；欧洲货币单位的私人运用障碍应拆除；欧洲中央银行管理委员会应开始建立，欧洲中央银行委员会包括货币政策委员会、外汇政策委员会和顾问委员会。

第二阶段，主要任务是建立健全经济和货币联盟的基本组织和结构。在经济方面，各组织机构应围绕以下三个方面加强行动：单一市场竞争、结构和区域政策实施、宏观政策趋同。在货币政策方面，欧洲中央银行体系建立并适应性地发挥管理共同货币政策的功能，完成由各成员国货币政策合作到共同货币政策实施的转换。在这一阶段中，各国货币政策应同共同货币政策一致，一定数量的外汇储备应集中在欧洲中央银行体系(ESCB)，以便进行市场干预。

第三阶段是关键性的阶段。进入这个阶段，欧洲经济一体化和欧洲货币体系的性质发生了变化，其标志是：在经济方面实现完全一体化的市场，统一的宏观经济政策和统一的国际合作政策。在货币政策方面，欧洲中央银行体系将充分发挥其功能，独立地制定货币政策，决定对外部货币汇率的干预，管理官方储备，为共同的货币交易准备技术、制定规则。这一阶段，欧洲中央银行体系发行统一货币，取代各成员国现有货币。考虑到第三个阶段重要性和复杂性，在推进战略上有两种选择：一种是“平行货币战略”，即在欧洲经济与货币联盟计划开始之初就发行新货币，让其在流通使用过程中与各成员国货币竞争，以达到挤出成员国货币，从而自然取而代之的目的。另一种是“锁定汇率”(Exchange Rates Locked)的办法。欧盟委员会认为，前者是不现实的，因为发行与实际经济活动无密切联系的新货币可能动摇价格稳定，也可能使现有的各国货币间的合作关系更复杂化。同时，认为进入第三阶段要根据具体条件而定，为此，《马约》规定了两个时间，但最迟也必须在1999年1月1日进入第三阶段。

《马约》确定了成员国进入单一货币体系的条件。进入条件包括五个方面：(1)通货膨胀率指标，以欧盟国家中具有最低物价上涨率的3个国家的平均水平为基准，不超过平均水平的1.5%；(2)长期利率指标，以欧盟成员国中最低的3个国家的长期利率的平均水平为基准，不超过基准的2%；(3)一国财政赤字必须低于其GDP的3%；(4)一国公共债务必须低于其GDP的60%；(5)在预定进入期前两年中，一国货币没有贬值，其货币汇率必须保持在固定汇率机制所允许的正常波动范围(±2.5%)之内。《马约》还规定，为了给成员国进入第三阶段提供机会，当成员国不满足其中某一个或两个条件时，也应当考虑允许其加入，这种情况可以讨论决定。

三、欧洲单一货币——欧元

2002年1月1日起，欧元(Euro)成为欧洲货币联盟12个成员国——比利时、德国、芬兰、法国、希腊、爱尔兰、意大利、卢森堡、荷兰、奥地利、葡萄牙和西班牙的唯一合法货币。2007年1月1日斯洛文尼亚加入欧元区，2008年1月1日塞浦路斯、马耳他加入欧元区，2009年1月1日斯洛伐克加入欧元区，2011年1月1日爱沙尼亚加入欧元区。2023年1月1日克罗地区加入欧元区。目前，欧元区有20个成员国。事实上，欧元的影响远远超出成员国的国界，安道尔、摩纳哥、圣马力诺、梵蒂冈等国家或地区方面宣布以欧元为法定货币，而相当多的非洲国家原先同法国之间的货币合作关系将转为与欧元挂钩。即使不考虑欧盟东扩候选国的货币与欧元之间的兑换关系，欧元从启动之日起已在世界上40多个国家和地区直接发挥决定性的影响。因此，虽然欧元目前还不能真正成为美元的竞争对手，但从长远看，欧元与美元完全可以一决高下，从而改变国际货币体系格局。

附录12.1 通向欧元的五大里程碑

第二次世界大战后经济恢复之初，欧洲各国之间的货币不能自由兑换，为了促进欧洲国家的贸易，成立于1948年、主要宗旨在于监督“马歇尔计划”执行情况的欧洲经济合作组织的18个成员国，于1950年9月19日建立了欧洲支付联盟，通过国际清算银行，以共同商定的计算单位结算贸易，从而实现了货币的自由交换。20世纪50年代后半期，随着欧洲各国外汇市场的日益兴旺，欧洲货币协定取代了支付协定。1958年欧洲经济共同体成立，当时的罗马条约把欧洲广泛的一体化作为共同体的目标，并规定在12至15年的过渡期后建立关税同盟。在关税同盟第二阶段的行动计划中，欧共体委员会提出建立广泛的经济和货币联盟的建议。但由于当时布雷顿森林国际货币体系尚未受到冲击,欧共体各成员国并不想立即实现这一步骤。20 世纪 60 年代末,以美元为中心货币的世界货币体系发生危机后,当时的卢森堡首相皮埃尔·维尔纳再次发出欧洲货币融合的倡议,被后人称为“维尔纳计划”。

“维尔纳计划”是第一个里程碑。维尔纳计划的要点是:资本完全自由流通,各成员国货币趋向确定一个固定汇率,货币储备集中,通过某种“欧洲联邦储备局”确定中心货币政策和对第三国的共同货币政策,最终实现建立统一货币。

欧洲汇率机制的出现是第二个里程碑。由于 1971 年的美元危机、布雷顿森林体系的解体以及接踵而至的石油大幅度涨价导致的通货膨胀,妨碍了上述决议的如期实施,各成员国逐渐放弃了与美元的固定联系,而任其自由浮动。1972 年 3 月,欧共体部长会议确定成员国之间货币的浮动幅度为±2.25%。但由于成员国的经济发展水平差距较大,这种机制未能保持下去,一些国家退出汇率机制,致使欧共体分裂为两个货币集团:以德国马克为中心包括荷兰、比利时、卢森堡三国货币和丹麦克朗在内的硬通货集团,又称“马克集团”;其他国家则任其货币自由浮动。

1978 年欧洲货币体系的诞生是第三个里程碑。由德、法两国倡议的这个体系的目的是同美元脱钩,德国马克被确立为该体系的标准。其基本模式是“蛇形浮动”幅度,即汇率的浮动幅度上下限各为 2.25%,各成员国中央银行都有义务扶助弱币,如果干预行动无效,各国则重新确定汇率。当时只对意大利网开一面,允许其浮动幅度上下可达 6%。与此同时,欧洲货币单位“埃居”(ECU)诞生。欧洲货币体系的出现是欧洲货币政策的真正突破,因为其灵活性证明,它足以抵御外汇市场的风暴而生存下来。从这个体系诞生到“冷战”结束这段时期,国际环境对欧洲十分有利,外汇市场相对平静,原材料价格低廉,工业国家的通货膨胀下降到历史上的最低点,欧共体内部经济政策的趋同过程也在这一阶段真正开始。在这些有利条件的推动下,欧共体迈出了向统一货币进军的实质性步伐。

1987 年欧共体通过《单一欧洲法案》是第四个里程碑。《单一欧洲法案》以条约的形式确立经济与货币联盟的目标。一年后,欧共体首脑会议委托当时的欧共体委员会主席德洛尔为首的工作小组研究具体实施方案。德洛尔计划提出分三个阶段创建货币联盟,一是资本自由流动,二是建立统一的货币局,三是建立名副其实的货币联盟。德洛尔计划与当年的维尔纳计划一脉相承,反映了欧共体已基本接受德国战后货币制度的特点:高度独立的中央银行,突出稳定的货币政策,欧洲中央银行就是德国联邦银行的翻版,并选择了德国金融中心法兰克福作为总部所在地。

1991 年 12 月 10 日《欧洲联盟条约》的签订是第五个里程碑。1991 年 12 月 10 日,欧共体成员国首脑聚会荷兰小城马斯特里赫特,庄严签署了《马约》。这部条约确定了完成经济货币联盟建设的具体步骤。欧共体变成了欧盟,欧元取代了埃居。1999 年 1 月 1 日,欧洲经济货币同盟开始了其第三阶段,各成员国货币汇率最终锁定,欧洲中央银行接过确定货币政策的大权。2002 年 1 月 1 日,欧元纸币和铸币正式流通,标志着经济与货币联盟建设的完成。

复习与思考题

一、名词解释

1. 最适货币区
2. 欧洲货币一体化
3. 单一货币
4. 欧元

二、简述题

1. 简述蒙代尔最适货币区理论。
2. 简述最适货币区建立的主要条件。
3. 简析单一货币区的成本与收益。
4. 简述欧元诞生的历史背景及其推进历程。

三、论述题

基于成本—收益分析法，试析一国加入单一货币区的成本与收益。

·第五部分·

国际经济秩序

第十三章

国际经济组织与国际经济秩序

学习目的与要求

1. 掌握国际货币体系的历史演变、不同历史阶段的主要特征及其发展前景。
2. 掌握布雷顿森林体系产生的背景、主要内容及其历史意义。
3. 掌握布雷顿森林体系的缺陷，并分析其崩溃的必然性。
4. 掌握牙买加体系产生的背景及其主要特点。
5. 掌握学术界关于国际货币体系发展前景的主要论点。
6. 掌握国际货币基金组织成立的背景、宗旨及其主要业务活动。
7. 掌握世界银行集团成立的背景、宗旨及其主要业务活动。
8. 掌握主要区域性国际金融组织成立的背景、宗旨及其主要业务活动。
9. 掌握关贸总协定的背景、运行机制、运行过程及其历史贡献。
10. 掌握世界贸易组织的法律地位、宗旨、组织机构、协议框架以及基本原则。

第一节　国际金融组织

20 世纪 30 年代以后，尤其是第二次世界大战后以来，一系列国际金融组织相继出现并在国际货币关系与世界经济的发展中起着越来越重要的作用，构成了国际金融领域的突出现象之一。在这些国际金融组织中，既有全球性政府间国际金融组织，如国际货币基金组织(IMF)，国际银行集团——国际复兴与开发银行(International Bank for Reconstruction and Development)及其附属机构：国际开发协会(International Development Association, IDA)和国际金融公司(International Finance Corporation, IFC)，又有洲际性政府间国际金融组织，如亚洲开发银行(Asian Development Bank, ASDB)、非洲开发银行(African Development Bank, AFDB)、泛美开发银行(Inter-American Development Bank, IDB)和欧洲投资银行(European Investment Bank, EIB)，还有某些地区一些国家建立的国际金融组织，如亚洲清算联盟(Asian Clearing Union, ACU)、阿拉伯货币基金组织(Arab Monetary Fund,

AMF)、西非开发银行(West African Development Bank)、加勒比开发银行(Caribbean Development Bank)等。各个国际金融组织都在其特定的方面和特定地域的国际金融活动中发挥着重要的作用和影响,尤其是全球性和洲际性的国际金融组织的作用和影响更加突出。

一、国际金融机构概述

(一)国际金融机构的产生和发展

国际金融机构的建立可以追溯到第一次世界大战结束后不久,1930 年 5 月,英国、法国、意大利、比利时、日本 5 国的中央银行和美国的摩根银行在瑞士巴塞尔成立了国际清算银行(Bank for International Settlements,BIS),以处理德国对协约国的赔款问题,这是建立国际金融机构的重要开端。

第二次世界大战使大多数西方国家的经济遭受严重破坏,国际货币制度一片混乱,建立全球性国际金融机构势在必行。1944 年 7 月,44 个国家在美国新罕布什州召开了"联合国货币金融会议",通过了《国际货币基金组织协定》和《国际复兴开发银行协定》。根据这两个协定,1945 年 12 月,29 个国家的政府批准成立了国际货币基金和国际复兴开发银行(又称世界银行)。为了补充世界银行的活动,推动其目标的实现,世界银行后来又设立了两个附属机构即国际金融公司(1956 年 7 月)和国际开发协会(1960 年 9 月),世界银行及其两个附属机构又统称世界银行集团。目前,国际货币基金组织和世界银行集团是世界上成员国最多、机构最庞大、范围最广泛、影响也最深远的全球性国际金融机构。

从 20 世纪 50 年代末到 70 年代,亚非拉广大发展中国家先后走上了民族独立的经济发展道路,为了发展本国经济,解决资金短缺的困难,抵制以美国为首的少数西方国家对国际金融事务的操纵和控制,通过互助合作的方式,建立了许多区域性的国际金融机构,以谋求本地区各国经济的持续稳定发展。战后区域性国际金融机构发端于西欧,1957 年西欧共同体创立的欧洲投资银行是世界上最早的区域性国际金融机构。此后,区域性国际金融机构迅猛发展,其中有代表性的如拉美的泛美开发银行、亚洲的亚洲开发银行、非洲的非洲开发银行、中东的阿拉伯货币基金组织和苏联与东欧国家的国际经济合作银行和国际投资银行等。

(二)国际金融机构的性质和作用

国际金融机构作为当代国际金融业务的承担者和管理者,其性质可按不同标准加以划分。第一,按地区范围可分为全球性的国际金融机构和区域性的国际金融机构。第二,按资本来源可分为由政府出资兴办的国际金融机构和由政府资本与私人资本合办的国际金融机构。第三,按职能可分为主要从事国家间金融事务的协调和监督的国际金融机构、主要从事各种期限信贷的国际金融机构和主要从事国际结算的国际金融机构。

1. 战后世界经济发展的实践证明,国际金融机构自建立以来,虽然不免有其自身的缺陷和不足,但在加强国际经济合作、发展世界经济特别是在稳定国际金融、扩大国际贸易、提供发展基金及开发落后地区方面还是卓有成效的。具体来说,国际金融机构最主要的积极作用是:

(1)加强国际经济协调。国际金融机构经常组织商讨国际经济、金融领域的重大事情,以协调各国间的相互关系。如近年来国际债务重新安排，国际货币基金组织起到了相当大的协调作用。

(2)稳定汇率，保证国际货币体系的运转，促进国际贸易的增长。如1913—1918年间世界贸易年均增长率仅0.7%，而布雷顿森林体系建立后，1948—1976年世界贸易年均增长率达7.7%，大大高于同期世界经济的年增长率。

(3)提供短期资金，解决有些国家国际收支逆差，在一定程度上缓解了国际支付危机。

(4)调节国际清偿能力，适应世界经济发展需要。如国际货币基金组织发放的普通提款权和特别提款权，增加了会员国的国际清偿能力。

(5)提供长期发展资金，促进发展中国家经济发展。

2. 目前的国际金融机构也存在着明显不足，主要表现为：

(1)国际货币基金组织和世界银行集团等全球性金融机构大都操纵于西方主要工业大国，而广大发展中国家的意见和建议往往得不到充分反映，更谈不上付诸实施。

(2)发展中国家获得金融机构贷款的条件日益恶化，如利息率不断提高，汇率波动频繁，加重了发展中国家的债务负担和支付困难。

(3)干预受款国的经济政策和发展规划。如国际金融机构往往要求发展中国家在接受贷款时，必须按照它们的意图调整本国经济，因而在一定程度上干预了发展中国家的经济生活和内政，也妨碍了它们民族经济的自由发展。正因为如此，争取在国际金融机构的平等权利已成为广大发展中国家主张建立的国际经济新秩序的重要内容之一。

二、国际货币基金组织

(一)国际货币基金组织的成立及其组织机构

1. 国际货币基金组织(International Monetary Fund，IMF)的成立与宗旨

国际货币基金组织是根据布雷顿森林会议所签订的《国际货币基金协定》建立的政府间的全球性国际金融机构，它于1946年3月正式成立。1947年3月开始工作，1947年11月成为联合国的一个专门机构，总部设在华盛顿。基金组织创立之初，只有39个会员国，我国是创始会员国之一。20世纪60年代后，广大亚非拉发展中国家纷纷独立，参加国际货币基金组织的国家越来越多，目前已发展到182个会员国(地区)。它是世界上最大的政府间金融机构之一，是战后国际货币体系的核心。

《国际货币基金协定》第一条明确提出了其宗旨：

(1)为会员国在国际货币问题上进行磋商和协作提供需要的机构，促进国际合作。

(2)促进国际贸易的扩大和均衡发展，借以达到高水平的就业与实现收入，并扩大会员的生产能力。

(3)促进汇率稳定和会员国间井井有条的汇率安排，以避免竞争性的货币贬值。

(4)为会员国经常性交易建立一个多支付和汇兑制度，并极力消除阻碍世界贸易发展的外汇管理制。

(5)在临时性的基础上适当的保障下，为会员国融通资金，使它们在无须采取有损于本国和国际经济繁荣的情况下，纠正国际收支的失衡。

(6)力争缩短会员国国际收支失衡的持续时间,并减轻其程度。

总之,国际货币基金组织的根本任务是,通过对会员国提供短期信用来减缓各国由于国际收支危机所引起的货币贬值竞争与外汇管制等,以维持汇率的稳定,促进国际贸易的发展,提高就业水平和增加国际收入。

2. 国际货币基金的组织机构

国际货币基金组织由理事会(Board of Governors)、执行董事会(Board of Executive Directors)、总裁(Managing Director)和业务机构组成。

理事会是国际货币基金组织的最高权力机构,由各会员国各派1名理事和1名副理事组成,一般是由财政部长或中央银行行长担任理事,而各国外汇管理机构的负责人担任副理事,副理事只在理事缺席时才有投票权。理事与副理事任期5年,可连任,任免由各会员国自定。作为最高权力机关的理事会的主要职权是:批准接纳新会员国;修改基金份额;普遍调整各会员国货币平价;决定会员国退出基金组织;讨论决定有关国际货币制度等重大问题。理事会每年举行一次会议,所有会员国都参加。1972年理事会下设"二十国委员会",1974年后改为由22个部长级成员组成的"临时委员会"(Interim Committee),每年召开3~4次会议。该委员会是最重要的决策机构,具有管理和修改货币制度的决定权。

执行董事会是基金组织负责处理日常业务的常设机构。它受理事会委托,定期处理各种行政和政策事务,如审议会员国提出的资金申请,制定一般决策与决定,向理事会提出年度报告,对会员国经济与金融方面的问题进行研究,等等。执行董事会名额原来为12人,现已增至22人,其中7人分别由美、英、德、法、日、沙特阿拉伯及中国7个会员国单独委派,其余会员国按国家集团和地区分组选出15名执行董事。执行董事不得兼任理事,任期两年,到期由会员国指派或改选一次。

国际货币基金组织设总裁1人,由执行董事会推选产生。总裁是执行董事会的当然主席和基金组织最高行政首脑,总管基金组织的业务工作。总裁下设副总裁(Deputy Managing Director)1人,辅佐总裁工作。总裁可出席董事会,但没有投票权;在执行董事会进行表决时,总裁也只有在双方票数相等时,才可以投关键1票,平时也无投票权。总裁和副总裁任期5年。

基金组织下设5个地区部和5个职能部以及资料、统计、联络、行政、秘书、语言服务等部门。5个地区部为亚洲部、非洲部、欧洲部、中东部和西半球部。5个职能部是汇兑与贸易部、财政事务部、法律部、调研部和资金出纳部等。

基金组织是以会员国入股方式组成的企业经营性质的金融机构。凡愿履行国际货币基金协定的国家或地区都可以加入该组织,其具体程序是:提交申请,经执行董事会商定加入的条件;交理事会批准;最后在协定上签字。会员国若自愿退出,只要书面通知基金组织即可;若会员国不履行协定规定义务,基金组织有时可强制其退出。基金组织的一切重大问题或决议要有80%~85%赞成票通过方能生效,投票表决权的分配与成员国认缴的基金份额相关,每个会员国都有基本票数250票,每增加10万美元的认缴份额,即增加1票,因而份额越大,票数越多,表决权也越大。另外,基金组织还随时根据会员国的债权债务关系调整成员国的票数,如规定到投票日止,会员国的货币贷出额每达40万美元,增加1票;反之,每借入40万美元,减少1票。目前,美、欧、日等西方发达国家在基金组织中的投票权占绝对优势地位。

(二)国际货币基金组织的资金来源及业务活动

1. 国际货币基金组织的资金来源

国际货币基金组织为贯彻其宗旨,维护组织内部的正常运营,必须有充足的资金。其资金来源由以下三个部分构成。

(1)会员国缴纳的基金份额

它是基金组织最主要的资金来源,份额在性质上相当于股东加入股份公司的股金,会员国缴纳后,即成为国际货币基金组织的财产(资本)。这些份额起着国际储备的作用。用以解决会员国国际收支失衡时的短期资金需要。各会员国缴纳的基金份额的多少依据各国的国民收入、外汇储备、国际收支状况及其他经济指标,由国际货币基金组织与成员国协商决定。会员国的基金份额原规定按25%以黄金或可兑换外币缴纳,75%以本国货币缴纳。1976年牙买加会议后,原规定取消,份额以特别提款权、外汇和本国货币缴纳。其中25%以特别提款权或外汇缴纳;75%由会员国货币支付,存放于本国中央银行,基金组织可随时动用。

基金份额的单位最初为美元,1969年后改为特别提款权。基金组织建立之初,会员国缴纳份额总计为76亿美元,其余份额每5年进行一次普查,而且如有必要,可对会员国的份额进行调整。

会员国所缴纳的基金份额的作用有四:第一,构成基金组织发放短期信用的资金来源。第二,决定会员国投票权的大小;第三,决定会员国从基金组织借款或提款额度的高低;第四,决定会员国分得特别提款权的多少。

(2)借款

它是指基金组织在与会员国协调后向会员国借入的资金作为基金组织的另一个来源,其主要用以对会员国提供资金融通。1962年10月基金组织从"十国集团"(Group of Ten)①借入的60亿美元的"贷款总安排"(General Agreements to Borrow),是首次出现的这类资金来源。

(3)信托基金(Trust Fund)

基金组织在1976年1月决定将其1/6的库存黄金(2 500万盎司)分4年按市场价格出售,将所得利润作为信托基金,用于向最贫穷的会员国提供信贷,它是一项新的特殊的资金来源。

2. 国际货币基金组织的主要业务活动

设立国际货币基金组织的目的最初在于维护布雷顿森林体系的正常运行,因而其业务活动主要是同汇率监督、储备资产创造和对国际收支赤字国家提供短期资金融通相联系,并为会员国提供各种培训咨询服务。

---

① 1961年11月,美、英、法、意、比、荷、原联邦德国、瑞典、日本和加拿大十国在巴黎举行会议,商讨美元和英镑摆脱困境的途径,成立"十国集团",又称"巴黎俱乐部"。

(1)汇率监督

为了保持有秩序的汇率安排,国际货币基金组织一方面要求会员国在出现国际收支根本性失衡的情况下,与之协商是否改变会员国的货币平价,另一方面对会员国的宏观经济政策进行检查和协调。汇率监督的主要内容是:“在会员国总的经济情况和经济政策战略的一种广泛分析结构内”评估会员的经济政策;促进国际货币合作和国际金融合作;限制成员国家实行外汇管制和其他贸易壁垒,以促进国际贸易的发展。

(2)储备创造

为了弥补国际储备的不足,国际货币基金组织于 1970 年开始正式创设提款权,为成员国提供了一种新的储备资产和一项新的资金来源。

(3)资金融通

向会员国提供资金融通是基金组织最主要的业务活动。具体而言,基金组织主要对会员国提供 8 种类型的贷款:

①普通贷款(Normal Credit Tranches)

它是基金组织最基本的一种贷款,用于弥补会员国一般国际收支逆差的短期资金需要。该贷款的累积最高额度为成员国基金份额的 25%,期限 3 至 5 年,利率随期限递增,第 1 年至第 5 年的利率分别为 4.375%、4.875%、5.375%、5.875%和 6.375%。根据会员国申请贷款的金额占其缴纳份额的比重,普通贷款被分为 5 个档次:0~25%、25%~50%、50%~75%、75%~100%、100%~125%。第一种贷款称为储备部分贷款(Reserve Tranche),可自由提取,不付利息;后四种贷款称为信用部分贷款(Credit Tranche),其中 25%~50%档次为第一档信用部分贷款,条件较为宽松;50%~125%档次称为高档信用部分贷款,条件较严格,可见,档次越高,借款条件越苛刻。

②出口波动补偿贷款(Compensation Financing Facility 或 Compensation Financing of Export Fluctuations)

它设立于 1963 年 2 月,是初级产品出口国家出口收入短期下降而发生国际收支困难时,在普通贷款之外可另申请一项专用贷款,1981 年该借款范围扩大,会员国进口成本过高而面临国际收支困难时,也可申请此项贷款,其期限为 3 至 5 年,最高贷款额为会员国所缴份额的 100%,且会员国出口收入恢复时尽早偿还。

③中期贷款(Extended Facility)

它是基金组织 1977 年 9 月设立的一项专用贷款,主要用于解决会员国长期的国际收支困难。其资金需求量比普通贷款所能借到的额度要大,可达会员国所缴份额的 140%,但又规定普通贷款与中期贷款两项总和不得超过会员国所缴份额的 165%,基金组织对这项贷款控制较为严格,要求会员国必须提交为实现宏观计划所采取的政策措施,并根据会员国家实现计划目标、执行政策的实际情况,分期发放贷款。其期限为 4 至 10 年,利率由第一年的 4.375%递增到第六年的 6.875%,备用安排期限 3 年,第 4 年后开始回购,10 年内分 16 次归还。

④缓冲库存贷款(Buffer Stock Financing Facility)

它是 1969 年 9 月应发展中国家的要求而设立的一项专门贷款,用于帮助初级产品出口国家为稳定国际市场上初级产品价格，而建立缓冲库存的资金需要。其最高贷款额度为会员国份额的 50%，期限 3 至 5 年。另外，由于此项贷款与出口波动贷款关系密切，故特限定该两项贷款总额不得超过贷款国份额的 75%。

⑤石油贷款(Oil Facility)

它是 1974 年 6 月至 1976 年 5 月间，专门为解决石油危机所致的国际收支困难的资金需要而设立的一种临时性贷款，贷款对象既有发展中国家，也包括因石油涨价而引起收支困难的发达国家。贷款最高额 1974 年为份额的 75%，1975 年升为 125%；期限 3 至 7 年，利率较高，原定为 7%，1975 年为 7.625%～7.875%。此项贷款具有临时性质。1976 年 5 月后，这类贷款业务已告结束。

⑥补充贷款(Supplementary Financing Facility)

它又称维特芬贷款(the Witteveen Facility)，是 1977 年 4 月设置的，用于补充普通贷款和中期贷款之不足，帮助会员国解决持续而严重的国际收支困难。期限 3.5 至 7 年，每年偿还 1 次，分期还清。前 3 年的利率为基金组织付给资金提供国的利率(7%)加 2%，此后则加 0.325%，贷款最高额为借款国所缴份额的 140%。

⑦信托资金贷款(Trust Fund)

它设置于 1976 年 1 月，用于向较贫穷的发展中国家提供优惠贷款，其标准是，1973 年人均国民收入不超过 300 特别提款权单位的国家有权获得此项贷款，年利率仅为 0.5%，期限 10 年，后 5 年开始还款，每年归还 1 次，5 年内分 10 次还清。

⑧扩大贷款(Enlarged Access Policy)

它是 1981 年 5 月基金组织实行扩大贷款政策而设立的一种贷款，是补充贷款承诺完毕后，以同样条件提供的一项贷款，因而该借款实质上起着补充贷款的作用。

(4)向会员国提供培训咨询服务等

国际货币基金组织对会员国提供有关国际收支、财政、货币、银行、外汇、外贸和统计等方面的咨询和技术援助，帮助会员国组织人员培训、编辑、出版各种反映世界和国际金融专题的刊物和书籍，以提高会员国有关人员的素质，而且基金组织作为联合国的专门机构，还积极参与联合国的相关活动。

三、世界银行集团

世界银行集团(World Bank Group)是世界银行及其两个附属机构，即国际开发协会和国际金融公司这三个机构的统称。尽管后两个机构是世界银行的附属机构，但从法律地位和资金构成等方面看，国际开发协会和国际金融公司都是独立的金融机构，因而它们是重要的、全球性的国际金融机构。下面将分别介绍这三个国际金融机构及其主要业务。由于历史原因，我国于 1980 年 5 月 15 日才恢复了在这三个国际金融机构中的合法席位。

(一)世界银行

1. 世界银行的成立及宗旨

世界银行是国际复兴开发银行(International Bank for Reconstruction and Development，IBRD)的简称。它是布雷顿森林会议以后与国际货币基金组织同时产生的两个全球性金融机构之一。它于1945年12月正式成立,第二年6月开始营业,总部设在华盛顿,并在纽约、日内瓦、巴黎及东京等地设有办事处,1947年成为联合国的专门机构之一。世界银行和国际货币基金组织是两个联系紧密、配合协调的国际金融机构;参加世界银行的国家必须是国家货币基金组织的成员国,但国际货币基金组织成员并非一定是世界银行的成员;基金组织借款中的许多缺陷可从世界银行借款的有利因素中得到弥补;这两个机构都是联合国的专门机构,两个机构每年一度理事会年会联合召开。世界银行成立之初,有39个会员国,目前已增至189个。

世界银行作为一个全球性政府间的国际金融组织,主要是为了资助会员国使其被战争破坏的经济获得复兴和发展,对会员国提供中长期贷款的宗旨是:

(1)对用于生产目的的投资提供便利,以资助会员国的复兴和开发,并鼓励不发达国家生产和资源的开发。

(2)通过保证或参与私人贷款和私人投资的方式,促进私人对外投资。

(3)向会员提供广泛的技术援助,并用鼓励国际投资以开发会员国生产资源的方法,促进国际贸易长期均衡的增长和保持国际收支平衡。

(4)提供贷款保证并与其他方面的国际贷款密切配合。可见,向会员国提供中长期信贷,促进会员国的经济复兴与开发,是世界银行的根本目的和根本任务所在。

2. 世界银行的组织结构

世界银行的组织机构与国际货币基金组织大体相似,主要由理事会和执行理事会组成。理事会是世界银行的最高权力机关,由会员国各派1名理事和1名副理事组成,一般委派财政部长、中央银行行长或其他地位相当的高级官员担任,任期均为5年,并可连选连任。副理事在理事缺席时才有投票权。理事会每年9月间与基金组织联合召开一次年会,每次开会的法定人数至少是代表投票权总数2/3的理事。必要时召开特别会议。作为最高权力机关,理事会的主要职权是:负责讨论批准接纳新会员;决定普遍增缴或调整应缴股本;决定停止会员国资格;决定银行净收入的分配以及其他重大问题。另外,理事会可授权执行理事会代行各项职权。

执行理事会是世界银行负责处理日常事务的常设机构。现有执行理事22人,任期2年。其中5名常任执行董事分别由拥有股份最多的美、英、德、法、日五大国指派,我国恢复合法席位后也单独指派1名,其余16名则由其他120多个会员国按地区分组联合推选。执行理事会的最高首脑是执行董事会的主席,也是世界银行行长,由执行理事会推选1人产生,此人负责主持日常票权,但在执行董事会表决中双方票数相等时,可投决定性的1票。行长下设副行长若干名,辅佐行长分管有关部门的工作。

世界银行具有非常庞大的办事机构。在总部内设有50个局或相当于局的机构,分别由18名副行长领导,并且在许多国家设有办事处,派驻机构或常驻代表。会员国的投票权是根据其持有的股份计算和安排的,每个会员国均享有基本投票数250票,每认缴股金10万美元即可增加1票。除另有限定外,一般事务由简单多数表决通过即可。

3. 世界银行的资金来源

世界银行的资金来源主要有三个:会员国缴纳的股金,借款,出让债权。另外,利润收入也是其资金来源之一。

(1)会员国缴纳的股金

世界银行是按股份公司的原则建立起来的企业性金融机构，凡会员国均需认购该行的股份。各会员国向世界银行缴纳的股金，依据各国的经济实力，并以它们各自在国际货币基金组织中所摊份额为标准，即根据各会员国在世界贸易和国际收支中所占的比重而定。世界银行建立之初，法定资本为100亿美元，各会员国认缴股金总额为76亿美元，实缴股金为认缴股金的20%，其中2%以黄金或美元缴纳，18%以本国货币支付，其余的80%为待缴股金，到1988年财政年度，世界银行的法定资本增至1 710亿美元，认缴股金总额增至914亿美元。而且从1980年起，各会员国的实缴股金已由20%降到7.5%，其中0.75%以黄金或美元缴纳，6.75%则以会员国本币缴纳；余下的92.5%则为待交股金。

(2)借款

向国际金融市场借款，尤其是在世界资本市场上发行中长期债券是世界银行资金的另一个重要来源。20世纪60年代前，这些债券大部分在美国资本市场发行，此后逐渐推广到原联邦德国、瑞士、日本和欧佩克国家的资本市场发行。由于世界银行借款业务的不断扩大，加上世界银行拥有国际上至高无上的债信评级，其向国际金融市场借款额与日俱增，如1973—1988年世界银行的借款总额由17.32亿美元猛增至108.32亿美元，增长了5倍多。

(3)转让债权

它是世界银行的另一个资金来源，其主要内容是世界银行将贷出款项的债权转让给私人投资者(主要是商业银行)收回一部分资金，以扩大贷款资金的周转能力，进而扩大贷款能力。近年来，这种资金来源在世界银行业务中的重要性有进一步提高的趋势。

此外，世界银行历年业务活动中的利润收入也是其资金来源之一。由于资信卓著，经营有方，世界银行自1947年营业以来，除第一年有小额亏损外，每年利润都相当可观，且逐步增长，如世界银行1979年的净利润收入为4.07亿美元。到1988年增加到10亿美元。该利润收入的大部分通常被留作银行的储备金。

4. 世界银行的主要业务活动

世界银行的业务活动主要体现在两个方面：其一，为会员国尤其是发展中国家经济的复兴与开发提供中长期贷款；其二，为私人向发展中国家投资、贷款提供担保。

(1)提供贷款

它是世界银行最主要、最基本的业务活动。在成立初期，世界银行贷款主要是帮助发达国家(主要是欧洲国家)复兴战后经济，总额约为5亿美元。1948年后其重点转向为发展中国家提供开发资金。近年来，世界银行贷款已成为发展中国家发展经济的一条较为重要的资金渠道。世界银行的贷款1979年为69.89亿美元，而1989年增加到210亿美元，10年间增加近2倍。截至1989年，世界银行贷款累计总额约为1 760亿美元。世界银行的贷款，从国别来看，主要是提供给中等收入国家；从经济部门来看，重点是设施项目贷款，这主要是贷款条件的限制使然，这些条件主要是：

①贷款限于会员国主要是中等收入水平的国家；贷款对象若为非会员国时，则必须有会员国政府、中央银行或世界银行认可的机构提供担保。

②除了在特殊情况下发放非项目贷款(Non-Project Loan)外,申请的贷款必须用于一定的工程项目,包括交通、公共事业、农业和教育等。

③申请贷款国的确不能以合理的条件从其他方面取得贷款时,世界银行才考虑贷款;

④贷款只贷给有偿还能力的会员国,并且专款专用,接受世界银行的监督,等等。

世界银行在提供贷款时还有一套严密的程序,主要是确定贷款项目及项目的审查;签订贷款契约;贷款后的监督检查以及贷款偿还等。世界银行较为苛刻的贷款条件及其烦琐的贷款程序,使不发达国家在利用贷款时受到世界银行不同程度的干预和控制。

世界银行的贷款业务,除了上述贷款项目之外,1975 年 6 月又新增一种中间性贷款(Intermediate Financing Facility),又称"第三窗口"(The Third Window)贷款。该贷款的利率位于上述一般项目贷款与国际开发协会贷款的利率水平之间,主要用于解决较贫穷的发展中国家面临的严重资金困难问题。20 世纪 80 年代以来,世界银行的贷款业务又有新的发展,主要是大量采用联合贷款(Co-financing)的形式向会员国融通资金。它由世界银行与官方的双方援助机构或多边援助机构、官方支持的办理出口信贷的机构、商业银行等联合对某个项目贷款,以项目的收益偿还贷款,因而联合贷款在很大程度上类似于银团贷款(Consortium Loans)。联合贷款业务的大量出现主要是基于三个方面的因素:一是减轻世界银行本身的资金压力,增加贷款资金的来源;二是在发展中国家债务积重难返的情况下增加商业银行贷出资金的安全感;三是重视、支持发展中国家经济调整的贷款业务,以求缓解债务危机。

世界银行的贷款同基金组织借款相比具有自身明显的特点:一是贷款较长,短则数年,最长可达 30 年,中长期贷款总的平均年限约 6 至 9 年,宽限期 4 年;二是贷款利率适中,杂费很低。其利率一般参照市场利率,但低于市场利率,采用固定利率;从杂费看,只是对已订立借款契约而尚未支用部分按年征收 0.75%的手续费。三是贷款用途较为广泛,既有一般项目贷款,也有结构调整贷款等。四是贷款数额不受份额限制。因此,世界银行贷款具有一定的优惠性,基金组织借款的不利因素可以从世界银行贷款的有利因素中得到部分弥补。

(2)提供投资担保

它是世界银行一项较新的业务活动,主要是为促进发达国家向发展中国家进行直接投资提供担保。1981 年世界银行提议,创建一个由其领导的为私人向发展中国家投资和贷款提供的"多边投资担保机构",1988 年 4 月该机构正式宣告成立。该机构的主要业务是对合格的投资提供担保,以免投资者遭受非商业性风险所致的损失,鼓励成员国相互之间进行以生产为目的的投资,尤其是向发展中国家的投资。

另外,世界银行还涉及其他业务活动,如向会员国提供技术援助,为发展中国家培训中高级专门人才,帮助会员国制订社会经济发展计划并提供某些特殊问题的解决方案等,同时,作为联合国的专门机构之一,还参与其他国际机构的相关活动。

(二)国际开发协会

1. 国际开发协会的成立与宗旨

国际开发协会(International Development Association,IDA)是世界银行的附属机构之一,但就法律地位和资金构成而言,它仍是一个重要的全球性的国际金融机构。国际开发协会的成立是有其深刻的政治和经济背景的:首先,由于长期受制于西方列强的殖民统治,亚非拉广大发展中国家虽然在政治上取得了独立，但经济畸形发展，资金尤为短缺；其次，发展中国家由于受国际市场不等价交换的剥削，贸易条件不断恶化，加上外债负担沉重，国际收支状况出现严重失衡；再次，国际货币基金组织和世界银行的贷款数量极其有限，条件十分苛刻，远远不足以帮助较贫穷的发展中国家解决严重的国际收支赤字，摆脱经济困境，发展中国家对发达国家的不满情绪与对立情绪与日俱增。这样，在广大发展中国家的强烈要求和不懈努力下，世界银行根据美国的倡议于 1959 年 10 月通过了成立国际开发协会的协定，1960 年 9 月 24 日该机构正式成立，同年 11 月开始营业，总部设在华盛顿。其宗旨主要是：以比世界银行更为优惠的条件专门向成员国中较贫穷的发展中国家提供长期贷款，促进其经济发展、生产和生活水平的提高；同时作为世界银行贷款的补充，促进世界银行目标的实现。国际开发协会又有“第二世界银行”之称，西方国家通常将世界银行当作国际复兴开发银行（提供硬贷款机构）和国际开发协会（提供软贷款机构）的总称。

国际开发协会作为一个独立的全球性国际金融机构，也是联合国的专门机构之一，协会初创时会员国 68 个，到目前，会员国增至 173 个。参加国际开发协会的会员国同时是世界银行的会员国，但世界银行会员国不一定必须参加该协会，国际开发协会年会与世界银行年会一起召开。

2. 国际开发协会的组织机构与资金来源

国际开发协会的组织机构与世界银行相同，理事会是其最高权力机关，执行董事会是理事会下设的常设机构，负责组织领导日常业务工作。协会的正副理事、正副执行董事、正副经理分别由世界银行的正副理事、正副执行董事、正副行长兼任；其办事机构的各部门负责人也全由世界银行相应部门的负责人兼任。所以，国际开发协会与世界银行是两块牌子、一套人马，名义上是个独立机构，实际上是世界银行的附属机构。

国际开发协会的会员国按经济发展水平大体分为两组：第一组为工业发达国家，约占会员国总数的 1/6；第二组为亚非拉广大发展中国家，约占会员总数的 5/6。各会员国投票权的大小与其认缴股本呈正相关关系。协会开业时，每个会员国有 500 基本票，每新认购 5 000 美元增加 1 票；后来各会员国基本票调整为 3 850 票，每认缴 2 500 美元即增加 1 票。同其他国际金融机构一样，美国等发达国家认缴股本额最高，它们所占投票权也最大。

国际开发协会的资金来源主要有四个方面：

(1)会员国认缴的资本。协会最初法定资本为 10 亿美元，第一组和第二组国家分别为 7.6 亿美元和 2.4 亿美元。其后又多次增资，到 1988 年财政年度，会员国认缴资本总额为 536 亿美元，第一组国家占 90%以上。

(2)补充资金（Replenishment）。为了保证协会的财源，维持其日益增长的信贷需要，会员国在一定时期还须认缴一部分资金作为补充，其中，绝大部分由第一组会员国提供。1964—1987 年，协会提供了 8 次补充资金，最后一次补充金额为 115 亿美元。

(3)世界银行的拨款。它是世界银行从其净收益中拨给协会的资金，到 1988 年财政年度，拨款总额为 25.76 亿美元。

(4)协会业务经营的净收益。由于协会贷款条件极其优惠，这部分资金来源很少，到 1986 年 6 月底仅为 2.86 亿美元。

20 世纪 80 年代后，国际开发协会的资金又有新发展。1982 年 10 月设立了一项特别基金，由会员国捐款构成，以补充贷放的正常资金，到 1988 年财政年度，该项特别基金总额为 5.81 亿美元。1985 年 5 月，协会又设立了一项非洲基金，由世界银行及其他会员国捐款构成，用于撒哈拉以南非洲地区的经济开发。

3. 国际开发协会的主要业务活动

国际开发协会的主要业务是向较贫穷的发展中国家的公共工程和项目等提供比世界银行更为优惠的长期贷款。世界银行所提供的资金一般称作“贷款”(Loan)，是一种“硬贷款”，而国际开发协会所提供的资金一般称作“信贷”，是一种“软贷款”。这种“软贷款”的优惠性主要体现在：第一，期限长达 50 年，并有 10 年的宽限期，第二个 10 年开始还本，每年还本 1%，其余 30 年每年还本 3%；第二，不收利息，对已支付额每年仅收 0.75%的手续费，对未支付额每年仅收 0.5%的承诺费；第三，贷款可全部或部分用本国货币偿还。

国际开发协会的贷款程序与世界银行的要求一样，贷款用途也极为相似，一般用于农业和乡村发展、交通运输、教育、能源等基本建设项目，协会的信贷与世界银行的贷款唯一的区别是，协会的信贷条件宽，只贷给发展中国家较贫穷的会员国。其标准是 1972 年人均国民生产总值不足 375 美元的国家。20 世纪 80 年代初，这一标准放宽。但总的来说，协会提供的信贷主要集中在南亚的印度、巴基斯坦和孟加拉国以及非洲撒哈拉以南地区的国家。

(三)国际金融公司

1. 国际金融公司的成立及宗旨

国际金融公司(International Finance Corporation，IFC)也是世界银行的附属机构之一。1951 年 3 月，美国国际开发咨询局(U. S. International Development Advisory Board)建议在世界银行下设立国际金融公司，以补充世界银行的活动，对会员国私人生产性企业提供贷款，而无须政府担保。1954 年 12 月，世界银行决定国际金融公司于 1956 年 7 月正式成立，总部也设于华盛顿。1957 年 2 月，成为联合国专门机构之一。它虽是世界银行的附属机构，但它本身具有独立的法律地位，是一个独立的全球性国际金融机构。只有世界银行的会员国才能申请加入国际金融公司。该公司正式成立时，有 31 个会员国，目前已增至 184 个会员国。国际金融公司与世界银行每年一起召开年会。国际金融公司的创立和发展，在一定程度上扩展了世界银行的业务。

国际金融公司的宗旨主要是：配合世界银行的业务活动，向成员国特别是其中的发展中国家的重点私人企业提供无须政府担保的贷款或投资，鼓励国际私人资本流向发展中国家，以推动这些国家私人企业的成长，促进其经济发展。

2. 国际金融公司的组织机构与资金来源

国际金融公司的组织机构和管理办法与世界银行相同，其最高权力机构是理事会；理事会下设执行董事会，负责处理日常事务。正副理事、正副执行董事也就是世界银行的正副理事和正副执行董事。总经理由世界银行行长兼任。总经理下设若干办事部门，其工作也由世界银行相应机构、人员担任。所以，同国际开发协会一样，国际金融公司与世界银行是两块牌子，一套班子。

国际金融公司的资金来源主要有三个方面：

(1)会员国缴纳的股金。公司的法定资本总额为1亿美元,分为10万股,每股1 000美元,后经多次增资。各会员国应缴股金额的大小,与其在世界认缴股金成正比,每个会员国有基本投票权250票,每新认1股,增加1票。

(2)从世界银行和其他来源借入的资金。它是国际金融公司最主要的资金来源。

(3)国际金融公司业务经营的净收入。

3. 国际金融公司的主要业务活动

根据国际金融公司的宗旨,国际金融公司的主要业务有两个方面:

(1)对会员国私人企业提供无须政府担保的贷款。贷款对象主要是亚非拉发展中国家的制造业、加工业及开采业、公用事业和旅游业等。贷款额一般在10万~2 000万美元;利率视资金风险和预期收益等因素决定,一般高于世界银行,在6%~10%;期限7~15年,经过一定宽限期后,以一年2次或4次分期偿还。1988财政年度,国际金融公司提供的贷款总额为13亿美元。

(2)对私人企业进行投资,直接入股。投资对象主要是发展中国家的集体所有制和公司合营企业。公司在联合投资活动中的股份一般不超过25%;而且该项业务具有严密的可行性分析、考察和评估体系,主要有两个要求:一是盈利,投资收益率一般在10%以上;二是该项投资能对东道国的经济发展有所贡献,如增加就业,提高技术和管理水平,开发自然资源等。20世纪80年代以来,国际金融公司的业务呈现多样化的趋势,如参与发展中国家国有企业私有化及企业改组活动,向发展中国家中的重债国提供有关债务转换为股本的意见安排等。

四、区域性国际金融机构

国际金融机构作为国际金融管理和国际金融活动的超国家性质的组织,除了前面介绍的全球性的以外,还有许多是区域性的,它们在战后国际货币金融关系的特殊领域和特定方面同样发挥着极为重要的作用。区域性国际金融机构的建立,一方面是为了抑制超级大国对国际金融事务的控制和操纵,另一方面则是适应本区域内各国经济合作的实际需要,谋求本区域内各国经济的持续稳定发展。第二次世界大战以后先后成立的区域性国际金融机构主要有:欧洲投资银行、泛美开发银行、非洲开发银行、亚洲开发银行、阿拉伯货币基金组织等。本节重点介绍与我国经济发展有密切联系的亚洲开发银行;另外,简要介绍其他一些区域性国际金融机构。

(一)亚洲开发银行

1. 亚洲开发银行的成立及宗旨

亚洲开发银行(Asian Development Bank,ADB)是亚洲和太平洋国家和地区同部分西方国家合办的一个区域性政府间金融开发机构。1963年3月,联合国亚洲及远东经济委员会(简称“亚经会”)在马尼拉召开大会,日本提议设立“亚洲开发银行”;同年12月,亚经会在马尼拉召开第一次亚洲经济合作部长级会议,各国代表原则同意建立亚洲开发银行。1965年底,第二次亚洲经济合作部长级会议在马尼拉举行,一致通过了银行的章程。1966年11月,在东京举行了第一次亚洲开发银行董事会,标志着亚洲开发银行的正式成立;同年12月该行正式营业，行址设在马尼拉。

亚洲开发银行的会员国不限于亚洲地区的国家，凡是亚经会会员和准会员，以及参加联合国或联合国某一专门机构的地区外的发达国家均可加入该行。该行成立之初有 34 个成员国，其中本地区会员国 22 个，地区外会员国 12 个。我国于 1986 年 2 月恢复亚洲开发银行的席位，中国香港、中国台湾作为地区也是该行成员。

亚洲开发银行的宗旨是：为亚太地区发展中国家和地区的经济发展筹集资金，提供技术援助，帮助恢复协调成员国在经济、贸易和开发事务方面的政策，以促进亚太地区的经济增长。

2. 亚洲开发银行的组织机构

亚洲开发银行的最高权力与决策机构是理事会，其职责主要是：负责接纳新成员，调整银行股金，选举董事和行长以及修改银行章程等。理事会由每个会员国委派理事、副理事各一名组成，一般由会员的财政部长或中央银行行长担任，理事会通常定期召开年会。理事会下设董事会，作为理事会的执行机构，在理事会的授权下负责管理银行的日常业务活动。董事会由 12 名董事组成，由理事会选举产生。其中亚太地区内有 8 名，区域外 4 名。董事任期 2 年，但可连任。行长兼任董事长，是银行的合法代表和最高行政负责人，在董事会的指导下处理银行的日常业务并负责亚行官员和工作人员的任命和辞退。董事长由理事会选举产生，但必须是本地区成员的国民，董事长不兼任董事，也不参加投票表决。另外，亚洲开发银行在一些借款多的国家和地区设立若干常驻代表处。

3. 亚洲开发银行的资金来源

(1)成员国认缴的股本

亚洲开发银行属股份制企业性质的金融机构，凡成员国均须认缴该行的股本。亚洲开发银行法定资本原为 10 亿美元，分为 10 万股，每股面值 1 万美元。以后经多次增资。日本、美国和中国是前三位的出资者，认缴资本分别占亚洲开发银行总股本的 15.0%、14.8%和 7.1%。

(2)借款

从 1969 年起亚洲开发银行开始从国际金融市场上筹措资金，方式有三：一是在主要国际资本市场以发行债券形式借款；二是同有关国家政府、中央银行及其他金融机构直接安排债券销售；三是直接从商业银行借款。会员国认缴股金和借款两项资金合称普通基金(Ordinary Capital Resources)，是亚洲开发银行最主要的资金来源，主要用于硬贷款业务。

(3)亚洲开发基金

该基金创建于 1974 年 4 月，用于向亚太地区贫困会员国发放优惠贷款。其来源主要由工业发达会员国的捐赠。

(4)特别基金

该基金建立于 1967 年，主要是帮助发展中会员国提高人力资源质量，加强执行机构的建设及其他特殊用途。其来源有二：一是各成员国认缴股本以外的投资；二是认缴股本中提取 10%，作为该基金的一部分。另外，1988 年 3 月 10 日，亚洲开发银行理事会还成立了日本特别基金，由日本政府出资建立，主要用于技术援助和项目开发等。

4. 亚洲开发银行的主要业务活动

亚洲开发银行的业务活动表现在三个方面：为发展中成员国经济发展提供长期贷款；以股本投资方式，对发展中国家私人企业融资；对成员国提供技术援助等。

(1)提供贷款

即对本地区各成员国政府、政府附属机构、公私企业，以及与本地区开发有关的国际机构提供长期贷款，它是亚洲开发银行主要的业务活动。贷款的形式有两种：一是普通贷款，即用普通基金发放的贷款，其期限为 12 至 15 年，利率随金融市场的变化而调整，属于硬贷款，主要贷给比较富裕的发展中国家；二是特别基金贷款，期限为 25 至 30 年，贷款年利率为 1%～3%，属于软贷款，主要贷给比较贫穷的发展中国家，有经济援助的性质。按规定，归还借款需用贷出时所用的货币偿还。同时，亚洲开发银行的贷款原则与世界银行的贷款原则相类似。这些贷款用于农业和农产品加工业、工业、能源和交通运输、供水、城市发展、银行、教育和卫生等，其中，农业和农业加工业、能源、运输与通信业所占比重最大，三者合计约占贷款总额的 2/3。

(2)股本投资

即通过购买私人企业股票或私人开发金融机构股票形式，对发展中国家私人企业融资，它是亚洲开发银行 1983 年以来开办的一项新型业务。

(3)向成员国提供技术援助

亚洲开发银行技术援助的内容较多，包括咨询服务、派遣长期或短期专家顾问团，与各国或国际组织进行合作、协助拟订和执行开发计划等。具体而言，其技术援助可分为四类：一是项目准备技术援助，用于帮助成员国立项或项目审核，便于亚洲开发银行或其他金融机构对项目的投资；二是项目执行技术援助，用于帮助项目执行机构(包括开发性金融机构)提高金融管理能力；三是咨询性技术援助，用于机构建设、人员培训、研究和制定国家发展计划及部门发展政策与策略等；四是区域活动技术援助，用于重大问题的研究、开办培训班、举办涉及整个区域发展的研讨会等。亚洲开发银行的技术援助项目一般由董事会批准，但金额在 35 万美元以下的技术援助项目，也可由行长批准，只是事后须通报董事会。

(二)其他区域性国际金融机构

1. 欧洲投资银行

欧洲投资银行(European Investment Bank，EIB)是原欧洲经济共同体的一个金融机构。1957 年西欧六国(即法国、原联邦德国、意大利、荷兰、比利时、卢森堡)签订《罗马条约》，决定设立欧洲投资银行，1958 年 1 月该行正式成立，行址设在卢森堡首都卢森堡。它是战后世界上最早成立的区域性国际金融机构。

欧洲投资银行的宗旨是：利用国际资本市场和共同体本身的资金，对共同体内经济落后地区发展计划提供长期贷款或担保，致力于共同体市场上的平衡和经济稳定发展。另外，还向与共同体经济关系较为密切的国家和地区提供资金，以帮助它们发展经济。该行成立之初，法定资本为 10 亿美元；1981 年底增至 144 亿欧洲货币单位，约合 157 亿美元。其他资金主要从货币市场筹措。欧洲投资银行的主要业务活动有四：其一，对工业、能源和基础设施等平衡地区经济发展的投资项目，提供贷款或担保；其二，促进成员国或整个共同体感兴趣的事业的发展;其三,促进企业现代化;其四,向成员国海外属地、地中海沿岸各国和参加“洛美协定”的国家提供贷款。

理事会是欧洲投资银行的最高权力机构,由共同体成员国财政部长组成。理事会设主席1人,理事会主席下设总管理部、共同体融资部、共同体对外融资部、金融与财政部,以及研究院、法律与技术咨询服务中心等。另外,该行还在布鲁塞尔、罗马和伦敦等地设有办事处。

2. 泛美开发银行

泛美开发银行(Inter-American Development Bank,IADB)是美洲国家组织的专门金融机构。1959年4月,美洲国家组织的21个成员国家代表在华盛顿签订了关于建立泛美开发银行的协定,同年12月该协定生效,标志该行的正式成立。1960年10月,泛美开发银行正式营业,行址设于华盛顿,一些欧洲和亚洲国家加入了该行。泛美开发银行的宗旨是:集中各成员国的力量,对拉美国家经济、社会发展计划提供资金和援助,推动成员国自身的或共同的经济发展,协助实现泛美体系的目标。

泛美开发银行法定资本原为10亿美元,分“普通资本基金”和“特别业务基金”两种。此后,其资金总额逐年增加。此外,该行还掌握一些发达国家提供的“拉美开发基金”;同时也从国际金融市场筹措部分资金。

泛美开发银行最主要的业务活动是发放贷款,方式有三:一是普通资金贷款,用于成员国政府和公私机构的特定经济项目,期限为10—25年,年利率8%,以借贷货币偿还。二是特别业务基金贷款,主要用于拉美国家的经济发展计划项目,期限是25—40年,利率很低,可全部或部分用本国货币偿还。三是其他基金贷款,它是成员国存放于该行并由其管理的款项,用于对拉美成员国的投资。另外,为成员国提供技术合作援助也是其业务活动的构成部分。

泛美开发银行的最高权力与决策机构是理事会,由各成员国委派1名理事和1名副理事组成,投票权依各国所占股本多少而定。执行董事会是常设机构,由理事会选出12名董事组成(拉美8名,美、加各1名,另2名由区外成员国选出)。行长由理事会选举产生,在执行董事会指导下处理日常业务并主持执行董事会会议。

3. 非洲开发银行

非洲开发银行(African Development Bank,AFDB)是非洲国家的一个区域性金融机构。1960年第一届非洲人民大会提出了关于成立非洲开发银行的建议。1963年8月,在喀土穆举行的非洲国家财长会议通过了成立该行的协定。1964年9月,在联合国非洲经济委员会的赞助下该行正式宣告成立,1966年7月开始营业,行址设在科特迪瓦的阿比让。该行的创始会员国有23个。1980年修改规定,欢迎非洲以外国家加入。到1988年,其成员国已增至75个,其中非洲国家50个(除南非外的其他非洲国家),区外国家25个。1985年5月,我国也加入了非洲开发银行。值得注意的是,为保持银行的非洲特点,规定领导权由非洲国家掌握,行长必须由非洲人担任,行址永远设在非洲,非洲国家至少控制银行资本的66%。非洲开发银行的宗旨是:为成员国的经济和社会发展提供资金,或给予技术援助,并充分利用本大陆的人力和资源,协调各国发展的计划,促进非洲经济的一体化。

非洲开发银行的法定资本原为 2.5 亿记账单位(1 记账单位价值为 0.888 671 克黄金，与 1971 年贬值的美元等值)，分为 25 000 股，每股 10 000 记账单位。此后，银行几经增资，到 1988 年底，非洲开发银行股金总额已达 218 亿美元。各成员国投票权的大小与其出资额相关，每个成员国有 625 基本票，出资每增 1 股，增加 1 票。

非洲开发银行的经营业务分为普通业务和特别业务两种。前者是银行用普通资本基金提供贷款和担保的业务；后者是用银行规定专门用途的“特别基金”开展的贷款业务，其条件较为优惠。银行贷款主要用于公用事业、交通运输、农业、银行和社会部门。

理事会是非洲开发银行的最高权力与决策机构，由各成员国委派 1 名理事(一般为财政部长或经济部长)组成。董事会是负责银行日常事务的常设机构，由理事会选出的 18 名董事组成(非洲以外国家 6 名)。董事长即银行行长，由董事会选举产生，任期 5 年。另外，非洲开发银行还有许多附属机构或联系机构，如非洲开发基金组织、尼日利亚信托基金、非洲投资开发国际金融公司、非洲再保险公司等。

4. 阿拉伯货币基金组织

阿拉伯货币基金组织(Arab Monetary Fund，AMF)是阿拉伯国家的区域性金融机构。1976 年 4 月，阿拉伯国家经济委员会在摩洛哥首都拉巴特召开大会，批准成立阿拉伯币基金组织的协定。1977 年 2 月 2 日，该组织正式宣告成立，总部最初设在开罗，1979 年 4 月因埃及被中止成员资格，总部又迁至阿拉伯联合酋长国首都阿布扎比。目前，成员国有 21 个。阿拉伯货币基金组织的宗旨是：向成员国中国际收支发生困难的国家提供援助，稳定成员国间的货币汇价，消除彼此在货币支付上的障碍，推进相互间的贸易，以加快阿拉伯经济一体化和各成员国的经济发展。

阿拉伯货币基金组织的资金来源于各会员国缴纳的资金。其法定资本原为 2.63 亿阿拉伯第纳尔(1 单位阿拉伯第纳尔等值于 3 单位特别提款权)，分为 5 260 股，每股 5 万阿拉伯第纳尔。到 1983 年 4 月增资为 6 亿阿拉伯第纳尔，分为 12 000 股。沙特阿拉伯、阿尔及利亚、埃及、伊拉克和阿拉伯联合酋长国是认缴最多的 5 个国家。

阿拉伯货币基金组织的主要业务有三：一是提供贷款，即向成员国政府、公共和私人机构提供条件优惠的贷款，以资助其投资性经济发展项目；二是鼓励投资，即直接或间接地鼓励成员国的政府和私人做出有利于阿拉伯经济发展的投资；三是技术援助，即为成员国经济发展的各个领域提供技术援助。另外，协调各成员国的金融货币政策，就会员国的经济情况定期交换意见并磋商解决存在的问题，管理会员国存放的资金等，也是该组织业务活动的组成部分。

第二节　世界贸易组织

世界贸易组织(简称“世贸组织”，World Trade Organization，WTO)是 1994 年 4 月 15 日在摩洛哥的马拉喀什市举行的关贸总协定乌拉圭回合部长级会议决定成立的一个独立于联合国的永久性国际组织，它的前身是成立于 1947 年的关贸总协定(General Agreement on Tariffs and Trade，GATT)。1995 年 1 月 1 日，世界贸易组织正式开始运作，1996 年 1

月 1 日，世界贸易组织正式取代关贸总协定。与关贸总协定相比，世贸组织的贸易协调和争端解决机制不仅涵盖货物贸易，而且涵盖服务贸易以及知识产权贸易等，而关贸总协定只适用于货物贸易；世贸组织是永久性的、世界性的国际组织，目前正式成员国已有 150 个，而关贸总协定只是一个临时性的、过渡性的多边协定。世界贸易组织与国际货币基金组织、世界银行共同构成了世界经济体系的三大支柱。中国自 1986 年申请重返关贸总协定，为复关进行了长期的不懈努力，1995 年 7 月 11 日，世贸组织总理事会会议决定接纳中国为该组织的观察员。2001 年 12 月 11 日，中国正式成为世界贸易组织第 143 个成员。

一、从关贸总协定到世界贸易组织

(一)关贸总协定的成立

第二次世界大战期间，世界各国纷纷采取高关税保护，实行进口限额、外汇管制等一系列壁垒措施，极大地阻碍了自由贸易的发展。第二次世界大战结束后，经济实力雄厚的美国从自身的经济利益出发，极力强调要废除各种形式的贸易壁垒，在世界范围内推行自由贸易政策。1945 年 8 月，美国提出《国际贸易与就业会议建议案》，在这份建议案中，具体阐述了美国的国际贸易政策，并建议成立一个与国际货币基金组织和世界银行并列的国际贸易组织，其功能为消除国家间的关税壁垒、外汇管制及数量限制，并强调推广国民待遇和最惠国待遇两大原则，从而实现扩大贸易和增加就业的目标。

根据美国提出的这个建议，联合国经济与社会理事会于 1946 年 2 月通过了召开国际贸易与就业会议的决议，并委托 18 个国家成立筹备委员会。同年 10 月，在伦敦召开了筹备委员会第一次会议。1947 年 4 至 10 月，美、英、中、法等 23 个国家参加了在日内瓦举行的国际贸易与就业会议筹备委员会第二次会议。经过谈判，会议草拟了国际贸易组织宪章，同时会议期间进行了首轮关税减让谈判，各参加国共达成 123 项有关关税减让的多边协议，共计减让关税的应税商品 45 000 项。为了使关税减让的成果尽快实施，参加国将拟议中的国际贸易组织宪章中的一些有关贸易政策的条款摘出，连同各国已经达成的关税减让协议一起汇成了一个单一的协定，即《关贸总协定》。同年 10 月，联合国贸易与就业会议在古巴哈瓦那举行，审议并通过了《国际贸易组织宪章》(即《哈瓦那宪章》)，提交各国批准。为了在《国际贸易组织宪章》批准生效之前对各国的关税和贸易保护措施有所约束，会议参加国达成协议，决定临时适用《关贸总协定》。后来，因美国国会认为《国际贸易组织宪章》与本国国内法律存在冲突而未予批准，导致了拟议中的国际贸易组织的夭折。但是，当时各国决定临时适用的《关贸总协定》于 1948 年 1 月 1 日起正式生效。

关贸总协定不同于一般的联合国组织，它不仅是一个参加者的论坛，而且是通过一轮又一轮谈判所达成的多边贸易协定，其本身具有鲜明的契约性质。换言之，关贸总协定实际上是规定国际贸易准则的多边协定，关于关贸总协定的谈判为各缔约方实现降低关税、协调国际贸易关系、解决国际贸易争端提供了一个机制和场所。

关贸总协定缔约方全体大会是关贸总协定的最高权力机构，每年召开一次会议，审议重大问题。关贸总协定缔约方全体大会休会期间，由理事会主持和管理缔约方之间的关税与贸易关系。关贸总协定设有秘书处，负责日常事务。

(二)关贸总协定主持的多边贸易谈判

关贸总协定自1947年通过至1995年1月世界贸易组织成立,在48年的历程中,关贸总协定主持了8轮多边贸易谈判,使其缔约方之间的关税与非关税水平大幅度下降,有力地促进了世界贸易的发展。

1. 第一轮多边贸易谈判

关贸总协定第一轮多边贸易谈判于1947年4至10月在瑞士日内瓦举行。根据国际贸易组织筹委会伦敦会议所制定的关税减让谈判原则,进行削减关税谈判。关税减让的原则是坚持互惠、互利并在缔约方之间平等、非歧视的基础上加以实施。谈判规则规定,谈判参加方只考虑对另一参加方提出减让要求的主要产品部分予以关税减让。关贸总协定的23个创始缔约方参加了谈判,并正式创立了关贸总协定。第一轮谈判共达成双边减让协议123项,涉及应税商品45 000项,影响近100亿美元的世界贸易额,使占进口值约54%商品的平均关税降低35%。

2. 第二轮多边贸易谈判

关贸总协定第二轮谈判于1949年4至10月在法国的安纳西进行。29个国家参加了谈判。在此谈判期间,瑞典、丹麦、芬兰、意大利、希腊、海地、尼加拉瓜、多米尼加、乌拉圭、利比亚等国就其加入关贸总协定进行了谈判,这9个国家加入关贸总协定。谈判结果达成了147项双边协议,增加关税减让5 000多项,使占应税进口值5.6%的商品平均降低关税35%。

3. 第三轮多边贸易谈判

第三轮多边贸易谈判于1950年9月至1951年4月,在英国托奎举行,共32个国家参加,其间又有4个国家加入关贸总协定。黎巴嫩、叙利亚及利比里亚不再是关贸总协定缔约方,台湾当局非法地以中国的名义退出了关贸总协定。

4. 第四轮多边贸易谈判

第四轮多边贸易谈判于1956年1至5月在瑞士日内瓦举行,日本加入了关贸总协定。由于美国国会对美国政府的授权有限,使谈判受到严重影响。参加谈判国减少到33个,所达到的关税减让只涉及25亿美元的贸易额,共达到3 000多项商品的关税减让,使占应税进口值16%的商品平均降低关税15%。

5. 第五轮“狄龙回合”谈判

第五轮多边贸易谈判于1960年9月至1961年7月在瑞士的日内瓦举行,共有39个国家参加。因为根据1958年美国贸易协定法,建议发起本轮谈判的是美国副国务卿道格拉斯·狄龙,故命名为“狄龙回合”。谈判结果达到了4 400多项商品的关税减让,涉及49亿美元贸易额,使占应税进口值20%的商品平均降低关税税率20%。

6. 第六轮“肯尼迪回合”谈判

第六轮多边贸易谈判于1964年5月至1967年6月在瑞士的日内瓦举行,共46个国家参加,而实际缔约方在该轮谈判结束时达到74个。由于是当时美国总统肯尼迪根据《1962年美国贸易扩大法》提议举行的,故称“肯尼迪回合”。这轮谈判确定了削减关税采取“一刀切”的办法,在经合组织成员间工业品一律平均削减35%的关税,涉及贸易额400

多亿美元,对出口产品较集中、单一的国家,如加拿大、澳大利亚、新西兰等做出了特殊安排。对17个发展中国家根据特殊的、非互惠的优惠待遇原则,要求发达国家对其给予优惠关税待遇。41个最不发达国家可以按最惠国待遇原则享受其他国家削减关税的利益,但其本身不对其他国家降低关税。

这轮谈判时,关贸总协定缔约方的组成发生了较大变化,发展中国家和最不发达国家缔约方占了大多数。有鉴于此,关贸总协定正式将给予发展中国家的优惠待遇纳入其具体条款中,列在1965年关贸总协定的第四部分,并命名为"贸易与发展",旨在通过给予发展中国家一定的贸易优惠待遇而促进其贸易和经济的发展。

肯尼迪回合第一次涉及非关税措施的谈判。尽管谈判主要涉及美国的海关估价制度及各国的反倾销法,但毕竟在非关税措施方面迈出了第一步。在海关估价制度方面,美国承诺废除以美国国内市场最高价格作为标准征收关税的制度。在反倾销措施方面,在吸收各国反倾销立法的经验和教训的基础上,各国最终达成《反倾销协议》,并于1968年7月1日生效。美国、英国、日本等21个国家签署了该协议,为关贸总协定第6条反倾销规定的实施提供了坚实的基础。

7. 第七轮"东京回合"多边贸易谈判

东京回合是1973年9月在日本首都东京举行的部长级会议上发动的,1979年11月谈判结束。数以千计的工业品和农产品的关税得以削减,削减的结果在8年内实施,使世界9个主要工业国家市场上工业制品的加权平均关税降到6%左右,并达成了一系列具体的协议,包括使给予发展中国家的和发展中国家之间的优惠关税和非关税措施待遇合法化,以及一系列关于非关税措施或具体产品的守则。守则涉及:(1)补贴与反补贴措施;(2)贸易的技术性壁垒(产品标准);(3)政府采购;(4)海关估价;(5)进口许可征程序;(6)修订肯尼迪回合反倾销守则。另外还达成牛肉协议、奶制品协议、民用航空器协议。鉴于发展中国家反对关贸总协定规则适用范围的扩展,修改关贸总协定条款所需的2/3多数票没达到,东京回合达成的上述协议只能以"守则"的方式实施。达成共识的国家可以进行合作,而不需要所有关贸总协定缔约方参加,即有选择地参加这些守则,守则只对参加的缔约方有约束力,没有参加守则的缔约方则不受其制约。

8. 第八轮"乌拉圭回合"多边贸易谈判

1986年9月在乌拉圭的埃斯特角城举行了关贸总协定部长级会议,决定进行一场旨在全面改革多边贸易体制的新一轮谈判,故命名为"乌拉圭回合"谈判。经过7年多艰苦的谈判,于1994年4月15日在摩洛哥的马拉喀什结束。在乌拉圭回合部长宣言中,明确了谈判的主要目标:(1)在货物贸易方面,促进国际贸易的进一步自由化和规模的扩大,加强关贸总协定的作用,改善多边贸易体制,增强关贸总协定对不断变化的国际经济环境适应能力,鼓励合作以加强国际经济政策决策的一致性。(2)在服务贸易方面,明确服务贸易规则新框架的目标。参加乌拉圭回合谈判的国家和地区从最初的103个,增加到1993年底的117个和1995年初的128个。谈判的结果使发达国家和发展中国家平均降税1/3,发达国家工业制成品平均关税水平降为3.5%左右。

(三)关贸总协定的局限性与世贸组织的成立

关贸总协定成立以来,对于扩大国际贸易、促进经济增长、提高人们的生活水平,都起到了一定的作用。但是,同推进全球贸易自由化的目标相比,关贸总协定具有相当大的局限性。关贸总协定的局限性主要表现在:

第一,关贸总协定只是一个临时协定,并非正式的国际组织,充其量只是一个准国际组织。

第二,关贸总协定的许多规则不严密,执行起来存在很大空隙,而且许多规则缺乏法律的约束力。

第三,关贸总协定中存在着大量的"灰色区域",有很多例外。这样,某些缔约国违背关贸总协定原则,用国内立法和行政措施对别国进行贸易歧视。

第四,没有法律约束性的强制执行手段,许多重大国际贸易争端无法解决。

正因如此,经过长期酝酿,在各国已经基本就建立世界贸易组织达成一致意见的基础上,1993年11月15日,由111个国家和地区在日内瓦达成了关于建立世界贸易组织的协议(草案)。1994年4月15日,在109个政府签署"乌拉圭回合"多边贸易谈判最后文件的同时,97个国家和地区的部长签署了一份附加文件,宣布成立世界贸易组织。经各国立法机构批准后,于1995年1月1日正式生效,世界贸易组织正式成立。

二、世界贸易组织

(一)世界贸易组织的宗旨、基本职能和法律地位

世贸组织的宗旨是:在提高生活水平和保证充分就业的前提下,扩大货物和服务的生产与贸易,按照可持续发展的原则实现全球资源的最佳配置;努力确保发展中国家,尤其是最不发达国家在国际贸易增长中的份额与其经济需要相称;保护和维护环境。世界贸易组织的目标是建立一个完整的、更具有活力的和永久性的多边贸易体制。

世贸组织具有五项基本职能:第一,管理和执行共同构成世贸组织的多边及诸边贸易协定;第二,作为多边贸易谈判的场所和论坛;第三,按照争端解决机制,解决贸易争端,避免贸易摩擦和贸易战,以利于贸易的平衡和公平发展;第四,监督和审议各成员贸易政策和规章制度;第五,协调同国际货币基金组织、世界银行等制定全球经济政策有关的国际机构的关系,以保障全球经济决策的一致性。

世界贸易组织具有法人地位,它在调解成员争端方面具有权威性和有效性。世界贸易组织与国际货币基金组织、世界银行不同,它不是联合国的专门机构,其成员不仅包括主权国家,也包括单独关税区。

(二)世界贸易组织的组织机构和协议框架

世界贸易组织作为一个永久性的国际经济组织,设立了总体的和专门的组织机构,见图13.1。部长级会议是世贸组织的最高决策权力机构,一般两年举行一次会议,讨论和决定涉及世贸组织职能的所有重要问题,并采取行动。部长级会议的主要职能是:任命世贸组织总干事并制定有关规则;确定总干事的权力、职责、任职条件和任期,以及秘书处工作人员的职责及任职条件;对世贸组织协定和多边贸易协定做出解释;豁免某成员对世贸组织协定和其

他多边贸易协定所承担的义务；审议其成员对世贸组织协定或多边贸易协定提出修改的动议；决定是否接纳申请加入世贸组织的国家或地区为世贸组织成员；决定世贸组织协定及多边贸易协定生效的日期等。部长级会议下设总理事会和秘书处，负责世贸组织日常会议和工作。世贸组织成员资格有创始成员和新加入成员之分，创始成员必须是关贸总协定的缔约方，新成员必须由其决策机构——部长会议以 2/3 多数票通过方可加入。

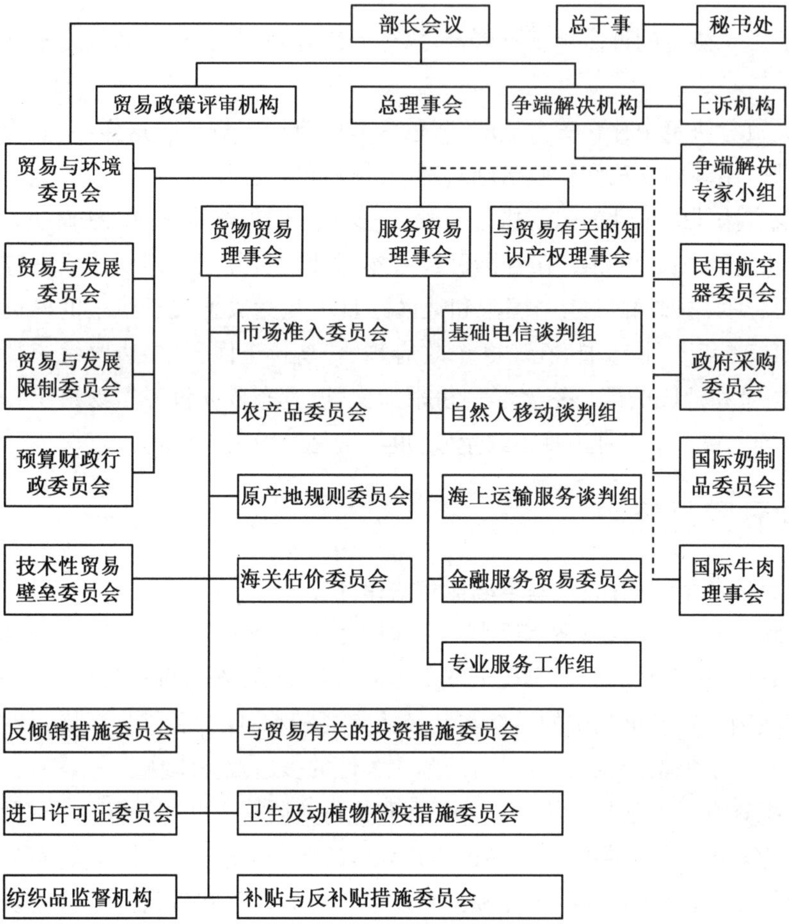

图 13.1 世界贸易组织机构图

世界贸易组织为成员之间从事贸易提供了共同的协议框架。附件 1、附件 2 和附件 3 多边贸易协议包括 1994 年关税与贸易总协定、农产品贸易协定、纺织品与服装贸易协定、服务贸易总协定、与贸易有关的知识产权协定、与贸易有关的投资措施协定、争端解决规则、贸易政策审议机制、决策机制等，它们都是世界贸易组织协议的组成部分，并约束所有成员。附件 4 中的多边贸易协定包括民用航空器协定、政府采购协定、国际奶制品协定、国际牛肉协定，它们只对于接受该协议的成员具有约束力。虽然它们也是世界贸易组织协定的组成部分，但是对未接受该协议的成员不产生任何权利和义务。世界贸易组织共同的协议框架如图 13.2 所示。

图 13.2　世界贸易组织共同的协议框架

(三)世界贸易组织的基本原则

世界贸易组织(WTO)的基本原则是在继承关税与贸易总协定(GATT)基本原则的基础上，进行必要的补充和修改而来的。世界贸易组织的基本原则主要包括：

1. 最惠国待遇原则

最惠国待遇是指缔约一方现在和将来给予任何第三方的优惠，也给予所有缔约方。在国际贸易中，最惠国待遇是指签订双边或多边贸易协议的一方在贸易、关税、航运、公民法律地位等方面，给予任何第三方的减让、特权、优惠或豁免时，缔约另一方或其他缔约方也可以得到相同的待遇。

2. 国民待遇原则

国民待遇是指在贸易条约或协议中，缔约方之间相互保证给予对方的自然人(公民)、法人(企业)和商船在本国境内享有与本国自然人、法人和商船同等的待遇。就是把外国的商品当作本国商品对待，把外国企业当作本国企业对待。其目的是公平竞争，防止歧视性保护，实现贸易自由化。

3. 无歧视待遇原则

无歧视待遇原则又叫无差别待遇原则，是 WTO 最重要的原则之一。它规定缔约一方在实施某种限制或禁止措施时，不得对其他缔约方实施歧视待遇。无歧视待遇的原则要求每个缔约方在任何贸易活动中，都要给予其他缔约方以平等待遇，使所有缔约方能在同样的条件下进行贸易。

4. 互惠原则

互惠是指两国或多国之间在贸易利益或特权方面的相互或相应让与。互惠原则体现在关税、运输、非关税壁垒削减方面和知识产权方面的相互保护等。

5. 公平贸易原则

这一原则要求 WTO 各成员的出口贸易经营者不得采取不公正的贸易手段，扭曲国际贸易竞争，尤其不能采取倾销和补贴的方式在他国销售产品。对于以倾销或补贴方式出口本国产品，给进口方国内工业造成实质性损害，或有实质性损害威胁时，该进口方可以根据受损的国内工业的指控，采取反倾销和反补贴措施。同时，世贸组织反对成员滥用反倾销和反补贴措施达到其贸易保护的目的。

6. 关税减让原则

关税和非关税措施是国家管制进出口贸易的两种常用方式。与名目繁多的非关税措施相比，关税的最大优点是它具有公开性和可计量性，能够清楚地反映关税对国内产业的保护程度。在 WTO 中，关税是唯一合法的保护方式。不断地降低关税是 WTO 最重要的原则之一。目前，关税的总体水平，发达国家大约在 4%以下，发展中国家约为 10%。

7. 禁止数量限制原则

世界贸易组织仅允许进行“关税”保护，而禁止其他非关税壁垒，尤其是以配额和许可证为主要方式的“数量限制”。数量限制是非关税壁垒中最常用的方法，是政府惯用的手段，常被用来限制进出口数量。WTO 倡导贸易自由化，主张取消任何非关税壁垒。但禁止数量限制也有一些重要的例外，如国际收支困难的国家被允许实施数量限制，发展中国家的“幼稚工业”也被允许加以保护。

8. 透明度原则

这一原则要求各成员将有效实施的有关管理对外贸易的各项法律、法规、行政规章、司法判决等迅速加以公布，以使其他成员政府和贸易经营者加以熟悉；各成员政府之间或政府机构之间签署的影响国际贸易政策的现行协定和条约也应加以公布；各成员应在其境内统一、公正和合理地实施各项法律、法规、行政规章、司法判决等。其目的在于防止缔约方之间进行不公平的贸易。透明度原则已经成为各缔约方在货物贸易、技术贸易和服务贸易中应遵守的一项基本原则，它涉及贸易的所有领域。

第三节 国际货币体系

国际货币体系是指国家间进行各种交易支付所采用的一系列安排和惯例，以及支配各国货币关系的一套规则和机制。它涉及国际收支及其调节、汇率决定及其变化、国际货币或储备资产的数量和形式，国际金融市场与资本流动、国际货币合作的形式与机制，即涉及国际金融的各个方面。它的作用是从贸易和金融的各个方面联系世界经济，协调各个国家的经济活动，促进贸易和支付过程的顺利进行，加速国际贸易和信贷的发展，促进世界生产和就业水平的提高。划分国际货币体系的一个标准是汇率体制，事实上，在本书关于汇率制度问题里已经介绍了有关国际货币体系的部分内容，本章主要侧重于介绍第二次世界大战后确立的布雷顿森林体系及其解体后国际货币体系的现状与发展前景。

一、国际货币体系的演变

国际货币体系从产生至今，经历了几次重大的变革，从历史线索来看，大致划分为以下几个阶段：

1. 1880 年至 1914 年的国际金本位制

最早出现的国际货币制度是国际金本位制。它是在各国实行金本位制的基础上形成的。一般认为，国际金本位制开始于 1880 年[①]，那时欧美一些国家都实行了金本位制。后来，1914 年第一次世界大战爆发，参战国实行黄金禁运和货币停止兑换黄金，致使该货币制度遭到严重的破坏。

2. 1914 年至 1939 年两次世界大战时期

这个时期的货币体系是松散的、混乱的。第一次世界大战后，欧美主要资本主义国家相继恢复勉勉强强的金本位制，但没有维持多久，便偃旗息鼓了。此后，便出现了三个货币区（或货币集团），即英镑区（英镑集团）、法郎区（法郎集团）和美元区（美元集团），在这三个货币区之间或以外出现了使用多种国际货币和浮动汇率的现象，他们之间在贸易中壁垒森严、针锋相对。这一时期并不存在一个国际范围的有序的货币制度安排。

3. 1944 年至 1973 年的布雷顿森林体系

1944 年，44 个国家的代表聚会美国新罕布什尔州布雷顿森林，建立了布雷顿森林体系。其核心是黄金-美元本位(金汇兑本位制)。这一货币体系在国际货币体系发展史上占有重要的地位，它为第二次世界大战后国际经济关系重建，推动国际经济的发展，提供了稳定的货币环境。但由于这一体系存在的弊端，在 1973 年布雷顿森林体系彻底崩溃。

4. 1973 年至今的国际货币体系

1973 年布雷顿森林体系崩溃后，世界主要国家的货币普遍实行浮动汇率，国际货币制度呈现出松散无固定约束的局面。为了协调各国的经济金融关系，克服国际货币制度方面的负面影响，国际社会一直努力进行着国际货币体系的重建。

---

① 钱荣堃：《国际金融专论》，中国金融出版社 1991 年版，第 34 页。

二、布雷顿森林体系

(一)布雷顿森林体系产生的背景

国际金本位制崩溃后,各国之间的政治经济斗争激烈,货币金融秩序极度混乱,尤其是第二次世界大战后,这种情况更加严重,这给国际经济贸易关系带来极大的负面影响,阻碍了国际金融和国际经济的正常发展。因此,如何建立一个稳定的国际货币体制来保证国际经济、贸易和金融关系正常发展,就成为亟待解决的问题。在这种情况下,英、美两国在第二次世界大战中就着手研究如何重建国际货币体系的计划。美国由负责国际金融事务的财政部副部长 H.D. 怀特草拟了一个重建国际货币体系的计划——"怀特计划",主张建立一个国际基金组织,由成员国缴纳一定资金充作基金,而国际基金组织发行一种名叫"尤尼特斯"(Unites)的国际货币,而各国货币与"尤尼特斯"保持一定比率。同时,英国由经济学家,当时英国财政部顾问 S.M. 凯恩斯草拟了一个重建国际货币体系的计划——"凯恩斯计划",主张战后成立一个国际清算同盟,在自由兑换的原则下,稳定各国货币,并创建一种以黄金为基础的国际货币单位,叫"本可尔"(Bancor)。在 1942 年秋,英美两国相互提交草案。此后,两国就两个草案进行了频繁讨论和争辩。但是由于二次世界大战中英法等盟国经济遭受了很大的破坏,而大战却使美国在政治、军事和经济各个方面取得了压倒性的优势,从而在资本主义世界居于领导地位。最后于 1944 年 7 月在美国新罕布尔州的布雷顿森林召开了由筹建联合国的 44 个国家的代表参加的布雷顿森林会议(Bretton Woods Conference),旨在讨论并制定战后的国际货币金融合作计划。

会议在 1944 年 7 月 1 日正式开幕,会议主席为美国财政部长 Jr. H. 摩根索,副主席为澳大利亚、比利时、巴西和苏联代表。会议设三个委员会:第一委员会由怀特主持,讨论国际货币问题;第二委员会由凯恩斯主持,讨论建立国际复兴开发银行问题;第三委员会由墨西哥的 Z. 苏亚雷斯主持,讨论国际金融合作的其他方法问题。经过三周的激烈讨论,最后通过了《联合国货币金融会议最后议定书》及《国际货币基金组织协定条款》和《国际复兴开发银行协定条款》两个附件,后两项协定总称为《布雷顿森林协定》。

1945 年 12 月 7 日,参加布雷顿森林会议的 44 国中的 29 国代表,参加了在美国国务院举行的《布雷顿森林协定》的签字仪式,正式成立了国际货币基金组织和国际复兴开发银行,两机构自 1947 年起成为联合国的常设专门机构。

布雷顿森林会议是世界经济领域里一次具有历史意义的会议。美国凭借着它在政治、经济上的优势和实力,迫使与会国接受了它的方案,从而确立了第二次世界大战后以美元为中心的世界货币体系——布雷顿森林体系。而《国际货币基金组织协定条款》和《国际复兴开发银行协定条款》与《关税及贸易总协定》被誉为国际经济的三大支柱。

中国是布雷顿森林会议的参加国,也是国际货币基金组织和国际复兴开发银行的创始国。1980 年中华人民共和国在这两个机构中的合法席位先后恢复,中华人民共和国确认了《布雷顿森林协定》;同时,与世界发展中国家一起,积极为实现国际经济新秩序而斗争。

(二)布雷顿森林体系的主要内容与作用

这一体系的主要内容可以大致概括如下:

(1)建立一个永久性的国际金融机构,即国际货币基金组织。

(2)美元与黄金挂钩。就是国际货币基金组织的会员国均确认美国政府规定的35美元=1盎司黄金的官价,不经美国政府同意,不得变动。同时,为了维持这一黄金官价,面对国际金融市场金价的冲击,各会员国政府必须协助美国政府进行干预,而美国政府则承担各会员国政府或中央银行随时用美元按官价向其兑换黄金的义务。

(3)其他国家的货币与美元挂钩,实行固定汇率制。各会员国货币必须与美元保持固定比价。1美元的含金量为0.888 671克纯金,各会员国货币对美元的汇率可按各自的含金量确定,或直接规定与美元的固定比价,不得轻易改变。各会员国货币对美元的汇率,一般只能在平价上下各1%的幅度内波动。但在国际收支发生极度失衡时,各会员国保留改变平价的权力,但幅度不得超过平价的10%,否则要经国际货币基金组织批准。

(4)国际货币基金组织通过预先安排的资金融通措施,向会员国提供贷款,但贷款只限于会员国用于弥补国际收支赤字,即用于贸易与非贸易的经常项目的支付。

(5)各会员国对各种经常项目的支付不得加以限制,更不得采取歧视性的货币措施,要在可兑换的基础上实行多边支付。

战后确立的这种布雷顿森林国际货币体系,实际上是一种国际金汇兑本位制,或称为美元—黄金本位制。美元可以兑换黄金和各国实行固定汇率是这一货币体系的两大支柱。而国际货币基金组织则是这一货币正常运转的中心机构。

布雷顿森林体系对第二次世界大战后世界贸易和经济发展起了一定的促进作用。美元作为国际储备货币,扩充了世界购买力,弥补了国际清偿能力的不足。固定汇率制使外汇市场相对稳定,从而有助于国际贸易的扩大以及国际投资和信贷活动的发展。国际货币基金组织向会员国提供的各种中、短期贷款,暂时缓和了会员国国际收支赤字的困境,而它要求各会员国取消外汇管制,有利于国际贸易和金融的发展,促进了国际贸易合作和多边货币合作。

(三)布雷顿森林体系的缺陷与崩溃

布雷顿森林体系虽然在第二次世界大战后的世界经济发展中起了一定的积极作用,但由于其内在的一些原因,使得这种国际货币体系存在着致命的缺陷。这主要表现在:

(1)美元在该体系处于中心地位。资本主义世界各国都用美元代替黄金作为主要的外汇储备和国际支付手段,因此,只有靠美国国际收支的长期逆差,才能使美元流向世界各国,使他们获得美元的供应。但问题在于,如果美国国际收支长期逆差,必然影响各国对美元的信心,引起美元危机。如果美国保持国际收支平衡或顺差,则会使其他各国不能获得所需美元,从而会断绝国际储备的供应,引起国际清偿能力的不足。这是一个不可克服的矛盾,在西方被称为“特里芬两难”。

(2)在这一体系下,各国的利益不均衡,也破坏了国际货币合作的基础。美国是这一体系的最大受益者,它享有一种特权:可以用美元而不是黄金对外直接投资,购买外国企业,弥补国际收支赤字,从而一纸美元换回世界各地大量的实际物资,而让其他国家承受美元泛滥和美元危机之害;它还可以利用在国际货币基金组织中占有最大的份额和表决权,来操纵国际金融事务。美国的这些特殊利益,必然会引起其他发达国家和广大发展中国家的强烈不满和坚决反对，从而导致国际货币争端频繁，也使这一货币体系难以长期维持下去。

(3)该体系下的固定汇率制导致国际收支的调节机制失灵。在该体系下，只有当国际收支出现极度失衡时才可以大幅度变更平价，因此各国在一般情况下不能有效地利用汇率对国际收支进行调节。当国际收支出现不平衡时，只能消极地实行贸易管制，或者放弃国内经济的稳定，而这两者明显是不行的，于是国际收支的调节机制就失灵了。

(4)固定汇率制的实行，使美国可以输出通货膨胀，从而会加剧世界性的通货膨胀。由于各国货币对美元的汇率超过规定的界限时，各国政府有义务在外汇市场上进行干预活动。当美元汇率下降，其他国家就要大量抛出本国货币，买进美元，促使美元汇率回升。结果，这些国家的货币流通量增多，造成通货膨胀或加剧通货膨胀。

此外，我们还应该认识到，布雷顿森林体系这种以美元为中心的国际货币体系是在美国经济实力雄厚、国际收支存在较大顺差、黄金外汇储备比较充足而其他西方国家存在“美元荒”的情况下建立的，而要维持这一体系的正常运转，就必须具备三项基础条件：

①美国国际收支保持顺差，美元对外价值稳定；

②美国黄金储备充足，保持美元对黄金的有限兑换性；

③黄金价格维持在每盎司黄金等于35美元的官价水平。

这三个基础条件是息息相关的。美国的财政经济实力状况决定着这三个基础是否巩固，如果美国财政经济实力强，三大基础就巩固，那么尽管有四大缺陷，但该体系依然能存在下去；否则就会从根本上动摇建立在这三个基础上的布雷顿森林体系。

布雷顿森林体系建立初期，美国经济急剧膨胀，对外贸易和资本输出迅速扩大，国际收支连年顺差，黄金储备与日俱增。而受战争重创的西欧和日本，为了恢复和发展本国经济，不得不大量从美国进口产品，对美贸易发生巨额逆差，美元极度缺乏，一度在世界范围出现“美元荒”。这种状况一直持续到20世纪50年代初。

1950年美国发动侵略朝鲜战争后，军费开支迅速增加，使得国际收支连年出现逆差，黄金储备日渐流失。仅1950年至1957年的7年中，美国的黄金储备就流失17亿美元，美元的国际地位开始削弱。与此同时，西欧和日本的经济得到恢复并出现高速增长，国际收支由连年逆差转为顺差，于是从20世纪50年代后半期起，资本主义世界由“美元荒”转而出现了“美元富”，即美元过剩。进入20世纪60年代，美国的国际收支逆差日趋严重，黄金储备继续大量外流。1960至1961年美国在战后第四次经济危机的冲击下，国际收支逆差进一步扩大，美元的信用基础严重动摇，在1960年10月爆发了战后的第一次美元危机，这主要表现在国际金融市场上大量抛售美元，抢购黄金，黄金价格急剧上涨，美元对外汇率急剧下降。例如，1960年10月伦敦黄金市场的黄金价格暴涨到41.5美元1盎司，高于黄金官价的18.5%，为了平息美元危机，维持黄金官价与美元的对外汇率，美国不得不向英格兰银行提供黄金，供应市场，平抑金价，稳定美元的对外汇率。

为了维持布雷顿森林体系，挽救美元的颓势，稳定国际金融市场，美国同其他资本主义国家合作采取了一系列的积极措施，来缓和美元危机，制止金价上涨，其中主要的措施是1961年10月达成了“黄金总库”协议，1961年11月的“借款总安排”、1962年3月的“互惠信贷协定”等。但是，它们并没有从根本上解决国际货币关系中存在的问题，也未能消除国际金融市场上的混乱局面，而美元危机的爆发，暴露了布雷顿森林体系内在的不稳定性，也标志着这一国际货币体系已开始走向崩溃。

20世纪60年代中期以后，美国国际收支状况更为恶化。1967年美国的黄金储备降至121亿美元，而对外短期债务则增至331亿美元；1967年10月至1968年1月美国黄金外流达34.6亿美元，从而在1968年3月又爆发了第二次美元危机，抢购黄金风潮极其猛烈，仅半个月就流失了14亿美元的黄金。面对猛烈的抢购风潮，大多数黄金市场停业，而“黄金总库”也已无力维持市场金价，被迫于同年5月停止活动，改而实行“黄金双价制”，即官方黄金交易价格仍维持每盎司黄金35美元，但市场金价则任其按供求情况波动。

然而，这些措施并未能阻止美元的衰落，自由市场金价与官价逐渐背离，而且差距越来越大，美元实际上已日益贬值，以至于在1971年5月西欧市场再度掀起了抛售美元、抢购黄金和德国马克等西欧货币的风潮。至同年7月下旬，美元危机再次来临时势头更加凶猛，美元暴跌，黄金价格猛涨。在这种情况下，美国总统尼克松于1971年8月15日在电视上单方面向美国和全世界宣布：美国将不再遵守国际货币体系核心的规则和程序。这就意味布雷顿森林体系的三大基础已完全崩溃，从而历时27年的布雷顿森林体系宣告结束。

三、国际货币体系的现状和发展前景

一方面，以美元为中心的布雷顿森林体系瓦解以后，美元不再成为国际货币领域中的关键性国际货币，英镑、马克、日元等也逐步成为国际货币。另一方面，各国货币实行浮动汇率，即一个国家对其他国家货币的兑换比率不再固定在某一水平；也不规定上下波动的幅度，而是由外汇市场的供求关系决定汇率水平。这种情况导致汇率大幅度变动，严重影响了国际经济的顺利发展。为此，世界各国都普遍意识到，现行的国际货币体系迫切需要改革，并为此做了许多理论上和实践上的努力。

(一)理论和实践的准备

在理论上，20世纪60年代初就有一些国家的政府官员和经济学家纷纷想方设法研究对策，企图挽救趋向崩溃的布雷顿森林体系，提出了各种不同的方案，其中较为著名的有以下几种：

1. 伯恩斯坦的“储备单位”论

曾任美国财政部和国际货币基金组织高级官员的伯恩斯坦(E. M. Bernsten)从美国的经济利益出发，主张继续保持美元作为国际储备货币的地位，但美国必须消除国际收支赤字，而且各国中央银行所持有的美元不能继续增加，另外建立一个“储备单位”(Reserve Unit)来满足国际储备的需要，这种储备资产不能兑换成黄金，但有类似于黄金的世界货币职能，可以用于国际结算。

2. 吕埃夫的“金本位”论

法国经济学家吕埃夫(J. Rueff)主张恢复金本位制，将金价提高2倍以上，以便美国黄金兑换各国所持有的美元，以后国际结算全部采用黄金，他还认为金价提高后，将会刺激黄金生产，从而能保证国际储备的适当增长，不至于会发生国际清偿能力不足的问题。

3. 金德伯尔格的“世界美元本位”论

美国国际经济学家金德伯尔格(C. Kindleberger)主张实行“世界美元本位制”,停止美元兑换黄金,让国际市场力量决定官方和私人所需要的美元数量。一国想减少美元持有量,就应对美元升值;反之,一国要想增加美元持有量,就应对美元贬值,而美国则必须在国内努力推行稳定增长的货币政策和财政政策,不必考虑国际收支逆差问题。

4. 特里芬的“国际货币”论

美国经济学家特里芬(R. Triffin)主张彻底改革国际货币基金组织,把它变成世界中央银行,创造一种“国际货币”来代替在美国国外流通的美元。这种“国际货币”采取世界中央银行存款的形式,以便让国际货币储备按照适当的速度增加,从而克服一国货币作为国际储备资产所带来的困难。

5.“多种货币储备体系”论

国际上为数不少的经济学家主张扩大金汇兑本位制,而把布雷顿森林体系改为“多种货币储备体系”。也就是说,将德国马克、瑞士法郎等硬通货作为新的关键货币。各国中央银行要进行合作,以保证各种储备资产在比率上能够互相配合,使这个货币体系的发展不致因国际收支结构的变化而遭到破坏。

这些改革方案各有其自身的出发点,因而也各有侧重、互有长短。但总的来讲都是纸上谈兵,实施起来未必能行得通。其中,吕埃夫的金本位制应该说是一种比较健全的货币体系。但限于黄金资源有限的原因,实行起来有很大困难;其他方案都旨在摆脱黄金而建立一种虚构的国际清偿能力,但最后也终因各国利害关系不同,矛盾重重,没能取得一致的意见,不过它们对西方国家的货币政策和原来的国际货币体系的改革工作的确产生了一定的影响,我们从中也大体可以看出国际货币体系可能的发展方向。

另一方面,在实践方面,世界各国也为改革国际货币体系做了许多努力。首先,在1971年12月,由美、英、法、意、日、荷、加、比、瑞典、联邦德国十国的财政部长或中央银行行长参加,在美国首都华盛顿的史密森氏学会大厦,签订了所谓的史密森协议(Smithsonian Agreement)。在该协议中,提出了改革国际货币体系的问题,并且表示这一改革要在国际货币基金组织范围内进行。

在1972年7月,国际货币基金组织决定成立一个专门委员会,具体研究国际货币体系的改革问题。委员会由11个主要工业国家和9个发展中国家共同组成,又叫“二十国委员会”,同年9月28日,“二十国委员会”正式成立并开始讨论改革问题。但由于美国与西欧国家在汇率制度和国际收支调节机制上、西方工业国与发展中国家在特别提款权和发展援助之间的联系上发生了很大的意见分歧,因此直到1974年6月才提出了一份原则性的国际货币体系的改革大纲。

“二十国委员会”发表了改革大纲后即告结束。1974年7月,国际货币基金组织又成立了一个“临时委员会”代替“二十国委员会”的工作。这个“临时委员会”是基金组织理事会的咨询机构,由参加国的部长级代表组成。除基金组织中份额最多的5个国家参加外,还有9个发展中国家和5个工业国家。新成立的委员会于1976年1月在牙买加首都金斯敦举行会议,讨论修订《国际货币基金组织协定条款》。经过激烈的争论,才就汇率制度、黄金处理、扩大借款额度、增加会员国在基金组织的份额等问题达成了一些协议,并同意修改基金组织的协定，使特别提款权逐步成为主要的国际储备资产，这就是《牙买加协定》。

(二)牙买加体系

《牙买加协定》的签订被认为是第二次世界大战后国际货币关系中仅次于布雷顿森林体系的一项重大事件，为布雷顿森林体系崩溃后的国际货币体系的继续运转奠定了基础。《牙买加协定》的主要内容包括以下几个方面：

1. 汇率制度

鉴于主要货币汇率都在浮动，因此：(1)各国可以自由地选择汇率制度；(2)有关汇率政策，各国要听从国际货币基金组织的指导和监督；(3)在世界经济稳定后，经总投票权 85%的同意，可以实行稳定的、但可以调整的固定汇率制度。

2. 增加会员国的基金份额

将国际货币基金组织的份额由 292 亿特别提款权(约 340 亿美元)，增加到 390 亿特别提款权(约 450 亿美元)，增加 33.6%。

3. 黄金问题

为了削弱黄金在国际货币体系中的作用，因此：(1)废除黄金官价，会员国之间可以自由进行黄金交易；(2)黄金不再作为货币定值的标准，彻底割断黄金与货币的联系；(3)废除会员国向基金组织支付黄金的义务；(4)基金组织在 4 年内，将其持有的黄金存量的 1/6(2 500 盎司)按市价出售，以其所得利润建立专门基金，资助发展中国家。

4. 扩大特别提款权的运用

今后将把特别提款权作为主要的国际储备资产，最后取代黄金和其他储备货币的地位。

《牙买加协定》的最重要成果是正式确认了浮动汇率制的合法性，以及缩小了黄金在国际货币体系中的作用，这两点构成了目前国际货币体系的主要内容。以《牙买加协定》为基础，国际货币基金组织进行了第二次修订基金组织协定的活动。修正案于 1976 年 4 月底经理事会表决通过，并交送各会员国完成立法批准手续。1978 年 4 月 1 日正式生效，从此，以《牙买加协定》为基础的新的国际货币体系——牙买加体系确立了。

(三)现行国际货币体系的特点

自从布雷顿森林体系崩溃以来，国际货币体系就处于一种自发的、变化不定的状态。虽然“牙买加体系”对国际货币秩序做出了某些安排，但它只是对于某些已经存在的事实，如实行浮动汇率制、取消黄金的官价等予以事后的确认。因此，国际货币体系的现状是过渡的、不健全的。主要有下列特点：

1. 国际储备资产多样化

当前，在美元仍然充作主要储备资产的同时，日元、英镑等也被世界各国所使用，储备货币呈现了多样化的局面。此外，黄金和特别提款权的国际储备作用也有所加强。但这多种储备体系具有潜在的不稳定性，因为软通货和硬通货经常变化，国际游资就会流入流出。大量资金经常地从一种货币转向另一种货币，造成国际外汇市场剧烈动荡，加剧了通货膨胀的国际传递，同时也使各国控制本国货币数量和利息率的工作更加困难。

2. 浮动汇率制盛行，汇率变动不定

自《牙买加协定》正式确认浮动汇率制后，浮动汇率制盛行于各国。在浮动汇率制下，各国货币的汇率变化不定，并且波动的幅度较大，影响了国际经济与金融市场的稳定，它对发展中国家特别不利，对它们的国际贸易和国际信贷关系产生了很大的影响，而且，浮动汇率制将会长期持续下去。

3. 区域性货币一体化逐渐发展

区域性货币一体化最突出的例子是欧洲货币体系的成立和发展。1979 年 3 月，欧洲货币体系正式成立，成员为欧洲共同体除英国以外的八国，各会员国汇率保持固定，对非成员国则采取联合浮动。此外，成员国还采用欧洲货币单位，作为中央银行相互结算的工具和市场干预及发放信贷的计值单位，目前，欧盟主要成员国已实现了单一货币(欧元)。此外，还出现了以日元、英镑等货币为结算货币的区域。

4. 国际收支不平衡导致了国际贸易保护主义盛行，使国际货币体系对国际收支的调节作用受到了很大削弱

为了平衡国际收支，很多国家实行了贸易保护主义，限制进口，加剧了各国之间的矛盾，使国际金融关系复杂而紧张起来。目前，国家间虽在呼吁反对贸易保护主义，但最终是否能见成效，还有待于各国之间的协调和国际货币体系的改革和调整。

(四)国际货币体系的发展前景

从牙买加体系的特点分析，我们可以看出，现行的国际货币体系仍然是一种过渡性的和不健全的体系，它依然迫切需要改革。但问题的关键是到底应该如何改革。由于各国学者所处的环境以及立论背景的不同，因此各种论点纷呈，争论颇为激烈，加上今后的国际货币体系到底是怎样的一种情况，具有很大的不确定性，因此，也很难对各种论点加以全面评价。在此，我们仅仅介绍几种国内外较有代表性的论点，供大家参考。

1. 国际中央银行制

这是一种高度集中化的体制，它要求世界主要经济活动中心首先采取措施，重新实行固定汇率制度，然后逐步建立国际信贷储备，并发展对国际货币供应具有控制权的国际中央银行。国际中央银行负有建立世界储备的任务，同时还负有协调各国中央银行业务的职能，从而建立起集中化的国际管理。这种体制曾被许多分析家推荐为使国际货币关系获得有效性和稳定性的唯一长远的解决办法。它可能得到发展中国家政府的支持，因其能提供有利于发展中国家经济发展的固定汇率制，并能使这些国家获得实现其发展目标所需的贷款。但是，各国政府对实行这种制度也存在种种疑虑，担心它们对国内经济的控制权受到削弱，担心它们受到西方工业强国的支配。

2. 主权国家各自为政的货币制度

这是一种“建立在狭义的国家经济利益基础上和以现有货币制度的不断解体为特征的体制”。在这种体制下，美元的国际作用将完全消失，平行的国际金融市场将被置于各国的控制之下。各国政府有权决定本国经济领域中优先应办事项。各主要国家听任其货币自由浮动，而较小的“开放经济”国家则把自己的货币同主要的贸易伙伴的货币联系在一起，这种货币是否适宜于浮动和协调彼此的经济目标，各主要国家政府将定期开会进行磋商。这种体制比较适合自由贸易的特点，但也容易滋长经济民族主义倾向，不利于国际合作的发展。

3. 货币区制

货币区基本是按地理区建立的，但也不排除某些相距遥远的国家，由于政治和经济有进一步加强联系的要求而结成一个“区域”。每个区域有权自行决定其经济目标，并通过双边协定与其他区域建立一定的关系。货币区内各成员国之间实行固定汇率制，有的货币区还可能走向完全的经济同盟，各货币区之间的汇率则根据自由市场价格决定。每个货币区的储备资产、交换媒介和新流动资金的来源，可能是某种共同的国际资产，也可能是某个国家的货币。可能建立的货币区有欧洲货币区、美元区、日元区、石油货币区和卢布区等。这种建立货币区的做法同目前多数国家所追求的对外政策目标有矛盾；同发展中国家日益走向联合，争取在更广泛基础上实现其政治目标的努力也有矛盾，因此实行起来困难颇多。

4. 分层制（或经济大国核心制）

这种体制要求五六个大国构成资本主义世界体系的核心，即“内层”。围绕它们之外的是其他 OECD 成员国组成的较大的“中层”，再往外由国际货币基金的全体成员国组成范围更大的“外层”。“内层”国家还吸收“中层”与“外层”国家参加国际金融市场管理。这一体制将采取相对固定的汇率制度。可根据 1971 年 12 月史密森协议所规定的波动幅度。“内层”国家除应采取措施保证汇率稳定外，还负责建立共同的中央银行信贷机构，并需为国际金融市场规定国家标准，借以维持货币的自由兑换。这一体制的特点是在国际金融管理中实现几个西方大国的“集体领导”，以代替美国的“一国”领导，同时又能继续维持西方经济在一个统一的世界体系中的支配地位。因此，它是前述四种体制中最能为西方大国所接受的。

以上观点由美国对外关系委员会高级顾问爱德华·莫尔斯提出，这四种建议受到了当今国际经济学术界的重视并有一定的影响。

5. 世界货币秩序论

由德国前总理勃兰特领导的，各国政治、经济界知名人士组成的委员会所写的《争取世界的生存：发展中国家和发达国家经济关系研究》报告中提出了“世界货币秩序”，在国际上也有较大影响。它建议“将来国际货币体系的重建不应以任何一种占统治地位的国家的货币为基础。只有参加国在创设世界货币储备手段的问题上取得一致意见，才能做到非通货膨胀性的扩大清偿手段，以满足日益扩大的世界经济的需要”。特别提款权制度将使各国有可能更广泛、更公正地分享和分担一种国际储备货币所带来的利益和费用。“应该建立一个有广泛基础的领导体制，来管理国际货币体系，包括让发展中国家在决策过程中能够发挥日益增长的作用”，“应该把发行国际支付手段的任务委托给国际货币基金组织”。“应该商定一个办法，来创造和分配一种将用于清偿和结算各国中央银行之间支付差额的国际货币。这种货币将用来取代作为国际储备的各国货币。它可以采取一种经过改进的特别提款权形式，并且可以由一种设计适当的替代账户集加以促进。”

6. 国际价值符号论

我国学者易梦虹从第二次世界大战后国际货币体系中黄金的作用分析入手，发现黄金在其中的作用在逐步削弱、最后竟然与国际货币体系完全脱钩的这一事实，提出今后的国际货币体系不太可能再与黄金相联系，代替黄金作为共同定价标准的将会是某种与特别提款权类似的价值符号；区域性货币体系将继续存在下去，但一个对这些区域性货币体系加以统筹协调的统一的国际货币体系迟早必将出现。

此外，我国学者陈彪如和马之骃认为国际货币体系今后的发展趋势主要表现在以下三个方面：

(1)国际储备资产的多样化。国际储备的根本问题是用什么作为新货币体系的中心。黄金和美元曾是旧货币体系的中心，尽管美元的地位衰落了，但黄金的地位从目前看并没降低；另一方面，尽管特别提款权在不断完善和发展中，但毕竟是一种虚构的国际清偿能力，不能成为一种真正的国际货币。总之，国际货币体系正处于从美元为主要储备资产过渡到以多种货币和黄金为储备的时期。

(2)管理浮动汇率制将趋于长期化。在浮动汇率制下，汇率往往变化频繁而急剧，这会使人普遍产生不安全感，因而国际贸易和金融市场要受到严重影响。但现在由于各国通货膨胀率不同，国际收支严重失调，大量国际游资移动和石油价格等影响，要真正稳定汇率是不可能的，所以管理浮动汇率有长期趋势。

(3)区域性货币体系将有发展。战后，国际货币体系既有矛盾和冲突的一面，也有合作协调的一面，这表现在以国际货币基金组织为中心的国际货币体系内以欧洲货币体系为代表的区域性货币体系有不断发展的倾向，尽管这种趋势会削弱国际货币基金组织的作用，加剧资本主义国家之间的矛盾和冲突。但是，如果各国通过不同的货币区来加强合作关系，也有助于整个国际货币体系的正常运转。因此，区域性货币体系的发展，将对今后国际货币体系的改革产生重要影响。

第四节　国际经济格局与国际经济秩序

一、国际经济格局

关于国际经济格局(或称世界经济格局)，学术界给出了不同的定义。“当代世界经济格局，是指第二次世界大战后世界经济有机统一体中各种类型国家或国家集团的力量对比、组合状况及其相互作用的总的图景。”[①]本质上，国际经济格局就是世界各国或国家集团基于“实力”的相互作用而形成的世界经济内在结构的外在表现，其核心内容是大国或国家集团之间的经济力量对比关系和支配别国经济乃至世界经济的治理规则安排和权力配置状况。简单地说，实力就是实在的力量。一个国家是存在两种实力的：一种是硬实力，一种是软实力。硬实力是指支配性实力，指一国的经济力量、军事力量和科技力量。通俗地说，硬实力是指看得见、摸得着的物质力量。而软实力作为国家综合国力的重要组成部分，特指一个国家依靠政治制度的吸引力、文化价值的感召力和国民形象的亲和力等释放出来的无形影响力。国际经济的治理规则(Rules of Governance)类似一国政府的强制性的管理规范。在国际社会，治理规则的支配能力涉及规则的制定权、解释权(话语权)和规则认同。

国际经济格局的历史演进大体概括为以下不同阶段：

第一，地理大发现之前的国际经济格局。农耕社会背景下，“苍天大地”为财富之源，“远

① 郭吴新：《当代世界经济格局与中国》，湖北教育出版社1997年版，第1页。

交近攻”为国之上策，国际经济格局仅限于“相邻国度”，“攻城略地”为谋求“大饼”烙锅之策。

第二，地理大发现之后至18世纪中后期的国际经济格局 。“全球概念”自地理大发现时代(14、15世纪)开始，商业航海时代开启了全球化；商人的“金银即财富的理念”使16、17世纪的欧洲进入重商主义时代。“以邻为壑”的贸易政策凸显了那个时期国际经济格局的特征。

第三，1776年《国富论》出版到20世纪早期的国际经济格局。产业实力呼唤全球自由市场，英国的实力决定了英国自由贸易理念的主导地位。英国凭借“自由贸易”与“国家实力”成就昔日的“日不落帝国”。

第四，20世纪上半期的国际经济格局。西方列强继续着“扩大市场”和“武力征服”的双轮驱动，获取世界财富，最终酿成两次世界大战，而战争的结果只能是“两败俱伤”。欧洲在“两个文明”深受破坏的同时，美国因“绥靖政策”而成为世界霸主。

第五，第二次世界大战后至20世纪90年代的国际经济格局 。这个时期国际格局的主要特点是：其一，“冷战背景”下的“二元世界体系”，突出表现为巴黎统筹委员会与经互会的国家集团的矛盾与冲突；其二，美国主导下构建的西方世界政治体系、经济体系和安全体系；其三，美国主导下构建的国际经济五大支柱，即联合国(UN)、IMF、IBBD、GATT、布雷顿森林体系(BWS)。

第六，20世纪90年代以来的国际经济格局。在科技推动、跨国公司推动、矛盾演化、国际机构推动等综合因素作用下，全球化深入发展，区域经济一体普遍化，凸显了国际经济格局多极化的特征。具体来说，20世纪90年代以来国际经济格局的主要特征表现为：其一，以信息技术为代表的新技术革命深刻改变世界发展格局。新技术革命推动的生产方式变革将重塑全球产业分工格局。在以信息技术和数字技术为代表的新一轮技术革命引发的产业革命中，生产方式和产业组织呈现出生产方式智能化、产业组织平台化、技术创新开放化的特征，对全球分工带来全面而深刻的影响。其二，各种利益诉求相互交织、博弈，全球经济治理面临新形势与新挑战，多极化进一步扩大。新兴经济体崛起，发展中国家在全球经济中的地位更加重要。部分亚洲和非洲国家有可能成为全球经济增长的领跑者，印度、尼日利亚、埃及和菲律宾有望保持5%以上的经济增速。到2035年，发展中国家GDP规模将超过发达经济体，在全球经济和投资中的比重接近60%。部分亚洲和非洲国家将是全球经济的领跑者。全球经济增长的重心将从欧美转移到亚洲，并外溢到其他发展中国家和地区，美国、日本和欧盟仍将是全球主要的经济体，新兴经济体实力将持续崛起。其三，新兴大国与守成大国的博弈将进一步加剧。以中国为代表的新兴大国崛起，既是影响未来国际经济格局变化的重要因素，又是国际经济格局变化的重要组成部分。以美国为代表的守成大国与新兴大国之间既有合作又有竞争，相互之间的博弈将加剧，使形势更趋复杂多变。“修昔底德陷阱”或可避免，但竞争不可避免。

在国际经济格局的历史演进过程中，大国实力较量贯穿其中，推动着世界经济多极化。(1)1870年至第一次世界大战出现了第一次多极化。随着“日不落帝国”的衰落以及国家实力对比的变化，经济发展的不平衡和在世界经济中的地位的不平衡导致资本主义列强之间的矛盾加剧。第一次世界大战的爆发实际上就是列强要求按经济实力重新瓜分世界的战争。从此，世界从单极走向多极。(2)20 世纪 30 年代的第二次多极化格局。苏联的高速发展确立了其世界一极的地位，显现了世界经济格局中两种经济体并存的新特点。资本主义国家经济政治不平衡的发展，再次导致了 1939—1945 年的第二次世界大战。(3)20 世纪 70 年代以后的第三次多极化。美国在世界经济中的霸主地位丧失，而日本和欧共体的经济地位则不断上升，资本主义世界经济格局再一次呈现多极化发展趋势。随着世界各国力量对比的变化，多极化还将不断演进并呈现新的格局。

二、国际经济秩序

国际经济秩序(International Economic Order)是指在世界范围建立起来的国际经济关系以及各种国际经济体系与制度的总和，是使世界经济作为有内在联系和相互依存的整体进行有规律的发展与变化的运行机制。国际经济秩序通常区分为国际经济旧秩序与国际经济新秩序。

所谓旧的国际经济秩序，是指以 1944 年布雷顿森林会议上签订的《国际货币基金协定》《国际复兴开发银行协定》以及后来的《关税与贸易总协定》这三大协定为基本法律框架所形成的，在国际贸易与国际金融领域主要反映以美、英为首的发达国家的利益和要求的国际性制度安排。本质上，国际经济旧秩序虽然标榜以稳定世界经济、促进全球经济增长为宗旨，但对发展中国家的利益考虑较少，因而国际经济旧秩序受到广大发展中国家的质疑和挑战。由于发达国家的不平衡发展，利益诉求的变化需要协调，于是出现了世界主要国家就世界重大事务定期磋商的机制，如 G7 高峰会议(即 7 国集团首脑高峰会议，美国、英国、德国、法国、日本、意大利、加拿大 7 个大国的首脑会议，定期磋商世界重大事务)。本质上，G7 高峰会议依然维护着国际经济旧秩序。由于建立国际经济新秩序的强烈呼声，G7 高峰会议不断得以扩大参加国，出现了 G10 高峰会议、G20 高峰会议等世界重大事务定期磋商机制。

所谓国际经济新秩序，是指在当今世界经济环境中为促使发展中国家的经济和社会进步，对反映旧国际经济秩序的现行国际经济结构进行调整和改变所形成的，能真正体现公平互利、发展中国家的发展权并注重可持续发展的国际经济机制。

发展中国家为争取建立国际经济新秩序的斗争有其重要的历史背景。在国际经济格局的演进过程中，时至 20 世纪上半期，世界列强将世界瓜分，形成了殖民地和宗主国的关系。第二次世界大战后，独立后的一批发展中国家依然难以摆脱在国际分工、国际贸易中的不平等地位，从而由过去的殖民地和宗主国的关系演变为"南北关系"。绝大多数发展中国家和落后国家位于南半球，而绝大多数发达国家位于北半球，故称这种经济发展不平衡关系为"南北关系"。在南北关系中，发展中国家的地位有所上升。但是，南方对北方的依附性、外围性决定了南方国家处于不平等的地位。发达国家希望发展中国家得到一定程度的发展，但决不放弃对发展中国家的经济控制，目的在于让发展中国家的经济从属并服务于发达国家的经济增长，不惜以牺牲发展中国家的利益为代价，达到发达国家的利益最大化。

发展中国家为改变旧国际经济秩序，提出了新国际经济关系的主张。1964 年第二届不结盟国家首脑会议第一次提出了"国际经济新秩序"的口号，明确要求在国际贸易、国际金融、国际技术转让、国际经济合作和国际援助等领域建立新型的南北关系，重建新的世界经济体系。1974 年 5 月联合国大会第六届特别会议通过了《关于建立新的国际经济秩序宣言》和《关于建立新的国际经济秩序的行动纲领》。1974 年 12 月第二十九届联合国大会通过了《各国经济权利和义务宪章》。这些纲领性文件体现了国际经济新秩序的主要内容，主要是各国对其自然资源和一切经济活动拥有充分主权，发展中国家在维护资源、经济独立、国际贸易、国际金融、国际生产领域与发达国家进行全面合作，改革不利于发展中国家的国际金融制度和贸易条件。

经过发展中国家长期不懈的努力，国际社会认可建立发达国家和发展中国家都可以接受的国际经济秩序是必要的。但是，新旧秩序之间的矛盾与冲突仍将继续下去。发展中国家为了建立国际经济新秩序的斗争与努力还将继续下去，建立国际经济新秩序的目标仍将是国际社会长期的任务。

复习与思考题

一、名词解释

1. 国际货币体系
2. 布雷顿森林体系
3. 牙买加体系
4. 国际金融组织
5. 世界贸易组织(WTO)
6. 特里芬两难
7. 国际经济格局
8. 国际经济秩序

二、简述题

1. 简述布雷顿森林体系产生的背景、内容及崩溃的原因。
2. 简述《牙买加协定》的主要内容及意义。
3. 简述国际货币基金组织的主要业务活动。
4. 简述世界银行集团的组织框架及其主要业务活动。
5. 简述世界贸易组织的宗旨、基本职能和法律地位。
6. 简述国际经济新旧秩序的区别。

三、论述题

1. 试析国际货币体系的发展历程及未来的发展趋势。
2. 试析世界贸易组织的基本原则及其意义。

·第六部分·

开放经济条件下的宏观经济政策

第十四章

开放经济条件下的宏观经济政策

学习目的与要求

1. 掌握开放经济条件下的政策目标与主要的政策工具。

2. 掌握开放经济条件下经济非均衡的国际传导机制。

3. 掌握米德冲突的含义及米德的内外均衡理论。

4. 掌握斯旺曲线图，并运用斯旺曲线图解析内外同时均衡目标的实现机理。

5. 掌握丁伯根法则及其理论内涵。

6. 掌握蒙代尔的政策指派理论，并运用政策指派理论解析内外同时均衡目标的实现机理。

7. 掌握克鲁格曼的“三元悖论”，并进行简要评价。

8. 掌握蒙代尔-弗莱明模型。

9. 掌握 IS-LM-BP 模型。

10. 掌握关于宏观经济政策国际合作的主要理论，并进行简要评价。

第一节 开放经济条件下的政策目标与政策工具

一、开放经济条件下的政策目标

对于各国政府来说，在开放经济条件下最优的政策目标是同时实现充分就业、物价稳定、经济增长和国际收支平衡，也就是同时实现内部均衡与外部均衡。所谓内部均衡，就是同时实现充分就业、物价稳定、经济增长的状态，就是国民经济处于无通货膨胀的充分就业状态。所谓外部均衡，就是国际收支的均衡。

一般情况下，政府优先考虑对内均衡，其次才是对外均衡。但是，有时当政府面临持续的、严重的对外不均衡时，它就不得不优先考虑外部均衡了。

二、开放经济条件下宏观经济目标的关系

在开放经济中，实现充分就业、物价稳定、经济均衡增长和国际收支平衡几大目标时，往往存在矛盾。如经济增长与国际收支平衡之间存在着矛盾。如果考虑经常项目平衡对经济增长的制约，可以看到国内进口品的收入弹性对经济增长起着抑制作用，如果其他条件不变，国内对进口品收入弹性的增加显然不利于经济增长。在现实经济中，随着国民收入增长，通常国内对进口品的需求会增加，然而，出口贸易却往往增长速度较慢，使贸易收支状况恶化，不得不迫使中央银行采取紧缩措施，这样就限制了经济的增长。发展中国家通常鼓励资本流入来弥补贸易收支上的连年赤字，这固然会促进经济增长，但常常遇到的问题是经济效益不高，引入外资没有形成出口竞争能力，若无其他外汇来源，又必然导致外汇偿还能力不足，陷入债务危机。这时，宏观经济政策将面临紧缩国内需求、缓解国际收支逆差还是维持经济增长的速度、让国际收支继续恶化的两难抉择中。总之，经济增长与国际收支不总是协调的。

在稳定通货与平衡国际收支之间，也存在矛盾。在开放经济中，一国经济状况与其他国家的经济状况有着密切联系，并在一定程度上受其他国家经济状况的制约。比如，当本国物价较稳定，而主要贸易国出现较高的通货膨胀时，一方面会引起贸易条件好转，出口增加，进口品减少，国际收支顺差；另一方面，国外通货膨胀也会通过价格调整、资本调整和外汇储备增加等途径影响国内，使国内物价随之上涨。若本国通货膨胀高于主要贸易国，又会引起贸易条件恶化，造成国际收支逆差。为了纠正这种逆差，往往用降低汇率的办法来保持平衡，但汇率的降低提高了进口品价格，假如国内市场对进口品的依赖性强，又会引起国内物价进一步上涨。可见，恢复国际收支平衡与稳定物价之间也不总是协调的。

充分就业与国际收支平衡之间也有矛盾。因为充分就业的实现会引起国民收入的增加，而在边际进口倾向既定的情况下，国民收入的增加必然引起进口增加，从而使国际收支状况恶化。

但是，我们不能因为这些目标之间的相互冲突就否定国际收支平衡目标。因为从长期看，几大目标之间是统一、协调的。经济的协调发展是国际收支均衡的物质基础，国际收支的均衡又有利于促进经济协调发展。而开放经济条件下的宏观经济政策应追求战略性的、长期的目标。所以，国际收支均衡是宏观经济政策中不容忽视的目标之一，开放经济的国家如何运用货币政策和财政政策是实现内部和外部经济同时均衡的关键问题。

三、内部均衡与外部均衡的关系：非均衡的国际传导

(一)非均衡国际传导机制的分析基础

1. 简单的开放国民收入模型

从总供给的角度，一国国民收入函数可表示为：

$$Y=C+S+T+M$$

从总需求的角度，一国国民收入函数可表示为：

$$Y=C+I+G+X$$

基于以上的总供给与总需求函数，一国经济内外均衡的条件是：

$$Y=C+S+T+M=C+I+G+X$$

假设 $S=I$，$T=G$，则一国经济内外均衡的条件是：

$$M=X$$

2. 扩展的开放国民收入模型(即加入商品、资本、劳动力等要素流动的模型)

从总供给的角度，一国国民收入函数为：

$$Y=C+S+T+M+If+Rf+Wf$$

式中：If 为外国在本国投资，Rf 为外国在本国的投资收入，Wf 为外国人在本国得到的工资收入。

从总需求的角度，一国国民收入函数为：

$$Y=C+I+G+X+I'f+R'f+W'f$$

式中：$I'f$ 为本国在外国投资，$R'f$ 为本国在外国的投资收入，$W'f$ 为本国人得自外国的工资收入。

基于以上的总供给与总需求函数，一国经济内外均衡的条件是：

$$Y=C+S+T+M+If+Rf+Wf=C+I+G+X+I'f+R'f+W'f$$

假设 $S=I$，$T=G$，则一国经济内外均衡的条件是：

$$M+If+Rf+Wf=X+I'f+R'f+W'f$$

(二)国际经济非均衡传导路径

国际经济非均衡传导有很多典型亚洲案例，最显著的是 1973—1974 年的世界经济衰退和 1997—1998 年的亚洲金融经济危机。1973—1974 年的世界经济衰退表现出全球性石油价格暴涨导致发达国家经济衰退，进而发达国家对原材料进口下降，引致发展中国家出口下降，最终形成世界性经济衰退。1997—1998 年的亚洲金融经济危机首先始于泰国的货币危机，从一国传导到另一国，波及东亚、东欧、俄罗斯，从金融经济传导到实际经济，造成严重的经济问题和金融动荡。国际经济非衡量传导主要有以下路径：

1. 国际商品流动路径

国际商品流动形成国际经济非均衡传导的主要表现是：(1)一国或地区具有极大影响的商品(如能源)的价格高涨，则会影响其他国家的国内价格；(2)通过贸易乘数效应，贸易也会将非均衡在国家间进行传导。

一国受非均衡传导影响程度的因素包括：(1)一国的开放程度；(2)一国的贸易地位；(3)贸易的地区结构；(4)经济政策；等等。

2. 国际资本流动路径

国际资本流动形成国际经济非均衡传导的主要表现是：

(1)国际金融关系的紊乱会造成国际金融市场的混乱，影响各国的金融稳定；

(2)各国的利差会导致资金的跨国流动；

(3)国际收支的差额会造成失衡的传导；

(4)汇率的变动会因贸易变化而影响经济；

(5)大规模的资产结构转换会使资金大量流动而影响经济运行；

(6)各国金融政策的差异会导致资金流动；

(7)各国对于风险的态度会影响国际资本流动。

3. 国际劳动力流动路径

国际劳动力流动形成国际经济非均衡传导的主要表现是：(1)关键性人才的流动造成对经济的影响；(2)与人才流动相关的外汇的汇出、汇入影响国际收支均衡；(3)高级人才的流出意味人力资本流失；大量劳动力流动使工资水平发生变化。

形成国际劳动力流动的主要原因包括：(1)一国的国民教育水平；(2)劳动力在国外的就业结构；(3)各国工资差异；(4)国家的劳动力政策；(5)对劳动力流动的态度与政策。

4. 国际信息流动路径

信息非均衡传导是指由于信息形成的示范效应、各种信息交易以及各种信息引起的预防行为而形成的非均衡。影响信息非均衡传导的因素有：(1)一国的开放程度；(2)对于信息的把握；(3)对于信息的消化程度。

四、开放经济条件下的政策工具

为了实现一国经济内部与外部同时均衡的目标，一国政府的主要政策工具有：支出改变政策或需求改变政策、支出转换政策和直接控制。

1. 支出改变政策(Expenditure-Changing Policy)

它主要是指凯恩斯主义的需求管理政策，即财政政策和货币政策的组合。通过支出改变，达到改变支出水平从而改变收入水平的目的。

支出改变政策中的财政政策是指调整政府支出或税收，或者两者同时改变，如果政府增加支出和/或减少税收，财政政策就是扩张的。扩张性的财政政策导致国内产出和收入的增加并且导致进口增加(进口增幅取决于该国的边际进口倾向)。紧缩性财政是指政府减少支出或增加税收，两者都减少国内产值和收入并导致进口减少。

货币政策涉及国家货币供给的变化，这将影响国内的利率。如果国家的货币供给增加、利率下降，则货币政策是宽松的。在宽松的货币政策下，国家的投资和收入水平上升，并且进口也会增加。同时，利率的降低导致短期资本外流或短期资本流入减少。反之，紧缩的货币政策指的是国家货币供给减少、利率上升。这将阻碍投资、收入和进口的增长，并且将引起短期资本流入，或短期资本流出减少。

2. 支出转换政策(Expenditure-Switching Policy)

它是指汇率调整(如货币贬值或增值)的政策。货币贬值把消费从国外转向国内，并可用于调整国际收支中的赤字。但它也使得国内产值增长并由此引起进口增加，这将抵消一部分贸易状况的改善。货币增值把消费从国内转向国外产品，可用于调整国际收支盈余。但这将减少国内产值，相应减少进口，将抵消一部分增值的影响。

3. 直接控制(Direct Control)

对外，直接管制的措施包括关税、份额和其他对于国际贸易和资本流动的限制。对内，直接管制的措施是为缓解国内通货膨胀，当其他政策失效时，直接控制价格和工资的措施。

第二节　开放经济条件下的宏观经济政策理论

一、米德冲突与内外均衡理论

英国经济学家詹姆斯·米德(James Meade)在其著作《国际收支》(1951)中阐释了内外均衡的冲突。内外均衡的冲突，一般是指在固定汇率制度下失业增加、经常账户逆差或通货膨胀、经常账户盈余这两种特定的内外经济状况组合。米德冲突(Meade's Conflicts)又称为狭义的内外均衡冲突。

米德冲突可以通过表 14.1 加以反映。

表 14.1　狭义的内外均衡冲突

	内部经济状况	外部经济状况
1	经济衰退/失业增加	国际收支逆差
2	经济衰退/失业增加	国际收支顺差
3	通货膨胀	国际收支逆差
4	通货膨胀	国际收支顺差

根据詹姆斯·米德的分析，在许多情况下，单独使用支出调整政策或支出转换政策与同时追求内、外均衡两种目标的实现，将会导致一国内部均衡与外部均衡之间的冲突。詹姆斯·米德开创性地提出了"两种目标、两种工具"的理论模式，即在开放经济条件下，一国经济如果希望同时达到对内均衡和对外均衡的目标，必须同时运用支出调整政策和支出转移政策两种工具。这种理论被称为米德的内外均衡理论(Theory of Internal and External Balance)。

内外均衡理论可以通过表 14.2 加以概括。

表 14.2　米德的内外均衡理论中的目标与工具

经济目标	可选择的政策工具
充分就业	财政政策
物价稳定	货币政策
经济增长	汇率政策
国际收支平衡	直接管制

二、斯旺曲线图

1955 年澳大利亚经济学家斯旺(Swan)提出斯旺曲线(见图 14.1)。斯旺曲线图明确说明了仅用一种政策工具,要想同时解决内部和外部均衡问题是不可能的。

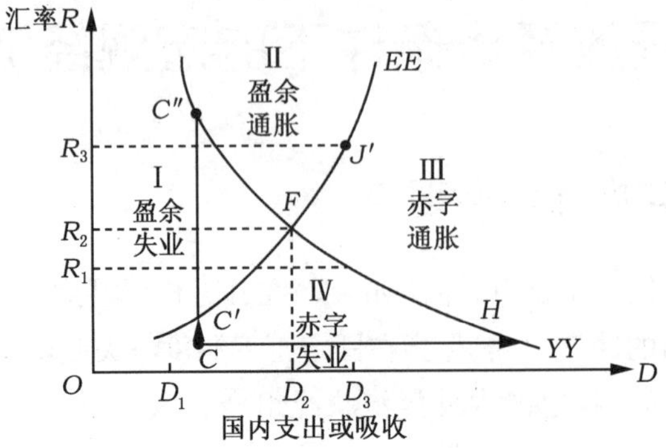

图 14.1　斯旺曲线图

斯旺曲线图刻画了同时运用支出调整政策和支出转移政策两种工具,解决内部与外部均衡的机制。

在图 14.1 中,纵轴表示汇率(R),R 的增长为贬值,R 的减少为增值。横轴表示真实的国内消费或吸收(D)。D 包括国内消费、投资、政府支出。EE 曲线显示了汇率和国内消费或吸收的各种组合。这些组合表示外部平衡。EE 曲线有一正斜率,因为 R 越高(由于货币贬值)越有助于国际贸易顺差(如果满足马歇尔-勒纳条件),并且必然伴随着真实的国内吸收(D)的增长。这将促使进口充分增长以保持贸易账户的平衡和外部平衡。例如,在 EE 线上从 F 点出发,政府为了能维持外部平衡(EE 上的点 J'),R 从 R_2 增长到 R_3,D 从 D_2 增长到 D_3。如果 D 增长过小,将导致国际贸易顺差;如果增长过大,将导致贸易逆差。

在图 14.1 中,YY 曲线显示了内部均衡状态下汇率(R)与国内吸收(D)的各种组合(例如充分就业与价格稳定)。YY 曲线向下倾斜,因为降低 R(由于货币升值)导致贸易逆差,并伴随着一个更大的国内消费。为了保持内部平衡,例如从 F 点出发,R 从 R_2 减少到 R_1,必然有 D 从 D_2 增长到 D_3,以维持内部平衡(YY 上的 J 点)。D 的增长过小将导致失业,而增长过大将使需求过大并产生通货膨胀。

在图 14.1 中,我们看到只有在点 F(R_2 和 D_2)即 EE 和 YY 曲线的交点,政府可以同时实现内外部平衡。在 EE 曲线左上方的点代表了国际收支顺差,右下方的点代表了国际收支逆差,同时,YY 曲线左下方的点代表的是失业,右上方的点代表的是通货膨胀,我们可以定义以下四个区域内外部不均衡的情况:

区域Ⅰ　　外部顺差与内部失业

区域Ⅱ　　外部顺差与内部通货膨胀

区域Ⅲ　　外部赤字与内部通货膨胀

区域Ⅳ　　外部赤字与内部失业

基于图 14.1,我们可以确定为达到 F 点而需要的支出-改变和支出-转换政策的组合。例如,从 C 点(赤字和失业)出发,汇率(R)和国内吸收(D)都需要增长汇率 F 点。如果只增长汇率 R,政府可以达到外部平衡(EE 曲线上的点 C'),或者汇率 R 进一步增长达到内部平衡（YY 曲线上点 C''），但它不能同时达到内外部平衡。相同地，只通过增长国内消费水平，政府可以达到内部平衡（YY 曲线上的 H 点），但是这将产生对外赤字。

因此，为了达到两个目标，通常需要两个政策。只有恰好处在 F 点的垂直（或水平）方向上，政府可以只通过单一的政策工具就达到 F 点。但这是极其特殊的情况。

三、丁伯根法则

在开放经济条件下，面对着多重目标和多种政策工具，政府必须选择合适的政策来完成它的每一个目标。1969 年诺贝尔奖获得者丁伯根主张，要实现 n 个经济目标，必须具备至少 n 种政策工具。因此，为了避免米德冲突，政府实现不同的政策目标需要采取不同的政策。

根据丁伯根的理论，政府需要的有效政策工具的数目通常与它独立目标的数目大体相同。如果政府有两个目标，它就需要两个政策工具；如果它有三个目标，就需要三个政策工具，以此类推。有时一个政策工具应用于一个特别的目标时可能会帮助政府接近另一个目标。当然，它也可能更远地偏离第二个目标。例如，为了降低国内失业率而采取扩张的财政政策可以减少国际收支的盈余，但它也可能导致国际收支赤字。

四、政策指派理论

1962 年，在蒙代尔向国际货币基金组织提交的题为《恰当运用财政货币政策以实现内外稳定》的报告中，提出了以货币政策促进外部均衡、以财政政策促进内部均衡的政策主张。这一主张对货币政策和财政政策在实现内外均衡中的作用进行了重新分配，因而被称为政策指派理论（Policy Mix Theory）。

蒙代尔以总需求（AD）和充分就业产量（Yf）的关系来说明内部均衡。当 $AD=Yf$ 时，国内达到均衡状态；当 $AD>Yf$ 时，则存在通货膨胀；当 $AD<Yf$ 时，则需求不足，存在失业。蒙代尔用国际收支经常项目余额（B）与资本流出净额（H）之间的关系来说明国际收支平衡。当 $B=H$ 时，实现外部均衡；当 $B>H$ 时，则国际收支呈顺差状态；当 $B<H$ 时，则国际收支出现逆差。

如果以政府预算支出 G 变化代表财政政策，以利率 r 变化代表货币政策。G 上升为扩张性财政政策，G 下降为紧缩性财政政策；r 上升为紧缩性货币政策，r 下降为扩张性货币政策。有效的政策配合可用图 14.2 来说明。

图 14.2 中横轴 G 代表财政政策，纵轴 r 代表货币政策。IB 曲线为国内均衡轨迹，EB 曲线为外部均衡轨迹。F 点为 IB 和 EB 曲线的交叉点，表示国内外均达到平衡。IB 为向右上方倾斜的曲线，表明要保持内部均衡，扩张性财政政策须有紧缩性货币政策加以配合。如从图 14.2 中的 F 点出发，当 G 增加时，总需求大于充分就业条件下的收入，则出现通货膨胀（如 A 点），要恢复内部均衡，就必须使利率上升，抑制投资，从而降低总需求。但若需求下降过多（如超过 A' 点），则会造成失业产生。所以 IB 曲线将此平面划分为两部分，右下方为通货膨胀区域，左上方为失业区域。EB 曲线向右上方倾斜，同样说明扩张性财政政

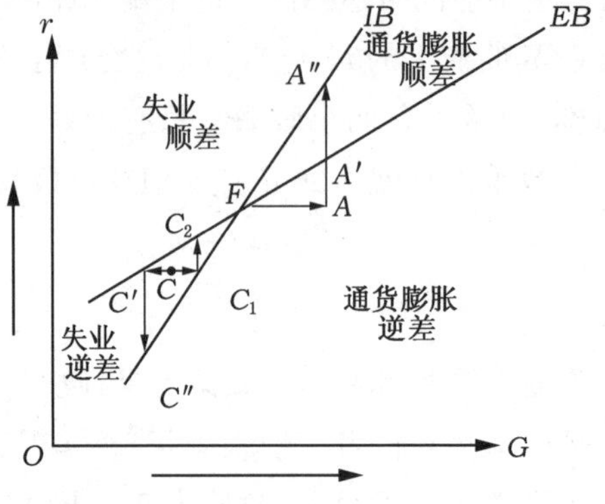

图 14.2 政策指派理论图示

策需要紧缩性货币政策相配合才能维持外部均衡。例如，从 F 点出发，G 扩张至 A 点，刺激收入上升，从而使进口增加，国际收支恶化（如 A 点），要重新回到外部均衡，就必须实施紧缩性的货币政策，提高利率，结果会吸收资本流入，平衡国际收支。但若资本流入过多，则会产生国际收支顺差（如 r 上升超过 A'' 点）。所以，EB 曲线将该平面分为两个区域，左上方为顺差区域，右下方为逆差区域。

蒙代尔认为在财政货币政策的配合上有两种方法：一种方法是以财政政策对外，货币政策对内。这样配合的结果会扩大国际收支不平衡。如图 14.2 中，C 点表示经济中存在失业和逆差，首先以紧缩性财政政策消除逆差，在 C' 点达到外部均衡，然后再以扩张性货币政策刺激需求，消除失业，在 C'' 点达到内部均衡。但 C'' 点却离内外均衡点 F 点更远了。可见这种政策配合不合适。

另一种方法是以货币政策对外，财政政策对内。如图 14.2 中，从 C 点出发，首先实施扩张性财政政策和紧缩性货币政策，由 C 点到 C_1 点，再由 C_1 点移至 C_2 点，实现外部均衡目标的同时更加接近内部均衡线，如此下去，最终趋于内外均衡点 F 点。可见这种财政政策、货币政策交替使用的方法能够实现良性循环，内外逐步均衡。

据此，蒙代尔认为，财政政策的任务是稳定国内经济，货币政策的任务是稳定国际收支。

五、克鲁格曼的"三元悖论"

米尔顿·弗里德曼在 1950 年发表的《浮动汇率论》中首先对固定汇率制提出异议。他指出，固定汇率制会传递通货膨胀，引发金融危机；只有实行浮动汇率制，才有助于调节国际收支平衡。英国经济学家詹姆斯·米德在 1951 年出版的《国际收支》一书中也指出，固定汇率制度与资本自由流动是相互矛盾的。他认为，实行固定汇率制就必须实施资本管制，控制资本尤其是短期资本的自由流动。罗伯特·蒙代尔（Robert Mundell）与马可斯·弗莱明（Marcus Fleming）在 20 世纪 60 年代建立的蒙代尔-弗莱明模型将封闭经济的 IS-LM 模型拓展为资本完全流动情况下的开放经济均衡分析。该模型分析的结论是：在资本完全可流动情况下，实行固定汇率制，则货币政策是无效的；实行浮动汇率制，货币政策则是有效的。1999 年，美国经济学家保罗·克鲁格曼根据上述原理画出了一个三角形，清晰地展示了"蒙代尔三角"的内在原理,被称为"蒙代尔-克鲁格曼不可能三角"(如图 14.3 所示),即货币政策独立、资本自由流动与汇率稳定这三个政策目标不可能同时达到。

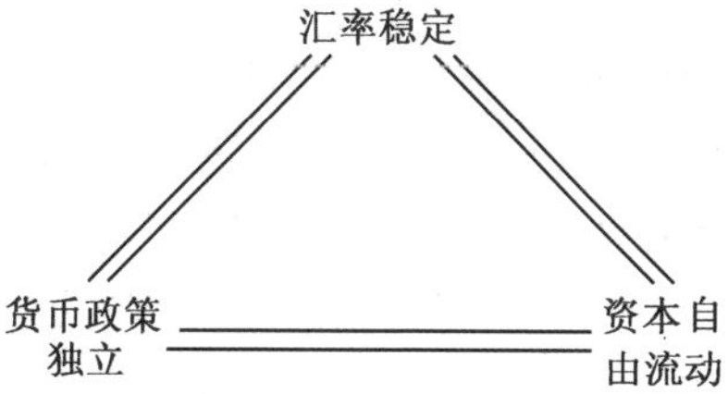

图 14.3　不可能三角

在此基础上,克鲁格曼进一步提出了"三元悖论"原则(如图 14.4 所示),其含义是:一国不可能同时实现货币政策独立、汇率稳定以及资本自由流动三大目标,只能同时选择其中的两个目标。

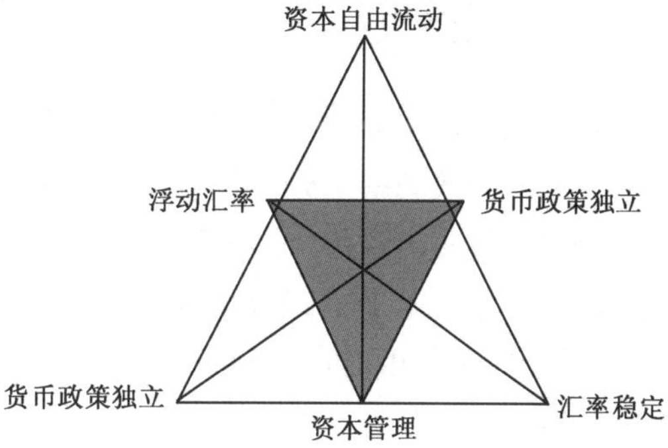

图 14.4　三元悖论

"三元悖论"是指图 14.4 中心位置的灰色三角形所显示的相互关系,即在资本完全流动情况下,如果实行严格的固定汇率制度,则没有货币政策的完全独立;如果要维护货币政策的完全独立,则必须放弃固定汇率制度;如果要使固定汇率制度和货币政策独立同时兼得,则必须实行资本管制:

其一,保持本国货币政策的独立性和资本的完全流动性,必须牺牲汇率的稳定性,实行浮动汇率制。这是由于在资本完全流动条件下,频繁出入的国内外资金带来了国际收支状况的不稳定。如果本国的货币当局不进行干预,亦即保持货币政策的独立性,那么本币汇率必然随着资金供求的变化而频繁波动。

其二,保持本国货币政策的独立性和汇率稳定,必须牺牲资本的完全流动性,实行资本管制。在金融危机的严重冲击下,在汇率贬值无效的情况下,唯一的选择是实行资本管制,实际上是政府以牺牲资本的完全流动性来维护汇率的稳定性和货币政策的独立性。

其三,维持资本的完全流动性和汇率的稳定性,必须放弃本国货币政策的独立性。根据蒙代尔-弗莱明模型,资本完全流动时,在固定汇率制度下,本国货币政策的任何变动都将被所引致的资本流动的变化而抵消其效果,本国货币丧失自主性。

第三节　蒙代尔-弗莱明模型

罗伯特·蒙代尔(Robert Mundell)是哥伦比亚大学的经济学教授，马可斯·弗莱明(Marcus Fleming)生前是国际货币基金组织的研究员，他们于20世纪60年代建立的蒙代尔-弗莱明模型是一个资本完全流动条件下的IS-LM模型。尽管后来人们进一步完善了他们的分析法，但是这一模型对于理解资本高度流动情况下宏观经济政策的作用有着重要意义，通常被人们视为分析开放经济条件下宏观经济政策功效的最基本而简明的理论。

蒙代尔-弗莱明模型假定所分析的经济是一个资本完全流动的小国开放经济，并且国内一般价格是不变的。显然，这种假定不适用于大国开放经济。但是，由于它的假设条件意味着利率的固定，所以，该模型可以集中分析汇率变动的影响。

该模型假定资本可以完全流动，这就意味着在世界市场上，可以无限制地借款，利率由世界利率决定。因为一旦国内市场和国际金融市场有任何微小的利差时，都会引起资本的无限制流动。所以，国内的利率 i 由世界利率 i_f 决定，即：

$$i=i_f$$

由这一公式表达的资本完全流动性实际上是一个复杂的过程。若一个国家打算提高利率，便会采取紧缩性货币政策，从而导致利率上升。而利率的上升会引起国外资本的流入，如购买该国债券，这样，该国的国际收支出现盈余。国外部门对国内部门资产的购买行为导致汇率上升，又迫使中央银行购买外币，抛出本国货币，以维持汇率固定不变。这样的干预造成本国货币存量增加，货币供给大于货币需求，利率下降。最初的紧缩性货币政策被逆转了。当资本流入使得国内利率达到 i_f 时，这一过程结束。

由此可见，在固定汇率和资本完全流动的情况下，一国无法采取独立的货币政策，国内利率 i 无法背离世界利率 i_f，实施独立货币政策的任何尝试都会导致资本流动，并且需要干预，直到使国内利率重新回到世界利率水平为止。

一、固定汇率下的宏观经济政策及其功效

蒙代尔-弗莱明模型将国内封闭经济的IS-LM模型扩展为资本完全流动情况下的开放经济的均衡分析。

1. 货币政策的功效分析

如图14.5所示，BP 曲线表明当国内利率等于世界利率(即 $i=i_f$ 时)，国际收支平衡，即 $BP=0$。BP 曲线为一条水平线。

在图14.5中，IS、LM 和 BP 曲线相交于 E 点，决定的均衡国民收入为 Y_0，且国际收支平衡。当中央银行采取扩张性货币政策时，货币供给量增加，LM 曲线向右移动到 LM'，LM' 与 IS 曲线相交于 E''。这时，国内利率低于世界利率水平 i_f，资本大量外流，本国货币有贬值压力。为了维持固定汇率，中央银行在外汇市场上买入本币、抛出外币，这样又减少了货币供给，引起 LM' 向左移动，一直到原来 LM 曲线的位置为止。这样，在固定汇率制度下，扩张性货币政策无法起到刺激经济增长的作用，货币政策是无效的。

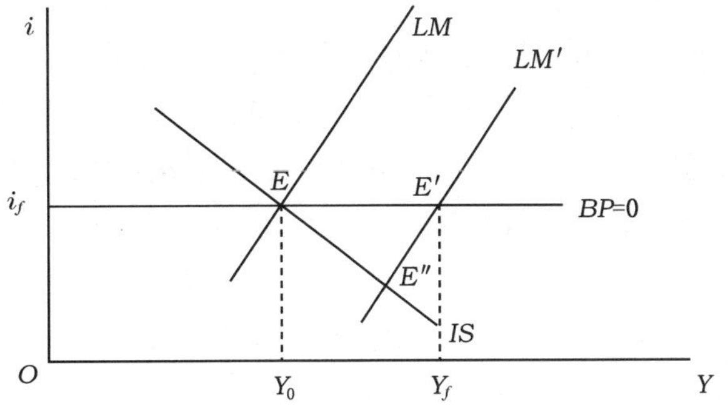

图 14.5 固定汇率下货币政策的功效

假定国内经济出现过热迹象,中央银行将采取紧缩性货币政策,引起利率的上升,其结果是:一方面资本开始流入国内,国际收支出现盈余,并且随着时间的推移,盈余积累额逐步增大;另一方面,由于资本流入过程较慢,中央银行采取温和措施对外汇市场进行干预,或者等到本国货币升值压力达到一定程度,才开始对外汇市场进行干预,这期间利率变化由高逐步恢复到原有均衡位置,同样会导致紧缩性货币政策失效。

2. 财政政策的功效分析

固定汇率下财政政策的功效可以通过图 14.6 表现出来。

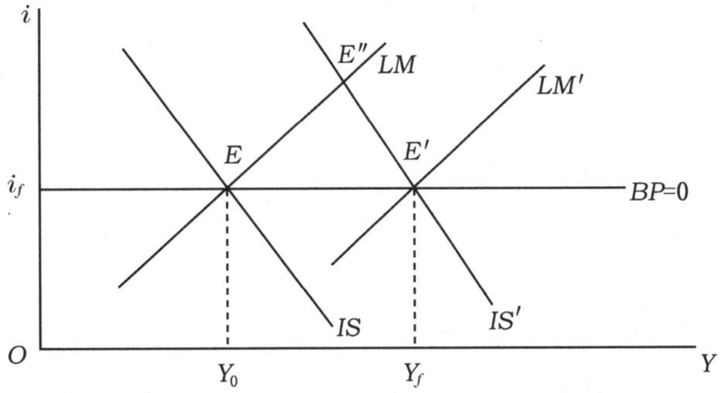

图 14.6 固定汇率下财政政策的功效

在图 14.6 中,IS、LM 和 BP 曲线相交于 E 点,决定了均衡的国民收入为 Y_0。当政府采取扩张性财政政策时,IS 曲线向右移动,与 LM 曲线相交于 E'',这时国内利率高于世界利率,资本大量流入,本国货币存在升值压力。为了维持固定汇率,中央银行在外汇市场上用本币买入外币,这样就增加了货币供给,引起 LM 曲线向右移动到的 LM' 位置。IS'、LM' 与 BP 曲线相交于 E' 点,决定均衡的利率水平等于世界利率水平,均衡国民收入为 Y_f。可见,在固定汇率下,扩张性财政政策会使国民收入增加,财政政策是有效的。

二、浮动汇率下宏观经济政策及其功效

在西方发达国家中,普遍奉行浮动汇率制度。这是因为在调整国际收支的宏观经济政策中,以汇率变动为最佳。理由是动用外汇储备会使进口替代工业的就业量下降,对进口流

量加以控制会对银行信贷、政府税收产生不利影响。而以浮动汇率调整国际收支,却有很多优点:第一,它的变动迅速、自动和持久,能连续对任何时候出现的国际收支的变动进行及时调整,不至于产生累积性的国际收支困难。第二,它通过改变货币的相对价格,可以对国际收支进行长期的结构调整。第三,浮动汇率只涉及货币价格的变动,因而简单易行。

不过,实行浮动汇率并使之有效运转需要两个条件:一是要有一个非常发达的本国货币市场;二是要有一个发展完善的国内资本市场。这样,在这些国家就会形成非常发达而完善的金融市场,中央银行完全可以通过公开市场业务、贴现业务等手段扩张或收缩本国货币供给,影响外汇市场供需,从而达到调节汇率的目的。

下面我们采用蒙代尔-弗莱明模型,分析浮动汇率和资本完全流动情况下宏观经济政策的运用及效果。

在浮动汇率体制下,中央银行不再对外汇市场进行干预,外汇市场通过汇率调整实现外汇供求均衡。若国际收支盈余,即外汇市场上外汇供给大于需求,将会使汇率下跌,从而外汇供给量减少、外汇需求量增加,最终实现国际收支平衡;若出现国际收支赤字,即外汇市场上外汇的供给小于需求,将会使汇率上升、本币贬值,从而增加外汇供给量、减少需求量,最终实现国际收支平衡。总之,汇率的调整保证了经常项目盈余和资本项目盈余之和为零,BP 曲线总是经过 IS 曲线和 LM 曲线的交点。

1. 货币政策的功效分析

浮动汇率下货币政策的功效可以通过图 14.7 得以表现。在图 14.7 中,IS、LM 曲线和 BP 曲线相交于 E 点,决定了均衡的国民收入为 Y_0。当中央银行采取扩张性货币政策时,货币供给量增加,LM 曲线向右移动到 LM',LM' 与 IS 曲线相交于 E'。这时,国内利率小于世界利率水平 i_f,资本大量外流,导致国际收支赤字。在浮动汇率制度下,国际收支赤字将使汇率上升、本币贬值,从而使出口增加、进口减少。净出口的增加又会引起 IS 曲线向右上方移动,这一过程将持续到 IS 曲线移动到 IS' 的位置为止。IS'、LM' 和 BP 曲线相交于 E'',决定了均衡的利率水平等于世界利率水平 i_f,均衡国民收入为 Y_f。可见,在浮动汇率制度下,扩张性货币政策会使本币贬值、净出口增加,从而使国民收入增加,货币政策是有效的。

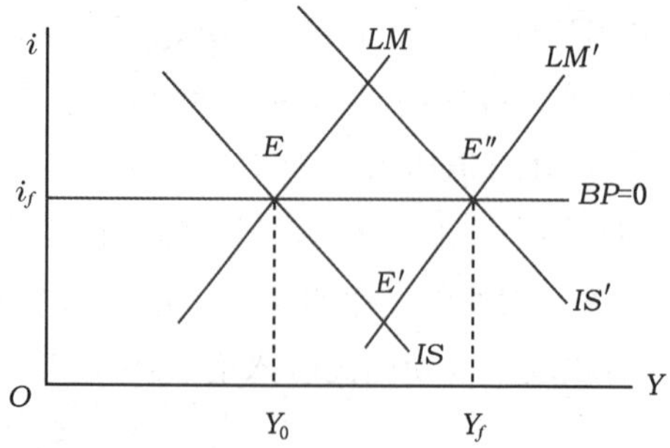

图 14.7 浮动汇率下货币政策的功效

2. 财政政策的功效

浮动汇率下财政政策的功效可以通过图 14.8 表现出来。在图 14.8 中，*IS*、*LM* 和 *BP* 曲线相交于 *E* 点，决定了均衡的国民收入为 Y_0，且国际收支平衡。当政府采取扩张性财政政策时，*IS* 曲线向右移动到 *IS′*，*IS′* 与 *LM* 曲线相交于 *E′*，这时国内利率高于世界利率水平 i_f，资本会大量流入，导致国际收支盈余。在浮动汇率制度下，这将使汇率下跌、本币升值，从而出口减少、进口增加。净出口的减少反过来又会导致 *IS′* 向左下方移动，直至恢复到原来的 *IS* 曲线的位置为止。这样，浮动汇率制度下，扩张性财政政策使本币升值、净出口减少，进而抵消了扩张性财政政策对国民收入的影响，无法起到刺激经济增长的作用，因此，财政政策是无效的。

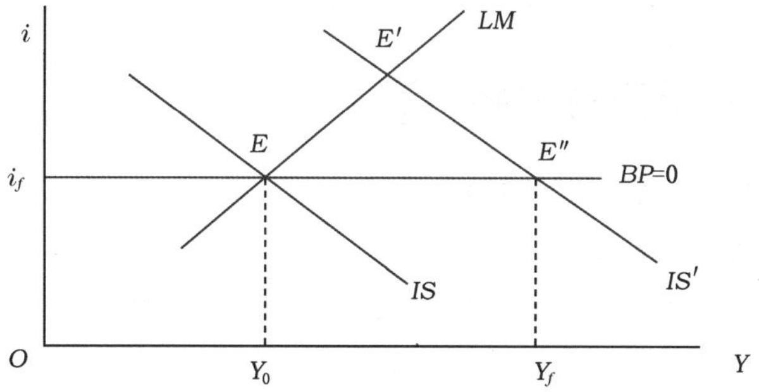

图 14.8　浮动汇率下财政政策的功效

第四节　IS-LM-BP 模型

一、IS-LM-BP 模型的分析基础

IS-LM-BP 模型进一步丰富了蒙代尔-弗莱明模型(Mundell-Flemming Model)的内涵，说明了资本是否自由流动以及不同的汇率制度对一国宏观经济的影响。IS-LM-BP 模型的分析基础是开放的宏观经济模型，如图 14.9 所示。

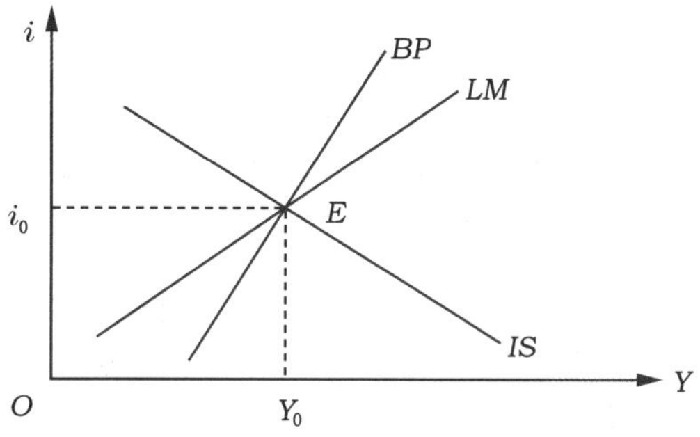

图 14.9　开放的宏观经济模型

在图 14.9 中，*IS* 曲线向右下方倾斜，由一系列使国民收入与支出实现均衡的实际收

入一名义利率组合点确定。自主消费或储蓄、进出口、政府支出与税收、投资等是影响 *IS* 曲线移动的主要原因。

LM 曲线向右上方倾斜，由一系列保持货币市场均衡的实际收入-名义利率组合点确定。货币供应量或价格水平是影响 *LM* 移动的主要原因。

IS 曲线与 *LM* 曲线的交点 *E* 称作 *IS-LM* 均衡点，这一点上的实际收入和名义利率可实现产品市场与货币市场的一般均衡。

BP 曲线代表使经常账户和资本账户余额为零的实际收入—名义利率组合。贸易政策调整或汇率变动等均会推动 *BP* 曲线移动。若 *IS-LM* 均衡点位于 *BP* 曲线上，即达到国际收支平衡；若该国内经济均衡点落在 *BP* 曲线的上方或下方，则表明国际收支有盈余或赤字。

二、IS-LM-BP 模型的主要内涵

（一）固定汇率制度下的宏观经济政策效应

1. 资本完全管制下的情形

图 14.10(a)反映财政政策效应。政府支出的增加(或税收的减少)会使 *IS* 曲线向右上方移动，即 $IS \to IS'$，国民收入增长，即 $Y_0 \to Y_1$，从而扩大进口。由于不存在资本的流入，就会产生 *BOP* 赤字，从而导致国内货币供给下降，使 *LM* 曲线向左上方移动，即 $LM \to LM'$，使国内利率提高，即 $i_0 \to i_2$，从而恢复到原来的均衡状态(国民收入仍处在 Y_0 点)。因此，在固定汇率下，如资本完全不流动，则扩张性财政政策无效。

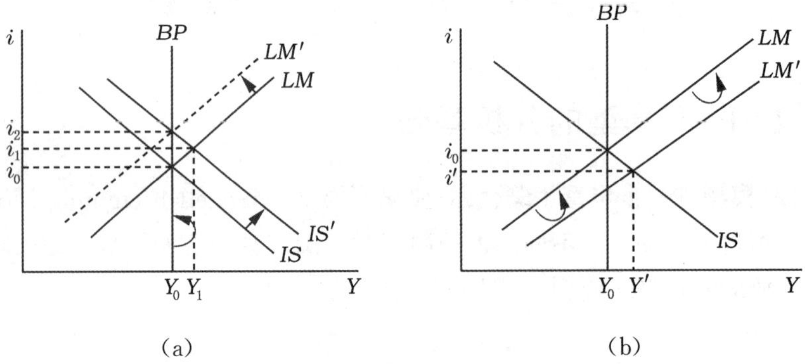

图 14.10 资本完全管制下的宏观经济政策效应

图 14.10(b)反映货币政策效应。扩张性的货币政策会使 *LM* 曲线向右下方移动到 *LM'*，降低国内利率和刺激收入增长，即 $i_0 \to i'$，$Y_0 \to Y'$，从而刺激进口，出现 *BOP* 赤字。在资本不流动的情况下，为了维持固定汇率，中央银行必须出售外汇，货币供给减少，*LM'* 曲线向左上方移动，直至恢复到原均衡点(即 Y_0 点)。因此，扩张性的货币政策也无效。

2. 资本不完全流动的情形

图 14.11(a)反映财政政策效应。政府支出的增加(或税收的减少)会使经济移到新的国内均衡点 Y_1 和 i_1。然而，*BOP* 赤字产生了。中央银行为了维持固定汇率制，必须提供必要的外汇来弥补赤字，这样，货币供给减少，*LM* 曲线向左上方移动，直至收入和利率水平达

到与 BOP 均衡相一致的水平，新的均衡点处于 Y_2 和 i_2 的水平上。由此可见，在这种情况下，扩张性的财政政策在扩大收入和就业方面具有一定的作用。但是，利率水平的提高同时也会挤出本国投资。从图 14.11(a)可见，资本移动性越差，即 BP 曲线越陡峭，财政政策的效应越小，反之，财政政策的效应越大。

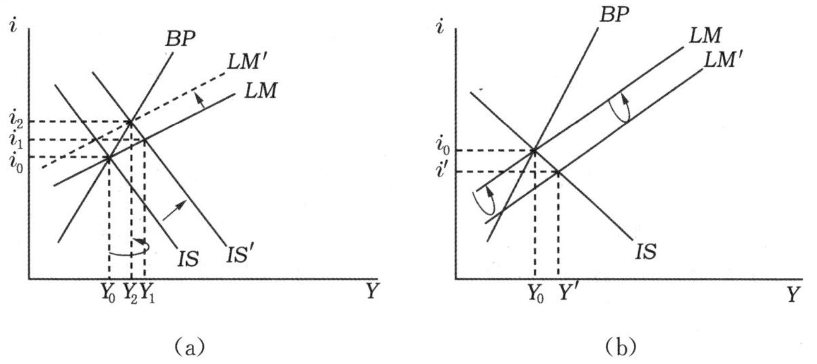

图 14.11　资本不完全流动下的宏观经济政策效应

图 14.11(b)反映扩张性货币政策。LM 曲线向右下方移动，即 $LM \rightarrow LM'$，收入增长，利率下降，即 $Y_0 \rightarrow Y'$，$i_0 \rightarrow i'$，这样，进口增长，而资本流入下降甚至流入量为负值，从而导致 BOP 赤字。中央银行为维持固定汇率，提供必要的外汇，货币供给下降，使经济重新回到原均衡点。因此，在这种情形下，货币政策无效。

3. 资本完全流动的情形

图 14.12(a)反映财政政策效应。政府支出增加，对本国利率产生向上的压力，刺激资本流入，导致 BOP 盈余。为维持固定汇率，中央银行须用本币收购市场中多余的外币，从而扩大了货币供给，直至实现新的均衡为止，即 $Y_0 \rightarrow Y'$。因此，在这种情形下，财政政策是有效的。

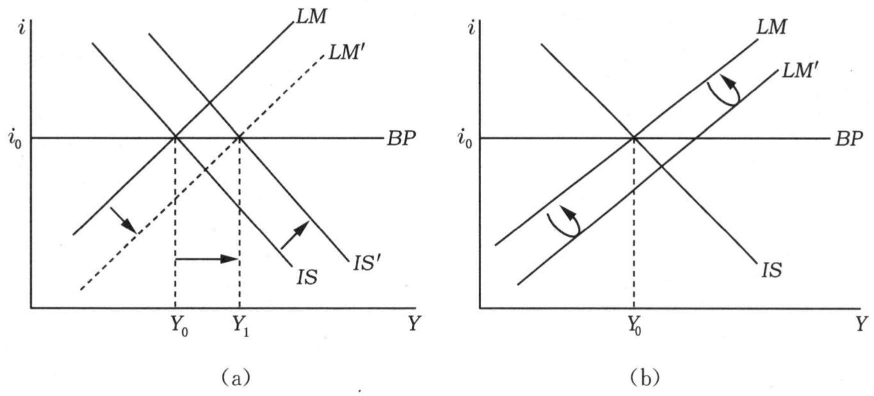

图 14.12　资本完全流动下的宏观经济政策效应

图 14.12(b)反映货币政策效应。货币供给量增长，即 $LM \rightarrow LM'$，则利率下降，导致资本流出，BOP 赤字。央行为了维持固定汇率，必须提供必要的外汇，货币供给下降，直至恢

复到原来的均衡为止，即恢复到 Y_0 和 i_0 所决定的均衡。因此，在这样的情形下货币政策无效。

（二）浮动汇率制度下的宏观经济政策

1. 资本完全管制条件下的情形

图 14.13(a)反映财政政策效应。扩张的财政政策使 *IS* 曲线向右上方移动，即 *IS*→*IS*′，收入和进口增加，*BOP* 出现赤字。在资本完全不移动的情形下，本币贬值，使 *BOP* 曲线向右移动到 *BP*′，扩大出口、减少进口，*IS* 曲线进一步向右上方移动，即 *IS*→*IS*″，经济达到了一个更高水平的均衡点。因此，在此情形下，财政政策是有效的。

图 14.13(b)反映货币政策效应。扩张性货币政策使 *LM* 曲线向右下方移动，即 *LM*→*LM*′。在浮动汇率制下，本币贬值，扩大出口，减少进口，*BP* 曲线和 *IS* 曲线都向右移动，结果是收入水平下降和 *BOP* 盈余扩大。因此，在这种情形下，扩张性货币政策是有效的。

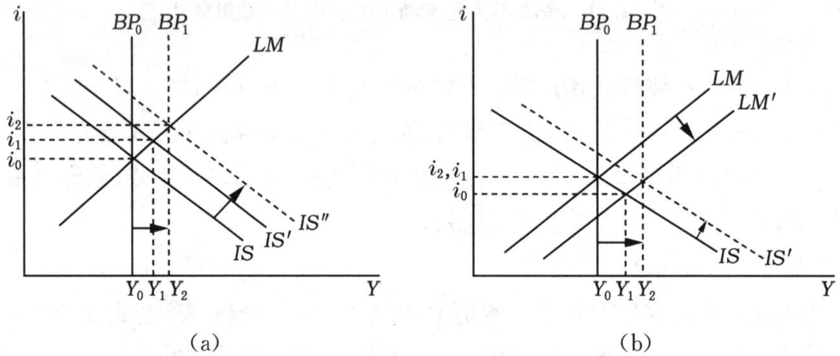

图 14.13 资本完全管制下的宏观经济政策效应

2. 资本不完全流动的情形

图 14.14(a)反映财政政策效应。扩张的财政政策使 *IS* 曲线向右移动，即 *IS*→*IS*′，收入和进口同时增加。在资本不完全流动的条件下，经济出现 *BOP* 赤字，本币贬值。本币贬值使 *BP* 曲线向右移动，即 $BP \to BP_1$，从而出口扩大、进口减少，*IS* 曲线进一步向右移动到 *IS*″，经济在新的、更高的 Y_2 和 i_2 水平上达到均衡。因此，在此情形下，财政政策是有效的。

图 14.14(b)反映货币政策效应。扩张性货币政策使 *LM* 曲线向右下方移动，即 *LM*→*LM*′，利率降低，收入提高，从而减少资本流入，扩大进口，*BOP* 出现赤字，使 *BP* 曲线向右移动，本币贬值，而本币贬值又会扩大出口、减少进口，*IS* 曲线向右移动，从而形成 *IS*′ 曲线、*LM*′ 曲线和 *BP*′ 曲线达到新的均衡(Y_2，i_2)。因此，在此情形下，货币政策也是有效的。

3. 资本完全流动的情形

图 14.15(a)反映财政政策效应。扩张性财政政策使 *IS* 曲线向右上方移动，即 *IS*→*IS*′，使本币升值，导致出口下降，形成对财政政策效应的挤出，直至恢复到原均衡(Y_0)。因此，在此情形下，财政政策无效。

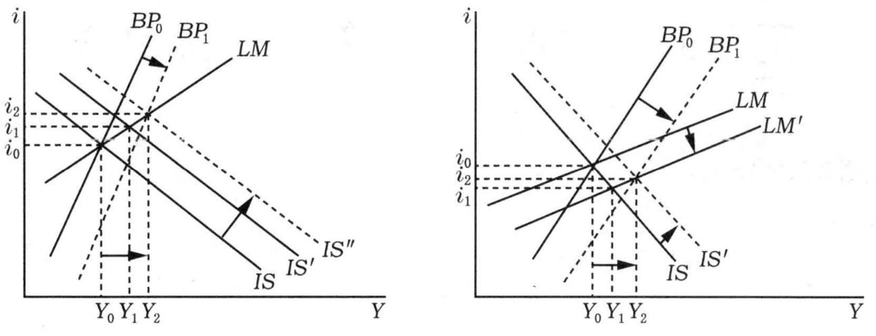

图 14.14 资本不完全流动下的宏观经济政策效应

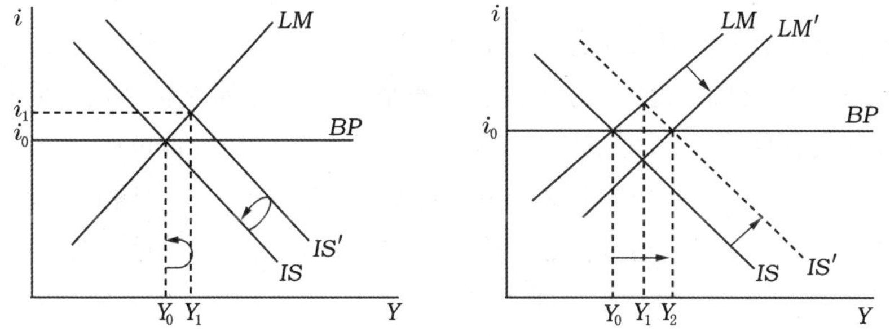

图 14.15 资本完全流动下的宏观经济政策效应

图 14.15(b)反映货币政策效应。扩张性货币政策使 LM 曲线向右下方移动，即 $LM \to LM'$。在资本完全流动的条件下，BP 曲线是一条水平线，货币扩张导致了资本的流出和本币贬值。而本币贬值导致出口扩大，刺激国民收入增长，从而经济达到一个新的均衡 (Y_2, i_2)。因此，在此情形下，货币政策是有效的。

根据以上分析，我们可以将 IS-LM-BP 模型归结为表 14.3。

表 14.3　　IS-LM-BP 模型的内涵

	固定汇率制			浮动汇率制		
资本流动性	○	＋	∞	○	＋	∞
扩张性财政政策	无效	有效	有效	有效	有效	无效
扩张性货币政策	无效	无效	无效	有效	有效	有效

注：表中○、＋、∞分别表示资本完全不流动、资本不完全流动和资本完全流动的条件。

第五节 宏观经济政策的国际合作

一、霸权稳定论

霸权稳定论(Hegemonic Stability Theory)是学者克欧亨尼(R. Keohane)首先提出的，但金德尔伯格(P. C. Kindleberger)首先将其运用到国际货币合作领域。在《1929—1939世界性经济萧条》一书中，金德尔伯格认为在国际货币领域需要一个霸主以杜绝政策或市场溢出效应，霸主的作用不仅仅局限于充当发行世界货币和充当全球最后贷款人角色，也应为国际货币体系的稳定发挥作用。但除了霸主和附从者之间以霸权稳定结构维持国际货币秩序之外，他甚至否认其他形式的国际货币合作的有效性。1973年正是布雷顿森林体系崩溃之际，但金德尔伯格仍然坚称霸权稳定结构是唯一途径。此后，克拉斯纳(S. Krasner)和吉尔芬(R. Gilpin)等对霸权稳定论进行了发展。一般来说，霸权稳定结构必须满足下列条件：

(1)关键国具有足够的经济规模，在国际经济关系中居于主导地位；

(2)他国相对于关键国地位的明显逊色和对关键国地位的不言自明的普遍默示；

(3)体系创立伊始关键国通货稳定，且附从国认为其自身货币政策相对于关键国货币政策的从属性和被动性未对自身利益构成威胁；

(4)霸权体系内的成员存在一定水平的经济发展趋同性。

霸权合作体系具有以下特点：

(1)霸权体系的货币合作体现为霸主决定霸权体系的货币政策，其他附从国认同和接受，一旦默示的接受性受到怀疑，霸权结构就从稳定向非稳定蜕变；

(2)霸权体系的货币合作通过制度予以维持和协调；

(3)霸权必须能够产生类似"公共产品"的收益以抵补附从国牺牲货币政策独立性的成本，当霸权稳定结构的合作收益趋于枯竭时，该体系就将崩溃。

二、逆效合作理论

国际货币合作并不总是有效的，有时反而是无效甚至逆效的。所谓有效的货币合作(Productive Co-operation)，是指成员方通过规则协调或随机协调来参与货币合作时，货币合作的福利产出不仅可以抵消各国所付出的货币政策独立性部分丧失的成本，还可以完全或部分抵消政策和市场溢出带来的损失。所谓逆效的货币合作(Counter-Productive Co-operation)，是指随着国际经济格局和货币秩序的变迁，货币合作的福利产出逐步下降，当下降到不足以抵补各国所付出的货币政策独立性部分丧失的成本时，货币合作就成为逆效的，此时各国参与货币合作不仅没有降低市场和政策的溢出性，反而还付出了货币政策独立性受损的代价，结果合作不如不合作，原有国际货币合作的制度安排或随机安排在惯性消失后崩溃。

从博弈论角度观察，货币合作成为逆效的原因有两个：一是搭便车行为。为防止政策溢出，各国采取合作可能改善各国的福利函数，但是货币合作是有成本的，如果合作体系本身缺乏制度化的监督机制，那么合作带来的福利增进就成为类似公共物品的东西，那么货币合作将可能因搭便车行为缺乏制约而失败，即合作为逆效合作。二是国际货币合作的持续性和可置信度问题。由于政府间的货币合作往往时分时合，矛盾重重，因此私人部门对其可持续性持怀疑态度，这在对汇率的联合干预方面的表现尤其突出。

从短期看，由于无信誉政策的存在。货币合作很可能是无效率的。从长期看，重复博弈消除了各国“机会主义”动机，合理的惩罚措施是保持有效合作的重要因素。从理论上讲，惩罚程度应满足以下条件：假设参与货币合作的各国违约但不受惩罚的概率为 q，因违约而可获得的预期收益为 A，对违约的惩罚而导致的福利损失为 B，则 B 应满足 $B\times(1-q)-A\times q=s>0$。$s$ 越大则发生违约行为的可能性越小，那么，是不是 s 越大越好呢？答案是否定的。s 与协调成本有正相关的关系，随着 s 的增大，货币合作的成本亦有增大的趋势并增加合作趋向逆效的潜在危险。

三、政府间博弈模型

假设在世界经济中仅仅存在两个政府——甲和乙，它们可以采取三种策略：完全合作策略、不完全合作策略和完全不合作策略。下面通过一个简单的博弈矩阵（见表 14.4）来分别讨论每种策略组合的可能后果。

表 14.4　两个政府可能的博弈结果

策　略		政府乙		
		完全合作	不完全合作	完全不合作
政府甲	完全合作	20/20	18/10	18/5
	不完全合作	10/18	10/10	10/5
	完全不合作	5/18	5/10	5/5

按照上述博弈框局，假设两个政府都采取完全合作策略，可以同时使两者受益，每个政府的收益为 20 单位；如果一个政府采取完全合作策略，而另一个政府采取不完全合作策略，则完全合作策略型政府获得 18 单位收益，不完全合作策略型政府获得 10 单位收益；如果一个政府采取完全合作策略，另一个政府采取完全不合作策略，则完全合作策略仍能获得 18 单位收益，而完全不合作策略型政府仅获得 5 单位收益；如果两个政府都采取不完全合作策略，则两个政府都获得 10 单位收益；如果一个政府采取不完全合作策略，另一个政府采取完全不合作策略，则前者获得 10 单位收益，后者获得 5 单位收益；如果两个政府都采取完全不合作策略，则两者都仅获得 5 单位收益。

从这个博弈矩阵看，存在一个纳什均衡（20，20），也就是说，从理论上看，两个政府都选择完全合作策略是最好的。问题是，为什么现实中很多政府并不选择这个均衡结果？这里涉及两个方面的原因：

第一，支付矩阵中的收益数据是经济体的总体经济收益，并不完全反映政府的收益。

第二,如果引入政策溢出效应的因素,那么支付矩阵就会变得很复杂。

四、消除障碍,加强国际经济合作

在经济全球化的背景下,国家间依赖性日益加强,因此,加强国际宏观经济政策协调越来越重要。国际宏观经济政策合作(International Macroeconomic Policy Coordination)是指各国根据经济相互依赖的情况进行政策的调整或修正。例如,当出现世界性经济衰退时,通过所有国家合作式地共同扩张经济,每一个国家的产出和就业都会增长,而不必担心出现贸易均衡的恶化。又如,如果一国为了减少进口、刺激出口而单方面地进行竞争性货币贬值,那么,这种"以邻为壑"的策略只能导致各国报复性的货币贬值,带来国际贸易秩序的混乱。

目前,世界上绝大部分国家和地区都是 WTO 成员,成员间贸易额占全球贸易额的90%以上,这样就使它具备了根据全球化要求和国际贸易发展的特点,制定和实施全球通行的交易规则的能力和条件。作为当今世界处理贸易问题的重要国际组织,WTO 在以往的实践中,在所有成员的配合下,卓有成效地履行着它的基本职能,已经制定了一系列与国际贸易有关的基本规则并监督成员执行。WTO 也成功地组织了多个国家的贸易谈判,为建立公共的国际贸易秩序做出了积极的贡献。WTO 的争端解决机制在微观经济活动中为促进贸易的公平进行提供了令人信服的帮助和评断。WTO 运转以来,以其公正、公平、公开的原则和实践,对世界贸易的发展发挥着巨大的作用。WTO 要求各成员实施统一的对外经贸政策,主张各成员不分大小,实行非歧视的贸易待遇原则,给予外国货物国民待遇,保护知识产权,逐步开放服务贸易市场,主张公平贸易和公平竞争。WTO 的这些基本原则已为全球各国、各地区所接受,成为国际经济通行规则的有机组成部分。在今后的国际宏观经济政策协调中,WTO 将起到越来越重要的作用。

然而,由于世界性的中央银行始终只是一个遥远的梦想,因此国际货币状况是以民族国家为微观基础的分立决策过程,其中少数大国的货币政策及其相互协调则是核心,由此产生了国际货币合作(Intenational Monetary Cooperation)的问题。早在 19 世纪 20 年代就出现了英格兰银行和德、法、俄等国间的货币合作,而 20 世纪国际货币体系的稳健或崩溃均与大国间的国际货币合作状态相关。自 20 世纪 70 年代以来,国际货币合作已经得到来自经济学家和各国政策制定者们的重视。早在 1978 年的波恩峰会上,七国集团就已经达成了一套非常详尽的合作方案。可是,对国际货币合作的基础和有效性问题,从来都存在广泛的争议。支持者麦金农和威廉姆森宣称,目前国际货币体系中无节制的汇率浮动对国内宏观经济管理和物价稳定非常不利,而一国货币政策的目标恰恰是宏观经济和通货的稳定,货币政策的独立性并不是目标本身而仅仅是达到目标的手段,对开放经济体而言,有效的国际货币合作值得优先追求。而反对者则阵容更强大,认为国内稳定是汇率稳定的前提条件。哈伯勒等则将支持者的论点反转过来,声称应该优先考虑国内的货币稳定,唯其如此这些国家才有能力遵循一种更稳定和更富有预见性的汇率政策,进行国际货币合作才有起码的基础。至今,如何形成有效的国际货币合作机制,在理论上仍是一个仁者见仁、智者见智的问题;在实践上,仍是一个难以解决的问题。

总之，目前国际宏观经济政策合作存在着许多必须克服的障碍。这些障碍主要表现在：政策协调的结果可能使政策当局丧失一部分政策主权及政策灵活性；选择合适的政策目标和工具方面存在障碍；政策协调不一定使所有协定参加国均获得利益；部分协议参加国可能违约。只有克服了这些障碍，才能够真正形成有效的国际宏观经济政策协调机制。

复习与思考题

一、名词解释

1. 支出改变政策
2. 支出转换政策
3. 直接管制
4. 米德冲突
5. 丁伯根法则
6.“三元悖论”

二、简述题

1. 简述开放经济条件下宏观经济目标的关系。
2. 简述经济非均衡国际传导的主要路径及其特点。
3. 简述斯旺曲线图。
4. 简述蒙代尔的政策指派理论。
5. 简述国际经济合作的霸权稳定论。

三、论述题

1. 试析 IS-LM-BP 模型。
2. 试析国际经济合作的现状、问题与对策。

参考资料

一、英文部分

1. C. Donald Johnson. 2018. The Wealth of a Nation: A History of Trade Politics in America, Oxford University Press, P. 7—8.

2. C. Donald Johnson. 2018. The Wealth of a Nation: A History of Trade Politics in America, Oxford University Press, P. 31.

3. Tessa Berenson, "Donald Trump Details Plan to Rewrite Global Trade Rules," Time, June 28, 2016; Memorandum on Withdrawal of the United States from the Trans-Pacific Partnership Negotiation and Agreement, Federal Register 82 (January 23, 2017): 8497.

4. Mithani, M. A. Liability of Foreignness, Natural Disasters, and Corporate Philanthropy[J]. Journal of International Business Studies, 2017, (48): 941—963.

5. Miska, C., M. A. Witt, and G. K. Stahl. Drivers of Global CSR Integration and Local CSR Responsiveness: Evidence from Chinese MNEs[J]. Business Ethics Quarterly, 2016, (7): 317—345.

6. Miotto, G., Rom, J., 2017. CSR in business schools: a theoretical framework. Bus. Soc. 16, 577.

7. MUEHLFELDK, SAHIBP R, VAN WITTELOOSTUIJNA. completion or abandonment of mergers and acquisitions: Evidence from the newspaper industry, 1981—2000[J]. Journal of Media Economics, 2007, 20(2): 107—137.

8. Nocke, V., and S. Yeaple. 2007. "Cross Border Mergers and Acquisitions Greenfield Foreign Direct Investment: The Role of Firm Heterogeneity", Journal of International Economics, 72(2): 336～365.

9. Rajesh, R., 2020. Exploring the sustainability performances of firms using environmental, social, and governance scores. J. Clean. Prod. 247, 119600.

10. Rugman, A. M. and Li, Jing, 2007. Will China's Multinationals Succeed Globally or Regionally?' European Management Journal, Vol. 25, No. 5, pp. 333—343.

11. Roll R. The Hubris Hypothesis of Corporate Takeovers[J]. The Journal of Business, 1986, 59(2): 197—216.

12. Sanders, W. M. G., & Carpenter, M. A. (1998). Internationalization and firm governance: The roles of CEO compensation, top team composition, and board structure. Academy of Management Journal, 41(2), 158—178. https://doi.org/10.5465/257100.

13. Stiebale J, Reize F. The impact of FDI through mergers and acquisitions on innovation in target firms[J]. International Journal of Industrial Organization, 2011, 29 (2): 155—167.

14. Stanny, E., Ely, K., 2008. Corporate environmental disclosures about the effects of climate change. Corp. Soc. Resp. Env. Ma. 15 (6), 338 - 348.

15. Wallace H, Baumeister R. "The Performance of Narcissist Rises and Falls with Perceived Opportunity for Glory"[J]. Journal of Personality and Social Psychology, 2002(82); 819—834.

16. Yang N, Zhang Y, Yu L, et al. Cross-border mergers and acquisitions, regional cultural diversity and acquires' corporate social responsibility: Evidence from China listed companies[J]. International Review of

Economics & Finance, 2022, 79: 565—578.

17. Zona F, Minoja M, Coda V. Antecedents of Corporate Scandals: CEOs'Personal Traits, Stakeholders' Cohesion, Managerial Fraud, and Imbalanced Corporate Strategy[J]. Journal of Business Ethics, 2013, (113): 265—283.

17. Baldwin R E. 21st Century Regionalism: Filling the gap between 21st century trade and 20th century trade rules[J]. Available at SSRN 1869845, 2011.

18. Baldwin R, Martin P. Two waves of globalization: superficial similarities, fundamental differences [J]. 1999.

19. Knickrehm, M., B. Berthon, and P. Daugherty. Digital Disruption: the Growth Multiplier[J]. Accenture Strategy, 2016.

20. WANG Z, WEI S J, YU X, et al. Measures of Participation in Global Value Chains and Global Business Cycles[J]. NBER Working Papers, 2017, (23): 22.

21. Westerman G, Calméjane C, Bonnet D, et al. Digital transformation: A roadmap for billion-dollar organizations[J]. MIT Center for digital business and capgemini consulting, 2011, 1: 1—68.

22. Westerman G, Bonnet D, McAfee A. The nine elements of digital transformation[J]. MIT Sloan Management Review, 2014, 55(3): 1—6.

23. Laufs K, Bembom M, Schwens C. 2016. CEO Characteristics and SME foreign market entry mode choice[J]. International Marketing Review, 33(2): 246—275.

24. Melin L. 1992. Internationalization as a strategy process[J]. Strategic Management Journal, 13(S2): 99—118.

25. Musteen M, Datta D K, Herrmann P. 2009. Ownership structure and ceo compensation: Implications for the choice of foreign market entry modes[J]. Journal of International Business Studies, 40(2): 321—338.

26. Rivas J L. 2012. Diversity & internationalization: The case of boards and TMT's[J]. International Business Review, 21(1): 1—12.

27. Sambharya R B. 1996. Foreign experience of top management teams and international diversification strategies of US multinational corporations[J]. Strategic Management Journal, 17(9): 739—746.

28. Samiee S. 2013. International market-entry mode decisions: Cultural distance's role in classifying partnerships versus sole ownership[J]. Journal of Business Research, 66(5): 659—661.

29. Gregory, G. D., Ngo, L. V., & Karavdic, M. Developing e-commerce marketing capabilities and efficiencies for enhanced performance in business-to-business export ventures. Industrial Marketing Management, 2019, 78, 146—157.

30. Bondar, S., Hsu, J. C., Pfouga, A., & Stjepandic, J. (2017). Agile digital transformation of system-of-systems architecture models using Zachman framework. Journal of Industrial Information Integration, 7, 33—43.

31. Fitzgerald, M., Kruschwitz, N., Bonnet, D., & Welch, M. (2014). Embracing digital technology: A new strategic imperative. MIT Sloan Management Review, 55(2), 1.

32. Hinings, B., Gegenhuber, T., & Greenwood, R. (2018). Digital innovation and transformation: An institutional perspective. Information and Organization, 28(1), 52 - 61.

33. Crinò R, Ogliari L. Financial imperfections, product quality, and international trade[J]. Journal of International Economics, 2017, 104: 63—84.

34. Manova K, Yu Z. How firms export: Processing vs. ordinary trade with financial frictions[J]. Journal of International Economics, 2016, 100: 120—137.

35. Cadot O, Fernandes A M, Gourdon J, et al. Are the benefits of export support durable? Evidence from Tunisia[J]. Journal of International Economics, 2015, 97(2): 310—324.

36. Johnson R C. Trade and prices with heterogeneous firms[J]. Journal of International Economics, 2012, 86(1): 43—56.

37. Minetti R, Zhu S C. Credit constraints and firm export: Microeconomic evidence from Italy[J]. Journal of International Economics, 2011, 83(2): 109—125.

38. Brandt L, Van Biesebroeck J, Zhang Y. Creative accounting or creative destruction? Firm-level productivity growth in Chinese manufacturing[J]. Journal of development economics, 2012, 97(2): 339—351.

39. Stoian C, Mohr A. Outward foreign direct investment from emerging economies: Escaping home country regulative voids[J]. International Business Review, 2016, 25(5): 1124—1135.

40. Luo Y, Xue Q, Han B. How emerging market governments promote outward FDI: Experience from China[J]. Journal of world business, 2010, 45(1): 68—79.

41. Hashmi A R. Competition and innovation: The inverted-U relationship revisited[J]. Review of Economics and Statistics, 2013, 95(5): 1653—1668.

42. JOHNSON R C, NOGUERA G. Accounting for intermediates: Production sharing and trade in value added[J]. Journal of International Economics, 2012, 86(2): 224—36.

43. WANG Z, WEI S-J, ZHU K, w19677[R]. Cambridge, MA: National Bureau of Economic Research, 2013.

44. WINKLER D. Making Foreign Direct Investment Work for Sub-Saharan Africa: Local Spillovers and Competitiveness in Global Value Chains[M]. The World Bank, 2014.

45. KOOPMAN R, WANG Z, WEI S-J. Tracing Value-Added and Double Counting in Gross Exports [J]. American Economic Review, 2014, 104(2): 459—94.

46. GIROUD A, MIRZA H. Refining of FDI motivations by integrating global value chains' considerations[J]. Multinational Business Review, 2015, 23(1): 67—76.

47. WANG Z, WEI S-J, YU X, et al., w23261[R]. Cambridge, MA: National Bureau of Economic Research, 2017.

48. WANG Z, WEI S-J, YU X, et al., w23222[R]. Cambridge, MA: National Bureau of Economic Research, 2017.

49. Mordechai E. Kreinin (Michigan Uni.), (2002), *International Economic: A Policy Approach*, Thomson Learning, Inc.

50. Paul R. Krugman, Maurice Obstfeld, (2000), *International Economic: Theory and Policy*, Addison Wesley Longman.

51. Maurice Obstfeld, Kenneth Rogoff, 1996, *Foundations of International Macroeconomics*, the MIT Press.

52. Paul Samuelson: "The Gains from International Trade," *Canadian Journal of Economics and Political Science* 5: 195—205, 1939.

53. James E. Anderson (2008). "International Trade Theory," *The New Palgrave Dictionary of Economics*, 2nd Edition.

54. Giancarlo Corsetti (2008). "New Open Economy Macroeconomics," *The New Palgrave Dictionary of Economics*, 2nd Edition.

55. Mario I. Blejer and Jacob A. Frenkel (2008). "Monetary Approach to the Balance of Payments," *The New Palgrave Dictionary of Economics*, 2nd Edition.

56. Bennett T. McCallum (1996). *International Monetary Economics*. Oxford.

57. Edward M. Graham, Paul R. Krugman (1989), Foreign Direct Investment in the United States, *Institute For International Economics*, Washington, DC.

58. Caves, R. E. (1982), *Multinational Enterprises and Economic Analysis*, Cambridge: Cambridge University Press.

59. Duning, J. H. (1993),*Multinational Enterprises and Global Economy*, Adison Wesley.

60. Anusha, Chari, P. Ouimet Paige and L. Tesar Linda. Acquiring Control in Emerging Markets: Evidence from the Stock Market. NBER Working paper No. 10872,2004.

61. Julian di Giovanni. What Drives Capital Flows? The Case of Cross-Border M&A Activity and Financial Deeping. University of California, Berkeley Working paper,2002.

62. Benito, G. R. G. and Gripsrud, G. The Internationalization Process Approach to the Location of Foreign direct Investments: An Empirical Analysis[A]. In M. B. Green & R. B. McNaughton(eds.), The Location of Foreign Direct Investments-geographic and Business Approaches, 1995:43—58.

63. Berglas, B. , Preferential Trading Theory: The N Commodity Case. *The Journal of Political Economy*, 1979, 87(2): 315—331.

64. Maurice Schiff and L. Alan Winters, Regional Integration and Development, A co-publication of the World Bank and Oxford University Press, 2003.

65. Kommission der Europaeischen Gemeischaften, Zeiter Bericht Ueber den Wirtschaftlichen und Sozialen Zusammenhalt [R]. Bruessel :Kommission der Europaeischen Gemeischaften, 2001.

66. DIW, Reformbedarf bei den EU-Politiken im Zuge der Osterweiterung der EU [R], Berlin und Goettingen, 2001.

67. Nicholas Moussis, Access to European Union: Law, Economics, Policies, *European Study Service*, 1998.

68. Miroslav N. Jovanovic, *European Economic Integration: Limits and Prospects*, *Routledge*, 1997.

69. Emmanuel Apel, *European Monetary Integration* 1958—2002, Routledge, 1998.

70. Paul J. Welfens, European monetary Union, Spriger Publisher, 1997.

71. Wim F. V. Vanthoor, *European Monetary Union since* 1918: *A Political and Historical Analysis*, Edward Elgar Publishing Ltd. ,1996.

72. Bilkey W. J. , and Tesar G. , The export behavior of smaller-sized Wisconsin manufacturing firms [J]. *Journal of International Business Studies*. 1977,8(1):93—98.

73. Bonaccorsi, A. On the relationship between firm size and export intensity [J]. *Journal of International Business Studies*, 1992,23(4): 605—635.

74. Chetty, S. and Eriksson, K. Mutual commitment and experiential knowledge in international business relationship [J]. University of Uppsala working paper, Uppsala, 1998.

75. Erramilli, K. M. and Rao, C. P. Choice of foreign market entry modes by service firms: role of market knowledge [J]. *Management International Review*,1990,30(2):135—150.

76. Holm, D. Blankenburg, Eriksson, K. and Johanson, J. Business networks and cooperation in international business relationship[J]. *Journal of International Business Studies*, 1996,27(5):1033—1053.

77. Johanson, J. & Vahlne J. E. The Internationalization Process of the Firms—A model of knowledge development and increasing market commitment. *Journal of International Business Studies*, 1977,9(2):23—32.

78. Klein, S. , Frazier, G. L. and Roth, V. J. A transaction cost analysis model of channel integration in international markets[J]. *Journal of Marketing Research*, 1990, 27(2),196—208.

79. Knickerbocker, Frederick. T. *Oligopolistic Reaction and the Multinational Enterprise*[M]. Boston: Harvard University Press, 1973.

80. Millington, A. I. and Bayliss, B. T. The process of internationalization: UK companies in the EC [J]. *Management International Review*, 1990,30(2):151—161.

81. Osland, G. and Yaprak, A. Learning through strategic alliances: processes and factors that enhance marketing effectiveness[J]. *European Journal of Marketing*, 1995,29(3): 52—66.

82. Sullivan, D. and Bauerschmidt, A. Incremental internationalization: a test of Johanson and Vahlne's thesis[J]. *Management International Review*, 1990,30(1):19—30.

83. Torben Pederson, Bent Petersen. Explaining Gradually Increasing Resource Commitment to a Foreign Market[J]. *International Business Review*, 1998(7).

84. Welch, L. S. ,and Welch, D. E. The internationalization process and networks: a strategic management perspective[J]. *Journal of International Marketing*, 1996, 4(3):11—28.

85. Welch, Lawrence S. and Luostarinen, Reijo. Internationalization: Evolution of a concept[J]. *Journal of General Management*, 1988, 14(2):34—35.

86. Williamson, O. E. The Economic Institution of Capitalism[M]. The Free Press,1985.

87. Kennan, J. and R. Riezman. The Optimal Tariff Equilibrium with Customs Union. *The Canadian Journal of Economics*, Issuel, Feb. , 1990.

88. J. F. Weston, K. S. Chung and S. E. Hong (1990):Mergers, Restucturing,and Corporate Control, PrenticeHall,Englewood Cliffs,NJ.

89. OECD(2000):The Creative society of the 21st century/DECD Forum for the future, Paris. OECD, 75—95.

90. Jensen. . Michacl. C, Ruback. Richards, (1983). The Market for corporate control: The scientific Evidence, *Journal of Financial Economics*, Ap,22—30.

91. Jensen. M. C. Agency costs of Free Cash Flow,Corporate Finance and Takeovers, *American Economics Review*,76,May 1986.

92. Andrews, Edmund L. Tracking the Bailout: Summary of U. S. bailout efforts, *The New York Times*. November 25, 2008.

93. Brau, Eduard, and McDonald, Ian, eds. , 2009. *Successes of the International Monetary Fund: Untold stories of cooperation at work*. Palgrave Macmillan.

94. Carney, Richard, ed. , 2009. *Lessons from the Asian financial crisis*. Routledge.

95. Funnell, Warwick N. , Jupe, R. , and Andrew, J. , 2009. *In government we trust : market failure and the delusions of privatization*. Sydney: University of New South Wales Press.

96. Maurice W. Lee, 1955. *Economic Fluctuations*, Illinois: Irwin Inc, Homewood.

97. James Arthur Estey, 1950. *Business Cycles*, Purdue Univ. , Prentice-Hall.

98. Robert J. Carbaugh, *International Economics* (9e), South-Western, 2005.

99. Roy C. Smith, Ingo Walter, *Global Financial Services*: *Strategy for Building Competitive Strengths in International Commercial and Investment Banking*, New York, Harper Business, 1990.

100. Lars Oxelheim, *International Financial Integration*, Springer-verlag, Heidelberg, 1990.

101. Richard O'Brian, *Global Financial Integration*: *The End of Geography*, The Royal Institute of International Affairs, Pinter Publishers, London, 1992.

102. The Global Monetary System After the Fall of the Soviet Empire, Edited by Miklos Szabo-Pelsoczi, In Association with the Robert Tiffin Foundation, 1997.

103. Donald R. Hodgman, National Monetary Policies and International Monetary Cooperation, Brown and Company (Inc.), 1974.

104. W. Arthur Lewis, *The Evolution of the International Economic Order*, Princeton University Press, 1978.

105. Francis D. Feeney, A Guide to International Financial Derivatives, Woodhead Faidkner Limited, 1991.

106. International Monetary and Debt: Challenge for the World Economy, Edited by Rodger Tarbush and Steve Marcus, International Centro for Economic Growth, U. S. A, 1991.

107. Sebastian Edwards, *Crisis and Reform in Latin America*: *from Despair to Hope*, Oxford University Press, 1995.

108. Herbert G. Grubel, *The International Monetary System*, fourth edition, Penguin Group, 1984.

109. John Holland, *International Financial Management*, 2nd Edition, Basil Blackwell Ltd, 1993.

110. Jeff Madera, *International Financial Management*, West-publishing Company, 1989.

111. Fredman, *The Economics of Innovation*, The MIT Press, 1982.

112. Madison, Angus, The World Economy in the 20th Century, Paris, OECD Development Centre Studies, 1989.

113. Zesto, George K., The Global Financial Crisis: from US Subprime Mortgages to European Sovereign Debt, New York, Routledge, 2016.

114. Clayton, Blake C., Market Madness, Oxford University Press, 2015.

二、中文部分

1. 杨培雷:《跨国公司经营管理》(第三版),上海财经大学出版社 2020 年版。

2. 杨培雷译:《美国贸易政策变局》,上海财经大学出版社 2023 年版。

3. 杨培雷译:《国家财富:美国贸易政治史》,上海财经大学出版社 2022 年版。

4. 杨培雷译:《大衰退年代:宏观经济学的另一半与全球化宿命》,上海财经大学出版社 2019 年版。

5. 杨培雷译:《英国银行业危机:1800 年以来跌宕起伏的英国银行业》,上海财经大学出版社 2019 年版。

6. 杨培雷译:《1914 年金融大危机:拯救伦敦金融城》,上海财经大学出版社 2017 年版。

7. 杨培雷译:《市场疯狂:石油恐慌、危机与市场崩溃的世纪》,上海财经大学出版社 2017 年版。

8. 杨培雷译:《1917 年金融大恐慌》,上海财经大学出版社 2016 年版。

9. 吴方卫、杨培雷:《"一带一路"沿线国家农业概览》,上海财经大学出版社 2021 年版。

10. 杨培雷译:《揭秘金融衍生品交易》,上海财经大学出版社 2016 年版。

11. 杨培雷译:《制度变迁的经验研究》,上海财经大学出版社 2014 年版。

12. 戴维・莫利著:《认同的空间》,南京大学出版社 2001 年版。

13. 塞利姆・阿布著,萧俊明译:《文化认同性的变形》,商务印书馆 2008 年版。

14. 塞缪尔・亨廷顿著,周琪等译:《文明的冲突与世界秩序的重构》,新华出版社 2010 年版。

15. 迈克・费瑟斯通著,杨渝东译:《消解文化——全球化、后现代主义与认同》,北京大学出版社 2009 年版。

16. 唐任伍、马骥:《中国经济改革 30 年》(对外开放卷),重庆大学出版社 2008 年版。

17. 王公龙:《中国特色国际战略思想体系研究》,人民出版社 2012 年版。

18. 王逸舟:《中国对外关系转型 30 年》,社会科学文献出版社 2008 年版。

19. 王义桅:《世界是通的——"一带一路"的逻辑》,商务印书馆 2017 年版。

20. 李雪松、党琳、赵宸宇:《数字化转型、融入全球创新网络与创新绩效》,《中国工业经济》2022 年第 10 期。

21. 魏蓉蓉、李天德:《自贸区设立与经济高质量发展——基于 FTA 建设的准自然实验证据》,《商业经济与管理》2020 年第 5 期。

22. 王喆、蒋殿春:《跨国并购是否提高了企业风险:来自中国上市公司的证据》,《世界经济研究》2021 年第 3 期。

23. 吴剑峰、乔璐:《企业社会责任与跨国并购的关系:研究综述与展望》,《经济管理》2018 年第 11 期。

24. 吴先明、张玉梅:《国有企业的海外并购是否创造了价值:基于 PSM 和 DID 方法的实证检验》,《世界经济研究》2019 年第 5 期。

25. 张文佳:《我国企业跨国并购的动因分析》,《金融发展研究》2015 年第 3 期。

26. 周茂、陆毅、陈丽丽:《企业生产率与企业对外直接投资进入模式选择——来自中国企业的证据》,《管理世界》2015 年第 11 期。

27. 张明、蓝海林、曾萍:《管理者过度自信:研究述评与展望》,《外国经济与管理》2019 年第 2 期。

28. 包群、张志强:《地震的余波:价值链断裂、进口停滞与贸易危机传染》,《经济学》(季刊)2021 年第 2 期。

29. 曹亮、席艳乐、王贺光:《产品内分工理论研究新进展》,《经济学动态》2008 年第 12 期。

30. 陈东阳、张宏:《中美双边贸易差额再测算及其驱动因素研究——属地与属权融合视角》,《亚太经济》2017 年第 4 期。

31. 陈虹、徐阳:《贸易自由化对出口国内增加值的影响研究——来自中国制造业的证据》,《国际经贸探索》2019 年第 6 期。

32. 程惠芳、刘睿倪:《全球价值链视角下中美参与国际分工分析》,《华东经济管理》2018 年第 1 期。

33. 程凯、杨逢珉:《FDI、OFDI 对出口产品质量的影响研究》,《经济经纬》2019 年第 3 期。

34. 张中元:《论全球化、政治稳定性对经济增长的影响》,《世界经济与政治》2021 年第 4 期。

35. 马博:《"一带一路"与印尼"全球海上支点"的战略对接研究》,《国际展望》2015 年第 6 期。

36. 萨础日娜:《中国"一带一路"与蒙古国"草原之路"对接合作研究》,《内蒙古社会科学》(汉文版) 2016 年第 4 期。

37. 王梓旭:《浅析中国与"一带一路"沿线国家的倡议对接》,《佳木斯职业学院学报》2018 年第 11 期。

38. 贺文萍:《"一带一路"与中非合作的精准对接与高质量发展》,《当代世界》2019 年第 6 期。

39. 王友明:《"一带一路"对接拉美尤需"两通"》,《环球时报》2019 年 5 月 30 日。

40. 马永伟、黄茂:《中国对外开放战略演进与新时代实践创新》,《亚太经济》2018 年第 4 期。

41. 周天勇:《国内外形势变化与中国对外开放战略调整》,《当代世界与社会主义》2017 年第 2 期。

42. 李瑶、王青山:《我国对外开放战略的跨越式发展:从特区建设到“一带一路”》,《边疆经济与文化》2016 年第 3 期。

43. 肖瑶:《“一带一路”倡议下中国金融服务贸易面临的风险及发展策略》,《对外经贸实务》2019 年第 3 期。

44. 赵俊仙:《基于钻石模型的零售企业竞争力优势构建》,《企业管理》2018 年第 13 期。

45. 马建英:《美国对中国“一带一路”倡议的认知与反应》,《世界经济与政治》2015 年第 10 期。

46. 杨晨曦:《“一带一路”区域能源合作中的大国因素及应对策略》,《新视野》2014 年第 4 期。

47. 苏志庆、陈银娥:《知识贸易、技术进步与经济增长》,《经济研究》2014 年第 9 期。

48. 周茂、陆毅、符大海:《贸易自由化与中国产业升级:事实与机制》,《世界经济》 2016 年第 10 期。

49. 何其春、孙萌:《对外贸易、金融改革和经济增长:来自中国的证据》,《经济学》(季刊)2012 年第 3 期。

50. 庄嘉霖、陈雯、陈鸣:《国际贸易与区域经济长期增长——基于近现代中国的研究》,《经济学》(季刊)2023 年第 4 期。

51. 刘乐淋、杨毅柏:《宏观税负、研发补贴与创新驱动的长期经济增长》,《经济研究》2021 年第 5 期。

52. 张建国、刘秋秀、向仁康:《居民消费对我国经济增长影响的实证研究》,《商业经济研究》2021 年第 14 期。

53. 严成樑:《现代经济增长理论的发展脉络与未来展望——兼从中国经济增长看现代经济增长理论的缺陷》,《经济研究》2020 年第 7 期。

54. 张娜娜:《第二批自贸试验区设立的经济增长效应研究》,《产业创新研究》2022 年第 2 期。

55. 崔卫杰:《中国自贸试验区十年创新发展之路》,《中国外汇》2023 年第 15 期。

56. 余文涛、陈梦鑫:《中国自贸试验区的历史逻辑、发展实践及未来展望——自贸试验区设立 10 周年的理论述评与实践回顾》,《财经问题研究》2023 年第 9 期。

57. 孙海波、陈健生:《内陆自贸试验区促进地区经济增长的宏观效应——基于合成控制法的四川实证》,《财经科学》2021 年第 8 期。

58. 王欣、付雨蒙:《企业数字化对国际化深度的影响研究》,《经济学动态》2023 年第 3 期。

59. 任志成、戴翔:《劳动力成本上升对出口企业转型升级的倒逼作用——基于中国工业企业数据的实证研究》,《中国人口科学》2015 年第 1 期。

60. 戚聿东、蔡呈伟:《数字化对制造业企业绩效的多重影响及其机理研究》,《学习与探索》2020 年第 7 期。

61. 钟凤英、冷冰洁:《员工持股计划、内部控制与创新绩效》,《经济问题》2022 年第 8 期。

62. 袁淳、肖土盛、耿春晓等:《数字化转型与企业分工:专业化还是纵向一体化》,《中国工业经济 2021 年第 9 期。

63. 谢佩洪:《中资跨国企业东道国社会责任对海外绩效的影响研究》,《上海师范大学学报》(哲学社会科学版)2023 年第 4 期。

64. 叶勤:《跨国并购影响因素的理论解释与述评》,《外国经济与管理》2003 年第 1 期。

65. 余鹏翼、王满四:《国内上市公司跨国并购绩效影响因素的实证研究》,《会计研究》 2014 年第 3 期。

66. 袁建国、范文林、程晨等:《CFO 兼任董事能促进公司提高投资效率吗——来自中国上市公司的经验证据》,《管理评论》2017 年第 3 期。

67. 张长征、李怀祖、赵西萍:《企业规模、经理自主权与 R&D 投入关系研究——来自中国上市公司的经验证据》,《科学学研究》2006 年第 3 期。

68. 张继德、张家轩:《高管海外经历与企业跨国并购——基于动因视角的研究》,《审计与经济研究》2022 年第 5 期。

69. 张建红、卫新江、海柯·艾伯斯:《决定中国企业海外收购成败的因素分析》,《管理世界》2010 年第 3 期。

70. 叶霖莉:《自贸试验区建设对地区技术创新水平的影响效应研究》,《技术经济与管理研究》2021 年第 9 期。

71. 郭吴新、洪文达、池元吉、冯舜华主编:《世界经济》第一、二、四册,高等教育出版社 1989 年版。

72. 郭吴新著:《当代世界经济格局与中国》,湖北教育出版社 1997 年版。

73. (美)杰弗里·萨克斯、费利普·拉雷恩著,费方域等译:《全球视角的宏观经济学》,上海三联书店、上海人民出版社 1997 年版。

74. 保罗·克鲁格曼、茅瑞斯·奥伯斯法尔德:《国际经济学》,中国人民大学出版社 1998 年版。

75. 裴桂芬、荆东著:《跨国公司与跨国银行经营战略》,人民出版社 1995 年版。

76. 钱荣堃著:《国际金融专题》,中国金融出版社 1997 年版。

77. 陈彪如著:《国际金融概论》,华东师范大学出版社 1991 年版。

78. (美)爱德华·肖著,邵伏军等译:《经济发展中的金融深化》,上海三联书店 1988 年版。

79. (美)雷蒙德·W. 戈德史密斯著,周朔等译:《金融结构与金融发展》,上海三联书店、上海人民出版社 1997 年版。

80. (美)约翰·G. 格利,爱德华·肖著,贝多广译:《金融理论中的货币》,上海三联书店 1988 年版。

81. 劳伦斯·S. 里特,威廉·L. 西尔伯著:《货币银行和金融市场原理》,上海翻译出版公司 1990 年版。

82. (美)罗纳德·I. 麦金农著,卢骢译:《经济发展中的货币与资本》,上海三联书店 1988 年版。

83. (美)罗纳德·I. 麦金农著,周庭煜等译:《经济市场化的次序——向市场经济过渡时期的金融控制》(第二版),上海三联书店、上海人民出版社 1997 年版。

84. 薛求知著:《当代跨国公司新理论》,复旦大学出版社 2007 年版。

85. 张继康主编:《跨国公司与直接投资》,复旦大学出版社 2005 年版。

86. 毛蕴诗、袁静:《跨国公司经营管理——案例与阅读材料》,中山大学出版社 2010 年版。

87. 科斯:《企业、市场与法律》,上海三联书店 1994 年版。

88. 郭铁民、王永龙、俞姗:《中国企业跨国经营》,中国发展出版社 2002 年版。

89. 伍贻康:《区域整合体制创新》,上海财经大学出版社 2003 年版。

90. 克鲁格曼著,黄胜强译:《克鲁格曼国际贸易新理论》,社会科学出版社 1990 年版。

91. 布鲁诺·S. 弗雷著,吴元湛等译:《国际政治经济学》,重庆出版社 1987 年版。

92. 联合国贸易与发展会议:《2012 世界投资报告》(中文版)、《2013 世界投资报告》(中文版)、《2014 世界投资报告》(中文版)、《2015 世界投资报告》(中文版)、《2017 世界投资报告》(中文版)、《2018 世界投资报告》(中文版)、《2019 世界投资报告》(英文版)、《2020 世界投资报告》(英文版)、《2021 世界投资报告》(英文版)、《2022 世界投资报告》(英文版)。